미학대계 제3권

현대의 예술과 미학

미학대계간행회

서울대학교출판문화원

The Korean Companion to Aesthetics, Vol. 3

Contemporary Arts and Aesthetics

The Editorial Committee for
The Korean Companion to Aesthetics

Seoul National University Press

미학대계 발간에 즈음해서

드디어 3권으로 이루어진 『미학대계』라는 저작의 발간을 앞두게 되니 만감이 교차합니다. 이 작업은 현 시점에서의 한국 미학계의 역량을 결집한 결과물이며, 이 작업에 주도적으로 참여한 한 사람으로서, 한구석으로는 여전히 모자람을 느끼면서도 나름대로의 큰 자부심을 가지게 됩니다.

이 책은 미학 공부를 시작하고자 하는 여러분들이 미학이라는 미지의 영역에 들어서는 데 친절한 도움을 줄 수 있는 길라잡이 지도와 같은 역할을 할 수 있으리라 믿습니다. 미학의 과거와 현재에 대한 역사적 접근을 날줄로, 미학에 대한 방법론적 · 개념적 접근을 씨줄로 하는 이 지도는 미학계의 역량 부족으로 아직은 씨줄과 날줄이 성긴 곳도 있고, 전혀 지도화하지 못하고 공백으로 남겨둔 부분도 있습니다. 그러나 이로써 대략의 기초 작업은 완성되었다고 생각하며, 나아가 이 지도가 미학에 관심이 있는 여러분들에게 제공하는 기초적 정보의 단초가 되어, 이 책을 읽게 되는 여러분의 정열로 이 시도가 보이고 있는 성김과 공백이 계속 메워져 가리라는 굳은 믿음을 갖습니다.

이제 3년여에 걸친 방대한 작업 끝에 일궈낼 수 있었던 이 저작의 완성을 보면서, 감사의 마음으로, 이 책이 있게 된 작은 뒷이야기를 밝히고 싶습니다. 3권으로 이루어진 이 저작이 있게 된 계기는 실은 3년 전의 한 사건으로 거슬러 올라갑니다.

당시 한국 미학계의 큰 어른이신 오병남 선생님께서 서울대에서 정년을 1년 앞두고 계셨고, 자연히 선생님의 은혜를 입은 제자들을 중심으로 『정년퇴임 기념 논총』 발간에 대한 의견교환이 있었고, 어찌 본다면 너무나 의례적인 저희들의 생각을 정리하여 선생님께 말씀드릴 기회가 있었습니다.

그러나 말씀을 들으신 선생님께서는 잠시 생각하신 뒤, 본인의 정년퇴임이라는 사실과 시점에 얽매이지 않고, 미학을 연구하거나 관심을 가지신 분들에게 실질적으로 도움이 될 수 있는 사업을 시작하는 계기로 자신의 정년퇴임을 받아 준다면, 본인에게는 더 의미 있고, 고마운 일이 되겠다는 파격적이지만 매우 간절한 말씀을 전해 오셨습니다.

이 뜻을 전달받고, 여러 논의 끝에 미학대계간행회를 구성하고, 현재의 이 책으로 결정을 맺은 편집기획을 세우기는 했습니다만, 편집위원들로는 쉽게 해결될 수 없는 듯이 보이는 두 가지 아주 큰 고민을 마주하게 되었습니다.

첫째는, 미학의 경우도 예외일 수 없는 인문학의 위기라는 상황 가운데서 과연 경우에 따라서는 막대한 경제적 손해를 감수하면서까지, 우리의 이 기획을 받아들여 실현해 줄 출판사를 찾을 수 있겠는가 하는 것이었고,

둘째는, 현금의 한국 학계의 풍토에서는 거대한 기금의 조성 없이는 그 실행을 상상도 할 수 없는 이 정도의 대규모 사업을, 과연 아무런 경제적 대가도 제공할 수 없는 우리의 입장에서 연 135편의 논문을 무난히 확보할 수 있겠는가 하는 것이었습니다.

그러나 우리의 걱정은 너무도 쉽게 극복되었습니다. 섭외 과정에서 개인으로서는 자신의 명예를 드러낼 수 있는 기회를 단념하시고, 후학들과 학계 전체가 보다 보람된 일에 매진할 수 있는 계기를 만드신 오병남 선생님의 뜻을 자연히 알게 된 필자들 전원이 학계를 위하여 헌신적으로 옥고(玉稿)를 작성해 준 것은 물론, 나아가 저작권까지 흔쾌히 한국미학회에 기탁해 주셨습니다. 아마도 오병남 선생님의 간절한 뜻이, 필자 선생님들의 이

러한 순수한 열정과 헌신을 가능케 했으리라 믿습니다.

이제 3년여에 걸친 방대한 작업을 끝맺는 이 자리를 빌려, 마냥 늦어져만 가는 이 작업을 사랑과 관심을 가지고 지켜보아 주신 오병남 선생님과 필자 선생님들, 지칠 줄 모르고 여러 필자 선생님들을 독려하며 실무적인 일들을 주관했던 미학대계간행회 참여자 여러분, 이 책의 출판을 맡아 주신 서울대학교출판부에게 간행회의 이름으로 다시 한번 깊은 감사를 드립니다.

아마도 이 모든 분들의 열정과 헌신이 없었다면 이 저작은 세상의 빛을 볼 수 없었을 것입니다. 감사합니다.

2007년 2월 5일 간행회를 대표하여

민형원 삼가 씀.

서 문

제1권과 2권을 통해 미학의 역사, 전통적인 미학과 예술 철학의 다양한 문제들, 그리고 그러한 문제들을 다루어 왔던 방법론들을 섭렵하고 난 후, 『미학대계』 제3권은 개별 예술 분야와 관련하여 일어나는 미학의 문제들, 특히 현대예술과 관련되어 생겨나는 예술 현상과 이론의 새로운 쟁점들, 그리고 그들을 다루는 방법을 통해 현재와 미래의 미학을 만들게 될 새로운 동향들을 보다 자유롭게 다루어 보려는 목적으로 편집되었다.

우선 '현대예술의 전개' 로 이름 붙인 장에서는 현대예술의 등장, 전개, 변모를 살펴보기 위해서 개별 예술 분야인 미술, 음악, 연극, 영화, 건축, 무용에서 현대를 이야기하는 방식을 살펴보기로 하였다. 아울러 그러한 현대예술의 전개가 현대미학과 관련을 맺고 있는 지점을 지적해 보기로 하였다. 미술 부분은 현대 미술의 전개를 시대적으로 나누어 김승환이 미적 모더니즘이나 합리성의 거부 같은 개념을 중심으로 한 20세기 전반부의 전개 모습을, 조주연이 제2차 세계대전 이후 미국으로 그 중심이 옮겨오게 된 후반부의 전개 모습을 각각 서술하였다. 음악 부분에서 이수완은 음악적 모더니즘의 전개와 퇴조, 그 미학적 의미를 설명하고 있다. 정혜윤은 현대 음악을 20세기 초반의 논리 실증주의 철학과 연결시켜 이해하는 방식을 소개하고, 그러한 음악이론의 특징과 문제점을 논하는 과정에서 현대 음악의 난해성에 대해 이야기하고 있다. 그 등장 자체가 현대에 이루어진 영화의 경우, 영화의 예술로서의 가능성 자체를 묻는 이윤영의 글과, 영화의 탄생 조건 및 영화의 고유한 특징이 갖는 미학적 함의를 다룬 하선규의 글이 짝을 이루고 있다. 안치운은 연극에 대해서, 김경수는 건축에 대해서 각각 그 분야의 현대적 전개와 미학을 연계한 조망을 제공한다. 김채현의 경우, 무용이라는 분야에서 일반적으로 제기되는 특별한 미학적 문제를 다루고 있다.

'미학의 새로운 쟁점들' 이라는 장의 전반부는 최근 가시적으로 많은 연구 성과를 내고 있는 미학의 새로운 동향들에 대한 개관으로 시작한다. 김혜련은 기존의 미학에 대한 도전을 통해 새로운 대안으로 제시되고 있는 여성주의 미학을 개관한다. 임성훈이 조망하고 있는 환경미학도 전통적 자연미 이론이나 예술철학을 넘어선 보다 통합적 시각에서 자연, 생태, 환경과 인간과의 관계를 재구성하자는 미학의 새로운 동향이다. 한편 현대의 미학 및 예술이론 연구는 과학적 방법론의 적극적 도입으로 인해 새로운 방향으로 진행되기도 하는데, 전통적인 예술의 문제가 진화심리학적 시각에서 어떠한 답변을 얻을 수 있는지를 다룬 김진엽의 글과 인지신경과학에서 진행되고 있는 연구들이 재현이나 미적 판단 등과 관련된 전통적 미학의 문제에 어떤 조망을 줄 수 있는지를 다룬 김채연의 글이 그 사례들을 보여 준다. 경험과학적 연구로는 김남시가 소개하고 있는 문화학도 간과할 수 없는데, 특히 이와 관련하여 이영욱은 대중문화를 다루면서 문화학의 미학에 대한 대안적 성격을 부각시키고 있다.

현대의 미학은 새로운 담론을 위한 키워드들을 생산해 냈는데, 이어지는 글들은 이들을 철학적, 미학적 전통에서 성찰해 본다. 우선 이달승은 현대 문화의 중심에 놓인 이미지의 문제를 전통적인 가상과 실재의 논의와 관련하여 생각해 보고 있으며, 장민한은 현대 문화 및 예술비평의 뜨거운 이슈인 다원주의 문제와, 그에 따라 예술은 과연 종말을 고했는지의 문제—문제 자체는 헤겔로까지 이어지는—를 다루고 있다. 예술의 도덕적 기능에 대한 논의 역시 예술론의 초창기까지 거슬러 올라가는 주제이나 현대에 들어와 새롭게 주목을 받고 있다. 주동률은 영미 분석미학의 관점에서 예술적 가치와 도덕적 가치 간의 관계에 대해 취할 수 있는 여러 현대적 입장들을 분류하여 계속되는 논의를 위한 발판을 마련하고 있다. 이와 관련하여 이해완은 도덕적 가치 측면에서 비난의 여지가 있다고 생각되는 포르노그래피를 사례로 그에 대한 철학적, 윤리적, 미학적 쟁점을 논의한다.

이어지는 두 편의 글은 보다 세부적인 주제를 다루고 있다. 이순예는 '소통불가능 시대의 문학' 이라는 제목으로 현대 문학에 대한 성찰을 박경리와 엘프리데 옐리넥의 경우에 적용하여 서술하고 있는데, 유일하게 문학을 주제로 삼고 있는 글이다. 정혜윤의 주제는 최근 미국 음악학계에서 주목받고 있는 시각의 하나로, 음악을 내러티브로서 접근하려는 시도를 다루고 있다.

한편, 미학의 키워드뿐 아니라 예술 현장에서 등장한, 이론적으로 중요한 키워드들도 새로운 미학적 쟁점을 형성하기에 충분하다. 박동천은 공공예술의 개념과 그에 대한 비평적 판단의 문제를 다루고 있으며, 양효실은 점점 더 폭넓게 사용되며 현대 문화를 규정짓는 데 빼놓을 수 없는 개념인 키치를, 윤자정은 위조, 표절, 패러디, 패스티쉬를 포괄하는 차용이라는 현상을 각각 설명하고 있다.

현대 과학기술의 변화는 예술 매체에 대한 변화를 가져오는데, 최연희의 미디어 아트와 강미정의 디지털 아트는 현대예술을 이러한 측면에서 조망하고 있다. 김희성은 여기서 한 발 더 나아가 디지털화에 의해 만들어진 사이버 공간과 가상현실의 특성, 그것과 예술과의 관계를 고찰하며, 오혜경은 디지털 기술이 영화의 미래를 어떻게 바꾸어 놓을 것인가에 대한 흥미로운 예측을 시도하고 있다. 마지막으로 서지원의 글은 이러한 매체의 변화와 현대적 사고의 전환은 미술관이라는 전통적 제도를 새로운 시각에서 재발견하도록 했기에, 그에 따라 일어나고 있는 미술관의 변화를 다루고 있다.

전체적인 구조가 짜인 후 필자들을 찾아 나갔던 『미학대계』의 제1권과 2권에 비해 『미학대계』 제3권은 필자들의 자유로운 참여를 환영하였고, 그 결과 조금은 느슨한 구성이 될 것이라는 점은 애초에 예상한 바와 같으나, 그럼에도 불구하고 미학과 예술의 가장 최근 동향을 이야기하기에 필요한 주제 및 개념들이 어느 정도는 망라된 것으로 보인다. 다만 현대 조형예술에서 커다란 비중을 차지하고 있는 사진에 관한 고찰이 어떤 형식으로건 이루어졌으면 좋았을 것이고, 미술관뿐 아니라 예술 경영 전반에 관한 글도 넣고 싶었으나 여의치 않았다. 물론 욕심을 내고자 한다면 부족한 것이 어디 한둘일까? 그러나 이것이 출발이라는 마음으로, 앞으로 계속 보다 나은 미학의 길잡이 책이 될 수 있도록 수정하고 보완할 계획이다.

이해완

차 례

제1권 | 차 례

제 2 권 ▮ 차 례

제1부 미학의 근본 문제

제2부 현대미학의 방법론과 전개

현대예술의 전개

현대 미술의 전개

-20세기 전반부의 경향-

김승환

1. 서론: 새로운 조형문법의 성립과 다양한 모색

현대 미술은 19세기 중반에 형성되기 시작한 도시화, 산업화, 세속화된 서구사회의 변화 속에서 태어났다. 빠른 속도로 변하는 사회 속에서 현대 미술가들은 새로운 미술 양식과 이념을 통해 기존의 가치에 도전해 왔다. 20세기 전반부의 미술은 원시주의에의 관심, 정신성의 탐구, 테크놀로지의 찬양, 비합리적인 것과 무의식의 탐구 같은 특정한 주제를 다양한 양식으로 작품화하였다. 후기인상주의, 야수주의, 입체주의, 독일 표현주의 등에서 나타난 원시주의는 서구문명을 벗어나 전설적인 '황금시대'를 찾으려는 낭만적인 동경과 제국주의를 통해 발견하고 새로이 접한 아시아, 아프리카, 오세아니아 지역의 문화를 반영했다. 초기의 추상미술은 현대 사회의 세속주의와 물질주의를 배격하는 정신세계의 탐구였으며, 미래주의, 구성주의, 데 슈틸, 바우하우스, 순수주의 등은 20세기 초 급격히 발전한 과학과 테크놀로지를 찬미했다. 한편 다다 미술가들은 테크놀로지와 과학의 발전이 유럽문명을 자멸시킨 원인이라고 비난하며 합리적인 것과는 정반대의 미술로 반응했으며, 초현실주의자들은 무의식의 세계에 천착했다.

19세기 중반 이후로 자리 잡기 시작한 아방가르드 미술가의 진보적이고 실험적인 이념과 함께 과거의 부정을 통해 끊임없이 새로움을 추구하는 미적 모더니티의 개념은 20세기 전반부 미술가들에게 새로운 조형문법에 대한 강박관념과 지칠 줄 모르는 실험정신을 유발했다. 이들은 르네상스 이래로 수백 년 동안 서양 미술을 지배해 온 조형문법에서 벗어나 새로운 조형언어, 재료, 기법과 매체, 형태를 창출해 냈다. 이 글은 우선 서구 미술 전통의 기본 전제였던 '재현'으로부터 벗어나는 작업을 완성하고, '회화의 순수성과 자율성'을 주창하는 추상미술로의 길을 열었던 야수주의와 입체주의의 시각적 혁명을 각각 색채와 형태의 측면에서 살펴볼 것이다. 다음으로 1910년대와 20년대에 활발하게 활동했던 다양한 실험적 미술운동을 통해 당대 미술가들이 미술과 테크놀로지의 관계를 어떻게 설정하고 그에 따라 어떠한 미술 이념과 구체적 조형언어를 만들어 냈는가를 살펴볼 것이다. 끝으로 다다와 초현실주의가 어떻게 서구문명의 한 축이자 과학기술의 기초인 이성과 합리적인 것을 거부했으며, 어떤 과정을 거쳐 어떤 대안을 추구했는가에 대해 살펴볼 것이다.

2. 본론: 다양한 미술운동의 양상과 미적 이념

가. 새로운 조형언어를 통한 시각의 혁명

1905년 파리 그랑팔레에서 열린 제3회 가을 살롱전(Salon d'Automne)의 제7 전시실에는 마티스, 드랭, 블라맹크, 반 동겐, 장 푸이 등 젊은 작가들의 작품이 전시되었다. 이들의 작품은 밝고 대담한 색채를 통해 독특한 참신성을 보여 주었는데, 그 작품들은 당시 대다수 비평가들의 눈과 마음을 심히 불편하게 했다. 결국 루이 복셀의 "야수들(Fauves)"이란 혹평이 이 젊은 미술가들의 새로운 미술 경향을 지칭하게 되었다.

자신의 아내 얼굴을 다채로운 색채로 그려낸 마티스의 〈모자를 쓴 여인〉이나 대담한 색채로 동료 화가의 얼굴을 표현하여 얼굴의 색은 어떠해야 한다는 고정관념을 깨버린 드랭의 〈마티스의 초상〉에서 잘 드러나듯, 야수주의의 특징은 자연의 모방에서 벗어난, 원색적이고 강렬한 색채의 사용에 있다. 이는 인상파 화가들에 의해 시작된 전통적인 명암법과 고유색으로부터 벗어나는 과정의 연장이며, 보다 구체적으로 시냑의 수정된 점묘주의, 고흐의 거친 붓놀림과 채색주의적 업적, 고갱의 시적 열망과 장식적 색채 패턴의 계승과 심화 작업으로 이해될 수 있다. 더욱이 마티스는 아프리카 조각, 알제리의 도자기와 직물 등 비유럽권 미술이 지닌 단순한 선과 강렬한 색채, 장식성에 영향을 받아 자신 회화의 핵심—표현해야 할 회화적 요소들의 수를 줄이는 것—에 도달했다. 〈분홍 양파들이 있는 정물〉(1906), 〈빨강의 조화〉(1909), 〈춤〉(1910)에서 볼 수 있듯, 마티스는 자연의 색을 보이는 대로 표현하는 것이 아니라 자신이 보고 싶은 대로 혹은 보여 주고 싶은 대로 현실과 다소 무관한 색채를 사용했다. 이는 색채의 자율성이란 점에서 현대 미술의 시각적 혁명을 이끌어 냈다.

1890년에 "그림이란 군마나 나부, 또는 일화를 그린 것이기 이전에 본질적으로 일정한 질서하에 색채로 덮인 평면이라는 것을 기억하라"고 말한 것은 모리스 드니였지만, 이것을 잠재적인 혁신적 개념으로 구현한 것은 바로 마티스였다. 그런 점에서 야수주의는 이후 등장할 추상미술의 혁명을 알리는 신호탄이었다.

마티스처럼 피카소도 원시미술(이베리아 조각, 아프리카 조각)에 대한 관심이 컸다. 이러한 관심은 1907년 작품인 〈아비뇽의 처녀들〉의 단순화되고 왜곡된 신체를 통해 나타난다. 이러한 인체의 표현은 르네상스 이후 유럽 회화의 두 핵심적 특성 중 하나인 인간 형상을 위한 고전적 규범(비례, 해부학에 근거한 실물감)으로부터의 이탈이자 인간 형상 표현 가능성에 대한 새로운 태도의 시작을 의미한다. 이 그림의 또 다른 혁명적 측면은 전통적 서구 회화의 또 다른 핵심적 측면인 일점원근법의 공간적 환영주의와의 결별이다. 정면을 바라보고 있는 두 여인의 코가 측면에서 본 모습으로 그려진 점이나, 관람자에게 등을 보이고 앉은 여인의 얼굴이 정면을 향하고 있는 점들은 공간에 대한 피카소의 새로운 시각을 보여 준다. 즉 피카소는 직선 원근법의 균질적 공간을 버리고, 복수 시점에 따른 복수적 공간들 속에 대상을 그려 넣었다.

입체파가 복수 시점을 채택한 이유 가운데 하나는 전통적인 미술이 가지고 있는 시간적 한계를 초월하기 위해서였다. 1911년 장 메챙제에 따르면, 대상과 일정한 거리를 유지한 채 움직여서는 안 된다는 과거의 편견을 입체파 화가들이 "뿌리째 뽑아 버렸다. …… 그들은 가만히 있기는커녕 대상의 주변을 마구 돌아다녔는데, 이는 지성의 통제 아래 대상을 구체적으로 재현하기 위해서—연속적인 여러 측면을 가진 것으로 재현하기 위해서—였다. 과거에는 그림이 공간만 소유했지만 지금은 시간까지도 지배한다." 이와 같은 회화적 공간 표현의 중요한 혁명은 여러 각도에서 본 시각을 하나의 평면에 종합했던 세잔의 성과와 카메라의 움직임이나 렌즈의 각도 변화, 편집을 통해 공간적 일관성의 파괴와 함께 공간을 복수화시킨 영화의 혁신에 대한 통합적 이해의 바탕 위에서 가능했다.

입체파 화가들은 복수의 시점을 채택했을 뿐만 아니라 깊이감에 대한 전통적인 관념에도 수정을 가했다. 과거의 화가들이 대상을 3차원 공간 속에 재현하는 것을 회화라고 여겼다면, 현대 화가들은 미술이 어떤 것을 재현한다는 관념 자체를 거부했다. 회화는 회화 본래의 것, 즉 평면 위에 형태를 배치하는 것이어야 했다. 이러한 평면화를 달성하는 과정에는 시점의 복수화도 부분적으로 작용했지만 광원의 복수화, 농담원근법의 절제된 사용, 상호 분리되어 존재하는 형태들의 경계를 허물고 철저하게 중복시키는 기법 등이 사용되었다. 그 결과 피카소와 브라크는 공간에 대상과 동일한 색 · 질감을 부여하고, 공간과 대상을 거의 구별할 수 없을 정도로 마구 뒤섞어 버렸다. 공간과 대상의 경계가 무너지고, 그 양자가 서로 침투하는 방식은 브라크의 1910년 작품인 〈바이올린과 물병이 있는 정물〉에서 절정에 달했다. 피카소의 〈사랑스런 사람〉과 브라크의 〈포르투갈 사람〉이 그려진 1911년에 이르면, 화면 속의 인물들은 형태가 산산이 부서져 기하학적 구성물이 되었다. 이들에게 닫힌 형태의 파괴는 곧 시각적 외관에 대한 예술의 자립 선언이었다. 대상을 파괴하고 그것을 다시 공간 속에 이리저리 엮는 행위는, 예술가는 실제로 보이는 모습을 존중해야만 하고 주제와 배경은 분리해서 표현했던 종래의 관습에 대한 거절이라 해석할 수 있다.

많은 사람들은 이러한 시점들의 증식이나 3차원 공간의 균질성 붕괴를 현대의 다원주의와 현대인들이 겪고 있는 혼란이 가시적인 형태로 표현된 것이라 여겼다. 실례로 피에르 프랑카스텔은 입체주의를 현대의 파편화된 공간의 반영이라고 보았다.

나. 미적 모더니즘과 테크놀로지

이탈리아 시인이자 극작가인 시인 필립포 마리네티(Fillippo Marinetti)가 1909년 2월 파리의 『르 피가로』 지에 「미래주의 신언」을 발표하는데, 그 선언문 속에서 마리네티는 기존의 낡은 예술을 모두 부정하고, 현대 과학기술 문명의 상징인 속도, 에너지, 역동성, 기계 등을 찬양했다. 이는 새로운 기계, 기술의 발전에 따른 핑크빛 미래에 대한 확신과 함께 이탈리아의 후진성에 대한 자각에서 비롯된 것이다.

마리네티는 "우리는 선언하노라, 새로운 미, 속도라는 미가 세계의 장려함을 더욱 풍부하게 해주었다고. 보닛에 거대한 배기관을 장식한 채 탄환처럼 질주하는 경주용 자동차는 사모트라케의 니케보다 아름답다"고 포고했다. 이는 새로운 과학기술의 산물인 기계, 자동차, 전화, 철도, 라디오, 비행기 등이 가져온 새로운 속도의 리듬에 대한 찬양이자, 새로운 속도를 활력의 상징, 경험 가능성의 확상, 편협성의 해독제라고 받아들인 당시 대다수 지식인의 태도의 반영이다. 이러한 속도에 대한 미래주의자들의 관심은 보치오니의 〈자전거 타는 사람의 역동성〉이나 자코모 발라의 〈칼새: 움직임의 경로+역동적 연속성〉에서 엿볼 수 있는데, 특히 보치오니는 자신의 작품 속에서 추상적인 부피감과 힘을 나타내는 선들을 통해 페달 밟는 다리, 빛과 공기의 소용돌이를 표현함으로써 사람, 자전거, 공기를 서로 침투시킨다. 이러한 방식을 미래파 화가들은 "…… 무서운 속도로 빙글빙글 돌아가는 우리의 생을 표현하는 것"이라고 선언하게 되는데, 이는 예술가들이 이제 고정된 순간이 아니라 운동 그 자체의 역동적인 감각을 표현할 것임을 밝힌 것이다.

보치오니는 상대적 운동(대상의 외부에서 알게 되는 것)과 절대적 운동(대상 안으로 들어가 그 속에서 직관해 내는 것)을 구별하는 베르그송의 발상에 이끌렸지만, 동시에 예술가는 단일한 이미지 안에 두 가지를 모두 종합할 수 있다고 주장하며, 이러한 주장을 '상대적 운동+절대적 운동=역동성'이란 등식으로 표현했다. 그는 이러한 역동성을 표현하기 위해 에드워드 머이브리지의 시차사진술이나 브라가글리아의 포토다이나미즘의 운동 표현 방식을 거부하고 대신에 연속적인 운동의 단일한 형태를 발견하고자 했다. 그 노력의 결과는 1913년 작품인 〈공간에서의 독특한 형태의 연속성〉에 잘 나타난다. 이 작품에서 보치오니는 인간 행동의 가까운 과거와 가까운 미래는 물론 그 행동에 의해 대상과 환경 사이에 발생하는 상호 침투를 시사한다. 다시 말해, 앞으로 거꾸러질 듯한 자세는 불꽃처럼 생긴 장딴지에 의해 균형을 이루는데, 이 불꽃은 운동을 추진하는 에너지와 운동의 속도를 시사한다. 넓적다리 근육의 윤곽은 공기역학적 효율에 맞게 되어 있다. 비록 몸통에 팔은 없지만 돋아나는 날개처럼 쫙 펼쳐진 어깨는 연속적 움직임의 또 다른 원천을 암시한다. 이 작품을 통해 보치오니는 전통적인 형상이나 비례, 균제를 초월하는 현대인의 상을 창조함과 동시에 운동에 숨어 있는 다수의 이질적 시간을 하나의 조형에 담았다는 점에서 속도와 역동성이란 새로운 미를 창조하려 했던 미래주의의 목표를 구현했다.

미래주의자들이 미래에 대한 사랑을 천명했음에도 불구하고 그들의 작품의 주제나 선언문의 초점은 현재에 머물러 있지만, 일종의 종합적 예술운동을 펼친 점에서, 그리고 대중 전파를 목적으로 한 점에서 미래주의는 기존의 미술과는 분명히 다른 성격을 보여 주었으며, 특히 다다나 러시아의 아방가르드 미술에 많은 영향을 미쳤다.

피카소의 실험적 입체주의 작품 〈기타〉를 보고, 타틀린이 1913년 〈카운터 릴리프〉를 제작한 것이 발단이 된 구성주의는 1913년부터 1920년대에 걸쳐 구러시아에서 전개된 미술운동이었다. 1921–28년까지 레닌에 의해 전개된 신경제정책이 당시 전위예술가들에게 생산주의적 · 낙관적 사고의 분출을 자극했고, 더 나아가 기술에 의해 구현되는 유토피아에의 기대를 가지도록 격려했다. 이런 배경 속에서 구성주의자들은 사회적 편의, 실용성의 중시, 과학과 기술에 근거한 창작을 자신들의 제1원리로 삼았다. 그에 따라 그들은 과학의 합리성과 첨단 테크놀로지를 찬미하려는 미래지향적인 성향을 보이면서 사회적 · 정치적 참여에도 적극적인 관심을 표명했다.

구성주의자들의 미학은 '텍토닉'과 '팍투라'라는 두 개념에 의해 요약된다. 텍토닉이란 기계의 생산 방식에서 따온 말로 좁은 의미로는 기능과 형태적 측면의 건축을 의미하며, 보다 일반적으로는 산업사회에 부응하는 새로운 형태의 창출과 새로운 미의식 창달을 의미하는 개념이다. 한편, 팍투라는 재료 자체가 본래 지니고 있는 성질의 실현과 제작 과정 중의 재료의 특수한 조건과 그 재료의 변모를 의미하며, 다양한 재료(나무, 종이, 유리, 금속 등)의 질감뿐 아니라 그것의 형태, 색채 등 재료가 지닌 고유의 표현 가능성의 총체적 개념이기도 하다. 이러한 미학에 따라 구성주의는 실재 재료를 사용하고 기능성과 공리성, 실용성을 중시했으며, 그에 따라 그들의 미술은 주로 실제 공간을 점유하는 입체작품으로 제작되었고, 평면작품의 경우에도 그것이 공간으로 발전될 것이 전제가 되거나 실용물의 설계도(엘 리씨츠키의 〈프룬〉 연작)로서의 의미가 강조되었다. 구성주의는 이같이 기능주의 미학에 근거하고 있었으므로 미술가들은 기술자, 또는 노동자로서의 예술가상을 지향하였다. 그리하여 그들은 순수미술과 응용미술의 구분, 창작과 노동, 예술과 생활의 구분이 사라진 사회를 이상향으로서 지향했다.

구성주의 운동은 회화, 조소, 건축, 공예 등 다양한 분야에서 나타났는데, 전반적으로 자연의 재현을 배격하고 본질적인 순수한 조형 요소의 구성을 기본 요소로 하기에 불필요한 장식성이 배제되었다. 건축에서는 기능주의로, 회화와 조소에서는 기하학적 추상주의로 발전되었다. 특히, 건축과 조소에서는 전통적 재료에서 탈피해 금속, 유리, 판지, 알루미늄, 플라스틱 등의 공업 소재와 산소 용접, 전기 톱, 드릴 등의 최신 용구를 이용하여 양감보다는 공간성이 돋보인 표현이 주조를 이룬다(타틀린의 〈카운터 릴리프〉). 작가에 따라서는 물리학적인 균형감각에 근거한 추상적인 미(엘 리씨츠키의 〈프룬〉 연작, 나움 가보의 구성주의 조각 작품)를 추구하거나, 운동이라는 역동적인 미를 표현(로드첸코의 〈매달기 구성〉)하기도 했다.

1930년대 초, 사회주의 리얼리즘이 소비에트 연방의 공식적 미술 양식으로 규정됨에 따라 구성주의가 배척되기에 이른다. 그러나 구성주의 미학은 서유럽으로 망명한 러시아 작가와 전시회를 통하여 서유럽으로 전파되고, 특히 조형적인 측면에서 그것의 다양한 가능성이 지속적으로 탐구되었다. 네덜란드의 데 슈틸(De Stijl)이나 독일의 바우하우스 미술가들은 기하학적 형태의 건축물과 생활용품을 통하여 러시아 작가들의 이상을 실제 환경 속에 실천하였던 것이다.

데 슈틸 운동은 테오 반 되스부르크와 몬드리안, 건축가 게리트 리트펠트가 중심이 되어 미술과 사회 개혁을 결합시킬 수 있는 그룹 양식을 창조하려는 노력의 일환으로 1917년 네덜란드 라이덴 시에서 시작되었다. 데 슈틸 운동의 조형적 · 철학적 제 원리를 형성한 것은 네덜란드의 수학자 쇤매커스(Schoenmaekers)였다. 그는 자신의 저서 『세계의 새로운 이미지』에서 수평선과 수직선, 직각의 우주적 탁월성, 세 기본색에 대해 논하였는데, 이 모든 것이 몬드리안의 신조형주의의 근간을 이룬다.

몬드리안은 입체주의의 형체해체론을 더욱 발전시켜 대상의 구조적 파악을 통한 극단적 추상론을 전개함으로써 기하학적 선과 단순한 색채의 순수한 관계, 즉 수직선과 수평선만을 이용한 명철한 구도와 3원색 및 무채색만을 사용한 간결한 색채 구성에 도달한다. 그는 자신의 회화 방식을 신조형주의라고 불렀으며 그런 방식을 통해 '순수한 리얼리티', 즉 '모든 특정한 형태의 배제'에 의해 '상반된 것들 간의 등가에서 비롯되는 조화'를 탐구하고 표현하고자 했다. 이러한 방식을 통해, 몬드리안은 자연을 초월하여 보편적 조화를 이루는 통일적 질서를 확립하는 동시에 그의 예술이 인류가 앞으로 나아갈 길을 밝히는 등대 구실을 하길 원했다.

몬드리안과 그의 동료 예술가들은 신조형주의를 통해 새로운 세계에서 인간의식을 지배할 보편적인 조화의 원리들을 증명할 수 있을 뿐 아니라 이 원리들을 통해 새로운 형태의 현대 건축과 디자인을 결정할 수 있다는 믿음을 공유했다. 더 나아가 그들은 미술, 건축, 디자인이 각 분야에서 적절히 규정된 원리들을 토대로, 조화로운 환경 속에 통합될 것임을 주장했는데, 이는 전체 도시환경을 미적으로 구성하려는 미술의 꿈이자 유토피아적 이상주의의 발현이었다. 리트펠트의 다양한 가구 디자인이나 새로운 건축 개념에 따른 〈슈뢰더 하우스〉, 반 되스부르크와 반 에스테렌의 건축물들이 그 대표적인 예이다.

데 슈틸 그룹의 기본 목표인 '새로운 환경의 창조'를 성취한 것은 건축가들이었다. 이들의 성과가 1920년대 당시에는 뚜렷하지 않았다 하더라도 그들의 아이디어와 정신을 종합한 후세대에 의해 미래의 환경을 창조해 내는 밑거름이 되었다. 미술이야말로 유토피아적 사회에 이르게 하는 단 하나의 방법이라고 굳게 믿었던 데 슈틸 그룹의 메시아적 믿음은 이들이 자신들의 작업을 계속 밀고 나가게 한 원동력이 되었다.

1919년 독일의 사회민주주의 정부는 기존의 반 데 벨데(Van de Velde)가 설립한 미술학교와 공예학교를 합병하여 종합예술학교인 '국립 바우하우스 바이마르'를 설립하고 초대 교장에 발터 그로피우스를 임명했다. 그로피우스는 시대가 요청하는 진정한 미술은 현실적 기능과 아름다움이 조화를 이루는 것이며, 더 나아가 건축을 중심으로 모든 조형 분야의 상호 공조를 도모하는 종합예술을 주장했다.

바우하우스의 조형이념은 보편적인 표준 스타일의 디자인 개념을 지향한 독일 베르크분트 이념과 구체적 실세와 수학적 논리를 통해 합리적 조형원리를 설정하려 했던 오스트리아 빈 공방의 철학적 이념으로부터 많은 영향을 받았다. 데사우 시대(1925-27)부터 그로피우스가 최고의 가치로 추구한 '표준화' 개념이 구체화되기 시작함으로써 진보된 테크놀로지와 예술의 보다 긴밀한 관계가 추구되고, 근대 공업의 소산인 신재료의 과학적 연구와 그 합리적 사용, 대량 생산에 적합한 원형(prototype) 제작, 생활 기능의 적극적 파악을 목표로 새로운 건축과 새로운 디자인을 실험하고 교육하는 기관으로서의 입지가 굳어졌다.

규격화(표준화)와 공업화, 즉 기능주의와 합리주의의 결합을 통해 10여 년간 유럽의 창조적 미술활동과 세계 디자인 활동의 최고 중심지가 되었던 바우하우스는 나치의 탄압 속에 1933년 폐쇄되었지만, 그 조형이념은 오늘날의 산업 디자인, 건축, 실내장식, 응용미술 분야에 지대한 영향을 미친다.

아메데 오장팡과 르 코르뷔지에를 중심으로 1918년부터 25년 사이 프랑스에서 전개된 미술운동인 순수주의는 큐비즘의 조형언어가 점진적으로 결정체의 형태(crystalline form)로 발전되어 간다는 큐비즘에 대한 비교적 신선한 이해에서 출발하였다. 이들은 과거 미술과 현대 과학을 바라보는 균형 잡힌 시각, 실제적 효율성을 중시하는 엔지니어적 경향을 바탕으로 자신들의 미적 논리를 발전시켰다.

1918년부터 순수주의자들은 "예술과 과학은 본질적으로 동일한 목표를 향해 이끌어진다"는 것을 자신들의 미적 원리로 삼는다. 그들에게 예술과 과학은 모두 수(number)에 근거하며 양자 모두 수적 아름다움을 추구하는 것으로 비추어진다. 즉 수란 모든 아름다움의 바탕인 것이다. 순수주의자들은 고대 그리스 문명의 상징인 파르테논 신전, 에펠탑, 여객선과 자동차를 실례로 들며 이들에게 공통적으로 보이는 수적 비례를 분석하고 기하학적 선과 볼륨 속에서 형식과 기능 간의 조화를 읽어낸다. 그들은 이러한 논리를 발전시켜 '전형적 오브제(type-object)' 개념을 추론해 내는데, 경제 법칙인 효율성에 따라 생산된 공업 제품들은 각기 자신의 용도에 적합한 가장 효율적인 형태, 즉 단순한 기하학적 형태를 지닌다는 것이다. 그들 형태의 아름다움은 형태의 단순성과 유용성 간의 이상적 결합이라는 보편적이고 변함없는 진리를 전달한다. 따라서 순수주의자들은 오브제가 지닌 형태의 단순성과 순수함을 통해 '수적 질서의 감동'을 창조하고자 하였다.

1919년부터 1925년까지 간행된 순수주의 운동의 기관지인『에스프리 누보』는 비행기, 여객선, 자동차, 터빈, 프로펠러 등 많은 공업 제품을 소개함으로써 기계와 기술적 진보에 대한 찬미뿐만 아니라 유토피아적 · 기능적 미술에 대한 그들 이론의 주된 발표장이었다. 특히 기계문명과 기능주의에 지대한 관심을 보였던 르 코르뷔지에는 국제건축양식의 대표적 건축가가 되었다.

제1차 세계대전 직후 전쟁 후유증에 시달리는 프랑스를 다시 재건하려는 이데올로기가 깔려 있는 순수주의는『에스프리 누보』의 힘찬 논조와 그들이 그린 조용하고 치밀한 정물화 간에 커다란 간극이 있었지만, 건축과 디자인 분야에서는 후대에까지 많은 영향을 미쳤다.

다. 비이성과 무의식

1915년경 유럽을 휩쓸고 있던 제1차 세계대전을 피해 수많은 젊은이들이 중립국 스위스의 취리히로 모여들었다. 이들 중에는 독일인 소설가 휴고 발, 리하르트 휠첸버그, 루마니아 시인 트리스탄 차라, 루마니아 화가이자 조각가인 마르셀 장코, 알자스 출신의 화가이자 조각가인 장 아르프, 후에 유명한 실험영화 작가가 된 한스 리히터 등이 있었다. 이들은 취리히의 카바레 볼테르에 모여 시낭송, 소음연주회, 미술전시회 등을 통해 당시 전쟁 중 유럽에 번지고 있던 병적인 흥분과 광기에 대한 반발로써 부정적이고 무정부적이며 파괴적 의도를 담은 예술 형태를 보여 주었다.

이러한 다소 냉소적이고 부정적이고 공격적인 이들의 태도는 그들 모임의 명칭인 '다다'의 의미나 그 선택 과정에서도 드러나는데, 이러한 '의미 없고', '장난삼아', '우연적인' 태도는 제1차 세계대전의 원인이 되었던 이성 중심적인 서구문명의 허구성에 반발하여, 기성 사회체제를 부정하고 파괴함으로써 억눌린 잠재본능이나 욕구의 돌파구를 찾으려 했다. 테크놀로지와 과학의 발전에 대한 믿음이 유럽문명을 궁지에 몰아넣은 원인이라고 비난하며 논리적이고 이성적이고 합리적인 것과는 정반대의 불합리한 것, 허무, 감정의 무절제한 표출, 유머 등을 표방하는 작품을 만들어 냈다. 이런 점에서 다다는 특정 미술양식이라기보다는 세계관을 지칭한다고 볼 수 있다.

다다의 파괴적 도전정신은 제1차 세계대전 후 유럽과 미국 전역으로 급속히 확산되어, 파리, 뉴욕, 바르셀로나, 베를린, 쾰른, 하노버 등지에서 대대적 다다 운동이 전개되었다. 장 아르프의 우연성을 이용한 구성 시리즈와 만 레이의 못이 박힌 다리미처럼 위협적인 오브제(《선물》), 뒤샹의 레디메이드는 '미술은 어떠해야 한다'라는 기존의 가치관을 부수는 반예술의 전형을 보여 주었다. 또한 성적 유머가 담긴 피카비아의 기계적 이미지, 이질적 이미지를 과감히 결합한 한나 회흐와 존 하트필드의 포토몽타주 작업, 주변의 못 쓰는 물건이나 잡동사니—담배 포장지, 승차권, 신문지, 끈, 널빤지, 철망 등—를 모아 콜라주 작업을 한 쿠르트 슈비터스의 메르츠 등이 다다의 예술관을 잘 반영하고 있다. 특히 막스 에른스트는 콜라주와 오브제를 이용해 비합리적인 무의식을 탐구함으로써 초현실주의의 탄생을 예고했다.

예술 자체를 부정하는 다다의 혁신적 예술관은 제2차 세계대전 후의 미술에 큰 영향을 미쳤다. 특히, 일상적 사물을 미술에 끌어들여 작품의 사물화를 추진하고, '발견'과 '선택'이 곧 예술이 될 수 있음을 보여 준 뒤샹의 태도는 팝 아트, 미니멀 아트를 비롯해 이후의 오브제를 이용한 모든 미술 경향에 많은 영향을 주게 된다.

1924년부터 20여 년간 미술과 문학을 주도했던 초현실주의에 대하여 앙드레 브르통은 「초현실주의 제1선언」(1924)에서 "순수한 정신적 자동기술(오토마티즘)을 통해 사고의 참된 작용을 표현하는 것으로, 이성적 통제가 없는 상태에서 그리고 모든 도덕적·예술적 속박과 선입관에서 벗어난 상태에서 기술된 사고"라고 정의 내린다. 이러한 정의에서 알 수 있듯, 초현실주의는 이성적 합리주의에 대한 반발, 우연성과 비의도적인 것에 대한 관심 등에서 다다와 연관성이 많다.

다다와 초현실주의 사이에 가교 역할을 한 막스 에른스트와 장 아르프에 의해 초현실주의는 우연과 비의도적인 요소를 이용한 실험, 발견된 오브제에 대한 관심, 오토마티즘(회화적 자유연상) 등을 다다로부터 물려받았다. 그 위에 프로이트의 꿈, 성, 무의식에 대한 정신분석학적 개념이 덧붙여졌다. 이러한 바탕에서 출발한 초현실주의 미술가들은 이성의 지배를 받지 않는 공상 · 환상의 세계, 즉 인간의 무의식 혹은 잠재의식에 의한 상상의 세계를 그려내기 위한 다양한 기법을 개발했다. 아르프, 에른스트, 호안 미로, 앙드레 마송은 프로타주, 데칼코마니 등의 자동기술적 표현기법을 통해 서정적이고도 매우 추상적인 공간 구성을 연출했다. 한편 살바도르 달리, 르네 마그리트, 이브 탕기는 정밀한 사실적 기법으로 기묘하고 환상적인 꿈의 세계를 형상화했다. 특히 마그리트는 사물을 일상적인 질서나 배경, 분위기에서 떼어내 전혀 그 사물의 속성과는 연관성이 없는 엉뚱한 장소에 놓음으로써 보는 이들에게 심리적인 충격을 일으키게 하는 데페이즈망 기법을 즐겨 사용했고, 달리는 하나의 대상을 2중 3중의 다른 이미지로 보는 병적인 착각을 이용하여 말이 여인의 나체로 보인다거나, 하나의 풍경이 사람의 얼굴로 보인다거나 하는 중복상을 교묘하게 화면에 표현했다. 초현실주의자들은 그런 과정을 통해 보는 사람의 마음속 깊이 은폐되어 있는 무의식의 세계를 해방할 수 있다고 믿었다.

히틀러의 권력 장악과 함께 유럽에 전운이 감돌자 많은 초현실주의자들은 뉴욕으로 이주하였다. 이들의 영향은 전후 추상표현주의를 통해 나타나는데, 미국의 미술가들은 초현실주의의 자동기술법을 보다 순수하게 조형적 표현 방향으로 발전시켰다.

3. 결론: 모더니즘 미술의 의의와 영향

양차 대전이 암시하듯 격동의 시간을 겪은 서구사회만큼이나 20세기 전반부의 미술은 미술사상 그 유례를 찾기 힘들 정도로 다양한 미술운동과 새로운 조형언어에 대한 실험이 전개되었다. 그 복잡하고 다채로운 유파의 양상과 미적 이념을 이해하기 위해 이 글은 새로운 조형언어와 시각혁명, 모더니즘 미학과 테크놀로지, 비이성과 무의식이라는 세 가지 관점을 통해 살펴보았다. 그런 연유로 이 시기의 적지 않은 미술 유파나 미술가들—독일 표현주의나 추상미술의 다양한 전개상, 일정한 유파에 속하지 않았지만 실험성이나 작품성에서 후대의 미술가들에게 많은 영향을 미친 다수의 미술가들—에 대한 논의를 생략할 수밖에 없었다. 이러한 제한에도 불구하고 이 글이 채택한 세 가지 관점은 아방가르드와 미적 모더니티의 기치하에 새로운 미술을 끊임없이 실험했던 20세기 전반부 미술의 경향을 이해하는 데 유익한 도구이다. 끝으로 논지 전개상 본론에서 논의하지 못한 몇 가지를 지적하면서 결론을 대신하고자 한다.

모더니즘 미학은 실용적 · 기능적 예술을 정초하기 위해 미술과 테크놀로지를 통합하려고 시도했다. 특히, 1920년대의 아방가르드 미술가들은 이러한 경향을 뚜렷이 보여 주는데, 구성주의, 데 슈틸, 바우하우스 등 다양한 아방가르드 운동의 작업과 선언에서 그런 성향이 분명하게 드러난다. 그렇다고 이들을 단순히 테크놀로지적 유토피아주의라는 하나의 범주로 묶어 버리는 것은 다소 무리가 있다. 그들이 테크놀로지를 긍정적으로 파악하는 경향이 있긴 하지만, 테크놀로지의 정의에 대한 생각엔 다소 차이가 있기 때문이다. 다시 말해, 미술가들의 그룹에 따라 테크놀로지에 대한 합리주의적 · 기능주의적 관점을 견지하기도 하지만, 역동적이고 충격적이며 마치 리비도의 힘처럼 작용하는 테크놀로지의 비이성, 혼돈, 파괴력을 강조하는 관점을 지닌 미술가들도 있었다. 실례로, 이탈리아 미래주의는 테크놀로지를 역동적 · 비이성적인 것으로 간주한 반면, 독일의 신즉물주의 미술가들은 기능주의적 논리에 입각해 기술에 의한 진보 및 사회적 엔지니어링에 대한 무조건적 확신을 피력했다. 한편 모더니즘 미술 및 건축을 주도한 기능주의적 입장과 달리 신조형주의, 초기 데 슈틸, 절대주의, 초기 바우하우스 등은 종교적 · 영적 차원에서 모더니즘을 표현하곤 했다.

르네상스 이래로 서구 미술을 지배해 온 무거운 전통으로부터 마티스와 피카소가 색채와 형태라는 조형적 측면에서 벗어나는 계기를 마련했다면, 뒤샹은 반예술적 태도를 통해 이후 미술가들에게 과거와의 정신적 이유(離乳)를 가능하게 했다. 특히 복수 시점을 추구한 입체주의의 분석적 화면에서 약화된 현실감을 회복하기 위해 창안해 낸 파피에 콜레는 현대 미술의 중요 개념 중의 하나인 오브제를 부각시키는 계기가 되었으며, 뒤샹의 〈샘〉으로 대표되는 레디메이드는 오브제에 대한 획기적 전환점을 마련했다. 이외에도 슈비터스의 메르츠나 이미지와 결합된 초현실주의의 오브제는 제2차 세계대전 이후 오브제를 이용한 모든 미술 경향에 지대한 영향을 미치게 된다.

더 읽을거리

Burger, P., *Theory of the Avant-Garde*, University of Minnesota Press, 1984.

Compagnon, A., *Five Paradoxes of Modernity*, Columbia University Press, 1994.

Elger, D., *Expressionnisme: Une révolution artistique allemande*, Taschen, 1994.

Frascina, F. (ed.), *Modern Art and Modernism: A Critical Anthology*, Harper Collins Publisher, 1983.

Paris-Musées, *Le fauvisme ou l'épreuve du feu*, Éditions des musées de la Ville de Paris, 1999.

Perry, G. (ed.), *Primitivism, Cubism, Abstraction*, Yale University Press, 1993.

Rosenblum, R., *Cubism and 20th Century Art*, Harry N. Abrams, 2001.

현대 미술의 전개

–1945년 이후의 경향–

조주연

1. 서론: 현대 미술의 전개에 있어 1945년이라는 시점의 의미

제2차 세계대전이 종결된 1945년은 세계사의 지형을 총체적으로 바꾸어 놓았던 만큼이나, 현대 미술(modern art)의 전개에 있어서도 돌이킬 수 없는 변화를 초래했다. 이 대대적인 변화의 귀결들은 제2차 세계대전 직후부터 가장 현저히는 1950년대에 걸쳐 명확하게 떠올랐는데, 이는 다음과 같은 두 가지 중요한 사실들로 집약될 수 있다.

우선, 가장 두드러진 변화로서, 현대 미술 생산의 중심지가 유럽에서 미국으로, 더 구체적으로는 파리에서 뉴욕으로 이동했다는 점을 들어야 한다. 이는 유럽에서 현대 미술의 견인차 역할을 해왔던 중요 미술가들이 유럽 전역을 휩쓴 파국적 전화를 피해 미국으로 대거 이주해 왔다는 사실과 이 대가들이 가져온 현대 미술의 직접적인 세례를 지극히 창조적으로 수용할 수 있었던 일단의 젊은 미술가들이 뉴욕에 대기하고 있었다는 사실 때문이었다. 후일 '추상표현주의' 화가들로 불리게 되는 이 미국의 미술가들은 전쟁 이전 유럽 현대 미술의 유산을 소화하는 동시에 이젤 회화와 위계적 구성, 전통적 매체(물감과 붓 등)의 정교한 유용이라는 유럽 미술의 관례를 넘어서, 대형 화면과 올오버 구성, 이질적 매체(산업용 페인트와 구멍 뚫은 깡통 등)의 도발적 운용이라는 새로운 관례를 창출함으로써, 서양 미술의 역사상 처음으로 미국의 '독자적인' 양식이자 나아가 서양 미술의 선봉에 서는 양식을 만들어 냈던 것이다.[1]

다음으로 지적해야 하는 변화는 첫 번째의 경우처럼 당장에 드러났던 것은 아니지만, '미국 회화의 승리'를 회고적으로 돌아볼 때 훨씬 근본적으로 심각한 결과를 빚었다고 할 수 있는데, 유럽의 현대 미술이 미국식 모더니즘으로 편협화하면서 강력히 제도화되었다는 것이 그것이다. 현대 미술의 기원을 미적 모더니티(aesthetic modernity)라는 근본에서 찾으면, 유럽의 현대 미술은 일찍이 19세기 초의 낭만주의를 출발점으로 하여 19세기 중엽의 모더니즘을 거쳐 20세기 전반의 아방가르드라는 다중적 지평을 발전시켜 왔고, 이러한 발전의 계기들은 미적 모더니티에 배태되어 있던 3중의 부정, 즉 과거에 대한, 사회에 대한, 그리고 자율적 예술에 대한 각각의 부정에 있었다.[2] 그러나 제2차 세계대전을 전후로 하여 유럽의 현대 미술이 미국으로 계승되는 과정은 이러한 유럽의 다중적 유산이 온전하게 미국으로 이전되는 과정이 아니었다. 현대 미술이 본격화한 19세기 중엽 이후 현대 미술의 두 주요 흐름을 구성해 왔던 모더니즘과 아방가르드 가운데에서 전후의 미국으로 계승된 것은 오직 모더니즘뿐이었고, 나아가 이 모더니즘마저 50년대를 지배한 냉전의 정세를 겪으면서 사회에 대한 예술적 부정이라는 계기를 상실한 채 미국 사회의 자유주의 이념을 미술관 등을 통해 제도적으로 대변하는 미국식 모더니즘으로 변모했던 것이다.[3]

요약하자면, 1945년이라는 시점의 의미는 두 가지로서, 한편으로는 현대 미술이 대서양을 건너 유럽에서 미국으로 계승되었다는 의미와, 그러나 다른 한편으로 이 계승은 부분적이었으며 또한 미국적으로 변형되었다는 의

1 폴 우드 외, 정성철 · 조선령 옮김, 『재현의 정치학』, 시각과문화, 1997, 1장 2부 참고.

2 마테이 칼리네스쿠, 이영욱 외 옮김, 『모더니티의 다섯 얼굴』, 시각과언어, 1993, 1장 참고.

3 할 포스터, 이영욱 · 조주연 · 최연희 옮김, 「누가 네오-아방가르드를 두려워하는가」, 『실재의 귀환』, 경성대학교출판부, 2004 참고.

미로 집약될 수 있다. 현대 미술의 전개에 있어 1945년 이후의 경향은 바로 이와 같은 중대한 변화들을 새로운 근원으로 한다. 이 글은 제일 먼저 '추상표현주의' 화가들이라고 불리는 일단의 미국 화가들에 의해 유럽의 현대 미술이 계승되는 과정을 살펴보고, 다음으로 이 미국적 미술이 유일무이한 정통 현대 미술임을 참칭하는 **모더니즘**으로 옹립되는 과정을 살펴본 후, 마지막으로 이를 통해 삶 및 사회와의 모든 연관성을 잃고 절대적 자율성의 추구로서 박제화된 **모더니즘**을 하나의 반발적 시원으로 해서 일어난 미술의 흐름을 중심으로 1945년 이후 미술의 전개를 살펴보게 될 것이다.

2. 본론: 현대 미술의 계승, 변형, 그리고 파열

가. 현대 미술의 계승: 추상표현주의 또는 '미국형' 회화

전통적인 의미에서든 당대적인 의미에서든 제2차 세계대전 이전까지 미국은 시각예술에서 한번도 주도권을 행사해 본 적이 없었다. 미국에도 뛰어난 화가들은 있었지만, 그들은 유럽 미술의 흐름에 포섭되거나 아니면 미국의 지방색을 드러내는 변방의 비주류로 대별될 뿐이었다. 제2차 세계대전에서 승리한 후, 미국은 서구 '민주주의'의 정치적 중심이며 산업 생산의 심장부이자, 파시즘이 도래하기 이전까지는 유럽 문명에 간직되었던 문화적 가치들을 이어받을 새로운 계승자라는 생각이 팽배했다. 이와 같은 맥락에서, 이미 1948년이 되면 그동안 현대 미술의 대표주자라고 숭앙되었던 입체주의의 몰락이 뉴욕의 미술계에서 운위되었으며, 서양 미술의 중요 전제들은 마침내 산업 생산과 정치 권력의 중심점을 따라 미국으로 건너왔다고 선언되었다. 유럽 미술은 쇠퇴했다고 여겨졌고, 서양 미술의 바통을 대신 이어갈 젊은 주자들은 미국에 포진하고 있다고 여겨졌다. '추상표현주의자들(Abstract Expressionists)' 이라는 이름으로 널리 알려진 잭슨 폴락, 윌렘 드 쿠닝, 프란츠 클라인, 한스 호프만, 아쉴리 고르키 등의 미술가들이 그들이다. 1930년대에 수련기를 거쳤고, 그 이전의 미술가 세대들과 달리 1940년대에 미국 내에서 직접 유럽 미술의 세례를 받을 수 있었던 이 미술가들은 한편으로 유럽 미술의 전통을 계승하면서도 다른 한편 이들에게서만 독특하게 볼 수 있는 이른바 '미국적 특질들' 을 발전시켰다.[4]

예컨대, 추상표현주의 미술가 가운데에서 가장 유명한 잭슨 폴락의 경우, 제소칠은 물론 마름질도 하지 않은 캔버스를 필째로 바닥에 펼쳐놓고 구멍 뚫은 페인트 깡통이나 물감을 듬뿍 머금은 붓을 흩뿌려 만든 그의 그림은 개념상으로는 합리적이고 이성적인 종합적 입체주의의 기하학적 추상을, 기법상으로는 서양 이젤 회화의 전통을 총체적으로 부정하는 독창적인 측면을 제시했다. 그러나 이전 회화의 전통을 모두 거부하는 듯한 폴락의 분방하고 난폭하며 충동적인 화면은 후기의 모네 회화에서, 더 일찍이는 터너의 풍경화에서 이미 암시되었던 바 있는 전면적 구성(all-overness)과 맞닿아 있는 것이다.

윌렘 드 쿠닝의 경우에서도 이와 유사한 계승과 거부의 측면을 동시에 발견할 수 있다. 마치 매를 후려치듯 난폭하게 갈긴 붓질이 난무하는 드 쿠닝의 〈여인〉 시리즈는 서양 미술에서 전통적인 여성 누드화의 연장선상에 놓일 수 있는 동시에, 마치 매질처럼 난폭하게 후려갈겨진 붓질이 대형 화면에서 산출하는 공격성의 표현은 세련된 붓질의 유럽 누드화 전통에서는 유례를 찾아볼 수 없는 것이다.

프란츠 클라인은 가옥 도장용 페인트를 사용할 뿐만 아니라 집을 칠할 때 사용되는 거칠고 두터운 붓, 15cm에 달하는 붓으로 단번에 힘껏 그어내리는 서체 같은 그림을 제시했다. 몸 전체의 힘이 실린 클라인의 붓질은 화면의 프레임과 정면으로 충돌하고 그러고 난 다음에도 바깥으로 뻗쳐 나가려는 듯한 힘을 표현하는데, 이 역시 화면의 지정된 프레임 안에 머물며 정

4 Irving Sandler, *The Triumph of American Painting: A History of Abstract Expressionism*, New York: Praeger, 1970 참고.

교한 구성을 추구했던 유럽 회화의 전통에서 벗어나는 점이다.

간략히 살펴본 대로, 추상표현주의에는 분명 유럽 현대 미술의 전통을 창조적으로 계승하는 측면이 있었다. 문제는 전전의 유럽 미술이 어떠한 지평에서든, 즉 모더니즘에서든 아방가르드에서든 유지해 왔던 사회 내지 인간의 삶과의 관계가 전후의 미국 미술에서는 상실되어 갔다는 것이다. 이것이 바로 추상표현주의의 성공과 실패를 결정지은 핵심 요인이었다.

나. 현대 미술의 변형: 절대적 자율성의 추구

추상표현주의의 화면, 좀 더 정확히 말하자면 추상표현주의의 전형으로 규범화된 화면들은 완전히 비대상적이다. 시각적 퍼즐 같은 분석적 입체주의에서는 물론, 완전히 추상적인 몬드리안의 격자에도 남아 있던 자연의 흔적을 추상표현주의에서는 조금도 발견할 수 없다. 하지만 추상표현주의 그림에서 발견할 수 없는 것이 단지 대상만인 것은 아니다. 추상표현주의의 화면은 또한 완전히 비성치적이기도 하다. 거기에는 그 어떤 정치적 언급도 명시 내지 암시되어 있지 않다. 이는 많은 추상표현주의 화가들이 1930년대에 급진적 정치학과 매우 밀접한 관련을 맺고 있었다는 사실을 상기할 때 매우 의아한 일이다. 한때 대단히 정치적이었던 화가들이 너무도 비정치적인 그림을 그리게 된 배경은 급진 정치학 자체의 변질로 인한 이 화가들의 자발적인 환멸에다가 냉전에서 정점에 이른 극도의 반공주의라는 외압의 결합으로 설명이 된다. 이러한 상황에서 추상은 당초 하나의 돌파구로 채택된 것이었다고 이해되어야 하고(“형상은 나의 목적에 기여할 수 없다. 우리 중 아무도 형상을 망가뜨리지 않고는 그것을 이용할 수 없는 시기가 온다.” 마크 로스코, 1958), 이는 폴락, 로스코, 뉴먼 등이 이른바 ‘성공한’ 미술가가 된 다음에도 끊임없이 해온 반국가주의 또는 반자본주의적 진술들과 일관되는 것이다. 바넷 뉴먼이 자신의 거대한 색면 회화에 대해 주장한 대로, 그것은 모든 국가 자본주의와 전체주의의 종말을 의미하는 것이었을 수 있다. 그러나 추상표현주의 미술가들의 비극적 역설은, 그들의 미술이 자신들의 의도와는 전혀 다른 이념적 기반에서 정치적으로 이용되는 일, 즉 그들의 추상이 1950년대의 악성적 냉전 질서 속에서 미국의 자유주의를 문화적으로 대변하는 이미지로 활용되는 일을 막을 수 없었다는 것이다. 결국 추상표현주의는 정치와 무관한 순수미술, 독특한 개성이 자유롭게 분출하는 미술의 전형으로 옹립되었으며, 이러한 견지에서 추상표현주의 미술가들은 그들의 추상이 사회적 함의란 일절 없는 순수한 매체의 탐구—또는 개인주의적 가치에 대한 분투와 헌신—로 이론화되는 것 또한 막을 수 없었다. 이것이 바로 클레멘트 그린버그의 **모더니즘** 미술론으로서, 이에 따르면 미술은 그 무엇과도 다른 자율적 영역이고, 현대 미술의 유의미한 발전은 이 자율적 영역 안에서 일어난 자기 비판의 과정, 즉 미술의 각 분야가 자신만의 환원 불가능한 본질을 찾기 위해 매진하는 과정을 통해 진행되어 왔으며, 회화의 경우 그 발전의 최근 성과는 추상표현주의에 있다는 것이다.

이 이론에 대한 추상표현주의 미술가들의 태도는 다양했다. 클리포드 스틸처럼 그런 이론은 자신의 그림이 지향하는 가치와 철저히 위배된다고 보고 언급되는 것 자체를 철저히 거부한 화가들이 있었는가 하면, 반대로 모리스 루이스처럼 그 이론의 설명력을 신봉해서 자기 비판의 다음 단계에 대한 가늠자로서 그 이론에 의지한 화가들도 있었다. '추상표현주의 2세대' 또는 '색면 회화' 또는 그린버그 자신의 표현으로 '후기 회화적 추상'이라고 불리는 모리스 루이스, 케네스 놀란드, 헬렌 프랑켄탈러 등의 화면에서는 그린버그가 회화의 환원 불가능한 본질이라고 규정한 '평면성과 그 구획(flattness and its delimitation)'에 몰두하는 화가들의 전문적인 관심사가 전면으로 부상한다. 예컨대, 모리스 루이스는 완전한 평면성을 획득하기 위해 캔버스에 물감이 스며들도록 하는 기법을 구사했다면, 케네스 놀란드는 브리딩 스페이스를 사이사이에 넣은 평면적인 화면의 구획에 몰두했다.

화려하고 장식적인 거대한 화면으로 1960년대 전반을 장식한 이 색면 회화들은 1950년대의 추상표현주의 회화로부터 영향을 받았다기보다는 추상

표현주의를 자기 비판의 논리로 역사화시킨 **모더니즘** 미술론의 부산물이라 할 만하다. 이러한 이론을 따라, 1960년대 초에 현대 미술의 유일한 적자로서 추앙된 미술은 절대적 자율성을 바탕에 깔고, 미술 바깥의 관심사에는 어떤 것에도 눈길을 주지 않은 채 오로지 자기 자신에게만 몰두하는 활동이 되었다. 그런데 이렇게 자기 자신에만 관심이 있는 미술은 도대체 우리의 삶과 어떤 관련이 있는가?

다. 현대 미술의 파열: 미술의 닫힌 경계를 넘어

1960년대 후반 이후의 미술을 관찰할 수 있는 시점은 단일하지 않다. 색면 회화의 정당성을 강력히 보증했던 **모더니즘** 미술론은 그 이론으로 설명할 수 없는, 보다 정확히 말하면, 그 이론으로 배제하고자 했던 새로운 미술들이 출현하고 번성함에 따라 급격히 쇠퇴했고, 미술에서 일어난 무수한 혁신들을 따라서 미술에 대한 재정의도 무수히 일어났다. 하나의 혁신이 하나의 새로운 정의를 수반했다고 할 정도로 미술의 재정의는 다양했지만, 그 모든 시도를 관통하는 하나의 공통점을 찾는다면, 그것은 현대 미술의 독특한 기반으로 존재해 왔던 예술적 자율성의 경계를 넘어서려는 노력으로 집약해 볼 수 있다.

이러한 노력의 시초는 사실상 1950년대 후반부터, 미술에 대한 **모더니즘**식 개념과 가치들을 둘러싸고 여러 방면에서 일어난 반발에서 찾아볼 수 있다. 이른바 '프로토-팝'이라고 불리는 재스퍼 존스와 로버트 라우셴버그의 작업이 그 선구적인 예이다. 매우 전문적인 미술의 재료와 기법을 구사하여 깃발, 과녁, 지도 같은 일상의 사물들을 재생한 존스의 작업은 전통적으로 그러한 재료와 기법이 일어내고자 노력해 왔던 이미지의 독창성을 거부하는 동시에, 일상의 사물 가운데에서도 특히 2차원적인 대상들에 집중함으로써(〈깃발〉 1954) 당대의 **모더니즘** 미술론이 지고의 목표로 제시한 '평면성'의 권위를 간단히 무시했다. 라우셴버그의 작업에서는 미술의 영역과 삶의 영역을 결합시키려는 시도가 한층 적극적이고도 다양하게 나타났다. 그의

〈침대〉(1955)와 〈모노그램〉(1959) 같은 작품들은 우리의 실제 삶이 영위되는 생활 주변의 사물들이 도입되어 구성된 작품들이며, 하얗게 채색된 세 개의 캔버스를 이어 붙인 〈화이트 페인팅〉(1951)은 조명을 이용해서 캔버스 위에 드리워지는 관람자의 그림자를 회화의 요소로 끌어들였다.

프로토-팝의 뒤를 이은 1960년대의 미니멀리즘과 팝아트에서는 **모더니즘**에 대한 도전이 더욱 본격화된다. 마치 **모더니즘**의 규정을 철저히 따르는 듯 환원적이고 순수한 형태를 사용한 도널드 저드의 작품들은 사실상 무한한 수열을 암시하는 기본 형태의 반복을 통해 하나의 자율적인 공간으로 봉합되어 있는 **모더니즘**의 완결된 작품 개념을 깨뜨리는 동시에, 시야를 넘어서는 작품의 규모를 통해 시각만이 아니라 신체 자체를 반응의 기제로서 끌어들이고, 그럼으로써 순간적 관조가 아니라 시간적 구성의 대상으로서의 작품 개념을 제시했다. 다른 한편 팝 아트에서는 **모더니즘** 미술이 옹호해 왔던 고급 미술과 대중문화 사이의 경계가 시험되는 한편, 미술의 상업성에 대한 성찰이 도발적으로 개진된다. 앤디 워홀은 마릴린 먼로, 엘비스 프레슬리 같은 대중문화의 유명 아이콘들뿐만 아니라, 캠벨 수프, 브릴로 박스 같은 일상의 생활용품들을 실크 스크린으로 대량 복제하는 작업을 통해, 이른바 대중문화의 대반격이라고 할 만한 사건을 고급 미술의 영역 안에서 일으켰다. 뿐만 아니라 워홀은 스스로를 '사업 미술가(business artist)'라고 자칭하고, 자신의 작업실을 '공장(Factory)'이라고 하는 등, 미술의 상업성을 공공연히 표방했는데, 이러한 모든 작업은 **모더니즘**이 미술 작품에 관해 상정해 온 여러 전제들, 즉 독창성, 유일성, 상업성의 은폐에 대한 도전이라는 견지에서 바라볼 수 있다.

그린버그에 의해 형식적 반성으로 환원되어 버린 전후 **모더니즘**에 대한 가장 근본적이고도 급진적인 비판은 1960년대 말부터 대두하기 시작한 개념미술에서 나왔다. 개념미술이 비판의 표적으로 삼은 것은 무엇보다 미술 대상의 상품적 지위가 최우선이었지만, 그 밖에도 대상미학 자체, 그리고 어떤 대상을 하나의 미술 작품으로 성립시키는 미술 제도 등이었다. 비판의 방편은 영미 분석철학(예술과 언어 그룹, 조지프 코수스, 로렌스 와이너), 사회 인류학과 사회학(한스 하케), 그리고 부분적으로는 생태학(리처드 롱)이나 역사적 유물론(예술과 언어 그룹) 등, 뚜렷이 미술이라는 전통적인 범주 바깥의 담론들에 의해 제공되었다. 대체로 개념미술은 이론상 유명론적이고 기능론적이며 반본질론적인 입장을 취했는데, 유명론적인 견지에서 뒤샹을 개념미술의 한 원천으로 보기도 한다. 그러나 뒤샹의 레디메이드가 제도로서의 미술에 주목하게 한 것은 사실일지라도, 뒤샹이 견지한 사회적 무관심은 개념미술의 구축주의적 경향과는 상치되는 것이다. 구축주의는 개념미술의 기능론적 원천으로 간주되며, 광고(빅터 버긴)와 잡지(로버트 스미슨, 댄 그레이엄, 예술과 언어 그룹의 회보, 조지프 코수스) 같은 대중 소통 체계를 사용하는 작업들은 특히 구축주의의 생산주의적 경향의 연장으로 이해될 수 있지만, 중요한 차이는 구축주의에서는 미술의 '소멸'이 수반되지 않았고 미술이 언어와 다양한 종류의 활동 및 개입 등을 사용하는 하나의 범주로 보존되었다는 것이다. 일부 개념미술가들(가령 온 카와라, 로렌스 와이너)은 자신들이 만들어 낸 물건이나 명제들이 미술로 인정되든 아니든 상관하지 않았지만, 그래도 그들의 경력은 여전히 미술 제도 내에서 유지되었다. 그러나 미술 제도 자체를 작업의 대상으로 삼은 개념미술가들도 있다. 가령 프랑스의 개념미술가 다니엘 뷔랑은 특유의 줄무늬를 사용해서 미술 작품의 의미를 구획하고 보호하며 폐쇄하는 미술관 건물을 재구획하고, 멜 보흐너는 미술관 안의 전시 공간을 검정 테이프와 인쇄용 사식 문자로 측량하여 그 공간 자체를 하나의 주목 대상으로 구축해 냈으며, 마르셀 브로타스의 〈겨울 정원〉(1974) 같은 작업은 인위적이고도 조잡한 실제 사물들을 복고풍의 거창한 전시 케이스에 배열하여 전통적인 전시 체계와 미술 제도의 권위에 도전한다. 아마도 개념미술이 반본질론적 입장을 가장 잘 보여 주는 것은 이러저러한 작업에도 불구하고 미술관 주변을 떠나지 않은 많은 미술가들과 달리, 사회 참여와 미술계 활동을 병행하는 미술가(가령 영국의 개념미술가 스티브 윌라츠)의 출현일 것이다.

새로운 사회적 내용에 대한 요구와 전통적 대상에 대한 비판을 결합시킨 이후의 작업으로 중요한 것은 사진과 비디오, 퍼포먼스를 이용하는 작업들을 들 수 있다. 이러한 비전통적 매체를 활용하는 작업에서 특히 주목되는 것이 페미니즘 미술이다. 마싸 로즐러의 비디오 작업 〈간단히 얻어진 시민의 필수 통계〉(1977)는 과학적 권위를 상징하는 흰색 가운을 입은 남성에 의해 여성이 신체의 모든 부위를, 심지어 성기 속까지 측정당하고, 그럼으로써 남성들이 설정한 체계 속의 한 대상으로 분류되는 과정이 제시된다. 아프리카계 미국인 여성 미술가인 애드리안 파이퍼는 일련의 퍼포먼스를 통해서 자기 자신을 분명한 사회적 의제가 담긴 미술 대상으로 제시했다. 예컨대, 파이퍼가 '젖은 물감' 이라고 쓴 문구를 자신의 흰 옷 위에 붙이고 맨해튼 거리를 배회하는 퍼포먼스 작품 〈촉매 작용 3〉(1970)은 자신을 하얀 바탕 위의 물감이라는 전통적 미술 대상으로 구현하는 동시에 '젖은 물감' 과 자신의 피부색을 중첩시켜, 지나가는 행인들의 반응에서 미술 작품과 유색인에 대한 모멸과 회피를 절묘하게 읽어낸다.[5]

페미니즘과 함께 진행된 중요한 작업들로 저자에 대한 질문과 주체성의 구성을 탐구하는 흐름을 들 수 있다. 담론의 측면에서 보면, 이 흐름은 초기의 개념미술에서 전형적으로 사용된 영미권 언어철학으로부터 기호학과 후기구조주의로의 이동이라는 특성을 보여 주고, 정치적 측면에서 보면, 생산관계 및 상하부구조 모델에 바탕을 둔 계급 정치로부터 이데올로기로, 또 종전의 계급 노선을 따라 조직되기 힘든 각종 소수자들(예컨대 여자, 동성애자, 유색인, 노인, 실업자 들)이 중심에 놓인 좀 더 파편화된 민주 정치로의 이동을 부분적 특징으로 한다. 사회의 소수자에 대한 관심은 민속지와 역사에 대한 관심을 촉발시키는 경향이 있었으며, 이 새로운 담론들과 미술 활동을 결합시킨 미국의 에드가 힙 어브 버즈(Edgar Heap of Birds) 그리고 르포히스토리(REPOhistory) 등의 공공 미술을 그 최근 사례로 볼 수 있

5 Thomas Crow, *The Rise of the Sixties*, New York: Harry N. Abrams, 1996 참고.

다. 에드가 힙 어브 버즈는 대형 마커 드로잉, 판화, 회화, 문자 메시지 등의 다양한 매체들을 가지고 세계의 여러 곳에서 토착민들과 협업을 하는 방식의 작업을 시도한다. 한편 미술가, 작가, 공연예술가, 교육자 등과 같은 다양한 인물들에 의해 1989년에 결성된 미국의 예술집단 르포히스토리는 집단 명칭의 원뜻 'Repossessing history'를 따라, 예컨대, 뉴욕 등지의 공식적 기념물들 아래 억눌린 역사들에 주목하는 방식의 장소-특정적인 공공미술 작업들을 통해서 역사적 재현을 탐구하고 다시 맥락화함으로써 역사의 회복을 시도한다.[6]

3. 결론: 미술의 새로운 개념과 역할

지금까지 이 글은 제2차 세계대전 이후의 현대 미술의 전개에 관하여 간략히 개관해 왔다. 글을 마쳐야 하는 지점에 이른 지금 반드시 언급되어야 한다고 보이는 사항은 세 가지이다. 첫 번째 사항은 이 글이 포괄하는 역사적 시간의 양적인 범위에 대한 것이다. 이 글에 주어진 제목, 즉 '현대 미술의 전개: 1945년 이후의 경향'을 문자 그대로 따르자면, 이 글은 1945년부터 2005년 현재까지의 시간을 모두 포함했어야 할 것이다. 그러나 실제로 이 글은 21세기의 최근 현재를 포함할 수는 없었고 1945년 어름부터 1990년대 정도까지, 전후 약 50년 정도를 포괄하는 데 그쳤다. 두 번째 사항은 해당 시간의 질적인 범위에 관한 것으로, 이 글이 그 50여 년 안에 포함되는 모든 미술 현상들을 다 기술하지 않았다는 것이다. 서론에서 밝혀둔 대로, 이 글은 제2차 세계대전을 기점으로 해서 현대 미술이 유럽으로부터 미국으로 계승되고 나아가 변형된 것, 즉 전후의 국제정치학과 긴밀히 연관되는 미국적 **모더니즘**이 전후 미술의 전개에서 새로운 시원이라고 보았으

6 할 포스터, 「민족지학자로서의 미술가」, 『실재의 귀환』 참고.

므로, 그 새로운 시원이 창출해 낸 흐름, 주로 비판적 반발의 흐름에 초점을 맞추었다. 물론 이 글이 주목한 미술의 흐름 바깥에 또는 사이사이에 수많은 미술 활동이 존재해 왔다. 그러한 미술 현상들은 중요하지 않아서라기보다는 이 글이 견지했던 초점으로 인해 그리고 또한 보다 물리적인 이유로는 지면의 제한으로 인해 쓰여지지 못했다. 마지막으로 이 글이 의식적으로 사용을 배제한 용어가 있음을 말해야겠다. 두말 할 나위 없이 그것은 '포스트모더니즘' 이라는 유명한 용어이다.

'포스트모더니즘' 은 이 글이 다루는 시기와 연관되어, 특히 1970년대 이후의 미술을 가리킬 때 즐겨 사용되는 용어이지만, 그 말로 전달되는 분명한 뜻보다는 그 말이 행사하는 오도의 위험이 더 많다는 생각이 이 용어를 배제한 연유가 된다. 이러한 오도의 위험 가운데 가장 경계할 것 중 하나로, 포스트모더니즘이 곧 무제한의 상대주의와 다원주의를 유포하고 지지한다고 여기는 입장을 지적할 수 있다. '포스트모더니즘' 이라는 휘호 아래 자행되는 반동적 방종을 무시할 수 없다면, 바로 그만큼이나 급진적 진보도 진행되고 있음을 지적할 수 있어야 할 것이다. 그러나 이보다 훨씬 더 중요한 것은, 포스트모더니즘의 이른바 상대주의와 다원주의에 맞서는 것이 하나의 본질, 불변의 진리, 절대적 가치가 지금 · 여기, 아니면 저기 · 언젠가라도 주어져 있음을 주장하는 것이 아님을 분명히 하는 것이다. 우리가 사는 삶과 역사의 본질과 진리 그리고 가치는 우리를 구성하는 조건들에 따라 정말이지 제각각 다른 상대적인 것이지만, 그렇게 다른 우리들 각각의 삶은 낱낱의 단절된 가닥들로 흩뿌려져 있는 것이 아니라, 그것이 빚어진 커다란 사회라는 그릇 속에서 역사적으로 얽히면서 논쟁의 대상으로서 계속 구성되어 가는 것이다. 이 글은 미술의 새로운 개념과 역할이 바로 이러한 논쟁적 본성의 삶과 역사를 언급하는 것이라고 믿는다.

더 읽을거리

Crow, T., *The Rise of the Sixties*, New York: Harry N. Abrams, 1996.

Foster, H., *The Return of the Real*, 1996(이영욱 · 조주연 · 최연희 옮김, 『실재의 귀환』, 경성대학교출판부, 2004).

Frascina, F. (ed.), *Pollock and After*, Yale University Press, 1985.

Guilbaut, S., *How New York Stole the Idea of Modern Art: Abstract Expressionism, Freedom, and the Cold War*, Trans. Arthur Goldhammer, The University of Chicago Press, 1983.

Sandler, I., *The Triumph of American Painting: A History of Abstract Expressionism*, New York: Praeger, 1970.

Wood, P., C. Harrison, and J. Harris, *Modernism in Dispute*, 1993(정성철 · 조선령 옮김, 『재현의 정치학: 40년대 이후의 미술』, 시각과언어, 1997).

음악에서의 모더니즘

이수완

음악에서의 모더니즘이란 모던한 사회의 출현과 함께 20세기 음악계에서 나타난 뚜렷하고 다면적인 변화 흐름을 의미한다. 그것은 20세기 서구 세계의 변화에 조응하는 음악적 표현수단을 구하려는 시도로, 작곡가의 일련의 작곡 관습과 미적 전망의 변화를 지칭한다. 모더니즘이 음악과 관련되어 쓰일 때, 그것은 18-19세기 음악을 지배했던 음악적 미의 기준과 기대 그리고 음악적 관습을 거부하는 것으로 나타난다. 이것은 오랫동안 음악적 관습으로 신뢰받아 왔던 음악적 원칙들, 즉 조성의 고수, 협화음에 대한 특별한 선호, 지각이 용이하고 규칙적인 리듬 패턴과 구조의 유지, 통합적이고 듣기 좋은 소리 음색들의 향유와 같은 특징들을 근본적으로 회의하고 혁신하는 것을 의미한다.

1. 음악에서의 '모던'에 대한 요구

서양 근대음악사에서 모던이란 용어는 여러 차례 나타났으나[1] 하나의 시

1 서양 음악사에서 'modern' 이란 용어는 자주 등장한다. 13-14세기로 넘어가는 1300년경,

대사적 개념으로서 모더니즘이 처음 등장한 것은 1883년과 1914년 사이로, 일반적으로 new, recent, contemporary와 함께 쓰였다.[2] 음악미학사에서 모더니즘은 일종의 반작용으로 설명되곤 하는데 그것은 음악적 모더니즘의 전제가 역사적인 것이었기 때문이다. 각각의 시대는 독특한 시대정신을 가지고 있으며, 각 시대는 시대적 표현에 적절한 상상적인 거울을 예술가에게 요구한다. 20세기의 역사적 현실과 철학적 문제들은 새로운 음악을 요구하는 것처럼 보였다. 20세기의 음악가들은 프로이트의 정신분석학, 후기 뉴턴 물리학, 자본주의의 팽창과 거대한 전쟁, 테크놀로지, 실증주의와 언어에 대한 비판에 상응할 만한 음악을 창조하려고 애썼다. 음악에서의 모더니즘은 음악사의 역사적 선례에 대한 재검토와 그에 뒤따르는 개혁적인 요구 과정에서 일어났다고 볼 수 있다.

이전 음악사에 대한 반성은 거대한 오케스트라 소리를 사용하고 형식을 확장하고, 반복이 분명하며 음악 외적 프로그램에 기초한 기악음악에 의존했던 후기 낭만주의의 주도적인 음악적 실천들에 주로 집중하였다. 그리고 이런 후기 낭만주의 음악 양식에 대한 비판은 19세기 후반의 부르주아 전통과 취미에 대한 비판으로 이어졌다.

하지만 한편으로 20세기 음악적 변화는 18세기 후반에서 19세기에 이루어진 음악적 사고를 여전히 이어가고 있다고 볼 수 있다. 20세기에도 여전히 작곡은 음악 자체를 위해서 행해지고 체험되기 위한 목적으로 이루어지

그리고 16-17세기로 넘어가는 1600년경에 음악사에서 큰 변화가 생겼을 때 이 용어가 등장한 바 있다. 중세가 끝나갈 무렵 교회 권위가 실추되고 음악이 상당히 세속화되는 1300년을 기점으로, 새로운 음악은 Ars Nova로 불리고, 그 이전 음악은 Ars Antiqua로 불렸다. 그리고 300년 후인 1600년경 바로크 시대가 시작되는 지점, 즉 폴리포니적 음악에서 호모포니적인 음악으로 대세가 옮겨 가는데, 이탈리아인들은 17세기의 이 새로운 음악 양식을 신음악(nuove musiche)이라고 불렀다. 그리고 이로부터 다시 300년 후인 1900년을 기점으로 그 이후의 음악을 현대음악이라 한다. 영어로는 Modern Music, New Music, 독일어로는 Neue Musik라고도 부른다. C. Dahlhaus, *Schoenberg and the New Music*, Cambridge University Press, 1987, trans. D. Puffett and A. Clayton pp. 1-13.

2 "Modernism", *The New Grove Dictionary of Music and Musicians,* vol.16, Second Edition, MacMillan Publishers Limited, 2001, p. 868.

며, 그 활동은 여타의 다른 인간 활동과 분리되는 가장 순수한 활동으로 인정되었다. 그리고 작곡가는 개인적이고 독창적이며 자신만의 특유한 스타일로 자신의 예술세계를 펼쳐야 하며, 여기서 예술적 독창성은 가장 중요한 것으로 추앙받았다. 어떤 의미에서 모든 모던 예술에서 이뤄진 방대하고 역동적인 변화는 서양문화에서 오랫동안 지속되어 온 변화 과정을 더욱 강화한 것이라고 볼 수 있다. 하지만 이런 기조에도 불구하고, 20세기에 이루어진 표현 기법의 범위와 방대한 수단의 확장은 단순한 양적인 증가나 변화가 아니라 질적인 변화를 의미했다. 이러한 변화의 단초가 나타나는 것은 낭만주의의 대표적 작곡가 바그너에게서이다.

2. 음악적 모더니즘의 전개와 발전

낭만주의 속에서 자기 의식적인 절실한 요구로서 모던이란 이념이 처음으로 나타난 것은 바그너(Wagner)에서이다. 바그너는 자신이 행한 음악적 개혁을 현재와 미래의 확실한 역사적인 당위로 정당화하고자 했다. 바그너가 보기에 음악은 역사의 논리를 궁극적으로 반영하고 예비해야 할 의무가 있었고, 예술의 임무는 과거의 뿌리를 넘어서는 역동적인 독창성을 획득하는 데에 있었다. 그는, 음악사는 시간의 흐름 속에서 진보적으로 계속 발전해 왔고, 그 속에서 새롭고 진보적인 스타일은 주도적인 것으로 나타났었다고 주장한다. 그리고 예술에 있어서 독창성이란, 비판적이고 진보적이기 때문에, 당대에 지배적인 취미가 타락했을 때 이를 비판하며 그것을 전도해 숨겨진 진리와 심오한 역사적 흐름을 드러냄으로써 그 타당성을 인정받는 것이었다. 그에게 있어, 음악은 현대적 삶의 역사적 특성을 드러내야 하며 창조적 예술가는 주관적이고 독특한 내적 경험을 표현하도록 해야 한다. 바로 그 점에서 음악은 동시대 다른 예술과 동일했다. 특별히 바그너가 '모던' 이란 단어를 사용한 것은 음악사적으로는 대중적이고 속물적인 취미를 용인하는 싸구려 그랜드 오페라(마이어베어 Meyerbeer)를 비판하기 위한 것이었다. 그가 보기에 자본주의와 저널은 공공 여론을 조작하며, 현대적 삶에서 예술을 타락시키고 있다.[3]

그는 청취자와 음악 간의 역학관계를 모더니티에 적용하기 위해서 음악 형식들, 화성 사용에 있어서의 실험이 필요하며, 특별히 조성의 구조적 기능이란 개념이 요구된다고 보았다. 당시의 바그너의 사상과 음악은 혁신적이었고 그 영향은 확실하고 총체적이었다. 반음계의 활용, 오케스트라 역량의 강화, 음계의 모호성, 발전된 화성 언어 등은 미래음악의 비전을 제시하였고, 음악 재료 내의 질적 변화를 예고했다.

1890년 초에 이르면 모던이란 용어는 당대 문화와 사회의 근본개혁적 특성을 드러내기 위해 형식 조성 오케스트레이션 실험을 행하는 바그너 이후의 작곡가들에게 선호된다. 그러나, 바그너의 음악과 사상은 추종뿐 아니라 비난의 대상이 되기도 하였다. 그가 주장하는 미래의 음악이 극적 · 시각적 표현을 음악과 결합하는 것이라면 이는 오히려 음악의 진정한 본질, 음악의 자율성을 훼손하고 새로운 속물적인 관객들에 부응하는 것이란 비판도 받았다.

명목뿐인 모던이 아니라, 전승된 관습적 재료를 근본적으로 비판하고 음악적 매체의 형식적 속성을 극대화함으로써 음악 내적으로 진정한 의미의 모더니즘을 추구하는 것은 쇤베르크(Schönberg)에 이르러서이다.

쇤베르크의 개혁의 초점은 당대의 문화적 표준과 음악의 사회적 사용 방식에 대한 비판이었다. 그가 보기에 당시 음악 청취자들은 음악의 표면적인 논리와 음악의 매혹적이고 감각적인 특성에 빠져 있고, 음악의 스토리텔링적 성격에 지나치게 의존하고 있었다. 다시 말해 그들은 음악적 위안을 주는 오락적 음악을 좋아했다. 게다가 당시의 보수적인 음악 저널리즘은 이러한 기존 작곡 관습을 용인하고 있었다.

---

3 이런 의견은 바그너의 1849년 저작 *Das Kunstwerk der Zukunft*, *Oper und Drama* 등에서 나타난다.

이런 풍토에 대한 그의 미적 전략은 바로 익숙함의 근원인 조성성(Tonality)과 내러티브적 연관성을 거부하는 것이었다. 회화와 문학에서 모더니즘이 리얼리즘과 자연주의를 거부하고 공격했듯, 그는 음악 작품을 창작하고 수용하는 데 있어 객관적 전제가 되었던 조성의 사용과 이에 부수되는 여타의 음악적 관습들을 거부했다. 쇤베르크는 모더니즘을 시, 드라마, 이미지 등 음악 외적 프로그램으로부터 음악의 매체적 순수성을 회복하는 것으로 여겼다.

쇤베르크는 새롭게 등장하는 음악을 '신음악(Neue Musik)' 이란 용어로 설명하는데, 이것은 '이전에 작곡된 음악과는 본질적으로 다른 음악', 즉 '지금까지 음악에서 표현되지 않았던 것을 표현해야만 하는 음악' 으로 정의된다. 왜냐하면 그에게 있어 '예술' 이란 것은 새로운 것을 의미하고, 수준 높은 예술 혹은 위대한 예술이란 이전에 표현되지 않았던 것, 새로운 메시지를 전하는 예술을 의미하기 때문이다.[4]

그에게 있어 새로움이란 음악의 자율성을 다시 살리고, 표현의 추상적이고 형식적인 본질을 다시 회복하는 것이었다. 사실 바그너 이후 20세기 초 음악가들은 수없이 많은 조성에 관한 실험을 행했었다. 그들 중 일부는 조성을 사용하되, 전통적 의미에서의 조성과는 다른 방식으로 음악을 만들어가려 했다면,[5] 다른 부류는 조성적 중심을 아예 인정하지 않는 완전한 무조음악을 지향했다. 쇤베르크가 택한 것은 후자였다. 그에게 있어 역사에서 진행되어 온 기능적 조성(Functional Tonality)[6]의 변화와 진화는, 다른 모든

---

4 A. Schönberg, *Style and Idea*, trans. Leonard Stein, Faber & Faber London, 1975, S. 113-124.

5 이들은 화성 진행에서 중심음을 살리는 방법을 고수했다. 이를 위해 그 음을 반복하거나 선율적 동기를 반복해 감상자가 조성감을 느끼게 했다. 화성적 울림이 아무리 불협화적이라 할지라도 사람들은 중심음을 근간으로 이루어지는 전체 음악의 흐름을 포착하게 된다. 이런 작곡가로 스트라빈스키, 바르토크, 힌데미트 등이 있다.

6 1600년에서 1900년 사이에 서양 음악에서 발전해 온 음악의 골간을 이루는 음 혹은 화성의 체계. 그 시기의 음악은 조성을 축으로 한 수평적 수직적(선율과 화성) 음 구조물로 구성되었는데, 이들 음들은 음악적 사건 내에서 기대와 그것의 성취 혹은 안정과 불안정을 야기하는 심리적 기능을 담당하였다.

역사적 원리가 그러하듯, 내재적으로 파국을 향해 나아간다. 그리고 그것의 수행에 새로움이 존재한다고 보았다. 쇤베르크는 1920년대 초, 조성을 배제한 무조음악을 작곡하였고 이후 철저한 무조성을 추구하는 12음 기법을 토대로 한 음렬음악을 제시했다.[7] 그의 작곡 원리는 순수한 음악적 단위인 음고와 리듬으로만 구성된 작은 음악적 아이디어를 변형하고, 발전시키며, 다양화하는 것이다. 결과적으로 이러한 시도는 낭만주의와의 결별을 가져왔고 한편으로는 18세기 고전주의의 고유한 구성적 이념인, '절대' 음악이념으로 회귀하는 것과 같은 효과를 가져왔다.

한편 그의 무조성 음악은 청취자에게 새로운 형식의 청취를 요구했다. 전통적인 음악의 기본 형식원리인 기능적 조성은 청취자의 음악적 사고를 구성하는 원리가 되기도 했었다. 즉 지난 3세기 동안, 기능적 조성은 청취자에게 음악적 사건 속에서 무엇이 일어났고 다음에 무엇이 일어날 것이란 심리적 기대(혹은 예상)를 불러일으키는 역할을 했었다. 그의 음악은 이런 기대감을 파괴했는데, 이것은 결국 그의 음악에 대한 이질감과 무관심을 초래했다. 그의 음악의 원리는 규범적 선례에서 벗어난 음악의 창조를 의미했고, 일시성과 즉시성을 가진 현 시대에 대한 자신의 자각이 작곡가들의 유일한 창조의 원천이 되었다.

한편 스트라빈스키(Stravinsky)는 쇤베르크와는 달리 이전의 조성 관행을 완전히 부정하기보다는 새롭게 재건하면서, 전통적인 규칙적 리듬과 박절을 무화하는 자유로운 리듬을 사용하는 데서 모던을 실현하였다. 테레민(Theremin)(1920)에서부터 신시사이저와 컴퓨터에 이르기까지 새로운 악기에 대한 탐구는 기술적인 진보를 낳았다. 20세기 초반의 이러한 새로운 시도들은 음악이 지닌 소리의 가능성을 찾기 위해 전통적 예술음악을 구성하던 모든 요소들을 본질적으로 회의하는 것이었다.

7 쇤베르크의 음악은 (1) 기능화성적 발전 법칙의 포기, (2) 무정부적인 음정의 큰 비중과 조성적 세계를 대표했던 음정(옥타브)의 배제, (3) 대위법적 구조로의 경도를 특색으로 한다. 12음 기법은 1920년경에 완성된다.

전통으로부터의 단절, 끝없는 개혁이 모더니즘의 표상이었다. 회화에서와 마찬가지로 비재현적인 음악에 대한 추구가 모더니즘의 가장 두드러진 시도였는데, 이 과정에서 음악의 자율성이 완전히 실현된다고 믿었다.

하지만 과거의 작곡 논리로부터의 단절은, 한편으로 이전의 모든 음악적 관습에서의 단절을 초래했다. 모더니즘 음악은 관습적인 상업적 콘서트에서 외면당했다. 뿐만 아니라 작곡가들은 스스로를 관습적 연주회에서 분리했는데[8] 이러한 분리는 대중음악과 예술음악 간의 간극을 고착시켰다. 뿐만 아니라 이 작품들은 당대의 거대한 전문 연주가들로부터도 유리되었다. 연주가들은 전통적 조성을 토대로 한 작품 연주를 쉽게 포기하지 않았다. 한편, 모더니스트 작곡가들 역시 자신들을 이해 못하는 일반 청중과, 대부분의 악기 연주자, 가수 지휘자에 대한 강한 적대감을 가지고 있었고 이것이 자신들의 음악만이 가진 특유의 표식으로 생각했다. 이와 관련된 가장 중요한 역사적 이벤트는 1907년과 13년 사이의 쇤베르크 음악연주회와 스트라빈스키의 〈봄의 제전〉 초연 시 난동이었다.[9]

이런 일련의 사건 때문에, 음악적 모더니즘은 사회 속에서 더욱 부각되었고, 제1차 세계대전 이전의 중요한 역사적인 현상으로 다루어졌다. 음악적 모더니즘이 이슈화되고, 이후 그 흐름이 확산되어 창작계에 관행으로 자리를 잡게 된 후에도, 청중들은 여전히 18-19세기 음악을 선호했다. 회화와 건축에서의 모더니즘과는 달리, 음악에서의 모더니즘은 20세기 대중문화의 관습과 취미를 근본적으로 변화시키는 데 실패했다. 모더니즘의 개혁적 시도는 영화음악과 광고음악에 전혀 반영되지 못했고, 모더니즘은 오직 소규모의 연주자 그룹과 아카데믹한 학무 분야에만 실질적 영향력을 행사했다. 음악적 모더니즘의 비방가들은 과거 전통과의 근본적 단절에 대해

8 예를 들어 쇤베르크는 '사적인 음악연주협회(Verein fur musikalische Privataufführung)' 같은 조직을 만들어 대중성에 영향받지 않는 공연을 지향함으로써 엘리트주의적인 면모를 보여 주었다.

9 쇤베르크의 비엔나와 베를린 초연(Quartet no.2, Pierre Lunaire이 연주됨), 스트라빈스키의 〈봄의 제전〉 초연.

급진주의자라고 하며 그들의 오만을 비판하였다. 이에 대해 개혁자들은 이러한 새로움의 추구가 지닌 역사적 당위성을 강조하였다. 그들은 현대적 순간의 채워지지 않은 영혼의 요구를 표현한다는 당대적 사명감을 언급하면서 스스로를 옹호했다.

3. 음악적 모더니즘과 음악미학

작곡가들이 주도가 되어서 음악 전반에 걸쳐 이루어진 음악적 모더니즘 운동은 음악미학적으로 가장 핵심적인 개념 중 하나인 '음악에서의 미적 자율성의 추구' 라는 사고가 실천적으로 전개된 것이라고 할 수 있다.

18세기 이후 음악은 여타 예술과 마찬가지로 신학과 형이상학에서 자유로워졌고, 순수예술로서의 해방된 지위를 얻게 되었다. 음악이 과학, 윤리, 정치, 그리고 경제적 · 이데올로기적 계기로부터 상대적으로 자유로워진 것이다. 이러한 변화는 음악에 대한 현대적 사고의 출현을 낳았다.

사실 음악미학사에서 음악의 미적 자율성 혹은 음악적 자율성이 본격적으로 추구되기 시작한 것은 낭만주의 시대 후기에 활동했던 비평가 한슬릭(Hanslick)과 철학자 쇼펜하우어(Schopenhauer)에게서였다. 한슬릭의 음악미학의 핵심은 '음악적 미' 란 말로 압축될 수 있다. 이 말은 음악적 미의 독자성은 여타의 음악 외적 요소들, 즉 종교나 정치 혹은 타 예술이 아니라, '음악 특유의 것' , '음들 간의 예술적 결합' 에 존재한다는 것이다. 음악이 그 위대한 완전성을 획득하는 데 언어나 사고나 행동은 필요하지 않다는 것이다. 그는 음재료(Tonmaterial)가 표현하는 것은 음악적 이데아로, 그것은 자체가 목적이고, 감정들이나 생각들을 표현하기 위한 도구나 재료가 아니라고 했다. 그의 유명한 "음악의 내용은 소리나며 움직이는 형식들"[10]

10 E. Hanslick, *Vom Musikalisch-Schönen*, Auflage Wiesbaden, 1971, S. 58-60.

이란 말은 바로 그가 생각한 음악미의 본체였고 그것은 오직 관조적 상상력에 의해서 향수된다고 보았다. 한편 쇼펜하우어는, 음악은 역시 여타 예술들로부터 절연되어 독자적으로 존재하면서, 우리를 끊임없는 의지의 충동과 대면시키고 그 충동 속에서 전체 의지를 직접적으로 모사할 수 있다라고 보았다.[11] 그래서 음악의 미적 작용은 세계와 우리 자신의 내적 존재와 관련되는 중요하고 본질적인 의미를 갖는다. 그는 바로 이 지점에 다른 예술을 능가하는 음악의 위대함이 존재한다고 보았다. 물론 이것은 낭만주의의 기악음악에 대한 음악미학적 정당화라고 볼 수 있다. 하지만 음악만이 가지고 있는 내적 · 형식적 순수성 강조와 음악이 지니는 초월적인 힘에 대한 믿음은 이전의 음악적 전범들로부터 결별을 선언한 음악적 모더니즘 추구 속에서 여전히 지속될 뿐만 아니라 원동력이 되었다.

새로운 음악, 음악적 모더니즘에 대한 논의의 토대를 처음으로 형성했던 것은 아도르노였다.[12] 아도르노의 음악미학에서 음악적 자율성에 대한 강조는 실제 음악적 모더니즘의 실천과 강한 연관을 가지고 전개된다.

그에게 있어 예술은 문명사의 타락 과정을 무의식적으로 서술하는 심급이고, 예술은 자체의 형식(내재성)을 통해 사회와 대립하거나 비판한다. 예술은 자체의 고유 실현수단인 소재의 역사성을 통해서 사회적 현실을 인식하고 넘어서려 노력하면서, 아직 실현되지 않은 유토피아를 드러내고자 한다. 하지만 그것의 드러남은 개념적으로 구체적이거나 명확하기보다는 연상, 암시적이어야 한다. 이때 '새로움'이 말로 표현할 수 없는 유토피아를 말하는 요건이다. 그에게 음악은 바로 이러한 역할을 담당할 수 있는 진정한 예술이다. 왜냐하면 음악은 비구상적이고 비개념적이기 때문이다. 그가 이전의 음악의 자율성 개념을 계승하고 있는 것은 그가 음악이 자체 소재의 합리적 진보를 통해서, 음악 외적 연관성을 벗어남으로써 사회에 대한

11 A. Schopenhauer, *Die Welt als Wille und Vorstellung*, I §52, Leipzig, 1844, S. 333.

12 C. Dahlhaus, "Was haben wir von Adorno gehabt?", *Musica* 24, Barenreiter Verlag Kassel, 1970, S. 435-439.

역할을 수행할 수 있다고 보았다는 점에서이다. 그러나 그의 음악 소재에 대한 언급이 그 전 시대의 음악적 형식과 동일한 의미를 지니는 것은 아니다. 아도르노에게 음 구조물은 한슬릭이 주장한 것 같은 '단순히 음들의 움직이는 형식' 이 아니라, 비개념적이고 비논증적인 언어로 침전된 정신을 재생하는 것이다. 그가 음의 배합이라 일컬었던 '음악 재료' 는 작곡가가 특정 시기에 이용할 수 있는 형식이기도 하고 내용이기도 한데, 이것은 합리적 발전을 이룩한 음악 역사적 계기들의 총체성이며 퇴적된 정신이다. 그래서 음악적 재료는 역사 과정의 결과물이고, 재료 속에는 주체의 역사적 경험이 농축되어 있다. 예술가는 재료를 통해 사회와 만난다. 그에게 진보된 음악은 사회적 현실에 대해 인지하게 하는 음악, 즉 관리된 사회, 조직화된 사회가 강요하는 동일성 속에서 억압되어 온 타자를 드러내게 하는 음악이다. 그는 무조음악의 형식과 구조 속에서 당대의 어두운 사회와 인간의 모습을 읽어냈다. 그 음악은 세계의 모든 어두움과 죄과를 떠맡고 있으며 고통을 드러내는 것이다. 그리고 현대 음악의 모든 아름다움은 아름다움의 가상을 거부하는 데 있다고 말한다.[13] 음악이 현대예술의 징표로 지니는 불협화음은 감각적 매력을 그에 대립하는 고통으로 변형시킨 상태로, 이런 불협화음적 요인 속에서 예술작품에 내재하는 힘의 유희와 사회는 서로 상응한다. 이러한 주장은 쇤베르크가 주도한 신음악에 대한 철학적 정당화였으며 이런 측면에서 아도르노는 모더니즘을 이론적으로 가장 옹호한 미학자라 할 수 있다.

한편 그는 음악 내적 문제가 당대의 사회 경제적 상황, 특히 독점 자본주의 단계(혹은 그의 표현을 따르자면 관리된 사회)와 밀접한 관계를 맺고 있다는 점을 지적함으로써, 이전의 음악미학의 영역을 확장, 음악사회학과 접목시켰다. 시장에 바탕을 두었던 부르주아 사회는 음악문화를 오락의 대상

13 T. Adorno, *Philosophie der neuen Musik*, Gesammelte Schriften Bd. 12., Frankfurt, 1975, S. 126. 방대원 역, 『신음악의 철학』, 까치글방, 1986, 124쪽.

으로 삼아 왔다. 그리고 후기 자본주의 사회에 이르러 사회문화 전반에 걸친 물화 과정은 음악적 물화 경향을 심화시켜 음악의 상품화와 청취의 퇴행을 초래한다. 엄청난 양적 팽창을 시작하는 대중음악뿐 아니라, 전통적으로 자율적 음악을 대변하던 위대한 음악 전통은 문화산업의 시스템으로 편입되는데, 실제로 이러한 흐름에 저항하는 것은 유일하게 음악적 모던을 추구하고 있는 음악이었다. 그는 음악사회학을 통해서 시장성과 자율성의 추구의 갈등관계란 전체적 구도 속에서 당대 괄목할 성장을 보이는 대중음악을 논의의 장으로 끌어들인다. 하지만 그에게 있어 대중음악은, 자본주의 사회에서의 물화에 저항하고 자율성을 실현하는 모던음악의 대척점에 놓여 있기 때문에, 철저한 비판의 대상이었고 그런 측면에서 그는 철저한 모더니스트였다.

앞에서도 언급했듯, 이전 음악미학이 그 대상을 음악과 음악을 듣는 주체의 관계에 중점을 두었던 것에 반해, 20세기에 오면 사회적 구조와 관련된 음악적 가치에 초점을 두면서 음악과 사회, 역사의 상관성을 다루기 시작한다. 하이데거의 제자였던 베셀러(H. Besseler)는 "오늘날 모든 음악이론과 음악사의 진정한 목표는 해석학으로 명명되어야 한다"고 주장한다. 그에게 있어, 음악은 인간 현존재의 양태로, 미학의 임무는 음악과 우리의 관계를 더 잘 이해할 수 있도록 해주는 것이다. 그리고 그것에 대한 어떤 최종적 해답은 있을 수 없고, 이러한 문제는 역사적인 것이라고 생각했다.

그는 아도르노와 다른 측면에서 당대 음악적 모더니즘의 현실을 읽는 개념으로 실용음악(Gebrachmusik)을 제시한다. 그는 음악의 사용 방식, 음악 청취를 중심으로 하여 역사적 · 통시적 시각에서 이 개념을 다루었다. 그는 하이데거의 '존재'와 '도구' 간의 구분을 음악적 개념인 자율적 음악과 실용음악에 적용했다. 자율적 음악은 연주와 청취의 타당한 유일한 형식으로 여겨지는 것으로 '눈앞에 있는 것'으로 존재하는 반면, 실용음악은 '무언가를 위해 있는 것'이다. 그가 관심을 가진 것은 실용음악으로, 거기서 미적인 사색은 부자적인 것이며, 그 음악에 대한 접근 방식은 청취가 아니라 참여를 통해 이루어진다.[14] 그는 개인의 실존과 일상성의 정황 속에서 음악이 어떤 역할을 수행하는가 하는 점에서, 실용음악은 우리에게 더욱 직접적인 관련을 가진 음악이라고 보았고, 실용음악에서 발견되는 음악미는 음악회의 음악보다 더 넓고 많은 의미를 던져준다고 보았다. 이런 주장은 모더니즘이 음악적 자율성을 극단까지 추구하여 발생한 당대 음악의 위기에 대해 간접적으로 비판하고, 음악의 새로운 역할에 대해 강조한 것이라 읽을 수 있다. 실제로, 그것은 음악적 모더니즘을 비판하였던 힌데미트 주도의 1920년대 독일 내 실용음악 흐름에 이론적 지지가 되었다.

4. 음악적 모더니즘의 퇴조

음악에서의 모더니즘의 발전과 퇴조는 여느 예술과 마찬가지로 세계의 정치적 환경과 밀접한 연관을 가진다. 제1차 세계대전은 음악적 모더니즘의 발전을 가속화했다. 전쟁이 초래한 정신적 불안정함, 살육과 황폐화의 충격 속에서, 음악가들은 저항과 비판의 매개로 음악을 사용하고자 했는데, 여기서 전통적 미적 규준과 관습을 거부하는 모더니즘은 시대적 정당성을 획득했다.

하지만 음악적 모더니즘 1세대가 서서히 제도화되면서, 청중들의 음악적 소외를 극복하기 위해 역사적 전통과 모더니즘을 중재하려는 시도도 나타났다.[15] 그들은 쇤베르크의 미학을 음악적 자율성의 극단적 추구로 비판하고, 당시의 테크놀로지와 대중문화를 포용하면서 음악의 사회적 기능성을 회복하고자 했다.

14 H. Besseler, "Die Motettenkomposition von Petrus de Cruce bis Philipp von Vitry" (ca.1250-1350) Habilitationsschrift, U. of Freiburg, 1925, S. 144. "Gebrauchmusik", *The New Grove Dictionary of Music and Musicians*, vol. 16, Second Edition, MacMillan Publishers Limited, 2001, pp. 619-620 간접 인용.

15 프랑스 6인조, 힌데미트(Hindemith), 바일(Weill), 아이슬러(Eisler).

1933년까지 모더니즘의 5개의 주요 부류가 형성된다. (1) 쇤베르크와 제자들로 구성된 제2 빈 악파, (2) 스트라빈스키가 주도했던 프랑스 러시아 음악계, (3) 부조니(Busoni)와 젊은 힌데미트(Hindemith)가 포함된 독일 표현주의, (4) 미국의 아이브스(Ives), 헝가리의 바르토크(Bartok), 체코의 야나첵(Janacek)과 마르티누(Martinu), 멕시코의 차베스(Chavez) 등의 토착적 모더니즘, (5) 하바(Haba), 바레즈(Varese)와 코웰(Cowell)이 대표하는 실험주의.[16] 이들 중 가장 주도적 세력은 제3세대로까지 이어진 제2 빈 악파였으며[17] 여타의 지역적 전통에도 영향을 주었다.

제1차 세계대전이 종결되고 제2차 세계대전이 발발하기 이전인 1930년경, 음악적 모더니즘은 사회 정치적 상황에 의해 타격을 입게 된다. 세계적 경제공황과 빈곤 속에서 등장한 나치는 대중적 이해에 용이한 단순한 예술을 요구하면서, 보수적이고 반모더니즘적인 작곡가들을 옹호한다. 1938년 모더니즘은 공개적으로 금지되었고 타락한 예술로 낙인찍혔다. 노동자 계급의 해방을 위해 예술의 사회적 현실 반영을 중요시하는 사회주의 리얼리즘을 주장한 소비에트 정권도 음악에서의 모더니즘을 비판하였다. 1948년 즈다노프 칙령(Zdanov degree)이 발표되었는데, 그것은 모더니즘이 반민족적이며 자연주의적이지 못한 예술로, 엘리트적이며 타락하였고 유대주의적이며 전복적이라고 비판했다. 그들은 소비에트 내에서 전개되던 모더니즘 음악을 공허한 형식주의와 반민중주의라고 공격하고, 몇몇 소련의 작곡가들과 그들의 작품들을 구체적으로 비판하였다.

그럼에도 불구하고, 반동적 · 보수적 음악미학과 파시즘 전체주의와의 긴밀한 관계, 그것에 반대하는 강렬한 이데올로기적인 캠페인은 음악적 모더니즘이 윤리적으로 정당하다는 평가를 지속시켰다. 그래서, 전쟁의 영향력

16 "Modernism", *The New Grove Dictionary of Music and Musicians*, vol. 16, Second Edition, MacMillan Publishers Limited, 2001, p. 869.

17 1930년대에 이르면 12음 기법은 선율선의 조직에 관해서뿐 아니라 리듬 다이내믹 음색에 이르는 풍부한 아이디어를 제시하면서 음악계에 상당한 영향력을 행사한다.

이 지속되었던 1940–60년대 동안, 음악적 모더니즘은 상대적인 우위를 차지했다. 1960년경에 이르러서는 음렬주의(혹은 총렬주의)는 작곡상의 공통 관습이 되었다. 스트라빈스키와 코플란드조차도 1950–60년대에 음렬기법을 사용하였다. 전후 독일, 이탈리아, 프랑스 모더니스트들의 절대 다수들은 제2 빈 악파가 입안해 놓은 길을 그대로 따랐다. 그들은 음렬음악이 역사의 필연적 귀결이라고 주장했고, 음렬주의의 합리성은 이제까지 서양 음악이 추구한 것의 연장이며 모든 논리적 개념들의 집대성이라고 생각했다.

하지만 음렬주의는 서양 음악사의 마지막 공통관습이었다. 제2차 세계대전 이후의 모더니즘 음악 내부에서의 아방가르드적 시도는 음렬음악을 비판하였다.[18] 그들은 모든 음악의 매개변수를 음렬로 확정하고 음렬을 이성적 · 합리적 방식으로 결합해 작품으로 만드는 방식을 거부했다.[19] 케이지(Cage)의 음악은 어떤 서구의 전통과도 연결되지 않는 우연성이라는 비합리적인 요소를 작곡에 도입함으로써 음악의 재료를 확장시켰고 닫혀진 음악 작품이란 개념을 파괴했다. 음악에 우연성의 원리를 도입한 것은 합리적인 완성을 추구하는 예술철학적 견지에서 본다면 일종의 반예술이라고 불릴 수 있었다. 다양한 환경을 음악 속에 포용함으로써 예술과 일상생활의 경계를 제거하고, 나아가 음악적 장르 내에 타 예술 장르를 포섭함으로써 전통적 순수한 음악 장르를 부정했다. 이것은 모더니즘까지 이어져 오던 음악관, 즉 음악은 음악 외적인 모든 것들로부터 자율적이며, 삶의 세계와는 분리된 영역이란 사고를 부정하는 것을 의미했다.

1970년대 이성 중심주의와 보편주의적 형이상학 전통에 대한 반발이 시

18 아도르노는 1954년 '신음악의 노화'란 강연을 하는데, 1950년대 다름슈타트 악파의 시도는 역사적으로 획득된 음악 재료의 의미를 일소하고 그러는 과정에서 '음악적 자연'이란 신화적 상황으로 복귀한다고 생각했다. (Paddison, 최유준 옮김, 『아도르노의 음악미학』, 세종출판사, 436쪽)

19 음악사에서는 일반적으로 모더니즘과 아방가르드를 혼용하거나 동일한 시기로 묶어서 설명하는 경향이 있다. 모더니즘과 아방가르드는 전통을 비판하고 독창성과 새로움을 추구한다는 점은 공통된다. 하지만 모더니즘은 예술에 대한 전통적 개념을 고수하는 한편 아방가르드는 전통적 예술개념 자체도 비판하는 차이를 보인다.

작되었던 것처럼, 음악에 있어서도 합리성과 역사성을 추구하던 모더니즘은 그 힘을 상실하게 된다. 음악적 변화의 속도는 더욱 빨라져서, 1960년대 총렬주의와 우연성 음악 등의 아방가르드 현상은 곧 퇴조의 기운을 드러냈고, 이후 음악가들은 청중과의 의사소통 단절과 음악의 고립에 대해 재고하게 되었다. 음악은 다원주의를 향하게 되며, 20세기 내의 반모더니즘적인 음악 유산은 복원되어 진지한 평가의 대상이 되었다. 세기 초 모더니즘의 시작이 수많은 음악적 이즘의 탄생으로 도래했듯, 또 다른 이슈들이 새로운 변화를 알렸다. 신낭만주의, 미니멀리즘, 다양한 유형의 크로스 오버가 시도되고, 운율성과 조성이 부활된다. 뿐만 아니라, 대중음악과 예술음악 간의 결합도 시도되는데 이 모든 것은 음악적 포스트모더니즘의 도래를 의미했다. 포스트모더니즘은 모더니즘 음악의 소외를 거부하고 대중음악을 포용하고 그것의 상품적 성질에 대해 친화력을 가지고 있었다. 그래서 모더니즘이 꾸었던 영원히 새로운 것에 대한 영웅적인 꿈은 깨지는데, 그것은 더 이상 자율적인 예술작품이란 이상이 변화하는 사회문화적 조건들 속에서 지속될 수 없었기 때문이다.

더 읽을거리

오희숙, 『20세기 음악 1: 역사 미학』, 심설당, 2004.

Adorno, T., *Philosophie der neuen Musik* (방대현 옮김, 『신음악의 철학』, 까치글방, 1986).

Busoni, F., *Entwurf einer neuen Ästhetik der Tonkunst*, Trieste, 1907, 2/1916.

Dahlhaus, C., *Schönberg and the New Music*, Cambridge University Press, 1987.

Griffiths, P., *The Thames and Hudson Encyclopaedia of 20th-Century Music*, London, 1986.

__________, *Modern Music and After: Directions since 1945*, Oxford, 1995.

Lippman, A., *A History of Western Musical Aesthetics*, Lincoln: University of Nebraska Press, 1992.

Lochhead, J., and J. Auner, *Postmodern Music/ Postmodern Thought*, Routledge, 2002.

Paddison, M., *Adorno, Modernism, and Mass Culture: Essays on Critical Theory and Music*, London, 1996.

Salzman, E., *Twentieth Century Music* (김혜선 옮김, 『20세기 음악』, 도서출판 다리, 2001).

Williams, A., *New Music and the Claim of Modernity*, Ashgate, 1997.

과학적 허상으로서의 현대 음악

정혜윤

1. 서론

이 글에서는 일군의 현대 예술음악과 음악 이론에 커다란 영향을 준 철학 사조에 대한 고찰을 통해, 현대 예술음악의 한 단면을 조명해 보고자 한다. 소위 현대 예술음악은 일반적으로 난해한 것으로 인식되어 있다. 이러한 견해는 비록 현대 음악 모두에는 아닐지언정, 기존의 음악과 뚜렷하게 구별되는 어떤 특징들을 공유하는 것으로 분류되는 일군의 현대 음악에는 분명 별다른 이의 없이 적용된다. 또한 적어도 어떤 부류의 현대 음악을 이해하기란 결코 쉽지 않다는 것은 보통 사람들에게뿐만 아니라, 오랫동안의 경험과 전문적인 훈련을 통해 세련된 감식력과 음악적 분별력을 갖춘 것으로 인정되는 사람들에게조차도 상당한 정도 해당되는 사실이다. 음악을 이해하기 어렵다, 혹은 이해하지 못한다는 것이 어떠한 의미인지는 음악을 이해한다는 것이 과연 무엇이냐에 따라서 달라질 것이다. 음악적 이해란 무엇인가 하는 것은 별개의, 심오하면서도 방대한 연구를 요하는 문제이다. 하지만, 우리는 어떤 경우에 사람들이 어떤 음악을 듣고 그 음악을 어느 정도 이해했다고 생각하는지, 그리고 다른 한편 어떤 경우에 사람들은 그 음악을 이해하지 못했다라고 말하는지를 살펴봄으로써 음악적 이해의

한 본질적 측면을 짐작해 볼 수 있다. 전문적인 음악 교육을 받지 못한 교양인 A와 B가 베토벤 소나타 내림 가장조, Op.110 전 악장의 한 연주를 감상한 경우를 예로 들어 생각해 보자. 이 음악을 듣고 A는 이 음악의 3악장이 여러 선율선들의 조합으로 구성되어 있음을 알아챘다. 더 나아가, A는 어떤 특정한 가락이 이 선율선들의 서로 다른 지점들에서 여러 번 반복되어 나타나는 것을 알아냈고, 이를 무척 흥미롭게 여겼다. 한편, B는 이 음악을 감상하면서 가슴 속 깊이 파고드는 감동과 뭐라 말로 형용할 수 없는 감정의 동요를 느꼈으나, 3악장의 형식적 특성들을 적절한 말로 기술해낼 수 있을 만큼 분명하게 자각하지는 못했다. 이 경우, A와 B는 십중팔구 각자 나름대로 이 음악을 부분적으로나마 이해했다고 느낄 것이다. 적어도, A와 B 중 누구에게서도 "나는 이 음악을 도무지 조금도 이해할 수 없다"는 고백을 기대하기란 힘들 것이다. 왜 그럴까? 비록 자신이 파악한 형식적 요소를 '푸가' 혹은 '대위법적 구성'이라는 전문 용어로 지칭할 수는 없으나 베토벤 소나타 내림 가장조, Op.110의 3악장의 형식적 특징을 파악하고 이에 해당하는 인식적 즐거움을 누린 A; 비록 이 음악의 중요한 형식적 요인을 의식적으로 깨닫지는 못했으나 감정의 공명을 통해 정감적 즐거움을 누린 B. 이 둘 모두는 각기 이 음악이 갖는 어떤 측면에 대해 적극적으로 반응하며, 능동적인 감상 행위를 했다는 공통점을 갖는다. 다시 말해서, A와 B 모두는 이 음악의 감상에서 인식적으로건 정감적으로건 어떤 적극적인 개입을 경험했다는 것이다. 그렇다면, 우리가 어떤 종류의 현대 음악을 이해하기 힘들다고 느끼는 것은 혹 그러한 음악이 감상 시 청자의 능동적 개입을 방해하기 때문은 아닐까?

본문은 먼저 일군의 현대 음악의 배경이 되는 철학 사조의 근본 이념을 살펴본다. 그리고 이것이 현대 음악과 음악 이론에 어떠한 영향을 주었는지를 고찰한다. 마지막으로 하나의 철학 사조를 음악에 기계적으로 적용함으로써 일군의 현대 음악과 청자 사이에 초래된 감상의 특징적 양상이 비판적으로 고찰되는 가운데, 현대 음악의 난해성이라는 일반적으로 공유되는 인상에 대한 가능한 하나의 설명이 조심스럽게 제시될 것이다.

2. 본론

철학 혹은 미학과 음악 이론, 개별 음악 작품에 대한 분석, 그리고 개개인의 음악적 경험 사이에는 어느 정도의 괴리와 긴장감이 늘 존재하게 마련이다. 이는 개개인의 음악적 경험이 하나의 음악 분석에 남김없이 그대로 반영되기란 몹시 어려우며, 음악 분석이 어떤 특정한 음악 이론에 전적으로 의존하기 역시 힘들기 때문이다. 어떤 특정한 철학 사조가 음악 이론, 더 나아가 개별 작품에 대한 분석에 직접적이고 구체적인 영향을 주기란 더욱 어려운 일이다. 그러나 특정한 음악 분석의 정당성은 그러한 분석이 전제로 하는 음악 이론의 정당성에 의존하며, 특정한 음악 이론은 그것을 촉발시킨 철학적 사고의 한계에 구속될 수밖에 없다. 보통 음악학자들과 음악이론가들의 관심은 개개 음악 작품들의 다양한 분석과 해석에 대한 논의에로 집중되며, 그러한 분석과 해석의 바탕을 이루는 철학적 토대에 대한 고찰이 이루어지는 것은 매우 드물다. 그러나 철학과 음악에 대한 사고 사이의 관계에 대한 관심은 음악사 전체를 통해 면면히 이어져 내려왔으며, 특히 19세기의 낭만주의적 관념론은 학자들의 특별한 주목을 받기도 했다. 본문은 그간 상대적으로 덜 중요하게 취급되어 온 20세기의 철학과 음악 간의 관계에 관심을 돌려, 20세기 철학계에서 일가를 이룬 논리 실증주의의 철학적 이념과, 새로운 음악적 패러다임을 이루며 20세기에 등장한 무조성 음악 사이[1]의 관계를 조명해 보고자 한다.

위에서도 언급했듯이, 하나의 음악 작품에서 특정한 철학 사조의 영향을

1 본문에서 '무조성 음악'은, 그 아래 포섭될 수 있는 모든 다양한 종류의 음악들을 총괄하여 지칭하는 것은 아니다. 이는 그러한 음악들 가운데 특정한 하나의—그러나 주목할 만한—부류를 지칭하는 것으로 이해되어야 할 것이다.

읽어내기란 몹시 어려운 일이며, 동시에 매우 위험한 일이기도 하다. 작곡가가 특별히 어떤 철학 사조에 강하게 매료되어 있었다는 사료가 남아 있다 해도, 그것이 특정한 음악의 작곡에 어떤 영향력을 행사했는지를 확인하기란 힘들고, 심지어 작곡가가 어떤 철학적 이념을 반영하기 위한 뚜렷한 의도를 가지고 특정한 음악을 작곡했다는 증거가 있다 하여도 그러한 의도가 그 악곡에 어떠한 방식으로 반영되었는가를 결정하기란 쉽지 않다. 본문은 근본적으로 의도주의의 오류를 경계하며, 작곡가의 의도와는 별개로 어떤 음악이 특정한 철학 사조를 반영하는 음악들이 공유하는 특징을 드러내는 경우, 그 음악 역시 동일한 철학적 이념의 영향하에 놓인 것으로 파악한다. 물론, 이는 본문이 주목하는 부류의 현대 음악의 작곡가들이 그들의 음악에 대한 논리 실증주의 철학의 영향을 전적으로 의식하지 못했음을 전제하는 것은 결코 아니다.

가. 논리 실증주의 철학

유럽의 철학적 사고는 19세기 후반과 20세기 초반에 걸쳐 광범위하게 수정되었다. 관념론의 핵심을 이루는 정신 현상을 거부하는 운동이 19세기 중반에 일어났는데, 당대의 많은 철학자들, 과학자들, 그리고 수학자들은 자신들의 질문에 대해 만족할 만한 답을 제공하기에는 관념론이 너무나 불분명하고 불안정하다고 생각했다. 그들은 철학적 사고를 보다 가시적이고 경험적인 데에 정초하기를 원했고, 철학이 보다 구체적이고 확실한 답을 제시할 수 있으려면 과학의 방법과 개념을 배워야만 한다고 믿었다. 이와 더불어, 순수 수학과 논리학에 대한 관심이 증대되었는데, 이는 수학과 논리학의 법칙들이 주관적 해석에 대해 독립적이며 정신적 절차에 선행하는 것으로 이해되었기 때문이다. 이에 언급할 만한 인물이 고틀로프 프레게(Gottlob Frege)이다. 프레게는 수학을 주관적 혹은 심리적 영역에서 이해하는 것에 반대하여 수학의 진리를 객관적 · 분석적 · 선험적인 것으로 파악하였다. 더 나아가 그는 모든 참된 지식은 객관적이며 그러한 지식이 확인되는 것은 논리를 통해서라고 주장했다. 프레게는 수학의 논리적 구조를 드러내는 것으로부터 시작하여 관심의 영역을 확장해 언어의 논리적 구조를 파악함으로써 지식 일반의 논리적 토대를 밝히고자 하였다. 그는 철학의 많은 주요한 문제들이 일상 언어의 불완전성 때문에 야기된다고 믿었고, 따라서 철학의 문제들은 형식 논리의 언어와 방법을 통하여 접근되어야만 그 객관성을 확보할 수 있다고 생각했다. 주목할 만한 또 다른 인물로는 버트런드 러셀(Bertrand Russell)이 있다. 러셀 역시 순수 수학은 논리가 발전한 결과로서 주관적인 정신현상에 독립적이며, 수학과 철학 일반의 문제들은 과학적 엄밀성을 갖고 접근되어야 한다고 주장했다. 또한 러셀은 많은 철학적 담론의 어려움이 일상 언어의 모호성에 기인한다는 데에 프레게와 의견을 함께했으며, 철학의 명제들을 논리적 기호들로 번역함으로써 언어적 명제들을 그것들의 논리적 인자들로 환원할 경우, 많은 난제들이 해결될 수 있다고 주장했다. 프레게와 러셀의 사고에 크게 힘입은 것이, 이후 음악에 대한 사고에 특히 많은 영향을 끼친 것으로 평가되는 루드비히 비트겐슈타인(Ludwig Wittgenstein)의 견해이다. 비트겐슈타인의 철학적 성찰의 중심은 언어에 있었으며, 그는 우리가 세계에 대해 의미 있는 무엇인가를 말할 수 있는 것은 언어가 세계의 논리적 구조를 드러내기 때문이라고 생각했다. 비트겐슈타인은 형이상학적 진술처럼 사물이 존재하는 방식을 넘어선 무언가를 말하고자 하는 명제는 모두 무의미할 뿐이라고 주장했다.[2]

프레게, 러셀의 저작들과 더불어 비트겐슈타인의 〈논고〉[3]는 빈 학파(1920-30년경)로 알려진 일군의 과학자들, 수학자들, 그리고 철학자들에게 커다란 영향을 주었다. 이들은 프레게와 러셀로부터는 철학적 문제들 일반에 수학적 논리를 적용하는 것을, 그리고 비트겐슈타인으로부터는 언어의

2 "분석철학"이라는 용어가 탄생한 것은 이처럼 명제들을 분석해 내는 기법으로부터이다.

3 Ludwig Wittgenstein, *Tractatus Logico-Philosophicus*, Germany. Frankfurt am Mein, 1961.

한계와 이것이 지식에 관한 문제들에 미치는 영향에 대해 배웠다. 이러한 철학적 경향이 실증주의적 경험주의와 만난 결과가 바로 논리 실증주의이다. 빈 학파가 형성된 1920년대에 이르러서는 오랫동안 주도권을 행사해 왔던 철학이 목소리를 잃게 되었고, 철학에 대신하여 과학이 엄격한 방법론과 그 결과의 완결성으로 인해 다른 모든 학문들의 모범으로서 자리하게 되었다. 빈 학파의 학자들은 철학이 제 모습을 찾기 위해서는 기존의 주관적 해석과 형이상학을 배격하고 과학의 방법론을 채택하여 오직 입증 가능한 사실들만을 다루어야 한다고 주장했다. 그들은 하나의 명제는 수학과 논리학의 명제들처럼 관찰과 경험에 의해 그것이 참인지 아닌지의 여부를 확인할 수 있을 때에만 의미를 가질 수 있다고 믿었고, 참인지 거짓인지를 확인할 수 없는 모호한 용어들과 개념들로 이루어진 형이상학적 질문들은 무의미한 것으로 간주했다. 결국 철학자들에게는 주어진 진술이 의미 있는 명제인지를 확인하기 위해 언어를 분석하는 과제만이 남게 되었다. 논리 실증주의 운동은 그 지나친 독단성으로 인하여 1930년대 후반 빈 학파의 붕괴와 더불어 곧 쇠퇴하게 되지만, 철학계에 커다란 영향을 남겼으며, 이 즈음에는 논리 실증주의 운동이 그 일부를 이룬 보다 큰 운동인 분석철학(Analytic Philosophy)이 그 자리를 확고하게 잡게 되었다.

나. 실증주의 사고와 현대 음악 이론

19세기 후반기에는 많은 작곡가들의 실험을 통해 반음계주의가 확장되어 전통적인 온음계적 기능 화성이 악곡 내의 음정 조직을 결정하는 주요 수단으로서 더 이상 자리하기 힘들게 되었다. 이러한 혁신의 한가운데에서 중심적 활동을 폈던 아놀드 쇤베르크(Arnold Schönberg)는 1908년부터 모든 음들이 어떠한 우위나 차별 없이 동등하게 취급되는, 자유로운 무조성 스타일로 음악 작품을 쓰기 시작했으며, 결국 1923년에는 음렬 구조의 원칙들에 따라 12개의 반음 모두로 이루어진 음계의 제시가 결정되는 12음 음악을 작곡하기에 이르렀다. 쇤베르크는 음악에 대한 방대한 저술[4]에도 불구하고, 체계적 분석 방법론을 제시하지는 않았으며, 이는 그의 직접적 계승자들인 안톤 베베른(Anton Webern)과 알반 베르크(Alban Berg) 역시 마찬가지였다. 보다 체계적인 분석 방법론은 1950년대에 이르러서야, 무조성 음악의 근간을 형성할 분석의 원칙들을 공식화하고자 하는 밀튼 배빗(Milton Babbitt), 앨런 포르트(Allen Forte), 그리고 벤자민 보레츠(Benjamin Boretz) 등의 노력에 의해 제기되기 시작했다. 이들의 사상에 결정적인 영향을 끼친 인물들이 음악가들이 아니라 루돌프 카르납(Rudolph Carnap), 칼 헴펠(Carl G. Hempel), 넬슨 굿먼(Nelson Goodman) 같은 철학자들이라는 사실은 이들에 의해 주창된 현대 음악 이론이 실증주의 철학의 많은 특질들을 공유함을 드러낸다. 이 글에서는 배빗의 주요 지작들에 내한 간략한 고찰을 통해 현대 음악 이론에 미친 실증주의 철학의 영향을 제시하고자 한다.[5]

과학적 타당성, 그리고 직접적 관찰이나 논리적 연역을 통한 입증 가능성에 대한 강조, 일체의 정신현상에 대한 배격, 형식논리학의 방법적 수용과 환원적 분석을 특징으로 하는 급격한 실증주의적 사고는 대부분의 학계에 영향을 미쳤으며, 특히 미국에서 큰 일가를 이루었다. 음악계도 예외는 아니어서, 제2차 세계대전 이후 실증주의가 맹위를 떨친 미국 컬럼비아 대학과 프린스턴 대학에서 음악에 대한 새로운 접근이 시작되었는데, 특히 분석철학의 중심이었던 프린스턴 대학에서 실증주의적 음악학이 주도되었고, 쉥커(Schenker) 체계의 보급이 이루어졌다. 이러한 움직임은 밀튼 배빗과 학술지 *Perspectives of New Music*을 통해 활동한 일군의 음악 이론가들에 의해 칭인된 전위석 삭곡 이론에 중요한 사상적 자극이 되었다. 이론은 권위에 의해서가 아니라 관련된 평가의 기준들에 의한 엄격한 판단을 통해 수용되어야 한다고 믿은 배빗은 당내의 새로운 사상적 변화의 물결을 적극

4 Arnold Schönberg, *Style and Idea* (Berkelely, 1975) 참조.

5 이 글에서 "현대 음악"은 현대 음악 일반을 총괄하여 지칭하는 것이 아니라, 어떤 뚜렷하게 구별되는 특성들을 공유하는 일군의 현대 음악만을 가리킨다.

적으로 받아들였다. 이러한 배빗의 태도는 당시까지의 음악 이론과 분석 체계의 미흡함에 대한 인식, 그리고 쉥커의 매우 혁신적인 저작들에 의해 더욱 고무되었는데, 특히, 음악 이론사에 대한 배빗의 광범위한 연구는 배빗으로 하여금 당시에 통용되던 음악 이론의 근간을 이루는 사상이 우연적이고 잠정적이며, 오류로 가득하다는 확신을 갖게 했다. 모든 다른 혁신적인 작곡가들과 마찬가지로, 배빗 역시 자신의 음악을 적절하게 기술해 줄 새로운 이론적 토대를 필요로 했다는 사실이 새로운 음악 이론 체계에 대한 배빗의 모색에 힘을 실어 주었음도 물론이다. 배빗의 가장 잘 알려진, 이론에 관한 저작들은 이러한 배경에서 쓰여졌으며, 그의 이론은 무엇보다 그의 작품들을 통해 추적될 수 있다.

변화에 대한 개방은 그러한 변화가 얼마나 합리적이며, 그러한 변화의 수용이 이론적으로 얼마나 타당한가에 대한 '기준'을 요구한다. 배빗의 저작들은 그가 방법론적 문제들에 지속적인 관심을 가지고 있었음을 보여 준다. 방법론에 대한 배빗의 저작은 철학적 저작들에 광범위하게 의존하고 있으며, 특히 빈 학파에 속하는 철학자들과 그들의 영향을 받은 미국 분석철학의 발전에 크게 영향을 받았다. 이들 철학과 배빗의 이론 체계는 많은 공통점을 갖는다. 우선 빈 학파가 그 이전의 철학에 대해 갖는 급진성은, 배빗의 이론이 그 이전의 음악 이론에 대해 갖는 혁신성에 견줄 만하다. 그리고 빈 학파와 배빗 양자 모두 과학에 특징적인 엄밀함과 진보를 성취하기를 희망했으며, 이를 위해 그들이 채택한 전문적인 장치들이 결국에는 많은 독자들을 소외시키는 결과를 낳았다는 사실도 공통적이다. 또한 무엇보다도, 분석철학이 과학적 지식의 본질에 대한 일반적인 설명을 제공하고자 노력했듯이, 배빗 역시 자신의 음악 이론 체계가 과학적 이론의 일반성이 드러나는 한 예가 되도록 하고자 시도했다는 점도 공통적이다. 방법론에 대한 배빗의 지속적인 노력은 그의 세 주요 에세이들에 잘 나타나 있다.[6]

---

6 세 에세이들은 *The Collected Essays of Milton Babbitt* (Princeton, NJ: Princeton

따라서 이 글들의 주요 내용에 대한 간략한 설명은 배빗의 방법론적 사고의 특성들을 파악하는 데에 도움이 될 것이다. 이 글에서는 배빗이 다루고 있는 상호 관련된 많은 주제들 가운데 세 가지 주요 영역을 소개하고자 한다. 여기에서 배빗은 방법론적 문제들을 작곡과 분석의 당면 사안들에 대한 적극적 고려를 통해 창의적으로 다루고 있다.

첫째, 배빗은 정식화(formalization)의 가치에 대한 강조에서 논리 실증주의자들을 따르고 있다. 정식화된 이론은 "공리, 정의, 그리고 정리들이 연결된 하나의 집합"으로 나타나며, 이에 대한 증명은 이에 적합한 논리에 의해 도출된다. 배빗에게서 이론의 정식화는 문장들 간에 존재하는 연역적 관계, 그리고 상호 의존적인 이론적 개념들의 정의들이 갖는 명시성과 동일시된다. 따라서 이미 존재하는 이론을 정식화하고자 하는 시도는 그 이론의 불완전성과 모호함을 드러내는 것으로 간주된다. 12음 체계와 같은, 음악적 체계와 정식화된 이론 간의 결합은, 그간 간과되어 왔던 음악적 속성들에 대한 새로운 발견을 가능하게 한다는 이점을 갖지만, 정식화된 이론에 요구되는 명시성을 만족시키기에는 그 논리 체계가 매우 불완전하다는 결점을 갖는다. 따라서 배빗은 음악 이론 체계에 대한 요구의 수위를 조금 낮추며, 관심을 기존의 조성음악의 배음 체계로 돌려, 그것이 갖는 설명력의 심각한 결함을 드러내는 데에 집중한다. 그리고 배음열들로부터 도출된 모든 장3화음들이 수용 불가능한 임시방편적인 조건들에 의존하고 있음을 입증하고자 노력한다.

둘째, 배빗은 음악을 기술하는 적합한 용어의 중요성을 강조한다. 그는 개념의 정식화와 이론의 정식화는 사실상 동일한 절차의 두 단면들이라는 헴펠의 관점을 받아들여, 개념의 정식화와 이론의 정식화를 결부시킨다.

University, 2003)에 수록되어 있으며, 다음과 같다: "Past and Present Concepts of the Nature and Limits of Music", "The Structure and Function of Music Theory", "Contemporary Music Composition and Music Theory as Contemporary Intellectual History."

배빗은 어떠한 방식으로건 설명력을 갖지 못하는 이론이란 단지 무용지물에 불과하며, 따라서 음악 분석적 용어들과 개념들을 평가할 때에는 그것들이 이론적 설명력에 과연 얼마나 기여하는지 면밀히 조사해야 한다고 주장한다. 화성 이론 역시 이러한 근본 원칙의 적용을 피할 수 없다. 배빗은 과학적 이론에서 개념들이 갖는 역할에 대한 일반적 주장을 바탕으로, 당대의 화성 이론의 용어들은 그저 이름 붙이기에 불과할 뿐, 이론에 설명력을 더하는 데에 별 기여를 하지 못한다는 점에서 불만족스럽다고 지적한다. 이에 배빗은 보다 만족스러운 용어의 예로서 음고-집합들의 수리적 명명을 언급하는데, 이는 그러한 수리적 명명이 가령 장음계의 위계질서가 이조(移調) 시에도 그 음고-집합에 관련하여 언제나 동일하게 유지되는 특성을 가진다는 사실을 보다 더 쉽게 설명해 주는 등 이론의 설명력에 중요하게 공헌하는 것으로 평가되기 때문이다.

셋째, '설명'은 배빗에게 무엇보다도 중요한 개념이다. 배빗은 그의 저서 『음악에 관하여』[7]에 수록된 바흐의 두 합창곡에 대한 탁월한 논의에서 쉥커의 이론이 조성 이론에 비해 더 큰 설명력을 가진다는 주장을 피력하기도 하는데, '설명'에 대한 보다 확대된 논의는 그의 「현대 음악 작곡과 음악 이론」에서 베베른 협주곡 Op.24의 시작 부분에 대한 분석에 관련하여 제시된다. 이 논문에서 배빗은 처음 등장하는 두 세트의 연속성을 두 세트가 공유하는 속성으로써 설명한다. 사실상, 어떠한 두 세트도 바로 그 똑같은 속성을 공유한다는 것이 형식적으로 입증될 수 있는데, 배빗은 이것이 참이 아니라는 결론을 내린다. 배빗의 논증은 정식화의 가치를 다시 한번 보여 주는 한편, 배빗으로 하여금 세트의 연속성에 대한 적절한 설명은 어떠해야 하는가에 대한 문제를 제기하도록 해준다. 배빗은 만족스런 설명은 어떤 종류의 일반적 법칙을 요구하는 반면, 그 관련 법칙들은 알려져 있지 않다는 사실을 헴펠의 연역적-법칙적(deductive-nomological) 설명으로부

7 Milton Babbitt, *Words about Music*, Madison, WI: University of Wisconsin, 1987.

터 추론해 낸다. 배빗은 세 번째와 네 번째 세트의 설명에 대한 몇 가지 잠정적인 제안들로 글을 맺는데, 이는 특히 음악적 설명이 갖는 난제를 드러내는 바로서 주목할 만하다. 배빗은 음악적 설명력이 방법론적 통찰에 의존함으로써 증진될 수 있다고 주장하는데, 이러한 주장은 음악적 설명을 불만족스럽게 만드는 것은 음악적 설명 그 자체의 모호함이 아니라, 음악적 설명의 본질이라는 개념이 갖는 모호함이라는 그의 믿음에 기인한다.

다. 실증주의 음악 이론의 문제점

보다 체계화된 음악 이론이 그 설명의 대상으로 해야 하는 것은 무엇인가? 실증주의 철학에서 다루어지는 개체들은 물리적 대상들뿐 아니라, 진리값들, 언어적 대상들, 기호들을 포함하며, 이에 논리적 구성물들은 추론된 개체들에 대해 우위를 점하는 바로서 선호된다. 그렇다면 실증주의 철학을 모범으로 하는 음악 분석은 무엇을 그 대상으로 해야 할까? 음악 분석의 가장 근본적인 목표는 청자의 음악적 '경험'에 대한 이해와 설명이며, 따라서 일반적으로 음악 분석은 청자의 음악적 경험 안에 지각된 바를 1차적 대상으로 한다는 사실은 실증주의 철학의 이념을 음악 분석과 이론에 적용하는 것이 매우 부적절하다는 인상을 준다. 더군다나, 실증주의 철학이 주장하는 논리의 영역에서 새롭게 파생되는 개체들이 음악 작품 혹은 청자의 음악적 경험에서는 어떻게 발견되고 적용될 수 있겠는가 하는 문제는 그러한 부정적 인상을 더욱 심화한다. 논리적 개체들에 지나치게 광범위한 존재론적 지위를 부여하는 것을 경계하는 철학자들의 목소리는 실증주의 음악 분석과 관련하여 특히 주의를 기울일 만하다. 또한, 논리학자들의 과제는 새로운 개체들을 만들어 내는 데에 있지 않고, 이미 존재하는 개체들을 어떻게 지칭할 것인지를 결정하는 데에 있다는 일군의 철학자들의 주장은 실증주의 음악 분석에 특히 의미심장하게 적용된다. 실제로, 현대 음악 이론가들이 음악 작품 내의 요소들을 정의하고 식별하는 방식에 문제가 있다는 주장이 종종 있어 왔다. 일례로, 음고-집합의 개념에 대한 포르트의 정의는 청자의 실제 음악 경험과 괴리된다는 지적이 있다.

음고-집합에 대한 포르트의 정의는 다음과 같다: 음고-집합의 개념은 우리가 일상에서 12개의 반음들을 언급하는 방식에 이미 암시되어 있다. 즉 반음계의 기본을 이루는 것은 오직 12개의 음들뿐이라는 것이다. 이는 곧 12개의 음들이 옥타브 동치성(octave equivalence)에 의해 단 하나의 옥타브 안에 모두 표상될 수 있음을 의미하며, 하나의 음고에 대한 개별적 기보들은 서로 구별되지 않음을 뜻한다. 이러한 정의에 따르면, 각각의 음높이 F^{x}, G, A^{bb}은 이들이 각기 어떤 음역에 위치하고 있는가에 상관없이 모두가 동일한 음고-집합의 원소들로서 간주되며, 정수 7로 무차별적으로 지칭된다. 이러한 해석은 결국 실제 음악 작품에서 일어나는 사건들과 분석에서 지칭되는 사건들 사이에 심각한 간극을 초래하게 된다. 왜냐하면 음고-집합을 지칭하면서 우리는 우리의 실제 경험에 현상학적으로 주어지는 개체 대신, 이러한 개체를 단지 그 하나의 원소로서 포괄하는 논리적 개체를 가리키게 되며, 이러한 논리적 개체는 우리가 실제로 경험하는 개체와는 그 존재론적 지위가 전혀 다르기 때문이다. 음고-집합들이 일단 분석의 개체들로서 확립되고 나면, 분석은 악곡 내에서 실제로 발생하는 음들에 대해 더 이상 관심을 갖지 않으며 오직 음고-집합들만을 다루게 된다. 분석과 실제 음악경험 사이의 괴리는 이러한 음고-집합들의 무리가 음고-집합 세트를 형성할 때 더욱 심화되며, 음고-집합 세트들 사이에서 다양한 조작들이 발생할 때 더 한층 심각해진다. 그리고 이러한 분석은 결국 청자의 경험에 직접적으로 제시되는 악곡 내의 요소들을 소외시키는 결과를 낳게 된다. 에드워드 콘(Edward T. Cone)은 현대 음악 이론과 분석의 추상화 추세에 대해 그 위험성을 경고하면서, 특히 12음 체계 안의 완벽한 합일을 추구하는 포르트의 이론에 대해 이 이론이 성취해 낸 것은 결국 음악적 영역이 아닌, 수리적 영역 안에서의 합일일 뿐이며, 이는 청자의 음악적 경험과는 무관한 것이라고 비판한다. 그러나 애석하게도 대부분의 무조성 이론에서 음고-집합들과 음고-집합 세트들은 실재하는 개체들마냥 다루어지며,

결국 이로부터 심각한 음악적 문제들이 초래되고 만다.

소위 대부분의 실증주의적 음악 분석은 논의의 범주를 지칭의 관계가 명확한 기호와 그 대상들에 한정하여, 악보에 명기되어 있지 않은, 악곡의 형이상학적 측면들에 대한 논의는 그 타당성을 객관적으로 입증하는 것이 불가능하다는 이유로 철저히 배격한다. 실증주의적 음악 이론가들은 그러한 형이상학적 논의들을 종종 "무의미하다"고 격하하기도 하는데, 언어의 사용에 대한 이러한 배타적 입장은 많은 현대 음악 이론가들의 실증주의적 사고의 뿌리를 이룬다. 배빗은 의미 있는 담론이라면 그것이 어떤 영역 내의 담론이냐와는 상관없이 반드시 만족시켜야만 하는 언어적 · 방법론적 조건들을 음악에 관한 진술들 역시 충족시켜야만 한다고 주장한다. 이러한 견해로부터 배빗은 음악에 대한 진술들을 논리적 틀에 따라 분석해 내어 그 타당성을 검증할 것을 제안한다. 배빗은 또한 비록 보다 복잡하고 미묘한 경우들에 대해서는 반드시 준수되어야 할 조건들을 결정하는 것이 쉽지 않지만, "무의미한" 진술들을 대체로 걸러내는 데에는 별 문제가 없음을 분명히 한다. 특히, 배빗은 기존의 많은 분석들이 그저 음악에 대한 개개인의 뿌리 깊은 주관적 태도의 표현에 불과할 뿐, 어떠한 의미 있는 진술도 담고 있지 않다고 강도 높게 비난한다. 그러나 모든 형이상학적 관심과 논의에 대한 이러한 배제는 청자 개인의 어떠한 독특한 견해도 분석에 용납지 않는 우를 범하게 된다. 또한 이론가와 분석가가 사용하는 언어에 대한 실증주의적 음악 이론의 배타적 관심은 음악에 대한 분석을 언어에 대한 분석으로 대체하는 경향이 있는데, 이는 음악에 대한 분석과 음악 분석에 대한 분석이 서로 분명히 구별되어야 함을 고려할 때, 매우 위험스런 일이다

3. 결론

지금까지 실증주의 철학과 현대 음악 이론 사이의 관계와 그 문제점을

간략하게 살펴보았다. 사실상, 한 분과학의 개념을 다른 분과학에 적용하는 것은 매우 유용한 결과를 낳을 수 있는 동시에, 상당히 위험한 일이기도 하다. 왜냐하면 어떤 분과학의 맥락에서는 아무런 문제가 없는 개념이 다른 분과학의 맥락에 적용되었을 때에는 심각한 문제를 초래할 수도 있기 때문이다. 많은 철학자들과 음악 이론가들이 보다 포괄적이면서도 구체적인 음악미학을 일궈내는 데에 실패한 이유도 여기에 있다. 어떤 특정한 철학 체계가 음악에 적용되기 위해서는 그 철학 체계에 대한 상당한 조정이 요구되기 마련인데, 음악적 맥락에 적절한 철학적 조율을 얻어내기란 결코 쉽지 않기 때문이다. 사실상 철학자들의 관점에서 봤을 때, 실증주의 철학과 음악 간의 관계는 대단히 희박한 것으로 드러난다. 초기 실증주의자들은 예술에 대해 거의 언급하지 않았으며, 그러한 언급은 예술비평에 사용되는 언어들에 대한 분석을 통하여 예술작품들에 관한 모호한 개념들을 분명하게 밝히고자 하는 분석철학자들에 의해 최근에야 비로소 이루어졌다. 프레게와 러셀이 예술작품을 직접적으로 다룬 적이 없으며, 논리 실증주의자들 역시 이러한 주제를 기피했다는 사실은 주목할 만한데, 만약 실증주의 철학이 예술과 미적 경험을 그 논의의 영역 안에 근본적으로 허용하지 않는다면, 실증주의 철학을 음악에 적용하는 것 자체가 부적절하며 부당한 일이 될 것이기 때문이다. 음악적 사고에 많은 영향을 끼친 것으로 평가되는 비트겐슈타인조차도 후기에 미학에 더 많은 시간을 할애하긴 했지만 미학을 직접적으로 다룬 적은 없으며, 언제나 언어에 대한 분석을 통하여 미학을 논했다. 이러한 사실들은 음악을 비롯한 예술 일반이 실증주의 철학이 다루는 대상의 범주 바깥에 놓여 있는 것이 아니냐는 추측을 가능하게 한다. 일례로, 실증주의 철학에서는 "슬픈", "비통한", "가슴 아픈" 등의 표현들이 모두 같은 개념으로 환원되며 각각의 단어가 갖는 미묘한 어감과 수사학적 차이는 무시된다는 사실은 실증주의 철학을 문학과 시에 적용하는 것이 적절치 않다는 주장을 불러일으킨다. 음악도 마찬가지이다. 각각의 음 F^{x}, G, A^{bb}가 특정한 음악적 맥락에서 갖는 함의는 매우 다를 수 있으며, 더군다나 이러한 음들이 그 음역을 달리하여 나타날 때에 갖는 차이란 결코 무시될 수 없는 것이다. 이에 관련하여, 과학적 방법론이 적절하게 적용될 수 없는 영역이 있는데, 이는 가치와 감정의 영역이라는 러셀의 진술도 언급할 만하다. 이러한 진술에서 러셀이 염두에 둔 것은 아마도 윤리학일 것으로 추정되나, 미학 역시 이에 해당될 것이라는 데에는 별다른 이견이 없을 것이다.

마지막으로, 서론에서 제기되었던 문제, 즉 왜 현대 음악은 난해한 것인가라는 질문으로 되돌아가 보자. 여기에 대한 지극히 부분적이지만 그럴듯한 해답이 실증주의 철학과 현대 음악 이론 간의 긴밀한 관계에서 찾아질 수 있다. 현대 음악은 실증주의 철학에 바탕을 둔 음악 이론이 악곡의 일부분, 혹은 전체에 적용된 결과인 경우가 많은데, 이러한 음악은 그 작곡 단계에서 이미 청자의 현상학적 경험에 대한 직극적 고려를 배세한다는 면에서 문제를 안고 있다. 각각의 음들이 일정한 숫자로 지칭되는 집합의 일원으로서만 철저하게 다루어지면서, 그것들이 가질 수 있는 다른 많은 다양한 가능성들과 잠재력들은 모두 사상되며, 다른 무엇보다 음악 작품에 대한 청자의 정서적 개입이 심각하게 차단된다. 이러한 음악은 청자에게 정감적으로 파고드는 감동을 불러일으키기보다는 인지적으로 접근되고 설명되기를 원한다. 그러나 모든 의미 있는 음악적 경험은, 청자의 의식과는 무관하게, 음악에 대한 인지적 접근과 정서적 개입 모두를 요구한다. 청자의 음악적 경험에서 양자 가운데 어느 편이 더 큰 역할을 할 것인가는 음악 작품 자체가 갖는 여러 가지 특징과 청자 개인의 성향, 음악적 훈련 정도와 지식, 그리고 이전의 음악적 경험 등에 의해 결정된다. 실증주의 음악 이론에 근간을 둔 음악 작품들 대부분은 청자의 음악적 경험이 인지적 수준에 거의 배타적으로 집중될 것을 암묵적으로 전제하는데, 문제는 이러한 음악이 요구하는 인지적 수준이 청자가 자신의 현상학적 경험에서 직접적이고 순간적으로 인식할 수 있는 바를 훨씬 넘어선다는 데에 있다. 숫자로 환원되는 음들 간의 관계와 그들의 집합, 그리고 집합들의 세트들 사이의 관계는 즉각적인 음악 경험에서 직접적으로 추출되는 것이 거의 불가능하다. 다시 말하자면, 청자가 이러한 음악을 "들으면서" 이해하기란 대단히 힘들다는 것이다. 다른 한편, 이러한 음악은 위에서 언급했듯이 청자의 정감적 접근을 어렵게 만드는데, 이러한 문제는 우리가 기타 예술 장르에 비해 특히 음악에 대해 강한 친밀감을 느끼는 것은 음악이 감상자의 정서적 개입을 특히 용이하게 하기 때문이라는 학자들의 주장을 고려해 볼 때 더욱 심각하게 다가온다. 음악에 대한 청자의 정서적 개입은, 인지적 접근과 마찬가지로, 청자가 음악을 이해하는 한 방식이다. 결국, 청자의 정서적 개입의 차단은 청자가 그 현상학적 경험 안에서 감당할 수 없는 높은 인지적 수준의 요구라는 장벽과 더불어 청자로 하여금 실증주의 음악 이론을 바탕으로 하는 현대 음악을 이해하기 힘든 대상으로 규정하게 하고 만다.

이 글에서의 논의는 결국, 감상자의 실제 경험을 소외시키는 이론적 이상과 이에 기초한 예술작품이란 감상자에게 아무런 의미가 없다는 교훈을 남긴다. 물론, 음악 분석과 비평 언어에 대한 관심의 증대 등 현대 음악 이론계가 실증주의 철학의 근본 이념을 적극적으로 연구하고 수용함으로써 얻어진 긍정적인 결과들의 가치는 그 나름대로 충분히 인정될 만하다. 하지만, 일군의 현대 음악이 초래한 감상자의 소외현상은 예술에 관한 모든 논의와 이론은 예술 자체의 고유한 특성에 대한 우선적인 관심과 고려로부터 출발되어야 한다는 사실을 분명히 보여 준다.

더 읽을거리

Boretz, B., *Meta-Variations: Studies in the Foundation of Musical Thought (with) Group Variations I*. PhD diss., Composition: Princeton University, 1970.

Brown, M. G., and D. J. Demster, "The Scientific Image of Music Theory", *Journal of Music Theory* 33, 1989, pp. 65-106.

Cone, E. T., *Music: A View from Delft*, Chicago, IL: University of Chicago Press, 1989.

Forte, A., *The Structure of Atonal Music*, New Haven; London: Yale University Press, 1973.

Kerman, J., *Contemplating Music: Challenges to Musicology*, Cambridge, MA: Harvard University Press, 1985.

현대 연극과 미학

안치운

1. 글에서 이미지로

현대 연극의 미학은 독자-관객을 부추길 수 있는 방법론을 모색하는 역사의 미학이다. 오늘날 무대공간과 배우의 몸, 연출의 창의력에 많은 비중을 두는 열린 텍스트들은 이데올로기에 관한 문제보다도 시각적인 요소들을 앞세워 관객의 자유로운 독해를 가능하게 한다. 아리스토텔레스가 『시학(*Poetica*)』에서 비극의 열등한 요소로 설명했던, 모방의 수단인 표현(lexis)과 모방의 양식인 장경(opsis)이[1] 오늘날 현대 연극에서 우등한 요소로 변모했기 때문이다. 현대 연극에서 이미지란 표현과 장경의 산물이다. 또한 텍스트의 연구에 있어서도 학파나 경향 또는 어떤 선언적인 규범이 분명하게 존재하지 않는다. 연출가들은 텍스트 해석에서 쓰여진 글의 의도를 초월하기도 한다. 쓰여진 텍스트를 모방하기보다는 아예 말소하고, 작가의 유신인 글을 외면하거나 망각한다. 텍스트를 현실의 매개나 모방이 아니라 가상 또는 이상에 존재하는 것으로 여긴다. 지금까지 연극의 텍스트로서 희

1 Aristote(Texte, traduction, notes par Roselyne Dupont Roc et Jean Lallot), *La Poétique*, Paris: Editions du Seuil, 1980. pp. 53-57.

곡이 지녔던 고유하고 완결된 영역 바깥으로 향하는 현상을 현대 연극에서 나타나는 텍스트의 탈영토화(脫領土化)라고 말할 수 있을 것이다.

현대 연극의 양태를 바꿔 놓은 것은 첨단 테크놀로지이다. 연극 텍스트의 변화는 텍스트의 다양성과 자유로움을 가능하게 했고, 말하고 듣는 청각적인 문화를 보고 읽는 시각적인 문화로 바꾸어 놓았다. 그리고 연극을 읽는 독자-관객에게 새로운 감각을 요구하기도 했다. 나아가 연출가나 독자-관객에게 텍스트의 생성에 대한 근원적인 질문을 다시 하게 하고, 새로운 텍스트를 만드는 계기를 마련해 주기도 했다. 이런 탓으로 연극의 고전에 해당되는 텍스트들이 궁핍하게 변화되거나 잊혀지는 현상이 드러나기도 했다. 원래 희곡이라는 텍스트와 공연이라는 텍스트는 등가(等價) 대상이지, 서로 교환되거나 어느 것 하나가 다른 것을 위해서 전락하는 대상이 아니었을 것이다. 텍스트 변화가 당연해 보이는 오늘날 그 변화를 문제삼는 것은 고전 희곡들이 있는 그대로가 아니라 공연과 연출의 확대 그리고 새로운 매체를 통한 표현의 다양성에 의해서 소비되거나 추상화되고 있기 때문이다. 새로운 매체가 지닌 표현력은 고전 텍스트에 과도한 영향력을 행사한다. 그것은 과중한 기호를 낳아 때로는 고전 텍스트의 원형을 훼손하고 나아가 고전 텍스트의 실제성을 소멸시키는[2] 우려를 낳는다.

현대 연극을 어떻게 읽어야 할 것인가는 텍스트를 읽는 독자-관객의 개인적인 반응이지만 그것을 구체적으로 밝히기란 쉬운 일이 아니다. 현대 연극의 텍스트는 규칙에 따라 창조된 모델을 제시하는 것이 매우 어렵기 때문이다. 때로는 이론의 불확실성, 이론 부재에 이르기도 한다. 테크놀로지에 힘입은 현대 연극의 창조와 독자-관객의 수용이 확대되면 될수록, 텍

2 이런 지적은 기호의 과잉과 기술의 복제 기능에 의해서 사물의 고유한 진가가 사라지는 것을 언급한 장 보드리야르와 발터 벤야민, 마샬 맥루헌의 이론에서 읽을 수 있다. 장 보드리야르, 이규현 옮김, 『기호의 정치경제학 비판』, 서울: 문학과지성사, 1992; 장 보드리야르, 하태환 옮김, 『시뮬라시옹』, 서울:민음사, 1981; 발터 벤야민, 차봉희 옮김, 『현대 사회와 예술』, 서울: 문학과지성사, 1980; M. McLuhan, *Understanding Media: The Extension of man*, N.Y.: McGraw-Hill, 1964 참조.

스트의 존재와 그 생성 그리고 분석에 관한 문제는 매우 복잡해진다. 현대 연극에서 텍스트에 관한 연구는 지난 1960년대나 70년대와 비교해서 많이 변해 왔다. 이 가운데 새로운 텍스트 분석방법론이 있기도 하지만 여전히 과거의 도그마를 주장하는 견해도 공존한다. 거칠게 말하면, 현대 연극의 텍스트들은 듣기에서 보기로 그리고 보기에서 읽기를 강조하며 변화 생성되었다. 읽기란 마음의 기본적인 움직임에 따라 기호를 해석하는 일이다. 시각의 망막에 들어온 인쇄된 낱말의 의미를 스스로 번역하는 것이다. 텍스트에 들어 있는 동작 · 색 · 모양 · 소리 등이 연극적 기호가 된다. 다른 장르와 달리 연극은 그 내용을 몰라도, 곧 문화적 차이나 언어적 차이로 인한 작품의 순수한 형식적 차원의 체험은 불가능해도 내용 없는 기호의 충격은 가능하다. 이것은 기호의 명확성과 직접성이야말로 공연예술 해독에 결정적인 역할을 하기 때문이다. 지금까지 연극과 텍스트의 관계에 대한 연구는 대부분 텍스트가 지니는 특성에 관한 것으로, 텍스트와 공연, 텍스트와 담화, 텍스트 연구를 위한 방법론, 연극 텍스트 묘사, 텍스트 기능과 구조, 시간과 공간, 발화된 것과 발화하는 인물, 텍스트의 자동 읽기 등과 같은 주제에 관한 것이다. 그것을 줄여 말하면, 텍스트의 역사는 한 편의 희곡을 텍스트로 삼아 그것에 절대적으로 의지하기, 텍스트 해석하기, 텍스트 해체하기, 다시 텍스트로 돌아오기의 역사라고 할 수 있다. 공연의 문학적 성질을 결정하는 것은 대본이 아니라 하나의 대본에서 만들어진 공연 그 자체가 대본이 될 수 있기 때문이다. 이런 현상은 현대 극작가들과 더불어 연출가들에 대한 연구와 공연으로 증명되고 있다.

연극 텍스트가 지닌 독특함이란 공간과 시간이 역동적으로 결합할 때 생성되는 연극적 전언이다. 이는 바로 무대 상연을 기다리는 텍스트의 긴장과 움직임이다. 구멍 뚫린 텍스트라는 것은 상연을 위해 채워 넣을 것이 많다는 뜻이고, 변형적 텍스트란 특권적 읽기의 대상물로서 무대화(공간화와 시간화) 작업의 근거가 된다. 현대 희곡 텍스트에 관한 연구들은 구조주의와 기호학 이론에 힘입은 바 크나, 연극 텍스트에 관한 다종다양한 개념과 쓰여진 텍스트에서 공연이란 텍스트로 확대된 것은 위의 학문적 연구 성과에 따른 것이다. 연출가 중심의 현대 연극이 텍스트의 문학적 분석을 부인하고 공연을 연극 텍스트로 삼도록 한 것도 이에 속한다. 이 경우 연출가는 희곡을 언어 텍스트로, 연극적 상상력을 위한 기호 체계로, 상연에 참여하는 조건으로, 독자-관객에게 읽히는 것으로 삼는다. 대본을 구성하는 대사나 무대 지시는 연극적 상상력을 발동케 하는 암시적 지표로 여긴다. 따라서 연극 텍스트 연구란 관객들에게 공연된 작품만을 언급하는 것은 아니고, 무대를 빌려 텍스트를 설명하거나 정당화한 것도 아닐 것이다. 연극 텍스트 연구는 텍스트 분석을 통하여 무대로 나아가고, 텍스트 분석이 실제 공연에 도움을 주려는 것이다. 텍스트 분석은 희곡 이론을 강요하거나 희곡의 역사적 두께를 언급하는 일과는 다르다. 연극 텍스트 연구는 텍스트가 지니는 시간과 공간 개념, 인물 개념 그리고 말에 관한 언어학적 접근도 가능할 것이다.

연극 텍스트에 관한 정의는 많다. 움베르토 에코는 "텍스트는 게으른 기계장치로서 독자들에게 악착스런 공동작업을 요구한다. 텍스트가 말하지 않는 공간, 또는 하얀 여백으로 남아 있는 공간을 채우라고 요구하는 도구다. 텍스트는 하나의 전제적 도구다"[3]라고 텍스트를 정의했다. 여기서 텍스트란 연극 텍스트만을 의미하는 것은 아니다. 연극 텍스트는 에코의 표현보다 훨씬 더 게으른 편이다. 독자-관객의 읽기로 공연이 완성되기 때문이다. 연극기호학자 안 위베르스펠트는 연극 텍스트는 관객이 읽기 전까지는 "구멍 뚫린 텍스트(texte troué)"라고 말한다.[4] 다른 어떤 텍스트들보다도 연극 텍스트가 지닌 구멍 크기는 크다. 연극 텍스트는 언어적 기호들과 비언어적 기호들의 총체를 전제로 하기 때문이다. 텍스트가 지닌 언어적 기호의 총체들과 더불어 비언어적 기호들은 공연이란 형태로 서로 관계를 맺

3 Umbert Eco, *Lector in Fabula: Le rôle de lecture*, Paris: Grasset, 1989, pp. 63-64.
4 Anne Ubersfeld, *L'école du spectateur*, Paris: Editions Sociales, 1981, p. 10.

는다. 특히 현대 연극의 연극성은 입으로 발화되는 자연 언어보다는 인공 언어, 문자 언어보다는 비문자 언어들인 기호들의 두께로부터 온다. 이는 기호와 기호의 관계(부분과 부분), 기호와 기호 체계(부분과 전체)와의 관계다. 사실 연극 텍스트가 게으르고, 구멍 난 텍스트라고 한 표현은 자못 경멸적이다. 이는 텍스트 읽기의 어려움을 말하기 이전에 텍스트의 완결성을 부정하기 때문이다. 게으른 도구는 독자－관객의 영역에 공을 되던져 놓는다. 그리고 이를 받은 독자－관객은 이 도구를 살려야 하고 자기 자신과 텍스트와 관계 맺기를 해야 한다. 텍스트는 독자－관객에게 이 빈 공간을 어떻게 채워 넣어야 할 것인지 상상하도록 하는 도구와 같다. 적지도 많지도 않게. 그리고 이를 통하여 독자－관객의 행위는 한 발짝씩 앞으로 나갈 수도 있고 더러는 무대에 올려질 실제 연출 같은 것을 꿈꾼다. 텍스트는 독자－관객에게, 움베르토 에코가 말했듯이, 수신자로서 구체적이고 정신적인 노동을 요구한다.[5] 연극 텍스트의 경우, 이런 작업은 연출이 해야 할 일과 혼동되기도 한다. 상상력을 지닌 독자－관객은 텍스트 앞에서 즐거움과 두려움이 생긴다. 공연도 빈 구석이 있는 게으른 텍스트가 아닌가. 프랑스 연출가 앙트완 비테즈는 "연출가는 모든 것을 다 연극 텍스트로 삼을 수 있다"고 말한 적이 있다.[6] 연극 무대에 오르는 모든 재료, 곧 텍스트 형태는 변화 가능하다고 보기 때문이다. 이런 입장은 연극 창작에서 텍스트보다 연출의 중요성을 강조한다. 1960년대 이후부터 오늘에 이르기까지, 공연 역사는 텍스트보다 연출을 더 필요로 하는 경향이다.

현대 연극과 미학의 문제에 있어서 우리가 고민해야 할 숙제는 또 있다. 고전 텍스트는 오늘날 인문주의의 몰락과 더불어 사라지는 것인가, 고전 텍스트를 현대적 이미지의 텍스트로 바꾸는 것은 정당한가, 다시 있는 그대로 고전 텍스트로 돌아가는 것은 가능한가를 되물어야 한다. 그리고 고

5 Umberto Eco, *op. cit.*, p. 61.

6 Anne Ubersfeld, *Antoine Vitez*, Paris: Nathan, 1998, p. 73.

전을 있는 그대로 읽고 해석하는 힘은 어디서 오는 것인가를 되물을 필요가 있다. 역사에서 서사에서 고전 희곡이 지니고 있는 형식과 내용이 오늘날 우리 연극에서도 중요한 문제가 된다. 한편으로는 고전 희곡이 지니고 있는 이야기 구조를 이미지의 텍스트로 각색하는 것이 의미 있는 형식인가를 질문해야 한다. 관객 앞에서 말하는 고전적 태도에서 이미지의 욕망에 추동되어 그래서, 그러므로, 그랬기 때문에 같은 인과성의 고리들을 많은 부분 사장한 채 일련의 도상 기호들(iconic images)을 산만하게 접속시켜 나가는 것은 유용한 방식인가를 우리는 되물어야 한다. 이것은 눈으로 보는 이미지가 과연 책으로 읽고, 귀로 듣고, 영혼의 눈으로 보는 것과 같은가를 묻는 것이다. 만약 가시적인 이미지 텍스트로 채워진 무대를 연극의 본향처럼 여긴다면 그 해악도 클 것이다. 해답은 이미지들의 질서를 만들고 해석하는 관객들의 능동적인 태도에 달려 있다. 이미지들은 언어가 지시하는 대상과 언어가 발화되기 위한 음가를 지니고 있지 않는, 글과 음성으로 환원되지 않는 언어다. 그것은 정해진 것이 아니라 발견되어야 하는 자율적인 것일 뿐이다. 그것으로 텍스트의 전체성이 만들어지고 텍스트와 공연은 완성된다. 관객들에게 발견된 진실이 허구라는 사실은 중요하지 않을 것이다. 우리를 매혹하는 것은 사실에 반하는 허구 그 자체가 아니라 허구에 도달하는 과정의 거부할 수 없는 진실성이다. 그것이 현대 텍스트가 관객들에게 요구하는 태도며, 관객들이 도달할 수 있는 결과일 것이다. 자유를 말하는 기쁨, 그것은 가장 본질적인 순간의 체험이다. 그것을 말하게 되는 순간에 이르기까지 배우들과 독자-관객은 얼마나 고통스러운 에너지와 주의력을 지녀야 했던가! 그렇다면 텍스트의 수정 · 각색은 원본을 어지럽히고, 다시금 새롭게 태어나는 것이 아닌가? 원본을 고치고 달리 한다는 것은 원본과 겹쳐지면서 새로운 것을 발견하는 것이 아닌가? 원본의 영향과 무늬로부터 멀어지고 난 후, 다시금 투명하게 나타나는 창조적 과정이 아닌가? 그것을 읽는 독자-관객들이 다시 태어나는 것처럼.

2. 현대 연극의 새로운 표현 기제

현대 연극에서 재현의 무기는 감각이었다. 플라톤이 『파이돈(*Paedon*)』에서 작가들에게 가장 중요한 덕목이라고 지칭한 것. 감각은 자연적인 것을 초자연적인 것으로 재현하고 모방한다. 그런 탓으로 현대 연극은 주석을 낳는 곡해(para/phase)의 연극이 된다. 현대 연극의 종말은 어디로 향하는가? 우리의 첫 번째 화두는 표현매체의 확장이 주는 변화다. 새로운 연극, 낯선 표현은 우리가 지금까지 믿었던 전통적인 재현의 의미를 아주 무시할지도 모른다. 연극이 황당하게 재현과 모방의 기술만을 확대한 것을 반성하는 쪽으로 기울지도 모른다. 이미지를 만들며, 이미지들끼리 얽힌 의미망들을 과감하게 포기하고 의사 이미지 같은 것을 말할지 모른다. 새로운 표현 기제에 의한 연극을 전망하기 전에, 연극은 참 오랫동안 제 모습을 그런 대로 지니고 있다는 점을 상기하자.[7] 다른 장르에 비하면 연극은 사람 몸을 떠나서는 될 수가 없고, 극장을 버리고서는 생존할 수 없었기 때문이다. 연극의 고전적인 모습과 더불어 연극의 유혹은 얼마나 크며, 연극에 빠지는 정열은 사람들을 얼마나 맹목적으로 만드는가? 그 정열과 유혹에 비하면 연극 자체는 변함없는 돌과 같다. 단 한 번 뜨거운 열에 녹아 흐르다 딱 굳어진 용암과 같다. 유혹이란 굳어진 돌을 다시 녹여 내려는 가열찬 몸부림일 터다. 돌이 녹아 제 모습을 흩뜨리고, 열정의 결을 감싸는 살이 되도록 하는 것이 아닐까.

연극의 새로운 표현 기제는 박탈당한 감각을 회복하는 일과 연결되어 있고, 감각만을 믿을 수 없다는 것과 너무 깊이 연결되어 있다. 새로운 연극, 낯선 표현을 위한 감각으로 받아들여지는 빛 · 소리 · 오브제의 확장은 무엇인가? 낯선 표현의 메커니즘은 어떤 미학적 가치를 지니고 있는가? 빛 ·

7 J-P Ryngaert, *L'introduction à l'analyse de théâtre*, Paris: Bordas, 1991; R. Monod, *Les textes de théâtre, pratiquer les textes de théâtre*, Paris: CEDIC, 1977 참조.

소리 · 오브제 같은 새로운 표현 기제들은 지식도 이론도 아니다. 그렇다고 말과 움직임이 부족해서 그것에 덧붙이는 것도 아니며, 그것들을 못 믿어서 보충 · 대체하려는 것도 아니다. 현대 연극에서 미디어의 몫이 커질수록 몸을 못 믿게 되는 것과 말이 안 들리게 되는 것은 어느 정도 옳다. 에드워드 골든 크레이그(E. G. Craig)처럼 배우를 초인형이라고 말하는 것, 쓰보보다(Svoboda)처럼 좁은 무대의 벽면을 트는 것이 아니라 아예 벽이란 존재하지 않는다고 말하며 새로운 극장 양식을 택하는 것이 있지 않았던가.

사물은 물질이고 형체를 지녔다. 사물을 물건, 물체라고도 한다. 최초의 사물은 연극에 하나의 작은 소품으로 등장했다. 빛과 소리 그리고 오브제의 목적은 날것 그대로이되 복잡하다. 무엇인가를 말하기 위하여, 말을 대신하기 위하여, 말을 넘어서기 위하여. 말은 의미를 전달하는 데 필요했고, 동시에 충분하지 못했다. 말은 무겁고 동시에 가볍다. 말은 순간적이며 한정된 장소에서만 울린다. 그 미완성과 모순 사이에 오브제들이 놓인다. 무거움과 가벼움 사이, 순간과 영원, 막힘과 뚫림 사이에. 말하지 않으면서 말하는 방식으로. 무대 위와 배우 곁에서 시각적으로 자리를 잡고 있기도 했고, 말들의 지시 속에서 자신을 소리와 의미로 감추기도 했다. 흔히 오브제를 소품이라고 하는데, 분명하지는 않지만 이는 일본식 번역 탓일 가능성이 크다. 소품은 글자 그대로 작은 물건이다. 그 이유는 물질과 형태의 외형적인 것만을 보고 말했기 때문일 것이다. 오브제를 소품이라고 하는 것과 앞(ob)에 내던져진(jacare) 사물이라고 번역하는 것 사이에는 큰 차이가 있다. 소품은 글자 그대로 크기를 기준으로 삼아 판정하는 것이라면, 사물은 안으로 숨기는 것과 겉으로 드러내는 것이 동일한 순간에 겹쳐진다는 것을 암시한다. 사물은 존재하는 것이되 존재를 꾸미는 외장인 셈이다. 오브제를 우리말로 바꾸려면 쓰임새와 모양새, 이른바 생김새를 함께 쳐야 할 것이다. 그리고 쓰임새와 생김새가 위장하고 과장하는 것까지 포함해야 할 것이다. 그것들은 연극 안의 질서에 의해 조장되기도 하지만, 연극 바깥의 논리에 의해서 하찮은 놀이처럼 보여질 수도 있다.

현대 연극은 새로운 표현 기제의 출현에 회의하는가? 아닐 것이다. 숨기는 것과 드러내는 것이 겹치되 드러내는 쪽으로 기울고 있기 때문이다. 속이 아니라 겉이 더 깊고 커 보이는 것으로 말이다. 하여 겉으로 드러나는 것으로 모방하고 재현하는 오브제는 놓여지는 것이 아니라 읽히는 것이다. 있는 그대로 또는 일그러진 어떤 의미로. 빛 · 소리 · 오브제는 기호이되 애매한 기호인 셈이다. 예컨대, 연극에서 가장 매혹적인 오브제인 거울은 존재와 외관, 보기와 느끼기, 안과 밖, 인간의 이중성, 반성적 사유의 훈련, 전도된 세계, 혼돈에 빠진 세계, 절대적 모순의 자리로 읽혀지기도 한다. 사람은 때로 살균된 객관성의 세계보다는 지저분한 주관성의 세계에서 살고 싶어한다. 기호학이 분명하게 하나의 방법으로 이해될 때는 바로 그때다. 새로운 연극, 낯선 표현 기제의 확충은 그것마저 애매한 것으로 만들어 버릴 수 있다. 고정된 기호처럼, 재현하되 재현하지 않은 것처럼 읽힐 수 있다.

배우를 인형이 대체하고, 소리가 이미지로 바뀌면서 기존의 모든 연극 이론과 질서가 박탈당하는 지금, 새로운 미학적 표현 기제들이 당당하게 기어오른다. 빛 · 소리 · 오브제는 새로운 표현의 메커니즘으로 자신의 존재를 분명하게 드러낸다. 그것들은 당당할 뿐 부끄러움이 없다. 병풍처럼 서 있던 세트가 배우 뒤에서 앞으로 나오고 동작선이라는 것을 불가능하게 만들어 버린다. 조명과 소리는 시각을 마비시키거나 축소시킨다. 배우를 포함해서 모든 오브제들은 예술적 감각의 하나로 규격화하는 스타일, 스타일리스트라는 것이 작가 이름 뒤에 붙는 것도 이때쯤이다. 오브제는 구체적인 모습을 지녀 보여 줄 때도 있지만 추상적일 때도 있다. 스타일리스트는 이것을 무기 삼아 진군한다. 스타일리스트들은 기존의 이론에 밟혀 죽기는커녕 의기당당하게 연극의 새로움을 내세워 오늘도 정처없이 걷는다. 전우의 시체를 밟는 대신 희곡이란 연극의 고전적 미디어를 뛰어넘어 간다. 글을 읽지 못하는 문맹인 그들에게 먼 내일은 없고, 긴 오늘도 없다. 손에 든 긴 망치가 있을 뿐. 오브제들이 창고에 들어가는 순간, 길가에 버려지는 순간, 연극과 스타일은 죽는다. 스타일의 연극에서 공연은 팝 아트처럼, 배우의 흔적은 지하철 벽면에 그려진 스프레이의 흘림처럼 순간 존재하다 더 빠른 순간에 죽는다. 스타일리스트는 말할 것이다. 오브제 그 자체는 연극에 대한 진실 또는 오브제의 해석보다 더 중요하고 강하다고. 이미 죽은 것이므로.[8]

태초의 연극은 몸과 말 이외에 다른 미디어가 필요없었던 장르였을 것이다. 그것이 순간의 예술, 저장되지 못해 나약한 예술이란 평가를 받았던 이유가 된다. 오브제들은 미디어 역할을 한다. 건너뛰면서 이쪽과 저쪽을 매개할 수 있는 장점이 있었다. 보는 이와 하는 이, 말하는 것과 말하고자 하는 것을 연결시킬 수 있었다. 미디어 없이 시작한 연극은 이제 오브제들과 함께 달리 되었고, 새로운 연극은 낯선 오브제들과 다시 시작하지 않으면 안 되었다. 낯선 오브제들은 연극과 함께 있으면서 자신을 달리 정의하지 않으면 안 되었다. 현대 연극에 있어서 익숙하든 낯설든 오브제들은 실제적이기도 하고 형이상학적이기도 하다. 연극을 선동하고 추동하는 오브제들은 그러므로 연극의 진부한 주제일 따름이다. 연극의 긴 역사로 보건대, 오브제들과 떨어져 있었던 순간은 없었을 터이므로 오브제에 관한 담론은 진부할 뿐이다. 나는 그 점을 공연에서 우려한다. 오브제들을 강조하는 연극은 전혀 새로운 연극이 아니다. 그것을 새로운 연극으로 보는 것이야말로 경계해야 할 일이다. 진부한 것이 독창적이고, 새로운 것이라고 주장하는 것은 순수하지 못하다. 우리가 지금, 여기서 논하려는 점은 '함께' 에서 '달리' 로 이어지는 사이의 변화고, 역할이다. 사이라는 시간대는 일차적으로 연극사의 긴긴 줄이고, 이차적으로 연극이 자신을 변모시키는 분열의 아픔이 배어 있는 역사일 터다.

오브제란 사물을 뜻한다. 빛과 소리도 오브제에 속한다. 빛의 어둠과 밝

---

8 Michael Van Heuvel, *Perfoming Drama/Dramatizing Performance: Alternative Theatre and the Dramatic text*, Michigan: The University of Michan Press, 1991, pp. 55-56.

음, 소리의 울림이 그 진원지와 함께 보이고 들리는 한, 초(超) 인형이 되어 보이고 들리는 배우처럼. 오브제 연극은 말로 해도 될 것을, 배우가 온몸으로 해도 충분할 것을 괜히 다른 것으로 대체한다. 이때 배우와 배우가 지시하는 것을 동시에 보아야 하는 관객의 시선은 이중적이다. 몸이, 말이 진부해서 그렇기 때문만은 아니다. 말과 몸이 진부하다면 연극의 오브제도 진부하기는 마찬가지다. 연극이 말과 움직임으로 소리를 내는 것이라면 오브제는 몸을 떠나 소외된 자신이 내는 헛소리다. 새로운 오브제들을 내세우는 현대 연극은 헛소리의 연극이다. 헛소리는 소리를 꼬드기는 미끼이며, 소리에 길들여진 감각을 미궁에 빠뜨리는 가상이다. 세기말에는 소리보다 헛소리가 더 크게 들리는 법이다. 이 땅의 현대 연극도 그런 몫을 누리고 싶은 것일까? 헛소리는 소리에 반하는 소리의 역설이다. 소리를 믿을 수 없기 때문에 헛소리는 감각을 신봉하지 않는다. 현대 연극은 소리보다는 헛소리가 낳은 산업으로 기울고 있다. 흔히들 비구화 연극이라고 하는 넌버벌(non-verbal) 연극은 소리가 아니라 소리의 회의를 담고 있다. 넌버벌 연극은 연극의 기본적인 것을 부정하는 것이 아니라 오히려 위장하는 것이 아닐까? 어차피 연극이 내지르는 모든 상징과 의미들은 꾸며진 것이므로, 관객들은 그것들을 알 만큼 다 알고 있을 터이므로, 더 가짜로, 더 터무니없는 것으로, 더 과장된 것으로, 더 하찮은 일상의 밑바닥을 유효한 것으로 만들려는 의지가 아닐까? 그러니까 연극에는 영혼이 있는 것이 아니라 위장이 있다는 것을 숨기지 않고 아무 거리낌 없이 보여 주려는 것이 아닐까? 교회 십자가에 네온이 흐르듯이, 역사의 종말처럼 연극에도 종말이 있는 것일까? 죽지 않는 종말, 지상의 세계보 더욱 굳어지는 연극의 종말 같은 것. 그랬을 것이다. 오브제 연극을 사물의 연극이라고 했다면, 연극도 이제 사물의 노예가 되는구나라고. 오늘날 삶은 물질로, 사물로 크기를 알 수 없을 만큼 커져 간다. 연극도 예외가 아니라고 말하는 이가 있을 것이다. 이제 연극은 사람이 하는 것이 아니라 오브제들이 사람을 대신한다고 말할 수도 있을 것이다. 그것은 한편으로 당연하게 여겨지기도 한다.

새로운 연극은 낯선 표현으로서 빛 · 소리 · 오브제를 강조하고, 그것들에게 가치를 부여하면서, 일상적인 것이라고 해서 진부한 것은 아니라고 말할지도 모른다. 새로운 표현을 특별하게, 무제한적으로 내포하는 연극들은 하찮은 물건을 연극 안으로 끌어들여 가치를 부풀려 놓는 것을 연극의 사기로 여길지도 모른다. 위험하지만 어찌할 수 없는 일이 아닌가. 그것이 맹목적이지 않는 한.

3. 현대 연극과 몸

현대 연극에서 몸의 중요성은 더욱 증대되고 있다. 몸은 연극뿐만 아니라 이제는 정치 · 사회 · 예술 등 많은 분야에서 주목받고 있다. 현대 연극에서 배우의 몸 연기, 기술, 연기의 양식 등은 새로운 관점을 필요로 한다. 그것은 몸에 의한 역동성, 시선, 호흡, 목소리, 움직임의 분석, 발화, 개인과 사회의 관계, 몸의 안의 기능과 바깥 현상에 대한 반응 등이다. 연극에서 몸은 가장 중요한 표현 매체인 동시에 표현 그 자체이기도 하다. 몸으로 글을 쓰는 연극이란 곧 몸으로 사물과 세상을 기록하고 저장하고 표현한다는 것을 의미한다. 안으로 저장하고 밖으로 드러낸다. 배우들은 몸으로 사유하고, 그들의 몸은 사유가 머무는 거주지 그 자체가 된다. 행위(performance)란 몸의 체험, 몸의 사유, 몸의 표현을 궁극적으로 종결(parfournir)하는 그 무엇이다. 그러므로 몸의 체험과 사유는 그것이 어떤 식으로라도 표현되어져야만 하고, 공연은 그것을 최종적으로 종결하는 그 무엇이다. 연극은 몸으로 하는 사유이다. 사유의 거주지가 넓을수록, 사유의 공간이 깊을수록 배우의 몸은 관객들의 몸을 풍요롭게 한다. 밖으로 사유를 드러내기 위해서 몸으로의 표현은 몸을 달리하고, 파괴하고, 재구성한다. 몸으로의 표현(ex/press/ion, aus/druck)이란 몸을 왜곡 · 희생 · 과장하는 일이다. 그냥 몸이 아니라, 몸을 움직이고 쥐어짜서(press, ausdrucken)

밖으로(ex, aus) 드러내 보이는 일이다. 이를 위하여 배우들은 몸의 긴장과 이완, 율동성과 유동성 그리고 지구력과 같은 연습을 한다.[9]

몸으로 쓰는 글과 같은 연극은 고정된 문자로서 쓰는 글인 문학 · 조각 등과 구별된다. 이른바 알로그래피(allographie)와 오토그래피(autographie)의 구분이다. 문자로서 글쓰기나, 몸으로 글쓰기나 그 대상은 사물과 세계라는 면에서 같다. 몸과 글로 쓴다는 행위는 사물과 세계를 다시 기록하고 재현하는 것을 뜻한다. 있는 그대로가 아니라 달리 한다는 것이다. 실제보다 더 많이 부풀려서, 실제와 달리 왜곡해서 사물과 세계를 해석한다. 다른 점은 사유를 옮겨놓은 글쓰기는 복제와 위조가 가능한, 완성된 오토그래피이고, 몸으로의 글쓰기는 몸 이외의 것으로 지정과 복사가 불가능한 알로그래피이다.[10] 몸으로의 글쓰기는 몸처럼, 공연처럼 일회적이고 순간의 제국에 입성하는 완성이 불가능하고, 불안하고 나약하기 이를 데 없는, 사라짐으로써 완성되는 허무의 빛이고, 긍정이다. 오토그래피의 예술과 알로그래피의 예술을 분류하는 기준은 자필(自筆)과 대필(代筆)의 차이라기보다는 몸의 부재와 존재이다. 연극의 위기는 일차적으로 몸의 존재가 몸의 부재로 이행하는 데서 오고, 이차적으로 복제 가능한 시뮬레이션화된 가상의 몸이 몸의 존재를 대신할 때 더욱 증폭된다. 저질의 연극이란 가상의 몸이 실재의 몸을 구축하면서 관객들의 몸까지를 마비시키는 연극이다. 관객들 입장에서는 실재의 몸을 잠시 잊을 수 있는 배타적 경험과 실재의 몸을 마비시키는 의타적 경험을 동시에 한다. 전자의 경험은 수동적이다. 반면에 후자의 경험은 능동적이기 때문에 관객들로서는 쉽게 이를 인정하고 싶지 않게 된다. 상품으로 치환된 저질의 연극은 이러한 관객들의 약점을 비집고 들어가 관객들의 몸을 아예 잊어버리게 만든다.

9 유제니오 바르바, 안치운 옮김, 『연극인류학-종이로 만든 배』, 서울: 문학과지성사, 2001, 11-23쪽 참조.

10 이에 관해서는 Nelson Goodman, *Les Langages de l'art*, Nîmes: Ed. Jacqueline Chambon, 1990, pp. 146-157 참조.

연극에서 몸의 회복이란 서양 연극식으로 말하면 디오니소스의 재발견, 그와의 만남이라고 할 수 있을 것이다. 현대 연극은 몸의 회복, 몸의 재발견과 맞닿아 있다. 연극의 신, 디오니소스는 애초부터 몸에 상처를 내기 위하여 술을 마시는 반신반인의 존재였다. 그는 자신을 신으로 알아주지 않는 것에 고통과 불만을 느끼고 자기 주위에 몰려든 제자들에게 술의 미학을 가르쳐 주며 방랑했던 술꾼 호모 비뷔러스(Homo bibulus)였다. 때로는 광포하고 무절제하게, 피에 굶주린 자가 되기도 하였다. 어떤 축제 때, 그와 그의 제자들이 술에 만취해 광란의 주연을 벌이자 왕이 그들을 내쫓아 버렸다. 그는 나중에 그 나라의 모든 여인들을 인사불성의 상태로까지 술에 취하게 만들어 광란의 소용돌이 속에서 왕에게 덤벼들게 하고, 그 왕을 갈기갈기 찢어 죽게 함으로써 자기를 괄시했던 왕을 파멸시키기도 했다. 디오니소스는 이렇게 삶의 일상적 구속과 한계를 파괴시켜 버리는 상태의 황홀감을 인간에게 주었다. 인간은 이때 자신의 모든 상징 능력을 최고로 발휘하도록 자극받는데, 그것이 상징으로서의 몸짓이다. 몸이 상징을 잃어버리면 타락하고 추락한다. 몸의 상징이 과거에 묶이면 제의가 되고, 미래에 연결되면 환상이 된다. 하비 콕스에 의하면 제의와 환상이 합치면 축제가 된다. 축제는 몸에 관한, 몸에 의해서만 이루어지는 행위의 결과이며 절정에 오른 행동의 양식이다. 상징으로서의 몸짓은 다른 말로 하면 '지나친 몸짓' 이다. 축제는 그러한 내용적인 측면을 유도해 내기 위해 그것을 표현할 실제적 도구인 몸에 부딪히게 된다. 서양 연극의 기원인 디오니소스 찬가는 인간의 몸이 모든 상징 능력의 소산자로서, 능산자로서의 능력을 발휘하도록 자극하는 노래였다. 상징은 신체 부분부분이 각기 개별성을 지니고 행동하지만 광란 · 광기의 세계를 지향한다. 이때 솟구쳐 오르는 행위가 춤이고, 몸을 자극하는 가장 쉬운 것은 술과 음악일 것이다. 술과 음악은 몸을 움직이게 하는 매개물로서 가장 친근하기 때문이다. 그러므로 현대 연극이 다시 서양 연극의 신 디오니소스와 친연성을 지닌 것은 그리 놀랄 만한 일이 아니다.

연극은 근본적으로 몸과 몸에 대하여, 몸이 움직여 말하려고 하는 예술이다. 현대 연극은 몸을 떠난 연극은 상상할 수 없다. 일상과 예술에서 몸은 의미면서, 이미지면서, 기호들이고, 언어고…… 수많은 수식이 가능할 것이다. 하여 몸은 현대 예술에서 가장 중요한 생산자가 된다. 현대 추상미술, 현대 연극, 춤연극 등에서 몸은 더 이상 상징적인 매체가 아니다. 오늘날 예술은 몸을 탐사하고, 몸 그 자체에 관심을 돌린다. 일상에서 소외된 몸, 교육에서 천대받는 몸을 되찾고, 몸을 왜곡하는 예술을 반성한다. 몸으로 하는 대표적인 예술인 연극과 춤은 몸으로 숨쉰다. 그런 이유로 연극과 춤을 가장 인간적인 예술이라고 한다. 어원학으로 돌아가면, 몸은 불사름의 시작인 삶과 불사름의 끝인 죽음이 함께하는 자리다(우리말 솔다/살다(生)/사라진다(燒)의 어원은 같다). 마음(정신과 이성)은 지배하는 주인이고, 몸은 지배받아야 하는 도구가 아니라 동일한 한 개, 안과 밖의 관계, 삶과 죽음이 공존하는 관계다. 그러므로 몸 안에는 삶과 죽음 사이의 거리가 없다. 몸은 되돌아갈 길이 없다. 몸이 저항할 수 있는 이유는 여기에 있다.

몸이 얼마나 중요한가? 소리를 내기 위해서는 몸이 울려야 한다. 부아로 들어간 들숨이 다시 날숨으로 나오면서 그대의 성대를 울리듯. 그 소리는 다시 입 안이나 코 안에서 자음과 모음으로 갈라지고 무수한 떨림을 더해 울고, 음성을 낸다. 음성은 다시 닿소리와 홀소리로 결합하여 음절이 되고 형태소로 인식되고, 언어가 되고, 정보가 되고, 인식이 되고, 전달이 된다. 듣는 이의 고막을 울림으로써, 공명해서 공감에 이를 때까지, 몸을 울릴 때까지. 그런데도 몸을 탓해야 하는가. 왜 아직도 몸이라고 하면 가벼운 것을 떠올리고, 야한 것을 말하는 것일까. 몸은 누구나 가지고 있는 그 무엇이다. 한사로 말해서 신외무물(身外無物)이라고 하지 않았던가. 몸 없이 우리는 아무것도 볼 수 없다. 우리 몸은 밖에서 보여지는 것(그러므로 객관적 성격이 제시된다. 반면에 메를로 퐁티는 나에게 보여지는 것이 우선이다. 곧 자기 몸은 자기에게 가장 가까이 보이는 것으로 일종의 특권적 직위를 가지고 있다)이다. 몸은 보여지는 것인 동시에 보는 것이다. 동양철학에서는 심신일여

(心身一如), 심신일체성(心身一體性)이라고 한다. 이 말을 바꾸면, 인간은 사물을 도구로 보는 것만이 아니라 자기 몸 역시 도구로 갖는다. 인간은 몸의 존재인 동시에 몸을 도구로 보유한다. 하이데거는 도구(zuhandenes, "손 밑에 있는 것"이란 뜻/~을 위하여 있다는 존재 양식)를 '존재의 투기성(投企性)'이라고 정의한다. 예컨대 연극과 춤에서 "손은 내뻗거나 밀고 당길 뿐만 아니라 닿고 확장하며 받고 환영한다. 즉 손은 내밀고 다른 사람과 악수하면서 반긴다 …… 인간은 상징을 통해 자신을 드러내는 존재인 것이다."[11] 도구는 사물이다. 사물의 전체적 연관 관계가 세계다. 그러므로 '자기=몸=도구=물=세계' 라는 객체적 존재 연관의 관계가 성립된다. 이것을 다시 구분하면, 몸을 지닌 인간의 수동적-능동적 이중의 관계 구조가 성립된다. 마음의 주체성과 몸의 객관성은 불가분 결합되어 있는데도 주체성(대자)과 객체성(즉자)으로 서로 구별되는 존재 양식을 나타낸다. 마음이 이렇게 하고 싶다고 했을 때, 몸의 움직임이 그에 따르지 못하는 것은 몸이 마음의 움직임에 저항하는 무게 있는 그 어떤 것임을 시사한다.

연극을 만남의 예술이라고 말하는 이유는 몸(모으다, 모든, 모두, 만나다, 뭇, 무리, 모임)이 있기 때문이고, 몸으로 하기 때문이고, 창조자와 수용자 모두 몸을 지니고 있기 때문이다. 그러나 몸을 바깥으로 여기고, 몸을 정신과 다른 것으로 구분하면 몸은 추락한다. 상대적으로 정신은 안의 것이 되고, 숭고한 것이 되고 만다. 이런 이분법적 구분이 지나치면 몸은 정신의 활동을 방해하는, 정신이 지닌 자유의 실현을 저해하는 질곡으로 간주된다. 그래서 서양 철학은 데카르트까지 몸을 정신의 감옥 또는 영혼의 시녀라고 했다. 몸을 지배했던 담론들은 데카르트가 말한 이성이라고 할 수 있다. 이성은 몸을 지배했을 뿐만 아니라 통제하고 관리했던 것이다. 도덕적이고 관념적인 이성적 세계관 뒤에서 몸은 음습하게 자리잡을 수밖에 없었

11 M. Heidegger, *What is callled Thinking?*, trans. D. Wieck and J. Glenn Gray, N.Y.: Harper and Row, 1968, p. 37.

다. 열등한 존재로, 사악한 존재로, 몸의 감각은 변덕스럽고 저열하고, 부도덕한 열정으로 정신을 혼란에 빠뜨리는 것으로. 현대 연극과 미학은 몸을 그렇게 보지 않는다. 몸은 껍질이고, 정신은 내면이라는 오래된 믿음을 더 이상 유효하다고 여기지 않는다. 현대의 몸은 겉과 속을 온전하게 무화시킨다. 니체 이후, 현대 연극의 미학은 거칠게 말하면, 몸의 미학이다. 정신의 위기를 극복하는 것은 자연이란 영역 바로 몸이다. 몸은 자아와 동일한 그 무엇이다. 겉이 아니라 겉과 속을 묶은 그 무엇이다. 지금까지 겉을 지배해 온 것은 속이었다. 그것이 몸을 업신여긴 정신의 이데올로기다. 아프게, 왜 다시 몸인가를 묻자. 현대 사회의 특징은 이미지라고 할 수 있다. 이미지는 실체가 아니라 가짜다. 곧 상(像)이다. 상은 변화, 변형시킬 수 있다. 이것을 가능하게 하는 것이 현대 사회의 자본과 기술이다. 가짜인 상 또는 이미지에 도전할 수 있는 것이 몸이다. 몸은 실존의 이미지를 거부하고 실존하는 실존 그 자체다. 그래서 몸은 덧없다. 덧없이 지나가는 그 무엇이다. 그래서 몸은 위험하고, 나약하고, 불완전하고, 완성되지 않은 그 무엇이다. 몸을 말하는 것은, 몸으로 말하는 것은 삶과 세계의 위험성, 나약함, 불완전함, 미완성을 극명하게 말해 주는 그 무엇이다. 그런 세계의 한계를 넘어가는 새로운 가치며 도구며 사유며 이데올로기다. 바야흐로 몸의 시대다. 그래서 현대 연극은 몸처럼 썩어 사라진다.

현대 연극과 복수 문화주의, 그와 상관하여 몸의 이미지가 변한다. 이제 남은 것은 변형된 몸, 조작된 몸들이 기어 나온다는 점이다. 장 보드리야르의 말을 빌리면, 기호화된 몸들이 미끄러져 나온다. 한켠에 병 걸린 몸들이 있고, 다른 한편에 비슷한 몸, 규격화된 몸들이 서 있다. 몸은 죽어 가면서 다시 태어나는 것 같다. 몸은 이제 연극을 떠나 모든 장르가 지닌 걱정, 염려와 같다. 동시에 희망이기도 하고, 그 모든 것이 집약된 지점이 몸이다. 몸을 숨길 곳이 없다, 더 이상 몸을 보호해 줄 보호막이 없다. 돌아갈 곳은, 몸이 나온 곳은 이미 닫혀 있다. 몸은 정신인가, 물질인가.

언제나 그러하듯이 몸의 시대에 몸의 변두리에 놓이는 가벼운 사유가 있고, 몸을 팔고 사는 집단적인 가학성이 있다. 예컨대 우리 사회에서 몸은 몸이라는 것을 견뎌내지 못한 몸이며, 시간을 저장하지 못한 몸이며, 시간을 내면화하지 못한 채 드러나기만 하는 도구로서의 몸일 뿐이다. 시간을 몸에 내면화할 줄 모르는, 그것을 결코 사유하지 않는 천박한 몸, 정확하게 말해 몸의 환상만을 불러일으킨다. 그러나 그렇게 말하는 이들을 탓해서는 안 된다. 그들의 몸도 우리 몸일 터이므로. 몸은 이제 겨우 몸에 붙어 있는 수많은 식민의 언어들로부터 벗어나고 있기 때문이다. 그런데도 경계해야 할 것이 있다. 자본주의는 지금 우리들 몸의 욕망을 자극하고 그들 방식대로 몸을 길들이고 있기 때문이다. 사유지인 몸이 때로는 구분이 없고, 몸들이 똑같아지는 것은 몸을 식민화하려는 자본주의 시대, 문명의 억압이라고 할 수 있다. 그러므로 기다려야 한다. 고도를 기다리듯이. 몸들이 서로 묶여 하나의 몸이 되듯이. 그것이 몸으로 하는 예술인 연극이 짊어지고, 보여주고, 울려 주어야 할 의무와 같다. 몸이 울릴 때까지. 몸이 자신의 몸에 이르도록 하는 것, 몸을 움직여 몸이 지닌 내밀한 실존의 영역을 탐색해 나가는 것, 몸이 지닌 원초적인 생의 감각을 되불러 오는 것, 상징과 의미로 몸의 언어를 만들어 내는 것이야말로 이 시대 몸으로 하는 연극이 지닌 본질적인 몫이 될 것이다.

더 읽을거리

베르나르 마리 콜테스, 『로베르토 쥬코』, 유효숙 옮김, 연극과인간, 2002.

안 위베르스펠트, 『연극기호학』, 신현숙 옮김, 문학과지성사, 1988.

안치운, 『연극, 반연극, 비연극』, 솔, 2003.

조셉 체이킨, 『배우의 현존』, 윤영선 옮김, 현대미학사, 1995.

영화의 지위 논쟁

-영화는 예술인가?-

이윤영

1.

우선 이 질문이 유독 영화에서 제기된다는 사실 자체가 고려할 가치가 있다. 왜냐하면 같은 질문이 다른 장르에서는 전혀 제기되지 않거나 혹은 드물게만 제기되기 때문이다. 우리는 예컨대 문학이 예술인가 혹은 회화나 연극 혹은 음악이 예술인가라고 묻지 않는다. 물론 다른 장르에서 이 질문이 제기되지 않는다고 해서 문학적 성격을 갖거나 혹은 범주상 문학으로 분류될 수 있는 작품들이 전부 예술의 지위를 갖는다거나, 글을 쓰는 사람, 그림을 그리는 사람 전부가 작가나 예술가의 지위를 갖는 것은 아니다. '영화가 예술인가' 하는 질문은 따라서 '양적으로 어떤 영화가 영화계를 주도하고 있는가' 혹은 '예술적 특성을 갖춘 영화가 영화 전체에서 얼마만한 비중을 차지하는가' 하는 질문과 구별된다. 이는 예술사 전체에서 탁월한 위세를 누려온 문학이나 회화, 연극에서도 마찬가지다. 이른바 이발소그림, 통속문학, 저질연극 등의 존재는 동서고금에 걸쳐 있으며, 각 예술 장르에서 저급한 작품들이 차지하는 비율 또한 영화에 비해 압도적으로 적은 것은 아니다. 영화사의 주요 작품들이 '사유'했던 것을 통해 자신의 철학을 하고자 했던 질 들뢰즈는 영화에 대한 저작의 서문에 이렇게 썼다. "영화작가들은 개념 대신, 이미지-운동 그리고 이미지-시간을 가지고 사유한다. 영화 제작에 있어서 형편없는 작품들이 엄청난 비율을 차지한다고 해서 사태가 달라지는 것은 아니다. 비록 이 [엄청난] 비율이 [다른 분야와] 비교할 수 없는 경제적 · 산업적 귀결이라고 해도, 다른 곳[예술 분야]에서보다 [영화의 상황이] 더 열악한 것은 아니다."[1]

요컨대, 모든 음악, 모든 미술이 예술이 아니라 어떤 음악, 어떤 미술이 예술에 속한다. 이는 영화에서도 마찬가지다. 즉 영화가 예술이라고 하더라도 영화적 '현상' 전체가 예술이 될 수 있는 것은 아니며, 단지 어떤 감독의 어떤 작품들이 이 이름에 값할 수 있을 뿐이다. 다음의 목록이 지극히 불완전하며 논란의 여지가 많다는 전제를 달아두고, 프랑스 영화학계의 대체적인 동의를 근거로 단지 영화예술의 일반적인 상(像)을 주기 위해 제시한다면, 예컨대 미켈란젤로 안토니오니(Michelangelo Antonioni), 잉그마르 베르히만(Ingmar Bergman), 로베르 브레송(Robert Bresson), 루이 브뉘엘(Luis Bunuel), 칼 드라이어(Karl Th. Dreyer), 세르게이 에이젠슈타인(Serguei M. Eisenstein), 라이너-베르너 파스빈더(Rainer-Werner Fassbinder), 존 포드(John Ford), 장-뤽 고다르(Jean-Luc Godard), 버스터 키튼(Buster Keaton), 크리스 마커(Chris Marker), 겐지 미조구치(Kenji Mizoguchi), 프리드리히 빌헬름 무르나우(Friedrich Wilhelm Murnau), 마노엘 올리베이라(Manoel Oliveira), 야스지로 오즈(Yasujiro Ozu), 알렝 레네(Alain Resnais), 로베르토 로셀리니(Roberto Rossellini), 안드레이 타르코프스키(Andrei Tarkovsky), 자크 타티(Jacques Tati), 루치노 비스콘티(Luchino Visconti), 오손 웰스(Orson Welles) (이상 알파벳 순) 등의 어떤 작품들이 예술이며, 이들 개별 작품의 연구는 상당부분, 예컨대 셰익스피어의 「햄릿」이나 바흐의 〈무반주첼로조곡〉, 혹은 폴 세잔의 작품 연구에 필적할 수 있다.

---

1 Gilles Deleuze, *Cinéma 1: Image-mouvement*, Les Editions de Minuit, Paris, 1983, pp. 7-8.

2.

이제 100년을 갓 넘긴 영화사 혹은 영화이론사는 영화의 자격 논쟁, 지위 논쟁으로 가득 차 있다. 이 질문이 그때그때마다, 즉 역사적인 필요에 따라 제기된 것이기는 하지만, 영화는 어떤 사람에게는 당연히 예술이기 때문에 질문 자체가 제기할 필요가 없는 것이며, 어떤 사람에게는 전혀 그렇지 않은 것이다. 환원론적 예술관에 기반을 두고 있는 경우가 많지만, 영화가 예술이 아니라는 주장이 더 의미 있고 타당한 경우도 많다. 어쨌거나 때로는 정당한, 때로는 엉뚱한 논조로 제기되었던 이 질문은 사실상 영화사 전체를 가로지르고 있다고 할 수 있다.

그렇다면 영화에서 유독 자격 논쟁이 제기되는 이유는 무엇인가? 이는 무엇보다도 영화가 **신생 장르**이기 때문이다. 탄생 시기가 영화보다 반 세기 정도 앞선 사진에서 같은 성격의 질문이 끝없이 제기되어 온 것도 같은 맥락에서 설명될 수 있다. 영화가 짧은 기간 동안 많은 뛰어난 인력을 끌어모으고[2] 예술적 표현이란 점에서 무시할 수 없는 나름의 세계를 구축해 온 것도 사실이지만, 그것이 수천 년 넘게, 혹은 그보다 훨씬 더 이전까지 거슬러 올라가는 다른 장르의 역사와 견줄 수 있는 것은 아니다.

영화의 기원 자체도 여기서 일종의 원죄(原罪)처럼 작용한다. 19세기 말에 영화라는 존재가 '발명' 되었을 때 그것은 무엇보다도 신기한 기술이며 오락일 뿐이었다. 실제로 영화는 만화경이나 중국의 그림자극처럼, 장터

---

2 1926년에 아벨 강스(Abel Gance)는 이렇게 주장했다. "영화는 새로운 감각을 갖춘 인간을 갖추게 될 것이다. …… [미래에 태어날] 셰익스피어, 렘브란트, 베토벤이 영화를 하게 될 것이다. 왜냐하면 이들의 왕국은 [이전에 이들이 누렸던 것과] 같은 것이면서 동시에 더 넓을 것이기 때문이다." Abel Gance, *Lu Beaute à travers le cinéma*, Paris, 1926, p. 9; 이 글은 다른 제목으로 다음의 잡지에도 실려 있다. "Le temps de l'image est venu", *L'Art cinématographique II*, F. Alcan, Paris, 1927, p. 94. 이 글은 발터 벤야민(Walter Benjamin)이 「기술복제시대의 예술작품」에서 인용했던 글인데, 이 부분의 한국어판 번역(반성완 편역, 『발터 벤야민의 문예이론』, 민음사, 1983/1994, p. 203)은 "셰익스피어, 렘브란트, 베토벤이 영화화될 것이다"로 잘못 번역되어 있다.

(foire)에서 구경거리(spectacle)의 일부로 생겨난 것이고 이런 성격은 영화라는 장르의 놀라운 파급력, 심지어는 존재이유 자체를 설명해 주는 것이다. 본래 장터에서 탄생했던 이 '발명품'에서 예술적 전이(轉移)가 일어난 것은 기껏해야 데이비드 그리피스(David W. Griffith) 이후, 즉 1915년 〈국가의 탄생〉 이후이고, 이 새로운 존재가 끈질기게 명맥을 유지하고 있을 때에도 여전히 강력한 영향력을 행사해 왔던 것은 이와는 전혀 다른 범주의 영화, 즉 다수의 관객을 끌어 모으고 인구(人口)에 수없이 회자되었던 영화, 예컨대 상업영화였다. 예술과 대중의 '행복한' 만남이 있었던 것은 채플린이나 펠리니, 큐브릭 등 몇몇 감독의 몇몇 영화에 한정된 것으로서, 영화사 전체를 통해서는 오히려 예외적인 사건이라고 해야 할 것이다. 어쨌거나 장터에서 태어났다는 이 영화의 '출신성분'이 여러 조건과 기제에 의해 현재까지 끊임없이 재생되고 영향력을 넓혀 가고 있다는 것도 논쟁이 끝없이 제기되는 이유, 또 문제의 복잡성이 생기는 이유가 된다.

예술적 성격 이외에 다른 여러 가지 제약을 받지 않을 수 없는, 영화가 이른바 **비순수예술**이라는 것도 논쟁이 제기되는 이유이다. 주지하다시피 영화라는 존재 자체가 기술적 진보 없이는 불가능했고, 실제로 산업적 · 경제적 · 사회적 · 정치적 규정 등의 예술 외적 규정들이 한 편의 영화가 실현되기까지 필수불가결한 역할을 담당한다. 다시 말해서 영화에는 사진 못지않은 기술적 통제가 개입되고, 실현 과정이 집단적 성격을 지니며, 제작과 유통에 상당한 규모의 산업이 개입되지 않을 수 없고, 따라서 유통과 보급 자체가 산업적 기반 없이 성립할 수 없다. 이 점에서 기술과 분리할 수 없는 사진이나 실용적 성격을 갖지 않을 수 없는 건축이 영화와 비슷한 상황에 있다. 그러나 건축의 경우를 통해서 보면, 이런 예술 외적 규정들이 무시할 수 없는 무게를 차지한다고 해서 건축이 예술로서 규정될 수 없는 것은 아니다. 실용적 성격이 있다고 고려청자가 예술에서 제외될 수 없는 것과 마찬가지다. 그렇다면 영화의 자격 논쟁에 걸림돌로 작용했던 것들은 결국 엄밀하게 말해서, 영화가 다른 장르의 예술과는 다르게 처해 있는 **조건들**

에 지나지 않는 것이라고 할 수 있다.

다른 한편으로, 영화가 예술인가, 아닌가 하는 규정에 불가피하게 **사회적 합의**(consensus)의 성격이 내재되어 있다는 것을 주목할 필요가 있다. 예컨대 우리가 문학이 예술인가 아닌가라는 주제로 논쟁하지 않는 것은 이에 대해 전반적 합의가 형성되어 있기 때문이고, 이른바 '당연한' 것에 대해서는 논쟁하지 않기 때문이다. 따라서 영화에 대해서 아직까지 이런 논의가 지속되고 있다는 사실 자체는 거꾸로 영화가 예술이라는 사회적 합의가 완전히 성립되어 있지 않다는 것을 반증한다. 그렇다면 이런 사회적 합의에 도달하기 위해 어떤 사항들이 필수적인지 지적하는 것이 필요하다. 영화가 예술이라는 사회적 합의의 형성 자체는 다음의 두 가지, 즉, 한편으로는 뛰어난 영화세계를 구축한 개별 영화 작품들의 지속적인 축적 없이는, 다른 한편으로는 이에 대한 인문학적 논의의 심화 없이는 가능한 것이 아니다.

예를 들면, 단편영화들이지만 1956년에 발표된 알랭 레네의 〈밤과 안개〉, 1962년에 나온 크리스 마커의 〈환송대〉가 프랑스 지식사회에 준 충격은 뛰어난 문학작품, 혹은 탁월한 오페라가 미친 충격과 충분히 비견할 수 있는 것이다. 영화사는 이처럼, 각기 새로운 길을 열었던 개별 영화 작품의 축적을 통해, 영화가 다른 장르의 예술작품과 어깨를 겨룰 수 있는 미적 경험을 제공할 수 있다는 것을 지속적으로 '증명'해 온 역사, 즉 (다양한 영화적 세계의 가능성을 보여 준) 창조와 (주류 상업영화에 대한 끝없는) 저항의 역사였고, 또 이 과정은 여전히 진행 중에 있다고 할 수 있다. 다음으로는, 영화를 통한 미적 경험의 축적과 함께, 이에 대한 심도 있고 폭넓은 성찰, 즉 이들 세계를 기술(記述)하고 설명하고 분석하고 해석하는, 이른바 인문학적 논의의 심화가 영화가 예술이라는 사회적 합의의 형성에 필수적이다. 특히나 산업이나 기술로서가 아니라 예술로서 영화를 말할 때는, 영화의 미적 성격에 대한 논의가 인문학적 성찰의 핵심에 놓여야 할 것이다. 물론 이 인문학적 성찰이라는 것은, 영화의 영향력에 감화된 몇몇 식자층, 혹은 '인문학자들' 이 아무 영화에 대해서나 설익은 논의를 쏟아내는 것을 의미하는 것은 아니다.[3] 예컨대 철학자인 질 들뢰즈는 영화를 주요한 사유 대상으로 삼고 이에 대해 두 권의 중요한 저작을 냈지만, 그가 분류하고 분석하고 해석했던 영화들은 최소한 영화사에서 주요한 역할을 차지해 왔던 영화, 즉 예술로서 영화를 말할 때 빠질 수 없는 영화들이었다. 따라서 그의 저작이, 스스로 종합적인 영화사가 아님을 전제하면서도, 앞서 개략적으로 열거했던 감독들을 거의 빠짐없이 다루고 있는 것은 우연이 아니다.

3.

영화를 예술로서 바라보는 입장은 영화를 다른 방식으로 정의하는 관점들과 명시적으로 대립된다. '영화는 대중매체(média de masse)이며 따라서 무엇보다도 소통의 범주에서 해석될 수 있다', '영화는 문화상품이며 따라서 산업(industrie)이다' 혹은 '영화는 오락(divertissement) 혹은 대중예술(art populaire)이다' 와 같은 입장들이 그렇다. 실제로 이 중 하나의 규정이 지배적인 영화들이 존재하며, 개별 영화 작품을 주시해 보면 어떤 규정이 지배적인 역할을 하는가를 알 수 있다. 그러나 하나의 규정이 가능하다고 다른 규정이 배제될 수 있는 것은 아니며, 더욱이 다른 규정들을 다양하게 함축하면서도 미적인 특질이 지배적인 영화 또한 배제할 수 없다.

영화를 매체의 일종으로 보고 소통(communication)의 틀 속에서 영화를 연구하는 경향이 늘어가고 있다. 이 점에서 신문방송학과에서 영화를 다루는 경향이 늘어가는 것은 우연이 아니다. 그러나 이런 분과에서 논의하는

---

3 '쉬운' 영화, 저질 취향의 영화(cinéma de mauvais goût), 다수의 대중들에게 파급력이 있는 영화는 대개 이런 효과 자체를 목적으로 만들어진 것이 많고, 대부분 창조성, 개별성 등과 같은 예술적 특성과 무관하다. 어떤 영화가 자립적인 미적 텍스트로 성립되지 못하는 경우에 텍스트의 미적 분석 그 자체는 어불성설이다. '이발소그림' 에 대한 미적 분석 자체가 성립되지 않는 것과 같다.

소통은, 기호나 언어 등이 그렇듯이, 지나치게 일반적이고 큰 범주이며, 미적 소통의 근본적인 성격을 포착하는 데 특히나 무기력하다고 할 수 있다. 예를 들면, 시를 포함해서 문학과 음악, 회화 등에서 나타나는 '소통' 은, 의미전달을 중첩시키고 다층화시키는 형태로 나타나는 경우가 많고, 예술적 표현은 상당부분 이렇게 의미의 다층성, 중첩성, 모호성을 근간으로 이루어진다. 분명하고 정확한 메시지의 전달을 통해 '소음(騷音)' 을 줄여 가는 것을 지향하는 소통 일반의 방식에 상당수의 예술적 표현 방식이 근본적으로 대립하는 것은 이 때문이다. 더욱이 의사소통이 통상적으로 통용되는 약호와 문법에 따라야 하는 반면에, 예술작품에서는 이런 정형화된 약호나 문법을 진부하고 틀에 박힌 것, 즉 '스테레오타입' 으로 간주하기 때문에 예술가들은 이를 배격하려고 하고 (원칙적으로는 다른 곳에서는 통용될 수 없는) 자기만의 '약호' 와 소통방식 자체를 만들어 내려고 한다. 요컨대, 예술적 표현은 다른 소통처럼 혼돈을 피하고 이를 조직하려고 하지만, 이를 기존의 방식과 다르게 조직하려는 창조성이 그 핵심에 있기 때문에 일반적 소통의 범위를 넘어선다. 장-루이 뢰트라(Jean-Louis Leutrat)와 수잔 리앙드라-기그(Suzanne Liandrat-Guigues)는 이렇게 쓴다. "한 영화 작품이 다른 것들과 공유하는 다양한 기능들을 부정한다는 것은 불합리한 일일 것이다. [그러나] 소통기능은 상당한 정도로 영화의 영역을 넘어서는 것이다. 왜냐하면 이 기능은 표현수단 전체에 걸쳐서 유효한 것이기 때문이다. 그러나 영화의 소통적 기능이 약해지면 약해질수록, 예술적 특성은 증가한다. (그 역도 마찬가지다.)"[4]

다른 한편으로, 영화가 대중예술이란 입장은 영화를 소비 및 유통 형태, 대중적 파급력을 중심에 놓고 바라본 것으로, 19세기 이후 광범위한 (소비) 대중의 등장과 함께 나타난 새로운 현상을 주목한 것이다. 즉 산업화 시대

4 Jean-Louis Leutrat et Suzanne Liandrat-Guigues, *Penser le cinéma*, Klincksieck, Paris, 2001, p. 17.

를 거치면서 상품의 형태로, 표준적인, 혹은 저급한 미적 취미를 제공하는 일련의 생산물이 엄청난 수의 대중을 상대로 제시되는, 이전 시대에 볼 수 없었던 새로운 상황이 형성되었다. 이렇게 멜로드라마, 통속문학, 저질연극, 대중음악 등의 '쓰고 던져 버릴 수 있는' 일회용 작품(produit jettable)이 산업의 형태로 양산되고 있으며, 실제로 영화산업이 여기서 큰 규모를 형성하고 있는 것이 사실이다. 그러나 대중예술이란 개념은 그 자체로서 일종의 형용모순에 해당되는 것으로, 영화와 이 개념이 결부되는 것은 앞서 지적한 영화의 원죄에서 비롯된 것이다. 무엇보다도 이 개념은, 우리가 영화의 예술적 전이(轉移)라고 표현했던 작품들, 영상미학과 영화사의 근간을 형성하는 작품들을 포착하는 데 근본적인 한계를 노정한다. 다른 장르에서 저질의 생산물과 고급한 작품의 긴장과 투쟁이 존재하듯이 영화 내에서도 엄연하게 같은 긴장이 존재하며, 예술의 위계, 작품의 질을 둘러싼 긴장과 투쟁은 예술사 전체에 걸쳐 나타나는 현상이다. 그런데, 대중예술이란 개념으로 영화를 바라보게 되면 적어도 예술사에서는 핵심적인, 이 긴장은 사라진다.

반면에 예술작품의 생산과 유통에 기반을 두고 영화라는 매체 자체의 특성을 주목하고 있지만, 벤야민의 견해는 흥미롭다. 왜냐하면 그에게는 영화를 예술로 분류하느냐 마느냐 하는 논쟁이 단지 예술의 가짓수 하나를 늘리느냐 마느냐는 문제가 아니라 그 자체로 미학적 함의를 지닌 것으로 제기되기 때문이다. 이를 명시적으로 지적하고 있는 글이 1930년대 후반기에 쓰여진 발터 벤야민의 논문, 「기술복제 시대의 예술작품」이다.[5] 여기서

5 이 논문에는 사실상 네 개의 판본이 존재한다. 최초의 판본은 1935년에 쓰여진 것인데, 벤야민은 1936년 말에 출간을 목표로 상당히 많은 수정을 가했다. 이렇게 만들어진 두 번째 판본이 출간된 것은 그의 사후인 1955년이다. 1936년에 그는 피에르 클로소프스키(Pierre Klossowski)의 도움을 받아 직접 프랑스어로 이 논문(세 번째 판본)을 작성했는데, 이 글은 1991년에 갈리마르(Gallimard) 출판사에서 출간된 *Ecrits français*에 실려 있다. 이 글에서 이용한 마지막 판본은 1939년에 작성된 것으로, Walter Benjamin, *Gesammelte Schriften*, *Suhrkamp*, Frankfurt am Main, 1972에 실려 있는 것을 프랑스어로 번역한 것이다.

그는 이렇게 쓴다. "사진이 예술인지 아닌지 결정하기 위해 세밀한 부분까지 헛된 논쟁들이 있었지만, 이 발명이 예술의 일반적 성격을 바꿔놓는 것인지 아닌지 하는 질문이 우선적으로 제기되었던 것은 아니다. 그런데, 영화 이론가들은 이처럼 성급하게 [선결적 문제들을 제기하지 않고] 질문들을 제기하게 된다. 그러나 사진이 전통적 미학에 제기했던 문제들은 영화가 [앞으로] 제기하게 될 문제들에 비하면 어린애 장난에 지나지 않는 것이다."[6] 그는 여기서 영화를 통해 "문화적 유산이 지니는 전통적 가치의 청산이 생각될 수" 있고 "광범위한 전통의 청산"이 제기될 수 있다고 보면서 사진과 영화의 본질적 규정으로 아우라가 없는 예술, "복제(가능한) 예술"을 들고 있다. 이 복제예술이라는 규정 자체가 이렇게 예술 개념 자체에 근본적인 지각변동을 가져올 수 있는 것으로 제기되고 있는데, 영화의 경우 이러한 규정이 유통 방식에서뿐만 아니라 영화가 만들어지는 예술적 메커니즘 안에 내재하고 있는 것으로 나타난다. 벤야민에 따르면, 문학이나 회화에서 이루어지는 복제와는 달리, 영화의 기술적 복제는 이들의 대량보급이라는 외적 조건이 아니라 "영화의 기술적 복제가 영화를 생산하는 기술 그 자체에 내재해 있는"[7] 것이다. 벤야민에게서 영화의 자격 및 성격에 대한 논쟁이 예술 정의 자체를 둘러싸고 벌어지는 미학적 논의로 발전할 수 있는 이유는 이 때문이다.

---

6 Walter Benjamin, *L'Oeuvre d'art à l'époque de sa reproductibilité technique, traduit de l'allemand par Maurice de Gandillac*, Éditions Allia, Paris, 2003, p. 34. 이 세 번째 판 프랑스어 판본은 마지막 판본과 미묘한 차이를 보이는데, 여기서 인용한 부분은 다음과 같이 번역될 수 있다. "사진 자체의 발명이 예술의 근본적 성격을 완전히 전복시킨 것인가 아닌가를 선결적으로 묻지 않은 채로, 사진이 예술인가 아닌가 하는 문제를 해결하기 위해 서 이전에 미세한 부분까지 헛된 논쟁이 있었음에도 불구하고, 영화 이론가들은 이 설익은 문제에 직접 접근해 들어갔다. 그런데, 사진이 전통적 미학에 제기했던 난점들은 영화가 전통적 미학에 제기했던 난점들과 비교해 보면 어린애 장난에 지나지 않는 것이었다." *Ecrits français*, présentés et introduits par Jean-Maurice Monnoyer, Gallimard, Paris, 1991, p. 152. 네 번째 판본은 머리말과 후기를 빼면 15개의 글로 구성되어 있고 이 부분이 일곱 번째 글에 실려 있는 데 반해서, 세 번째 판본은 후기 없이 머리말을 빼면 19개의 글로 구성되어 있고, 이 글은 그중 아홉 번째 글에 들어 있다.

7 *Ibid.*, p. 25.

4.

'영화는 예술인가' 란 질문은 '영화란 무엇인가', 즉 '다른 예술 장르와 구별되는 영화의 특(수)성은 무엇인가' 라는 질문과 뗄 수 없는 관계에 있다. 거꾸로 이 질문이, '표현수단으로서 영화는 어떤 특성이 있는가', '영화가 의미를 조직하는 방식은 무엇인가' 등등의 다른 질문으로 나아갈 수 있을 때 이 논쟁은 공허한 것으로 끝나지 않을 수 있을 것이다. 예를 들면 다른 장르와 구별되는 영화의 예술적 특징으로 **종합**을 본 사람은 리치오토 카누도(Ricciotto Canudo)이다. 초기 영화 이론가인 그가 선언적으로 간략하게 그려 보였던 영화예술의 지위는 예술 장르 사이의 위계를 설정하려고 했던 쇼펜하우어나 헤겔의 예술체계론을 상기시키는 것으로, 1923년에 발표된 글에서 그는 최초의 예술로 건축과 음악을 놓고, 건축의 하위 범주로 회화와 조각을, 음악의 하위 범주로 시와 무용을 설정한다. 건축이 "도피처를 찾으려는 전적으로 물질적 욕구에서 생겨난"[8] 것이라면, 음악은 "상승과 고귀한 망각을 찾으려는 전적으로 정신적인 욕구에서 생겨난 것"이며, 전자는 공간에 관한, 후자는 시간에 관한 예술이다. 그리고 "현대에 이르러 신성한 도약에 의해 인간의 수많은 경험들을 종합하기에 이르렀는데", 그것이 바로 영화이다. 영화는 따라서 "과학과 예술을 결합시켰을" 뿐만 아니라, 그가 설정한 예술체계, 즉 회화와 조각의 종합으로서 건축과, 시와 무용의 종합으로서의 음악을 최종적으로 다시 종합한 것이다.[9] 이렇게 해서 카누도에게는 "빛의 리듬들을 붙잡고 고정시키는" 영화가 모든 예술의 특성을 종합한 제7의 예술이 된다. 그는 이렇게 쓴다. "제7의 예술은 이처럼 다른 모든 예술을 화해시킨다. [영화는] 움직이는 그림[이며], [여기서는] 조

8 Ricciotto Canudo, "Manifeste des Sept Arts", in *La Gazette des sept arts, 1923;* 이 논문은 다음의 책에 다시 게재되었다. Ricciotto Canudo, *Manifeste des Sept Arts*, Séguier, Paris, 1995, p. 11.

9 *Ibid.* p. 14.

형예술이 리듬예술의 규범에 따라 발전한다."[10]

어쨌거나 영화가 단지 현실을 복제하는 기술에 불과할 때, 즉 미적 선택의 가능성이 없을 때 영화는 예술로서 성립할 수 없다. 예술의 가능성이 생겨날 수 있는 것은 영화매체가 단순한 재생기술을 넘어 표현수단으로 기능할 수 있을 때이다. 다시 말해서 영화예술은 카메라를 포함한 기술적 매체가 기계적 재생과 복제의 도구가 아니라 영화적 표현수단으로 전환될 수 있을 때, 영화 이미지가 예술적 표현의 재료로 기능할 수 있을 때 생겨날 수 있다. 1939년에 쓰여지고 1946년에 출판된 유명한 논문에서 앙드레 말로는 이렇게 쓴다. "영화의 표현 가능성이 생겨난 것, 영화가 예술로서 태어나게 된 것은, 장면[11][으로, 찍은 것을] 분할[함으로써]부터, 다시 말해서 [자신이 찍은] 장면 그 자체에 대해서 촬영감독이나 영화감독이 독립성(을 유지할 수 있게 된 이후)부터다. 바로 여기에서부터 영화는 의미 있는 이미지의 연속을 추구할 **가능성이 생겨났고**, 바로 이 선택을 통해서 [무성영화의] 침묵을 보충할 **가능성이 생겨났다.**"[12] 유성영화가 예술로서 기능할 수 있는 것도 마찬가지 맥락에서다. 즉 소리의 재생이 새로운 기술적 수단의 도입에 머무를 때 이 가능성은 생겨나지 않는다. "현대 영화는 무성영화의 배우들이 말을 할 때 대화를 들을 수 있게 할 수 있는 가능성에서 생겨난 것이 아니라, 이미지와 소리가 결합된 **표현** 가능성에서 생겨난 것이다."[13]

영화연구는 따라서 이런 표현 방식의 연구, 즉 영화적 표현 형식의 연구이다. 그렇지만 표현 가능성 그 자체가 영화가 예술이 되는데 충분조건이 되는 것은 아니다. 레옹 피에르-껭(Léon Pierre-Quint)은 1927년에 쓰여진 글에서 이미, 다른 장르와 구별되는 영화예술의 독창성을 거론하면서 시가

---

10 *Ibid.*

11 시간적인 연속성이 유지되는 영화구성의 기본 단위. 프랑스어에는 plan, 영어에서는 shot 혹은 cut이라는 단어를 쓰는데, 한국어로는 '장면'으로 옮겼다.

12 André Malraux, "Esquisse d'une psychologie du cinéma", In *Écrits sur l'art I: Oeuvres complètes, IV*, Gallimard, Blibliothèque de la Pléiade, Paris, 2004, p. 9.

13 *Ibid.* p. 9.

(視覺)을 풍요롭게 만들기 위해 영화가 지속적으로 발전시켜 온 여러 가지 기술들을 열거하고 있는데, 클로즈업(gros plans), 흐린화면(flous), 이중인화(surimpression), 가속화면(accélérés), 감속화면(relentis), 피사체와의 거리 변화(changements de champs de l'objectif), 오버랩(fondus), 음화화면(négatifs) 등이 그것이다. 이런 기술을 통해서 영화는 "우리의 감각에 새로운 인상을 가져다준다. 이런 인상들이 영화예술의 재료를 이루는 것이다. [그러나] 이런 인상들이 독창적인 예술을 탄생시키기 위해서는, 이들이 증가되고 서로 조직되고 리듬에 따라 서로서로 연쇄를 이루어서 위대한 인간적 감정들을 환기시키는 데에까지 나아가야 한다."[14] 이렇게 "위대한 인간적 감정을 환기시키는 것"이 인간의 정신사에서 예술이 하고 있는 역할이라면, 100여 년의 영화사가 확인시켜 주는 것은 영화가 기존의 예술 장르가 누릴 수 없었던 다른 재료를 이용하여 잠재된 감각기관들을 일깨우고 개척하면서, 즉 다른 길을 통해서 같은 지향점을 향해 나아갔다는 것이다. 이렇게 표현수단의 개척과 자각이 영화가 예술에 이르는 필수적인 길이기는 하지만, 반면에 단순한 표현수단의 개척만으로는 영화가 기존 예술의 지위에 이를 수 없다는 것은 명백하다. 이 새로운 표현수단들을 '고귀한 목적'에 이용할 수 있을 때, 다시 말해서 영화 특유의 표현수단들이 "위대한 인간적 감정을 환기시키는 것"으로 나아갈 때 우리는 비로소 이 오래된 논의에서 자유로울 수 있을 것이다.

14 Léon Pierre-Quint, "Signification du cinéma", *L'Art cinématographique II*, F. Alcan, Paris, 1927, p. 21.

더 읽을거리

Arnheim, R., *Film als Kunst*, Münche-Wien; Carl Hanser Verlag, 1932(『예술로서의 영화』, 기린원, 1990).

Eisenstein, S., *Cinématisme, Peinture et cinéma,* Bruxelles, 1989.

Leutrat, J.-L., *Kaéidoscopeanalyses de films*, Lyon: Presses universitaires de Lyon, 1988.

Leutrat, J.-L., et Francis JACQUES, *L'Autre Visible*, Paris: Presses de la Sorbonne Nouvelle-Méridiens Klincksieck, 1998.

Tarkovski, A., *Le Temps scellé*, Traduit du russe par Anne Kichilov et Charles H. De Brantes, Paris: Cahiers du cinéma, 1989 (김창우 옮김, 『봉인된 시간』, 분노출판사, 1991).

영화의 미학적 도전*

하선규

1. 들어가는 말

우리는 19세기 중반 등장한 사진이 미술, 문학 등 전통적인 예술 형식은 물론 사회와 문화 전반에 걸쳐 어떤 심대한 변화를 가져왔는가를 잘 알고 있다.[1] 사진에 이어 19세기 말 등장한 영화가 가져온 충격 또한 그에 못지않았다. 좀 더 정확히 말해서, 사회와 문화 전반에 걸쳐 사진과는 또 다른 새로운 차원에서 근본적인 변화를 야기했다고 할 수 있다. 영화는 기술적으로 사진을 계승한 후계자이면서도, 사진이 포착할 수 없는 움직임의 환영상(動映像)을 완벽하게 재현하는 매체이기 때문이다.

20세기 약 60년 동안 영화만큼 강렬하고 집중적으로 대중의 현실지각과 환상, 의식과 욕망에 영향을 미친 매체는 없었다.[2] 영화를 고려하지 않고 큐비즘, 다다이즘, 표현주의, 초현실주의 등 다양한 모더니즘의 흐름을 이해한다는 것, 유럽의 정치적 · 사회경제적 변동과 문화적 양식의 변화, 특히

* 이 글은 2006년 2월 『월간미술』에 기고한 에세이 「영화와 비디오 아트의 미학적 재해석」의 전반부를 전면적으로 수정하여 확장한 글임을 밝혀둔다.

1 Freund, G., *Photographie et Societe*, 성완경 역, 『사진과 사회』, 서울, 1998, 65-102쪽.

2 이는 영화가 처음 상영된 1895년에서 제2차 세계대전이 끝나 TV의 가정 보급이 본격적으로 시작된 1950년대 후반까지의 시기이다.

포괄적인 사회문화적 맥락에서 두 차례의 세계대전이 의미하는 바를 영화 없이 제대로 파악한다는 것은 무모하다고 할 수 있다.[3] 이러한 상황을 충분히 염두에 두면서, 우리는 영화 매체가 어떤 의미에서 전통적인 예술의 이해와 미학적 논의의 틀에 근본적으로 도전하고, 동시에 새로운 미학적 · 예술철학적 성찰의 과제를 제기했는가에 대해 서술해 보고자 한다.

2.

가. 영화에 대한 역사적 · 구조적 이해

영화를 의미하는 여러 단어들—motion pictures, movie, cinematography, cinema, film, Kino— 의 어원을 추적해 보면, 영화의 재료적 측면을 나타내는 film을 제외하고는 모두 '움직임'을 뜻하는 라틴어 '모투스 mōtŭs' 내지 희랍어 '키네시스 kínēsis'에서 유래했음을 알 수 있다. 확실히 영화가 등장하자마자 대중들을 강력하게 사로잡을 수 있었던 것은 영화가 사진의 정지된 순간과 달리 대상의 움직임을 생생하게 보여 줄 수 있었기 때문이다. 따라서 움직임의 환영을 창출해 낸 영화 매체의 요소들을 명확하게 이해하는 일이 필요하다. 이들 요소는 얼마나 넓은 과학사적 내지 문화사적 관점을 취하느냐에 따라 좀 더 늘어날 수도, 혹은 줄어들 수도 있겠지만 적어도 다음과 같은 요소는 반드시 포함되어야 할 것이다.

- 카메라 옵스큐라(camera obscura): 대상의 이미지를 객관적으로 수신하는 장치
- 마술적 환등장치(laterna magica): 빛의 환영적 효과를 이용한 이미지 송신장치
- 사진: 대상의 이미지를 광학적 · 화학적으로 복제, 저장, 전송하는 장치

3 Virilio, P., *Guerre et cinéma*, 권혜원 역,『전쟁과 영화』, 서울, 2004, 108-195쪽.

- 다량의 필름을 단속적이면서 연속적으로 이동시키는 장치: '말타십자 연동기어' 장치
- 생리학적 · 지각적 한계: 망막의 잔상효과와 섬광효과(stroboscope effect)
- 움직임의 분할과 결합: 운동에 대한 실증과학적 분석과 연구
- 대도시 군중: 수용계층의 형성과 이들의 욕망과 취향
- 극장: 집단적 수용을 요구하는 산업적 · 상품적 본성

흔히 사진과 영화 카메라의 기원으로 거론되는 카메라 옵스큐라는 본래 라틴어 단어로 '어두운 방(dark chamber)'을 의미했다. 우리에게 바늘구멍 사진기로 익숙한 카메라 옵스큐라는 그 유래가 중세 아랍수학의 삼각법(Trigonometry)과 아리스토텔레스가 간접적으로 태양을 관찰하고자 했던 일종의 '시각필터'의 아이디어까지 거슬러 올라간다.

하지만 서구에서 카메라 옵스큐라가 대상의 재현 이미지를 획득하는 장치로서 널리 사용된 것은 15세기 르네상스 시대 부르넬레스키(F. Brunelleschi)와 알베르티(L. B. Alberti), 다 빈치(L. Da Vinci) 이후이다. 이것은 선형 원근법이 확립되어 보편화된 시기와 정확히 일치하는데, 그 배경에는 우주관의 근본적 변화, 즉 고대와 중세를 지배했던 완결된 계층적 질서의 우주관이 동질적이며 무한한 유클리드적 공간의 우주관으로 대체되는 과정이 놓여 있었다. 그리고 이와 맞물려 회화의 본령이 자연의 모든 선, 각도, 비례를 우리 눈에 비치는 그대로 모사해 주는 '자기 모사기술' 내지 '이미지의 환영기술'에 있다고 간주하게 된 것이다.[4]

카메라 옵스큐라의 의미는 단순히 외부 세계로부터 객관적인 이미지를 획득하는 기계장치에 그치지 않는다. 그것은 순수한 관찰을 통한 대상의

4 Kittler, F., *Optische Medien*, Berlin, 2002, pp. 48-82. 한편, 르네상스 이래 이른바 '모더니티의 시각체제'의 복합적이며 다원적인 구도에 대해선, Foster, H.(ed.), *Vision and Visuality*, 최연희 역, 『시각과 시각성』, 부산, 2004, 21-54쪽 참조.

인식, "자연의 거울"[5]을 지향하는 인식론적 재현론을 함축하고 있었으며, 아울러 내면성의 형이상학에 대한 모델, 즉 외부로부터 고립된 '단자적 주체의 내성과 자기-관찰'을 가시적으로 표현해 주었다.[6] 한마디로 카메라 옵스큐라는 르네상스 이래 약 4세기 동안 세계와 주체의 '객관적 인식'을 위한 보편적인 모델 역할을 했다.

이제 이러한 카메라 옵스큐라가 지향했던 자연재현의 이상과 18-19세기 지각경험에 대한 생리학적 연구의 심화, 렌즈와 조리개 등 광학적 장치의 발전, 그리고 화학적 분석과 반응에 대한 지식의 축적 등이 결합되어 19세기 중반 카메라가 등장하게 된다. 영화의 탄생에 있어 카메라 옵스큐라가 갖는 의미는 가장 사실적인 대상의 이미지를 **수신하는 장치**에 대한 이념에 있다고 볼 수 있다. 카메라 옵스큐라는 영화가 재현하는 대상의 움직임과 그것의 사실적 지각의 사상적-기술적 토대가 된 것이다.

다음으로 '마술적 환등장치'를 뜻하는 'Laterna Magica'도 카메라 옵스큐라와 함께 영화의 매체기술적 선조(先朝)로서 늘 거론된다. 마술적 환등효과와 관련, 혹자는 불빛에 비추인 이미지의 힘과 기만적 효과에 대한 담론으로서 플라톤의 동굴의 비유나[7] 고대 인도와 중국에서 발명되어 근대 유럽으로 전파된 그림자극 장치를 떠올리기도 한다. 또한 19세기 초에 유럽과 미국에서 대중들의 이목을 집중시켰던 로버트슨(E. G. Robertson)의 판타스마고리아(phantasmagorie) 공연과 이를 활용한 광학적 완구들, 그리고 19세기 후반 입체적 환영효과의 센세이션을 제공한 파노라마(Panorama)와 디오라마(Diorama)를 지적하곤 한다.

그러나 영화 매체의 본질적 계기로서 환등장치의 의미는 무엇보다도 빛을 활용한 **이미지의 송신장치**라는 점에 있다. 그것은 다수의 사람들을 대

5 Rorty, R., *Philosophy and the Mirror of Nature*, Princeton University Press, 1979, 박지수 역, 『철학 그리고 자연의 거울』, 서울, 1998.

6 Foster, H., *op. cit.*, pp. 67-70 참조.

7 Platon, *Politeia*, 514a-521c.

상으로 어둠 속에서 사물의 이미지에 스포트라이트를 비추어 강렬하고 마술적인 환영성을 불러일으키는 장치로서 극장에서 이루어지는 영화 상영의 기술적 · 문화사적 출발점이었던 것이다. 문화사적으로 특히 주목해야 할 것은 조명효과를 활용한 마술적 환등장치가 근본적으로 종교적 내지 정치적인 이데올로기를 주입하는 선전선동(propaganda)의 기능을 수행했었다는 점이다. 예를 들어 17세기 가톨릭 예수회 수사였던 키르허(A. Kircher), 쇼트(K. Schott), 로욜라(Loyola = I. L. de Recalde) 등이 대중들을 대상으로 활용한 환등장치는 모두 보는 사람의 감각에 최대한 환영적 효과를 불러일으켜 반종교개혁(Gegenreformation)을 효과적으로 수행하기 위한 목적으로 쓰였다. 또한 19세기 중반 오스트리아의 군사기술 전문가였던 우샤티우스(F. von Uchatius)도 무기기술학 강의에서 환등장치를 활용하여 단두의 비행과정에 대한 '시뮬레이션'을 실감나게 보여 주었다.[8] 이러한 역사적 예들에서 확인할 수 있는 중요한 계기들, 즉 육안으로 관찰하기 어려운 사건이나 움직임의 가시화, 강한 조명효과를 통한 환영성의 극대화, 다수 대중들에 대한 정치적 이데올로기의 고취 등의 계기는 모두 후에 영화 매체 속으로 흡수되게 된다. 환등장치의 이러한 핵심 계기들은 영화를 통해 기술적으로, 또 사회문화적으로 보다 더 강력하고 완전한 형태를 획득하게 되는 것이다.

한편 영화의 근본 재료인 사진(photography)의 중요성은 이미 영화를 'film'이라 부르는 데서 잘 드러난다. 하지만 재료적 측면보다 더 숙고해야 할 문제는 사진이 지닌 매체적 본성과 그 문화사적 의미이다. 사진은 앞서 살펴본 카메라 옵스큐라와 렌즈 기술, 그리고 화학적 재료와 반응에 대한 일련의 연구성과를 기반으로 등장하게 되었는데, 우리는 시각매체로서 사진이 지닌 가장 본질적인 의미를 두 가지로 요약할 수 있을 것이다. 그것은 대상의 시각적 이미지를 **광학적으로 저장**할 수 있다는 점과 저장된 이미지

8 Kittler. F., *op. cit.*, pp. 92-100, pp. 206-208; cf. 이원곤, 『영상예술』, 서울, 2000, 54-67쪽.

를 **대량으로 복제하여 전송**(傳送)할 수 있게 되었다는 점이다. 물론 인쇄술의 발명 및 판화 제작을 통해 이미지의 복제와 이동이 현저하게 개선되기는 하였으나, 그것은 여전히 수공업적인 이미지 재현 기술에 기반을 둔 것이었다. 반면 사진은 이미지의 저장, 복제, 이동의 구조를 근본적으로 혁신한 기술적 매체였으며, 이는 다시 대상의 이미지 및 기존 예술작품에 대한 수용 방식과 사회적 소비체계, 나아가 우리가 사물을 지각하는 방식 자체에 심대한 변화를 가져왔다.[9]

사진사(寫眞史)에서 사진 매체의 포괄적인 의미에 대한 가장 흥미로운 기록은 아마도 프랑스 물리학자 아라고(L. Arago)가 1839년 8월 19일 학술원에서 한 연설일 것이다. 이 기념비적 연설에서 아라고는 사진이 지닌 세 가지 중요한 의미를 부각시키고 있다. 첫째, 인간은 사진의 등장으로 빛과 빛의 강도를 객관적 · 절대적으로 측정할 수 있는 가능성을 확보하게 되었다. 둘째, 사진이 지닌 빛에 대한 민감성은 빛의 효과를 강화하여 대상에 대한 실험, 특히 육안으로 식별할 수 없는 대상에 대한 관찰과 실험을 가능케 하였다. 셋째, 인간은 사진에 정교하게 포착된 대상의 상(像)으로부터 역으로 대상을 정확하게 식별하고 측정할 수 있게 되었다. 이 세 번째 특성은 예를 들어 군사용 항공 촬영사진이나 개인 증명사진의 활용을 떠올리면 쉽게 이해할 수 있을 것이다. 한마디로 아라고는 사진이 단순히 기존의 재현 매체를 대체한 것이 아니라, 우리가 실재하는 대상을 확인하는 가능성을 근본적으로 새롭게 규정하고, 확인된 대상을 사회적 · 학문적 · 정치적 · 경제적 · 군사적 목적에서 측정, 실험, 통제, 지배할 수 있는 획기적인 기술임을 예견하고 있다.[10] 아른하임(R. Arnheim)의 지적대로, 사진이 등장한 이래 인간은 재현된 이미지에 대해 원본 대상과 유사해야 한다는 요구만이 아니라, 대상으

9 Benjamin, W.,「기술복제시대의 예술작품」, in: 반성완 편역,『발터 벤야민의 문예이론』, 서울, 2001, 197-231쪽; Berger. J., *Ways of Seeing*, 강명구 역,『영상커뮤니케이션과 사회』, 서울, 1998, 48-65쪽.

10 cf. Freund, G., *op. cit.*, pp. 29-33.

로부터 직접 비롯되어야 한다는 것, 다시 말해 대상으로부터 기계적 · 광학적으로 산출된 것이어야 한다는 새로운 기준을 요구하게 되었다.[11]

다음으로 살펴봐야 할 계기들은 움직임의 분할과 결합, 필름의 연속적인 운반 장치, 인간 시각의 생리학적 한계 등 세 가지인데, 이들은 모두 영화 카메라의 기계적 구조 내지 작동원리와 직결되어 있다. 먼저 연속된 움직임을 부분들로 쪼개고 이들을 다시 결합한다는 생각은 일단 사상사적으로 데카르트가 『방법서설(*Discours de la méthode*)』(1637)에서 밝힌 분석적 방법론에 입각한 것으로 볼 수 있다. 그러나 영화의 등장과 직접 관련된 것은 19세기 실증주의적 사유와 이 시기에 생리학, 의학, 생물학 등에서 이루어진 운동에 대한 연구이다. 19세기를 지배한 방법론적 패러다임으로서 거의 모든 분과학문에서 괄목할 만한 경험적 지식의 확장을 가져온 실증주의는 인간과 동물의 운동을 관찰하고 측정하는 생리학적 연구에도 적용되었는데, 여기서 주목해야 할 인물이 파리 대학의 자연사 교수였던 말레이(J. E. Marey)이다. 말레이는 맥파계(sphygmograph)와 심전계(cardiograph)를 발명하여 신체기관의 움직임을 그래픽이미지로 재현하는 데 성공했을 뿐 아니라, 미국의 머이브리지(E. Muybridge)가 경주마의 움직임을 연속으로 촬영한 데에 착안하여 1882년 최초의 영화 카메라라 부를 수 있는 '시간사진총(fusil chrono-photographique)'을 제작하게 된다.[12] 말레이의 사진총은 여러 측면에서 획기적이었다. 그것은 우선 운동을 짧은 시간 단위로 분절하여 사진으로 촬영하고 이를 토대로 연속적인 운동을 객관적으로 재현, 분석, 연구할 수 있다는 신념에 기반하고 있다. 순간의 기록으로서의 사진, 움직임의 분절과 재연, 학문적 증명과 연구 가능성의 확보 등의 요소들이 결합하여 등장한 기계장치인 것이다. 또한 사진총은 하나의 기계 안에 수십 대의 카메라를 통합시켰다는 점에서 머이브리지의 연속촬영을 근본적으로

11 Arnheim, R., *Kritiken und Aufsätze zum Film* (ed. H. H. Diederichs), München, 1974, S. 27.

12 이인곤, *op. cit.*, 71-75쪽.

넘어선 것이었다. 특히 사진총은 필름 프레임을 연속적으로 운반하는 원리를 구현했다는 점에서 뤼미에르 형제의 시네마토그래피(cinématographie)의 실질적인 선구로 볼 수 있다.

이와 관련 말레이의 '시간-운동 기록장치'가 총의 형태를 띠었다는 사실도 특기할 만하다. 왜냐하면 그것은 부품의 분해와 생산, 그리고 연속적 제어와 발사 장치가 처음으로 구현된 무기, 즉 콜트(S. Colt)의 회전식 연발 권총의 발명과 영화 카메라 사이의 기술적 · 사상사적 연관성을 가시적으로 확인해 주기 때문이다.[13] 또한 이 대목에서 사진 카메라에서 영화 카메라로 발전하는 데 있어 기술적으로 필수적인 세부요소들을 짚어 볼 필요가 있다. 그것은 말레이의 사진총의 연속적인 필름 운반에서 기술적으로 진일보한 장치, 즉 필름 프레임을 하나씩 **단속적이면서 연속적으로** 운반하는 장치, 장시간 촬영을 위한 천공(穿孔)된 롤필름, 그리고 영사를 위한 환등장치이다.

필름 프레임을 하나씩 순간적으로(1/24초) 멈추었다가 다시 규칙적으로 이동시키는 장치가 중요한 이유는, 필름이 아무런 제동 없이 연속적으로 지나가는 경우 섬광효과(stroboscope effect)가[14] 생성되지 않아 사실적인 움직임이 제대로 구현되지 않으며, 또 눈이 금방 피로해져서 오랫동안 스크린을 주시할 수 없기 때문이다. 단속적이면서 연속적인 필름 운반을 위한 핵심 제어부품은 '필름간헐전송장치'인데, 독일의 영화 제작자인 메스터(O. Mester)가 17세기부터 쓰이던 동작변환 원리를 영화 카메라에 적용시켜 발명한 이른바 '말타십자 연동기어(Malteser Kreuz)'가 오늘날까지 쓰이고 있다.[15]

---

13 Kittler, F., *op. cit.*, pp. 195-198.

14 스트로보스코프는 본래 주기적으로 깜박이는 빛을 운동하는 물체에 비추어 회전속도나 진동주기를 측정하는 계기인데, 영사기는 이 원리를 적용하여 한 정지사진에서 다음 정지사진으로 옮겨갈 때 셔터로 재빨리 스크린 쪽으로 나가는 빛을 가려준다. 섬광효과는 번쩍번쩍하는 사이키 조명을 받으며 춤추는 사람들의 동작이 어떻게 보이는지를 떠올리면 쉽게 이해할 수 있다.

15 이원곤, *op. cit.*, 81쪽.

아울러 천공된 롤필름의 문화사적 배경도 흥미롭다. 기술적 원리에 있어 롤필름과 가장 가까운 발명품은 19세기 초반 상용화된 자동제지기와 윤전기이다. 그런데 이 두 가지 발명은 신문, 잡지 등 대중 활자매체가 광범위하게 확산되고 이를 통해 대중 민주주의 정치체제가 확립되는 데 결정적인 역할을 했다. 롤필름은 바로 이러한 대중 활자매체의 기반기술이 필름산업에 적용된 소위 '멀티유즈'의 산물이며, 그 자체가 이제 영화라는 새로운 대중 영상매체를 낳는 기술적 토대가 된 것이다.

섬광효과와 함께 움직임의 영상을 창출하는 데 필요한 또 하나의 필수적인 조건이 망막의 잔상(殘像)효과이다. 망막의 색 자극 수용체가 지닌 본질적인 한계에서 비롯하는 잔상은 '양성잔상'과 '음성잔상'으로 나뉜다. 전자는 자극광(刺戟光)과 같은 감각의 여운이 남는 것으로서, 비교적 강한 자극을 짧은 순간 받았을 때 나타나며, 반면 후자는 괴테가 처음으로 발견한 현상으로서 약 30초 이상 하나의 색자극을 받았을 때 자동적으로 그 색의 보색을 지각하게 되는 것을 일컫는다. 물론 영화의 '연속적인 움직임'을 지각하는 데 있어 지각적 · 생리학적으로 결정적인 역할을 하는 것은 전자인 양성잔상인데, 여기서 중요한 것은 영상이 이렇게 지각기관의 한계를 이용함으로써 우리가 영상의 사실적인 움직임을 의심하고 또 그로부터 거리를 둘 수 있는 가능성이 원천적으로 봉쇄되어 있다는 점이다. 에드가 모랭(E. Morín)이 극장 스크린을 캔버스와는 본질적으로 다른 "거대한 망막"이라 부른 이유가 바로 여기에 있다.

마지막으로 대도시, 군중, 극장 등의 요소는 영화가 등장할 수 있는 사회문화적 내지 산업적 조건을 지시한다. 영화의 등장은 파리, 빈, 뉴욕, 베를린 등 19세기 중반 이래 급부상한 복합적인 구조와 기능을 가진 대도시들의 발전과 궤를 같이한다. 수많은 인파와 건축물들, 상가와 관공서들이 집중되어 있고, 지하철, 전철, 자동차가 쉴 새 없이 교차하고 있는 대도시 거리는 군중들의 욕망과 환상, 백일몽과 절망이 꿈틀대는 공간이었다. 우리가 사진과 영화의 이미지를 "대도시의 미학"[16]으로 부를 수 있는 이유는 이들 매체가 대도시의 인구집중과 익명성, 대도시 거리의 단편적이며 추상적인 공간체험, 거대서사적 전망을 상실한 우연적이며 매혹적인 인상의 연속을 가장 리얼하게 포착하였기 때문이다.

또한 영화는 대도시 거리로 내몰리고, 그곳을 배회하며 존재권리와 존재의미를 확인하고자 했던 대중의 향유물이었다. 대중이 열광하는 새로운 기술적 발명과 어트랙션들, 공적인 대중소통 매체(영역)의 확장, 추상화 · 파편화된 현실 경험을 환영적 영상을 통해 보상받고자 하는 욕구, 여가시간에 즐길 수 있는 대중문화 상품의—버라이어티쇼, 보드빌, 스포츠, 코카콜라 등—확산, 집단적 수용과 소비가 가능한 공간 등. 영화는 19세기 후반 자본주의 체제의 사회문화적 계기들이 동시다발적으로 충돌하는 지점에서 탄생했던 것이다.[17] 이런 의미에서 영화는 기존의 예술 형식과 달리 사회적으로, 또 그 실질적인 내용에 있어서도 '아래로부터' 시작된 '대중예술'이었던 것이다.

나. 영화의 매체적 본질과 가능성

영화는 유럽 산업자본주의가 19세기를 거치면서 통과해야 했던 기술적 · 사회적 · 정치적 · 문화적인 급격한 변동이 낳은 대중 영상매체로 이해할 수 있다. 하지만 이렇게 영화를 다양한 구조적 요인들의 앙상블이 빚어낸 결과로 본다고 해서 영화의 모든 면모와 가능성을 남김없이 파악한 것은 아니다. 결과는 언제나 원인을 넘어선 새로운 것의 출현이기 때문이다. 새롭게 출발한 영화 또한 이제 대중의 지각과 경험, 가치판단과 환상을 주도적으로 이끌어가는 독자적인 '의미생산 매체'로서의 길을 걷게 된다. 그리고 영화의 이러한 급부상은 예술에 대한 전통적인 이해의 지평, 즉 예술

---

16 Kaes, A.(ed.), *Kino-Debatte*, Tübingen, 1978, S. 4-17.

17 Zielinski, S., "Zur Entstehung des Films für das Kino im Spannungsverhältnis von Technik und Kultur", in: *Fischer Filmgeschichte* (ed. W. Faulstich & H. Korte), Bd.1, F/M., 1994, S. 48-67.

의 존재방식과 구성원리, 수용방식과 사회적 기능 등에 대한 일반적인 이해를 총체적으로 뒤흔들어 놓게 되며 그 파장은 텔레비전을 거치면서 또 한 번 변형, 증폭되어 오늘날까지 이어지게 된다.

그렇다면 기존 예술과 다른 영화의 고유한 본성과 가능성은 무엇일까? 어떤 의미에서 영화가 전통적인 예술에 대한 생각에 큰 충격을 주고 도전한 매체일까? 우선 영화는 파노프스키(E. Panofsky)가 지적하듯이 "오늘날 문화 전반을 관통하고 있는 물질주의적 세계이해에 유일하게 적절하게 대응하고 있는 매체"이다.[18] 영화는 앞서 보았듯이, 현대 산업자본주의의 기술적 발전과 사회문화적 변화를 토대로 탄생한 매체로서 대도시적 지각상황을 지배하고 있는 기계적 속도와 리듬, 다시 말해 간섭할 수 없는 속도로 지각과 의식을 압박해 오는 쇼크 체험과 센세이션적인 이미지의 흐름에 정확히 상응하는 매체인 것이다.

고전적인 영화이론가 크라카우어(S. Kracauer)는 영화와 자본주의적 · 대도시적 현실 사이의 이러한 연관성을 다섯 가지의 "본원적인 친화성(affinities)"을 통해 서술하고 있다.[19]

1) 영화는 물질적 현실의 있는 그대로의 상태, 비작위적인 모습을 가장 현실감 있게 보여 주는 매체이다.
2) 영화는 숙명의 자리를 대체한 현대적 삶의 우연성이 가장 잘 드러나는 매체이다.
3) 영화는 대도시적인 물질적 현실의 끝이 없는 연속성과 긴밀하게 연관된 매체이다.
4) 영화는 의미와 전망을 상실한 현실의 '비규정적인 상' 혹은 현실의

18 Panofsky E., "Style and Medium in the Moving Pictures", in: *Critique: A Review of Contemporaty Art 1*, 1947. 파노프스키는 "내일 모든 문필가가 절필을 선언한다고 해도 그 사회적인 영향은 미미할 것인 데 반해, 만약 모든 영화가 갑자기 중단된다면 이 사회는 엄청난 혼란에 빠지게 될 것이다" 라고 말한다. 여기서 '영화' 를 넓은 의미의 '대중 영상매체' 로 이해한다면 이는 분명 여전히 유효한 주장이다.

19 Kracauer, S., *Theorie des Films* (ed. Karsten Witte), F/M, 1973, S. 95-112.

'익명적 상태'를 가장 섬세하게 포착할 수 있는 매체이다.

5) 영화는 삶의 구체적인 흐름과 이 흐름에 채색되어 있는 다양한 감정, 분위기, 가치, 사상 등을 가장 생생하게 묘사할 수 있는 매체이다.

비작위성, 우연성, 연속성, 비규정성, 인상적 뉘앙스-확실히 이들 다섯 가지 '친화성'은 대도시적 현실의 지각 상황과 미학을[20] 구성하는 핵심 개념들이다. 그리고 영화가 이들과 본질적인 친화성을 가질 수밖에 없다는 점은 카메라의 중요한 형상화 기술인 프레임과 앵글, 움직임과 클로즈업, 몽타주와 미장센 등을 떠올리면 쉽게 이해할 수 있다.

그러나 크라카우어가 말하는 '친화성'은 영화와 현실 사이에 존재하는 일련의 유사성만을 지칭하지 않는다. 그것의 보다 더 중요한 함의는 카메라 시선이 가진 고유한 의미, 즉 카메라가 보이는 대상은 물론, 인간의 육안을 본질적으로 넘어선 **현실의 움직임과 변화**를 지각할 수 있도록 해준다는 점에 있다. 벤야민이 역설하듯이, 영화 카메라는 자본주의적 일상의 감옥을 "10분의 1초의 다이너마이트로 폭파"시켜, 우리가 전혀 "상상하지 못했던 엄청난 공간"을 확보해 주며 나아가 "우리의 삶을 지배하는 필연성"에 대해 더욱 확실하게 인식할 수 있도록 해준다.[21] 소련의 영화감독이며 이론가인 베르토프는 카메라 시선(Kino-Glaz)이 가져온 새로운 지각상황에 대해 이미 1923년 이렇게 선언하고 있다. "나는 카메라의 눈이다. …… 오늘부터 나는 영원히 인간의 비운동성으로부터 해방되었다. 나는 끊임없이 움직이고 있다. …… 나는 돌격하는 병사들 앞으로 돌진하고, 다시 그들의 등 뒤로 다가간다. 나는 비행기와 함께 공중으로 떠오르고, 공중에서 떠다니는 물체와 함께 비행하고 낙하한다."[22]

카메라의 시선은 단순히 육안의 확장이나 대체가 아니다. 그것은 오히려

20 Simmel, G., 김덕영 · 윤미애 편역, 『짐멜의 모더니티 읽기』, 서울, 2005, 35-53쪽.

21 Benjamin, W., *op. cit.*, 223쪽.

22 Albersmeier, F.-J.(ed.), *Texte zur Theorie des Films*, Stuttgart, 1998, 45-46쪽.

근본적으로 새로운 기계장치의 시선, 끊임없이 변화하는 물질적 현실의 시선이다. 영화는 "어떻게 해서 물질이 인간과 함께 영화 구성의 중요 요소가 되는가를 보여 줄 수 있는 최초의 예술 수단이다."[23] '친화성' 개념은 바로 이렇게 영화적인 것과 현실적인 것 사이에 간극이 사라지고, 영화와 현실 사이에 상호 침투가 일어나고 있는 사태 또한 지시하고 있다. 그래서 크라카우어는 '기록하는 일(registrieren)'과 더불어 '폭로하는 일(enthüllen)'을 영화 카메라의 본질적인 능력으로 강조하고, 영화의 궁극적인 의미를 다음과 같이 규정한다. "카메라를 이용해 이 세계를 경험하면서, 우리는 이 세계가 문자 그대로 잠에서 깨어나도록, 잠재적 비현실의 상태에서 벗어나도록 만든다. 그리고 우리가 이 세계를 경험할 수 있는 것은 우리 스스로가 파편적이기 때문이다. 우리는 영화를 물질적 현실의 구제(救濟)를 증진할 수 있는 특출한 능력을 지닌 매체로 정의할 수 있다. 영상을 통해 우리는 처음으로 물질적 삶의 흐름을 이루고 있는 대상과 사건들과 함께 움직여 가게 된 것이다."[24]

벨라 발라즈(B. Balázs) 또한 영화 매체의 중요성을 크라카우어처럼 포괄적인 문화사적 전망에서 평가한다. 발라즈에게 영화의 등장은 단순히 또 하나의 표현매체가 덧붙여진 것이 아니라, 오랫동안 감춰져 있던 인간의 모습을 보이도록 만든 경이로운 사건이다. 그는 맥루헌의 매체이론을 직관적으로 선취하면서, 영화를 통해 서구문화 전체가 "추상적이며 지성화된 문화"로부터 "몸의 인간을 온전히 드러내는 시각문화"로 옮겨갈 것이라고 예견한다.[25] 발라즈는 영상 이미지가 기존의 텍스트 이미지와 근본적으로 다르다는 점을 드러내기 위해 영상의 '단층성'과 '현재성'을 지적한다. '상

23 Benjamin, W., *op. cit.*, 214쪽의 주석 12.

24 Kracauer, S., *op. cit.*, p. 389. 더 자세한 논의는 졸고, 「영화: 현대의 묵시록적 매체」, 『미학』 37, 2004 참조.

25 Balázs, B., *Der sichtbare Mensch oder Die Kultur des Films* (1924), H. H. Diederichs(ed.), F/M, 2001, S. 16-23. 더 상세한 논의는 졸고, 「영상의 현상학적 분석과 문화사적 전망」, 『미학』 40, 2004 참조.

징', '비유', '알레고리' 등과 같은 언어적 표현이 겉에 드러난 의미와 분리된 감춰진 이면의 의미 내지 보편적인 의미의 차원을 함축할 수 있는 데 반해, 영상은 철저하게 현재적인 표면의 형태와 흐름을 통해서만 작동한다는 것이다. 발라즈는 이런 의미에서 "영상이 비유적(Gleichnis)으로 사용되면, 영상이 지닌 현실성의 무게는 상실된다"고 말한다.

또한 발라즈에게도 영상은 단순히 보이는 것을 복사한 이미지가 아니다. 그는 영상이 물질적 현실의 가장 '내밀한' 분위기까지 드러낼 수 있음을 강조하는데, 이를 표현하는 개념이 그의 이론에서 가장 중심적인 위치를 차지하고 있는 인상(학) 개념(physiognomie)이다. 혹자는 낭만주의적 · 주관주의적 시학에 기원을 둔 이 개념에 대해 이론적 엄밀성이 부족하다고 비판할지도 모른다. 하지만 발라즈가 인상학과 관련하여, 다층적인 '감정적 화성'과 '개별성과 일반성의 동시성'을 가장 효과적으로 표현할 수 있는 영상의 가능성, 특히 다른 예술 형식과 비교할 수 없는 영화 특유의 표현 방식으로 '클로즈업'을 부각시키고 있음을 기억해야 한다. 이렇게 볼 때 발라즈는 인상학 개념을 통해 영화의 영상이 관객에 대해 갖고 있는 '사실성'과 '환영성'의 위력, 즉 영상이 지닌 본질적인 표현력과 영향력을 드러내고자 한 것이라 해석할 수 있다.

아울러 발라즈는 영화를 현대 자본주의 현실의 일종의 '문명사적 필연'으로 평가한다. 영화는 비록 이데올로기적 기만의 위험성을 지니고 있다 해도, 자본주의 물질문명의 현실 경험에 있어 중요한 '교정기능' 내지 '치료적 기능'을 수행한다는 것이다.[26] 이것은 그가 영화가 '몸의 인간과 생동하

---

26 "이것이 바로 카메라를 통해 획득한 새로운 형태의 인간의식이다. 왜냐하면 이 카메라맨들이 의식을 잃지 않는 한, 그들의 눈은 렌즈를 통해 보고 있으며, 영상을 통해 상황을 현재화하고 있는 것이다. 정신의 현존이 영상의 현존이 된다. …… 카메라는 일종의 자기성찰(Selbstbesinnung)의 형식이다. 사유의 내적인 자기이해 과정(Sich-rechenschaft-geben)이 바깥으로 옮겨진 것이다. …… 이전에 의식의 자기통제가 내면의 이미지의 연속으로 이루어졌다면, 이제 이 통제는 필름롤로서 기계장치 안으로 펼쳐져 있으며, 기계적으로 작동되고 타인에게도 보이고 있다. 여기서 기계는 신경을 갖지 않고 덜 혼란스러워지는 장점을 지니고 있다. 심리적 과정이 전도되었다. 의식이 붙어 있는 한 촬영하는 것이 아니라, 촬영

는 경험'에 대한 동경에 부응한다고 말하는 부분에서 분명하게 드러난다.

한편 발라즈, 크라카우어와 더불어 초기 영화 이론사의 중요한 사상가인 아른하임도 영상이 현실의 단순한 복제가 아니라는 사실에 동의한다. 하지만 발라즈의 '영상현상학적' 접근이나 크라카우어의 '역사철학적' 해석과 달리, 지각심리학자인 아른하임은 영상의 고유한 성격과 가능성을 '지각이미지와 영화이미지(Weltbild und Filmbild)' 사이의 차이로부터 도출하고자 한다. 카메라의 영상은 기계장치적 한계로 인해 눈에 보이는 이미지를 그대로 재현할 수 없는데, 바로 이러한 '물질적 한계'가 동시에 영화가 고유한 예술형식이 될 수 있는 기술적 토대라는 것이다. 아른하임은 모두 여섯 가지의, 시지각 이미지와 영화 영상의 본원적인 차이를 열거하며, 이로부터 후자의 예술적 표현가능성을 부각시키고 있다.[27]

1) 3차원의 물체를 2차원의 평면으로 투영하는 것: 카메라 앵글, 예술적 · 형식적 구성
2) '크기-상수'와 '형태-상수'의 탈락: 관점주의적인 크기와 형태의 형상화
3) 색채의 탈락: 명암과 조명의 형상화
4) 영상의 제한(프레임): 영상의 모티프 선택과 장식적 특질 강조. 클로즈업과 롱숏
5) 시공간적 연속성의 탈락: 다양한 몽타주의 원리들
6) 시각적이지 않은 감각세계의 탈락: 다른 감각지각을 시각적 · 이미지적으로 표현

하는 한 의식을 지니고 있는 것이다." (Balázs, B., *Der Geist des Films* (1930), in: *Schriften zum Film* (ed. H. H. Diederichs & W. Gersch), München/Berlin, 1984, S. 122-123.)

27 Arnheim, R., *Film als Kunst* (ed. H. H. Diederichs), F/M, 1979, S. 23-156. 물론 유성영화와 컬러영화의 등장으로 세 번째 "색채의 탈락"과 여섯 번째 "시각적이지 않은 감각세계"의 기술적 조건과 의미는 근본적으로 달라졌다. 그러나 일상적인 시지각 이미지와 영상매체의 이미지 사이의 본질적인 차이에 주목하는 아른하임의 논점은 여전히 유효하다고 볼 수 있다.

아른하임에게 영화는 회화, 조각, 문학 등 기존의 예술과 근본적으로 다른 새로운 예술 형식이다. 영화는 카메라를 통한 독자적이며 창조적인 형상화 수단을 갖고 있으며, 이를 활용하여 새로운 지각과 사유를 가능하게 한다. 아른하임은 이 점을 당대 게슈탈트 심리학의 성과를 활용하여 좀 더 객관적으로 명확하게 정당화하고자 한 것이다.

다음으로 영화는 앞서 지적했듯이, 근본적으로 대중예술로서 개인적인 이념이나 감정이 표현된다기보다는 대중적인 욕망과 꿈이 드러나는 매체이다. 이는 무엇보다도 영화의 제작 과정과 산업적 성격에서 쉽게 확인할 수 있다. 즉 영화는 일반적으로 프리프로덕션, 메인프로덕션, 포스트프로덕션(pre－main－post－production)으로 나누어진 복잡하고 집단적인 제작 과정을 거치지 않을 수 없으며, 또한 막대한 제작비를 투입하고 이를 다시 회수해야 하는 산업적 상품이기 때문에 장기적으로 대중적 욕구와 취향에 부응하지 않을 수 없다.[28] 물론 영화는 대중의 욕구와 취향을 단순히 평면적으로 복제하는 거울이 아니다. 오히려 대중의 백일몽과 취향이 충족되면서 억압되고, 표현되면서 은폐되는 양면적이며 복합적인 과정이 영화매체 속에서 일어나고 있는 것으로 봐야 할 것이다. 발라즈, 아른하임, 크라카우어 등 대표적인 이론가들이 모두 영화비평을 통해 당시 영화들에 대한 이데올로기 비판 작업을 수행했던 이유가 바로 여기에 있다.

다. 영화의 미학적 도전

이제 이러한 영화의 탄생 조건과 고유한 특징을 바탕으로 그 미학적 도전의 의미를 생각해 보자. 우선 영화는 '완전한 소우주'로서의 예술작품에 대한 생각, 즉 천재적 개인이 창조한 내적 통일성의 형상물이라는 개념을 거의 전면적으로 무효로 만든다. 영화의 영상은 24분의 1초 단위의 스틸 이

---

28 Kracauer, S., *Von Caligari zu Hitler* (trans. K. Witte & R. Baumgarten), F/M, 1947, S. 9-12.

미지들의 결합일 뿐만 아니라, '몽타주' 가 보여 주듯이, 예술가의 이념이나 구상이 아니라 촬영된 개별 영상을 기계장치를 통해 다시 재조립함으로써 완성된다. 영화의 영상은 사유하는 지성(intelligence)의 속도와 법칙에 복종하지 않는 기계적 리듬과 구성의 산물인 것이다.

나아가 영화는 감상자가 예술작품을 수용하는 방식과 태도를 완전히 바꾸어 놓았다. 끊임없이 이어지는 영상의 흐름 앞에서 관객은 더 이상 '거리를 갖고 관조' 하거나 작품 속으로 '침잠' 하여 객관적이며 보편적인 '의미' 를 성찰할 수 없다. 반대로 관객은 명료한 정신과 집중력을 상실한 '산만한' 상태에서 영상의 흐름이 자신의 지각과 의식을 자극하고 통과하도록 허용하게 된다. 왜냐하면 우리는 스크린을 주시하는 순간 카메라의 '포로' 가 되어 줄거리가 펼쳐지는 공간 속으로, 등장인물들 사이의 상황과 액션 속으로 함께 움직이지 않을 수 없기 때문이다.[29] 벤야민이 말하는 '촉각적 수용' 은 무엇보다도 이렇게 영화의 매체기술적 원리에 의해 관객의 의식적 반성과 사유가 본질적으로 축소될 수밖에 없는 사태를 지시하고 있다. 한마디로 영화는 기존의 예술작품과 수용 과정에 대한 개념을 근본적으로 해체하고 있다고 할 수 있다.

하지만 영화의 미학적 도전은 여기에 그치지 않는다. 영화는 예술의 영역을 훨씬 넘어서서 존재론적인 측면과 역사철학적 측면에서 간과해선 안될 일종의 '청산작업' 을 수행한다. 즉 영화는—그리고 이후 등장한 텔레비전은— '존재하는 것' 에 대한 생각 자체를 교란시키고 '실재적(real)' 이미지에 대한 새로운 판정기준(criterion)을 불가피하게 만든다. 기술복제 영상

29 "**영화는 지금까지 모든 시각적 예술의 본질에 속했던 관객의 고정된 거리를 제거했다**. 관객은 더 이상 내적으로 완결된 예술세계, 무대 위 또는 이미지 속에서 둘레가 쳐진 예술세계의 외부에 있지 않다. 예술작품은 여기서 접근할 수 없는 공간 속에 존재하는 소우주 또는 비유로서 나타나는, 하나의 구별된 세계가 아니다. 카메라가 내 눈을 함께 영상 안으로 끌고 들어간다. 나는 영화의 공간으로부터 사물들을 본다. 나는 영화 속 형상들로 둘러싸여 있으며, 사방에서 볼 수 있는 영화의 행위 속에 얽혀 있다. ……" (Balazs, B., *Der Geist des Films*, *op. cit.*, S. 56.)

의 등장으로 상상계와 실재계 사이의 벽은 희미해지고, 현실과 시뮬라크르(simulacre) 사이의 구분은 근본적으로 모호해진 것이다. 아른하임이 사진과 관련하여 통찰한 '이미지의 현실성에 대한 새로운 요구'가 영화의 등장으로 한 차원 더 심화되었다고 할 수 있다.

또한 모든 개인적이며 사회적인 기억과 전승이 영화의 매체기술적 해체와 구성과정 속으로 빨려 들어감으로써 결과적으로 역사와 전통의 '연속성' 자체가 본질적인 위기와 변형을 겪게 된다. 벤야민은 이러한 사정을 '아우라의 위축' 내지 '전시가치의 부상(浮上)'으로 표현했으며, 후에 포스트모더니즘은 그 사상사적 귀결점을 '탈역사(post-histoire)'란 개념으로 포착하게 된다.

영화가 가져온 포괄적인 충격과 전복의 결과, 미학적 성찰은 자신의 연구대상은 물론, 자신의 학적 정체성에 대해 근본적으로 재정향(再定向)하지 않을 수 없게 되었다. 늦어도 뒤샹(M. Duchamp)의 레디메이드 이후 전통적인 예술개념(fine art)은 유효성을 상실했으며, 아름답고 숭고한 미감적(aesthetic) 경험의 주도적인 공간은 교양부르주아적인 예술영역으로부터 영화, 스포츠, 버라이어티 쇼와 같은 대중문화의 '움직이는 표면들'[30]로 이행했기 때문이다. 이제 미학은 '감각적 · 직접적 지각 일반'을 뜻하는 어원 '아이스테시스(aísthesis)'의 본뜻으로 되돌아가서, 인간의 지각을 매혹하고 의식의 움직임을 야기하는 모든 현상에 주목하지 않을 수 없게 되었다. 그리하여 이들 현상을 세밀하게 관찰하고 분석하여 그 인간학적 · 사회문화적 의미를 해명하고, 또 벤야민, 크라카우어, 들뢰즈(G. Deleuze)와 같은 사상가들이 시도했듯이, 이들이 함축하고 있는 존재론적 · 역사철학적 의미에 대한 이론적 성찰을 시도해야 하는 과제를 안게 되었다.

아울러 영화는 '매체기술' 내지 '매체성'의 문제를 완전히 새로운 각도에서 접근해야 할 필요성을 확인시켜 주었다. 매체는 더 이상 단순히 이미

---

30 Kracauer, S., *Das Ornament der Masse* (1920-31), F/M, 1977, S. 50-63.

지와 정보가 저장, 전송, 유통, 소비되는 '중립적 통로'가 아니다. 현대의 미학적 성찰은 매체를 문화적 상징 형식들의 '기술적 · 역사적 아 프리오리(a priori)'로서 고찰하고 그 파급효과를 다양한 층위에서 추적하지 않으면 안 된다. 이제 더 이상 '양식(style)'이 아니라 매체기술적 '표준(standard)'이 문화적 상징 형식들의 가능성과 표현 방식을 본질적으로 규정하는 시대이기 때문이다.[31]

31 이런 맥락에서 영상매체가 과거의 양식과 문화가 기억되고 반성되며, 동시에 현재의 양식과 문화가 생성되고 있는 장소라는 발라즈의 통찰은 여전히 주목할 만하다. "영화를 통해 처음으로 **우리 시대의 실질적인, 의식되지 않은 양식, 현재의 역사적 양식**이 명백하게 드러날 것이다. 왜냐하면 모든 양식은 …… 재생산적이면서 동시에 생산적이며, 반영적이면서 동시에 창조적인 독특한 카메라예술의 관점에서 분명하게 윤곽이 잡힌 성격을 획득하기 때문이다. 시대정신이 우리 삶과 예술들의 형식 속에 반영된다면, **이러한 반영은 카메라를 통해 이뤄질 것이며**, 이를 통해 의식될 것이다."(Balázs, B., *Der Geist des Films*, *op. cit.*, S. 81.)

더 읽을거리

Balázs, B., *Theory of the Film* (이형식 옮김, 『영화의 이론』, 동문선, 2003).

Deleuze, G., *Cinéma I* (유진상 옮김, 『시네마 I. 운동－이미지』, 시각과 언어, 2002.

__________, *Cinéma II* (이정하 옮김, 『시네마 II. 시간－이미지』, 시각과언어, 2005).

Gianetti, L., *Understanding Movies* (김진해 옮김, 『영화의 이해: 이론과 실제』, 현암사, 2000).

Kracauer, S., *Theorie des Films* (ed.), Karsten Witte, F/M, 1973 (*Theory of Film*, New York: Oxford University Press, 1960).

Virilio, P., *Guerre et cinéma* (권혜원 옮김, 『전쟁과 영화: 지각의 병참학』, 한나래, 2004).

현대건축의 전개와 미학

김경수

1. 근대건축과 반미학

영국의 건축역사가 페브스너는 윌리엄 모리스와 미술수공예운동으로 근대 건축사의 시작을 서술하였다.[1] 프램프턴은 근대 초기 건축을 고전합리주의와 구조합리주의의 두 갈래로 추적하며 그중 새로운 철구조의 합리성을 탐구한 건축가들을 근대 신건축의 효시로 삼았다.[2]

사진 1. 구스타프 에펠, 에펠탑, 1889

근대건축은 근본적으로 미학에 대해 비우호적인 자세를 취했다고 볼 수 있다. 미술학교(보자르)를 기반으로 한 근대 이전의 고전적 또는 절충적 건축인이는 새 시대에 맞지 않는 것으로 간주되었다. 공업 중심의 새로운 시대를 위한 건축은 과거 건축양식의 모방이나 응용

1 니콜라우스 페브스너, 『근대건축과 디자인의 원천』, 태림문화사, 1986.
2 케네스 프램프턴, 정영철 외 옮김, 『현대건축사』, 세진사, 2002.

이 아니라, 현실 그 자체에서 주어지는 새로운 기술과 재료를 수용하여 새롭게 발명하여야 한다는 일종의 시대적 당위와 의무를 선언하였다. 철과 유리, 철근콘크리트 등의 신재료가 새로운 산업화 시대 건축의 형식을 새롭게 규정하였다. 새 형식의 순수성에 대한 집착은 장식 없는 밋밋한 흰 벽을 낳았고, 옥상을 활용할 수 있도록 하기 위한 평지붕 슬라브 구조로 건물의 외관은 상자 모양으로 통일되었다. 20세기 초 그렇게 단순한 하얀 상자형 건물은 다가오는 새 시대를 앞장서 받아들이는 지식계급의 심미안과 높은 교양을 의미하는 상징적 이미지이기도 하였다.

사진 2. 르 꼬르뷔제, 빌라 사브와, 1931

초기 근대건축 서술에서는 건축에서 미학적 성분이 약화되고, 사회적 내용과 구조적 합리성 등 현실을 직접적으로 정직하게 반영해야 한다는 생각이 우세하였다. 건축 논객들도 근대운동을 지원하는 입장에서 서술하였으므로 가우디나 표현주의자들에 대해서는 언급을 하지 않거나 아니면 매우 간략하게 다루었다. 시대적 주류에서 벗어나는 일탈이라고 본 것이다. 근대건축의 역사를 서술하는 방식의 차이는 바로 근대건축이 변화해 온 각 시기별로 건축담론을 형성하며 예술계를 구성해 온 건축사가, 비평가, 건축가 등 건축 예술계(art-world)의 관심과 희망 또는 이념을 반영한다.

사진 3. 안토니오 가우디, 성가족 교회, 1883~

커티스는 기존 근대 건축사 서술에서 보이는 양식사나 사회경제사적 접근의 일면성을 지적하면서 각 시기와 사안의 성격에 따라 다면적 기술 방식을 시도하였다.[3] 사회적 상황과 요구, 그에 대한 건축가의 대응에 초점을 두기도 하고, 특정 작품의 미적 측면을 집중적으로 논하기도 한다. 건축의 역사를 기술하면서, 한편으로는 예술로서 다른 한편으로는 공학기술로서 사회경제적 상황의 산물로 다루는 것이 온전한 방식이라고 본 것이다. 지역적으로는 북구와 남미의 근대건축 변천과 함께 비중이 작기는 하나 인도와 중국의 근대건축도 다루고 있다.

건축을 기능에 따라 구분하며 미적 성분의 비중을 비교하는 예를 페브스너의 『건물유형사』[4]에서 볼 수 있다. 공장보다는 학교 건축이, 학교보다는 종교 건축이 더욱 문화적 상징성이 높다는 식의 설명이다. 일견 합리적으로 보이는 경험적 분류이다. 그러나 언어적 상징성을 버리겠다는 교회 설계나, 공장의 효율성을 극대화하면서도 인간이 거주하는 공간으로서 품위와 의미 부여에 성공하는 사례 앞에 그런 구분은 근거가 약해진다. 미적 고려는 건축물의 용도나 규모와 관계없이 개입되거나 배제될 수 있기 때문이다.

고급건축과 대중건축, 양식이나 미학적 의도, 예술의지 등이 작용하여 만들어진 '건축'과, 그런 것이 결여된 '건물'을 구분하는 페브스너 식의 구분은 현대건축이 놓여 있는 상황의 일면을 간결하게 설명해 준다. 그러나 이런 구분도 '예술' 개념 자체의 급격한 변화에 따라 지나친 단순화라는 혐의를 받게 된다.[5]

서구에서 근대건축은 기존 건축언어의 종말을 논하며 재현이 아니라 현실 자체에 관심을 돌릴 것을 요구했다. 반미학/반재현의 입장에서 형식보다는 내용(기능)에 중심을 둔 점이 부각된다. 이런 자세는 건축의 제1목적을 기능 충족이라고 본 기능주의로 나타나기도 하고, 기계가 펼쳐 보일 미

3 윌리엄 커티스, 강병근 옮김, 『1900년 이후의 현대건축』, 화영사, 2000.
4 Nikolaus Pevsner, *A History of Building Types*, Princeton Univ. Press, 1976.
5 니콜라우스 페브스너, 김복지 외 옮김, 『유럽건축사개관』, 태림문화사, 1990.

래에 열광한 미래파처럼 기계로 유추한 도시의 미래 비전으로 제시되기도 하였다.

양차에 걸친 세계대전 이후, 전후 복구라는 경제적 현실이 가장 긴박한 과제로 제기되면서 근대건축은 전 세계 도시에서 유사한 양상을 보였다. 가장 경제적인 현대적 공법이 획일적으로 지배하는 상황을 맞게 된 것이다. 소위 국제주의 건축양식이라고 명명되기도 한 근대건축의 후기 양상이다. 신속한 도시건설 요구에 부응하며 미학적 고려보다는 기술적 합리성과 경제성을 가장 중요한 판단기준으로 내세운 대량 건설이 이루어진 것이다. 지금도 이렇게 미적 의도와는 상관없는 듯 사유재산으로만 인식되는 건물이 수없이 지어지며 자본주의 현대도시를 형성해 가고 있다.

사진 4. 박춘명, 조선일보 사옥, 1968

식민지 시대 일본을 통해 이식된 한국의 근대 건축교육도 철저하게 공학기술 중심으로 이루어졌으며 이후 건축학은 공과대학 편제 아래 최근까지 전국적으로 획일화된 교육을 지속해 왔다. 식민지배와 내전의 폐허 위에 신속한 경제재건과 근대화를 추진하면서 급격하게 진행된 도시화에 바로 근대건축의 즉물적 현실주의, 반미학적 건축관이 적용될 수 있었다. 다른 한편으로 사회와 시대의 책무보다는 개별 의뢰인의 요구에 충실하며 자족하는 건축가의 모습도 부분적으로는 그런 도구적 기능인 양성에 치중한 식민교육의 영향이라고 할 수 있다.

근대 이전의 고전적 · 절충적 건축언어를 거부하고 새로움의 원천으로서 시대요구, 자연, 이성에서 출발하는 혁명과 계몽의 정신이 근대건축 초기의 사상적 기반이었다. 예술 각 분야에서 등장한 전위들과 마찬가지로 초기 근대건축의 영웅적 건축가들은 빛나는 도시, 미래도시, 공업도시라는

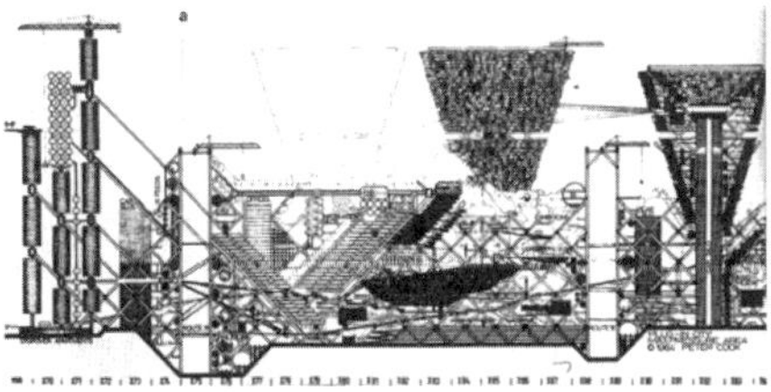

사진 5. 피터 쿡, 플러그 인 도시, 1964

사진 6. 리처드 로저스와 렌조 피아노, 퐁피두센터, 1977

이상도시 비전을 통해 근대 도시와 건축의 풍경을 그려냈다. 새로운 시대 건축 형상에 대한 유추로서 '살기 위한 기계' 라는 슬로건은, 아키그램, 메타볼리즘, 후기 근대주의(late-modern), 이후 신구조미학까지 거대구조나 기술지향적 흐름을 낳았으며 1960년대에 이르러 팝 아트를 통한 일상성의 재발견, 군집형(cluster) 설계와 함께, 사회학적 접근을 강조하는 설계방법론 연구를 부각시키기도 하였다.

근대건축가국제회의(CIAM)의 집단적 활동과 전후 세계 각국으로 번져간 국제주의 건축을 통해 서구의 현대건축은 대량 생산된 순수미학의 양식화와 진부함으로 1960년대부터 비판의 표적이 된다. 그와 함께 근대건축의 금욕적 이성주의 자세에 대비되는 유기적 · 낭만적 건축 경향이 현대건축의 제3세대라는 이름으로 조명을 받기도 하였다. 기계미학과 순수주의를 근간으로 삼으며 스스로 근대건축의 주류라고 자부해 온 합리주의자들이 대세이던 시기에도 이런 경향의 건축가들은 역사무대의 다른 한편에서 꾸

사진 7. 요른 웃슨, 시드니 가극장, 1973

사진 8. 알바 알토, 리올라 성당, 1976

사진 9. 르 꼬르뷔제, 롱샹 교회, 1954

준히 다양한 창조적 역량을 발휘해 왔다. 근현대 건축사 서술 자체의 변천을 통해 이제 주도적 담론이나 대세란 역사주의에 기댄 일부 논객들의 구성 개념에 불과하다는 인식이 널리 퍼졌다.

대규모 자본이 투자되는 건축 분야는 충격이든 도전이든 변화하는 현실을 반영하는 수밖에 없다. 그러나 건축에서 리얼리즘은 현실(reality)을 바라보는 시각에 따라 일반 미술 분야와는 전혀 다른 결과를 보여 준다. 현실의 전형적 재현이라는 문학과 회화, 조각 분야의 리얼리즘과 달리 건축에서 리얼리즘은, 미적 의도를 제거하고 건물의 구조와 생산기술, 현실의 기능적 요구 그 자체에 충실할 것을 요구한다. 물론 여기서 '기능'의 개념을 사회적 공공성이라든가 문화적 상징 등의 내용까지 포괄하는 것으로 확장하는 경우, 기능주의 자체의 의미가 흐려진다. 어쨌든 건축에서는 미적 의도를 배제한다는 리얼리스트의 자세 자체가 또 하나의 미학적 입장으로 읽히며 다시 양식으로 전달된다.

추상예술로 인식되는 건축에서는 무표정한 현대 건축도시 문명의 무미건조하고 무정함을 리얼리티로 전제하고 추상충동을 극대화하려는 건축가들이 지속적으로 재등장한다. 이는 리얼리즘이 근거로 삼는 대상과 현실의 범주가 계속 새로워지고 있다고 보거나, 아니면 그렇게 새롭게 규정하려는 시도가 이어지는 것이라고 볼 수 있다. 예를 들어 건설, 생산 구법, 상세의 리얼리즘이라고 부를 만한 스위스의 건축가 헤어족과 드 뫼롱은 재현과 개인적 표현, 도상 등을 거부하면서, 건축재료와 표면재료에 대한 고도로 지적인 작업을 통해 건축의 근원적 추상성과 객관적 조건에 대한 엄밀한 접근 자세를 유지하려 하였다. 형태상

사진 10. 헤어족과 드 뫼롱, 라우펜의 창고, 1987

으로는 더 이상 간결할 수 없이 단순한 듯이 보이는 이들 작품이 갖는 냉엄한 논리와 치밀한 미적 처리는 극도로 무표정하면서도 미묘한 물성 극대화와 이미지 조절로 신선한 충격을 주었다. 건축을 선례에 대한 지시나 해석이 가능한 언어로서가 아니라, 현장의 여러 조건에 적응하면서 지어지는 과정을 그대로 드러내는 실체 그 자체로 규정한다. 연상작용이나 의미는 배제되고 물질적 존재와 물성 자체를 통한 이미지 창조에 몰두하는 형식주의의 한 극단을 보여 준다.[6]

2. 탈근대건축의 언어 소생술

건축 자체의 역사를 참조하는 자기 지시와 자율적 담론이 성장해 온 1960년대 말의 가장 큰 영향력은 **로버트 벤추리**의 책, 『건축의 복합성과 대립성』[7]에서 나왔다. 일상의 리얼리즘이라고 할 만한 벤추리의 매너리즘적 선례 언급 역시 건축 자체의 자율적 역사를 논의의 배경으로 삼고 있기 때문에 건축계 바깥에서 접근하기는 쉽지 않다. 그의 건축이 팝 미술처럼 진부하고 평범한 일상 자체를 다시 묻는 입장임은 쉽게 이해할 수도 있다. 그러나 그는 건축 역사에 대한 지식을 건축설계 작업 과정 전반에 적용하면서 여러 켜로 기존 의미를 중첩시켜 간다. 겉보기에는 상투적인 소재를 동원하는 듯하면서도 그의 여러 작품

사진 11. 로버트 벤추리, 반나 벤추리집, 1963

6 Raphael Moneo, *Theoretical Anxiety and Design Strategies*, MIT Press, 2004.
7 로버트 벤추리, 임창복 옮김, 『건축의 복합성과 대립성』, 동녘, 2004.

속에는 복잡한 이론적 논점들이 구석구석 자리 잡고 있다.

근대건축의 단선적 진보 개념과 거대 담론에 대한 탈근대적 반론의 씨를 뿌린 그의 이론은, 건축의 근대성에 대한 전면적 비판과 대안 모색의 열기를 불러 일으켰으며 타 분야보다 먼저 탈근대논쟁을 불러일으킨 계기가 되었다.

건축 분야에서 탈근대 개념을 처음 규정하였던 젠크스는 탈근대건축의 근본 특징으로서 건축을 언어로 파악하는 점을 들었다.[8] 다른 분야의 문화적 기호와 마찬가지로 건축도 문화적 의미 소통 도구이며 근대건축의 무표정, 무미건조함을 극복해야 한다는 것이었다. 건물이 세워지는 터의 역사와 문화적 배경이 그곳의 잠재력으로서 장소성을 구축하는 원천이다. 또한 건축 역사 자체가 바로 가장 쉽게 활용할 수 있는 필수적 의미 참조체계인 것이다. 탈근대건축의 지향은 근대건축의 문제를 규정하고 대안을 제시하는 각도에 따라 다양한 시도를 보여 주었다.

과거 건축의 선례를 과감하게 절충적으로 인용하거나 변형하고, 맥락을 바꿈으로써 새로운 의미를 탄생시키고, 그 장소의 문화적 내용을 더욱 풍부하게 만든다는 것이 탈근대건축의 공통된 전략이었다. 그 결과 가벼운 절충주의와 무의미한 역사적 건축요소—아치, 오더, 박공지붕, 장식 등—와 형식원리—대칭적 형태구성 등—의 인용 및 적용, 상업적 포장술의 건축이 범람하게 되었으며 이내 부정적 비평에 직면하게 되었다. 그러나 근대건축의 절제원칙이 국제주의 건축으로 양식화하면서 반미학을 확산시켰다면, 탈근대건축은 적어도 미학적 성분을 재조명하고 건축을 예술로 재정립하려는 의지를 소생시켰다고도 할 수도 있다.

기존 도시건축의 보편 유형을 재발견하고 그것을 새로운 건축작품에서 특수화, 개인화해 가면서 세계 건축계에 영향을 끼친 건축가로 이탈리아의 알도 로시를 들 수 있다.[9] 로시는 과거 여러 도시에 대한 개인적 경험을 보편

8 찰스 젠크스, 송종석 감수, 『현대 포스트모던 건축의 언어』, 태림문화사, 1991.
9 알도 로시, 오경근 역, 『도시의 건축』, 동녘, 2003.

적 원형으로 번안하여 역사를 관통하는 작가의 시각을 드러낸다. 물론 로시가 의도하는 대로 그의 새로운 건축도시 형상이 그 장소에 대한 집단의 공동 기억과 인문적 흔적에 스며들어 하나가 되게 하고 있는지는 더 다양한 측면에서 분석이 필요하다. 그의 건축언어 자체는 재현이나 전달이 불가능한 차원에 놓이게 되는 일종의 곤경을 드러내기도 하기 때문이다. 로시의 건축언어는 건축가 개인의 독특한 해석에서 출발함으로써 냉철한 자기 객관화, 또는 주체/작가의 소멸을 가져 올 수 없다고 보는 관점도 있다.[10]

사진 12. 알도 로시, 세계극장, 1979

사진 13. 알도 로시, 꼴라쥬도시도, 1976

그와는 대조적으로 **타푸리**는 로시의 건축 또한 과거 건축을 이미지로 접근한 것이 아니고, 현대건축 자체의 비언어성과 씨름하고 있는 것이라고 해석하였다. 자율적 분야로서 건축이라는 장르 자체의 언어 탐구에 집중하는 것이야말로 현대예술이 처한 위기 상황을 반영하고 있다는 것이다.[11]

로시가 서양 건축사의 인본주의 전통으로 이어져 온 보편인적 건축가 개념을 지속시키려 하였다면, 렘 콜하스는 신자유주의 시대의 세계자본과 설계 과제의 거대화에 적

사진 14. 렘 콜하스, 릴국제회의 전시장, 1995

10 Sola-Morales, Ignasi, "Neo-Rationalism and Figuration", in *Building and Rational Architecture*, AD Editions, 1984.

11 Tafuri, Manfredo, *The Sphere and the Labyrinth*, MIT Press, 1987.

극적으로 대응하고 있는 건축가이다. 콜하스는 언론과 영화 분야의 경험을 바탕으로 현실에 적극적으로 적응하며 미술적 재능을 한껏 발휘하고 있다. 평범한 공장생산 재료를 구축적으로 다루며 새로운 감성을 발휘하고 신선한 감흥을 일으키는 비범한 능력으로 많은 젊은 건축가들의 주목을 받고 있다. 궁극적으로 건축도시의 이미지를 통해 세계 도시를 형성해 가는 자본의 현실을 반영하는 일에 모든 관심과 역량을 쏟고 있는 중이다. 이 점에서 그의 작업 또한 냉철한 리얼리스트의 것이면서 동시에 건축도시 개발을 일종의 흥행사업처럼 스펙터클로 만들어 가고 있는 사례이다.

3. 해체의 형식주의와 재현에 대한 두려움

기능 위주의 건축과 국제양식화한 침묵과 무표정의 근대도시에 대한 이의 제기로 시작된 탈근대건축 논쟁은, 이후 해체주의 건축 논의로 이어진다. "탈근대"는 미술이나 문예 분야로 확산되면서 어법과 의미의 차이를 보였고, 때로 개념상의 혼동을 드러내기도 하였다.[12] 건축에서 탈근대는 역사와 선례를 활용하고 맥락을 존중함으로써 건축의 언어성을 회복하려던 한 시기의 움직임이었으나 타 분야에서는 해체주의 사조를 포괄하는 좀 더 넓은 개념으로 쓰이고 있다.

사진 15. 프랭크 게리, 빌바오구겐하임 미술관, 1997

철학과 문예사조 속의 이념으로서 해체는 이성중심주의에 대한 반명제로 억압에 대한 해방적 성격이 핵심이라고 할 수 있다. 그러나 그것이 조형예술의 하나인 건축에서 형

12 데이비드 하비, 구동회 외 옮김, 『포스트모더니티의 조건』, 한울, 1999.

상화될 때는 관념적 내용과 외형으로 드러나는 형식 사이에 틈새를 드러낸다. 그것은 바로 이념이 건축 형태로 구현될 때, 또는 건축 형식을 이념으로 번역해서 읽어낼 때 필연적으로 발생하는 간격이기도 하다.

사진 16. 코옵 힘멜블라우, 변호사 사무실을 위한 옥탑개조, 1988

예를 들어 스스로는 해체주의자임을 부인하는 건축가 프랭크 게리의 빌바오구겐하임미술관을 건축계에서는 대체적으로 해체주의 작품으로 보고 있다. 수직을 똑바로 맞춘 벽이 거의 없으며, 모든 벽과 지붕면은 부정형 곡면이다. 형태적으로는 엄격한 수직수평 입방체의 틀을 깨뜨리고 벽과 지붕의 경계를 지워 버렸다. 그러나 이런 조작 자체를 해체적 건축행위로 보아야 하는지는 의문이다. 서구 지성사에 면면히 흐르고 있는 살부 전통, 선례에 대한 변증법적 부정/대립과 극복 등 대항적 성분이 해체행위의 전제라고 보면, 게리의 빌바오미술관은 해체라기보다는 기존 미술과 미술관 개념에 순응한 것으로 읽힌다. 사회문화적 발언으로서 해체를 이해한다면, 해체적 건축으로 분류되는 대부분의 작품이 기존의 관조 대상 오브제라는 예술작품 개념을 추종하며 대세에 순응하는 모습을 드러낸다고 볼 수 있다.

다른 한편으로 빌바오구겐하임미술관은 건축설계를 통한 작품 생산 과정 자체가 정보기술의 혁명적 변화 속에서 어떻게 변해 가는가를 보여 주는 신례가 되고 있다. 게리는 형태와 공간을 포함하여 새로운 형식을 추구해 온 전위의 형식주의 전통 위에서, 구상에서부터 작품의 발전 과정 전반에 걸쳐 3차원 설계 컴퓨터 프로그램을 활용하였다. 다양한 알고리듬에 따라 형태가 생성되어 가는 과정을 지켜보며 중간중간 최소한의 개입으로 최종 형태를 결정해 간다. 새로운 공간을 창조하려는 시도는 기존의 데카르트 직교 체계를 철저하게 벗어나려는 시도를 통해 유클리드적 기하학 형식이나 격자 형식을 벗어났다.

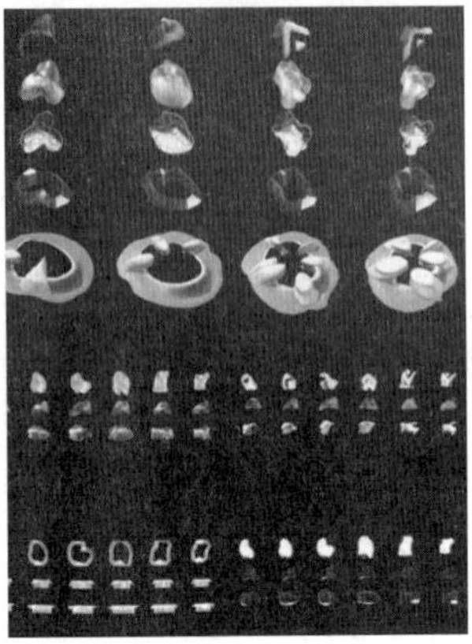

사진 17. 그렉 린, 발생학적 주택, 1999

디지털 도구가 건축에 주는 충격과 변화의 보편화는 개인과 주관을 탈색시키겠다는 해체주의자들의 의도를 어느 정도 실현시켜 주는 듯하다. 그럼에도 불구하고, 도구가 그 도구를 사용하는 자의 특성으로 부각되는 사실을 피하지 못하게 되며 또 하나의 의미로 전달된다. 의도 삭제나 침묵 자체가 하나의 언어행위인 것이다. 그러나 어쨌든 건축도시 설계 분야에서 디지털 도구는 자연과 인공적 건조물 사이에 가상세계를 또 하나의 존재인 듯 열어 보여 주고 있다. 디지털 도구가 만들어 내는 건축은 현실의 다양한 부담—예로 중력—을 벗어 버린 채로 우리의 감각기관에 직접 작용하는 인공환경으로 생성되고 있는 중이다.

이런 시도의 미학적 의미는 무엇인가? 건축을 자율적 예술로 보는 관점과, 시각과 이미지가 주도하는 근대 전위의 추상적 형식주의에 대한 집착이 미니멀리즘을 지나 해체로 전개되어 왔다. 현대인의 변덕스런 취미를 반영하면서 때로 앞서가기도 해야 하는 현대예술로서는 이러한 변천이 당연한 대응이라고 보는 입장도 있다.[13]

근대, 탈근대, 해체주의 등 서구의 담론을 수입함으로써 이제 다원주의와 상대주의가 아시아의 현대 건축가들 사이에 양면적 영향을 드러내고 있다. 이 모든 담론과 지식 생산의 중심이 '선진' 서구 제국이라고 믿으며 아시아의 현대건축을 '주변부' 로 비하하는 이들이 지속적으로 재등장한다.

그러나 서구 현대건축의 다원성은 디자인과 이론 또는 홍보 전략에서 첨단을 달리는 작가들만을 통해 이해할 수는 없다. 전 세계 매체의 언어를 지

13 이종건, 『텅빈 충만』, 시공문화사, 2004.

사진 18. 조르지오 그라씨, 사군토로마극장 개축, 1985

사진 19. 루이스 바라간, 승마클럽, 1968

배하는 듯 보이는 앵글로 색슨 논객들의 성대한 담론과는 일정한 거리를 유지하며 주체적 이론과 실무 체계 속에서 건축문화의 핵심적 규율과 현대 건축도시의 문제 해결을 모색해 가는 건축가들이 있다. 건축 언어 자체의 문제를 천착해 나가는 건축가들의 작품이 영어권 바깥 여러 곳에서 빛을 내고 있는 것이다. 다시 문제는 건축언어와 건축도시 역사 유형의 관계로 초점이 맞춰진다.

4. 이식된 담론과 동아시아 건축의 현대

서구 현대건축 자체도 각 지역의 문화적 · 민족적 배경에 따라 앵글로색슨과 게르만, 라틴적 경향 등 다양한 양상을 보여 주고 있다. 인터넷을 통해 구미 각국 건축활동에 관한 정보량이 팽창하면서 자연스럽게 건축 형식의 다원론이 강조되며, 건축물의 작품성과 가치 판단에도 다양성을 요구하게 되었다. 모든 것이 가능하며 모든 것이 동등하다는 식의 상대주의와 이에 편승하거나 대립하는 다양

사진 20. 마리오 보타 + 장 누벨 + 렘 콜하스, 리움, 2004

사진 21. 다니엘 리베스킨트, 현대산업개발 사옥 I 타워, 2004

한 방식의 형식주의가 건축가들의 피난처가 되기도 한다. 동구권 사회주의의 몰락과 함께 근대건축의 진보주의적 대서사 담론에 기댈 수 없게 된 다수의 대세 순응적 건축가들은 집단을 이루며 최신 유행 이미지로 건축 '작품'을 포장하고 최첨단 담론으로 시장에 적응해 간다.

자본의 세계화 전략에 따라 건축도 오랜 숙성과 기다림, 모호성 등을 기반으로 하는 인문학적 성분을 상실해 가고 있다. 속도 경쟁에 휘말리며 생산체제에 편입되어 가는 현상에 대해서 일찍이 프램프턴도 우려를 표명한 바가 있다.[14] 유럽통합 과정을 통해 유럽의 건축교육조차 일부 미국식으로 규격화되어 가는 현상을 구체적으로 지적하기도 하였다. 전통적 건축가 육성 방식에 대한 향수나 집착이라기보다는 세계화라는 흐름으로 구체화될 건축도시 문명 자체의 획일화에 저항하는 자세를 건축가들에게 요청하였다.

자본이 예술을 지배하는 현상은 대규모의 타인 자본이 투입되는 건축에서는 특별히 두드러지는 현상이다. 거대 기업은 세제 혜택이라는 이익을 넘어 기업 이미지와 브랜드 가치를 높이는 도구로서, 다른 한편으로는 고가의 미술품을 독점하듯, 과시적 소비 대상으로서 건축을 활용하기 시작하였다.

세계자본에 적절히 적응하며 사업적 성공을 거두는 저명 건축가들을 초빙하여 지어진 건축물을 통해 보면 건축이 수입 브랜드라는 후광에 기댄 고급상품으로 머물게 되는 현상이 두드러진다. 해외 저명 작가들의 영향력을 패션 이상의 문화적 축적으로 재생산해 낼 수 있는 주체적 수용력과 건

14 Frampton, Kenneth, *Studies in Tectonic Culture*, MIT Press, 1995.

축계의 제도적 기반이 여전히 미비하기 때문이다. 이런 상황은 이웃 중국에서도 비슷한 양상을 보여 주고 있다.

2008년 베이징올림픽을 위한 건축은 서구건축을 과감하게 수용하면서 근대화 추진 목표를 향한 중국 당국의 단호한 개발 의지를 드러내고 있다. 자하 하디드 등 근래 각광받고 있는 서구 저명 건축가들의 역량이 중국 건축계에 신선한 자극과 혁신에 촉매가 되기를 기대하는 것이다. 그러나 역사고도 베이징에 대한 서구 건축가들의 존중 자세나 이해 노력은 두드러지지 않으며 단지 최신 서구건축의 전위성을 한껏 과시하고 있다. 여전히 깊은 뿌리가 남아 있는 중화의식과, 중국 건축의 역사를 제대로 된 초석 위에 올려놓은 량쓰청 같은 선각자들이 있었음에도 불구하고, 문화대혁명의 폐해를 의식해서인지, 국제행사를 준비하는 중국 정부의 대외 수용자세는 대단히 적극적이다. 다양한 소수민족의 문화를 포용하면서도 중국화해 온 한족의 현실주의적 합리성이 다양한 외래문화 수용에서도 놀랄 만한 개방성을 보여 주고 있다. 그러나 그 대신 오랜 역사의 켜를 지니고 있는 자신들의 문화적 자산을 건축과 도시 영역에서는 지켜내지 못하고 있는 것으로 보인다.

사진 22. 드 뫼롱 + 추이카이, 베이징올림픽 주경기장 계획안, 2004

서구 건축계에서는 이론과 언어 중심의 담론을 드나들며 나름대로 새로움을 좇는 세세적 추적이 지속되고 있다. 그러나 한편으로는 현학과 다변이 건축과 이론을 주도하면서 미디어의 지배를 더욱 강화해 가고 있다.

극대화하고 있는 대중매체의 영향력 속에서 건축도 이미지 중심의 문화적 상황에 휩쓸리고 있으며 패션과 같이 최신 유행으로 연명해 가는 경향이 두드러진다. 특유의 추상성 때문에 건축은 엘리트 예술화하기 쉬운 일면을 갖는 반면, 대중의 취미와 변덕 자체를 미학적으로 어떻게 처리할 것인가 하는 문제도 여타 예술과 마찬가지로 안고 있는 것이다.

주도적 패러다임의 가능성 자체를 불신하며 각자 온갖 방향으로 질주 또는 탈주하고 있는 현재의 건축가들은 그들의 작업 위치가 어느 곳이든 상관없이 서구 각국의 새로운 경향과 겨루고 있으며 때로 자신만의 세계로 갇히는 모습을 보여 주기도 한다. 건축과 도시의 의미를 풍부하게 하기 위한 연상, 인용, 전거, 재해석 등 지적 작업은 한 문화권 내부로 축소되어 자폐성을 띠어 간다.

그러나 현대건축의 탈근대와 해체 논쟁을 거치면서 서구 비평과 역사이론 분야에서 비서구지역 건축에 대한 관심은 여전히 미미하다. 서구인들이 생각하는 비서구 중에서도 동양은 여전히 중동의 이슬람건축 정도로 인식되고 있다. 지역의 문화적 축적과 기후 및 풍토, 건설 기술 등과 밀접한 관련을 가져야 한다는 자각에도 불구하고, 건축의 세계적 보편성보다 지역적 개별성에 대한 관심을 보이는 건축가는 여전히 소수에 지나지 않는다.

서구 건축의 모색과 실험을 통해 드러나는 현상이 구체적 배경과 상황에 대한 이해 없이 수입되고 모방되는 아시아권 현대건축의 현실은 여전히 식민지적 속성을 벗어나야 하는 과제를 안고 있다. 복고와 전위, 보수적 현실주의와 해체 도입 등, 200년 이상 진행되어 온 서구 현대건축의 역사가 아시아의 여러 국가에서는 복합적으로 압축되며 재현되고 있다. 해외유학과 자본의 세계화를 통한 건축형식의 국제화와 신속한 유행과 전파도 그 흐름에 속도를 더하고 있다.

그러나 국내에서 다원론이라고는 하여도 언어의 제약으로 잡지나 서적 등 지면으로 소개되는 정보는 앵글로색슨과 일본에 편중되어 있다. 영어와 일본어 중심의 잡지와 서적을 통해 바라보는 세계 건축에 대한 시각의 폭은 그리 넓지 못하다. 이웃 아시아 국가의 상황과 노력에 대한 무관심뿐 아니라, 유럽 각국의 다양한 현대건축 지식인들이 우려하고 있는 세계화의 폐해에 대해서도 세심한 주의가 부족하다.

비서구의 현대 건축가로서는 그 지역의 구체적 문제에서 출발하여 해결책을 찾아 나설 수밖에 없다. 그런 노력에 어떤 가능성의 실마리를 줄 수 있는가를 살펴 해체든 다원론이든 비판적으로 이해할 때 의미가 있다. 다원적 가치가 중시된다고 하면서도 자신의 현재와 현실에서 출발하지 못하고 항상 '그들'의 외형을 선진으로 바라보고 답습하며 유포시키는 식민지 지식인의 양상이 여전히 지속되고 있는 것은 아시아권 공통의 문제로 보인다.

사진 23. 김기웅, 독립기념관, 1987

일단의 건축가와 소수의 이론가들은 지역의 문화와 풍토, 토착기술의 사회적 · 경제적 효용을 중시하고 그로부터 출발하려는 시도를 보여 왔다. 비판적 지역주의라고 명명한 이들 경향은 세계화가 초래하는 문화적 동질화에 대한 서구 건축계 일부의 위기의식에서 부각되기도 하였다. 비서구 국가 중 일부에서는 서구 모델을 수입하여 이를 답습하면서 현실이나 환경과 유리되는 건축에 대해 탈식민주의적 반성이 시작된다. 지역의 재료와 풍토, 생산 방식에 대한 학습 과정에서 축조술이라는 건축 고유 영역에 대해서도 새롭게 주목하게 되었다.

사진 24. 찰스 꼬레아, 자이푸르천문박물관, 1992

상세 처리와 미적 편향까지도 보여 주는 구축술적(tectonic) 전통에 관심을 가지면서 지역의 건축계는 자연스럽게 건축생산 체계에 대한 반성과

'건축' 개념 자체에 대한 의문을 제기한다. 지역의 풍토와 문화적 유산에 대한 시각교정이 시작되는 것이다. 그에 따라 지역의 현실과 문화 및 정서적 지형에도 맞는 적정 기술이 가장 리얼한 것이라는 생각이 기존의 건축 개념을 재고하게 하고 있다.

이러한 상황은 건축이 무엇인가라는 질문으로 회귀하게 한다는 점에서 동서양에 같은 과제를 제시하고 있다. 자의건 타의건 중심이 아니라고 치부해 온 동아시아에서는 '건축' 용어 자체부터 재검토해야 하게 되었다. 이성주의적 유토피아를 꿈꾸었던 근대건축 초기 영웅주의 건축가들의 이상주의와 사회적 진보에 대한 환멸을 경험한 이후, '건축'을 예술작품으로, 오브제로 바라보는 입장은 신랄한 비판을 받아 왔다. 피라미드처럼 이성적인 개념체계를 반영하는 순수하고 자율적인 언어가 아니라, 직접적 지각 경험에 좀 더 주목하고 '미로'의 은유, 그 둘 사이를 상상으로 융합하겠다는 의지도 대두된다. 다른 한편으로는 사회적 · 기능적 프로그램이나 정보의 가공 결과로 만들어지는 건축이 아니라 불꽃놀이처럼 소모되는 쾌락의 무용성과 필연성에서 건축의 자율성과 형식주의에 탐닉하기도 한다.

사진 25. 렌조 피아노, 장마리치바우 문화관, 1998

동아시아 건축가들이 공통으로 겪는 문제와 과제는 서구에서 시작된 탈근대 담론 속에서도 새롭게 부각되었다. 타 분야 예술에서 지속되어 온 탈근대 담론은 동아시아와 탈식민주의, 여성, 자연, 환경 등 서구의 타자에 대한 관심으로 다시 아시아 건축의 변화를 촉발시킨다. 동아시아 지역의 급속한 경제성장에 따라 이 지역 건축가들에게도 지역에서 자생하는 건강한 건축에 대한 주체적 각성이 확대되어 왔다.

아시아 중에서도 특히 목조 중심의 전통을 지니고 있는 한 · 중 · 일 삼국의 건축에서는 예술작품인 건축과 아닌 건축의 경계를 어디에 설정할 것인가라는 근본 문제가 대두되었다. 이 부분에서 동서양의 건축이 함께 접근하고 대처해야 할 중요한 공통과제 중 하나가 성립된다. 건축과 반건축, 설계와 비설계라는 문제이다.

5. 건축언어 대 비건축, 그리고 미학

고전적 세계관과 건축 바깥의 현실이나 이념을 재현하는 것으로 바라보았던 근대 이전 건축언어에 사망선고를 내리면서 시작된 초기 근대건축 전위들의 문제의식과 태도가 탈근대와 해체주의 담론을 통해 새로운 활성을 얻고 있다. 대도시 생활 자체의 추상화를 대세로 보며 모든 종류의 기성 의미 해석과, 의미를 담지하는 오브제로 보는 건축 작품이라는 기존의 미학적 접근을 타파하려 한다. 건축을 예술로, 미학적 대상으로 보는 입장을 전복하려는 것이다.

기존의 건축 영역을 구축해 온 오랜 역사 전체에 종지부를 찍고 비건축 또는 반건축을 거론하는 논객들의 성분은 단일하지 않으며 논거도 일정하지 않다. 그 이유는 가까운 근[현]대건축의 역사를 하나의 계열로 간결히 정리하는 공통의 관점이 정리되지도 않은 채 다양한 측면으로 접근하는 이해와 비판이 여전히 진행 중이기 때문이다. 다소 무리하지만 단순화해 본다면 크게 세 가지 입장으로 요약할 수 있다.

첫째, '건축의 언어적 측면이 모더니티를 핵으로 하는 시대성에 따라 소멸되었다. 건축언어는 죽었으며 침묵만이 가능하다. 건축은 재현이나 소통이 아니라 실재[리얼리티] 그 자체로 환원되어야 한다'는 입장이다. 건축이 지어질 터의 자연적 · 인문적 맥락이 요구하는 기능과 프로그램의 조건, 실용 위주의 건축주 요구를 비롯한 사회, 경제적 제약과 압박, 그 속에서 건축은 건물로, 부동산으로 환원될 것이라는 유물론적 리얼리스트들이 한쪽 극단에 자리 잡고 있다. 그리하여 재현과 의미를 거부하고 말하지 않는 건축을 추구한다. 물론 이런 해체적 침묵 자체가 의미로, 다시 하나의 언어로 읽히는 역설을 피할 수는 없다는 곤경이 이내 드러난다.

둘째, 자본주의 아래 건축의 이미지 중심 미디어화와 모든 재현의 퇴행성과 천박성에 대한 비판적 인식은 그와 동일하나, 그런 비건축적인 현실과 유물적 바탕 자체가 다시 시적 생성의 근거가 될 수 있다는 역설적 잠재력에 기대는 이들이 있다. 새로운 건축 예술의 가능성에 여지를 남기는 개인 건축가들의 입장으로 일견 이율배반으로 보인다.

담론과 인식틀의 역사성을 밝힌 푸코를 발판 삼아 이질적 배열과 혼성결합 상태 자체를 지향점으로 삼고, 혼잡의 문화로 대도시를 규정하고 근대건축의 통제, 정량화, 금욕적 예측가능성에 대해 대립각을 세운다. 건축가들의 작업 방식도 목표보다는 작업 과정 자체에 주목하고, 연구 프로그램처럼 사실에 근접하면서 새로운 인식틀, 지각틀을 더 풍부하게 생산할 수 있는 역량을 기준으로 판정하는 경쟁체제를 전제한다. 이제 일반 문화영역과 마찬가지로 건축 분야에서도 이론과 담론이 건축설계 생산에 필수불가결한 기반으로 정착하고 있는 것이라는 판단이, 이런 백가쟁명식 이론의 융성기를 이끌어내고 있다.[15]

셋째, 건축역사를 구성해 온 언어적 축적은 어떤 식으로든 현재의 창작에 관련되며, 또 그렇게 되어야 한다는 관점이다. 건축/도시의 역사와 선례는 현재 건축가의 짐이면서 광맥이다. 그 관계방식에 대해서는 건축가에 따라, 또 추상과 재현이라는 양극적 기법의 스펙트럼 어디에 위치하는가에 따라 다양한 경과와 결과를 보여 준다. 위의 두 입장에서 재현과 연결을 유지하려는 이런 자세는 감상적 · 복고적 '가든건축'이라고 매도되기도 한다.[16] 그

15 마이클 헤이즈, 봉일범 옮김, 『1968년 이후의 건축이론』, 시공문화사, 2003, 츄미, 테이소, 콜하스, 앤더슨 항목과 서론 참조.

16 이종건, 『중심 이탈의 나르시시즘』, 이석미디어, 2001.

러나 건축이 토지에 묶여 있는 예술임을 기억한다면 현학적 수입 이론보다는 훨씬 더 건강한 이론과 실천을 이끌어낼 잠재력을 갖고 있다.

결국 현대성에서 시작하여 해체에까지 전개되어 온 건축/반건축 담론의 핵심 줄기는 다시 실재와 의미 문제로 집약된다.

예술인 것과 아닌 것 사이를 가르고 넘나드는 일이 현대미학의 곤경이면서 동시에 수확의 터가 되듯이, 건축도시야말로 예술이라고 전제하면서도 예술 아닌 부분이 더욱 많은 분야이다. 20세기 초 근대건축의 전위들은 서양 건축의 오랜 역사를 지탱해 온 건축의 고전적 언어, 미학적 문법 체계와 양식에 파산을 선고하고 결별하며 신세계를 향하였다. 건축은 사회 경제 논리를 따르는 부동산이며, 그냥 삶을 담는 기계 같은 것이라고 보면서 근대건축의 혁명이 시작되었다.

전후 세계의 격변을 통해 한때 건축의 언어성을 회복하겠다며 근대건축의 추상도시에 반기를 들었던 탈근대건축은 짧은 기간 지속될 수 있었을 뿐, 모더니티의 냉엄한 수레바퀴는 더욱 속도를 내며 현대건축을 침묵과 반재현, 반의미, 반계획의 추상세계로 밀어붙였다. 주체 소멸의 극단에 서면서 건축이 아니라 건설, 건물 생산이 지배하는 현실 세계에서 건축 영역의 전문성/자율성을 찾으려는 반건축과 비설계라는 얼핏 허무적이거나 자기 모순적으로 보이는 건축적 자세도 등장하고 있다.

다른 한편으로는 설계를 생산하는 도구로서 컴퓨터를 활용하는 3차원 조형 프로그램의 형태 생성 가능성에도 관심이 증대되어 왔다. 알고리듬 자세는 예술작품이라는 전제 없이 형태를 생성하는 수학적 기계로 구상되고 만들어진 것이다. 그러나 그것을 운용하는 건축가는 자아와 기계 사이 경계에서 재현이나 언어화 등의 의미작용을 피하면서 사실성 자체에 관계하려 하고 있다.

반미학을 표방하고 작가 의지를 극소화한다고 주장하지만 비평가나 일반 수용자는 결국 작가가 어떻게 생성 과정에 개입하고 어떤 모습으로 결과물을 드러내는가에 관심을 갖는다. 판단 기준은 현실에 작용하는 수많은 힘 사이에 얽힌 복잡한 문제해결의 간결함과 창의성, 설계가 촉발할 인간 행동의 풍부함과 합리성일 수도 있다. 어느 경우든 선험적 · 연역적 가치판단보다는 생성하는 능력, 그 생성 에너지의 강렬한 정도 등은 관심을 끄는 요인이 되고 있다.

오브제로 구상되던 건축을 거부하고 구체적 현실 속의 복잡 다양한 힘과 관계에 집중하며 비건축, 비설계를 추구하려는 서구 건축가들의 시도는, 동아시아의 축조술과 영조 개념을 되돌아보게 한다.[17] 목조건축의 긴 전통을 가지고 있음에도 불구하고 수입 목조주택 생산의 합리성이, 전래의 지식과 지혜를 활용하려는 노력보다 앞서가는 현상도 눈에 띈다. 현실의 역동적인 힘 속으로 뛰어들어 행동하며 작동하는 과정 속에서 망아와 물화의 경지를 발견하든, 섬세한 개입과 조작의 기법을 터득하든 건축이나 영조개념은 예술과 마찬가지로 규정할 수 없는 열린 개념으로 남아 있다. 그리고 어쨌든 집을 '짓는' 일은 계속되어 간다. 여전히 경제적 격차 문제를 안고 근대성을 과제로 갖고 있는 모든 사회에서, 대소집단의 삶과 정보망의 중심이 될 미래의 집을 '골고루 지어 주는' 일 또한 현대건축의 과제로서 계속 남는다. 건축에 형태와 의미가 남아 있는 한, 그 모든 과제에 미학은 주변적인 듯 보이면서도 핵심적인 위치를 유지해 갈 것이다.

17 김성우, 「동서양의 세계관과 건축관」, 『건축과환경』, 2000 연재.

더 읽을거리

마이클 헤이즈, 『1968년 이후의 건축이론』, 봉일범 옮김, 시공문화사, 2003.

윌리엄 커티스, 『1900년 이후의 현대건축』, 강병근 옮김, 화영사, 2000.

찰스 젠크스, 『현대 포스트모던 건축의 언어』, 백석종 외 옮김, 송종석 감수, 태림문화사, 1991.

케네스 프램프턴, 『현대건축사』, 정영철 외 옮김, 세진사, 2002.

이종건, 『해체주의건축의 해체』, 발언, 1999.

정인하, 『현대건축과 비표상』, 아카넷, 2006.

무용미학의 논제와 춤의 특이성

김채현

1. 무용미학의 논제

춤은 크게 예술과 일반 활동으로 구분된다. 두 현상 가운데 무용미학이 주로 초점을 맞춘 쪽은 예술에 속하는 춤이며, 그런 경향은 계속 이어지고 있다. 예술 춤과 일반 춤을 구분하는 기준은 대략 제시될 수 있을 것이고, 그 기준은 사실상 가변적이다. 그것은 예술 춤과 일반 춤을 구분하는 관행이 역사적이고 문화적 산물이기 때문이며, 물론 이러한 관행은 춤에서 기대하는 바(가치 또는 효과)에 따라 달라진다.

예술 춤과 일반 춤을 구분하는 일은 춤이 독자적 장르로 성립하는 역사적 과정과 밀접하며, 그 과정은 전세계 문화권마다 차이가 난다. 대체로 춤이 주로 음악이나 극처럼 공연예술 장르와 결합되었던 상태를 벗어나 이들 장르와는 분리된 별개의 장르로 성립하면서 예술 춤과 일반 춤을 구분하는 관행이 정착된 것으로 생각된다. 제의, 축제, 오락, 무대 행사의 중요한 일부분으로 행해지던 춤을 그러한 행사에서 분리시킨 동기는 본질적이라기보다 현실적이었다. 또한 이러한 동기가 춤에 대해 요구한 별도의 전문성이 예술적 전문성에 국한되지는 않았으며, 지금도 일반 춤이 고유한 전문성을 수반하면 독자적 분류 명칭을 갖는다. 다만 예술적 전문성을 요하는 춤은 그 나름의 별도의 수용 행위를 강하게 전제하고 또 그러한 수용 행위는 그에 적절한 태도(미적 태도 또는 예술적 태도)를 요구한다. 예술 춤은 근대 이후의 현상이며, 이런 역사적 사정은 춤 특유의 사안이 아니라 다른 예술 장르와 흡사하다.

일상의 현실 속에서 널리 행해지는 동시에 예술 행위로 제시되는 춤은 어떠한 부류이든 간에 인간의 신체와 의식의 분리될 수 없는 총체인 몸이 수행한 결과물이다. 이 사실에서 다음의 물음부터 제기된다. 일반 춤과 예술 춤을 행하는 몸은 본질적으로 다른가, 다르지 않다면 어떤 점에서 동일한가. 이에 대한 판단은 무용미학의 대상과 범위를 정하는 단서가 된다. 가령 '작품' 형태의 것만 무용미학의 대상으로 정하는 경우와 연관해서 다음의 의문들이 고려되어야 한다. 먼저, 작품은 예술 영역에서만 가능한가. 둘째, 그렇다면 작품을 행하는 몸과 일반 춤을 행하는 몸은 전적으로 다른가, 혹은 부분적으로 다른가, 아니면 동일한가. 셋째, 몸을 다르게 행하도록 하는 작품의 요소는 무엇인가.

춤을 미학의 대상으로 구명함에 있어 흔히 미와 예술의 일반론을 바로 적용하는 경향을 보인다. 이 경우 미와 예술에 대한 전반적 논의가 선행되지 않으면 객관성을 갖기가 곤란해질 뿐더러 춤의 요체(要諦)에 얼마나 근접할지도 의문스럽다. 따라서 무용미학의 논의에서는 춤의 매체에서 시작하여 그 미적 원리를 검토하는 것이 합당한 순서일 것이다.

춤은 몸으로 행하는 움직임과 형체가 매체의 근간을 이룬다. 그렇다면 춤이 춤으로 분류되도록 하는 특정한 움직임과 형체는 존재하는가. 그러한 특정 움직임과 형체가 존재한다면 춤과 춤 아닌 것의 구분은 물론 일반 춤과 예술 춤의 구분도 물리적으로 가능할 것이다. 그러나 상식과는 달리 춤이 춤으로 분류되도록 하는, 그리고 예술 춤을 성립시키는 특정한 움직임과 형체는 존재하지 않는다. 오히려 춤은 춤이 존재하게 되는 제반 상황에 준해 춤으로 수용되며, 여기서 중추를 이루는 것은 춤의 관행에 바탕을 둔 양식과 소통 방식이다. 그러므로 춤을 수용하고 이해하려면 춤의 관행과 소통 방식을 익히는 별도의 과정이 선행되어야 한다.

춤에서 몸의 일반적인 움직임 및 형체가 활용되더라도 춤이 바탕을 두는 움직임과 형체는 기본 전문성을 요한다. 대체로 테크닉(기본기)이라 부르는 춤 기본은 춤 장르마다 구분되는데, 춤 기본을 동원하는 방식, 즉 소통 방식은 다양하다. 특정 집단 내에서 통용되는 춤 기본을 모방적으로 재현하는 경우는 초보적인 소통 방식이다. 이 경우에는 상호 인정과 만족에 치중하므로 주관적인 자기 표현 또는 집단 표현이 두드러진다. 이와는 대조적으로 널리 공인된 춤 기본을 응용하여 자신의 양식을 구축하고 해석을 유발하는 소통 방식이 있다. 이 두 가지 방식은 우선 통용되는 표현의 의미부터 차이가 나는데, 전자에서 표현은 심정적이거나 생리적인 느낌의 노출에 치중하고 후자에서 표현은 양식의 전개 양상과 전개 의도에 초점을 맞춘다. 이 두 가지 표현 사이에서 춤은 무수한 소통 방식을 가지며, 예술 춤일수록 후자의 표현에 중점을 둔다. 이 두 가지 소통 방식 이외에 자기 몰입을 통해 자신의 존재를 확신하는 체험을 춤이라 인식하는 경우도 드물지 않으나, 춤으로 분류해야 하는지 여부는 별도의 논의를 요한다.

무용미학의 소재는 오랜 과거에서 발견할 수 있고, 춤에 관한 미학적 단서는 일례로 서양에서는 아리스토텔레스의 『시학』, 플라톤의 『법률』에서 찾아보게 되듯이 역사가 짧지 않다. 18세기 중반에 예술이론가 샤를 바토는 춤을 포함해서 파인아츠 체계를 세운 바 있다. 그럼에도 단일한 학술활동으로서 무용미학은 20세기 후반에 개척되기 시작한 편이며 영미권을 중심으로 연구되어 왔다. 아직 그 학술 용어와 개념이 제기되는 상황에 있으며, 이는 무용미학의 논제가 개발되면서 학술적 논의를 모아 가는 양상을 보이는 사실과 무관하지 않다. 이런 상황에서 무용미학의 체계와 개념은 계속 손질되어야 할 과제이다.

다만 한 세대 전부터 춤이 전 지구적 현상으로서 교류가 활발해지고, 전 세계적으로 춤에 대한 사회적 인식이 빠르게 호전되고, 공연예술에서 춤의 비중이 높아지는 동시에 춤과 다른 공연예술 간의 경계가 엷어지는 사례가 잦아지고, 춤에서 페미니즘과 문화연구 등의 관점이 개발되고, 또한 후기 산업사회 출현 이후 문화와 예술에서 몸 담론이 급증하는 데 힘입어 무용미학은 분과 학문으로서의 모습을 빠르게 갖출 것으로 전망된다.

무용미학은 철학과 예술학의 시각에서 춤을 구명한다. 이 시각이 적용되는 춤 현상의 줄기를 잡으면 다음과 같다. 춤을 비롯하여 일반적으로 공연 행위는 예술 일반과 마찬가지로 행위자(performer)－수용자(spectator)－현장행위(performance)로 집약되며, 이 셋이 결합하여 행위의 최종 의미가 발생한다. 다시 말해 행위자－수용자－현장행위가 삼각관계를 형성하면서 그 핵심부에 의미가 존재한다. 춤과 예술의 의미는 미리 주어진 고정된 실체가 아니라 해당 현장에서 지속적으로 구성되므로 상당히 유동적이다.

여기서는 먼저 춤에서 행위자, 수용자, 현장행위 및 의미가 미학적으로 논의되는 측면을 소개하고, 춤의 특이성으로 자주 거론되는 점을 미학적 관점에서 살펴본다.

춤 현상의 줄기에 준해 무용미학의 분야를 개괄하면 먼저 현장행위인 춤의 개념과 분류 기준이 논제로 대두한다. 역사적으로 춤의 개념 정의가 무수하게 제시되었던 사실은 명확한 개념 정의가 불가능하다는 것을 시사한다. 춤의 토대가 되는 움직임, 춤의 결과물인 의미를 한정할 수 없다는 논거에서 기인하는 이러한 난점은 춤뿐 아니라 예술에서 보편적으로 직면하는 난점이기도 하다. 춤을 재현(표상), 형식(구성), 표현(감정) 가운데 한 가지에 준해 정의하려는 시도가 많았으나 그 결과는 만족스럽지 않았다. 20세기 후반에 예술제도론을 적용해 보기도 하였으나 결과는 호전되지 않았다. 더욱이 포스트모더니즘 이후 춤에서 구사되는 새로운 움직임이 수시로 출현하는 오늘날 춤의 의미를 일의적으로 설명하기는 더 곤란해지고 있다. 그럼에도 불구하고 제한적이나마 춤의 범위를 정하고 분류하게 되는 것은 춤에 고유한 소통의 장(場)을 일정하게 전제하기 때문이며, 이 장을 구성하는 관행은 오늘날 주로 맥락(context)이라는 개념으로 정리되는 중이다.

그 다음 큰 논제인 행위자는 창작자(안무자)와 연기자(무용수)로 구분된다. 안무자와 무용수가 동일한 경우는 일부의 독무에서 발견되는데, 이런 독무는 자기 몰입의 춤과 자기 전시의 춤으로 대별된다. 자기 몰입의 춤은 내적 충동의 즉발적 표출에 초점을 맞추므로 창작 또는 안무의 차원을 인정해야 하는지 모호한 의문이 따른다. 춤을 타인과의 소통 행위로 보는 입장에서는 자기 몰입의 춤을 춤 유사 행위로 분류할지라도 현실적으로는 자기 몰입의 춤을 춤으로 인식하는 사람은 매우 많다. 자기 전시의 춤은 안무자 또는 연기자를 객관화시켜 의미를 공유하는 데 목적을 둔 춤이다. 이 경우 안무자와 연기자가 객관화되는 중에서도 널리 알려진 레퍼토리를 제외하면 춤의 구성과 형식이 현장행위에서 가변적일 여지가 크다. 그러므로 널리 알려진 레퍼토리의 독무에서는 기존의 원형(아래 설명 참조)이 행위 자체의 충실성을 재단하는 기준이 되며, 그렇지 않은 독무에서는 현장에서 확인되고 느껴지는 의미가 그 기준일 수밖에 없다.

창작자가 별도로 존재하는 춤에서 창작자의 표현 의도는 연기자가 표현한다. 창작 구상과 창작 결과 사이에 여러 전문 분야(대본, 음향, 장치, 연기 등)가 관여하는 것이 통례이다. 창작은 사전에 계획되어 진행되는 경우와 즉흥으로 진행되는 경우로 나눌 수 있으나, 창작자의 지휘가 공통적으로 작용한다. 그런 중에서도 창작을 완결시키는 데 마지막까지 주축을 이루는 것은 연기자의 표현 역량이며, 춤은 단적으로 창작자의 표현 의도를 연기자의 표현 역량으로 구현한 것이다. 창작 과정에서 참여자들은 주축을 이루는 몸 움직임과 형체에 대해 당연히 인식을 공유한다.

춤에서 행위자 논제는 행위와 의식의 관계라는 아주 보편적인 문제를 수반한다. 그런데 행위와 의식의 관계는 현장 행위 논제보다는 행위자 논제와 더 밀접하게 연관된다. 왜냐하면 춤의 보편적 매체가 몸 움직임이고 움직임은 언제나 행위자의 의식과의 연관성 내에서 이뤄지기 때문이다. 따라서 악기의 소리를 동원하는 음악, 일정한 대사를 준수하는 연극에 비하여 춤에서 매체와 의식의 관계는 훨씬 심층적이다. 인간이 기계도 동물도 아니듯이 무대 위의 무용수는 독자적 개별 의식을 가진 인간이다. 창작의 주축을 이루는 연기자가 단순한 도구가 아니라 의식을 갖춘 행위자라는 점에서 연기자의 행위는 표현 의도를 수용하는 해석 활동을 포함한다. 안무자와 무용수가 분리된 경우에 흔히 무용수를 안무자의 요구에 충실히 순응하는 수동적 존재로 여기기 쉬우나, 그럴 경우에도 무용수는 자기 고유의 의식을 견지한다. 즉 연기자의 표현 역량은 창작자의 표현 의도에 못지않은, 혹은 그 이상의 비중을 차지한다.

관객으로 통용되는 수용자는 춤과 객관적 거리를 유지하는 경우와 그렇지 않은 경우로 대별된다. 두 경우 모두에서 수용자가 창작자, 연기자 및 현장행위와 맺는 관계는 인간성을 주축으로 하고 또한 둘 다 공감(共感) 및 해석을 행하는 수용자를 필요로 하기는 마찬가지이다. 그러나 연기자는 전자의 경우에서 수용자에 대한 객관적 대상이 되고 후자에서는 수용자와 함께 집단을 이룬다. 후자의 경우에 수용자는 다시 두 갈래로 나눠 생각될 수 있다. 첫째, 자기 몰입의 춤에서 굳이 수용자가 필요한 것은 아니고 집단적으로 제각각 행하는 자기 몰입의 춤에서도 별개의 수용자는 매우 이질적인 존재가 된다. 여기서는 오히려 연기자 자신(들)이 수용자일 것이다. 둘째, 자기 몰입을 배제하고 일정한 약속을 전제하되 수용자와의 객관적 거리가 없거나 상당히 희박한 춤, 즉 수용자가 행위에 참여하는 춤에서 수용자와 연기자는 개별적 신원을 앞세우지 않으므로 익명적인 인간성과 집단성이 의식의 저변을 이룬다.

춤의 의미는 재현의 차원에서 제시되는 줄거리도 구성안(플롯)도 아니며, 줄거리나 구성안은 소재에 불과하다. 춤의 의미는 춤이 수용자에게 환기하는 최종 결과물로서 이를테면 춤의 주제에 해당한다. 그것은 크게 두 갈래로 설명될 수 있다. 첫째 춤의 의미는 어떤 정서적 범주나 분위기, 인간적 가치 또는 특정 춤 고유의 세계 등으로 정리된다. 둘째 춤의 의미는 다른 춤과 비교하여 판단되는 기법과 양식에서의 특성, 미적 가치의 특이성 등으로 정리된다. 전자가 개별 춤에 대한 미적 태도에서 파악되는 의미인 데 비하여, 후자는 예술적(혹은 비평적) 태도에 의해 파악된다. 이들 두 가지 의미는 유리되지 않는다. 다만 예술적 태도를 도외시하는 미적 태도는 다소 허용될 수 있고 또 일상인들 사이에서 흔한 반면에 미적 태도가 배제된 예술적 태도는 적절하지 않다. 그리고 후자의 의미를 포착하는 데 있어서는 여러 춤들을 포괄적으로 조망하는 시각, 즉 춤을 일정한 공적 맥락(춤-예술-문화가 연관되는 맥락) 속에서 파악하는 인식 능력이 필요하다.

미적 태도와 예술적 태도 중에서 특정의 춤이 어떤 태도를 더 요구하는지는 해당 춤이 지향하는 의미와 결부된다. 그러나 해당 춤이 지향하는 의미는 궁극적으로는 수용자에 의해 판별되어야 한다는 이유에서 사실상 수용자의 인식 능력에 따라 그 태도는 결정된다. 이 두 가지 태도는 춤에서 표현의 개념을 다시 두 갈래로 나눠 보도록 한다. 정서적 범주를 의미로 해석한다면 표현 대상은 정서적 범주가 된다. 양식과 미적 가치의 특이성을 의미로 해석한다면 표현 대상은 물론 특징적인 양식과 특이한 미적 가치가 될 것이다. 앞서 표현의 두 가지 양상으로 지적된 주관적인 자기 표현과 양식의 전개 양상 및 전개 의도에 초점을 맞춘 표현은 일단 정서적 범주를 대상으로 한 표현이다. 그렇더라도 정서적 범주를 대상으로 한 표현에서도 특징적인 양식과 특이한 미적 가치를 가려낼 수 있다. 아무튼 춤의 표현은 감정과 정서적 범주의 노출에 국한되지 않으며, 특정의 정서적 범주는 특정의 양식을 유도한다.

그리고 의미는 우선 춤을 지각하며 이해하고 해석하는 과정을 필요로 한다. 그 결과 의미가 산출된다면 의미는 어떻게 정착되는가. 의미가 구체적 비평으로 귀착된다는 주장은 흔하다. 이 경우에 의미는 예술적 태도에 의해 포착된 의미가 중심을 이룬다. 미적 태도에 의해 포착된 의미 역시 비평에 반영되지만 동시에 수용자의 인식에 머무는 경우도 흔하다. 두 가지 의미를 모두 포착하는 비평이 수용자의 춤 이해를 풍부하게 만들 것은 자명하다.

이상의 네 가지 대논제에 준해 무용미학의 줄기와 관련 주제는 다음과 같이 세분될 수 있을 것이다.

1. 춤 현장 행위: 춤의 분류 / 장르와 양식 / 춤의 매체
2. 춤 행위자: 춤의 정체성 / 무보와 기록 / 춤 익히기 / 표현과 창작 / 춤의 몸
3. 춤 수용자와 춤의 의미: 춤의 가치 / 춤과 맥락 / 춤 비평
4. 춤과 인접 분야: 음악 / 공연예술 / 언어

2. 춤의 찰나성

무엇보다 춤은 공연되고 나면 그 물리적 실체가 사라진다. 춤의 찰나성(일시성)이 특정의 춤 또는 춤 작품을 연구 대상으로 삼으려 할 때 적지 않은 난점을 유발하는 것은 사실이다. 춤의 찰나성이 제기하는 근본적인 문제는 특히 작품의 정체성을 둘러싼 것으로서, 특정 공연의 원본(原本)은 과연 존재하는가, 특정 춤의 정체성은 어떻게 인정되어야 하는가 하는 점이다. 일례로 미술품에서 원작이 존재한다고 단언할 수 있는 이유는 작품의 물리적 실체가 하나로 고정되기 때문이다. 공연예술과 춤에서 원작이 공연되고 나면 그 물리적 실체가 사라지는 특수성은 무보, 대본, 악보를 통해 보완될 수 있다. 그러나 하나의 제목으로 길게는 한 세기 이상 오래 자주 공연되는 춤 레퍼토리의 경우 설령 무보가 있다고 하더라도 공연들 사이에서 크고 작은 편차가 발생하며, 따라서 특정 춤 공연의 정체성을 이전 공연과의 식별불가능할 정도의 합치성에서 찾아내려는 것은 무리이고 가능하지도 않다.

특정의 춤 레퍼토리에 원본이 있다고 가정해 버리면, 해당 레퍼토리를 원래 안무자의 이름으로 재공연하더라도 원본(원작)이 아니라 사실상 모방작에 불과하게 된다. 그러나 이런 형태의 재공연은 모방작이 아니며 때로는 원본 이상의 가치를 공인받는 경우도 드물지 않다. 따라서 춤(과 춤 레퍼토리)에서는 복수의 원본을 인정하는 것이 상례이고, 사실상 춤은 복수의

원본 형태로 존재한다. 원본에 다수성이 존재한다는 것이 비논리적으로 여겨지므로 이 경우 원본보다 원형(原型)으로 표기하기도 한다. 이런 차원에서 특정 춤 레퍼토리는 하나 혹은 다수의 공연으로써 원본이 형성된다. 원 안무자의 이름을 내세운 상태에서 해당 레퍼토리의 여러 공연본(버전)이 인정되는데, 각각의 버전은 그 레퍼토리의 일정한 양상을 대표하는 것으로 이해된다. 이러한 대표성을 다른 말로 전형성이라 하겠으나, 레퍼토리의 어떤 특정 양상이 원본을 가리는 기준이어야 하는지 제한하기는 어렵다.

특정 레퍼토리의 첫 공연 혹은 무보에서 해당 레퍼토리의 주요 양상이 제시될 수 있다. 제시된 주요 양상은 확정적이지 않다는 의미에서 차후의 또 다른 원본을 위한 소재에 머물고 특히 무보는 해당 작품의 일부만 담는다. 그럼에도 특정 레퍼토리의 다수 공연을 연결하여 단일한 이름의 작품으로 호칭하는 근거는 자의적(恣意的)이지 말아야 한다. 이 근거로 들어지는 것이 공연자(재안무자 포함)의 의도와 해석, 비평가의 해석 그리고 무보이지만 그 어느 것도 역시 확정적이지 않다. 그리고 해당 레퍼토리의 관례적인 공연을 뚜렷이 벗어나는 공연은 기존 원형에 대한 공연자의 다른 해석을 수반하므로 새 창작으로 인정되어야 할 것이다.

춤 원형(원본)이 복수로 존재한다는 사실은 춤이 물리적 실체의 이면에 해석이나 관행을 수반한다는 점을 시사한다. 이 점은 1950년대 이후 미학의 논제로 제기되었다. 춤의 정체성은 연기자의 인체, 안무자의 안무 구상, 무보를 비롯한 보존 수단, 수용자의 활동과 판단처럼 다중의 층위로 구성된다. 이 점은 춤이 특정한 움직임을 근거로 춤으로 인정받을 수 있거니 특정한 연기를 근거로 특정의 춤 레퍼토리를 인정할 수 있다는 일반적 상식에 어긋난다. 20세기에 춤을 연기자의 행위에 국한하지 않고 안무되고 의도된 활동으로 간주하게 되면서 춤의 존재 방식은 더욱 정교하게 다면적으로 설명되었으며, 이런 추세는 보다 일반화되고 있다.

3. 춤과 몸

인간 몸의 움직임과 형체가 등장하지 않는 부분을 가진 춤 작품도 아주 희소하게나마 있지만, 춤에서 인간 몸의 움직임과 형체가 근간을 이룬다. 인간의 몸은 자기 의식적이거나 타인 의식적이라는 점에서 동물의 몸과 동일시될 수 없다. 인간의 몸 의식(意識)과 동등한 의식을 인정할 수 없으므로 동물의 춤은 비유적 분류어에 불과하다. 그리고 몸의 상태에서 인간의 의식 내용을 감지하고 유추할 수 있으므로 춤은 몸 움직임과 형체를 근간으로 존재하게 된다. 인간의 의식 내용을 소통함에 있어 몸이 언어보다 탁월한 면이 있다 하더라도 춤은 언어처럼 확정된 개념에 의존하지 않는다. 몸이 춤의 매체로서 근간을 이루기 때문에 춤은 다른 예술 장르에 비해 인간 몸과 의식 사이의 복잡한 관계를 수반한다.

몸은 크게 보아 소우주로 인식되기도 하며, 이런 인식에서 출발하는 춤도 드물지 않다. 좁혀서 보면 일상적으로 몸은 물리적 신체이자 의식의 존재이며 사회적 신원과 인성(人性)이 새겨진다. 춤에서 일상의 몸은 전문 신체 기량과 표현 의식이 살아나고 인성은 보편성 또는 공감대를 지향하며 사회적 신원은 완전히 은폐되거나 일부 제한되기 때문에, 특정의 춤이 필요로 하는 특정의 범위 내에서 몸은 변신한다. 다시 말해 일상의 몸과 춤의 몸은 전혀 다른 두 개체로 해체될 수 있는 것이 아니어서 특히 몸에 관한 철학적 인식은 당연히 춤의 몸 구명 작업과 연관이 깊다.

특정 기교의 패턴이 몸을 이해하는 특정 관념을 전제한다는 사실과 연관해서 그러한 관념의 특성과 미적 의의에 비추어 별도의 미학적 논제를 필요로 한다. 이와 아울러 무용미학에서 주목하는 몸은 의식을 가진 개별자가 춤에서 구현하는 몸으로서, 몸을 구현하는 개별자(일테면 춤 연기자)와 수용자 간의 관계가 몸의 성격을 좌우한다. 춤을 편의상 자기 몰입의 춤, 집단의 춤, 전시 형태의 춤으로 나누어 춤과 몸의 관계를 간략히 정리해 본다. 이들 각각의 관계에서 연기자−수용자 간의 관계는 동일하지 않다. 자기 몰입의 춤은 굳이 수용자가 필요하지 않고 정돈된 기교가 없어도 몸은 존재에 대한 확신감을 주도한다. 집단의 춤에서 몸은 일정한 규약을 따르므로 집단 정체성과 몸 정체성은 상호 작용하되 몸과 의식은 익명성이 강하다.

전시 형태의 춤은 몸과 의식을 수용자를 위해 대상화하는 데 중점을 두지만, 대상화되는 데 머물지는 않는다. 여기서 연기자는 표현과 생기(生氣)의 주체로서 대상화되기 때문에 1인칭(對自)이면서 2인칭(對他)으로 존재한다. 물론 일상에서도 인간은 1인칭과 2인칭 그리고 3인칭으로 존재하지만 인칭 구성 요건은 춤과 다르다. 춤에서는 사회적 신원이 은폐되거나 제한된다는 점, 몸이 특히 표현과 생기의 매체로 전신해야 한다는 점, 의식의 구성 내용이 달라진다는 점, 계속해서 대상화되어도 부담스럽지 않다는 점이 구성 요건을 다르게 만든다. 전시 형태의 춤은 자기 몰입의 춤과 집단의 춤에서 발견되는 요건을 부분적으로 공유하지만, 다른 두 가지 춤에 비해 몸은 2인칭으로서의 주체 성격이 강하다. 요컨대 전시 형태의 춤에서 몸은 일상적 신원이 은폐된다는 점에서는 익명으로 남고 대타적 표현 행위를 수행한다는 점에서는 대상(客觀)인 동시에 주체(主觀)이다.

4. 춤 움직임과 식견 및 의미

춤은 예술적 의미를 실현하는 데서 다른 예술 장르와 공통된다. 그러나 춤이 예술 가운데 갖는 독자성은 무엇보다도 비언어적(non-verbal)이면서 몸을 특이하게 내보이는 점에서 찾아진다. 이러한 특이성에 대해서는 주로 춤 현장행위의 움직임 매체와 그 양식을 중심으로 논의가 진행되기 마련이다. 부분과 전체의 조화, 순발력, 조형미, 움직임들 사이의 노련한 전환, 시공간 소화력이 탁월한 움직임을 대상으로 내려지는 훌륭하다, 인상적이다, 놀랍다고 하는 서술들은 그러한 특이성에 대한 평가 개념에 해당한다. 이런 평가 개념은 춤 이외의 다른 움직임에서도 발견되지만 춤에서는 평가 개념의 층위가 다르다는 점에서 춤의 특이성이 강조될 수 있는 것이다.

인간의 일상적 움직임과는 다른 특이한 움직임은 동물에서도 다반사로 행해지고 일부의 스포츠에서도 그러하다. 어느 움직임이라도 숙달하면 특이해질 수 있기는 마찬가지이다. 그런데 그러한 움직임이 관심을 끄는 이유와 춤에서의 움직임이 관심을 모으는 이유는 같지 않다. 만일 숙달의 정도가 춤 움직임의 특이성을 평가하는 기준이라면, 일례로 춤에서 어린아이의 과도할 정도로 유연한 움직임이 성인의 그것에 비해 관심을 덜 모으는 이유는 무엇인가. 이 점은 춤의 움직임이 그 자체로 평가받거나 인상을 끄는 일은 매우 제한적으로 일어난다는 것을 말해 준다. 물론 움직임의 평가 기준이 춤 기본마다, 안무자마다 다를 것은 두말 할 나위도 없으며, 문화권과 수용자 입장에 따라서도 기준은 달라진다. 더욱이 춤 움직임에서 대칭성, 율동성, 균형을 선호한다고 하더라도 그에 못지않게 비대칭성, 비율동성, 불균형이 돋보이는 경우도 흔하다. 이처럼 우선 외적 형태에서 춤 움직임을 지각하지만 그것만으로 춤이 관심을 모으는 것은 아니다. 그리고 춤에서 극히 상반된 움직임들이 관심을 모으는 것은 외적 형태 이상의 요인이 작용하기 때문이다.

춤 움직임은 의식을 갖춘 인간의 움직임이다. 이 점을 무시한다면 동물의 움직임에 비해 인간의 움직임과 춤의 움직임은 매우 열등하게 여겨질 것 같다. 사실 동물과 기계의 움직임에서 움직임의 동인은 의식이 아니라 본능적이거나 물리적인 추진력에서 찾아지고, 그래서 의식과 무관하게 지각된다. 하지만 춤은 어떤 결과에 이르기 위한 의도적이며 표현적인 노력을 반드시 동반하는 선에서 몸통과 사지를 움직이므로 인간으로서의 판단 및 연기자의 해석과 유리될 수 없다. 자기 몰입의 춤이 특이할지언정 덜 관심을 모으는 이유는 우선 그러한 판단과 해석을 확인하기 어렵기 때문이다. 따라서 춤추는 인간의 식견(識見) 그리고 특정의 춤이 의도하는 의미가 움직임을 춤의 움직임으로 만들고, 이런 지평 위에서 관심을 모으는 특이한 움직임이 제시된다. 어린아이들의 춤 움직임이 인상을 끌되 저평가받는 이유는 그러한 식견 및 의미가 미숙한 때문이다. 또한 유명한 레퍼토리에서 오락에 치중하는 부분이 연령을 초월하여 환호받을 수 있는 것도 그 부분이 물리적으로는 탁월하여 흥미를 유발하면서도 그에 요구되는 식견과 의미가 단순하기 때문이다.

더 읽을거리

제럴드 조너스, 『춤: 움직임의 기쁨, 움직임의 힘, 움직임의 예술』, 김채현 옮김, 청년사, 2003.

Copeland, R. (ed.), *What is Dance?*, Oxford University Press, 1983.

Desmond, J., *Meaning in Motion*, Duke University Press, 1997.

McFee, G., *Understanding Dance*, RKP, 1992.

Sparshott, F., *A Measured Pace*, University of Toronto Press, 1995.

미학의 새로운 쟁점들

여성주의 미학

김혜련

1. 여성주의 미학의 배경과 학문적 목표

문예비평, 영화이론, 그리고 예술사 등에서는 이미 페미니즘이 확립되어 있지만, 여성주의 미학(Feminist Aesthetics)은 1990년대 초기에 시도된 학문 분야로서 아직 유년기에 있다고 말할 수 있다. 학문공동체 차원에서 페미니즘 미학 또는 여성주의 미학이 공식적으로 처음 선보인 것은 1990년에 *Hypatia*와 *Journal of Aesthetic and Art Criticism*이 각기 페미니즘 미학을 주제로 한 특집호를 출간했을 때였다. 출발한 지 아직 얼마 되지 않은 탓도 있지만, 페미니즘의 성격상, 페미니즘 미학은 연구자들 간에 합의된 카논이나 체계를 발견하기 어렵다. 다양한 주제들과 방법론의 차이에도 불구하고 굳이 공통점을 지목할 수 있다면, '페미니즘'으로 분류될 수 있는 미학적 담론들은 성별 정체성(gender)이 논의의 주제와 방법, 그리고 내용 자체와 불가분의 관계에 있다는 문제의식을 공유한다고 말할 수 있다. 그 반면에, 어느 주제에 비중을 두며 어떤 방법론을 택하는가, 그리고 어느 공동체에게 특별한 유의미성을 갖는가 하는 것은 연구자에 따라 각기 상이할 수 있다.

그리고 페미니즘 미학이 관심을 갖는 영역은 비단 예술과 미학이론에 국한되지 않고 정치, 경제, 교육, 법률, 종교 등에 이르기까지 폭넓게 열려 있다. 완결된 개체로서 예술작품은 예술계에서 전시되고 감상과 비평의 대상이 되는 것으로 생각하기 쉽지만, 예술작품은 단순한 물리적 대상이나 사건이 아니라, 생활세계 안에서 문화 주체들 자체를 형성하고 그에 따라 생활세계 자체를 변화시키는 심물복합체(psycho-physical complex)이다. 우리는 그와 같은 구조와 성격을 가진 것들을 가리켜 문화적 개체라고 부른다. 따라서 문화적 개체로서 예술작품은 그것이 제작되고 전시되기까지의 과정, 예술적 테크닉이 습득되고 전수되는 예술 교육기관과 예술제도, 평가를 위한 카논들이 적용되고 재생산되는 비평적 실천으로 이루어진 복잡한 그물망 안에 놓여 있다. 예술이 놓여 있는 이러한 사회 · 역사적 지평에는 권력의 문제와 맞닿지 않은 곳은 없다. 페미니즘 미학은 가부장제를 기본적인 사회적 틀로 삼고 있는 사회들이 암묵적으로 수용하고 있는 철학적 전제들에 도전하는 동시에, 그 전제들에 기반하는 예술계의 제도와 실천들이 여성에게 정치적으로 그리고/또는 예술적으로 어떻게 억압적으로 기능하는지를 노정하고 이론화한다.

2. 전통미학의 기본 가정들에 대한 여성주의적 도전

학문 분과로서 페미니즘 미학은 적극적인 논제들을 제시하기에 앞서, 서구의 미학이론의 기본 틀이라고 할 수 있는, 18세기에 형성된 독일과 영국의 근대미학의 가정들과 기본 개념들을 재검토하고 그 안에 담긴 성차적 편견들을 노정하는 것을 우선적인 과제로 삼는다. 서구의 미학은 근본적으로 특수한 인성론(human nature)적 가정들에 기초하며 탐구의 구조는 인식론적 구조를 그대로 따른다. 그러한 가정에 의하면, 인간임(being human)을 규정하는 본질적 속성은 이성이며, 이성은 자연이나 신체보다 우월한 위치에 있다. 근본적으로 이성은 예술적 창조나 미적 경험을 주관하는 능력이 아니다. 왜냐하면 이성은 감정, 감각, 신체, 그리고 자연으로부터 초월적인 위치에 있으므로 어떤 의미로든 우연성의 차원으로 전락하지 않기 때문이다. 이성과 신체 · 자연 사이에 설정된 이러한 존재론적 거리는 플라톤의 분할선을 상기시키기도 하는데, 이성의 지위에 관한 이러한 기본 가정들은 여성을 신체와 자연으로 동일시하는 경향과 맞물리면서 근대미학의 구조 자체를 남성주의적으로 만든다. 콜스마이어는 감정 · 신체 · 자연, 그리고 여성을 이성과 대립적인 위치에 놓는 이분법이 미학 담론에서 가장 명시적으로 나타나는 지점이 천재와 숭고 개념이라고 주장한다. 이 개념들은 전통미학의 남성주의적 경향을 보여 주는 사례로 그치는 것이 아니라, 미(the beautiful)와 미적인 것(the aesthetic), 그리고 더 나아가 예술 개념 자체에 미친 영향력이 지대하기 때문에 재검토할 필요가 있다.

천재(genius)는 그 대담한 독창성에 의해 기존의 예술 규준들을 넘어서는 새로운 법식을 만들어 내는 천부적 능력을 가리킨다. 흔히 천재들이 보여 주는 감수성이나 직관, 또는 광기 같은 것은 근본적으로 이성의 원칙에 어긋나는 것이지만, 그럼에도 불구하고 천재가 만들어 내는 작품들은 자연이나 문화가 제공하는 것을 초월하기 때문에 남성의 영역으로 간주되었다. 미학이론에서 천재가 중요한 역할을 맡았던 낭만주의 시대에는 특히 예술 개념 자체가 남성 천재의 특징들에 의해 규정되었다. 칸트, 니체, 쇼펜하우어 등은 남성주의적으로 천재를 논의하고, 따라서 남성주의적으로 예술을 이해했던 대표적인 인물들이다. 그 결과, 중요한 예술가의 대열에서 여성은 자연스럽게 그리고 효과적으로 제외되었다. 여성들의 작품은 천재성의 산물이라기보다는 연마에 의한 테크닉의 산물이며, 문화를 형성하고 전수하는 파생적인 가치를 갖는 것으로 간주되었다.

우리가 감각을 통해 대상의 형식적 측면에 주목할 때, 우리의 상상력은 자신이 만들어 낸 한정된 심적 도식에 의해 대상의 면모들을 파악한다. 우리가 주목하는 대상의 현상적 구조와 마음의 도식이 일치할 경우, 우리는 쾌적함을 경험하고 이것을 미적 경험이라고 부른다. 이러한 미적 경험은 상상력의 자유로운 유희가 전개될 수 있는 범위 내에서만 가능하다. 달리 말하면, 감각이 파악할 수 없는 무제한성, 개념성, 비형식성의 영역에서 상상력은 무력하기 짝이 없고, 그 결과 우리는 고통을 경험한다. 개념적이고 비형식적인 것들을 파악할 수 있는 것은 오직 이성이며, 고통이 정신적 이동을 거쳐 미적 성격을 갖추게 될 때 우리가 겪는 감동적인 경험은 숭고한 동시에 남성적이라고 불린다. 형식적인 미적 가상과 대조되는 숭고의 경험은 미학의 중요한 범주로 확립되었고, 미와 숭고, 각 범주를 기술하는 데에 사용되는 술어들이 성차적 편견을 반영하는 것은 거의 필연적인 일이었다. 예를 들면, 숭고는 크고, 강하고, 각진 반면, 미는 섬세하고, 부드럽고, 곡선을 이루는 것으로 대조되었다. 이렇듯 천재와 숭고는 각각 예술과 미적 경험을 근본적으로 성별적 차이로 설명하는 데 사용되는 기반인 셈이었고, 이러한 성별 차이는 점차 예술적 규준으로 제도화되었다.

예술계의 역사적 정황과 제도를 관찰하면서, 여성주의 미학자들은 천재, 미, 숭고의 내재적 성질들이 근본적으로 역사적 우연에 의해 고착된 것이며, 특정 시대와 사회의 정치적 구조를 근간으로 구성된 것이라는 점을 지적한다. 따라서 여성주의 미학은 예술과 미학의 기본 개념들의 보편성과 중립성이 허구라는 것을 밝히는 것에 우선순위를 둔다.

3. 성별 정체성과 예술

모든 예술작품이 예술가의 성별 정체성(gender identity)과 긴밀하게 연관되는가 하는 일반적인 물음에 답하기는 쉽지 않다. 우선, '긴밀하게' 라는 것이 어느 정도를 혹은 어떤 방식을 지칭하는 것인지 기준을 정하기 어렵기 때문이다. 그러나 적어도 어떤 작품들은 예술가의 성별 정체성이 작품의 주제나 내용에 의식적으로 표현되어 있다. 그렇지 않을 경우에도, 교육 제도와 예술계의 관행에 따라, 예술가의 성별 정체성은 그가 사용하는 매체의 종류나 표현 기법에 간접적으로 반영되어 있을 수 있다. 그러므로 위의 물음은 예술가가 처한 사회 · 역사적 상황과 예술가의 제작 의도가 해석과 비평 과정에서 어떤 역할을 하는가 하는 물음으로 대체된다. 이 물음에 대해 만족스럽고도 충분하게 답하기는 쉽지 않지만, 이 시점에서 적어도 우리는 이렇게 말할 수 있다. 학문으로서 미학의 형성기였던 18세기 유럽에서 자연이나 예술을 음미하는 미적 지각 방식으로 제시되었던 무사심적 주목(disinterested attention) 또는 미적 관조(aesthetic contemplation)는 예술가나 감상자 편에 어떤 종류의 실제적 관심도 제어할 것을 요청하였다. 이 요청이 실행될 수 있는 것인지 또는 이상적인 것인지는 불분명하지만, 미적 관조자의 심적 상태에 관한 그러한 기술은 특정한 사람에 관한 것이 아니라 일반적으로 적용될 수 있는 것으로 간주한다. 즉 누가 보든 똑같은 것을 음미한다는 것이다. 따라서 미적 주목이라는 개념에서 성별적 차이는 어떤 역할도 맡지 않는 것처럼 보인다. 역으로 말하면, 성별적 차이를 현저하게 반영하는 예술은 오히려 예술적 기준에 미달하는, 바람직하지 않은 예술이 된다.

예를 들면, 알테미지아 젠틸리쉬의 작품 〈유디트〉가 묘사하고 있는 여성은 누군가에게 자신의 모습을 구경시키는 대상이 아니라 행동하는 주체이다. 주체의 행위를 묘사하고 의미를 부여하기 위해서는 시각에만 의존할 수 없다. 그녀가 현실을 인식하는 방식과 정서적 반응, 그리고 행위의 목적 등에 관한 다각적인 이해를 필요로 한다. 이러한 종류의 그림은 공격적이고 폭력적이기까지 한 여성의 모습을 보여 주고 있기 때문에 관람자는 부자연스럽게 느끼거나 불쾌감을 느낄 수도 있다. 그러나 여성 작가의 그림이나 여성을 주제로 한 그림이 완벽한 비례나 조화, 유순한 표정, 혹은 평안감을 제공해야 한다고 생각한다면, 그러한 생각의 당위성은 어디에 근거하는 것일까? 아마도 여성성에 대한 어떤 고정된 기대감 외에는 달리 근거를 찾아보기 어려울 것이다. 이러한 기대감은 여성 작가나 관람자에게 일정한 감상 방식을 강제하는 억압적인 요소로 기능할 수도 있다. 무사심성은 미적 관조의 필요 조건으로 제시되었지만, 실제로 많은 예술작품들, 특히 재현적인 예술작품은 작가의 도덕적 시각이나 정치적 관점, 그리고 성별 정체성을 이해하지 않고서는 적절하게 감상하거나 해석할 수 없다. 도덕적 · 경제적 · 정치적 관점들은 작품의 외부에 있는 감상 조건들이 아니라, 작품의 내적 면모들을 지각하고 동일시하는 데에 필요하다는 점에서 작품 자체와 불가분의 관계에 있다. 따라서 여성주의 미학자들은 무사심적인 미적 관조, 그리고 현실로부터 분리된 미적 감정 등이 이론적으로 비정합적일 뿐만 아니라, 감상의 인지적 구조에 대한 그릇된 청사진을 제시한다고 지적한다.

4. 여성주의 예술과 여성적 성질(feminine qualities)

여성주의 예술이란 무엇인가? 여성주의 예술은 때로는 전시기획자의 특정한 주제 의식에 따라 선택되는 예술작품들을 가리키기도 하고, 마치 영화 관객의 편의를 위해 드라마나 액션 등의 장르들이 사용되듯이, 관람자의 감상을 인도하기 위해 여성주의 예술이라는 분류어가 사용되기도 한다. 그러나 여성주의 예술이나 여성주의 미학이 과연 무엇을 지칭하는가 하는 물음에 대한 답은 그다지 선명하게 떠오르지 않는다. 때로는 여성을 재현하는 예술을 가리키는 것으로, 또는 여성 작가의 작품들을 가리키는 것으로 이해되기도 한다.

과연 여성주의 예술이란 무엇인가? 가장 먼저 떠올릴 수 있는 답은 여성을 주제로 한 작품들을 가리킬 것이라는 생각이다. 그 시원은 분명하지 않지만, 미술사의 초기부터 여성은 미술의 주제와 제재가 되어 왔다. 그렇다고 해서 예술사의 초기부터 여성주의 예술이 존재했다고 말할 수는 없을 것이다. 한편 여성주의 예술이란 여성 작가들의 작품을 지칭하는 것이라고 생각해 볼 수도 있다. 그렇지만 과연 모든 여성 작가들이 여성주의적이라고 말할 수 있을까? 어떤 여성 작가가 리얼리티를 충실하고 정확하게 반영하는 것을 자신의 임무라고 생각할 경우, 그 작가를 특별히 여성주의적이라고 보기 어렵다. 충실성, 정확성, 영원한 리얼리티 등의 개념들은 중립성과 보편성을 표방해 온 남성주의 예술의 주요 가치들이기 때문이다. 여성을 주제로 하거나 여성 작가에 의해 만들어지는 미술을 여성 예술(female art) 또는 여성적인 예술(feminine art)이라고 부른다면, 그것은 해부학적 기준에 의해 환원주의적으로 '여성' 개념을 이해하는 것이 된다. 그 반면에, 여성주의 예술(feminist art)은 여성 작가의 작품이나 여성적인 예술을 배제하지는 않지만, 해부학적 토대에 의거하여 작품이나 작가를 분류하는 것이 아니라 여성주의적 관점에 포섭될 수 있는 다양한 비남성주의적 관점에서 감상하고 비평하는 대상들과 작가들을 가리킨다. 이처럼 여성주의 예술은 근본적으로 이질적이고 상이한 관점에서 이해되는 까닭에, 경계가 뚜렷하거나 합의된 하나의 개념으로 수렴되기 어렵다. 따라서 남성 작가도 비남성주의적인 관점에서 여성이나 남성을 주제로 다룰 수 있고 여성주의 예술을 실천할 수 있는 것이다.

그렇다면 여성주의 예술이라고 불리는 작품들이 갖는 특징들은 무엇인가? 이 물음은 예술 정의의 문제에 속한다. 소위 유(類)와 종차(種差)에 의해 정의하는 방법 자체는 철학사 전반을 통해 이상적인 정의로 간주되어 왔다. 이 방법이 여성주의 예술에 적용될 수 있는지 가늠하기 위해서는 여성주의 예술의 성격 자체에 대한 이해가 선행되어야 한다. 탐구 대상의 특성을 간과한 채 획일적인 방법을 적용하는 것은 무모한 일이다. 여성주의 예술을 여성주의적 관점에 포섭되는 다양한 그룹들을 지칭하는 것으로 이해할 경우, 정의내리기라는 방법은 처음부터 포기되어야 할 접근 방법으로 생각된다.

여성주의 예술 전체를 포괄하는 정의가 포기되어야 하는 이유에 대해 구체적으로 생각해 보자. 특별히 '여성적 특질(feminine qualities)'을 가진 작품들을 구분하려 할 경우, 그 특질들은 이미 고정된 여성성의 개념을 전제로 하여 구별된 것이다. '파스텔 색깔', '부드러움', '곡선' 등의 성질들을 여성적이라고 부르고, '강함', '두꺼움', '각진 형태' 등을 남성적이라고 부르는 것이 그것이다. 이처럼 정의적 요소를 찾는 것과는 다른 방식으로 여성주의 예술을 구별해 낼 수도 있을 것이다. 예를 들면, 특정한 여성주의 비평 이론이 인준하는 방식을 따라 작품의 주제나 시각에서 특별히 여성적인 특질들을 구별하는 경우를 생각해 볼 수 있다.

1970년대에 여성주의 이론이 전개되었을 때, 어떤 이론가들은 여성의 예술작품들에는 공통된 주제와 스타일이 존재한다고 주장했다. 여성들은 대체로 남성과는 다른 경험들을 공유하기 때문에, 그들의 공통된 사회적 역사가 출산과 가사일 같은 비슷한 예술적 주제들에 초점을 두기 쉽다. 어떤 이론가들은 굵은 선과 구획짓기보다는 유동성과 부드러움을 여성적 스타일의 특징으로 보기도 한다. 여성적 스타일에 관한 가장 강력하고 가장 세련된 제안들은 줄리아 크리스테바, 루스 이리가레, 그리고 엘렌느 시수스 같은 프랑스 이론가들의 것이다. 언어는 부재(不在)를 통해서만 여성성을 표상한다는 라캉과 데리다의 제안을 따르면서, 이들은 가부장적 상징 질서를 전복시키는 글쓰기의 가능성을 각기 다른 방식으로 모색한다. 소위 여성적 글쓰기(L' écriture féminine)는 가부장적 담론을 거부하고 여성의 고유한 목소리를 표기하는 여성의 글쓰기로 제시되었다. 이러한 유형의 이론은 여성으로 하여금 자신의 주체적 입장을 갖지 못하게 하는 가부장적 질서를 표기하는 언어에 대해 깊은 비판을 가하며, 그와 동시에 그러한 언어들을 인지하고 깨뜨린 후에 택할 수 있는 여성의 언어를 처방한다.

이러한 견해들에 대해 가해지는 비판점은 그러한 범주화는 스테레오타입화된 여성성의 개념들을 모사할 뿐이라는 것이다. 즉 여성의 사회적 상황은 매우 다양하며, 역사적 시기, 그리고 인종, 민족, 국가, 종교 등의 사회적 입장들은 여성들을 서로 다르게 만드는 요소들이다. 이러한 비판에 의하면, '여성적 스타일'을 찾는 것은 발견되어야 할 어떤 본질적인 여성성이 존재한다는 것을 그릇 가정하는 것이다. 성별 정체성과 유동적인 사회적 역할들의 다양성을 강조함으로써 고유한 여성적 목소리와 스타일을 추구하는 것을 일축하는 것이다. 그러나 공통된 여성적인 미적 성질들을 찾는 것은 여성들이 전통적으로 용인된 예술 형식 밖의 장(場)에서 만들어 낸 작품을 경험적으로 찾아내는 일과는 구별되어야 한다. 그러한 탐색은 여성적 본질을 가정하는 것이 아니라, 만일 여성들의 작품을 연구하고자 한다면 올바른 지점을 찾아내야 한다는 것을 인정할 뿐이다.

위와 같은 결과는 원칙적으로 여성주의적 관점이란 비남성주의적 관점이라는 열린 개념이기 때문에 불가피한 것이다. 예술 장르의 구별이 이론적으로 확고한 근거를 발견하기 어려운 것과 마찬가지로, 여성주의 예술이 무엇인가 하는 물음은 어쩌면 작가나 관람자, 그리고 전시기획자의 다양한 관심사와 목적에 따라 임시적으로 답변될 수 있는 것처럼 보인다. 이러한 느슨한 구별은 반드시 모호한 상태로 머무는 것은 아니다. 다른 관점에서 상이한 쟁점들이 부각되기까지 그러한 구별은 여성주의 미술의 실천적 기준으로 동일시될 수 있다. 그럼에도 불구하고 여성주의 예술이라는 영역은 근본적으로 열려져 있고 가변적인 개방된 영역이다.

5. 대안적 미학이론으로서 여성주의 미학

여성주의 예술이 근본적으로 열려진 영역을 이루고 있다면, 여성주의 미학의 연구 대상 역시 확고하게 구획지어 있다고 말하기 어렵다. 따라서 여성주의 미학은 탐구 대상이 고유한 특성들에 관심을 두기보다는 탐구 방법 자체로서 제안된 것이라고 이해하는 편이 나을 것이다. 린다 노클린이 제기했던 물음과는 달리—그녀는 과연 위대한 여성 미술가들이 있었는가? 하는 의구심에 찬 물음을 던지고 그 이유들을 해명하려 했다—미술사 전반을 통해 위대한 여성 작가들은 존재했고, 오늘날 그들의 활동은 훨씬 더 왕성해지고 있다.

여성적 특질들의 구획화를 거부하는 여성주의 미학자들이 택하는 이론적 노선은 반본질주의(anti-essentialism)이다. 고유한 여성성이라는 개념은 여성의 해부학적 측면에 기원을 둔 것으로서, 그것은 사뭇 키메라처럼 여성성을 과장하거나 희화화되고 때로는 미의 원천으로 숭배하기도 했다. 그러나 존재론적으로 여성성을 견고하게 경계지을 수 없으므로, 대다수의 여성주의 미학자들은 존재론으로 니체적 관점주의(perspectivism)와 외부주의적 구성주의(constructivism)를 택한다. 우리는 특정한 전통과 역사의 지평 안에 침잠해 있는 개별적인 존재들이며 그에 따라 관심과 가치관도 다양할 수밖에 없다. 세계를 보는 이상적인 하나의 관점을 설정하는 것은 이미 고정된 참된 세계(the World)의 존재를 가정하는 것이다. 그러한 세계의 실재성은 형이상학적으로나 인식론적으로 옹호하기 어렵다.

이 문제는 단지 철학적 함의만을 갖는 것에 그치지 않고, 우리의 성정체성의 차이에 관해서도 중요한 함축을 갖는다. 특히 여성 주체에 관해 고정된 리얼리티를 가정할 때 그것은 남성과의 차이, 여성들 간의 차이에 대해 공정한 이해를 가로막을 수 있다. 가장 오래되고 강력한 영향력을 미쳐온 예술 이론인 모방론이 가정하는 유일한 리얼리티의 존재는 이론적으로 의문시되는 주제일 뿐만 아니라, 작가들과 여성 이미지, 그리고 여성 관람자들에게 유해한 영향을 미치는 것으로 분석되는 미학과 비평의 문제, 더 나아가 정치적인 문제가 된다. 그것은 여성 작가와 여성 관람자들이 단지 인식의 주체로 그치는 것이 아니라 현실에서 욕구하고 행동하는 주체이기도 하기 때문이다.

그 다음으로 여성주의 미학이 구성주의를 택한다는 것은 무엇을 의미하는가? 그것은 세계와 자아가 여성의 다양한 관점과 욕구, 그리고 행동과 실천에 의해 새로운 방식으로 구성될 수 있음을 의미한다. 같은 여성이라도 끊임없이 자기 자신과 삶의 세계를 혁신해 나갈 수 있다. 그러므로 고정성과 불변성, 항구적 가치에 대한 고답적인 향수를 포기하는 것이 여성주의 미학의 출발점이라고 말할 수 있다.

더 읽을거리

에드워드 루시-스미스, 『여성과 미술』, 박상미 옮김, 아트북스, 2006.

한국여성철학회 편, 『여성의 몸에 관한 철학적 성찰』, 철학과현실, 2000.

휘트니 채드윅, 『여성, 미술, 사회』, 김이순 옮김, 시공사, 2006.

Pollock, G., *Differencing the Canon: Feminist Desire and the Writing of Art's Histories*, Routledge, 1999.

환경미학

임성훈

1. 머리말

인간이 자연을 수단화하고 도구화하는 과정에서 발생한 대기오염, 수질오염, 토양오염 등의 환경오염은 아름다운 자연의 고유한 가치를 훼손하고 인간 삶의 가능성을 크게 축소시켰다. 자연환경이 점차로 황폐해지고 이에 따라 인간은 자연의 아름다움이 부여하는 고유하고 독특한 삶의 가치를 경험할 기회를 점차로 잃어버린다. 자연이 파괴되는 그만큼 인간은 자연의 아름다움이 부여하는 '좋은 삶'의 계기들을 상실하게 되는 것이다. 인간은 자연의 아름다움을 경험하고 또 이를 통해 보다 '좋은 삶'을 누릴 권리가 있다. 그런데 자본의 이익이나 경제개발 논리로 인해 자연환경이 심각할 정도로 훼손된다면, 자연의 아름다움을 경험하고 또 이를 통해 '좋은 삶'의 계기들을 체험할 수 있는 인간 본연의 권리가 원천적으로 침해당한다. 아름다운 자연은 인간의 '좋은 삶'의 지평을 확대하는 공간이다. 자연의 아름다움을 가꾸고 보존하는 것은 자본과 경제의 일방적 논리에 좌우될 수 없는 공공적 차원의 일이다. 물론 현실적으로 도시설계나 환경조형적 측면에서 또는 지역개발의 측면에서 자연과 그 환경에 대한 개발 및 변경이 불가피한 경우가 발생한다. 그러나 이런 경우에도 자연의 아름다움, 인간의 좋은 삶 그리고 환경의 공공성 등에 관한 총체적인 고려가 반드시 있어야 한다.

1960년대 이후 등장한 미학의 새로운 분야인 '환경미학(aesthetics of environment)'은 자연환경에 대한 새로운 문제의식에서 출발하였다. 환경, 생태 그리고 자연에 내재한 고유한 가치를 환경미학적 관점에서 파악하기 위해서는 전통적인 자연미 이론, 예술이론 그리고 예술비평의 영역을 넘어선 보다 통합적이고 총체적인 미적 고찰이 필요하였다. 또한 자연의 아름다움이 훼손되면, 인간의 문화적 환경은 황폐해질 수밖에 없으며, 이는 결국 인간 삶과 생존 자체를 위협하는 결과를 낳기 때문에 환경미학은 윤리학의 문제와 결부되어 고찰된다. 이러한 관점에서 환경철학의 한 부분을 형성하는 환경미학에 주어진 근본 과제는 '환경'이라는 개념을 중심으로 근대적인 자연개념의 추상화를 극복하고 환경과 생태에 근거한 미학 그리고 자연과 인간의 관계를 미학적 관점에서 새롭게 재구성하는 데 있다고 하겠다.

환경미학에서 말하는 '환경'은 생태학(ecology)[1]에서 다루는 '환경'보다 훨씬 더 포괄적이고 광범위한 개념이라 할 수 있다. 유리오 세판마는 "환경이란 우리를 둘러싸고 있는 것(그 가운데에 우리가 관찰자로서 존재한다), 우리가 우리의 다양한 감각으로 지각하는 것, 그 안에서 우리가 움직이고 존재하게 되는 어떤 것이다"라고 정의한다.[2] 환경미학적 관점에서 본 '환경'은 단지 물리적으로 객관화된 자연 대상 및 그것을 둘러싼 환경뿐만 아니라 인간 삶을 구성하는 사회적 · 문화적 공간을 포함하는 것이다. 세판마는 환경은 매우 변화무쌍해서 "자연적인 상태 속의 자연, 혹은 문화적인 환경일 수도 있으며, 극단적인 경우에는 완전히 인위적인 환경일 수도 있다"고

---

1 에른스트 헤켈(Ernst Haeckel)은 1866년 유기체의 관계에서 인간을 둘러싼 외부세계를 총칭하는 학문으로서 생태학을 주창했는데, 그의 생태학은 생물학적인 연구 틀을 벗어나 생물과 무생물의 환경 상호관련성과 또한 그 관련성의 성립 조건들을 고찰했다는 점에 의의가 있다. 1960년대 이후 생태계 시스템에 관한 연구가 본격적으로 진행되면서 생태학은 인간, 자연 그리고 환경의 관련성 속에서 통합적 성격을 띤 학문으로 발전했다.

2 유리오 세판마, 김문환 역, 『환경의 아름다움』, 서울: 신구문화사, 2000, 52쪽.

말하면서 폭넓은 의미에서 환경은 "과학, 예술, 종교 또한 노동과 놀이, 인간적 관계와 사회체제" 등 인간의 문화, 나아가 인간의 '지적 상황'이기도 하다는 점을 덧붙이고 있다.[3]

'환경'과 '환경미학'의 논의에서 인간의 활동은 매우 중요한 의미를 지닌다. 왜냐하면 칸트가 적절하게 파악하고 있듯이 인간은 그 스스로가 자연적 존재이자 동시에 문화적 · 도덕적 존재이기 때문이다. 따라서 환경미학은 자연, 인간, 문화라는 통합적 연관성 속에서 논의되어야 한다. 이러한 관점에서 아놀드 벌리언트(Arnold Berleant)는 다음과 같이 말하고 있다. "환경미학의 관심은 단지 건물이나 장소에 국한된 것이 아니다. 환경미학은 인간이 참여자로서 통합된 상황에 참여하는 조건들을 다루는 것이다. 인간적 요소가 매우 중요한 위치를 점하고 있기 때문에, 환경미학은 인간관계에 대한 우리의 도덕적 이해와 우리의 사회적 윤리에 깊은 영향을 미친다."[4] 인간과 인간을 둘러싼 자연적 · 사회 문화적 환경을 통합적으로 연구하는 환경미학은 기존의 미학, 예술론 및 예술비평의 영역보다 훨씬 더 넓은 지평에 서 있다. 넓은 의미의 환경미학은 근대적인 미적 범주의 틀에서 벗어난 보다 확장된 미학이며, 따라서 철학적 · 미학적 고찰뿐만 아니라 생물학, 생태학, 문화학, 심리학, 조경학, 건축학, 지리학 등의 연구 성과를 적극 수용하면서 연구되어야 할 학문 분야이다.

환경미학의 학문적 특성이 자연미학, 생태미학, 경관미학 등의 세분화된 연구 영역에서 어느 정도 드러나기는 하지만, 환경미학에 대한 뚜렷한 학문적 정립은 아직까지 미흡한 실정이라고 할 수 있겠다.[5] '환경'이란 개념

3 위의 책, 52-53쪽.

4 Arnold Berleant, *The Aesthetics of Environment*, Philadelphia: Temple University Press, 1992, pp. 12-13. 참고로 언급하자면, 환경철학의 한 분과로서의 환경미학은 특히 윤리학과 밀접한 관련을 맺고 있다. 이런 이유로 해서 미학 관련 전문 학술지뿐만 아니라 *Environmental Ethics, Environmental Values, Journal of Applied Philosophy* 등의 전문 학술지에서도 환경미학과 관련된 논의를 찾아볼 수 있다.

5 영어권 환경미학 분야에서 괄목할 만한 성과를 내고 있는 환경미학자 아놀드 벌리언트와

이 자연, 생태, 경관, 문화 등을 포괄하는 광의의 의미를 지닌 것이기도 하거니와 이를 미학적 관점에서 이론적으로 구성하기가 그리 용이하지 않기 때문이다. 더구나 환경미학은 순수 이론적 측면뿐만이 아니라 실천적 적용이라는 측면을 충분히 고려해야 할 성격을 지닌 학문이라고 볼 수 있기에 방법론적으로 다양한 접근 방식이 있을 수 있으며, 또 이에 따라 환경미학의 전개는 다소 복잡한 양상을 보이고 있다. 이 글에서는 영어권의 환경미학 및 경관미학, 독일어권의 자연미학 및 생태미학 등을 중심으로 환경미학의 이론적 쟁점과 그 의의를 개괄적으로 소개하고 덧붙여 환경예술에 관해 간략히 서술하고자 한다.[6]

영미권에서 환경미학 및 경관미학 연구를 전개한 학자들이 많지만, 이 글에서는 아놀드 벌리언트, 앨렌 칼슨(Allen Carlson), 제이 애플턴(Jay Appleton), 스티븐 보우래서(Steven C. Bourassa) 등의 학자들이 내세우는 주요 논의를 중점적으로 개괄해 보고자 한다. 그 다음으로 독일어권의 환경미학과[7] 관련하여 대표적으로 마틴 젤(Martin Seel)의 자연미학과 게르노트 뵈메(Gernot Böhme)의 생태 자연미학을 간략하게 살펴보기로 한다. 영미권 학자들과 독일권 학자들의 논의 방향 및 방법론에 차이가 있긴 하지만, 전체적으로 조망해 볼 때 자연, 환경 및 생태를 미학적 관점에서 새롭게 인식하고 또한 이를 통해 미학의 새로운 지평 및 그 가능성을 열어 간다는 점에서 서로 만나기도 한다.[8] 마지막으로 환경에 대한 관심이 현대 미술 분야

앨렌 칼슨의 주도로 1998년 *Journal of Aesthetics and Art Criticism*에서 환경미학을 특집으로 다루었다.

6 환경미학, 자연미학, 생태미학에 관한 일반적 흐름을 소개한 국내의 논문으로는 김문환, 「자연미학의 전개과정과 현대적 의의-환경미학의 정초와 연관하여」, 『미학』 제30집, 2001, 35-115쪽이 있다.

7 독일어권에서 환경미학이란 용어는 일반적으로 잘 사용되고 있지 않다. 환경(environment)에 해당하는 독일어는 Umwelt이므로 환경미학에 해당하는 독일어는 Umweltästhetik 또는 Ästhetik der Umwelt 정도가 될 터이지만 실제로 독일어권 저서 및 논문에서 이러한 용어가 사용되는 예를 거의 찾아볼 수 없다. 대신에 자연미학(Naturästhetik 혹은 Ästhetik der Natur)이나 생태자연미학(ökologische Naturästhetik) 등의 용어가 주로 사용된다.

8 참고로 언급하자면, 환경미학, 자연미학, 생태미학을 다루는 많은 학자들의 논의를 살피다 보면 칸트의 자연미와 목적론의 논의에서 다루어진 문제의식들이 새롭게 조명되고 있다는

에 유입되면서 성립된 환경미술을 간략하게 살펴보도록 한다.

2. 영어권 환경미학[9]

1960년대 이후 영어권의 환경미학 분야에서 선구적인 역할을 한 학자는 로널드 헵번(Ronald W. Hepburn)이다. 헵번은 "미학에 관한 현대의 저술들이 거의 전적으로 예술에만 주목하고 있을 뿐, 자연에 대해서는 거의 주목하고 있지 않다"[10]고 말하면서, 예술론에 치중한 미학이론에 비판을 가한다. 또한 그는 기존의 자연에 대한 연구가 지나치게 과학적 실증주의에 경도되어 있다는 점을 지적하고, 자연에 대한 미학적 고찰을 통해 자연과 환경에 대한 새로운 관점을 설정해야 할 필요성을 강조한다. 1970–80년대를 거치면서 환경미학을 이론적으로 정립하려는 학자들의 연구는 다양한 분야에서 지속적으로 시도되었다. 개별적 논의에 앞서, 우선 이 글에서 언급할 대표적인 학자들의 연구 동향을 간략하게 살펴보도록 한다. 1970년대 이후 환경미학 분야에서 활발한 저술 활동을 벌이고 있는 아놀드 벌리언트는 '참여' 라는 개념을 자신의 환경미학 이론에 적극적으로 도입하면서, 전통적인 미학이론을 재검토한 환경미학을 전개하고 있다. 앨렌 칼슨은 자연을 미적으로 감상하는 데 있어 특히 자연과학적 지식의 중요성을 강조한

생각이 든다. 이러한 생각은 칸트가 자연, 인간, 예술, 문화, 윤리의 문제를 심도 깊게 통합적으로 사유했다는 점을 기억한다면 전혀 우연한 일이 아닐 것이다. 자연미는 헤겔 미학 이후 예술미의 우위 속에서 비교적 소홀히 취급된 면이 있었지만 20세기에 들어와서, 특히 아도르노에 의해 심층적으로 논의되었다. 칸트와 아도르노의 자연미에 대한 미적 반성은 독일어권의 자연환경 및 생태를 미학적 관점에서 논의하는 연구자들에게 시사하는 바가 매우 많았다.

9 영어권 환경미학의 전반적 흐름과 대표적인 환경미학자들의 주요 논의에 대한 개요는 배정한, 「환경미학의 연구 동향과 과제: 1960년대 이후 영미권을 중심으로」, 『예술문화연구』 제6집, 1996, 103-130쪽에 소개된 학자들의 연구 동향 및 흐름을 많이 참고하였다.

10 Ronald W. Hepburn, "Aesthetic Appreciation of Nature", in: Harold Osborne (ed.), *Aesthetics in the Modern World*, London: Thomas & Hudson, 1968, p. 49.

다. 한편, 조경학이나 지리학 관련 분야의 학자들은 주로 경관미학의 입장에서 환경미학을 논의하고 있는데, 대표적인 학자로는 제이 애플턴과 스티븐 보우래서를 들 수 있다. 애플턴은 생물학적 욕구에 근거한 관점에서 '거주이론'과 '조망-은폐 이론'을 전개하고 있다. 보우래서는 생물학적 관점이 강조된 애플턴의 경관미학을 비판하고, 미적 경험은 생물, 문화, 개인 등의 통합적 범주 속에서 일어나는 것이라고 본다. 이와 같이 영어권의 환경미학은 철학 및 철학적 미학 분야뿐만 아니라 심리학, 조경학, 건축학, 지리학 등의 분야에서도 활발하게 연구가 진행되고 있다.

아놀드 벌리언트의 환경미학에서 핵심 개념은 '참여(engagement)'이다. 벌리언트는 미적 감상 주체와 미적 대상(자연)의 분리를 가져오는 전통적인 미학 관점을 비판하고, 주체와 대상의 상호작용의 관계라는 맥락에서 '참여'의 미학을 강조한다. 즉 '참여'를 통한 미적 경험이 발생하는 미적 장소 및 그 상황이 바로 환경이라는 것이다. 따라서 벌리언트는 이전의 미학이 견지해 온 전통적인 개념인 무관심성, 미적 태도, 미적 관조 등을 비판적으로 검토하고, 이를 벗어나 '참여' 개념을 중심으로 한 환경미학을 제안한다.

벌리언트는 자연 대상을 주관의 관점으로 환원하려는 입장과 물리적이고 객관적인 자연환경 대상에 중점을 두는 입장을 각각 비판하고, '참여'를 통해 이루어지는 주관과 객관의 상호연관 속에서 발생하는 경험을 중시하는 입장을 취한다. 자연대상에 참여하는 상황 속에서, 예를 들어 해변가를 거닐거나 숲길을 걸어갈 때, 우리는 어떤 특별한 미적 경험을 하게 되는데, 이러한 미적 경험은 자연 대상과 일정한 거리를 둔 관조적인 태도를 취할 때는 일어날 수 없다는 것이다. 벌리언트는 주어진 환경에 적극 '참여'한 미적 경험을 통해서 감상의 대상과 감상자의 분리가 더 이상 발생하지 않는다고 말한다. 따라서 그는 환경미학에 있어서 환경은 단지 시각적 차원에 국한된 파노라마적인 경관일 수 없으며, 자연 대상과 그 자연 대상을 관찰하는 감상자가 상호적으로 통합되는 '참여적 경관'이라는 연관성 속에서 파악된다고 주장한다.[11] 이런 관점에서 본다면, 벌리언트는 자연 및 예술에 '참여' 라는 개념을 도입함으로써 적극적이고 능동적인 미학을 제안하고 있다고 하겠다.

앨렌 칼슨은 자연을 감상할 때 특히 '과학적 지식(scientific knowledge)'이 중요하다고 지적한다.[12] 그 이유를 칼슨은 단적으로 "과학은 자연에 관한 지식을 제공하기" 때문이라고 말한다.[13] 즉 감상자가 자연을 감상할 때 생물학이나 생태학 등의 과학적이고 객관적인 지식을 갖추고 있다면, 자연을 보다 더 잘 감상할 수 있다는 것이다. 칼슨은 다음과 같이 말한다: "과학적 지식은 자연을 미적으로 적합하게 감상하는 데 필수적이다. 과학적 지식이 없다면 우리는 자연을 적합한 방식으로 감상할 수 있는 방법을 알지 못하고 또한 자연의 미적 특질과 가치를 놓치기 쉽다. 따라서 이러한 설명이 옳다면, 이는 자연 세계에 대한 미적 감상의 가치를 높이고 촉진시키는 과학의 능력을 설명한다."[14] 칼슨의 과학적 지식에 입각한 자연 감상 이론은 감상자와 자연 대상 간의 거리를 상정한다는 점에서, 벌리언트의 참여적 환경미학 입장과는 많이 다르다고 하겠다.[15]

지리학이나 조경학 분야의 학자들, 대표적으로 제이 애플턴과 스티븐 보우래서 등은 주로 경관미학적 관점에서 환경미학을 논하고 있다.[16] 애플턴

---

11 Arnold Berleant, *Living in the Landscape: Toward an Aesthetics of Environment*, Lawrence: University Press of Kansas, 1997, p. 30.

12 칼슨의 자연 감상 이론에 대한 비판적 고찰을 다룬 국내의 논문으로 배정한 · 조정송, 「A. Carlson의 객관주의적 자연 감상론에 대한 비판적 검토」, 『한국조경학회지』 24(2), 1996, 24-42쪽이 있다.

13 Allen Carlson, *Aesthetics and the Environment; The Appreciation of Nature, Art and Architecture*, London; New York: Routledge, 2000, p. 86.

14 위의 책, p. 90.

15 덧붙여 언급하자면, 벌리언트의 참여적 환경미학, 칼슨의 과학적 지식에 기반한 자연 감상론 외에도 자연에 대한 다양한 관점, 예를 들면 노엘 캐롤(Noël Carroll)의 '환기모델(arousal model)', 스탠 고드로비치(Stan Godlovitch)의 '신비모델(mystery model)' 등이 있다. 영어권 학자들의 다양한 환경미학적 관점에 대한 개괄적 소개는 김문환, 「자연미학의 전개과정과 현대적 의의」, 『미학』 제30집, 2001, 86-95쪽을 참조할 것.

16 애플턴과 보우래서의 경관미학에 관한 국내 논문으로 배정한 · 조정송, 「Appleton과 Bourassa의 '경관미학' 이론에 대한 비판적 고찰」, 『한국조경학회지』 23(1), 1995, 7-22쪽이 있다.

은 생물학적인 욕구의 만족과 연관된 적절한 장소에 관한 이론인 '거주이론(habitat theory)'과 생물학적 생존 및 쾌의 원천으로서 파악되는 '바라봄과 숨김의 능력(the ability to see and the ability to hide)'에 관한 이론인 '조망-은폐 이론(prospect-refuge theory)'을 제안한다. '거주이론'은 자연 경관을 관조할 때, 미적 만족을 경험하는 이유가 바로 생존에 적합한 환경 조건을 갖춘 경관 지형들을 자발적으로 지각하는 데 있다고 보는 이론이다.[17] 즉 "거주이론은 간단히 말하면 우리의 모든 생물학적 욕구를 만족시키는 한 장소를 파악하는 능력과 관련된 이론이다."[18] 또한 애플턴의 '조망-은폐 이론'에 따르면, '보여지지 않으면서 바라보는 능력(the abilitiy to see without to be seen)'은 생물학적 생존에 적합한 환경적 조건을 갖추기 위해 필수적인 것이며 또 이러한 능력은 경관을 관조할 때 유발되는 미적 쾌의 원천이 된다.[19]

스티븐 보우래서는 생물학적 욕구 및 만족에 근거한 애플턴의 경관미학을 비판적으로 검토하면서, 미적 경험이 생물학적 관점과 같은 단일한 요인에 의해 결정될 수 없다는 점을 밝히고자 한다. 보우래서는 경관을 관조할 때 경험되는 미적 경험은 세 가지 범주, 즉 '생물학적 법칙(biological laws)', '문화적 규칙(cultural rules)' 그리고 '개인의 적용방식(personal strategies)'이 원할하게 작동하는 체계 속에서 이루어진다고 주장한다.[20]

3. 독일어권의 환경미학

독일어권의 환경미학은 주로 '자연미학(Naturästhetik)' 및 '자연생태미학

17 Jay Appleton, *The Experience of Landscape*, London: John Wiley & Sons, Revised edition, 1996, p. 62.

18 위의 책, p. 63.

19 위의 책, p. 66.

20 Steven C. Baourassa, *The Aesthetics of Landscape*, London: Belhaven, 1991, p. 66.

(ökologische Naturästhetik)' 의 관점에서 전개된다.[21] 이를 대표하는 학자로 마틴 젤(Martin Seel)과 게르노트 뵈메(Gernot Böhme)를 들 수 있겠다. 젤은 자연미학이 윤리학의 일부라는 입장을 취하고 있으며, 뵈메는 '분위기(Atmosphäre)' 개념을 중심으로 자연과 인간의 상호 파트너적인 관계성을 강조한다. 자연과 인간의 관계에 대한 논의에서, 젤이 인간학 및 개인윤리학적 관점에 중점을 두는 반면에 뵈메는 자연과 인간의 상호적 영향 관계에 중점을 두고 있다는 점을 고려한다면, 두 학자 간의 자연과 인간의 관계에 대한 접근 방식은 다소 다르다고 할 수 있을 것이다. 그런데 자연의 도구화 및 자연에 대한 인간의 일방적 지배는 결국 인간 스스로의 '좋은 삶' 을 파괴하는 결과를 초래하며, 이를 벗어나기 위해서는 자연에 대한 근원적인 반성적 사유가 필요하다는 문제의식이 자연미학이나 생태미학의 바탕을 이루고 있기 때문에 젤과 뵈메의 논의는 궁극적으로 동일한 지향점을 가지고 있다고 하겠다.

마틴 젤은, 자연은 일차적으로 미적으로 파악되며, 미적으로 지각된 자연은 윤리학의 한 부분을 이룬다는 점을 세밀하게 분석하고 있다. 젤이 주장하는 요지는 자연에 대한 '인지(Anerkennung)' 는 미학적인 것과 윤리적인 것에 대한 인지이며, 또 이러한 인지를 통해 자연에 대한 미학은 '좋은 삶의 윤리(eine Ethik des guten Lebens)' 와 만나게 된다는 것이다. 젤은 자연에서 직접적으로 윤리가 인지되는 것은 아니며, 자연에 대한 인지는 일차적으로 미적 인지를 통해서만 비로소 가능하다고 본다. 자연이 미적으로 인지될 때 자연은 그 특별한 가치를 드러내고, 이러한 자연에 대한 미적 태도 속에서 인간은 자연을 파악한다는 것이다. 즉 자연과 윤리의 연관성은 직접적으로 드러나는 것이 아니라 자연에 대한 미적 태도를 통해 그 관계 양상이 드러난다는 것이다. 젤은 자연미학의 원칙들을 거론하면서 자연미

21 참고로 언급하자면, 독일어권의 자연미학 및 자연생태미학은 특히 칸트로부터 아도르노에 이르는 자연, 예술, 윤리에 대한 논의를 반성적으로 사유하고, 이를 새로운 관점에서 전개해 나가고 있다고 하겠다.

학이 우선 '미학' 이어야 함과 동시에 '자연' 의 미학이어야 하고 또한 '좋은 삶' 에 대한 윤리학의 한 부분을 이루는 것이어야 한다는 견해를 피력한다. 이런 관점에서 본다면, 젤의 자연미학은 개인의 윤리에 기초한 인간학적 자연미학이며 윤리학의 한 부분으로서의 자연미학이라고 하겠다. 또한 마틴 젤은 게르노트 뵈메의 견해와는 달리 자연과 인간의 관계에서 파트너적인 상호 영향 관계성을 상정하고 있지 않다. 젤이 보기에는, 자연은 인간에게 자연 그 자신의 언어를 전달하지 않으며, 단지 인간이 다양한 방식으로 드러나는 자연현상을 미적으로 인지할 뿐이다. 달리 말하자면, 인간은 자연이 말하는 바를 직접적으로 파악할 수 없고, 자연현상을 미적으로 파악하는 특별한 방식의 지각을 통해 자연과 만나게 되며, 이를 통해 '좋은 삶' 의 윤리가 말해질 수 있다는 것이다.[22]

젤에 따르면, 자연은 인간에게 단일한 방식이 아니라 세 가지 미적 차원 — '관조(Kontemplation)', '상응(Korrespondenz)' 그리고 '상상력(Imagination)' — 속에서 드러난다.[23] 자연은 관조의 장소인데, 이때 관조란 자연 대상을 '감각적으로(sinnlich)' 지각하는 '태도(Verhalten)' 를 말한다.[24] 그런데 자연은 관조의 장소일 뿐만 아니라 인간 삶의 장소이기도 하다. 우리는 자연이 우리네 삶에 어떤 장소인지를 묻게 되는데, 이는 곧 '자연' 과 '삶' 의 '상응' 관계를 나타내는 것이 된다. 또한 자연은 예술과 '상응' 관

22 Martin Seel, *Ethisch-ästhetische Studien*, Frankfurt am Main, 1996, S. 220-243.

23 여기에 언급된 세 가지 미적 차원에 대한 자세한 논의는 Martin Seel, *Eine Ästhetik der Natur*, Frankfrut am Main, 1991을 볼 것.

24 마틴 젤은 '관조(Kontemplation)' 라는 개념이 단지 '봄(Sehen)' 으로 환원되는 것이 아니라고 말한다: "관조가 '바라보는' 혹은 '관찰하는' 태도라고 서술될 때, 이는 곧 모든 종류의 현실적 활동성과 거리를 둔 표현으로 이해된다. 이에 반해 [여기서 말하는] 관조란 문자적인 혹은 은유적인 '봄' 으로 환원되어서는 안 된다; [왜냐하면] 이론적 바라봄도 아니며 시각적 바라봄도 아닌 관조의 형식들이 있기 [때문이다]. …… 모든 관조의 형식들은 어떤 것을(von etwas) 지각하거나 바라보는 것이다. 명상과는 달리 관조는 그 주목(Aufmerksamkeit)의 대상이며 그러한 것으로 남아 있는 객체를 가진다. 요약하자면, 관조란 어떤 것을 관찰하는 데 머무르고 있는 태도(ein Verhalten)이다." (Martin Seel, *Ethisch- ästhetische Studien*, Frankfurt am Main, 1996, S. 262.) 젤의 관조의 형식들, 즉 이론적 · 실천적 그리고 미학적 관조에 대해서는 같은 책, S. 260-272를 참조할 것.

계에 있는데, 이는 또한 '상상력'과 관련된다. 자연은 '상상력'의 장소이다. '상상력'의 원천으로서 자연은 예술이 도달할 수 없는 상상력을 제공하며, 이를 통해 예술은 예술 그 자체의 상상력을 넘어선 '상상력'과 만나게 된다.

게르노트 뵈메는 자연과학적 방법론에 따른 자연철학 및 전통적인 미학이 추구해 온 미적 판단, 예술론 그리고 상징이론이나 해석학적 입장을 비판적으로 검토하고 다시 '지각(Wahrnehmung, *aisthesis*)'의 근원적 의미를 묻고, '몸(Leib)'과 '자연'이 통합된 차원의 자연미학을 전개하고 있다. 뵈메는 다음과 같이 말한다. "새로운 자연철학과 자연미학은 보다 깊은 관계에 있다. 이는 근본적으로 '환경 내에서 인간의 자기 상황(Sich-Befinden des Menschen in Umwelten)'과 관련된다. 인간에 의해 변화된 자연환경이 인간에게 문제가 되는 이유는 바로 인간이 이러한 변화의 파괴성을 인간 자신의 몸으로 감지하기 때문이다. 이 점이 인간이 스스로 고유한 몸을 지닌 감각적 존재로서 환경 내에서 존재한다는 것을 의식하게끔 하며, 또 이러한 자신의 고유한 자연성을 다시 자기의식으로 통합하게끔 만드는 것이다. '환경 내에서 자기상황' 그 자체가 미학의 근본 주제가 될 수 있다."[25] 또한 뵈메는 자연이 인간의 사회 문화적 맥락과 완전히 단절된 '타자'로서 존재하지 않고 '문화적 산물(ein kulturelles Produkt)'이라고 말한다. 즉 '자연'이란 '사회적으로 구성된 자연(sozial konstituierte Natur)'으로서의 '자연'이라는 것이다. 그렇다고 해서 뵈메가 자연을 전적으로 사회, 문화적 결정론에 의해 파악되는 것이라고 강하게 주장하고 있는 것은 아니다. 오히려 그는 "인간은 인간 자신의 문화와 기술적 가능성과 함께 점점 더 자연에 속하는 존재로 파악된다"고 언급하기도 한다.[26]

뵈메는 "미는 몸의 현존성, 공간성 그리고 사회성, 즉 오늘날의 용어로

25 Gernot Böhme, *Für eine ökologische Naturästhetik*, Frankfurt am Main, 1989, S. 9.

26 Gernot Böhme, *Natürlich Natur. Über Natur im Zeitalter ihrer technischen Reproduzierbarkeit*, Frankfrut am Main, 1992, S. 123.

'분위기' 라 일컬어질 수 있는 현상들의 영역에서 드러난다"고 말한다.[27] 즉 '분위기(Atmosphäre)' 는 새로운 미학의 근본 개념으로 파악되어야 한다는 것이다. 사실 '분위기' 라는 이 표현이 미학적 담론에서 낯선 것은 아니다. 그러나 뵈메는 전통적인 미학이 서너 가지의 '분위기', 예를 들어 미와 숭고, 피토레스크(Pittoreske) 그리고 '특성없는 분위기', 즉 '분위기 일반(Atmosphäre überhaupt)' 으로서의 아우라(Aura) 등의 고찰에 국한되는 한계성을 지적하면서, 예를 들어 상쾌한, 진지한, 공포스러운, 억압적 기분이나 전율, 권위, 신성, 모욕의 분위기 등의 표현에서 엿볼 수 있듯이 '분위기' 는 보다 복잡하고 다양한 상황을 나타내는 것이라고 하면서 다음과 같이 말한다. "[분위기와 관련된] 언어 표현의 다양성은 미적 이론이 예견할 수 있는 것보다 훨씬 더 많고 복잡한 분위기에 대한 지식이 있다는 것을 시사하고 있다."[28]

뵈메는 '분위기' 개념을 무엇보다 인간, 공간 그리고 자연에 적용한다. "우리는 봄아침 그 상쾌한 분위기 혹은 뇌우가 올 것 같은 하늘에 드리운 위협적인 분위기를 말하기도 하고 골짜기의 사랑스런 분위기나 정원의 아늑한 분위기를 말하기도 한다. 어떤 공간에 들어서면, 우리는 곧 기분 좋은 분위기에 둘러싸여 있다는 느낌이 들기도 하고, 이와는 반대로 긴장된 분위기에 빠져들기도 한다. 우리는 어떤 한 사람에 대해 위엄적인 분위기가 있다고 말하고 또 어떤 남자나 여자에 대해 에로틱한 분위기를 연출한다고 말하기도 한다. …… 우리는 대상이나 주위 환경이 분위기를 산출하는지,

27 Gernot Böhme, *Kants Kritik der Urteilskraft in neuer Sicht*, Frankfurt am Main, 1999, S. 9. 참고로 언급하면, 뵈메는 '분위기' 로서의 미학적 관점에서 칸트 미학의 몇몇 계기들을 새롭게 조명하기도 한다. 칸트는 인간이 자연적 존재이자 (미적) 문화적 존재이며 또한 도덕적 존재라고 파악하면서, 그의 미학과 목적론에서 자연의 합목적성에 대한 반성적 사유 그리고 이를 통한 미, 자연, 예술, 문화, 도덕 등의 문제를 심도 깊게 전개하였다. 뵈메는 칸트 미학을 분석하면서 '분위기' 의 미학과 연결하여 설명하기도 하는데, 예를 들면 칸트가 언급한 미적 판단의 계기들 중의 하나인 미적 판단의 무개념성(Begriffslosigkeit)을 '분위기' 와 관련시켜 설명하기도 한다.

28 Gernot Böhme, *Atmosphäre*, Frankfurt am Main, 1995, S. 35.

아니면 그것을 경험하는 주체가 분위기를 산출하는지를 정확히 알지 못한다. 또한 우리는 분위기가 어디에 있는지 그렇게 정확히 알지 못한다. 분위기는 말하자면 마치 안개가 낀 것처럼 느낌의 음색으로 공간을 채우는 것 같이 보이는 것이다."[29] 달리 말하자면, '분위기' 는 규정될 수 없는 것으로서 자연을 경험할 때 발생하는 주체와 자연(대상)의 거리를 해소해 주며, 따라서 주체와 객체가 분리되지 않는 공간을 형성하는 것이다.

뵈메의 '분위기' 로서의 미학은 '황홀감(Ekstasen)' 과 '인상학(Physiognomie)' 이라는 맥락에서 파악된다. 뵈메에 따르면, '황홀감' 은 스스로 드러나며 스스로 현시되는 고유한 공간성을 지닌 자연 대상을 '몸' 으로 지각하는 활동과 관련된 것이다. 관찰자는 '자기 스스로 현시함(Sich-Selbst-Präsentieren)' 으로서의 자연 대상을 몸으로 지각하며, 이때 관찰자의 몸은 자연 대상의 지각을 이루는 공간이 된다. 또한 그러한 자연 대상을 지각하는 활동, 즉 자연 대상의 '황홀감' 의 총체는 자연 대상에 대한 '인상학' 을 이룬다. '분위기' 는 자연 대상의 지각에 관여된 주체의 몸, 자연 대상의 '인상학' , 그리고 그러한 인상학의 드러남, 즉 '황홀감' 의 맥락에서 파악되는 공간이다. 지각되는 것(자연)과 지각하는 자(인간)를 매개하는 역할을 하며, 이를 통해 주체와 객체가 분리되지 않고 상호 파트너적인 관계에 있음을 보여 주는 '분위기' 는 뵈메의 생태적 자연미학의 근간을 이루고 있는 개념이다.

4. 환경과 미술

환경이 미술의 영역에서 중요한 주제로 부각되면서 시도된 환경미술은 이제 현대 미술의 한 흐름을 형성하고 있다. 환경미술의 의의는 특히 대지

29 위의 책, S. 21-22.

미술(Land Art)에서 가장 특징적으로 엿볼 수 있다. 그런데 환경미학적 관점에서 본 '환경'은 물리적 자연환경뿐만 아니라 사회문화적 환경을 포괄하는 총체적인 영역이다. 따라서 도시공간에 설치된 공공미술 또한 넓은 의미의 환경미술에 포함될 수 있다. 여기서는 대지미술과 관련하여 자연 속의 미술과 특히 도시환경에 설치된 공공미술 및 이에 따른 예술의 자율성 문제를 간략하게 언급하기로 한다.

대지미술은 1960년대 후반 이후 등장했으며, 주로 광활한 자연 대상물인 사막, 산, 계곡, 해변 등을 작품의 소재로 삼았고, 이를 통해 미술 개념의 지평을 확대했다는 평가를 내릴 수 있다. 대표적인 대지미술 작가로는 리처드 롱(Richard Long), 앤디 골즈워시(Andy Goldsworthy), 데이비드 내시(David Nash), 로버트 스미드슨(Robert Smithson), 마이클 하이저(Michael Heizer), 월터 드 마리아(Walter de Maria) 등을 들 수 있다. 일반적으로 대지미술 작가들은 인위적으로 완결된 작품에 관심이 있는 것이 아니라 작품 그 자체를 자연의 한 부분으로 간주하고 작품을 통해 자연의 변화에 참여하는 태도로 작업을 한다. 달리 말하자면, 대지미술을 추구하는 작가들은 전통적인 자연의 모방이나 자연을 변형하는 데 관심을 두기보다는 자연 '속으로' 들어가 자연과의 새로운 관계 설정을 시도하는 것이다. 예를 들어 영국 작가 앤디 골즈워시는 자연 속에 흩어져 있는 다양한 자연 재료(모래돌, 찰흙, 이끼, 나뭇잎, 나무 등)로 작업을 하고 이를 통해 자신의 작품 대상인 자연을 이해하려고 시도한다. 골즈워시의 작업은 자연이 부여한 작품의 형태를 통해 인간과 자연(대지)을 새롭게 관계 맺으려는 예술 행위라고 할 수 있겠다.

대지미술이 자연적 환경과 주로 결부된 미술인 반면, 공공미술은 사회적 · 문화적 환경과 결부된 미술이다. 흔히 도시공간에 설치된 공공미술은 대중이 친숙하고 쉽게 다가가 감상할 수 있는 작품이어야 한다고 말한다. 그러나 여기에는 문제가 있는데, 왜냐하면 대중의 예술적 감성이 실제로 어떠한 상황에 있는지, 그리고 대중이 도대체 어떠한 공공미술 작품을 기대하는지를 분명하게 파악하는 것은 매우 어려운 일이기 때문이다. 또한 예술의 공공성이 지나치게 강조될 경우, 자칫 예술의 자율성이 심각하게 도전받을 수 있다. 리처드 세라(Richard Serra)의 공공미술 작품 〈기울어진 호〉가 철거된 사건은 그 대표적인 예이다. 그러나 예술의 자율성만이 지나치게 강조되다 보면 예술이 지닌 사회 · 문화적 맥락과 공공미술의 본래적 의미가 상실될 수도 있다. 공공미술을 둘러싼 담론의 사정이 이렇듯 간단하지 않고 복잡하기 때문에 예술의 자율성과 공공성에 대한 보다 깊이 있는 논의가 지속적으로 필요하다.

이러한 관점에서 볼 때, 공공미술과 대중과의 관계에서 무엇보다 중요한 것은 소통(communication)의 문제이다. 추상적이거나 혹은 주위 환경과 부조화를 이루는 공공미술 작품이라 하더라도 적절한 소통의 과정을 거친다면, 그 작품에 대한 긍정적 혹은 새로운 시각이 도출될 가능성은 더욱 커진다. 역설적으로 말하자면, 대중들에게 너무나도 친숙하고 일상적인 공공미술 작품인 경우, 오히려 대중들은 그 작품에 무관심할 수도 있다. 달리 말해서, 대중과의 거리를 좁히려고 단지 장식적이고 미화적인 공공미술 작품만을 제작한다면, 이는 결과적으로 대중과의 거리를 좁히지 못하고 오히려 더 넓히는 결과를 초래할 수도 있는 것이다. 공공미술 작품은 어디까지나 예술작품이며 단순한 미화품이나 치장품일 수 없다. 도시의 환경공간은 이미 꾸며진 장식품들로 차고도 넘친다. 이런 상황에서 공공미술 작품이 작품으로 감상되지 못하고 한갓 미화품이나 치장품 등과 같은 조형물로 인식된다면, 공공미술의 공공성은 사라지고 부정성만 남게 될 것이다. 공공미술은 예술의 자율성과 대중이 친숙하게 다가설 수 있는 공공성 사이에 내재한 긴장감을 예술 형식으로 담아내야 하는 어려운 과제를 안고 있다고 하겠다.

더 읽을거리

Berleant, A., *Art and Engagement*, Temple University Press, 1991.

Böhme, G., *Kants Kritik der Urteilskraft in neuer Sicht*, Frankfurt am Main, 1999.

________ , *Atmosphäre*, Frankfurt am Main, 1995.

Zimmermann, J. (Hg.), *Ästhetik und Naturerfahrung*, Stuttgart 1996.

예술과 진화심리학

김진엽

1.

진화심리학은 진화생물학과 심리학이 결합되어 이루어진 학문이다.[1] 다윈에 의해 기초가 마련된 진화생물학은 생물은 변이(variation)와 선택(selection)에 의해 진화한다고 주장한다. 변이란 기존의 종에 물리적 변화가 일어나는 현상이다. 예컨대, 누런 나방의 종에서 검은 나방이 태어나면 검은 나방은 누런 나방의 변이이다. 기존의 종에 일어나는 급격한 물리적 변화를 돌연변이라고도 한다. 그런데, 기존의 종에 변이가 일어났을 때, 어떤 변이는 선택되어 유전적으로 계승되고 어떤 변이는 계승되지 못한다. 선택의 유무는 그 변이가 주어진 환경 내에서 해당 생물 종의 번식과 생존에 유리한지 또는 불리한지에 달려 있다. 누런 나방이 변이인 검은 나방의 경우, 주어진 환경이 나무 밀집 지역이라면 누런 나뭇가시에서 살다가 다른 포식자의 눈에 잘 띄어 생존의 가능성이 낮아진다. 따라서, 검은 나방은 자연 도태되어 유전적으로 계승되지 못한다. 이와는 달리 검은 나방의 주

1 진화심리학에 대한 개괄적 설명은 David Buss, *Evolutionary Psychology: The New Science of the Mind*, Boston: Allyn and Bacon, 1999를 참고하기 바란다.

어진 환경이 공업지대라면 검은 건물 벽에서 살다가 다른 포식자의 눈에 잘 안 띄어 생존의 가능성이 높아진다. 따라서, 검은 나방은 자연 선택되어 유전적으로 계승된다. 나방의 예에서 볼 수 있듯이, 해당 생물 종의 번식과 생존에 유리하게끔 기능하는 변이는 선택되어 유전적으로 계승되고, 불리하게끔 기능하는 변이는 번식과 생존에 실패하여 자연 도태되는 것이다. 그러므로, 현재 존재하는 종의 물리적 구조는 번식과 생존에 유리한 방향으로 진화되어 온 결과라고 볼 수 있다.

진화심리학은 진화생물학의 이러한 견해를 인간의 심리에 대한 연구에도 적용한다.

진화생물학이 인간의 물리적 구조인 신체를 다윈의 진화론에 근거해 설명해 나가듯이, 진화심리학은 인간의 심리적 구조인 정신과 마음까지도 다윈의 진화론에 기초해 해석해 나간다. 진화심리학에 따르면, 현재 존재하는 종의 물리적 구조가 번식과 생존에 유리한 방향으로 진화되어 온 결과이듯이, 현재 존재하는 인간의 심리적 구조도 번식과 생존에 유리한 방향으로 진화되어 온 결과이다. 따라서, 인간의 여러 심리들 중 번식과 생존에 유리한 심리는 자연 선택되어 유전적으로 계승되어 왔고, 불리한 심리는 자연 도태되어 계승되지 못하였다. 인간의 번식과 생존에 유리한 물리적 구조가 몸에서 몸으로 계승되는 것과 마찬가지로, 인간의 번식과 생존에 유리한 심리적 구조도 뇌에서 뇌로 계승된다.[2] 예컨대, 성적 욕망을 금기시하는 심리는 번식에 불리하게 작용하기 때문에 대다수의 인간에게 계승되지 못하고 도태하기 쉽다. 쇼펜하우어 식의 비관적인 인생관도 생존에 불리하게 작용하기 때문에 마찬가지이다. 이기적 인간에 대한 경계심은 한 개인뿐만 아니라 집단의 생존에도 유리하게 작용하므로 대다수의 인간에게 계승된다. 진화심리학은 이렇듯 인간 심리적 구조의 소산물인 사랑, 질투, 욕망, 윤리, 종교, 예술 등을 번식과 생존이라는 두 가지 조건과의 연관

2 리차드 도킨스, 홍영남 옮김, 『이기적 유전자』, 서울: 을유문화사, 2002, 308쪽.

속에서 고찰해 나간다. 사랑, 질투, 욕망, 윤리 종교, 예술 등이 번식과 생존이라는 조건에 의해 어떻게 형성되었는가를 분석하는 데 초점을 맞추는 것이다. 이 글에서는 이 중 예술에 진화심리학을 적용하여 나온 분석 결과를 살펴보도록 하겠다.

2.

진화심리학에 따르면, 예술은 인간의 감정을 즐겁게 해주는 인공적 기술이다.[3] 인간의 감정을 즐겁게 하는 인공적 기술, 즉 인간에게 쾌의 감정을 제공하는 인공적 기술에는 여러 가지가 있다. 대뇌를 전기로 자극해 쾌의 감정을 제공하는 기술은 가장 최신의 인공적 기술이라고 할 수 있다. 인간의 감정을 즐겁게 해주는 전통적인 인공적 기술 중 가장 대표적인 것은 술이나 담배이다. 마약이나 환각제도 마찬가지다. 예술도 인간의 감정을 즐겁게 해주는 오래된 인공적 기술이다. 미술은 시각을 통해 인간의 감정을 즐겁게 해주는 기술이다. 음악은 청각을 통한 기술이다. 오페라나 영화는 시각과 청각을 종합하여 인간의 감정을 즐겁게 해주는 기술이다. 춤은 육체를 통해 인간의 감정을 즐겁게 해주는 기술이다. 근대적 의미에서의 예술에 속하지는 않지만, 마사지, 요리, 향수, 스포츠 등도 비슷한 맥락에서 이해될 수 있다. 마사지는 촉각을 통해, 요리는 미각을 통해, 향수는 후각을 통해, 스포츠는 몸을 통해 감정을 즐겁게 해주는 전통적인 인공적 기술이라고 할 수 있다.

그런데, 기술은 기술 자체를 목표로 하지 않는다. 모든 기술은 무엇을 위한 기술이다. 기술을 위한 기술은 적어도 해당 기술의 출현 당시에는 존재

3 이에 대한 논의를 위해서는 딜런 에번스, 임건태 옮김, 『감정』, 일산: 이소출판사, 2002, 81-123쪽을 참고하였다.

하지 않는다. 따라서, 인간의 감정을 즐겁게 해주는 인공적 기술로서의 예술도 어떤 목적을 수행하기 위해 출현하였다. 예술을 위한 예술은 존재하지 않는다. 예술은 그 무엇인가를 위한 예술이다. 그리고 진화심리학에서, 그 무엇인가는 번식과 생존이다. 예술은 번식과 생존을 증진시키기 위해 우리의 감정을 즐겁게 해주는 인공적 기술이라는 것이다. 그렇다면, 이 견해를 번식과 생존 부분으로 나누어 살펴보자.

예술이란 무엇인가에 대한 진화심리학적 답변들 중의 하나는 예술은 종족 번식에 도움을 주려는 활동에서 비롯되었다는 답변이다. 예술에 대한 이러한 견해는 미에 대한 다윈의 견해에서도 간접적으로 드러난다. 다윈은 미란 종족 번식을 증진시키는 데 도움을 준다고 보았다.[4] 아름다운 꽃은 벌의 눈에 잘 띄어 번식에 유리하다. 민들레나 쐐기풀과 같이 바람에 의해서 수정되는 꽃은 아름다운 빛깔을 띠지 않는다. 따라서, 만일 곤충이 지구상에 존재하지 않았다면 식물은 아름다운 꽃으로 장식되지 않았을 것이다. 이러한 현상은 열매의 경우에도 마찬가지이다. 잘 익은 딸기와 버찌가 아름다운 색깔을 띠는 것은 잘 먹혀서 그 종자가 똥에 섞여 전파되기 위함이다. 조류, 어류, 파충류, 포유류 등의 경우는 어떠한가? 이들 생물의 경우, 수놈들의 아름다운 형태나 음색은 끊임없이 암놈들에 의해 사랑받기 위해서 만들어진 것이다.

생물 일반에 광범위하게 적용되는 미에 대한 자신의 견해가 인간의 예술에도 타당하다는 점을 다윈 스스로가 밝히고 있는지는 불확실하다. 다만, 다음과 같은 두 가지 사실을 고려한다면 그 타당성을 이끌어 내기에 무리가 없다. 먼저, 다윈은 미적 감정을 포함하여 슬픔, 노여움, 사랑 등의 다양한 감정에 대한 자신의 논의가 인간을 포함한 생물 일반에 모두 적용된다

---

4 찰스 다윈, 이민재 옮김, 『종의 기원』, 서울: 을유문화사, 1995, 209-211쪽을 참고하기 바란다. 미에 대한 다윈의 관점과 그 관점의 현대적 영향에 대해서는 Randy Thornhill, "Darwinian Aesthetics", *Handbook of Evolutionary Psychology: Ideas, Issues, and Applications*, ed. Charles Crawford, New Jersey: Lawrence Erlbaum, 1998을 참고할 수 있다.

고 주장하였다.[5] 그리고 예술이 미적 감정에 기초하고 있다라는 점은 다윈이 살았던 서양 근대의 대표적 관점이었다. 따라서, 생물 일반의 미에 대한 논의가 인간의 예술에도 타당하다는 점을 다윈 스스로 인정하리라고 추측하는 데는 무리가 없다. 그렇다면, 다윈의 미에 대한 관섬에 영향을 받은 진화심리학의 예술관을 구체적으로 살펴보도록 하자.

번식은 인간의 진화 과정에서 생존과 더불어 가장 중요한 요소이다. 그리고 번식에 있어서 가장 중요한 일은 적절한 짝을 찾는 일이다. 적절한 짝을 찾는 일은 남녀 성별로 그 양태가 다르게 나타난다. 남성은 자기의 자손을 임신, 출산, 양육할 수 있는 여성을 원한다. 즉 생산과 양육에 능력 있고 신뢰할 만한 여성을 남성은 원한다. 여성은 임신, 수유, 양육 기간 동안에 안정적으로 자원을 제공할 수 있는 남성을 원한다. 즉 자원 제공에 능력 있고 신뢰할 만한 남성을 여성은 원한다. 이러한 차이는 남성이 선호하는 여성상과 여성이 선호하는 남성상의 차이로 이어진다.[6]

먼저, 남성이 선호하는 여성상을 살펴보자. 남성은 젊은 여성을 원한다. 왜냐하면 젊은 여성일수록 임신과 출산 능력이 크기 때문이다. 남성은 신체적으로 아름다운 여성을 원한다. 구체적으로는 깨끗한 피부, 하얀 치아, 균형 잡힌 이목구비, 낮은 수치의 허리 대 엉덩이 비율[7] 등을 갖춘 여성을 남성은 선호한다. 왜냐하면, 이러한 여성일수록 젊을 뿐만 아니라 건강하기도 하여 유전적으로 튼튼한 자손을 출산하고 양육하는 데 유리하기 때문이다. 남성은 혼전 순결을 지키고 결혼 후에도 바람을 피우지 않을 여성을 선호한다. 왜냐하면 남성은 다른 남성의 자손을 자신의 자손으로 착각해

---

5 찰스 다윈, 최원재 옮김, 『인간과 동물의 감정 표현에 대하여』, 서울: 서해문집, 1998을 참고하기 바란다.

6 남성이 선호하는 여성상과 그 이유에 대해서는 David Buss, *Evolutionary Psychology*, ch. 5를 참고하기 바란다. 그리고 여성이 선호하는 남성상과 그 이유에 대해서는 같은 책, ch. 4를 참고하기 바란다.

7 남성들이 가장 선호하는 허리 대 엉덩이의 비율은 약 0.70이라고 한다. 좀 더 구체적인 내용에 대해서는 Buss, *Evolutionary Psychology*, pp. 142-144를 보기 바란다.

자원을 제공하는 일을 막고 싶기 때문이다.

다음으로, 여성이 선호하는 남성상은 무엇일까? 여성은 경제적 여유를 지닌 남성을 선호한다. 왜냐하면 임신, 수유, 양육 기간 동안에 안정적으로 자원을 제공해 줄 수 있기 때문이다. 그리고 동일한 이유에서 사회적 지위, 야망, 성실함 등의 조건들을 갖춘 남성을 선호한다. 이러한 조건들은 경제적 여유를 이루기 위한 필요조건들이라고 볼 수 있다. 여성은 튼튼하고 용맹스런 남성을 선호한다. 왜냐하면 이런 남성일수록 건강한 자손을 낳는 데 뿐만 아니라 자원을 구해 오는 데도 그리고 가족을 지키는 데도 유리하기 때문이다. 여성은 자신을 사랑하며 정서적으로 안정되어 있는 남성을 원한다. 왜냐하면 그러한 남성일수록 자원을 가족에게만 규칙적으로 제공해 줄 가능성이 높기 때문이다.

남성이 선호하는 여성상과 여성이 선호하는 남성상의 위와 같은 차이는 남성과 여성의 구애 전략에도 영향을 미친다. 남성은 자신을 경제적으로 여유 있고, 사회적 지위가 높고, 성실하고, 튼튼하고, 용맹스럽고, 낭만적이면서도 정서적으로 안정되게 보일수록 좋은 짝을 구하기에 유리하다. 여성은 자신을 젊고, 아름답고, 순결하게 보일수록 좋은 짝을 구하기에 유리하다.

남성과 여성의 구애 전략에 비추어 보았을 때, 예술과 연관 가능성이 많은 부분은 여성의 구애 전략이다. 자신을 젊고, 아름답고, 순결하게 보이게 하기 위한 현대 여성의 구체적 구애 전략은 다음과 같이 조사되었다. "얼굴 화장을 하였다." "몸매를 가꾸기 위해 다이어트를 하고 있다." "화장하는 법을 배웠다." "새롭고 재미난 헤어 스타일로 바꿨다." "인조 손톱을 하였다." "머리를 염색하였다." "실제보다 날씬해 보이기 위해 검은 색 옷을 입었다."[8]

진화심리학에 따르면, 현대 여성의 이러한 구애전략은 인류의 진화 과정

8 Buss, *Evolutionary Psychology*, pp. 157-158.

에서 성립된 것으로 오랜 역사를 지니고 있다. 예술에 대한 진화심리학의 한 입장은 예술은 이러한 구애 전략의 산물이라는 것이다. 여성이 젊고 아름답고 순결하게 보이기 위해 자신을 치장하는 일로부터 예술은 발생했다. 예술은 구애를 위한 여성의 화장, 장식, 치장 등의 소산물이다. 예컨대, 카밀라 파워 같은 이론가는 거의 모든 원시 부족의 여성에게서 이루어진 붉은 색의 보디 페인팅(body painting)이 여성의 임신 능력을 상징하는 생리에서 비롯되었다고 보았다.[9] 남성들의 눈을 끌기 위해 붉은 색의 보디 페인팅을 한 여성들의 군무가 이루어졌고, 이 군무에 음악 등이 곁들여져 제의(祭儀)가 성립하였다. 예술과 제의의 밀접한 연관성을 고려하면, 예술을 여성의 구애 전략으로 간주하는 관점이 여기서도 드러난다.

그런데, 예술을 여성의 구애 전략에서 비롯된 것으로 보는 관점은 문제점을 지닌다. 우선, 예술이 여성의 구애 전략에서 비롯되었음에도 불구하고 예술의 역사에서 왜 남성 예술가가 여성 예술가보다 훨씬 더 많은 것일까? 린다 노클린은 사회적 차별로 인해 여성 예술가의 기근 현상이 벌어졌다고 주장하였다.[10] 그러나, 사회적 차별이 여성 예술가의 기근 현상은 설명해 줄지라도 남성 예술가의 번성 현상을 설명해 주지는 못한다. 남성 예술가의 번성은 남성에게도 예술에 대한 강한 욕구나 필요가 있다는 점을 시사한다. 여성의 구애 전략이라는 모델로는 남성에게도 있었으리라 추측되는 예술에 대한 강한 욕구나 필요를 설명하기 힘들다. 남성의 예술에 대한 강한 욕구나 필요를 남성의 구애 전략에서 찾으면서, "번식을 위한 예술"의 틀을 계속 유지할 수도 있다. 예컨대, 지오프레이 밀러는 여성들에게 매력적으로 보이려는 구애의 경쟁으로부터 예술이 비롯되었다고 주장하였다.[11]

9 Camilla Power, "Beauty Magic: The Origins of Art", *The Evolution of Culture*, ed. Robin Dunbar, New Jersey: Rutgers University Press, 1999, pp. 92-112를 보기 바란다.

10 린다 노클린, *Women, Art, and Power,* 오진경 역, 『페미니즘 미술사』, 서울: 예경, 1997, 7장: 왜 위대한 여성 미술가들이 존재하지 않았는가?

11 Geoffrey Miller, "Sexual Selection for Cultural Displays", *The Evolution of Culture*, pp. 71-91.

그런데, 이러한 주장에도 난점이 있다. 앞서 살펴보았듯이, 진화심리학적 입장에 따르면 여성이 가장 선호하는 남성상은 경제적으로 여유가 있는 남성이다. 그리고 사회적 지위가 높고, 성실하고, 튼튼하고, 용맹스럽고, 낭만적이면서도 정서적으로 안정된 남성을 부수적으로 원한다. 그런데, 예술이 경제적 여유라는 조건이나 다른 부수적 조건을 충족시킨다고 보기는 힘들다. 예술은 구애의 경쟁력을 강화시키지 못한다. 그러므로 남성의 예술이 남성의 구애 전략에서 비롯되었다는 설명은 설득력이 약하다. 따라서, 남녀를 불문하고 예술이 구애의 전략에서 비롯되었다는 "번식을 위한 예술" 이론은 어려움이 있다. 진화심리학의 다른 대안은 예술을 생존과 연관시켜 설명하려는 시도이다.

생명체의 진화 과정에서 번식과 더불어 중요한 또 하나의 요소는 생존이다. 그리고 생존에 중요한 일은 적절한 식량 마련(食), 적절한 주거 마련(住), 침략자나 여타 환경적 위험에 대한 극복 등이다.[12] 적절한 식량 마련은 인류의 생존에 가장 중요한 일이라고 할 수 있다. 적절한 식량 마련에는 유해한 음식과 무해한 음식의 구별 그리고 사냥, 채집, 재배 등을 통한 음식의 확보가 해당된다. 상한 음식에 대한 거부감, 유해한 음식을 먹은 후의 구토, 여성의 임신 중 입덧, 도구의 개발, 남녀간의 역할 분화 등이 적절한 식량 마련이라는 생존 전략의 부산물이다. 적절한 주거 마련은 생존의 다른 두 가지 중요한 조건과 연관된다. 즉 적절한 식량 마련에 유리한 그리고 침략자나 여타 환경적 위험을 피할 수 있는 곳이 주거에 적당하다. 진화심리학자들은 아프리카 대초원(savanna) 지역이 원시 인류에게 적절한 대표적 주거 지역이라고 추측하고 있다. 초록색에 대한 인류의 보편적 선호는 이러한 주거 마련 전략의 부산물이다. 침략자나 여타 환경적 위험에 대한 극복은 낯선 외부인, 맹수, 독사, 독충, 풍토병 등에 대한 극복으로 이루어

---

12 이에 대한 논의를 위해서 Buss, *Evolutionary Psychology*, ch. 3. "Combating the Hostile Forces of Nature: Human Survival Problems"를 참조하였다.

진다. 이러한 극복의 대표적 전략으로는 꼼짝하지 않기, 도망가기, 공격하기, 항복하기, 알레르기, 발열(fever) 등이 있다. 예컨대, 꼼짝하지 않기는 낯선 외부인이나 맹수로부터 자신을 숨길 수 있는 전략이며, 도망가기는 독사의 공격으로부터 벗어날 수 있는 전략이며, 그리고 공격하기는 거미 같은 독충의 위험을 방지할 수 있는 전략이다. 공포, 두려움, 근심 등의 감정은 이러한 전략의 대표적 부산물이다. 이러한 감정은 위험에 대한 방어 또는 차단 메커니즘으로 기능한다.[13]

적절한 식량 마련(食), 적절한 주거 마련(住), 침략자나 여타 환경적 위험에 대한 극복이라는 생존의 주요한 세 가지 전략에 비추어 보았을 때, 예술은 생존과의 직접적 연관성이 없다. 식량 마련, 주거 마련, 환경적 위험에 대한 극복에 예술이 직접적 도움을 준다고 보기는 힘들다. 그런데, 몇몇 진화심리학자들은 예술이 진화의 과정에서 간접적 도움은 주었다고 주장한다. 이러한 주장을 디사나야케(Dissanayake)의 견해를 중심으로 살펴보도록 하자.

디사나야케에 따르면, 예술은 "중요한 대상들이나 활동들"을 "특별하게 만드는 일(making special)"에서 비롯되었다.[14] "중요한 대상들이나 활동들"은 "탄생, 사춘기, 결혼, 죽음, 음식 구하기, 풍요로움을 확보하기, 여성과 대지의 다산성을 지키기, 환자를 치료하기, 전쟁에 참가하기, 분쟁을 해결하기 등"이다.[15] 그리고 "특별하게 만드는 일"은 평범한 또는 자연적으로가 아닌 비범한 또는 초자연적으로 만드는 일을 의미한다.[16] 비범한 또는 초자연적으로 만드는 방식으로는 장식하기, 과장하기, 유형화하기, 병렬하기,

13 방어 또는 차단 메커니즘으로서의 감정에 대한 설명은 Herbert Simon, "Motivational and Emotional Controls of Cognition", *Psychological Review,* vol. 74, no. 1, 1967, 그리고 Nancy Aiken, *The Biological Origins of Art*, Connecticut: Praeger, 1998을 참고하기 바란다.

14 Ellen Dissanayake, *Homo Aestheticus: Where Art Comes From and Why*, New York: The Free Press, 1992, p. 51.

15 *Ibid.*, p. 61.

16 *Ibid.*, p. 49.

형상화하기, 변형하기 등이 있다.[17] 그런데, 특별하게 만드는 일 모두가 예술인 것은 아니다. 예술은 특별하게 만드는 일 중에서도 감각적이고 정서적인 만족을 주는 방식으로 특별하게 만드는 일이다.[18] 그리고 이러한 일은 인간의 생존에 직접적이지는 않지만 간접적 도움을 준다. 디사나야케에 따르면, 예술은 자연을 이해(comprehension)하는, 자연에 대처(dealing with)하는, 그리고 자연과 화해(reconciling)하는 기술이다.[19]

예컨대, 기하학적 문양은 거칠고 위험한 자연적 공간에 질서를 부여하는 예술적 기술이다.[20] 거의 모든 지역에서 나타나는 추상적 형식도 마찬가지이다. 자연을 이해 가능한 형식으로 범주화시키는 예술적 기술이다.[21] 일정한 규칙을 지닌 음악적 선율은 시간적 질서를 통해 자연에 질서를 부여하는 기술이다. 오늘날도 어떤 원시 부족은 폭풍우가 몰아 닥치면 반복되는 노래(chant song)를 부르며 위험으로부터 벗어나려고 한다.[22] 일정한 운율을 지닌 시적 언어도 음악적 선율과 유사한 효과를 의도하고 있다고 볼 수 있다. 몸에 대한 화장이나 장식도 거친 자연과 조화를 이루려는 예술적 기술이다. 화장의 영문 명칭인 코스메틱(cosmetic)은 그 어원이 질서와 조화를 의미하는 코스모스(cosmos)이다. 원시 부족의 성원들은 온몸에 기름을 바르고 색칠을 하는 등의 화장을 함으로써 미완성 상태이고 거친 자신의 몸에 질서를 부여하여 완성을 이룬다.[23] 몸에 대한 장식뿐만 아니라 거주지 주변에 돌을 쌓거나 조형물을 세우는 등의 환경적 장식도 자연에 질서를 부여하는 행위에 해당한다. 그리고 몸을 움직이는 행위인 무용은 우주적 질서를 구현하려는 예술적 기술로 볼 수 있다.[24]

---

17 *Ibid.*, p. 53.
18 *Ibid.*, p. 97.
19 *Ibid.*, p. 76.
20 *Ibid.*, p. 82.
21 *Ibid.*, p. 79.
22 *Ibid.*, p. 78.
23 *Ibid.*, p. 105.
24 *Ibid.*, p. 123. 인류학자들은 예술의 상위 범주인 문화 일반을 자연에 질서를 부여하는 활

미술, 음악, 시, 건축, 무용 등의 원조에 해당하는 이러한 예술적 행위를 통해 인간은 불안정하고 위험한 자연을 조절해 나간다는 것이 디사나야케의 주장이다. 그런데, 예술을 통한 자연 조절 행위는 식량 마련, 주거 마련, 환경적 위험에 대한 극복과 같은 일차적 조절 행위가 아니라 그러한 일차적 조절 행위를 부양시켜 주는 이차적 조절 행위이다. 예술은 정서적인 부분을 뒷받침함으로써 일차적 조절 행위를 잘할 수 있게끔 도와준다. 이러한 의미에서, 예술은 생존의 기술은 아니지만 생존을 "강화(enhancement)" 시켜 주는 기술인 것이다.[25]

3.

지금까지 예술에 대한 진화심리학적 답변을 살펴보았다. 앞서의 논의에서도 드러나듯이, 진화심리학적 답변은 예술에 대한 논의를 초기의 인류에 맞추어 진행한다. 이러한 특징은 예술을 번식과 연관시키는 경우나 생존과 연관시키는 경우, 양자 모두에서 나타난다. 그렇다면, 예술에 대한 진화심리학적 답변은 초기의 인류에게만 유효하고 그 이후의 인류에게는 적용될 수 없는 것인가? 진화심리학적 답변은 예술의 기원에만 유효하고 그 이후에 전개된 예술에는 적용될 수 없는 것인가? 진화심리학자들은 예술에 대한 자신들의 논의가 초기 인류는 물론이거니와 오늘날의 인류에까지, 그리고 태고의 예술뿐만 아니라 오늘날의 예술에까지 유효하다고 주장한다. 이번 장에서는 그 까닭을 살펴보자.

진화심리학자들은 인간의 물리적 구조와 심리적 구조의 진화는 지금으

동으로 바라본다. 일본의 저명한 인류학자 야마구치 마사오는 레비스트로스와 카시러 등의 논의를 빌려, "문화는 새로운 질서를 무정형의 자연에 끊임없이 부여함으로써 성립한다"라고 언급하였다. 야마구치 마사오, 김무곤 옮김, 『문화의 두 얼굴』, 서울: 민음사, 2003, 4장: 문화의 이화성(異和性)을 참고하기 바란다.

25 Dissanayake, *Homo Aestheticus*, p. 139.

로부터 약 600만 년 전부터 약 10만 년 전 사이에 아프리카의 사바나 지역에서 이루어졌다고 주장한다.[26] 600만 년 전은 침팬지 계열과 인간 계열이 분리되어 초기 인류인 호미니드(hominid)가 출현한 시기로 추정되며, 10만 년 전은 인류가 아프리카 사바나 지역에서 다른 지역으로 확산되기 시작한 시기로 추정된다. 화석으로 보았을 때, 10만 년 전 이후 오늘날에 이르기까지 인류의 물리적 구조는 변이와 자연선택을 통한 진화를 하지 않고 거의 동일하다. 진화심리학자들은 인류의 심리적 구조도 10만 년 전 이후 오늘날까지 특별한 진화를 하지 않고 동일하다고 추정한다.[27] 그리고 그 근거로 뇌 크기가 특별히 증가하지 않았다는 점을 든다. 인간 문화의 진화를 비약적으로 수행해 왔던 뇌 크기의 증가는 10만 년 전 무렵 갑작스럽게 멈춰 버리고 지금에 이르기까지 거의 같은 크기를 유지해 왔다.[28] 따라서, 뇌에 각인되어 있는 인간의 심리적 구조 또한 10만 년 전 이후 지금까지 거의 변하지 않았다는 것이 진화심리학자들의 주장이다.

이러한 주장에 따르면, 인류의 물리적 구조와 심리적 구조는 약 600만 년 전부터 약 10만 년 전에 아프리카 사바나 지역에서 진화의 과정을 통해 완성되었으며 그 이후는 큰 변화를 보이지 않았다는 결론에 이르게 된다. 그리고 이러한 결론은 다음과 같은 점을 함축한다. 즉 인간의 물리적 구조와 심리적 구조는 위의 시기 아프리카 사바나 지역에서 생존과 번식의 문제 해결 과정을 통해 정립된 이후 크게 변하지 않고 모든 인류에게 보편적으로 공유되고 있다. 이러한 점은 예술에 대한 진화심리학적 논의에도 마찬가지로 적용된다. 즉 미나 예술과 연관된 인간의 심리적 구조는 위의 시기 아프리카 사바나 지역에서 생존과 번식의 문제 해결 과정을 통해 정립된 이후 크게 변하지 않고 모든 인류에게 보편적으로 공유되고 있다는 것

26 딜런 에반스, 이충호 옮김, 『진화심리학』, 서울: 김영사, 2001, 49쪽.

27 이와 관련된 논의는 에른스트 마이어, 최재천 옮김, 『이것이 생물학이다』, 서울: 몸과 마음, 2002, 11장: 진화에서 인류의 자리, 355-387쪽을 참고하기 바란다.

28 *Ibid.*, 375-376쪽.

이다.

다음과 같은 몇 가지 예를 들 수 있다. 우리는 초원이 펼쳐져 있는 풍경을 보며 아름다움을 느낀다. 왜냐하면, 아프리카 사바나의 초원 지역이 인류의 진화기에 생존에 유리하게 작용하였으므로 그 지역에 대한 선호가 심리적 구조 속에 각인되어 계승되고 있기 때문이다. 우리는 풍만한 가슴과 가는 허리를 지닌 여인에게서 아름다움을 느낀다. 왜냐하면, 그러한 여인의 신체가 인류의 진화기에 번식에 유리하게 작용하였으므로 심리적으로 선호, 계승되고 있기 때문이다. 우리는 추상예술을 선호한다. 왜냐하면, 인류의 진화기에 아프리카 사바나 지역에서 자연의 위험에 적절히 대처하기 위해서는 핵심적 부분을 명료하게 추출해 내는 추상적 능력이 필요했기 때문이다.[29] 우리는 삶과 죽음, 성과 사랑, 탐험과 투쟁, 사회적 갈등 등의 소재를 담은 예술작품에 흥미를 지닌다. 왜냐하면, 이러한 소재들이 인류의 진화기에 중요하고 진지하게 다루어져야 했던 생존과 번식의 과제였기 때문이다.[30]

이렇듯, 진화심리학자들은 미와 예술에 대한 인간 심리의 '보편성'을 주장하며, 자신들의 논의가 오늘날의 인류와 예술에까지 적용될 수 있다고 이야기한다.[31] 그런데, 미적 또는 예술적 '보편성'에 대한 탐구는 미학에서 낯설지 않은 전통이다. 특히, 서양 미학의 경우 근대에 들어서는 우리의 주관적 마음 상태에 바탕을 두고 '보편성'을 해명하려는 탐구가 개진되었다. 그 대표적인 예를 흄과 칸트에서 볼 수 있다. 흄과 칸트 양자 모두 미적 판단을 우리의 심리에 근거를 두고 있는 주관적 판단이라고 간주한다. 그런데, 이들에 따르면, 미적 판단은 주관적인 판단이긴 하지만 개인적인 판단

29 Steven Pinker, *How the Mind Works*, New York: Norton, 1997, pp. 526-527.

30 이 점에 대해서는 J. Carroll, *Evolution and Literary Theory*, Columbia: University of Missouri Press, 1995를 참고하기 바란다.

31 이에 대한 개괄적 소개에 대해서는 Dennis Dutton, "Aesthetic Universals" in *The Routledge Companion to Aesthetics*, ed. Bery Gaut and Dominic M. Lopes, London: Routledge, 2001, pp. 203-214를 참고하기 바란다.

에 그치는 것이 아니라 모든 사람들이 공유하는 보편적인 판단이 될 수 있다. 어떻게 개인의 주관적인 판단이 보편성을 지닐 수 있는가? 흄은 우리 모두가 자연적인 정상적 상태에서는 동일한 미적 판단을 내릴 수 있다고 보았으며, 칸트는 우리 모두가 공통감을 공유하기 때문에 특정 개인의 미적 판단에 우리 모두가 동의할 가능성이 있다고 생각하였다.[32] 그런데, 미적 판단의 보편성에 대한 흄과 칸트의 위의 주장에 대해 다음과 같은 의문을 각각 제기할 수 있다. 먼저, 흄과 관련하여, 미적 판단을 내리는 취미 기관의 자연적 정상 상태란 무엇인가? 이에 대해 흄은 다섯 가지 조건을 제시하는데, 이 다섯 가지 조건을 자연적인 정상 상태를 유지시켜 주는 조건이라고 볼 근거는 명확지 않다. 다음으로, 칸트와 연관하여, 우리 모두가 미적 판단을 내리는 공통감을 공유한다고 볼 수 있는 근거는 무엇인가? 칸트가 이러한 근거를 적절히 제시하는지는 모호하다. 즉 흄은 자연적인 정상적 상태가 무엇인지를 설명해 나가는 부분에서, 칸트는 공통감을 공유하고 있는 근거를 밝히는 부분에서 설득력이 떨어진다. 따라서, 근대 이후 현대에 들어서는 미적 또는 예술적 '보편성'에 대한 탐구보다는 '상대성'에 대한 강조가 두드러진다.

이러한 상황에서 진화심리학은 '보편성'에 대한 새로운 설명을 제공할 수 있다. 예컨대, 진화심리학의 관점을 적용할 경우, 흄이 말하는 인간의 자연적인 정상적 상태란 약 600만 년 전에서부터 10만 년 전까지의 기간 동안 진화의 결과로 인간이 지니게 된 물리적 · 심리적 구조의 상태라는 설명이 가능하다. 그리고, 칸트의 공통감에 대해서도 유사한 지역, 유사한 조건 아래에서 이루어진 진화의 결과로 인간 모두는 공통감을 공유하게 되었다는 설명이 가능하다.

---

32 이에 대해서는 David Hume, "Of the Standard of Taste", *Of the Standard of Taste and Other Essays*, ed. John Lenz, Indianapolis: The Bobbs-Mrrill, 1965, pp. 3-24, 그리고 I. 칸트, 이석윤 역, 『판단력 비판』, 서울: 박영사, 1984, 57-107쪽을 참고하기 바란다.

4.

지금까지 살펴보았듯이, 예술에 대한 진화심리학적 답변이 제시하는 예술의 가장 큰 특징은 예술이 인간의 생물학적 필요를 충족시켜 주는 기술이라는 것이다.[33] 이 글에서는 특히 번식과 생존이라는 인간의 생물학적 필요 중 생존적 필요에 좀 더 무게를 두어 살펴보았다. 예술과 생존적 필요의 연관은 낯설어 보인다. 앞서 언급했듯이, 예술이란 무엇인가라는 이론적 답변들의 대표적 형태는 모방론, 표현론, 형식론, 제도론 등이다. 이들 답변들의 어떠한 것도 예술과 생존적 필요의 연관성을 함축하고 있지 않다. 특히, 근대 이후 서양에서 등장한 '무관심성'이나 '예술을 위한 예술'이라는 개념은 예술과 생존적 필요의 연관성을 더욱 약화시켰다.[34] 이들 개념은 예술에게 생존적 필요는 물론이거니와 경제적 · 윤리적 · 정치적 필요를 충족시키는 일로부터 멀어질 것을 권유하였다. 이러한 이론들의 풍조는 일반인들에게도 깊은 영향을 주었다. "예술은, 우정이 그러하듯, 생존의 기술을 가르치는 것이 아니라 생존 후의 가치를 가르친다"라는 서양의 경구는 예술에 대한 일반적 가치관을 담고 있다.

예술과 생존적 필요의 분리는 생존의 세계로부터 벗어난 미적 자율성을 예술에 부여하는 데 기여하였다. 그러나 그 벗어남의 정도가 클수록 예술은 생존 영역에서의 중요성을 상실해 나갔다. 예술은 생존 후의 가치이기

33 이러한 견해는 분석미학의 전성시대에는 간과되었다가 요즈음 새로이 조명되고 있는 존 듀이의 이론에서도 나타난다. 듀이에게서 예술은 미적 경험이다. 그리고 미적 경험은 생명체인 인간의 '기본적인 생명 기능'을 그리고 '금수'와 공유하는 '생물적 평범함'을 주어진 환경 속에서 충족시키는 일로부터 시작된다. John Dewey, *Art as Experience*, Carbondale: Southern Illinois University Press, 1989, 3장 "Having an Experience"를 참고하기 바란다.

34 미적 무관심성을 강조하는 이론가들은 생존을 강화시키는 제의가 예술의 맹아임을 인정하는 경우에도 본격적인 예술은 제의에서 생존의 맥락이 떨어져 나감으로써 성립되었다고 본다. 즉 제의에 대해 무관심적인 거리를 둠으로써 예술이 성립되었다는 것이다. 이러한 입장을 펼치는 책의 한 예로는 J. 해리슨, 오병남 · 김현희 공역, 『고대 예술과 제의』, 서울: 예전사, 1996을 참고하기 바란다.

때문에 생존이 여유롭지 않을 때는 수행되기 힘들다. 예술은 생존이 여유로운 후에 즐기는 잉여의 활동으로 간주된다. 그런데, 과거는 물론이거니와 산업화가 급속도로 진행된 오늘날까지도 대부분의 일반적 사람에게 생존은 쉽지 않다. 그렇다면, 대부분의 일반적 사람은 예술의 영역 밖에 놓이게 되며, 예술은 생존이 여유로운 소수의 사람만의 향유물이 된다. 예술과 생존의 분리는 예술에 대한 일반인의 무관심 그리고 예술의 엘리트화와 탈세속화를 낳을 수 있는 것이다.

그러나 진화심리학은 예술과 생존의 분리에 도전한다. 앞서 언급했듯이, 진화심리학은 예술이 생존 후의 가치가 아니라 생존을 강화시켜 주는 기술이라는 점을 강조한다. 불안하고 위험한 생존의 세상에 대처하는 감정의 기술이 예술인 것이다. 따라서, 생존이 힘들어도 예술은 수행되어야 하며, 예술을 통해 우리의 생존은 여유로워질 수 있다. 예술이란 무엇인가에 대한 진화심리학적 답변은 근대 이후 간과되었던 예술과 생존의 관계를 분명히 함으로써 예술의 존재 이유와 기능을 우리의 삶 속에 깊이 새겨 놓고 있다.[35]

35 이 글은 필자의「예술이란 무엇인가?: 진화심리학적 답변」,『미학』36집, 2003, 121-144쪽에 기초하고 있다.

더 읽을거리

딜런 에번스, 『진화심리학』, 이충호 옮김, 김영사, 2001.

리차드 도킨스, 『이기적 유전자』, 홍영남 옮김, 을유문화사, 2002.

찰스 다윈, 『종의 기원』, 이민재 옮김, 을유문화사, 1995.

Buss, D., *Evolutionary Psychology: The New Science of the Mind*, Boston: Allyn and Bacon, 1999.

Dissanayake, E., *Homo Aestheticus: Where Art Comes From and Why*, New York: The Free Press, 1992.

Pinker, S., *How the Mind Works*, New York: Norton, 1997.

예술에 대한 인지신경과학적 연구

김채연

1. 서론

예술과 과학. 만일 국어사전에 있는 수많은 단어들을 그 의미의 유사성에 의거해 나열한 상상의 좌표가 있다면, 일견 예술과 과학은 더 이상 멀 수 없는 거리를 두고 떨어져 있을 것처럼 보인다. 따라서 예술가의 편에서 보면, 예술작품, 예술가의 의도, 혹은 예술작품의 감상과 관련된 일련의 지적 활동을 과학의 잣대로 측정한다는 것이 가당치도 않을 것이며, 과학자의 눈에는 예술이란 진정한 과학적 연구의 주제라기보다는 대중적인 지적 호기심의 대상에 불과한 것으로 보이기 쉽다. 예술(혹은 인문학 일반)과 과학의 이러한 간극은 그 자신 소설가이며 동시에 과학자였던 스노(C. P. Snow)에 의해 "두 개의 문화(the two cultures)"로서 명명된 바 있다.[1] 그러나 최근 십여 년 동안 우리는 화해 불가능한 것으로 여겨졌던 예술과 과학 간의 거대한 간극이 급격하게 좁혀지는 새로운 경향을 목도해 왔다. 특히 발달, 감각지각, 운동, 주의, 기억, 언어, 정서, 그리고 의식 등을 포함하는 인지기

1 Snow, C. P., *The two cultures and the scientific revolution*, Cambridge University Press, 1959.

능들을 뇌를 연구함으로써 이해하고자 하는 인지신경과학 분야에서 이러한 경향이 두드러졌다. 이제 미술, 혹은 음악과 관련된 인간의 인지기능을 과학적으로 접근하는 연구들을 가장 영향력 있는 과학학술지에서 만나게 되는 것은 더 이상 놀라운 일이 아니며,[2] 때로는 학술지의 전권이 예술에 대한 과학적 연구들을 특집으로 다루는 데에 할애되기도 한다.[3] 또한 저명한 신경과학자들이 자신들의 연구 방법을 예술작품의 해석에 적용한 저서들도 출간되고 있다.[4]

이러한 경향은 예술작품이 예술가의 인지기능의 소산이며, 비록 특별한 재능과 영감에 의해 구별되기는 하지만 예술가의 인지기능 또한 대체적으로 일반인과 동일한 법칙에 의해 운영되는 신경 기제에 기반하고 있다는 점에서 주목할 만하다. 우리는 예술에 대해 연구함으로써 예술과 연관된 인간의 인지 기능에 대해 더 많을 것을 배울 수 있는 것이다. 예술이 가장 고차원적이고 다양한 양상을 지닌 행동의 하나라는 사실은, 예술에 대한 인지신경과학적 접근이 우리에게 뇌에 관해 가르쳐 줄 수 있는 것의 범위를 더욱 확장시켜 준다. 한편 예술에 대한 인지신경과학적 접근은 우리가 예술을 이해하는 데에도 커다란 도움을 줄 수 있다. 인상주의라는 화풍을 이름 짓게 한 모네(Claude Monet)의 작품 〈해돋이 인상(Impression Sunrise)〉(1872)을 생각해 보자. 화가가 눈앞에 펼쳐진 해돋이의 광경을 바라보는 것(지각), 캔버스 위에 붓을 놀리는 것(운동), 그리고 우리가 그 결과물을 꼼꼼히 들여다볼 때(주의) 환기되는 느낌(정서) 등을 이해하는 것은 분

---

2 대표적인 연구들을 예시하자면, Blood, A. J., Zatorre, R. J., Bermudez, P. and Evans, A. C., "Emotional responses to pleasant and unpleasant music correlate with activity in paralimbic brain regions", *Nature Neuroscience* 2, pp. 382-387, 1999; Münte, T. F., Altenmüller, E. and Jäncke, L., "The musician's brain as a model of Neuroplasticity", *Nature Reviews Neuroscience* 3, pp. 473-478, 2002; Pelli, D. G., "Close encounters-An artist shows that size affects shape", *Science* 285, pp. 844-846, 1999.

3 *Journal of Consciousness Studies* 6, 1999; *Journal of Consciousness Studies* 7, 2000.

4 시각 관련 신경과학의 대가인 리빙스턴(Livingston, M. S)과 제키(Zeki, S) 등의 최근 저서들이 그 대표적인 예이다. 본 글의 내용과도 밀접한 관련을 지니는 이 저서들을 더 읽을거리에 소개하였다.

명 우리가 이 작품을 해석하는 한 방법일 수 있다. 예술에 대한 인지신경과학적 연구와 관심의 증가는 실제로 이러한 인지기능들이 뇌의 어느 부위에서 어떻게 구현되는지에 대한 지식이 축적됨으로써 촉발된 것이기도 하다. 더불어 과학기술의 진보로 말미암아 인간의 뇌기능을 연구할 수 있는 다양한 방법들이 개발되어 이러한 연구와 관심을 가속화하고 있다.

이 글에서는 예술에 대한 최근의 인지신경과학적 연구들을 시각예술을 그 대상으로 국한하여 다루어보고자 한다. 다른 예술 분야, 특히 음악도 최근의 인지신경과학에서 주목받는 주제의 하나임에 틀림없지만, 이를 다루는 것은 또 하나의 독립된 글을 필요로 할 것이다. 시각예술, 특히 미술과 연관된 인지과학적 연구들에 대한 이해를 돕기 위해서 먼저 연관 신경 기제에 대해 간략하게 설명하고, 구체적인 연구들에 대한 기술에서 독자들이 반복적으로 마주하게 될 인지신경과학의 주요 연구 방법들을 우선 다루기로 한다. 이 두 가지로 무장하고 나면 독자들은 예술에 대한 인지신경과학의 흥미로운 연구들을 더 가까이 만날 수 있을 것이다.

2. 시각신경 기제와 그 이후(Neural mechanisms underlying visual perception and beyond)

시각신경 체계는 물론 눈으로부터 시작된다. 내가 지금 내 앞에 있는 컴퓨터를 본다는 행동은, 창문을 통해 들어오는 빛이 컴퓨터라는 물체에 일부 흡수되고 반사되어 내 안구의 뒤편 망막에 상(image)을 만들어 냄으로써 이루어진다. 그러나 시각정보처리 과정이 망막에서 멈춘다면, 나의 시각 경험은 내가 지금 컴퓨터를 보고 있는 것과는 전혀 다른 어떤 것이 되거나 혹은 시각 경험이라는 것 자체가 불가능해진다. 눈이 시각 경험을 위한 원료를 제공한다면, 그 원료를 소화해 내어 의미를 도출하고 행동으로 연결해 내는 일련의 과정은 뇌, 특히 뇌의 가장자리를 둘러싸고 있는 대뇌피질

그림 1.

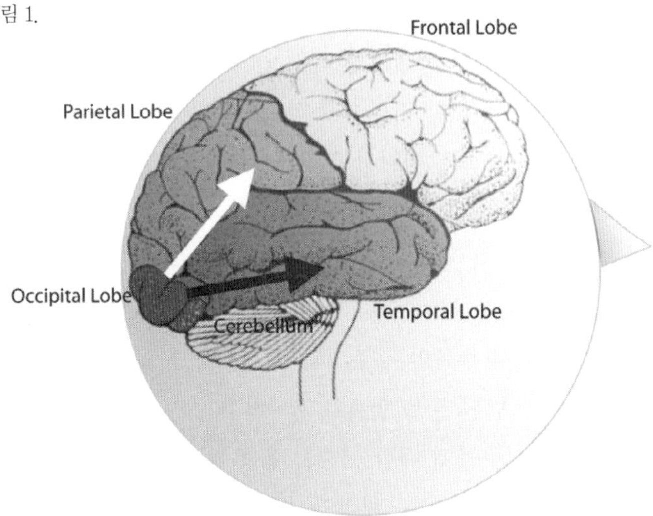
Frontal Lobe
Parietal Lobe
Occipital Lobe
Cerebellum
Temporal Lobe

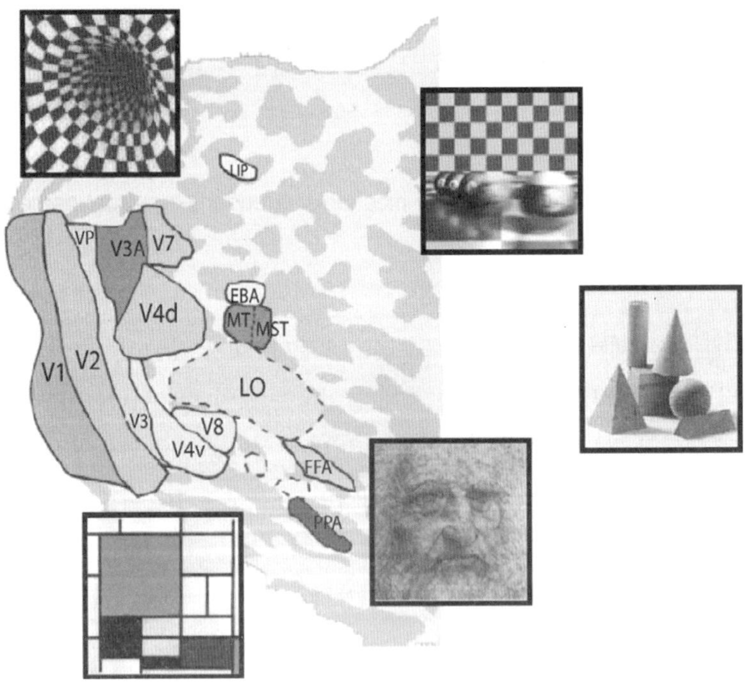
LIP
VP
V3A
V7
V4d
EBA
MT
MST
V1
V2
LO
V3
V8
V4v
FFA
PPA

에서 이루어진다.

망막에서 처리된 시각 정보는 중뇌의 한 부분인 외측 슬상핵(lateral geniculate nucleus: LGN)을 통해 대뇌피질로 전달된다(대뇌의 개략적인 구조와 시각과 연관된 주요 영역들은 그림 1을 참조). 대뇌피질 중 시각처리 영역은 특히 대뇌의 뒷부분인 후두엽(occipital lobe)에 위치한다. 독자가 손을 사발처럼 움푹하게 만들어 자신의 뒤통수, 가장 도드라져 나온 부분에 가져다 댄다면 독자의 손은 지금 자신의 시각피질을 덮고 있는 것이다. LGN으로부터 전달된 시각정보는 먼저 제일차 시각영역(primary visual cortex: V1)으로 입력된다. V1에 위치한 신경세포들은 선의 기울기(orientation), 크기, 색, 움직임 방향 등의 기본적인 시각 특징들에 대한 정보를 후두엽으로부터 측두엽(temporal cortex)과 두정엽(parietal cortex)에 걸쳐 위치한 상위 시각영역들로 분배하여 전달하는 역할을 담당한다. V1 이후의 상위 시각영역들은 특정 시각 특징들을 선별적으로 처리하는 것으로 알려져 있다. 예를 들어 배쪽(ventral) 시각 경로에 위치한—동물의 V4에 해당하는 영역을 포

◀ 대뇌피질의 구조와 시각연관 영역. (위) 우측면에서 본 뇌의 모습. 독자가 보아 그림의 우편이 뇌의 전면, 그림의 좌편이 뇌의 후면을 가리킨다. 소뇌(cerebellum)와 구별되는 대뇌는 크게 네 영역으로 나누어 볼 수 있다. 뇌의 후면에 위치한 후두엽(occipital lobe), 배쪽(ventral) 경로(검은 화살표)에 위치한 측두엽(temporal lobe), 등쪽 경로(흰 화살표)에 위치한 두정엽(parietal lobe), 그리고 뇌의 전면에 위치한 전두엽(frontal lobe)이 그것이다. 기초적인 시각정보의 처리는 후두엽에서 이루어지며, 이 정보들이 배쪽, 등쪽 경로로 전달되면서 다양한 시각정보의 특징들이 선별적으로 처리된다. 전두엽은 가장 상위의 인지기능과 연관되는 것으로 알려져 있으나 그 구체적인 기능에 대해서는 아직도 상당 부분이 미지수로 남아 있다. (아래) 시각연관 영역의 평면도와 각 영역에서 선별적으로 처리되는 시각 특징들. 대뇌피질은 이랑(튀어나온 부분, gyrus)과 고랑(들어간 부분, sulcus)을 포함하는 많은 주름이 잡힌 형태를 띠고 있어서 2차원 그림상에는 잘 나타나지 않는 영역들이 있을 수 있다. 따라서 연구자들은 3차원 입체인 뇌를 2차원 평면상에 펼쳐 보여 주는 방법을 개발하여 고랑 속에 숨겨진 영역까지 효과적으로 표시할 수 있도록 하였다. 그림에서 연한 회색은 이랑을, 진한 회색은 고랑을 나타낸다. 그림 좌측이 후두엽의 끝부분으로 제일차 시각영역(V1)을 포함하며, 그림 우측으로 갈수록 상위 시각영역에 해당한다. 그림 하단이 배쪽 경로로서 색처리를 담당하는 V4/V8, 그리고 얼굴지각을 담당하는 FFA 등의 영역을 포함하며, 그림 상단이 등쪽 경로로서 움직임처리를 담당하는 MT 영역 등을 포함한다.

◀그림 출처: Roger B. H. Tootell, Doris Tsao and Wim Vanduffel, Neuroimaging Weighs In. "Humans Meet Macaques in 'Primate' Visual Cortex", *Journal of Neuroscience* 23, May 2003, pp. 3981-3989.

함한—몇몇 영역들에는 색과 관련된 정보처리에 선별적인 신경세포들이, 그리고 등쪽(dorsal) 시각경로에 위치한 MT(영장류 동물의 경우 middle temporal lobe에 해당) 영역에는 움직임과 관련된 정보처리에 선별적인 신경세포들이 밀집되어 있다. 더 나아가서는 물체의 형태에 관한 정보를 분석하는 영역이나(inferior temporal cortex: IT), 사람의 얼굴에 대해서만 선별적으로 반응하는 신경세포들로 이루어진 영역(fusiform face area: FFA)도 신경과학의 연구를 통해 알려져 왔다.

시각피질의 여러 영역들을 통해 분석된 특징 정보들은 보다 상위의 연합피질(association cortex)로 전달된다. 지각 정보에 근거하여 추론하고 계획하는 능력, 언어능력, 과거 경험에 연관하여 의사를 결정하는 능력 등 인간의 고등정신능력은 대부분 연합영역의 기능이라고 할 수 있다. 특히 전두엽(frontal cortex)은 가장 고차원적인 인간의 인지기능과 관련된 뇌 부위로 창조적 활동도 이 부위의 기능에 기반하고 있는 것으로 생각된다. 전두엽은 또한 변연계(limbic system)에서 처리되는 본능적 정서와 구별되는 기쁨과 슬픔 등 인간만이 지닌 고등 정서의 중추로 여겨지기도 한다.

3. 인지신경과학의 방법

가. 신경심리학(Neuropsychology)

신경심리학적 연구 방법론은 뇌와 관련된 연구 분야에서 가장 전통적인 방법이라고 할 수 있다. 신경심리학적 연구는 여러 가지 원인으로 뇌에 손상을 받은 환자를 대상으로 하여 손상 부위(lesion)와 기능장애를 연관시키는 연구 방법이다. 즉 뇌의 특정 부위에 손상을 입음으로써 특정한 인지기능에 장애가 나타난 경우를 통해, 그 부위가 정상인 경우 그 인지기능을 담당하는 영역일 것이라고 해석하는 것이다. 이러한 신경심리학적 연구 방법은 손상이 일어난 후의 상황을 통해 정상인 경우를 추론하기 때문에 그 가정에 대한 논란이 있어 왔다. 예를 들어 목포에 내린 폭설로 인해 호남 지역의 경제활동이 위축되는 상황은 가능하지만, 우리는 호남 지역의 경제활동이 목포에 국재한다고 결론지을 수는 없을 것이다. 이처럼, 뇌의 특정 부위의 손상이 특정 부류의 시각 자극들을 식별하는 능력의 손상과 연관되었나고 하여 그 영역이 그 부류의 자극들을 분석하는 유일한 통로라고 가정하는 것은 옳지 못한 것이다. 신경심리학적 연구방법론이 갖는 또하나의 문제점은 인간의 경우 특정 뇌 부위를 선택적으로 손상시키는 것이 불가능하고, 자연적으로 발생한 뇌 손상의 경우 여러 뇌기능 영역을 포괄하는 경우가 대부분이라는 데에 있다.

나. 뇌기능 영상화(Functional Brain Imaging)

뇌기능 영상화 연구는 비침윤적(non-invasive)이며, 손상과 기능장애에 대한 가정 없이 정상인의 인지기능을 활성화로서 측정할 수 있다는 장점으로 말미암아 최근 각광을 받고 있다. 뇌기능 영상화는 각각의 대뇌피질 영역들이 특정한 인지기능과 연관된다는 국재화 가정에 입각하여, 대뇌 모든 부분이 담당하는 인지기능을 밝혀 내고자 하는 뇌지도 작성에 유용한 방법이다. 이 절에서는 대표적인 뇌기능 영상화 방법 세 가지를 소개하고자 한다.

(1) 양전자 방출 단층촬영(Positron Emission Tomography: PET)

양전자 방출 단층촬영(PET)은 뇌의 일부분이 활성화되면 일시적으로 포도당과 산소의 증가를 필요로 한다는 사실에 바탕한 뇌기능 영상화 방법이다. PET은 인체에 투입된 영상용 방사성 동위원소를 포도당이나 산소 등에 표지하여 뇌활성화와 연관되어 증가된 대사량을 추적한다. 뇌기능 영상화 연구 초기 단계에서 PET은 특정 인지기능을 뇌의 특정 부위에서 일어나는 신경활동과 연관시키는 데 많은 공헌을 하였다. 그러나 PET은 공간적 해상력(spatial resolution)이 낮아 인접한 작은 뇌영역 간의 차이를 탐지할 수 없다는 점, 그리고 피험자가 일정량 이상의 방사성 물질을 투여하는 것이 불가능하므로, 반복적인 실험이 불가능하다는 점 등의 한계를 지니고 있다.

(2) 기능적 자기공명영상(functional Magnetic Resonance Imaging: fMRI)

기능적 자기공명영상(fMRI)은 가장 빈번하게 사용되는 뇌기능 영상화 방법이다. fMRI는 PET과 동일한 기본 원리에 입각한다. 즉 어떤 인지기능을 수행하면 그 기능과 연관되는 신경경로상의 세포가 활성화되는데, 이때 활성화되는 세포는 포도당 대사를 하기 때문에 그 부위의 산소 소모량이 증가한다. 또한 활성화된 세포 주위의 국소 혈류량이 증가하게 된다. 그런데 이때 산소 소모의 증가량보다 국소 혈류의 증가량이 더 많다. 따라서 활성화된 신경세포 주위의 모세혈관에서 환원헤모글로빈(deoxyhemoglobin)의 농도는 오히려 감소하게 된다. fMRI는 환원헤모글로빈이 부자성 물질(paramagnetic material)로서 주위에 있는 수소원자핵의 자기장 내 반응에 영향을 끼친다는 점에 착안하여, 방사성물질의 투입 없이 특정 인지기능과 연관된 뇌 활성화 영역을 탐지하도록 고안되었다. 신경세포의 활성화가 일어나는 부위에서는 환원헤모글로빈의 농도가 감소하므로 T2*MR 신호는 반대로 증가하는 원리에 의해 MR 신호의 변화를 연속적으로 측정하면서 일정한 외부 자극에 맞추어 MR 신호의 증가가 일어나는 대뇌 영역을 찾아내면, 그 영역이 그 외부 자극과 연관하여 활성화된 것으로 생각할 수 있게 된다.

(3) 뇌자도(Magnetoencephalogram: MEG)

뇌자도(MEG)는 신경세포들이 활성화되면 미세한 전류를 발생시키고, 이 전류가 국소적인 자기장을 형성한다는 점을 활용한다. 피험자의 인지활동과 관련하여 형성되는 생체자기장은 매우 미약하지만, MEG는 초전도 코일, 자기적 차폐, 민감한 센서, 그리고 다양한 신호처리 기술들을 이용하여 이 자기장을 측정하고 영상화할 수 있도록 고안되었다. MEG는 PET이나 fMRI에 비하여 시간적 해상력(temporal resolution)이 좋아 특정 인지기능의 세부처리 단계들을 판별할 수 있다는 장점을 가지고 있다. 그러나 fMRI에 비하여 국소적인 뇌활성화 영역을 정확히 집어내는 기능은 미흡하여 아직까지 fMRI에 비해 널리 사용되지 못하고 있다.

4. 시각예술에 관한 인지신경과학적 연구

가. 예술가의 뇌손상 연구(Neuropsychological studies on artists)

예술작품이 예술가의 인지기능의 소산임을 고려할 때, 창작과 연관된 예술가의 뇌기능에 대한 인지신경과학적 연구의 의의는 자명해 보인다. 실제로 다양한 원인에 의해 국소적 신경장애를 일으킨 예술가에 대한 많은 인지심리학적 사례 보고가 있어 왔다. 신경학자 올리버 색스(Oliver Sacks)가 보고한 65세 화가는 사고로 인해 뇌의 일부에 손상을 받은 후 색에 대한 지각을 상실한 경우이다.[5] 이 화가의 뇌손상 부위는 이 글의 2장에서 언급된 V4에 국한되어 있었고, 그 결과 다른 시감각에는 문제가 없으면서 오직 색만을 지각하지 못하게 되었다. 물론 화가가 아닌 경우에도 색과 같은 특정 시각 특징의 처리와 연관된 영역에 국한된 뇌손상 사례는 시각과 연관된 신경 기제를 연구하는 데 있어 귀중한 자료가 된다. 그러나 색을 지각하고 사용하는 데 있어 훈련된 전문가인 화가가 일순간 흑백의 세계로 옮겨가게 된 경우는 일반 사례와는 구별되는 사례로서 인지신경과학적 의의가 더 크다고 할 수 있다. 또한 V4 손상으로 인해 색을 잃어버린 후 야기된 화가의 작품 경향의 변화는 예술에 대한 인지신경과학적 연구가 예술을 이해하는 데 어떤 도움을 줄 수 있는지 보여 주는 사례이기도 하다.

이밖에도 화가의 뇌손상으로 인한 작품 표현 경향의 변화에 대한 사례들

5 Sacks, O. W., "The case of the colorblind painter", *An anthropologist on mars: 7 paradoxical tales*, New York: Alfred A. Knopf, 1995.

은 다양하다. 우뇌 두정엽-후두엽 손상은 일반적으로 그림 전체, 혹은 일부의 공간적 구성에 변화를 가져오는 것으로 밝혀져 있는데 이는 이 뇌 부위가 공간적 표상, 혹은 공간 주의 능력과 연관된다는 인지신경과학의 축적된 연구결과와도 일맥상통하는 바이다.[6] 좌뇌 전두엽과 연관된 손상은 추상과 상징 표상 등의 능력의 저하와 연관되는 반면 역설적으로 손상 이전보다 정서적으로 풍부하고 창의적인 작품으로의 변화를 나타내기도 한다.[7] 이 결과는 다소 과도하게 단순화된 견해이기는 하지만, 좌뇌가 우뇌에 비해 논리적 · 분석적이며 언어 기능과 밀접한 인지 기능을 담당한다는 좌우 뇌반구의 기능적 비대칭성에 근거하여 해석될 수 있다.

나. 시각예술의 구성 요소와 시각의 모듈화(Visual features and modularity of vision)

(1) 색지각과 V4/V8영역의 활성화(Activation of areas V4/V8 associated with color perception)

주요 시각 정보들이 시각피질의 개별적인 영역들에서 처리된다는 사실은 시각예술에 대한 인지신경과학적 연구에 가장 큰 시사점을 던져 주었다. 특히 V4/V8을 포함하는 측두엽의 색지각처리 영역과, 움직임처리 영역인 MT는 시각피질의 기능적 분화의 대표적인 예로써 광범위하게 연구되어 왔다. 한 가지 재미있는 사실은 신경과학자들이 색처리 영역을 국재화하는

---

6 Anoni, J. M., Devuyst, G., Carota, A., Bruggimann, L. and Bogousslavsky, J., "Changes in artistic style after minor posterior stroke", *Journal of Neurology, Neurosurgery, and Psychiatry* 76, 2005, pp. 797-803; Goldenberd, G. "Loss of visual imagery and loss of visual knowledge-a case study", *Neuropsychologia* 30, 1992, pp. 1081-1099; Smith, W., Mindelzun, R. and Miller, B., "Simultanagnosia through the eyes of an artist", *Neurology* 60, 2003, pp. 1832-1834.

7 Mell, J., Howard, S. and Miller, B., "Art and the brain: the influence of frontotemporal dementia on an accomplished artist", *Neurology* 60, 2003, pp. 1707-1710.

데 있어서 추상화가인 몬드리안(Mondrian)의 작품을 응용하였다는 점이다. 예를 들어 PET을 사용하여 인간의 V4 영역을 발견하기 위해서는 스캐너 안에 들어가 있는 피험자에게 여러 가지 색상의 사각형들이 서로 겹쳐 있는 화면을 수초 동안 보여 주고, 흑, 백, 회색으로 색상 없이 명도만 차이를 보이는 사각형들을 다음 수초 동안 보여 주기를 여러 차례 반복한다. 실험 후에 색이 있는 사각형을 보고 있는 동안의 피험자의 뇌활동을 색이 없는 사각형을 보고 있는 동안의 뇌활동과 비교하면 색지각과 관련된 뇌영역들을 찾아낼 수가 있는 것이다. 이러한 시각 자극 방법은 색지각과 관련된 뇌기능 영상화 연구에서 널리 쓰이는 것으로, 색색의 사각형들을 구성한 몬드리안의 작품을 본떴다 해서 "몬드리안"이라고 불린다. 제키(Zeki)와 마리니(Marini)는 이렇듯 추상적인 형태의 색 자극에 의해 정의되는 인간의 색처리 영역이 구체적인 물체들로 이루어진 색 자극에 의해 활성화되는 뇌의 영역과 어떻게 구별되는지 fMRI를 사용하여 연구하였다.[8] 특히 야수파(Fauvism) 작품의 특징인 자유분방한 색의 사용에 주목한 이들 연구자들은 물체들이 일반적인 색으로 제시되었을 때(예를 들면, 빨간 사과)와 예상치 못한 색으로 제시되었을 때(예를 들면, 보라색 사과)의 뇌 활성화 양상을 비교하였다. 그 결과 일반적이거나 비일반적이거나 색으로 제시된 물체들은 모두 몬드리안 자극에 의해 정의된 색지각 영역의 활성화를 가져옴이 관찰되었다. 그러나 일반적인 색으로 제시된 물체들이 기억을 담당하는 측두엽의 기저영역과 하전두엽(inferior frontal lobe)의 활성화와 연관된 반면, 비일반적인 색으로 제시된 물체들은 관리, 혹은 감독(monitoring) 기능을 담당할 것으로 추정되는 중간 전두엽의 활성화와 연관되었다. 이러한 결과는 물체와 색의 연합이 축적된 일상생활의 기억에 바탕한다는 것과, 이를 벗어나려 한 야수파의 시도가 중간전두엽의 고위 기능과 연관됨으로써 감상자에

8 Zeki, S. and Marini, L., "Three cortical stages of colour processing in the human brain", *Brain* 121, 1998, pp. 1669-1685.

게 익숙한 기억을 파괴하는 데에서 오는 예술적인 경험을 일으킨 것으로 해석될 수 있다.

(2) 운동지각과 MT 영역의 활성화(Area MT involved in motion perception)

움직이는 물체를 지각하는 것은 인간이 끊임없이 변화하는 역동적인 환경과 상호 작용하는 데 있어 매우 중요한 인지능력이다. 이러한 중요성을 고려할 때 대뇌피질에 운동지각을 담당하는 영역－MT가 존재한다는 사실은 그리 놀라운 것은 아니다. 예술가들이 이러한 신경과학적 발견에 대해 알고 있었을 가능성은 지극히 적지만, 예술가들 또한 운동지각에 대해 끊임없는 관심을 기울여 왔다. 따라서 영화나 애니메이션 등의 현대적인 기술의 발달로 인해 움직임을 직접 탐구하는 것이 가능하기 전, 화가들은 이미 움직임에 의한 시간의 개념을 물리적인 움직임이 없는 화폭에 담는 방법에 관심을 기울여 왔다. 그렇다면 이렇듯 물리적으로는 움직임이 없으나 움직임의 지각을 이끌어 내는 키네틱 아트(kinetic art)는 MT에 의해 어떻게 받아들여질까? 뇌기능 영상화를 이용한 인지신경과학의 다양한 연구들은 MT가 물리적으로 움직이는 자극을 분석할 뿐만 아니라 움직임의 인상과도 연관된다는 점을 밝혀 주고 있다. 예를 들어 운동잔상효과(motion aftereffect: MAE)를 생각해 보자. 야외에 나가 시원스레 떨어지는 폭포수를 한참 쳐다본 후에 곧바로 움직이지 않는 바위벽을 보면, 바위벽이 하늘 위로 움직이는 것 같은 착시를 경험하게 된다. 이처럼 한 방향으로 움직이고 있는 물체를 한동안 본 후에 고정되어 있는 물체를 보면 고정되어 있는 물체가 이전에 본 물체의 운동 방향과 반대 방향으로 움직이는 것 같은 아주 생생한 인상을 수초에서 수십초 동안 경험하게 되는데 이를 MAE라 한다. PET과 fMRI 등을 이용한 연구들을 통해 MAE가 물리적인 움직임을 내포하고 있지 않음에도 불구하고 MT 영역을 활성화시킨다는 결과가 보고되었다.[9] 이 외에도 움직임을 상상한다든지,[10] 달리는 표범이나 출렁이는 파도와 같이 움직임이 내포된 정사진을 볼 때[11]에도 MT와 인접 운동지각 연관 영역이 활성화된다는 뇌기능 영상화 연구 결과들이 있다. 이러한 선행 연구들에 기반해 생각해 볼 때, 뒤샹(Marcel Duchamp)의 〈계단을 내려가는 누드〉와 같은 키네틱 아트의 회화들을 감상할 때에도 움직임과 연관된 대뇌피질 영역이 활성화될 가능성은 매우 높아 보인다. 실제로 fMRI를 이용한 예비실험에서 필자는 실제로 움직이는 시각 자극에 의해 정의된 MT 영역이 다양한 키네틱 아트의 회화를 볼 때에도 활성화됨을 관찰할 수 있었다.

다. 얼굴지각과 초상화(Face perception and portraits)

II장의 시각신경 기제에서 언급한 바와 같이, 대뇌피질 영역 중 인간의 얼굴지각에만 선별적으로 반응하는 영역이 있다. 솔소(Solso)와 동료 연구자들은 이러한 얼굴처리 영역의 존재에 의거하여, 얼굴지각의 전문가라고 볼 수 있는 초상화가와 일반인의 뇌기능 활성화를 비교하였다.[12] 이들 연구자들은 유명한 초상화가 HO가 제시된 얼굴을 따라 그리는 과제를 수행하는 동안 화가의 뇌기능을 fMRI를 이용하여 영상화하였다. HO가 기하학적인 도형을 따라 그리는 과제를 수행할 때에 비해 얼굴을 그릴 때에 얼굴지각과 연관된 것으로 알려진 뇌영역의 활성화가 관찰되었다. 이러한 활성화 양상은 일반인에게서도 관찰되었다. 흥미로운 점은 일반인에 비해 초상화가 HO의 경우 얼굴을 따라 그리는 과제 수행 시 얼굴 연관 영역의 활성화 정도가 일반

9 Tootell, R. B. H., Reppas, J. B., Dale, A. M., Look, R. B., Sereno, M. I., Malach, R., Brady, T. J. and Rosen, B. R., "Visual motion aftereffect in human cortical area MT revealed by functional magnetic resonance imaging", *Nature* 375, 1995, pp. 139-141.

10 Goebel, R., Khorram-Sefat, D., Muckli, L., Hacker, H. and Singer, W., "The constructive nature of vision: Direct evidence from functional magnetic resonance imaging studies of apparent motion and motion imagery", *European Journal of Neuroscience* 10, 1998, pp. 1563-1573.

11 Kourtzi, Z. and Kanwisher, N., "Activation in Human MT/MST by static images with implied motion", *Journal of Cognitive Neuroscience* 12, 2000, pp. 48-55.

12 Solso, R. L., "The cognitive neuroscience of art", *Journal of Consciousness Studies* 7, 2000, pp. 75-85.

인에 비해 작게 나타난 점이다. 솔소 등은 이 결과를 초상화가가 일반인에 비해 얼굴과 관련된 세부 특징들을 더 효율적으로 처리하는 데 기인하는 것으로 해석하였다. 이 연구는 잘 알려진 시각신경 기제에 대한 지식을 활용하여 예술가의 창작과 연관된 인지기능을 일반인의 인지기능과 비교한 뇌기능 영상화 연구라는 점에서 주목할 만하다. 그러나 이 연구는 몇 가지 기술적인 결함을 지니고 있다. 첫째, 뇌기능을 영상화하는 데 있어서 가장 경계해야 할 점의 하나인 영상화 도중 피험자의 움직임이 통제되지 않았다는 점을 들 수 있다. 이 연구에서 피험자들은 MRI 기계 안에서 그림을 그리는 과제를 부여받았다. 과제 수행은 손과 팔의 움직임을 요하고, 이는 기능과 연관된 활성화로 오인될 수 있는 머리 부분의 움직임을 초래할 수 있다는 점이 지적될 수 있다. 둘째, 따라그리기 과제의 표본으로 제시된 얼굴자극들이 비교 자극인 기하학적 도형들에 비해 상대적으로 복잡한 시각 정보를 포함하고 있어, 도형 따라그리기 과제가 얼굴 그리기의 적절한 비교조건이 아닐 수 있다는 점을 지적할 수 있다. 극단적인 경우, 도형그리기에 비해 얼굴그리기와 연관되어 활성화를 보인 뇌 영역들은 "얼굴"이라는 대상과 연관된 것이 아니라, 단지 더 복잡한 시각 자극과 연관된 것일 가능성을 배제할 수 없는 것이다. 셋째, 이 연구가 지닌 가장 큰 문제점은 이 연구가 오직 한 명의 화가와 한 명의 일반인만을 대상으로 했다는 데에 있다. 뇌활성화 양상과 정도는 개인에 따라 매우 큰 차이가 있을 수 있다. 따라서 여러 명의 피험자의 뇌기능 영상 결과를 집단통계분석하는 방법이 일반적으로 통용되고 있는 것이다. 더욱이 이 연구에서처럼 두 개의 개별 집단(예술가와 일반인)을 비교하는 경우에는 더 많은 수의 피험자가 요구된다.

라. 미적 판단(Aesthetic judgment)

앞 절들에서 대뇌의 선별적인 시각특징 처리 영역들과 연관된 시각예술에 대한 인지신경과학적 연구들을 살펴보았다. 그러나 하나의 미술 작품은 우리가 그 작품의 선, 형, 색, 물체, 그리고 암시된 움직임을 이해한다고 해서 온전히 이해되는 것은 아니다. 아마도 작품에 연관된 예술가의 의도, 그리고 그 작품을 감상함으로써 야기되는 미추에 대한 평가와 정서적인 반응이야말로 예술과 관련된 가장 핵심적인 인지기능이라고 볼 수 있을 것이다. 아름다움과 같은 추상적인 개념이 뇌의 어떤 부분에서 어떻게 처리되는가에 대한 문제는 인지신경과학에서 아직도 미지로 남아 있는 주제이다. 그러나 전두엽(frontal lobe)이 창의성, 추상적 사고, 계획력, 통찰력, 자발성, 억제력, 적절한 정서, 성격 및 사회적 행동 등의 고위 인지기능과 관련된 대뇌피질 영역으로써 주목되고 있으며 전두엽의 구체적인 기능과 분화를 밝히기 위한 연구의 수가 엄청난 속도로 증가하고 있다. 셀라 콘데(Cela-Conde)와 공동연구자들은 이러한 전두엽의 기능에 주목하면서 이 피질 영역이 인간의 미적 판단과 관련될 것으로 가정하였다.[13] 연구자들은 피험자들에게 추상, 고전주의, 인상주의 등 다양한 사조의 회화 작품들과 사진들을 보여 주면서 각각의 그림이 아름다운지 아닌지 결정하도록 하였다. 피험자들이 미적 판단 과제를 수행하는 동안 MEG를 통해서 피험자들의 뇌 기능이 영상화되었다. 그 결과 피험자들이 아름답다고 판단한 그림들을 볼 때, 아름답지 않다고 판단한 그림들을 볼 때에 비하여 좌측 전두엽, 특히 등외측 전전두엽 피질(dorsolateral prefrontal cortex: DLPFC)에 활성화가 관찰되었다. 셀라 콘데 등은 이 결과를 통하여 DLPFC가 뇌의 유일한 "미지각 영역"은 아닐지라도 시각 영역에서 처리된 정보를 바탕으로 미를 판단하는 데 있어서 주요한 역할을 담당하는 신경망의 일부일 것으로 추론하였다. 이 연구는 비교적 낮은 수(N=8)의 피험자들을 대상으로 하였고, 사용된 그림 자극들의 물리적인 차이(복잡성 정도, 색상 분포, 명도 등)를 세심하게 통제하려고 시도하였다는 점에서 앞 절에서 언급된 솔소 등의 초상화 연구에

13 Cela-Conde, C. J., Marty, G., Maestú, F., Ortiz, T., Munar, E., Fernández, A., Roca, M., Rosselló, J. and Quesney, F., "Activation of the prefrontal cortex in the human visual aesthetic perception", *Proceedings of the National Academy of Sciences USA* 101, 2004, pp. 6321-6325.

비해 기술적으로 진일보했다고 볼 수 있다. 흥미로운 점은 셀라 콘데 등의 연구에서 미적 판단과 관련된 영역으로 제안된 DLPFC가 2절에서 소개된 제키와 마리니의 연구에서 피험자들이 비정상적인 색으로 그려진 물체들을 볼 때 또한 활성화되었다는 점이다. 이러한 결과들은 DLPFC가 시각적 표현에 의해 환기되는 예술적인 경험 일반과 관련될 가능성을 시사한다.

5. 맺는 말

지금까지 시각예술과 연관되는 대뇌신경 기제에 대한 발견들을 바탕으로 인지신경과학의 방법이 예술에 대한 연구에 어떻게 적용될 수 있는지 개괄적으로 살펴보았다. 구체적으로, 대뇌피질 영역에서 선별적으로 처리되는 시각 특징들과 특정 인지기능들이 예술작품의 창작과 감상에 관여하는 정도에 대하여 신경심리학과 뇌기능영상화 연구들을 통해 고찰하였다. 그러나 하나의 예술작품이 단 한 가지 시각 특징이나 단 한 가지 인지기능과 연관되는 경우는 거의 찾아보기 어렵다. 가장 단순한 추상화의 경우에도 선, 면, 형태와 색 등 하나 이상의 시각 특징들을 포함하고 있는 것이다. 또한 이러한 작품을 볼 때 우리는 선, 형태, 혹은 색만을 분리하여 지각하는 것이 아니라 이 모든 정보가 통합된 전체를 지각하게 된다. 따라서 개별적 경로를 통하여 분리, 처리되는 각각의 시각 특징들이 어떻게 결합되어 의식적인 시각 경험을 야기하는가에 관한 질문은 여전히 답변되지 않은 상태로 남아 있다. 사실 이러한 "결합문제(feature binding problem)"는 비단 예술과 관련된 지각의 경우에서뿐 아니라 인지신경과학 분야의 오래고 중요한 물음이기도 하다. 더 나아가서 개개 시각 특징들이 결합된 지각의 과정으로부터 미와 정서적 반응이 어떻게 야기되는가도 예술에 대한 인지신경과학적 연구가 밝혀내야 할 중요한 과제로 남아 있다.

더 읽을거리

Cavanaugh, P., "The artist as neuroscientist", *Nature* 434, 2005, pp. 301-307.

Goguen, J., and E. Myin, "Art and the Brain", *Journal of Consciousness Studies* 6 (June-July), 1999.

Livingston, M. S., *Vision and Art: The Biology of Seeing,* New York: H. N. Abrams, 2002.

Zeki, S., *Inner Vision: An Exploration of Art and the Brain*, New York: Oxford University Press, 1999.

문화학

김남시

1. 문제제기

오늘날 '문화'라는 단어는 무척이나 광범위하고 복합적인 함의를 지니고 있다. 인간 예술활동의 소산들(연극, 영화, 미술, 음악, 건축, 문학 등)을 가리키는 좁은 의미를 넘어 문화는 과학, 의술, 교통, 통신기술 등 소위 문명사회를 이루는 모든 기술적 성과들을 지칭하기도 하고, '아시아 문화', '유럽 문화', '청소년 문화', '음식 문화' 등의 말에서처럼 특정 지역, 계층, 혹은 특정 분야의 삶의 방식을 지시하는 데 쓰이기도 하며, 폐쇄적/개방적 문화, 남성적/여성적 문화, 고급/저질 문화 등의 단어에서처럼 평가적 의미로도 사용되고 있다. '문화' 개념의 이러한 복합성은 오늘날 문화에 대한 이론적 작업들을 복잡하게 만들고[1] 있을 뿐만 아니라, 그 문화를 대상으로 하는 문화학이란 학문의 정체에 대한 논란과 오해, 심지어 불신을 불러일으키는 원인이 되기도 한다.

문화를 "인간의 모든 활동과 삶의 형식들의 총체"[2]라고 정의한다면 사실

1 Terry Eagleton, *The Idea of Culture*, Malden, 2000, p. 1.

2 Frühwald/Wolfgang Jauß/Hans Robert/Koselleck/Reinhart Mittelstraß/Jürgen Steinwachs/Burkhart, *Geisteswissenschaften heute*, Frankfurt am Main, 1991, S. 10.

상 문화는 문화학이라는 신생 학문이 출현하기 훨씬 전부터 이미 기존 학문들의 연구 대상이었다. 문학과 예술학은 이미 창조적 문화활동의 소산인 예술을 대상으로 삼아 왔고, 역사학을 비롯 인류학, 고고학, 민속학 등은 특정한 국가, 문명, 시대와 지역들의 다양한 삶의 형태들을 연구해 왔으며, 철학, 미학, 종교학 등의 정신과학 또한 문화라는 개념으로 포괄될 수 있는 인간의 정신적 창조물을 분석해 왔다. 한마디로 문화는 이미 기존 인문학들의 연구 대상이었다는 말이다. 그런데도 이제 뒤늦게 출현한 문화학이라는 신생 학문은 마치 문화가 자신만의 독점적 연구 대상인 양 참칭하고 있는 것은 아닌가. 이러한 오해와 불신을 가중시킨 원인 중 하나는 '문화학'의 개념과 문제의식이 소위 '인문학의 위기'로 일컬어지는 학문 내, 외적 변화의 과정에서 등장했다는 데에 있다. 이로 인해 어떤 문학 연구가들은 "문화학의 영향으로 인해 문학은 스스로를 비하하거나 포기하는 경향으로 치닫고 있다"며 문화학을 기존 인문학을 위협하는 대립물로 받아들이기도 한다.[3]

오늘날 인문학을 위기와 분란으로 몰아대는 듯 보이는 문화학을 우리는 어떻게 이해해야 할까? 문화학은 어떤 문제의식에서 생겨났으며 다른 학문들과는 어떤 관계를 맺는가? 나아가 문화학이라는 신생 학문은 도대체 무엇을, 어떤 방법으로 연구하려 하는가? 이 글은 이러한 질문들을 인문학의 자기변화와 그 속에서 출현한 문화학의 문제의식, 나아가 학과로서의 문화학의 출현이라는 세 측면에서 살펴보고자 한다. 그 이유는 문화학이라는 학문 자체가 근대 이후 변화된 인문학의 물질적 · 정신적 조건들 속에서 자신의 문제와 방법을 형성해 왔으며, 이는 동시에 인문학의 자기변화 과정과 맞닿아 있기 때문이다. 필자가 처해 있는 조건과 역량의 한계로 인해 이 글은 주로 독일 내에서의 논의를 중심으로 소개할 것이다.

이하 *Geisteswissenschaften heute*.

3 최문규, 「문화학으로의 전환? 문예학의 위축과 확장에 대하여」, 『기억과 망각: 문학과 문화학의 교차점』, 책세상, 2003, 21쪽.

2. 복수로서의 문화학, 단수로서의 문화학

"문화학"이라는 단어는 서로 다른 두 맥락에서 사용된다. 한편으로 그건 1980년대 이후 새로 생겨난 구체적인 분과학문 '문화학'을 지칭하며, 다른 한편으로는 비슷한 시기 소위 인문학의 위기라는 문제의식을 거치면서 변화된 기존 인문학의 개혁 방향을 가리키는 데 사용되기도 한다. 문화학적 방향으로 전환한 인문학을 "복수로서의 문화학들"이라 부른다면, 이러한 인문학의 문화학적 전환의 과정 속에서 자신의 대상과 방법, 질문과 이론적 입장을 갖추고 출현한 새로운 분과학문 '문화학'은 "단수로서의 문화학"이라 부를 수 있을 것이다.[4] 이 두 다른 대상들이 그럼에도 모두 "문화학"이라 불리는 이유는 무엇인가. 그건 기존 인문학들의 변화 방향으로서의 문화학과 분과학문으로서의 문화학이 서로 그 학문사적 배경을 공유하고 있기 때문이다. 따라서 단수로서의 문화학, 곧 분과학문으로서의 문화학의 정체성은 인문학의 문화학적 전환의 배경과 문제의식들 속에서만 이해될 수 있다.

가. 인문학의 문화학적 전환

인문학 개혁의 방향으로 문화학이란 개념이 독일 학계에 처음 등장했던 건 1980년대였다.[5] 그러나 그 개혁 논의의 출발이 되었던 소위 인문학의 위기라는 문제제기는 미국, 독일, 스웨덴 등에서 이미 1960년대 말부터 진행되고 있었다.[6] 이러한 위기의식은 무엇보다 인문학이 학문의 세분화와 진

---

4 H. Böhme, "Kulturwissenschaft", *Reallexikon der deutschen Literaturwissensachft*, Bd.II, Berlin, 2000, S. 356 이하 *Kulturwissenschaft*.

5 Hartmut Böhme/Peter Matussek/Lothar Müller, *Orientierung Kulturwissenschaft*, Hamburg, 2000, S. 19 이하 *Orientierung*.

6 전후 독일 인문학의 역사와 소위 "위기"에 대해선 Peter Weingart/Wolfgang Prinz/Maria Kastner/Sabine Maasen/Wolfgang Walter, *Die sog. Geisteswissenschaften. Außenansichten. Die Entwicklung der Geisteswissenschaften in der BRD 1954-1987*, Frankfurt am Main, 1991.

문화를 통해 봉착하게 된 소통의 문제에서 그 원인을 찾을 수 있다. 이를 통해 한 학문 내에서조차 서로 다른 분야 사이의 대화가 힘들어지게 된 것은 물론, 사회의 일반인들이 전문적이고 세분화된 인문학 연구 성과들을 이해하기 어렵게 되었는데, 이러한 사정은 사회에서 제기되는 실천적 삶의 문제들과 유리된 채 고전과 텍스트에 대한 내재적 해석에만 매달리는 인문학의 관행을 통해 더 가중되게 되었다. 이러한 상황 속에서 사람들은 인문학을 벌써 근대 이후부터 실용적이고 실천적 방향으로 발전을 거듭해 오던 자연과학 및 공학들과 대비하면서, 대학과 사회에서 인문학이 갖는 역할과 정당성에 의문을 제기하기 시작하였고, 이것이 인문학 내부의 위기의식과 맞물려 인문학의 개혁과 변화의 요구들을 낳았던 것이다. 인문학의 문화학적 전환은 이러한 배경하에서 관념론적 전통에 물들어 있던 기존 인문학들을 문화학적 관점과 방법을 통해 개혁하고자 하는 문제의식에서 생겨난 요구였다.[7] 그런데, 인문학의 문화학적 전환의 구체적 내용은 무엇인가?

헤겔-딜타이로 이어지는 독일 관념론 전통 속에서 철학, 문학, 역사학 등의 기존 인문학들은 소위 '정신과학(Geisteswissenschaft)'[8]이라는 이름으로 스스로를 규정해 오고 있었다. 정신과학으로서의 인문학은 주어져 있는 자연의 보편적 "법칙"을 "발견"하고 "설명"하는 자연과학과는 달리, 일회적이고 반복될 수 없는 인간의 "정신"에 대한 "해석"을 자신의 과제로 삼았다.[9] 고전적 텍스트들을 내재적으로 분석해 그 속에 "외화"되어 있는 정신을 해석하는 것을 주요 방법론으로 채택한 인문학은, 이를 통해 자연현상

---

7 Harmut Böhme/Klaus R. Scherpe (Hg.), *Literatur und Kulturwissenschaften. Positionen, Theorien., Modelle*, Hamburg, 1996, S. 7 이하 *Literatur und Kulturwissenschaften*.

8 'Geisteswissenschaft' 는 지금도 여전히 독일 대학들에선 영,미 쪽의 인문학(Humanities)과 동의어로 사용되고 있다. 이에 대해선 Dariusz Aleksandrowicz, "Die beiden Grundprobleme der Kulturwissenschaft", in *Was sind Kulturwissenschaften? 13 Antworten*, Hg. von Heinz Dieter Kittsteiner, München, 2004, f.27.

9 "Geisteswissenschaft", in *Historisches Wörterbuch der Philosophie*, Hg. von Joachim Ritter, Basel, 1974.

들을 경험적 방법을 통해 탐구하는 자연과학과 그 대상과 방법에서 본질적인 차이를 갖는다고 여겨졌던 것이다. 인문학의 문화학적 전환은 이러한 인문학의 관념론적 자기이해를 개혁하려는 시도였다. 인문학은 "자연과학과 인문학 자체를 포함해 인간의 모든 노동과 삶의 형태의 총체로써의 문화"[10]를 연구하는 학문이 되어야 하며, 그를 위해 텍스트나 예술작품 혹은 역사적 사건들뿐 아니라 "기술-, 정치-, 경제문화 등 일반적인 문화의 모든 부분체계들"과 "모든 인간 행위의 표현들", 한마디로 "세계의 문화적 형식"[11]들을 연구 대상으로 삼고, 경험적 방법과 해석이라는 기존의 이분법을 넘어 설명과 해석, 분석과 서술[12] 등의 다양한 방법론을 수용하는, 학문 간 "경계를 넘나드는 역사적 인간학"[13]의 방향으로 나아가야 한다는 것이 이 개혁의 내용이었다.

연구 대상을 교과서적 텍스트에서 문화 일반으로까지 확장시키고, 그를 위해 해석, 설명, 경험분석 등의 다양한 방법을 활용하며, 학제 간 연구를 활성화시키는 걸 골자로 하는 인문학의 문화학적 전환에의 요구는 한편으론, 세계화와 기술화에 따른 사회의 실용주의적 재편이라는 학문 외적 요인에 의해 촉발된 것이기도 하다. 이로 인해 어떤 이들은 인문학의 문화학적 전환을 "인문학의 실용주의적 전략"이라며 비판하기도 한다. 그러나 이러한 견해는 이미 1960년대 후반부터 인문학 내부에서 이루어져 오던 자발적인 인문학의 자기변화 과정을 간과하고 있다. 철학에서의 "언어적 전회(Linguistic Turn)"를 통해 시작되어 한편으로는 구조주의적 패러다임과 사회사적 패러다임의 대립을 통해 이어지다 1980년대 탈구조주의[14]와 해체주의의 성장을 통해 그 정점에 달한[15] 이러한 변화는 사실상 역사, 문학 및 철

10 *Geisteswissenschaften heute*, S. 43.

11 *Geisteswissenschaften heute*, S. 41.

12 *Geisteswissenschaften heute*, S. 41.

13 *Geisteswissenschaften heute*, S. 69.

14 구조주의와 탈구조주의에 대해선 『미학대계』 2, 제2부 현대미학의 방법론과 전개, '구조주의와 후기구조주의' 중 「데리다의 구조주의 해체론」(김상환)을 참조.

15 H. Böhme, *Literatur und Kulturwissenschaften*, S. 8.

학 등의 기존 인문학들에 의해 주도되었던 것이다.

1982년 스티븐 그린블랫(Stephen Greenblatt)의 주도하에 시작된 신 역사주의(New Historicism)는 문학 텍스트에 대한 '닫힌 독해(Close Reading)'를 강조하던 '신 비평(New Criticism)'의 흐름에 반대하여 생겨났다. 미셸 푸코의 담론분석 방법론을 수용한 그는 문학 텍스트를 기존의 문학사적 맥락을 넘어서 사회적 사건과 의미의 장들이 서로 얽혀 있는 담론들의 컨텍스트 속에서 읽어내고자 하였다.[16] 문학 텍스트를 그 내용에 대한 내재적 해석을 통해 의미를 드러내는 "해석학적 대상"에서, 사회, 역사적 맥락 속에 존재하던 다양한 담론적 실천들 사이의 긴장감을 보여 주는 "문화적 대상"으로 다루는 이 새로운 방법론은 그를 통해 기존의 해석학적 문학 연구를 문화적 인간학으로 확장[17]시키는 계기가 되었다.

역사학 분야에서 기존 방법의 변화를 추동했던 건 1960년대 이후 프랑스 역사학계에 등장한 아날 학파 계열의 지성사 연구였다. 기존의 역사 연구가 주로 개인 정치가들과 그들의 이념(정신)을 역사적 사건을 일으키는 주체로 다루어 왔다면, 지성사 연구는 특정 시대에 특정 이념과 사고를 가능하게 했던 물질적 조건과 경제사적 배경, 사회구조들에 더 많은 관심을 기울이기 시작했다.[18] 한 시대에 일어났던 사건과 그를 추동했던 이념, 나아가 그 시대의 기술적 · 문화적 산물들을 특정한 개인들의 창조물이 아니라 그 시대의 "집합적 사유"를 통해 설명하려는 이 새로운 역사 연구 방법론이 역사학을 특정 시대 사건들에 대한 논평을 넘어 당시의 문화일반을 연구하는 문화학적 역사학의 방향으로 나아가게 했던 것이다.

인문학의 이러한 문화학적 변화는 또한 현대에 새롭게 등장한 매체와 예술적 실천들에 의해 추동된 것이기도 하다. 급격한 속도로 발전을 거듭하는 신매체들과 그를 통해 생산된 수많은 문화 생산물들은 이제 인문학의

16 H. Bähme, *Orientierung*, S. 14.
17 H. Bähme, *Orientierung*, S. 15.
18 H. Bähme, *Orientierung*, S. 17.

연구 대상을 텍스트나 고전적 의미의 예술작품으로 한정시킬 수 없게 했다. 철학은 신과 인간의 자유, 세계에 대한 형이상학적, 사변적 논의들뿐 아니라 사진, 영화, TV 등 새로운 매체에 의해 촉발된 지각과 세계인식의 변화, 그로부터 파생되는 윤리적이고 실천적인 문제들에 대한 철학적 성찰을 외면할 수 없게 되었고, 문학은 셰익스피어나 괴테 등의 고전적 텍스트뿐 아니라 다양한 매체들을 통해 생산되는 '비문학적 텍스트'들로까지 연구를 확대하지 않을 수 없었다.[19] 이러한 사정은 무엇보다 미학과 예술학 분야에서 극명해졌는데, 그건 기존의 모든 사회, 도덕적 가치규범과 척도, 관습들에 대해 급진적으로 문제제기하며 등장한 현대예술이 이전엔 상상할 수 없었던 소재와 대상, 매체와 방법들을 예술적 실천으로 끌어들였기 때문이다. 현대예술은 자연, 인물, 사건과 신화, 풍경 등의 고전적 소재들을 넘어 도시화와 산업화 나아가 테크놀로지의 문제 등 광범위한 사회 문제들까지 소재로 삼으며, 사진, 영화, 텔레비전, 컴퓨터 등의 새로운 매체들을 표현수단으로 활용한다.[20] 이제 그 연구 대상을 좁은 의미의 예술작품에서 넓은 의미의 문화일반으로까지 확장시키지 않을 수 없게 된 미학과 예술학은 이를 통해 기존의 철학과 미술사뿐만 아니라 문학, 사회학, 매체와 커뮤니케이션 이론, 심지어 자연과학까지를 광범위하게 아우르는 학제 간 연구 방향으로 나아갈 수밖에 없게 된 것이다.

나. 근대적 문화 개념과 학과로서의 문화학

분과학문으로서의 문화학은 이러한 인문학의 자기 변화와 개혁의 움직임 속에서 독일에선 1980년대에 출현했다.[21] 독일의 대학들과 그 지역적 특

19 『미학대계』 3, '미학의 새로운 쟁점들' 중 「소통 불가능 시대의 문학」(이순예) 참조.

20 이를 통해 생겨난 새로운 예술 장르들과 미학적 문제들에 대해선 『미학대계』 3, '미학의 새로운 쟁점들' 중 영화 관련, 「미디어 아트」, 「차용, 그 위반과 역설의 양태와 논리」, 「키지」 참조.

21 물론, 구 동독의 베를린과 라이프치히 대학에서 이미 1960년대에 문화학과가 설립된다. 당시 사회주의 동독의 '문화관료'를 양성하기 위해 세워진 이 학과들은 독일 통일 이후 새로운 콘셉트와 방향에 따라 현재의 문화학과로 통합되었다.

성, 역사적 배경에 따라 다양한 형태와 명칭[22]을 띠고 있기는 하지만 이들은 모두 근대 이후의 새로운 문화개념을 학문적 정체성의 전제로 삼고 있다는 점에서 공통점을 갖는다. 말하자면 문화학은 학문사적 과정을 통해 형성된 근대적 문화개념에 근거해 자신의 대상 영역과 방법, 문제들을 가지게 된 학문이라는 것이다.[23] 그렇다면 이 근대적 문화 개념[24]이란 어떤 것인가.

오늘날 우리는 아프리카의 원시부족 사회도 그들 고유의 '문화'를 지니고 있을 것이라고 말한다. 그러나 문화라는 단어가 이처럼 문명/비문명의 구분을 넘어 모든 사회의 서로 다른 삶의 방식들을 총칭하는 것으로 쓰이게 된 것은 유럽 지성사에선 18세기 이후에야 가능해진 일이다. Colere(경작하다)라는 라틴어에서 파생된 "문화(cultura)"는 '인간의 기술(techne)을 통해 창조되고 만들어진 것'으로 "직접 주어져 있는 자연"에 대립되는 실체적이고 규범적인 개념으로 이해되었고, 이러한 관점에서 유럽인들은 이전까지 비유럽 사회와 그 사람들을 "자연상태"에서 살아가며 문화를 갖고 있지 못한 "야생/야만인(Wilde/Barbar)"[25]이라 여겼다. 문화/자연, 문명/야만의 이분법 속에서 이해된 이러한 문화개념은 18세기를 전후로 비유럽지역에 대한 비교문화적 관심을 통해 생겨난 역사적 인간학(Historische Anthropologie)을 계기로 조금씩 변화하게 된다.[26] 헤르더, 비코를 위시한

22 독일 내 문화학과와 문화학 연구단체의 명칭과 형태, 조직, 구성에 대해선 H. Böhme, *Orientierung*, Anhang 참조.

23 H. Böhme, *Kulturwissenschaft*, S. 356.

24 서구문명에서 '문화' 개념의 발생과 변화에 대해선 Reimer Müller, *Die Entdeckung der Kultur: antike Theorien über Ursprung und Entwicklung der Kultur von Homer bis Seneca*, Düsseldorf, 2003; H. Böhme, "Vom Cultus zur Kultur(wissenschaft). Zur historischen Semantik des Kulturbegriffs", In Renate Glaser/Matthias Luserke (Hg.), *Literaturwissenschaft-Kulturwissenschaft. Positionen, Themen, Perspektiven*, Opladen, 1996.

25 Urs Bitterli, *Die "Wilden" und die "Zivilisierten". Grundzüge einer Geistes-und Kulturgeschichte der europäisch-überseeischen Begegnung*, München, 1991; Manfred Schneider, Der Barbar, *Entzeitstimmung und Kulturrecycling*, München, 1997.

26 그러한 점에서 역사적 인간학은 오늘날 문화학의 역사적 출발점을 이룬다. H. Böhme, *Orientierung*, S. 106.

철학자들은 "어떤 모습과 피부 색깔, 형태를 하고 있다 하더라도 세계의 모든 인간들은 본질에 있어 동일"[27]하며 다만 역사적 발전 정도에 따라 다른 문화를 가지고 있는 것이라는 생각을 표명하게 되는데, 이를 통해 이전까지의 실체적이고 규범적인 문화개념은—물론, 여전히 유럽 중심주의를 벗어나지는 못했지만—"모든 사회에서 서로 다른 형태와 모습을 띠며 특정한 사회적 기능을 수행하는 다양한 삶의 방식들"을 통칭하는 것으로 변화하게 된다.

문화가 한 사회에는 있으나 다른 사회에는 없는 특정한 유, 무형의 실체적 대상이 아니라 모든 사회의 모든 삶의 방식들에 적용되는 "집합적 단수"[28]로 이해되었다는 것은, 이제 우리가 특정한 관점에 따라 관찰하고 바라보는 한 사회의 모든 삶의 방식들이 사실상 모두 "문화"가 될 수 있다는 것을 의미한다. 이처럼 문화를 "특정한 관찰의 대상들뿐 아니라 한 사회를 관찰자에 의한 관찰의 대상으로 만들어 주는 형식이자 관점들"[29]로 이해하는 현대적 문화 개념을 통해 비로소 인간 사회의 모든 삶의 형식들은 "제1의 질서의 문화적 실천들을 관찰하고 분석하며, 해석하고 비교하고 상대화시키고 반성하는 과정(제2의 질서)"[30]으로써 학문적으로, 곧 문화학적으로 연구될 수 있게 된 것이다.

---

27 Urs Bitterli, *Die "Wilden" und die "Zivilisierten"*, S. 327.

28 H. Böhme, *Kulturwissenschaft*, S. 357.

29 H. Böhme, *Kulturwissenschaft*, S. 357. 문화에 대한 시스템 이론적 논의에 대해선 Niklas Luhmann, "Kultur als historischer Begriff", in *Gesellschaftsstruktur und Semantik. Studien zur Wissenschaftesoziologie der modernen Gesellschaft*, Bd. 4, Frankfurt am Main, 1985; Günter Burkart & Gunter Runkel (Hg.), *Luhmann und die Kulturtheorie*, Frankfurt am Main, 2004.

30 H. Böhme, *Kulturwissenschaft*, S. 356.

3. 문화학 연구 방법의 특징

그렇다면 이러한 문화개념에 근거한 문화학 연구는 구체적으로 어떻게 이루어지는가? 그리고 그건 다른 학문들과는 어떤 관계를 맺는가? "공사장"에 대한 한 문화학 연구사례[31]를 통해 이를 설명해 보자. 당연한 말이지만 공사장은 텍스트도 아니며 특정한 물건이나 사회적 관습과 같은 좁은 의미에서의 문화적 대상도 아니다. 한시적으로 만들어진 제도화된 기술적 과정들의 복합체로써 공사장은 건설-, 기계-, 테크닉-, 노동-, 건축이론, 넓은 의미의 경영, 사회학(도시화 문제), 법학(건축법 등), 역사(예를 들어, 건설노조의 역사) 등의 많은 지식들과 관련되어 있다. 그러나 이 중 어느 것도 "공사장"이 무엇을 통해 구성되는지, 그것이 사회 · 역사적으로 어떻게 지각되어 왔는지 등, 공사장에 대한 문화학 연구가 대상으로 삼는 질문들을 던지지는 않는다. 그런 점에서 문화학의 연구 대상으로서의 "공사장"은 그를 테마화시키는 특정한 관점과 방법에 따라 비로소 "구성"되고 "발견"된 것이다. 이처럼 처음부터 주어져 있지 않은 대상을 특정한 관점과 질문을 통해 구성하고 발견하는 것은 문화학 연구의 첫 번째 특징이다. 그렇다고, 공사장에 대한 완전히 새로운 이론을 만들어 내는 것이 문화학 연구의 목표는 아니다. 문화학은 대상과 관련되어 있는 여러 지식과 이론들을 복합적으로 조망해 거기선 다루어지거나 인식되지 못했던 대상의 새로운 의미들을 부각시키는 것을 목표로 삼는다.

문화학 연구를 통해 어떻게, 어떤 의미들이 부각되는지는 대상을 분석하는 관점에 따라 달라진다. 공사장은 그 외부와 내부를 구별시켜 주는 특정한 구별과 차이의 의미론에 의거해 분석될 수도 있다. 공사장 내부와 외부는 사회 · 역사적으로 변화하는 서로 다른 규칙과 가치들에 의거해 있다.

31 H. Böhme, "Zur Gegenstandsfrage der Germanistik und Kulturwissenschaft", in *Jahrbuch der Deutschen Schillergesellschaft*, Bd. XLII, 1998, S. 476-485.

공사장 내부는 한시적으로 만들어진 인부들의 공동체로 거기엔 그들의 특정한 성향, 문화적 공통성, 위계구조와 서열, 가치규범, 특정한 커뮤니케이션 구조와 작업전통 들이 존재할 것이며, 이는 역사와 사회이론 등의 도움으로 분석될 수 있다. 공사장은 그것이 외부에서 어떻게 지각되고, 관찰되며 담론화되는가를 중심으로 연구될 수도 있다. 공사장 때문에 생긴 통행장애, 소음, 위험 요소들은 시대와 사회에 따라 다르게 지각되었을 것이며, 이는 그에 대한 사회적 · 문화적 · 심미적 지각에 영향을 미칠 것이다. 이는 예를 들어, 그림이나 문학작품, 영화, 장난감 등에서 공사장이 어떻게 묘사되고 있는지, 거기서 어떤 지식과 지각 유형들이 전달되고 있는지를 분석함으로써 연구될 수 있을 것이다. 건축과 건설 기술의 발전에 따라 변화되었을 공사장이 위치한 공간의 인상학과 공사장 내부 공동체의 규칙과 구조는 건설 기술의 역사와의 관련하에서 분석될 수 있을 것이다. 또 공사장은 무엇인가를 '건설한다'는 신화적이고 종교적인 의미론과 관련하여 연구되거나, "삶의 공간"이라는 개념을 다루는 인류학, 사회학, 문학이론들과의 연관하에서 분석될 수도 있을 것이다. 이처럼 그때마다의 분석과 연구의 관점에 따라 공사장에 대한 문화학 연구는 그와 관련된 기존의 다양한 이론과 지식들을 참조하면서, 그러나 그 이론들에선 드러나지 않던 대상의 상징적 · 사회적 · 심미적 · 의미론적 · 현상학적 · 문화사적 의미들을 부각시켜 내는 것이다.

4. 나가는 글: 문화학의 연구 영역[32]과 전망

독립 학과로서의 문화학의 필요성을 둘러싼 논쟁[33]에도 불구하고 1990년

32 아래의 논의는 H. Böhme, *Orientierung*, S. 108 이하를 정리한 것이다.

33 Werner Faulstich, *Kulturwissenschaft als Metawissenschaft: Zur Pragmatik einer*

대 이후 활발하게 진행된 독일의 문화학 연구는 이미 특정한 연구 분야들을 윤곽지울 정도로까지 발전되었다. 그리고 이 문화학 연구엔 분과학문으로써 문화학을 전공하는 연구자들만이 아니라, 문화학적 연구 방법을 자신의 방법론으로 채택한 철학자, 문학자, 역사학자, 사회학자들이 오히려 더 많은 숫자로 참여하고 있다. 현재 독일의 문화학 연구영역들을 일별함으로써 우리는 문화학적 문제의식을 흡수한 한국 인문학의 발전 방향을 모색하는데 도움을 얻을 수 있을 것이다.

과학문화에 대한 연구는 지식과 학문이 사회, 문화, 역사적으로 형성된 시대적 에피스테메의 소산이라는 인식, 곧 "과학사의 문화적 전환"[34]에서 출발한다. 특정 시대에 발생한 지식과 이론, 나아가 그것이 대상으로 삼는 "사태나 사실" 자체가 처음부터 주어져 있던 것이 아니라 다양한 학문 외적, 문화적 실천들과의 관계 속에서 구성되고, 변화한다는 인식하에 이 연구는 지식, 특히 과학이 생산되고, 유포되며, 논의되는 양태를 분석한다. 메타포나 신화 등 소위 과학 외적이라 여겨지는 담론체계가 어떻게 과학이론 형성에 참여하는지, 그림, 도표, 사진 등의 특정 매체들이 과학지식의 전달과 재현에 어떤 영향을 갖는지, 특정한 과학이론의 전파에 어떠한 사회 · 문화적 코드가 작동하는지 등이 이 분야의 주요 질문들이다.

자연문화사는 소위 초역사적 대상으로 여겨졌던 자연 역시 주어져 있는 실재가 아니라, 특정한 역사 · 사회적 조건 속에서 문화적으로 구성된 개념[35]이라는 인식을 출발점으로 한다. 자연은 인간이 그를 어떻게 파악하고 개념화하며, 취급해 왔는지에 따라 사회 · 역사적으로 다르게 이해되어 왔던

---

neuen Disziplin, in Kursbuch Kulturwissenschaft, Hg. von Thomas Düllo, Arno Meteling, Andre Shur, Carten Winter, Münster, 2000; Jürgen Schlaeger, "Interdisziplinarität in der Kulturwissenschaften", in *Vom Ende der Humboldt-Kosmen. Konturen von Kulturwissenschaft*, Hg. von Bernd Hennignsen & Stephan Michael Schröder, Badenbaden, 1997.

34 H. Böhme, *Orientierung*, S. 110.

35 H. Böhme, *Orientierung*, S. 106.

문화적 구성물이라는 인식에 근거, 여기서는 자연과학, 철학, 문학, 나아가 사회이론들이 전제하고 있는 자연 모델들을 분석하고 그것들이 그 시대의 예술, 실험, 정치, 개발 등의 문화적 실천과 어떻게 관계 맺고 있는지 연구한다.

인간에 대한 문화학적 연구는 철학, 종교, 문학, 미술사뿐 아니라, 영화, TV, 상품광고 등에 등장하는 인간에 대한 묘사와 그것이 전제하고 있는 인간에 대한 이해를 분석한다. 예를 들어 눈, 코, 귀, 입, 손 등의 육체의 각 기관들과 시각, 청각, 후각, 미각, 촉각 등의 서로 다른 감각들이 특정한 시대와 사회 속에서 차지하고 있었던 서로 다른 위계질서들이 분석되고, 그것이 그 시대의 다른 사회, 예술, 문화적 실천들과 어떤 관련을 맺고 있는지 등이 물어진다.

기술 문화사는 '테크닉'이 서로 다른 사회와 역사에 따라 어떻게 달리 이해되어 왔는지, 나아가 그것이 우리가 세계를 바라보는 태도를 어떻게 구조화시켰는지 분석한다. 특히 근대 이후 소위 기술 중심의 세계관과 사유 구조가 문학, 철학, 예술 등의 다른 문화적 실천들 속에서 어떤 모습으로 드러나고 있는지, 그리고 그것이 오늘날 우리의 일상생활을 지배하고 있는 수많은 기계와 기술 장치들 속에서 어떻게 재현되고 변화되는지 등이 테마화된다.

1990년대 이후 독일 문화학 연구 분야의 가장 큰 테마 중 하나는 **기억의 문제였다.** 한 사회의 문화적 정체성을 그 사회가 과거를 다루고 기억하는 다양한 사회, 정치, 종교, 문화적 실천들과 관련해 연구하는 이 분야는 문학, 역사, 정신분석학, 고고학, 매체이론뿐 아니라 심리학과 신경생리학까지 포괄하는 학제 간 연구를 통해 그 범위가 크게 확장되었는데, 음성, 문자, 책, 컴퓨터 등 서로 다른 기억 매체들과 개인적 · 사회적 기억 사이의 관련성, 나아가 과거의 기억이 현재의 지각에 미치는 영향에 대한 지각 이론적 연구 등이 이루어지고 있다.

매우 활발한 연구가 이루어지고 있는 분야인 **미디어 분석**은 텔레비전,

컴퓨터뿐 아니라 음성, 문자, 그림, 소리, 육체, 영상 등을 포괄하는 넓은 의미의 미디어 개념에 근거, 인간의 지각, 인식, 행위, 그리고 커뮤니케이션과 사회구조 등과 미디어적 실천이 갖는 관련성들을 연구하고 있다.

더 읽을거리

Böhme, H., P. Matussek, and L. Müller, *Orientierung Kulturwissenschaft*, Hamburg, 2000.

Bromley, R., U. Göttlich, and C. Winter (Hg.), *Cultural Studies. Grundlagentexte zur Einführung*, Lüneberg, 1999.

Cassirer, E., *Zur Logik der Kulturwissenschaften*, Darmstadt: Fünf Studien, 1994.

Hofmann, M. L., T. F. Korta and S. Niekisch (Hg.), *Culture Club. Klassiker der Kulturtheorie*, Frankfurt am Main, 2004.

Oexle, G. O., "Geschichte als Historische Kulturwissen-schaft", in W. Hardtwig, and H. U. Wehler (Hg.), *Kulturgeschichte Heute*, Göttingen, 1996.

대중(예술)문화

이영욱

1. 문제제기

미학은 오랫동안 대중문화 혹은 대중예술을 미학이 진지하게 다루어야 할 대상으로 간주하지 않았다. 대중문화는 미학의 중요 대상인 예술과는 무관하거나 심지어 대립적인 것으로 여겨졌다. 굳이 관심을 가졌다 해도 미적 범주론에서 "통속성" 범주가 적용될 수 있는 대상 정도로 취급했을 뿐이다. 한마디로 예술 영역이 질적으로 고급한 것, 순수함과 자율성 혹은 창조적 · 혁신적인 것을 추구하는 반면 대중문화는 저급한 것, 표준적인 것, 심지어 모조적인 것을 추구하며, 따라서 최상의 가치에 속하는 것들을 다루는 미학에서 대중문화는 부차적인 사항으로 취급될 수밖에 없다는 생각이 지배적이었다.

하지만 이러한 생각은 실제로는 19세기 중반 이래 현대 문화의 전개 양상이 고급예술과 대중문화의 대립을 가속화하는 방향으로 전개되는 가운데 역사적으로 형성된 것일 뿐이다. 특히 현대 예술의 핵심 경향인 모더니즘 예술이 이러한 고급/저급의 분할을 주요 축으로 하여 전개되면서 이러한 논리 구성은 더욱 더 공고해졌다. 고급예술의 진화 논리에 기초했던 초기 모더니즘 예술은 타자, 즉 대중문화에 대한 의식적인 배제의 전략으로,

다시 말해 대중문화에 의한 오염을 전면적으로 거부하는 전략으로 스스로를 정당화해 왔다. 그리고 이러한 전략과 그 전략의 결과들에 따라 사회에 적대적인 문화 혹은 비판적인 문화로서의 현대예술의 강점과 약점이 생겨났다. 안드레아스 후이센(Andreas Huyssen)은 이러한 사고방식을 "거대한 분할(Great Divide)"이라고 불렀으며, 이러한 패러다임은 모더니즘 예술이 위세를 떨치고 있는 동안 결코 의심받지 않았고 당연한 것으로 승인되어 왔다.

하지만 오늘날 이러한 분할론은 더 이상 동시대 예술과 미학에 적용될 수 없게 되었다. ① 사실 최근 동시대 예술의 작업 양상들은 이러한 분할론과 맞아떨어지지 않는다. 많은 작가들이 대중문화가 전면적인 문화적 지배력을 행사하고 있는 상황에서 이러한 분할론에 괘념치 않고 양자의 상호 얽힘이 뚜렷한 작품들 그리고 의식적 의도적으로 이러한 분할론 자체를 문제시하는 수많은 작품들을 만들어 내고 있다. 심지어 논자들에 의하면 포스트모더니즘의 가장 중요한 특징을 고급예술과 대중문화 사이의 경계 소멸에서 찾고 있는 실정이다. ② 동시에 최근 예술사의 다양한 연구들은 지난 시대의 모더니즘과 아방가르드 예술의 실제 또한 이러한 분할론과 부합하지 않으며 분할론 자체가 매우 자의적으로 구성된 것임을 밝히고 있다. 결국 현대 예술은 그렇게 순수하지도 자율적이지도 않았으며 또 대중문화와도 또한 그렇게 무관하고 대립적인 관계만을 가졌던 것도 아니라는 것이다. ③ 또한 구조주의, 기호학, 정신분석학, 페미니즘, 이데올로기론, 제도론 등 동시대의 새로운 연구 방법에 기초한 논의들은 그 연구의 대상이 되는 텍스트들을 과거같이 작가니 작품의 미적 통일성이니 하는 전통적인 고급예술의 범주 혹은 미학적 전제에 의거하지 않고 볼 수 있는 다양한 길을 열어 놓음으로써 분할론의 토대를 결정적으로 잠식하고 있다.

이렇게 하여 이제 예술과 대중문화 사이에 심연을 그려 넣던 분할론은 더 이상 지탱할 수 없게 되었고, 모더니즘 예술과 대중문화 모두는 자본주의 아래서 생산되는 미적 산물의 서로 분리할 수 없는 형태의 쌍둥이로서,

즉 동일한 문화상황에 대해 서로 다른 방식으로 대처한 단위들이라는 해석이 일반화되었다. 사태가 이렇다고 할 때 그렇다면 문제는 이제 단순히 분할론이 폐기되는 것으로 종결되지 않는다. 즉 이제 분할의 패러다임 자체가 문제시된다면, 그 패러다임의 전제가 되는 미학에도 동시에 문제가 제기될 수밖에 없게 된다. 그리하여 예를 들면 우리는 다음과 같은 질문들을 던지지 않을 수 없게 되었다. 이 양자의 분할을 지지했던 미학적 근거들은 이제 어떻게 재평가되어야 하는가? 또한 이 양자의 상호관계를 포괄하여 바라볼 수 있는 이론적 지평은 어떻게 가능한가? 그것은 기존의 미학에 어떤 문제를 제기하는가? 기존의 미학은 지탱될 수 있는가? 하는 질문들이 그것이다. 한마디로 미학이 대중문화를 자신이 다룰 필요가 없는 대상으로 간주했던 상황이, 거꾸로 대중문화가 미학 자체의 존재근거를 되묻는 상황으로 반전된 것이다.

2. 분할론

일단 논의는 분할론이 어떠한 논리 구성을 갖고 있는가를 명확히 하는 것에서 출발해야 할 것이다. 그래야 이후 그것이 어떻게 해체되었는지, 따라서 예술과 대중문화의 관계에 대한 새로운 이해는 어떤 내용을 갖고 있는지에 대해 좀 더 구체적인 논의가 이어질 수 있다. 대상 영역은 미술로 한정지을 텐데 이는 논의를 단순화하기 위한 것이다. 미술 영역에서 분할론을 대표하는 이론가는 클레멘트 그린버그(Clement Greenberg)이다. 그의 모더니즘 이론에 내포한 규범적이며 자의적인 성격은 이미 적지 않게 지적된 바 있지만, 그의 이론이 미술 영역에서 분할론의 전범이 된다는 것에는 의문의 여지가 없다. 그린버그가 이 분할론을 뚜렷하게 제기한 글은 잘 알려진 「아방가르드와 키치」(1939)이다. 그가 이 글에서 전개하려는 논지의 핵심은 무엇보다도 모더니즘을 정의하는 데 있다. 한마디로 그의 관심사는

"19세기의 문화가 산출해 낸 전통 형식들을 사장시키려고 위협하는 물질적이고 사회적인 위기"였다. 그 위협은 무엇보다도 문화상품들의 형식, 즉 문화산업으로 하여금 예술을 모조하게끔 하는 산업사회의 경제적 압력으로부터 나온다. 그리고 진정한 문화의 타락하고 진부한 모조품을 원료로 사용하는 이 문화가 바로 대중문화 혹은 키치이다. 때문에 문화를 보존하고 삶과 예술의 진정성에 이르기 위해서는 이들의 차용과 모조, 복제에 대해 끊임없이 경계를 늦추지 않는 것이 필요하다. 그리고 그 길이 다름 아닌 모더니즘에로의 길이다. 그러나 모더니즘은 그 자체로 탁월한 성취를 이룩하였음에도 불구하고 바로 그러한 종류의 차용에는 저항력이 약하다. 그래서 자율적인 예술작품의 생존은 문화산업의 도래와 더불어 그 물적 토대를 박탈당한 채 종국에는 망가지기 쉽고 덧없는 것으로 되고 만다. 때문에 현대 미술은 지극히 자기충족적인 기법적 요구들 이외에는 그 어떠한 요구도 받아들이지 않음으로써 현대 미술 자신의 유용한 부분을 모사하고 자신의 내적 논리를 파괴하려고 하는 복제와 산업합리화를 철저히 거부한다. 내면지향성이니 자기반영성이니 매체에 대한 진실이니 하는 강령은 바로 이러한 저항에 그 뿌리를 두고 있다.

대체로 「아방가르드와 키치」와 「새로운 라오콘을 향하여」에서 전개된 이러한 논리는 후기 「모더니스트 회화」에 이르면 더욱 자신감 있는 주장으로 변하여 모더니즘의 본질을 앞의 견해를 발전시켜 칸트로부터 시작된 자기비판적 태도의 심화나 극대화와 연결시킨다. 그리고 그 자기비판을 통한 예술의 독자적 가치 확인은 다름 아닌 개별 장르의 독자성 확보를 위해 다른 장르 매체로써 획득할 수 있는 모든 효과를 제거시키는 것으로 나타나며, 회화의 경우는 그러한 순수성의 추구가 '평면성' 추구로 구현된다고 주장한다. 그리고 이러한 평면성의 추구가 이미 인상주의로부터 시작되었음을 강조함으로써 형식주의적 모더니즘의 시각에서 본 현대 미술사를 구성한다.

가. 분할론의 해체: 미술사

그렇다면 이러한 분할론은 어떻게 해체되어 가는가? 미술사의 측면에서 볼 때 그린버그의 이러한 모더니즘 개념 혹은 모더니즘과 대중문화의 분할론은 1960년대 말까지는 적어도 이론상으로는 특별히 의심되지 않은 채 지속되었다. 그 후 비로소 비판의 초점이 되어 갑자기 수많은 반론에 부딪치게 되는데, 반론은 대체로 1970년대 초부터 시작된다.

(1) 우선 반론은 모더니즘이 실로 순수한가? 하는 점에 맞추어진다. 논점은 두 가지이다. 하나는 정치로부터 순수한가이고, 다른 하나는 경제, 곧 시장으로부터 자유로운가?이다. 즉 이러한 반론들의 초점은 모더니즘 원리들 곧 예술작품의 자율성에 대한 집착, 대중문화에 대한 과도한 적대감, 일상 생활문화로부터의 급진적인 분리, 정치 · 경제 · 문화적 관심으로부터의 의도적인 거리두기 등이 실제로 가능하며 지켜질 수 있었던가 하는 점에 주목한다.

서지 길보(Serge Guilbaut)는 모더니즘의 정치와의 관계를 살펴보는 입장을 대표한다. 그는 제2차 세계대전 이후의 미술을 '미국의 문화제국주의'의 시각에서 조명하면서, 그린버그 식 모더니즘 이론에 의해 그 전범적인 양식으로 상찬된 추상표현주의가 냉전시대의 무기로 이용되었다는 점을 지적한다. 즉 CIA가 추상표현주의 미술의 국제화 과정에 개입하여 의도적으로 해당국의 문화적 아이덴티티 형성 과정을 유도하려 했다는 것이다. 또한 시장과의 관계를 살펴보는 입장으로는 로버트 잰슨(Robert Jensen)을 들 수 있다. 그는 유수 화랑에서의 개인전이 작가의 성공과 아방가르드로서의 위상을 보장하는 장치였으며, 피카소나 미래주의자들 그리고 심지어 다다이스트들도 초기의 비판적 시기 이후부터는 이러한 관행을 추종했음을 밝힌다. 또한 시장과 관련한 또 다른 연구는 추상표현주의 작가들이 도덕적이었으며 보헤미안이었다는 통념과는 달리 상업적인 성공을 위해서 경멸하던 대중문화와도 기꺼이 타협했다는 것을 밝힌다. 예를 들어 1951년에 『라이프』 지에 실린 추상표현주의자들의 유명한 단체사진은 알려진 바와는 달리 항의의 목적보다는 자기선전이 주된 동기였으며, 잭슨 폴록(Jakson Pollock)이 『보그』나 『라이프』 지와 같은 대중잡지를 통해 '살아 있는 미국의 가장 위대한 화가' 라는 잡지 기사의 타이틀에 걸맞는 이미지 조성을 시도한 것 역시 바로 이러한 상업적 타협의 사례라는 것이다.

물론 아방가르드도 상업적 필요로부터 벗어날 수 없고 그 자신의 의도와는 무관하게 정치에 의해 이용되었을 수도 있다. 하지만 애초에 이것들로부터 초월적이기를 바라는 것 자체가 신화임은 분명하다. 그러나 이들의 경우 더욱 문제가 되는 것은 상업적 성공을 위해 마치 성공이나 대중의 관심에는 무관한 듯한 입장을 표명함으로써 엘리트 문화 영역과 저급 문화 양쪽 모두에서 보헤미안적 신화를 이데올로기적 · 상업적 수단으로 활용했다는 점이며, 마찬가지로 미술계라는 고급미술 제도가 국가권력과 맺는 긴밀한 정치적 연관관계를 외면함으로써 이데올로기를 넘어서고 그에 저항하는 고급미술이라는 신화를 유지했다는 점이다.

(2) 위의 두 경우와는 달리 작품의 생산, 분배, 수용을 둘러싼 사회적 문맥과 관련한 논의보다는 작품 자체에 주목하는 반론들도 있다. 이들은 분할론이 주장하듯 대중문화나 키치가 일방적으로 고급미술을 모조, 복제 차용한 것이 아니라 양자의 관계가 상호적이라는 것을 확인하는 데 주력한다. 티 제이 클락(T. J. Clark)은 『근대생활의 회화(*The Painting of Modern Life*)』(1984)에서 흔히 모더니즘의 출발점으로 인식되던 인상주의, 그중 특히 마네에서의 구성이나 붓터치, 화면의 평면성 등이 결국은 1860년대와 70년대의 산업화된 대도시 중산층의 유동적이며 불확실하고 급격히 변화하는 삶과 문화의 표현임을 밝히는 가운데 대중문화와 모더니즘 회화가 처음부터 내적인 연관 속에서 발생되었음을 확인한다. 이러한 반론은 그러나 1990년 모마(MoMA)에서 이루어진 '하이 앤 로우(High & Low)' 전에서 좀 더 본격적인 모습을 드러낸다. 이 전시는 한마디로 현대 미술의 변혁의 적지 않은 부분이 대중문화의 영향 아래 이루어졌다는 점을 드러낸다. 전시 책자에 실린 글들에서 어빙 레빈(Irving Lavin)은 통상 저급한 장르 양식으로

규정된 캐리커처가 원래 성기 바로크의 가장 세련된 서클에서 출현했음을 밝히는 가운데 원래 고급과 저급의 관계는 대립과 혐오의 관계라기보다는 춤추고 대화하는 관계였음을 드러낸다. 또한 로버트 로젠블룸(Robert Rosenblum)은 큐비즘에서 나타나는 다양한 대중문화적 요소의 차용이 단순히 에피소드적인 것이 아니라 큐비즘의 핵심사항이라고 강조하면서 큐비즘이 팝 아트와 동일한 정신선상에 있음을 밝힌다. 이러한 작품 자체와 관련한 양자의 상호 연관에 대한 연구는 하지만 최근의 폴록의 재해석들에서 하나의 정점에 이른 듯하다. 이들 시각에 따르면 폴록은 결코 모더니즘 이론의 논리를 전형적으로 구현한 그런 작가가 아니다. 그의 작업은 수많은 대립적 요소들이 얽혀 있는 체계를 이루고 있으며, 모더니스트들이 가장 우려하면서 적대시하였던 구상적 요소들이나 키치적 요소들 등 다양한 요소들을 활용하여 추상 자체를 보여 주는 것이 아니라 그것을 둘러싼 차이들을 이야기하고 있다는 것이다.

(3) 이런 문맥에서 토마스 크로우(Thomas Crow)의 논문 「시각예술에서의 모더니즘과 대중문화」(1983)는 기존의 방법론들과는 다른 문화이론의 성과들을 끌어들여 현대 미술과 대중문화의 상호 관련에 대한 새로운 해석을 시도한다는 점에서 흥미롭다. 이 해석에 따르면 아방가르드는 한마디로 문화산업을 통해 '고급문화와 하위문화(subculture)를 매개하는' 중개자이다. 아방가르드가 예술과 일상의 경계를 무너뜨리고 고급예술과 대중문화 사이의 대안적인 관계를 발전시키려 했다는 점은 이제는 잘 알려진 사실이다. 하지만 역사적 아방가르드가 단순히 키치에서 소재를 구했을 뿐 아니라 더 나아가 키치를 사용하는 충격적인 전략으로 자신의 급진성을 제고해 왔음을 밝혀냈다고 할 때, 크로우가 강조하는 것은 아방가르드가 이러한 급진성 제고의 수단인 키치를 발견하는 곳이 다름 아닌 도회 변두리의 (상대적으로 저항적인) 하위문화라는 점이다. 아방가르드는 바로 이 하위문화를 선별적으로 차용함으로써 다소나마 삶의 활력을 간직하고 있는 사회적 행위의 영역을 발견하고, 이를 상류계급 수용자층의 관심을 끌 수 있도록

세련된 상품으로 탈바꿈시킨다. 그리하여 고급미술은 그 고급예술로서의 형식은 유지한 채로 이전의 낡은 관행들을 갱신한다. 그러나 정통성을 인정받은 모더니즘은 이번에는 통속적이고 키치적인 상품으로 소비되기 위해 상품화된다. 여기서 하나의 순환이 생겨난다. 서구의 현대 미술의 역사에서 이러한 순환구조는 대체로 19세기 중반에 모습을 갖추기 시작하여 19세기 후반이면 이미 완숙한 형태를 갖춘다. 이러한 시각은 결국 아방가르드를 궁극적으로 엘리트 중산층 혹은 보헤미안적인 하위문화와도 거리가 있는, 그러면서도 양자 모두에 연관되어 있는 존재로 파악함으로써 종래의 분할론적 시각을 해체한다. 이렇게 되면 이제 모더니즘과 대중문화는 결코 그 뿌리가 다른 것이 아니며 양자는 자본주의의 문화양상의 상호 연관 구성부분으로 이해될 수 있게 된다.

나. 분할론의 해체: 이론

사태가 이러할 때 모더니즘 미술의 전제가 되었던 예술론 자체에도 변화가 올 수밖에 없음은 당연하다. 즉 그린버그가 상정한 일종의 정전으로서의 작품 개념, 다시 말해 자기 참조적인 통일체 혹은 완결체로서의 미술작품 개념 또한 해체된다. 그와 동시에 그러한 작품 개념에 기반했던 분할론 또한 해체된다. 사실 분할론의 지반 상실과 병행하여 이미 새로운 예술론들이 다면적으로 전개된 바 있다. 앞서의 미술사 연구들 또한 이러한 이론적 시각들과 병행하여 상호 도움을 주고받는 가운데 형성되어 왔다. 이들 새로운 이론들이 주목하는 것은 다음의 것들이다. (1) 기호체계, (2) 이데올로기, (3) 성, (4) 정신분석학, (5) 제도, (6) 타자 개념(안토니 이스트호프(Anthony Easthope), 『문학연구에서 문화연구로』, 현대미학사, 1996)

(1) 기호학의 시각에서 볼 때 예술작품은 기호의 효과이다. 그것들은 기표들의 집합으로 이루어져 있다. 기표 없이 기의란 있을 수 없는 것이다. 이렇게 볼 때 작가란 이러한 기표의 독해 과정에서 결과하는 효과이며, 작품은 이러한 독해 과정에서 관객들에 의해 또 관객들을 위해 어떤 의미를

생산하는 '텍스트'이다. 그리고 이와 더불어 작가의 표현 혹은 통일체로서의 '작품' 개념은 위기에 처한다. 동시에 고급미술의 텍스트와 대중문화의 텍스트 사이의 원칙적인 분할 역시 무화된다. 이는 양 텍스트 모두가 기표의 조직에서 비롯된 기호, 의미의 체계를 통해 작동하기 때문에 양자가 모두 동일한 견지에서 분석될 수 있기 때문이다.

(2) 이데올로기 이론 역시 양자의 구분을 무의미하게 만든다. 의미란 앞서도 확인한 바 있듯 개인정신에서 비롯되는 것이 아니라 상호 주체적으로 생성된다. 마르크스에 따르면 이데올로기란 궁극적으로 경제적 생산양식과의 관계에서 규정되는 사회적으로 공유되는 의미이다. 이렇게 볼 때 예술 역시 이러한 이데올로기의 한 형식이다. 사실 많은 이론가들이 예술의 경우 이러한 이데올로기를 넘어서며 그에 대해 비판적 관계를 갖는다는 것을 확인하려 했다. 하지만 그 누구도 고급예술이 대중문화와는 달리 이데올로기에 대한 특권적인 관계를 가지고 있다는 것을 증명하지 못했다. 결국 이데올로기와 관련해서도 대중문화와 고급예술 사이의 급격한 분할은 성립하지 않는다.

(3) 성(젠더)에 대한 입장에서도 또한 양자는 구별되지 않는다. 이데올로기가 생산관계와의 관계 속에서 텍스트의 의미를 구체화하는 것이라고 본다면, 성적 의미도 이와 유사하게 가부장제와의 관계 속에서 사회적으로 규정되는 것으로 보아야 한다. 그리고 이렇게 볼 때 가부장제 아래서 양자는 동일한 성 구성의 방식을 벗어나지 못한다. 페미니스트들은 고급문화 텍스트에 나타난 성적 의미를 비판하는 데 있어 적극적이었으며, 많은 텍스트들이 성적 편견으로부터 자유롭지 못함을 증명했다.

(4) 정신분석학의 경우 텍스트를 바라보는 시선은 그것이 텍스트를 무엇보다도 개인적인 것 그리고 쾌락의 경험과 일치시킨다는 점에 있다. 그것에 따르면 허구의 텍스트들은 기본적으로 일종의 시나리오를 제공하는데, 이 시나리오의 어떤 점들에 독해 주체가 자신을 동일시하여 그 이야기가 독해 주체를 위한 소망 충족 행위를 수행하게 한다. 그리고 이 과정에서 텍

스트는 다른 사람들로 하여금 그들이 접근할 수 없었던 무의식 속에 있는 자신의 쾌락의 근원으로부터 다시금 위안과 고통의 경감을 얻어내는 것을 가능케 한다. 하지만 이렇게 볼 때 그것이 고급예술이건 아니면 대중문화이건 텍스트가 어떤 위치를 부여하고 독자는 자신을 그 위치와 동일시하여 쾌락을 얻어낸다는 점에서는 차이가 없다. 결국 여기서도 고급문화의 특권을 보장하는 메커니즘은 존재하지 않는다.

(5) 레이먼드 윌리엄스가 『문학과 사회』에서 거의 두 세기에 걸친 문화사를 제도와 실천의 역사와 분석한 이래로 어떤 텍스트이든지 그것들이 나름의 '표기 체계'로 이뤄진 것인 한 그 텍스트들은 어떤 대상이라기보다는 실천으로 존재한다는 것이 분명해졌다. 따라서 텍스트에 대한 연구는 어떻게 한 텍스트가, 예를 들면 대학이나 학교에서 하나의 분과학문으로 설립되어 지배 블록이 헤게모니를 행사하는 한 양식이 되었는가 하는 문제를 외면할 수 없게 되었다. 곧 텍스트에 대한 연구가 주어진 국가권력과 관계를 갖는 학문 제도 속에 기반을 두고 있다는 것을 인정하지 않고는 텍스트에 대한 연구가 불가능하게 되었다. 그리하여 대중문화 텍스트가 일반적으로 상품생산 제도를 통해 생산자와 소비자 사이에 유통되는 무엇이듯이 고급문화의 텍스트들도 비록 제도들은 서로 다르지만 어쨌든 제도의 견지에서 분석될 수 있는 무엇으로 확인되었으며, 따라서 이 견지에서 양자의 차이는 존재하지 않는다.

(6) 헤겔의 주인과 노예의 변증법에 대한 논의에서 촉발된 타자 개념은 텍스트 연구와 관련하여 크게 세 부분으로 나뉘어 전개되었다. 그중 하나는 의식과 무의식의 정신분석학적 구분으로 나아가 의식적 주체와 무의식적 타자의 구분을 확인하는 방식으로 드러났다. 그리고 또 다른 하나는 데리다적인 해체주의에서 모습을 드러냈는데, 이 경우 한 항이 그 자신의 정의를 위해 필요로 하는 타자에 대한 의존을 부정함으로써 한 항을 특권화시키는 형식을 취하는 이항대립을 풀어헤치는 개념으로 활용되었다. 그리고 마지막으로 이 개념은 역사적 담론들에 의해 성립된 특수한 이항 구조

를 드러내는 데 활용되었는데, 그것은 서구적 유럽적인 주체들이 그 동양적 타자로 간주되는 것들을 대상으로 규정하며 자신들을 특권화하고 실체화하려는 인종 담론들이다. 이들 모두에서 대중문화에서와 마찬가지로 고급예술 또한 자유롭지 않다.

3. 분할론과 미학

결국 이제까지의 논의를 통해 우리가 확인한 것은 대중문화에 대한 고급예술의 특권을 인정하는 데 기반을 둔 분할론은 이제 더 이상 지탱할 수 없다는 것이다. 그러한 특권은 과거 그 특권화의 토대가 되었던 예술품들의 재해석에서 뿐 아니라 오늘날 미술의 실제에서 그리고 예술을 해석하는 다양한 이론들 모두에서 부정되고 있다. 그렇다면 이제 질문은 기존의 미학에까지 소급된다. 이러한 변화는 기존의 미학에 어떤 질문을 제기하는가? 그리고 그에 대해 어떤 답변이 가능한가? 세 가지 질문만 살펴보기로 하자.

가.

우선 제기되는 질문은 고급예술과 대중문화 사이의 본질적인 경계 설정이 불가능하다면 대중문화의 산물 또한 미학의 대상이 될 수 있는가?이다. 실상 대부분의 미학자들은 '예술' 이라는 것을 영원하고 보편적인 무엇으로 간주하는 데 익숙하다. 하긴 미학의 역사는 그들의 주제(예술)의 역사성에 대한 체계적인 부정에 의해 특징지어질 정도이다. 하지만 그간 미학이 대상으로 간주해 온 대상들 역시 구체적으로는 특정한 사회적 조건 속에서 특정한 집단의 이데올로기적 관습들에 의해 위대한 전통으로 생산되어 왔던 예술 산물들의 집합에 불과하다. 즉 어떤 의미에서 그간 미학의 대상 설정은 자의적이다. 이런 맥락에서 본다면 심지어 저급하고 비천하다 할지라도 분명 취향의 대상이 되고 있으며, 앞서 살펴보았듯이 고급예술의 자기

갱신의 주요 수단으로 활용되어 왔던 대중문화의 산물이 미학의 대상이 되지 못할 이유는 없다. 슈스터만(Richard Shustermann)은 적극적으로 "대중예술은 우리의 미적 전통의 가장 중요한 규준들을 만족시킬 수 있을 뿐 아니라 우리의 전통적인 미적인 것의 개념을 풍부하게 하고 개조할 수 있는 힘을 가질 수 있다"(*Pragmatic Aesthetics*, Blackwell, 1992)고 주장하기까지 한다. 다만 이 경우 우리는 미학 자체도 역사화되어야 한다는 자각을 꼭 덧붙여야 할 것이다. 그리고 이 문제는 또 다른 질문을 야기시킨다.

나.

다른 질문이란, 그렇다면 미학은 문화연구(Cultural Studies)로 변화되어야 하는가?이다. "미학 자체가 나름의 사회사를 갖는 한 학문"임은 이미 잘 알려져 있는 사실이다. 하지만 크리스텔러(Kristeller)의 선구적인 작업에 의해 확인된 이 명제가, "학문적으로 그렇게 널리 수용되고 인정받았음에도 불구하고 그 명제를 발전시키려는 노력들이 그렇게 드물었는가?"라는 한탄을 낳은 이유는 무엇이겠는가. 실상 전통적인 미학의 한계는 인간발전의 추동력으로부터 차단되어 문화를 윤리와 취미의 관념적인 영역으로 전화시켜 버림으로써 더 나은 발전을 방해하게 만드는 교양의 한계이다. 문화연구는 이런 맥락에서 "19세기 미학으로부터 전수된 제한된 문화 개념을 넘어서고자 하는 필요에 의해 자신의 역사를 구축해 왔다. 그리고 문화연구는 또 다른 존재 분야들—정치적인 것, 경제적인 것, 대중적인 것—심지어 생활방식 전체"를 포괄하도록 이러한 개념을 확장시킬 것을 요청한다. 이런 의미에서 한정된 미적 취향에 토대를 둔 예술개념의 보편성을 전제하고 그것을 대상으로 하는 미학은 그 예술개념이 이미 그와 반대되는 것으로서의 대중문화와 상호 얽혀 들어간 상황 그리고 작품이 온갖 차이와 대립 타자들로 넘쳐나는 텍스트로 변화된 상황에서는 문화연구로 확장되어야 한다. 물론 이 경우 우리가 주의해야 할 것이 있다. 그리고 여기서 다시 다음 질문이 생겨난다.

다.

그렇다면 미적 가치와 즐거움의 문제, 미적 경험의 문제는 어떻게 되는가? 미학의 문화연구로의 전환은 예술적 산물의 특수성을 부정한 채 단지 의미편중 현상을 낳는 것은 아닐까? 아니다. 그리고 아니어야 한다. 실상 문화연구의 핵심적인 방법론의 하나인 기호학적인 텍스트 개념은 그것의 지나친 평등주의와 반인간주의로 인해 미적 범주를 포괄해 내지 못하는 결함이 있다. 중요한 것은 결코 생물학적 상수나 심리적 보편자 혹은 전통적 미학의 관념론에 떨어지지 않는 예술의 특수성을 확보하는 일이며, 그것을 문화연구에 통합시키는 일이다. 그것을 일종의 저항적 즐거움에서 찾든 아니면 또 다른 무엇에서 찾든 그것이 중요한 것은 아니다. 다만 미적 가치와 경험은 문화연구에 입각한 미학의 필수적 부분이 되어야 할 것이다.

더 읽을거리

강태희, 「현대미술과 대중문화」, 『현대미술문맥읽기』, 미진사, 1995.

신혜경, 「대중문화 연구의 새로운 시각」, 『미학』 제20집, 1995.

안토니 이스트호프, 『문학연구에서 문화연구로』, 현대미학사, 1996.

토마스 크로우, 「시각예술에서의 모더니즘과 대중문화」, 『현대미술과 모더니즘론』, 이영철 편역, 시각과언어, 1994.

이미지와 세계

이달승

21세기 들어 보다 가속화되면서 진행되는 대중매체의 시대, 그 변혁의 크기와 폭을 가늠하기 위해서는 이 시대를 흔히 이미지의 시대 혹은 영상시대라 부르는 데 주목해 볼 필요가 있다. 매체 기술의 발달과 더불어 매 순간 생산되는 이미지의 물량, 그 전달의 속도, 유포의 범위, 자극의 강도를 오늘날 우리 삶이 맞이하게 된 변화의 한 외부적 징후로 받아들이기엔, 그 폭발적 동력은 이미 오늘날 인간 삶의 내면화된 조건으로 작용하고 있다. 어쩌면 우리는 더 이상 이미지를 통해 저 건너편 세계를 차분히 짐작하거나 건네다 보며 살아가고 있는 것이 아니라, 이미 이미지화된 세계 속에 잠겨 그 세계를 호흡하고 유영하며 살아가고 있다고 할 수 있다.

여기서 우리는 오늘날 미학의 여러 쟁점들 중 하나인 '이미지와 세계'의 문제를 만나게 된다. 그러나 보다 엄격히 말해서 '이미지와 세계'라는 문제는 여러 미학적 쟁점 중의 한 논쟁거리라기보다는 오히려 현재의 모든 미학적 논의의 근간을 이루는 문제라 할 수 있다. 오늘날 우리가 살고 있는 세계가 바로 이미지의 세계, 이른바 영상화된 세계이기 때문에 그러하다.

1. 가상과 실재

과거엔, 이미지는 언제나 세계에 대한 이미지였다. 이를테면 세계를 바라보는 창(窓)이었다. 다시 말해서 이미지란 우리가 세계를 바라보고 이해하는 방식에 관련된 것이었다. 그렇다고 이미지가 세계에 대한 단순한 기계적 모방이나 세계에 대한 헛된 환영만은 아니었다. 이미지는 세계와 세계를 바라보며 이해하려는 인간 사이의 불가피한 거리, 그 거리의 긴장에 대응하는 이른바 인간의 세계에 대한 질문 방식이었다. 흔히 이야기하는 실재와 이미지의 변증법적 관계라는 것도 인간과 인간이 바라보는 세계 사이의 거리, 그 거리에 대한 역동적 질문의 다른 이름이라 할 수 있다.

흔히 우리는 이미지를 외양 혹은 가상이란 말로 번안하기도 한다. 그런데 이러한 번안 과정에는 실재와 가상이라는 이분법적 구분이 전제되고 있다. 가상으로서의 이미지에 대한 플라톤의 불신은 바로 이러한 실재와 가상의 이분법적 구분에 기초하고 있다. 플라톤의 이미지에 대한 불신은 곧장 예술에 대한 그의 편견으로 이어지는데, 실제로 가상으로서의 이미지에 대한 플라톤의 불신, 그리고 그의 예술에 대한 폄하는 이미지에 대한 실재의 우위를 확정해 가는 과정 속에서의 불가피한 진단처럼 이해되어 왔다. 그러나 플라톤의 이미지에 대한 불신은 이미지에 대한 실재의 단순 우위의 진단에 따른 불신이라기보다는 이미지의 가상적 성격에 대한 보다 근본적인 질의에 관련된 불신으로 볼 수도 있을 것 같다. 다시 말해서 이미지가 갖는 가상적 성격 그 자체에 대한 고충어린 염려의 표현으로 보아야 할 것 같다.

가령 가상이란 어휘에 깊숙이 드리워진 부정적 뉘앙스는 물론 가상으로서의 이미지에 대한 불신에 관계하기도 하지만, 다른 한편으로는 쉽게 그 모습을 드러내지 않는 세계의 실재(reality)에 대해 세계를 바라보는 자가 갖는 부담의 솔직한 토로와 무관하지 않은 듯싶다.

플라톤의 이미지에 대한 불신은 따라서 실재의 그림자에 불과한 이미지를 실재로 받아들이려는 우리의 그릇된 편향에 대한 경고와도 같다. 그의 동굴의 우화가 바로 그것이다. 이미지는 실재가 아니다. 그리고 실재를 대신할 수도 없다.

2. 매체의 의미

이미지가 실재를 대신할 수는 없지만, 적어도 이미지는 실재의 그림자와 같다. 이미지가 실재의 그림자라고 할 때, 이미지는 실재의 경험을 위한 통로, 즉 이미지는 이미지 그 자체와는 다른 것을 향해 열려 있음을 의미한다. 이를테면 우리의 보이지 않는 세계로의 연루를 알리는 통로이자 매개라 할 수 있다. 과거, 이미지의 탁월한 사례가 되었던 미술은 우리의 보이지 않는 세계로의 연루를 이미지를 통해 경험해 가는 과정에 다름 아니었다.

그런데 예술가들이 보이지 않는 미지의 세계로 나아가면서 겪는 어려움은 정신적 · 심리적 사안(事案)만은 아니었다. 미술은 우선적으로 재료를 다루며 예술가들이 겪는 물리적 · 신체적 부담을 전제한다. 미술은 우선적으로 매체를 다룰 때 거기서 오는 물리적 부하(負荷)를 감당하면서 시작된다. 미켈란젤로가 대리석 가운데 갇혀 있는 인간의 형상을 풀어 주는 것이 자신의 소명이며 자신이 할 수 있는 일이란 다만 불필요한 부분을 깎아내는 데 지나지 않는다고 토로할 때, 그리고 고흐가 그린다는 것은 우리가 느끼는 것과 우리가 할 수 있는 것 사이에 버티고 있는 철벽을 줄로 천천히 갈아내는 것과 같다고 이야기할 때, 우리는 이러한 고백을 예술가들의 정신적 고뇌에 관련된 수사로만 읽어서는 안 된다.

실제로 예술가들이 겪는 물리적 · 물질적 부하가 이미지, 즉 가상을 단순한 환영과 구분지어 주는 계기가 된다. 이를테면 미술은 세계에 대한 시각적 환영만을 제공하는 것이 아니라, 세계의 살을 만지면서 세계의 실재에 가까이 다가서는 방편이라 할 수 있다. 소재를 다루면서 그 소재의 끈덕진 저항을 경험하는 가운데 예술가는 세계를 이미 몸의 중력으로 살기 시작한다. 몸의 중력으로 산다는 것은 세계의 저항을 우리의 몸 가운데 받아들여 우리의 몸을 마침내 세계의 결이 숨쉬는 장소로 허락한다는 것을 의미한다. 세계의 무게를, 세계의 결을 익혀 갈 때, 미술은 세계의 감각적 깨어남 가까이 머무른다.

우리가 흔히 이야기하는 매체란 결국 예술가가 보이지 않는 세계의 저항을 받아들일 때 마침내 감각으로 깨어나는 세계의 진동을 몸과 손으로 기록해 가는 과정 전반을 일컫는다. 우리가 매체를 단순한 미술의 표현 수단에 그치는 것이 아니라 바로 우리와 세계를 이어주는 매개임을 이해해야 하는 것은 이 때문이다. 하지만 1934년 발간된 앙리 포시옹(Henri Focillon)의 『형태의 삶』에 실려 있는 「손의 찬미」라는 아름다운 글은 매체를 통한 세계의 탐사 역할을 기꺼이 수행하는 손에 대한 마지막 찬가로 남아 있다.

3. 매체의 변화와 예술의 변화

드디어, 영상매체와 복제 기술의 발달은 이미지를 마침내 세계로부터 오는 물리적 · 물질적 부하를 벗어나게 하면서, 이미지 그 자체의 성격 변화를 가져왔다. 이미지는 이제 미지의 세계와의 연루에 관련된 부담을 그만큼 덜게 되고, 실재와의 긴장 관계를 벗어나 그 자율의 폭을 넓혀 간다. 이미지가 그 자율의 폭을 넓혀 가는 데 매체의 변화가 결정적 기여를 하게 되고, 따라서 예술 또한 커다란 변화를 맞이하게 된다.

새로운 영상매체의 등장이 세계를 바라보는 태도의 변화와 함께 예술에 있어서도 커다란 변화를 가져오리라는 것을 처음으로 예감한 이는 폴 발레리(Paul Valery)였다. 1934년 「편재성의 정복」이라는 글에서 그는 이미 새로운 영상매체의 발명이 가져올 예술의 기법, 발상 나아가 예술의 근본 형식에 이르기까지의 놀라운 혁신에 대한 예감을 기록하고 있다. 이를테면 우리가 텔레비전 화면을 통해 과거 화가의 그림이, 마치 우리가 라디오에서 한 교향곡을 수신해 듣는 만큼이나 강력하고도 실감나게, 우리 가정의 벽에 그려지는 날을 기대할 수 있다고 적고 있다.

2년 후 「기술복제 시대의 예술작품」에서 발터 벤야민(Walter Benjamin) 또한 사진과 영화와 같은 대량 복제 기술의 등장으로 인한 예술작품의 의미 변화를 관찰하고 있다. "우리는 사진이 미술이어야 하는가 아닌가를 결정하기 위해 괜스레 면밀히 따져보는 데 열심이었지만, 바로 이러한 발명이 예술의 일반적 성격을 변화시키지 않았는가는 질문해 보지 않았다"고 지적하면서, 예술에 대한 관념의 변화는 매체 기술의 변화 속에서 진행되고 있음을 그는 침착하고도 냉정하게 이해하고 있었다. 새로운 매체 기술의 변화는 도시생활을 하는 대중들의 욕구, 즉 사물들을 공간적으로 그리고 인간적으로 보다 가까이 접근시키려는 성향을 촉진시키고, 나아가 대중들이 주어진 모든 것의 일회성을 복제품의 수용을 통해 극복하려는 경향을 낳게 하였다. 이러한 매체 기술 변화의 귀결을 벤야민은 예술작품이 지니고 있는 분위기, 즉 '아우라'의 붕괴로 읽고 있다.

아우라의 붕괴란 다름 아니라 이미지의 성격이 바뀌면서, 이른바 이미지와 보이지 않는 세계와의 연루 관계가 무너짐을 말한다. 벤야민은 아우라를 "아무리 가까이 있더라도 먼 곳의 일회적 나타남"으로 정의하고 있다. 공간과 시간이 함께 짜들어가는 교묘한 결, 즉 아우라는 먼 곳이 문득 가까운 곳이 되는 일회적 사건을 일컫는다. 이미지 또한 보이지 않는 먼 세계와의 연루에 대한 일회적 일깨움이다. 하지만 아우라의 붕괴는 이미지가 일깨워 주는 세계의 무게와 위엄의 상실을 말한다. 세계가 손쉬워지면서 이미지도 함께 가벼워지고, 마침내 아우라는 자취를 감춘다.

물리적 · 물질적 부하를 벗어난 이미지는 미지의 세계와의 연루에서 오는 이미지의 무게와 위엄을 뒤로하고 가볍고 홀가분한 유영을 시작한다. 그만큼 예술작품 또한 가볍고 홀가분해졌다. 복제를 통해 이미지의 원활한 보급은 조각의 물질적 특성을 제거하였고 회화, 심지어 사진에 있어서까지 그 물리적 구체성을 거두어 갔다.(워홀의 이미지는 사진을 복제해서 얻은 것이었다.) 이제 자유로운 유영을 시작한 이미지가 도리어 사물이나 세계가 담고 있는 물질성을 증발시키는 데 기여한다. 이러한 이미지 덕분에 우리는 쉽게 그 모습을 드러내지 않던 세계의 실재에 대한 부담을 잊고 이제 우리 눈앞에 가까워지고 현재화된 세계를 즐거이 맞이하기 시작한다. 그런데 그때의 세계는 과연 어떠한 세계인가.

4. 비물질적 이미지

현대 대중이 열렬하게 보여 주고 있는, 세계를 공간적으로 자신에게 가까이 끌어당기려는 욕망, 복제를 통하여 사물의 일회적 성격을 극복하려는 욕망은 역설적으로 이미지 본래의 성격이 어떠하였던가를 도리어 상기시켜 주고 있다. 즉 이미지는 우리를 세계의 먼 곳과 관계하게 하고, 사물의 일회적 운명에 대한 염려를 일깨워 준다. 이미지의 힘 혹은 매혹은 사실 먼 곳의 아득함이 안겨주는 부재에 대한 번민과 자칫 사라질지도 모른다는 망각의 위험으로부터 오는 것이다. 우리가 앞에서 말한 이미지가 갖는 실재와의 긴장도 바로 여기에서 비롯한다. 부재에 대한 번민이 없다면 현존의 매혹은 어디로부터 오는 것일까, 덧없는 것, 사라지는 것에 대한 고뇌로부터가 아니라면 기억의 필요는 어디로부터 오는 것일까. 이미지가 매체로서의 물질적 성격에 바탕을 두고 있는 것도 부재에 대한 번민과 망각의 위협에 대한 고뇌와 무관하지 않다.

그러나 매체 기술의 발달이 가져온 비물질적 이미지는 부재에 대한 번민과 망각의 위협으로부터 벗어나려는 욕망에 대응하는 세계이다. 물질의 짐을 벗어나고 시간의 경과가 낳는 부식의 위험마저 벗어난 이미지의 행로는 어디로 향하는가. 실제로 오늘날 매체 기술의 발달에서 얻을 수 있는 이미지는 과거 어떤 미술 이미지보다 훨씬 구체적이며 사실적이다. 그런데 이 구체성과 사실성은 이미지가 감당하여야 하는 매체의 불가피한 물질적 저항으로부터 자유로워지면서 얻은 성과이다. 이미지는 그 자체가 그 자체로서 가장 진실되고 실제에 가장 일치되어 보이면서, 순진한 유사성과 감동적 정확성을 지닌 세계의 어김없는 증언처럼 보인다. 그런데 이 이미지는 무엇을 보여 주고 증언하고 있는가. 세계와 아무런 실질적 · 물질적 공유관계를 나누지 않으면서.

이미지는 세계를 바라보는 창이었다. 그렇다면 실재와의 긴장도, 부재에 대한 번민도, 매체의 물질적 구속도 없는 이미지도 세계를 향한 창일 수 있을까. 오늘날 이미지의 비밀은 이미지와 삶, 여러 종류의 화면과 일상세계 사이에 이루어지고 있는 긴밀한 결탁에 있는 것처럼 보인다. 다시 말해서 이미지는 이미지가 비추어 주는 세계와 나누고 있는 괴리에서 오는 긴장이 아니라, 오히려 둘 사이에 아무런 긴장도 저항도 없이 미끄러지는 전염효과에서 그 힘을 키워 가고 있다.

오늘날 세계는 이미지와 현실 사이의 불가분의 인접 지역에서 그 표정을 그리고 있다. 오늘날 미술 또한 많은 경우 미술과 일상의 경계를 허무는 데 그 소망을 두고 있다고 말하곤 한다. 그런데 이미지와 현실과의 괴리가 소멸되면서, 그 차이가 불확실해지면서 그리고 모든 제약을 벗어난 이미지의 파급효과는 현실에까지 영향을 미치면서 결국 현실과 가상이 똑같이 불가능해지는 사태에 이르게 된다. 가상으로서의 이미지는 진실은 아니지만 그렇다고 거짓도 아니다. 현실도 없고 가상도 없다.

원래 가상일 수밖에 없는 이미지가 주는 부정적 뉘앙스는 거짓일 수 있지만 그렇다고 진실과 무관한 것은 아니라는 의미를 담고 있었다. 즉 이미지가 가상이라는 것은 보이는 것이 보이지 않는 것을 환기한다는 것과 동일한 의미이다. 그러나 오늘날 가상이 현실과 구분되지 않고, 따라서 현실과 가상이 다 같이 불가능해지는 것은 보이지 않는 것, 즉 부재를 금지하기 때문이다. 보이지 않으면 없는 것이다. 상상도 보이는 것이고 꿈도 보이는 것이다. 이제 상상과 꿈도 즉각적이고 구체적인 가시 영역에 속하는 것이

되었다. 모든 것이 보이고 보이지 않는 것이 금지될 때, 이미지에는 이미지 이외의 다른 지향이 없다. 부재의 금지, 혹은 이미지의 투명성. 오래고 오랜 거북살스런 물질의 무게를 말끔히 씻어내고서 확보한 '세계의 포르노그라피적 객관성' (장 보드리야르)으로서의 투명성, 즉 알몸으로서의 이미지.

하지만 모든 것이 보이는 것과 우리가 그것을 진정으로 보는가의 문제는 별개다. 우리가 무엇을 본다 할 때, 보는 대상은 숨겨지면서 드러나야 한다. 이미지의 매혹은 바로 여기서 온다. 매혹은 눈여겨보는 눈길을 불러낸다. 그러나 모든 것이 드러나 있을 때, 이미지가 할 수 있는 일은 그것을 믿게 하는 일뿐이다. 부재의 금지는 실감의 강화로 설득력을 얻는다. 이제 가상과 실재의 구별은 실감의 요구 앞에 사라지고, 부재의 금지는 실감의 자기 정당화로 이어진다.

뉴스 시간에 방영되는 사건의 현장을 지켜보면서 우리는 엔지니어와 앵커가 가시화하는 사건이 유도하는 이미지로서의 사건에 가담하게 된다. 이때 이미지로서의 사건은 저곳에서 벌어지고 있는 사건의 반영이 아니라 바로 여기서 우리 눈앞에 새로이 조성되고 편성되는 사건인 것이다. 중요한 것은 사건의 충실한 재현이 아니라 사건에 가담하고 있다는 실감이다. 그런데 실감은 외부 현실과 이미지, 사실과 흔적의 구분을 전제로 하는 시선의 전통적 관례를 폐기하면서 얻어진다. 이를테면 우리는 화면에 비친 사건의 이미지를 대면하는 것이 아니라 이미 이미지 속에 연루되고 포섭되어 있는 것이다. 정작 우리에게 중요한 것은 사건이 아니라 실감나는, 하지만 유령과도 같은 이미지이다.

사건이 복제된 이미지로, 이를테면 이미지로서 비로소 우리에게 중요한 것으로 받아들여질 때, 가상과 실재, 현실과 이미지의 차이는 사라진다. 사건이 이미지화되어 화면에 등장할 때 비로소 중요하게 받아들여지면서, 이제 사건은 이미지에 전권을 양도하게 되고, 사건 혹은 사건이 벌어지는 현실이 도리어 이미지를 닮아 가면서 이미지에 대응하는 세계는 마침내 종적을 감춘다. 세계가 상실될 때 인간이 얻은 이미지는 결국 어떠한 것일까.

그때의 실감이라는 것도 단순한 관념에 불과한 것은 아닐까.

5. 이미지의 무한 권위

세계가 자취를 감추면서 남은 이미지 속에 연루되어 얻은 실감에는 우리 몸의 중량이 좀처럼 실리지 않는다. 우리의 몸이 무게를 얻는다는 것은 근본적으로 세계와의 접촉에서 느낄 수 있는 이른바 사물의 중력이나 저항과의 상관성을 통해서 비로소 가능한데, 이러한 접촉에서 오는 저항은 다름 아닌 우리의 몸이 갖는 불가피한 장소의 제약성과 시간의 제한성을 일컫는다. 실제로 이러한 장소와 시간의 제약이 오히려 우리로 하여금 단순한 실감 속에 완료될 수 없는 보다 진정한 세계와의 접촉에로의 절실한 바람을 일깨워 주었던 것 또한 사실이다. 아니나 다를까, 사실효과에 따른 실감은 현실의 비현실화로 마감된다.

실제로 이미지 속에 연루되어 얻어진 실감의 세계는 장소의 제약이나 시간의 제한의 유보를 대가로 하여 얻어지는 것이다. 한 걸음 더 나아가 디지털 언어에 의한 재생과 합성 과정을 통해 새로이 생성되는 이미지는 시공간적 제약의 유보를 넘어서 그 제약의 무화에까지 이른다. 이른바 디지털 매체의 자기참조는 시공간적 제약의 무화와 동일한 현상의 다른 표현이라 할 수 있다. 디지털 바다란 그러한 곳이다. 그곳은 원래가 몸의 중력이나 세계의 저항과는 상관없이 다만 '손가락'으로 가볍게 접속하고 신속하게 유영(遊泳)할 수 있는 비물질의 바다이기 때문이다. 우리의 몸과 세계와의 최소한의 접촉의 요구마저 거절하는, 아무런 저항이나 저항의 부하도 없는 자유로운 유영의 세계.

시공간적 제약을 벗어난 세계의 영상화. 이제 이미지는 더 이상 저곳이 세계를 담아내는 거울이 아니다. 이미지가 곧 여기의 세계인 것이다. 이미지로서의 세계를 살아가는 우리에게는 실감의 수준이 더 이상 문제가 되지 않는지도 모른다. 오히려 보는 것(이미지)이 우리의 의식을 결정하고 있다고 해야겠다. 나는 본다, 고로 나는 존재한다. 시공간적 제약을 벗어나 세계와의 간극을 무효화시키면서 마침내 그 자체로서 현실세계의 자격을 획득한 이미지, 그 이미지의 지고의 권위에 대해서는 어떠한 의혹도 심리(審理)도 허락하지 않는 것으로도 보인다. 거기에는 기원에 대한 시비도 노쇠에 대한 불안도 없다. 속도와 자기 증식을 그 생성원리로 삼으면서 그러한 시비와 불안의 원인은 기왕에 삭제되어 있다.

그리하여 이미지는 세계와 세계를 바라보는 주체를 동시에 포섭 구성하면서 그 내면을 들여다보는 시선을 더 이상 허락하지 않는다. 하물며 이미지의 건너편 세계를 바라보는 것은 더더욱 불가능하다. 이제 혐의는 이미지로 가시화될 수 없는 모든 것을 향하게 된다. 어떠한 이의(異議) 제기의 빌미를 남기지 않으면서 세계와의 접촉의 환상을 그 내부에서 무한히 키워가는 이미지의 무구(無垢)와 증식력에 대한 신뢰는 마침내 이미지가 우리를 결정하는 사태에 이른다.

맥루헌은 "미디어는 메시지다"라고 선언하였다. 미디어를 통한 이미지의 무한 유통은 마침내 우리의 지각 패턴을 변화시키면서, 메시지보다는 미디어가, 말씀보다는 이미지가 우리의 삶의 환경을 결정하게 되었다. 맥루헌에게 미디어는 그래도 인간의 수단이었다. 그러나 미디어가 생산 유포하는 이미지의 숨가쁜 증식은 이제 인간이 도리어 미디어의 수단이 되는 사태를 초래하였다. 이미지와 실재의 차이가 지워지고 이미지가 실재를 잠식하면서 벌어지는, 이른바 장 보드리야르가 내파(implosion)라고 부른 이미지의 무한증식 현상은 마침내 우리를 거대한 이미지의 시뮬라시옹 세계 속에 가두어 버렸다. 그때부터 우리는 미디어가 꾸며낸 시나리오를 충실히 연기하는 이미지의 시녀가 되기를 기꺼이 자처하게 되었다. 어쩌면 우리가 이미지를 욕망하는 것은 무한히 부풀려 가는 이미지의 자기 증식 욕망을 충족시키기 위해서이지 않는가? 라캉이 말한 이른바 상상적 동일시에서 생겨나는 욕망처럼. 어머니의 욕망이 아이의 욕망인 것처럼, 이미지의 욕망이 곧 우리의 욕망이다.

“걸프전쟁은 발발하지 않았다”고 주장하여도 우리는 크게 놀라지 않는다. 화면과 현장, 실재와 허구의 경계를 따지는 일이 오히려 번거롭게 여겨질 정도로 우리는 푹신한 안락의자에 파묻혀 폭격 장면을 무덤덤하게 즐길 수도 있으니……. 그 허구의 폭격 장면을, 우리는 시선 없는 눈으로 보고 있다.

6. 맺는 말

그렇다, 이미지는 원래가 허구의 세계이다. 플라톤이 이상국가(理想國家)에서 시인을 추방할 것을 주장한 것은 이 때문이다. 그때 플라톤의 비판은 예술이 지닌 비현실적 허구성을 겨냥한 것임은 물론이다. 하지만 그의 비판이 예술 이미지가 갖는 허구성이 바로 그 허구성 때문에 현실의 결핍을 상기시키면서 동시에 현실 건너편의 미지의 세계를 가리키는 이중의 움직임을 보여 준다는 의미에서 지혜롭다. 적어도 오늘날 영상 이미지의 허구성이 실재와 가상의 차이를 무화시키고 스스로를 실재 이상이라 자처하여 우리로 하여금 현실의 건너편에 눈감게 한다는 사실에서 그러하다. 그렇게 우리에겐 시선 없는 눈만을 남겨둔 채.

더 읽을거리

장 보드리야르, 『시뮬라시옹』, 하태환 옮김, 민음사, 2001.

파스칼, 『팡세』.

플라톤, 『국가』.

Debray, R., *Vie et mort de l'image*, Ed. Gallimard, 1992.

Deleuze, G., *Cinéma 1: l'image-mouvement*, Editions de Minuit, 1983.

다원주의와 예술의 종말

장민한

오늘날의 예술은 이전의 예술과는 매우 다른 특성을 지니고 있다. 기존의 장르의 구분으로는 설명할 수 없는 새로운 매체의 예술이 등장했고, 기존의 다양한 장르의 매체가 결합하여 지금까지와는 다른 효과를 창출하는 예술이 등장했다. 또한 오늘날에는 일상의 사물과 전혀 구분할 수 없는 작품들, 기존 작품의 일부를 차용한 작품들 그리고 노골적으로 특정한 사회적 이념을 담고 있어 포스터와 구분이 안 되는 작품들이 예술로서 등장하고 있다. 더욱이 예술적 가치라고 여기던 미 혹은 미적 경험을 의도적으로 배제한 채 개인적인 특이한 경험을 제공하는 대상들도 예술이라는 이름으로 등장하고 있다. 한마디로 오늘날은 무엇이든지 예술작품이 될 수 있는 시기이다.

오늘날의 예술이 난해하다고 하는 이유 중 상당 부분은 이러한 다양성에 기인한다. 오늘날은 무엇이든 예술이 될 수 있기 때문에 뒤샹의 〈샘〉에서 보듯이 일상의 사물과 지각적으로 동일하게 생긴 대상이 예술작품으로 등장할 수 있고, 이에 따라 지각적 성질만 가지고는 예술과 예술이 아닌 것을 구분할 수 없다. 더 나아가 지각적 성질만을 통해서는 훌륭한 가치를 지닌 작품을 찾아낼 수 없다. 또한 오늘날에는 작품들이 무엇을 의미하는지 파악하기가 어려워졌다고 할 수 있다. 이전의 예술작품의 경우, 그것이 재현적인 작품이든 추상적인 작품이든 그 작품에서 찾을 수 있는 재현적인 혹은 표현적인 성질을 통해 그 작품의 의미를 추측하고 해석할 수 있었지만 레디메이드, 미니멀리즘 작품 혹은 첨단 디지털 매체 등과 같이 작가의 개입 혹은 흔적을 찾을 수 없는 작품의 경우에는 이러한 추측이 불가능해졌다.

이러한 예술 상황에 대해 크게 두 가지 입장에서 접근할 수 있다. 첫 번째는 다양한 유형의 예술 중에서 일부의 예술만이 진정한 예술이고 나머지는 저급 혹은 가짜 예술이라고 진단하는 입장이다. 이 입장의 이론들은 예술의 고유하고 유일한 가치 혹은 목표가 있다고 주장하고 이것을 기준으로 예술과 비예술을 구분한다. 이 이론들은 자신의 예술 정의에 속하지 않는 작품들을 예술의 울타리 밖으로 밀어내기 때문에 다른 문화권에 속해 있는 많은 작품들에 대해 예술의 자격을 박탈하는 결과를 초래했다. 두 번째는 오늘날의 예술 상황을 더 이상 하나의 진정한 예술 사조나 양식을 주장할 수 없는 상황, 즉 모든 사조가 동등하게 가치가 있다는 의미에서 다원주의 상황이라고 진단하는 입장이다. 이 입장은 전자의 입장과 달리 오늘날의 예술 상황에 대해 진정한 예술을 찾기 어려운 위기상황이 아니라 더 이상 하나의 목표를 추구할 필요가 없는 낙관적인 상황이라고 보고 있다.

아서 댄토(Arthur Danto)는 오늘날의 예술 상황을 다원주의로 규정하고, 그 근거로 "예술의 종말"을 주장하고 있다. 그가 주장하는 예술종말론은 예술의 목표가 더 이상 이루어질 수 없는 상황에 도래했다고 주장한다는 점에서 그 이전의 예술종말론과 공통점을 지니고 있다. 그러나 이전의 종말론들은 헤겔에서 볼 수 있는 것처럼 예술의 신성한 과업의 성취가 불가능한 상황으로 설명하든, 예술의 능력의 고갈로 설명하든 예술의 위기상황을 지적하기 위해서 주장되었다. 이에 반해 댄토는 오늘날의 다원화 상황을 옹호하기 위하여 예술의 종말을 주장하고 있다. 그에게 있어서 예술의 종말은 비관적인 상황이 아니라 예술이 비로소 자기 자신을 인식하고 제 자리를 찾게 된 낙관적인 상황을 지적하기 위해서 주장되었다. 또한 그의 이론은 오늘날의 예술의 다양화 현상으로 인해 새롭게 제기된 예술의 정체성, 평가 그리고 비평의 문제를 해결하려고 시도한다.

댄토가 예술의 종말을 선언할 때 의미하는 바는 오늘날에 이르러 하나의 예술 실천의 복합체가 다른 실천의 복합체에 자리를 내주었다는 것을 의미한다.[1] 그가 주장하는 것은 예술작품이 더 이상 존재하지 않을 것이라는 의미도 아니고 예술이 내적으로 소진되어 더 이상 밀고 나가는 것이 불가능하다는 것을 의미하는 비평적 판단도 아니다. 그가 말하는 "예술의 종말"은 하나의 이야기, 즉 내러티브가 끝났다는 것이다. 서구에서 예술의 개념이 출현한 이래 1960년대 모더니즘에 이르기까지 예술의 역사를 발전하는 거대한 내러티브로 파악할 수 있는데, 이 내러티브가 종말에 이르렀고 이제는 "역사－이후" 시대에 도래했다는 것이다. 그는 "역사－이후"의 예술, 즉 종말 이후의 시기의 예술은 더 이상 가야 할 특정한 내적인 방향이 없는 자유로운 상태의 예술이라고 진단한다. 이 시기가 바로 무엇이든지 예술이 될 수 있는 시기, 즉 다원주의 시기라고 주장하고 있다.

그렇다면 댄토가 오늘날이 예술의 종말 상태이며 더 이상 가야 할 특정한 내적인 방향이 없다고 주장하는 근거는 무엇인가? 그는 예술 상황을 설명할 수 있는 객관적인 역사적 구조가 있다고 주장하고 있다.[2] 뵐플린의 말처럼 모든 것이 어떤 시대에나 가능한 것이 아니라는 의미에서 특정한 예술 생산을 가능하게 만드는 역사적 구조가 있다는 것이다. 예술의 종말 이후의 시기는 그 이전의 시기와는 다른 역사적 구조를 지니고 있기 때문에 마치 한 시대가 끝나고 다른 시대가 시작되었다고 느낄 정도로 불연속성을 경험하게 만든다고 댄토는 주장하고 있다. 종말 이후의 시대는 이전의 시대와 달리 모든 것이 예술이 될 수 있는 객관적인 예술 실천의 구조로 이루

---

1 Danto, *After the End of Art: Contemporary Art and the Pale of History*, Princeton University Press, 1997. p. 4,

2 Danto, "The End of Art: A Philosophical defence", *History and Theory: Studies in the Philosophy of Histoy*, vol. 37, no. 4, p. 140.

어져 있다. 이러한 역사적 불연속성을 의식하게 만든 작품이 바로 앤디 워홀의 〈브릴로 상자〉이다.

그렇다면 워홀의 〈브릴로 상자〉의 어떤 특성이 댄토로 하여금 불연속성을 의식하게 만들었는가? 그는 〈브릴로 상자〉가 "단순한 실제 실물", 즉 슈퍼마켓에서 사용하고 있는 브릴로 상자와 지각적 측면에서는 차이가 없다는 것을 의식하게 되고, 워홀의 〈브릴로 상자〉가 예술작품이 되는 것은 지각적 측면이 아니라 눈에 보이지 않는 것에 의해 결정된다는 것을 알게 되었다. "이것은 당신이 예술이 무엇인가를 알려고 한다면 감각 경험으로부터 사고로 방향을 돌려야 한다는 것을 의미하는 것이다."[3] 이 작품의 등장을 통해 오늘날에는 일상의 사물과 눈으로 식별 불가능한 예술작품이 원리적으로 있을 수 있고, 더 나아가 예술작품으로 보일 수 있는 특별한 방식이 존재하고 있지 않다는 것을 인식하게 만들었다. 다시 말하자면 이 사건은 눈으로 지각할 수 있는 특징만으로는 더 이상 예술의 정체성과 특질의 문제를 해결할 수 없다는 것을 인식하게 만들었고, 동시에 이제까지 제대로 파악하지 못한 예술의 본질을 파악할 수 있는 기회를 제공해 주었다.

또한 〈브릴로 상자〉의 등장은 시대마다 상이한 예술에 대한 믿음 체계가 있고, 그것들이 변화한다는 것을 의식하게 만들었다. 이 작품의 등장을 통해 1960년대 이후에 와서는 그 이전의 시기와는 다른 믿음 체계, 즉 무엇이든 예술작품이 될 수 있다는 믿음 체계가 형성되어 있다는 것을 인식하게 되었다. 다시 말하면 1964년의 〈브릴로 상자〉는 그것이 어느 하늘 아래에서나 실제의 브릴로 상자와 비슷하게 보이지만 오직 1960년대 맨해튼의 하늘 아래에서만 그것은 예술작품이 된다는 것이다. 이 사건은 각 시대마다 각각 다른 '예술' 개념 혹은 예술에 대한 다른 믿음의 체계가 있다는 것을 의식하게 만들었다. 만약 1860년대에 어떤 작가가 〈브릴로 상자〉를 만들었다면 그것은 예술작품이 될 수 없었을 것이다. 1960년대에 〈브릴로 상자〉

3 Danto, *After the End of Art*, Princeton University Press, 1997. p. 13.

가 예술작품으로 인정받을 수 있었던 이유는 당시의 예술 상황과 연결하여 설명될 수 있다. 1950년대 전후 물감들의 향연이라고 말할 수 있는 추상표현주의가 미국의 예술을 지배하게 됨으로써 미국의 예술 시장은 그 뒤에 팝 아트, 즉 상품 이미지든 스타 이미지든 익숙한 이미지들을 물감의 흔적처럼 화려하게 배열하고 있는 팝 아트의 등장을 막을 수 있는 명분이 없었다. 팝 아트 이후, 워홀의 〈브릴로 상자〉처럼 일상의 사물의 이미지와 구분할 수 없는 다양한 작품들이 등장하게 됨으로써 이제는 무엇이든지 예술작품이 될 수 있다는 인식을 하게 되었다.

댄토는 이 상황을 설명하기 위해 "예술계(artworld)", 즉 "한 대상을 예술작품으로 식별하기 위해서는 눈으로 볼 수 없는 그 무엇, 곧 예술사의 지식과 이론에 해당하는, 예술계"[4]라는 개념을 도입한다. 한 대상이 예술작품인지 알기 위해서는 눈으로 확인할 수 없고, 그 당시의 예술 제작 상황에 대한 지식과 더불어 당시의 예술에 대한 믿음 체계와 관련한 지식이 필요하다는 것이다. 예컨대 이 〈브릴로 상자〉가 예술작품이라는 것을 알기 위해서는 이 작품이 워홀이 일상적인 것을 찬양하기 위해 일상에서 친숙하게 사용한 브릴로 상자를 이용한 것이라는 지식과 더불어 그 당시가 일상적인 것과 유사하게 보이는 대상도 예술로서 허용할 수 있는 분위기 혹은 예술에 대한 믿음을 지니고 있던 시기라는 지식도 지니고 있어야 한다. 앞에서 언급했듯이 이 〈상자〉가 17세기나 18세기에 나타났다면 예술작품이라고 생각할 사람은 아무도 없었을 것이기 때문이다. 다시 말하면 댄토는 〈브릴로 상자〉의 등장이 시대마다 상이한 예술에 대한 믿음 체계가 있다는 것을 인식하도록 만들었고, 동시에 이 사건이 기존의 믿음 체계와는 완전히 다른 예술에 대한 믿음 체계를 갖도록 만든 사건이었다고 설명하고 있는 것이다. 이 사건이 기존의 예술에 대한 믿음 체계의 변화를 야기하여 새로운 예술 개

4 Danto, "The Artworld," *The Journal of Philosophy*, vol. 61, no. 19 (Oct. 15, 1964), p. 580.

념을 가지도록 만들었다.

그렇다면 댄토는 왜 예술에 대한 새로운 믿음 체계의 형성을 예술의 종말과 연결시키고 있는가? 댄토가 주장하는 바는 서구에는 예술에 대한 고유한 믿음 체계가 있고, 그 믿음의 체계의 변화가 예술의 역사에 대한 내러티브를 형성하고 있었다는 것이다. 그런데 이 내러티브가 팝 아트에 이르러 끝났다는 것이다. 댄토가 주장하는 서구의 예술의 내러티브는 무엇인가? 댄토는 예술에 대한 믿음 체계가 어떻게 이어져 내려왔는가를 설명하기 위해 예술에 대한 거대한 내러티브를 구성한다. 그는 이것을 두 개의 에피소드로 설명하고 있다.[5] 하나는 바자리의 에피소드이고, 다른 하나는 모더니즘의 에피소드이다. 댄토는 양자 모두를 진보적인 것으로 본다. 바자리는 예술을 재현적인 것으로 보고, 시간이 지나면서 예술은 "시각적 외관"의 정복에 더 능숙해진다고 보았다. 왜냐하면 원근법, 명암법 그리고 단축법 등을 통해서 세계에 대한 회화적 재현에서 진보가 가능하기 때문이다. 댄토는 이러한 전통적인 재현 예술의 에피소드가 르네상스에서 시작해서 인상주의에 이르기까지 지속되었다고 설명하고 있다. 그 후에는 모더니즘의 에피소드가 그 뒤를 잇는다고 설명하고 있다. 전통적인 회화가 모더니즘에게 길을 내준 이유에 대해 댄토는 동영상의 등장과 기존의 문화적 신념의 상실로 설명한다. 실재를 묘사하는 데 동영상이 회화보다 훨씬 더 낫다는 점이 증명되고, 동시에 아프리카와 동양의 예술이 소개되면서 외관의 정복이 예술의 유일한 목표일 수 없다는 사실을 인식하게 됨으로써 르네상스로부터 인상주의까지 이어져 내려오던 예술에 대한 믿음 체계가 변화를 가져오게 되었고 전통적인 재현 미술의 이야기인 바자리 내러티브는 끝나고, 모더니즘 내러티브가 시작된다고 댄토는 설명한다.

모더니즘의 내러티브는 "외관의 정복이 예술의 진정한 목표가 아니라면 미술의 진정한 목표는 무엇인가"에 대한 질문으로 시작되었다. 이 시기의

5 Danto, *After the End of Art*, Princeton University Press, 1997, p. 125.

예술들은 "진정한 예술이란 무엇이냐"라는 질문을 제기하고, 이것을 자신만의 양식으로 작품 속에 제시하려고 했다. 그 대표적인 예들이 20세기 전반에 등장한 수많은 선언문(Manifestos)과 그에 근거를 둔 다양한 예술운동이다. 그 선언문들을 보면 예술에 대한 믿음의 내용은 이전의 시기와는 차이점을 보이고 있으나 여전히 예술의 유일한 본질적인 가치가 있다고 믿고 있었다. 수많은 선언문들은 하나같이 특정한 종류의 운동과 특정한 종류의 양식만을 확정해서 이것만이 유일하게 중요한 예술이라고 선언한다.[6]

댄토는 이러한 모더니즘 내러티브의 대표적인 형태가 바로 그린버그의 내러티브로 보고 있다. 그린버그는 예술의 본질이 "예술의 매체의 본성 속에 유일무이하게 들어 있는 모든 것"과 일치한다고 생각했다. 모더니즘의 작품은 자신의 본질에 충실하기 위해서는 다른 예술의 매체로부터 빌려왔거나 다른 예술의 매체가 빌려간 것으로 여겨지는 일체의 효과를 제거하여야 한다고 그는 보고 있다. 그는 무엇이 회화를 다른 예술로부터 구분시키는가의 관점에서 새로운 내러티브를 만들었고 매체의 물질적인 조건 속에서 그 해답을 찾아냈다. 그런데 댄토는 그 내러티브가 팝 아트의 등장으로 끝났다고 보고 있다. 왜냐하면 팝 아트의 등장을 통해서 "단순한 실제 실물"과 예술이 지각적 측면에서는 차이가 없다는 것을 의식하게 되고, 무엇이든지 예술이 될 수 있다는 사실이 분명해졌기 때문이다. 이때 비로소 예술에 관한 진정한 철학적 자기반성이 가능해지게 되었다. 이러한 반성 덕분에 "나는 갖고 있지만 다른 예술은 가질 수 없는 것은 무엇일까?"[7]라는 질문을 제공하고 있는 모더니즘의 역사는 끝나게 된다. 다시 말해 예술작품은 어떠해야 한다는 특수한 방식이 더 이상 존재하지 않는다는 것을 인식하였을 때 예술의 내러티브는 종말에 이르렀다고 댄토는 보고 있다. 이때 "모든 것은 예술작품이다." 혹은 "누구나 예술가이다"와 같은 슬로건들

---

6 *Ibid.*, p. 28.
7 *Ibid.*, p. 13.

이 나타나기 시작했으며, 이런 것들은 예술의 거대한 내러티브의 시기라고 할 수 있는 예술의 시대에서는 일어날 수 없는 일이었다. "철학적인 정체성을 요구하던 예술사는 끝났다."[8] 예술의 본질에 관한 철학적 자기 이해 이후, 역사의 짐으로부터 해방된 예술가들은 그들이 바라는 어떤 방식으로든, 그들이 바라는 어떤 목적으로든, 혹은 아무런 목적 없이도 자유롭게 예술을 만들 수 있게 되었다. 이것이 역사-이후의 예술[9]의 상황이라고 할 수 있다.

댄토는 오늘날이 실제로 예술의 종말의 상태이지 새로운 예술의 시대로 나아가는 중간 단계가 아니라고 주장하고 있는 것이다. 이것은 현재의 상황에 대한 주장이면서 예술의 미래에 관한 주장이다. 다시 말하면 더 이상 예술은 존재하지 않을 것이라는 의미에서 종말을 주장하는 것이 아니라 앞으로 나타나는 예술은 더 이상 "예술이 해야 할 과업은 무엇인가?" "그것을 어떻게 작품으로 제시할 것인가?" 등의 고민을 할 필요가 없다는 의미에서 "그것을 고민했던 그 예술"의 종말을 주장하는 것이다.

위에서 살펴보았듯이 팝 아트의 등장을 통해서 시각적으로 식별 불가능한 서로 다른 작품들이 있을 수 있고, 이것들은 서로 다른 의미와 가치를 줄 수 있다는 것이 밝혀졌다.[10] 이로 인하여 이제까지 믿고 있던 목표, 즉 예술의 고유한 본질을 작품을 통해서 제시하려는 목표가 실현될 수 없다는 것을 알게 되었다. 따라서 이제는 한 작가가 어떠한 것을 목표로 삼고 예술의 작업을 수행한다 해도 그 목표가 다른 어떠한 목표보다 더 가치가 있다거나 더 가치가 없는 작업이라고 말할 권리가 없다. 이러한 의미에서 댄토는

---

8 *Ibid.*, p. 125.

9 댄토는 역사-이후의 미술을 컨템포러리(Contemporary) 미술이라고 명명하고 있다. 여기서 컨템포러리 미술이란 한 시기라기보다 미술을 지배했던 거대 내러티브(master narrative)가 더 이상 존재하지 않게 된 후에 발생된 미술이라는 것이다.(*Ibid.*, p. 9)

10 댄토는 팝 아트 이전에 레디메이드를 제시한 뒤샹을 팝 아트의 선구자로 보고 있다. 그는 뒤샹이 당시의 부르주아 예술에 대한 거부의 의미로 레디메이드를 제시함으로써 예술에서 미를 제거했지만, 뒤샹은 동 시대의 다른 예술가와 마찬가지로 예술에 대한 배타적인 믿음을 지니고 있었던 인물로 보고 있다.(*Ibid.*, p. 84)

이제 예술은 무엇이나 자유롭게 추구할 수 있게 되었다고 주장하고 있는 것이다. “이제는 우리는 아침에는 추상주의자가 될 수 있고 오후에는 표현주의자가 될 수 있으며, 저녁에는 포토리얼리스트가 될 수 있다.” 이제 예술사의 특별한 방향도 없다는 의미에서 그리고 어떠한 양식도 동등한 권리 이상을 요구할 수 없다는 의미에서 댄토는 오늘날의 예술 상황을 다원주의 시기라고 규정짓고 있다.[11]

예술의 종말의 시대가 지니는 가장 중요한 함의는 모더니즘 시기에는 예술의 역사 밖에 놓여 있던 다양한 목표와 가치를 지니고 있던 작품들에게 예술의 자격을 다시 수여하고 있다는 것이다. 예술의 종말 이전의 시대는 한마디로 예술이라고 여기는 것으로부터 예술이 아닌 것을 분리해 내려는 “자격박탈”의 역사(History of Disenfranchisement)라고 할 수 있다. 이러한 배타적인 믿음 체계가 모방의 시기와 모더니즘의 시기에 연속하여 등장하였다고 할 수 있다. 팝 아트 이후 이러한 “자격박탈”의 역사는 종말을 고했다. 따라서 예술의 내러티브의 종말 이후의 시대라고 할 수 있는 오늘날은 예술가들이 원하는 대로 무엇이든지 선택하여 작품을 만들 수 있게 되었다.

오늘날이 예술의 종말 이후 시대라는 의미에서 다원주의 시대라면 오늘날의 예술은 기존의 예술이 수행해 왔던 역할과는 다른 역할을 수행할 것이다. 이제 예술은 유일한 예술적 가치라는 의미에서 미, 진리, 혹은 조형성 등을 찾아 제시하려는 시도에서 벗어나 다양한 목적을 충족시키기 위해 다양한 양식을 제시하는 방식으로 진행될 것이다.

다원주의 시대의 예술은 이전과는 다른 비평, 즉 다원주의 비평을 요구한다. 이제 비평의 임무는 각각의 작품들이 추구하는 목표와 의미 그리고 그 의미를 구현하는 방식에 대해 해명하는 것이다. 이제는 그 이전 시대의

11 Danto, *Beyond the Brillo Box: The Visual Arts in Post-historical Perspective*, New York: The Noonday Press Farrar, Straus and Giroux, 1992, p. 228.

비평처럼 "예술이 무엇인가"라는 이론적 반성에 구속된 비평을 할 필요가 없다. 다원주의 비평이란 하나의 배타적인 내러티브에 의한 비평이 아니라 작품 자체에 입각해서, 즉 이것의 의미는 무엇이고, 이것이 어떻게 물질적으로 구현되었으며 또 어떻게 이해되어야 하는가를 해명하는 비평을 의미한다. 다시 말하면 거대 내러티브가 아니라 작품마다 그 작품에 해당하는 개별적인 내러티브에 입각해서 작품을 분석해야 한다. 예컨대 외적으로는 동일하게 보이는 서로 다른 회화들이 있을 때, 이 회화들은 각각 그들의 삶의 형식에서 상이한 구실을 맡고 상이한 의미를 가지고 있다고 할 수 있다. 비평이란 각각의 다른 삶의 형식에 속하는 작품들의 의미체계를 재구성하여 그 작품들의 의미를 파악하는 것이다. 비트겐슈타인의 말대로 "하나의 언어를 상상하는 것이 하나의 삶의 형식을 상상하는 것인 것처럼" 한 작품을 상상하는 것은 이 작품이 특정 역할을 맡고 있는 삶의 형식을 상상하는 것이다.[12]

다원주의 비평이 그 자체로는 중립적인 형식으로 구성된 이미지에 대해 그 양식의 채택의 이유를 추론하고 그 의미를 채워 가는 것이라면, 다원주의 시대의 가치평가는 한 작품이 다양한 목표 중에서 어떤 목표를 추구하는지 밝혀내고, 그 목표를 완성하기 위해 차용된 양식이 적절한 것인지 확인하는 것을 통해 가능할 것이다. 종말 이후의 시대의 이미지 자체는 그것이 어떤 형태를 지녔든지 관계없이 가치중립적이라고 할 수 있다. 왜냐하면 이것을 통해 작가들이 원하는 다양한 주제를 나타낼 수 있고, 그 주제에 따라 우리는 그 이미지에 대해 각각 다른 반응을 할 수 있기 때문이다.

예술제도 역시 다원주의 시대에 적합한 형태로 변화되어야 한다. 현재 예술계에서 진행되고 있는 수상제도와 공공미술관의 작품 선정 제도는 여전히 유효하지만 그 선정 기준은 "훈련된 안목"에 의한 것이 아니라 작품들이 각각 개별적인 특정 목적을 성취하는 데 성공했는지 여부로 바뀌어야

---

12 *Ibid.*, p. 202.

한다. 또한 다원주의 시대에는 미술관 제도 역시 변화되어야 한다. 오늘날의 미술관은 형식적인 기준에 의해서 작품이 선정되고 전시되는 “모더니즘 미술관”이 아니라 우리 사회의 다양한 요구와 그에 따른 다양한 가치를 보여 줄 수 있는 미술관이 되어야 한다. 오늘날의 미술관은 미의 보고가 아니라 다른 사람들의 삶의 형식과 삶의 가치를 이해하는 장소가 되어야 할 것이다.

더 읽을거리

Arto, H. (ed.), *The End of Art and Beyond: Essays after Danto*, NJ: Humanities Press International Inc., 1993.

Carrier, D. (ed.), *Danto and His Critics: After the End of Art and Art History, History and Theory: Studies in the Philosophy of History*, vol. 37, no. 4, 1998.

Danto, A., *The Transfiguration of the Commonplace*, Cambridge, MA: Harvard University Press, 1981.

______, *After the End of Art: Contemporary Art and the Pale of History*, Princeton: Princeton University Press, 1997 (이성훈 · 김광우 공역, 『예술의 종말 이후』, 미술문화, 2004).

Rollins, M. (ed.), *Danto and His Critics*, Blackwell, 1993.

예술과 도덕의 관계

– 입장들의 분류와 현대적 논의 –

주동률

1. 서론: 주제의 소개

예술과 도덕의 관계, 더 구체적으로 예술작품의 미적 가치와 도덕적 가치의 관계는 동서양을 막론하고 사상사의 중요한 주제들 중 하나이다. 이 관계를 다룸에 있어서 이 글의 목표는 세 가지이다. 첫째는 서구 미학의 범위 안에서 그 관계에 대해 취할 수 있는 입장들을 분류하여 제시하는 것이다. 이들 중에는 이론적 가능성만을 가진 것도 있고, 실제로 많은 지지와 논쟁의 대상이 된 것들도 있다. 둘째 목표는 이 관계에 대한 최근의 논의에서 중심이 되는 한 입장, 통상 "온건한 도덕주의(moderate moralism)"라고 불리는 입장과 그것에 대한 주요 반론들을 소개하는 것이다. 이 논쟁은 예술과 도덕의 관계에 대한 과거의 일방적 혹은 극단적 관점을 지양하고 보다 유연하면서도 실제적 예술 체험에 밀착하려는 시도를 반영하는데, 그것의 검토는 미적 가치의 복잡하고 다면적 층위를 살피는 데 도움을 준다. 마지막으로 이 글은 예술–도덕의 관계에 대한 최근의 논의가 간과한 부분을 논하면서, 그 관계에 접근하는 데 있어서 단지 도덕적 · 미적 **판단**의 문제가 아닌 작품의 도덕적 · 미적 **효과**— 정상적이고 주의 깊은 감상자들에게 미친 다양한 효과—에 주목할 것을 제안한다. 간략한 차원에서 제안될 수밖에 없지만 기본적 주장은 직관적으로 그럴듯한 것이고 예술-도덕의 복합적 관련성을 보다 적절하게 읽어낸다고 생각된다.

2. 미적 가치와 도덕적 가치의 관계에 대해 가능한 입장들

이 절에서는 우선 작품의 두 가치들의 관계에 대해서 제시될 수 있는 입장들을 가능한 빠짐없이 열거하고 분류한다. 물론 이들 중 일부만이 실제로 많은 학자들에 의해 지지되고 역사적으로 영향력을 발휘한 입장들이다. 일부 중요 이론가들에 의해 지지된 내용에 대한 세밀한 검토는 다른 글들에서 시도될 것이므로, 이 글은 각 입장의 기조만을 제시한다. 이 입장들 중에서 특히 최근에 가장 많은 논의의 대상이 된 것("온건한 도덕주의")과 그 입장을 비판하면서 제시된 다양한 반대 입장들이 상대적으로 상세히 소개될 것이다.(이 두 진영의 대립이 근거한 논점들은 다음 절에서 기술된다.) 이 모든 입장들은 여러 가지 방식으로 구획될 수 있다. 다음에서 필자는 최근의 통상적 분류에 근거하여 "도덕주의(moralism)", "심미주의(aestheticism)", "자율성주의(automatism)"를 커다란 범주로 제시한다. 그러나 필자는 미적 가치와 도덕적 가치의 관계를 "필연적" 혹은 "체계적"으로 보는지 아닌지에 따라서 입장들을 나누어 보는 것이 하나의 중요한 구분 기준이라고 생각한다. 예술-도덕의 관계가 필연적/체계적이라고 보는 관점에서는 모든 예술작품 혹은 특정 장르에 속하거나 특정 조건을 만족하는 모든 예술작품이 특정 도덕적 가치판단의 대상이 된다거나 되지 않는다고 본다.(즉 모든 예술 혹은 특정 부류의 예술은 "반드시" 도덕적 판단의 대상에서 면제된다는 입장, 작품의 도덕적 가치와 미적 가치는 필연적/체계적으로 분리된다는 입장도 여기에 속함.) 이러한 필연적/체계적 관점은 다음에서 소개될 극단적 입장들과 자율성주의를 포섭한다. 최근의 논쟁에서 부각된 문제의식하에서 이 관점은 특정 부류의 작품들에서 도덕적 장점(결함)은 어떤 일반적 근거에서 미적 장점(결함)과 설명적 기저를 공유하기 때문에—즉 작품의 **동일한** 측면이 도덕적 장점과 미적 장점을 설명함—그 작품의 도덕적 장점(결함)은 **동시에** 미적 장점(결함)이 되며, 전자를 제거함은 후자를 제거하는 결과를 초래한다고 본다. 필자의 해석대로라면, 이론적 정체성을 위해서는 "온건한" 도덕주의가 바로 이 관점에 해당한다고 보는 것이 합당하다. "온건한" 도덕주의에 대한 반론들은 대개 필연적/체계적 관점에 반대하는 관점에 선다.("우연성(contingency)" 관점, 혹은 반이론적(antitheoretical) 관점.)[1]

가. 극단적 도덕주의(extreme moralism)

모든 예술은 도덕적 판단 대상이어야 한다고 본다. 이 입장의 근거로서 도덕적 가치가 가장 우선적인(overriding) 가치, 혹은 가장 포괄적인(comprehensive) 가치라는 주장이 대두될 수 있다. 이 입장에서 모든 작품들은 도덕적 가치 척도에 의해서 평가되는데, 이는 도덕적 가치가 다른 가치들을 항상 압도하거나 대부분 다른 가치들보다 우선적으로 취급되어야 하기 때문이다. 보편적이고 사해동포적인 정서의 전달을 통한 심정적 통합을 예술가치의 핵심으로 보는 톨스토이의 입장이 모든 예술에 대한 도덕적 평가의 우선성을 주장한 대표적 예가 될 것이다. 도덕적 잣대를 적용한 결과 (모든 혹은 특정 부류의) 예술에 대해 부정적 평가를 내리는 입장도 있을 수 있고(재현적/서술적 예술의 인식적, 정서적 문제점에 근거한 플라톤의 예술비판), 긍정적 평가를 내리는 입장(예술의 해방적 기능에 주목한 마르쿠제의

1 최근 논의에서의 입장들 분류와 일반적 논의에 관해서는 다음을 참조하라: Noel Carroll, "Art and Ethical Criticism: An Overview of Recent Directions of Research", *Ethics* 110, 2000; Carroll, "Art and Moral Realm", in Kivy, ed., *The Blackwell Guide to Aesthetics*, Blackwell, 2004; Berys Gaut, "Art and Ethics", in Gaut & Lopes, eds., *The Routledge Companion to Aesthetics*, Routledge, 2002; Matthew Kieran, "Art and Morality", in Levinson, ed., *Oxford Handbook of Aesthetics*, Oxford UP, 2003. 통상적 분류에 대한 비판과, 필자와 유사하게 필연적/체계적 연관 관점과 우연성/반이론 관점의 구분에 주목한 사례로서 Daniel Jacobson, "Ethical Criticism and the Vice of Moderation", in Kieran, ed., *Contemporary Debates in Aesthetics and the Philosophy of Art*, Blackwell, 2006 참조.

입장)도 가능하다.

나. 극단적 심미주의(extreme aestheticism)

미적 가치가 도덕적 가치보다 더 우선적, 혹은 포괄적이다. 자연 대상뿐 아니라 인간의 모든 행위, 행위 산물, 인간적 삶 자체가 "예술작품"들로, 우선적으로 미적 평가의 대상이다. 이 경우 부도덕한 상태는 미적 가치가 저하되거나 최소인 상태, 혹은 그것이 부재하는 상태에 다름 아니다. 혹은 "도덕"과 그 반대 상태가 이루는 구조 자체가 미적 가치의 구현물이며, 부도덕 상태는 미적 가치를 부각하는 역할을 할 수도 있다. 사물이나 행위에 귀속되는 일반적인 도덕적 가치보다는 그것들의 미적 가치를 더 높이 사는 통속적 심미주의자들로부터 세련된 일부 포스트모더니즘 이론들까지가 이 입장의 스펙트럼이다.

다. 극단적 자율성주의(extreme automatism)

모든 예술은 도덕적 판단 대상일 수 없다.(도덕적 판단의 주요 대상들인 인간행위나 제도들에 대한 미적 판단도 거부하는 주장이 첨가될 수 있음. 그러나 이하에서 "자율성주의"는 주로 예술에 대한 도덕적 평가의 부적절성을 주장하는 입장으로 이해될 것임.) 두 가치들은 서로 독립적인 영역에서 구현되고 평가된다는 의미에서 각각의 자율성을 유지하기 때문에 예술에 대한 도덕적 평가는 (가치) 범주의 착오에 해당한다. 이는 그 가치들이 적용되는 대상들 간에 겹침의 영역이 없음을 의미한다. 19세기 이후로 칸트의 취미 판단이론을 예술에 대한 이론으로 원용한 예술지상주의(art for art' s sake), 신비평 등의 입장이 폭넓게 이 진영에 속한다고 간주될 수 있다.

라. 온건한 자율성주의(moderate automatism)

일부 예술은 도덕적 판단의 대상일 수 있지만, 그것들의 도덕적 가치는 미적 가치와 무관하다. 두 가치들이 적용되는 대상 영역에서의 겹침을 인정하지만, 한 대상에 적용된 두 가치들은 그 대상의 다른 측면들에 근거하거나 다른 효과들을 지칭하며 그 측면/효과들은 상호 작용하지 않는다. 보다 구체적으로 예술작품의 경우 그것의 도덕적 덕목 혹은 결함이 결코 그 자체로 그것의 미적 가치에 긍정적 혹은 부정적 영향을 주지 않는다.

마. 온건한 도덕주의(moderate moralism/ethicism)

오직 일부 예술만이 도덕적 판단 대상이라고 보는 것이 적합하고 그 예술작품들에 대해 긍정적 혹은 부정적 도덕판단이 가능하다. 이 입장이 온건한 자율성주의와 갈라지는 지점은, 도덕적 판단의 대상이 될 경우 작품의 도덕적 장점(결함)은 미적 장점(결함)과 내재적으로 연결된다고 본다는 점이다. 즉 도덕적 결함(인물들의 성격, 행위에 나타난 도덕적 결함, 작품에서 표명/용인된 도덕적 명제의 부도덕성 등)은 미적 결함(구조적 비정합성, 작품이 응당 감상자에게서 받아내야 할 반응의 부재)으로 이어진다는 것이다.

오직 일부 예술작품에 관해서만 도덕적 논의와 평가를 하는 것이 자연스럽고 당연하다는 사실 때문에—많은 순수 기악음악과 추상미술, 미니멀리즘 작품들에 대한 도덕적 평가는 견강부회이거나 "도덕"의 내용을 너무 확대한 것이다—, 하지만 일부 예술작품에서는 그 미적 속성이 동시에 도덕적 속성일 수 있다는 사실, 즉 그 작품의 특정 속성들이 동시에 미적 가치와 함께 도덕적 가치의 근거일 수 있다는 것이 직관적으로 그럴듯하기 때문에 온건한 도덕주의의 입장이 두 가치들의 관계에 있어서 가장 합당한 입장으로 간주될 소지가 있다.[2] 다시 말해서, 모든 극단적 입장들은 유지되기 힘들

2 온건한 도덕주의의 대표적 최근 저작들: 주 1에 소개된 Carroll과 Gaut의 글, 그리고 Carroll, "Moderate Moralism", *British Journal of Aesthetics* 36, 1996; "Art, Narrative and Moral Understanding", in Levinson, ed., *Aesthetics and Ethics*, Cambridge UP, 1998; Gaut, "The Ethical Criticism of Art", in *Aesthetics and Ethics*; Kieran, "Art, Imagination, and the Cultivation of Morals", *Journal of Aesthetics and Art Criticism* 54, 1996. 이들 간의 미묘한 차이에 관해서는 이 글이 주목하지 않을 것이지만 다음을 참조할 것: Carroll, "Art and Ethical Criticism"; Gaut, "Art and Ethics"; Kieran, "Art and

고—수많은 반례들이 존재함—"온건한" 자율성주의조차 작품의 도덕적 가치가 결코 미적 가치로 간주될 수 없다는 강한 주장(universal claim)인 데 반해 "온건한" 도덕주의는 그렇게 간주될 수 있는 경우들이 존재한다는 약한 주장(existential claim)이기 때문에 후자가 가장 이론적 부담이 적은 입장이라고 볼 수도 있다. 그러나 만약에 온건한 도덕주의의 주장이 일부 경우에는 도덕적 장점이 미적 장점일 수 있고, 다른 경우에는 그것이 미적 결함이 될 수 있다는 것이라면, 그리고 그 경우들의 차이에 관해 그 어떤 체계적 설명을 제공하지 않는다면 그 입장은 다음에 보게 될 반도덕주의의 유형들과 다를 바가 없게 된다. 이러한 연유로 그 이론적 정체성을 위해서 온건한 도덕주의의 기조는 다음과 같이 표시되어야 할 것으로 보인다: 작품의 도덕적 장점(결함)이 **미적 관련성을 가질 경우에는** 그것은 **반드시** 동시에 미적 장점(결함)으로 간주되어야 한다. 온건한 도덕주의가 단지 (온건한) 자율성주의에 대한 부정이 아니라, 특정 예술에서 두 가치들의 일방향 관계를 이론적으로 해명하면서 그 관계의 필연성을 주장한다는 이러한 해석하에서 온건한 도덕주의는 두 가치들에 대한 체계적/필연적 관점의 한 유형이 될 것이다.[3]

바. 반도덕주의(immoralism)[4]

이 입장은 온건한 도덕주의를 비판하면서 일부 작품에서는 그 작품의 도

Morality." 아래에서 언급되겠지만 이들 중에서 Kieran은 (마지막 논문과 다른 글들에서) 온건한 도덕주의를 부정하는 입장으로 선회한다.

3 이러한 방식으로 온건한 도덕주의를 해석하는 예로서 Kieran, *Revealing Art*, Routledge, 2005, p. 183; Jacobson, "Ethical Criticism and the Vice of Moderation", pp. 345-346 참조.

4 이 명칭은 대개 최근 분류에서 사용되고 있지만 만족스럽지 못하다. 그것은 일견 (모든 혹은 특정) 예술이 부정적 도덕적 가치를 갖는다거나 그것의 미적 가치가 항상 도덕적 결함과 연관되어 있음을 주장하는 견해를 암시하기 때문이다. 그러나 이하에서 제시될 입장들의 공통점은 단지 온건한 도덕주의를 부정한다는 점(anti-moderate moralism)이다. 그것들은 도덕적-미적 가치의 내재적인, 하지만 엇갈린 관계가 가능하다고 본다는 점에서 온건한 도덕주의와 대척에 있는 시사점(mirror image)을 보여 준다.

덕적 결함이 미적 장점과 내재적 · 유기적으로 연관될 수 있다고 본다. 온건한 도덕주의는 한 작품의 도덕적 결함이, 미적 관련성을 가질 경우에는 바로 그 자체로 미적 결함이어야 한다고 보지만, 반도덕주의는 그 경우에도 도덕적 결함이 미적 장점을 구성하거나 그 장점이 존재하기 위해 (그 작품의 문맥에서는) 불가피한(ineliminable) 요소가 될 수 있다고 간주한다. 즉 이 입장은 단지 작품이 도덕적으로 문제가 있지만 미적으로 높은 질적 수준에 도달하는 것이 가능하다고 말하는 것이 아니라(그 경우 도덕적 가치와 미적 가치의 근거는 다르고 단지 후자가 전자를 압도하는 것일 수 있음), 어떤 작품들은 바로 그것의 도덕적 결함(예를 들어, 인간과 도덕에 대한 문제가 있는 관점을 제시하고 매혹적으로 보이게 함) **때문에**(*in virtue of* its moral flaw) 미적 가치를 구현할 수 있다는 것이다. 최근 제시된바 미묘한 편차를 보이는 반도덕주의 입장들은 다음과 같다.

(1) 인지적 반도덕주의(cognitive immoralism)

이 입장은 매튜 키어런(Matthew Kieran)이 최근 변호하고 있다.[5] 그에 의하면 미적 가치의 한 부류는 바로 감상자의 인지력의 확장과 심화이다. 그런데 일부 작품에서는 바로 그것의 도덕적 결함이, 예를 들어 도덕적으로 문제가 있는 인물과 감상자의 공감을 시도하고 (미적 장치를 통해) 성취했다는 점 혹은 도덕적 견지에서 일반화되지 말아야 할 인간관, 세계관을 매혹적으로 구현했다는 점이 그 자체 감상자가 인간과 세계에 관해 새로운 사실을 알게 되는 핵심적 통로라는 것이다. 도덕적으로 문제가 있는 작품의 관점에서 보는 생생한 대리 체험을 통해서, 혹은 그 관점이 효과적 미적 구성을 통해 구현되는 방식을 음미하면서 감상자는 그 관점이 이해될 수 있는 지평(intelligibility)을 획득하고 인간과 세계의 중요하고 흥미 있는 측면

5 Kieran, "Art and Morality"; "Forbidden Knowledge: The Challenge of Immoralism", in Bermúdez & Gardner, eds., *Art and Morality*, Routledge, 2003; *Revealing Art*, Ch. 5.

들을 엿보고 맛볼 수 있는 계기를 얻는다.

(2) 개연적 도덕우선주의(contingent priority of the moral)

아일린 존(Eileen John)에 의해 제시된 이 입장은[6] 일부 작품의 경우 (미적 관련성을 가지는) 도덕적 결함이 미적 장점의 근거와 요체가 될 수 있고 도덕적 결함을 가진 작품이 미적으로 탁월할 수 있음을 인정하지만, 대개의 경우("statistically") 도덕적–미적 중요성을 함께 가지는 작품들 중에서 **최고의** 작품들은 도덕적–미적 **장점** 묶음을 가진 것이라고 본다. 이 현상에 대한 체계적 설명은 아직 주어지지 않았지만—따라서 존(John)의 입장은 체계적/필연적 가치연관 입장이 아니다—, 그녀는 작품의 미적 가치는 단지 내적인 구성의 이해, 감정적 반응의 문제를 넘어서서 그 작품이 인간의 전반적 삶에서 존재해야 할 이유를 정당화하는 수준("humanistic concerns")도 포함한다는 근거에서 이 입장을 지지한다. 후자의 관점은 현재 인간들이 도덕에 기울이는 우선적 관심을 감안한다면 폭넓은 의미에서 도덕적 문제들에 적절하게 주목할 것을 요구한다는 것이다.(따라서 인간의 관심사의 변모는 미적 판단에도 영향을 줄 것이고, 이러한 의미에서 필자는 그녀의 입장을 "개연적" 도덕우선주의라고 부른다.)

(3) 삶–가치 다원주의(life-value pluralism)

도덕적으로 결함을 가진 작품, 그 창작 과정, 내용, 투사된 관점과 경험이 도덕적으로 비난받을 만한 측면을 가진 작품에 대해서 미적으로 긍정적 평가를 할 수 있지만, 바로 위의 입장("개연적 도덕우선주의")과 달리 이러한 작품보다 도덕적–미적 양 측면에서 긍정적 작품에 우선성을 부여하지 않

6 John, "Artistic Value and Opportunistic Moralism", in *Contemporary Debates in Aesthetics and the Philosophy of Art*. 이 논문 제목에서 암시된 대로 John이 자신의 입장에 붙인 명칭("상황에 따른 도덕주의")과 다른 것을 필자가 제시한 것이다. 바로 다음에 올 입장(3)의 명칭도 필자의 것임.

는다. 삶이 의미를 갖기 위해 구현되어야 할 가치들 가운데는 도덕적 · 미적 · 종교적 · 인지적 · 인간관계-관련적 등등의 다수의 가치들이 존재한다고 보고, 그것들 가운데 체계적 혹은 개연적 우선성을 부여하지 않는다. 도덕적 결함-미적 장점을 가진 작품도 나름대로 삶의 특수한 측면들에 대한 통찰과 매혹을 (간접적으로) 체험하게 하여 감상자의 삶에 의미를 부여할 수 있다. 물론 어느 순간에 감상자는 (어떤 작품을 감상할지 어떤 작품을 자기 곁에 둘지) 선택을 해야 할 수도 있지만, 그 선택은 위계적 가치평가의 결과가 아닐 수 있다.[7]

(4) 반이론적 입장(antitheoretical position)

작품의 도덕적 결함이 그 자체로 미적 장점으로 될 수 있다는 반도덕주의의 기조는, 다니엘 야콥슨(Daniel Jacobson)의 주장에 따르자면 결국 어떤 도덕적 결함이 어떤 미적 장점으로 간주될 수 있는지에 관해서 그 어떤 체계적 · 일반적 이론이 있을 수 없다는 입장으로 귀결된다. 왜냐하면 유사한 도덕적 결함이 과연 미적 가치로 전화될 수 있는지의 여부는 각 작품의 역사적 · 구성적 · 내용적 문맥에 의존하기 때문이다. 야콥슨은 온건한 도덕주의에 반대하는 위의 입장들을 특정 미적 가치이론하에서 또 다른 어떤 "주의(ism)"로 통합하여 체계성을 부여하기보다는 작품들에 대한 개별적 판단에 근거한 입장들로 이해해야 한다고 주장한다. 필자는 이 반이론적 입장이 도덕적 장점/결함과 미적 장점/결함이 조합을 이룰 수 있는 구체적

7 키어런과 야콥슨은 삶-가치 다원주의에 동의할 것이다. 이 입장에 정확히 부합하는 것은 아니지만, 반도덕주의의 기조 위에서 삶을 의미 있게 만드는 여러 가치, 경험들에 주목하고 일부 불편하고 기존 가치관을 어지럽히는 체험을 통해서도 자신만의 삶의 양식에 노날알 수 있다는 견해는 Christopher Hamilton("Art and Moral Education", in *Art and Morality*) 후반부에 제시됨. (그의 입장은 예술체험이 기존 도덕/가치관의 의미와 틈새에 대한 성찰과 새로의 계기를 준다는 주장을 통해 도덕 다원주의로 해석될 여지도 있다.) 최근의 도덕주의-반도덕주의 논쟁과는 다른 지평과 관심사에서 출발했지만 다음 글도 넓은 의미에서 삶-가치 다원주의에 입각해 있다: Marcia M. Eaton, "Integrating the Aesthetic and the Moral", *Philosophical Studies* 67, 1992.

경우들을 가장 넓게 용인한다는 점에서, 또 특정 도덕적 가치나 미적 이론을 전제하지 않는다는 점에서 가장 이론적 부담과 책임(theoretical burdens and commitments)이 적기 때문에 일단 도덕주의에 대한 반론에서 기본적(default) 입장으로 수용되어야 한다고 본다.(물론 향후 많은 도덕적-미적 가치 연합에 대한 개별적 탐구의 결과 부분적 일반화가 가능할 수도 있지만.) 하지만 두 가치들의 관계에 대한 반이론적 반(anti)도덕주의적 입장들은 도덕적 가치나 미적 가치 각각에 대한 개별적 판단에서 반이론적 입장 혹은 개별주의(particularism)의 입장을 택할 필요는 없다. 도덕적 판단이나 미적 판단을 인도하는 (다수의) 일반적 이론들이 있을 수 있지만, 그것들이 조합을 이루는 방식은 각 작품의 특수한 문맥에 의존할 수 있기 때문이다.[8]

3. 온건한 도덕주의의 두 주장과 반론들

온건한 도덕주의는 두 측면에서 미적 가치와 도덕적 가치의 유기적 관계를 주장하고 있다. 첫째로 일부 재현적 작품의 구성, 등장인물들의 성격, 그들의 행위(결과)가 얽히는 방식이—이것들은 작품의 미적 속성임—도덕

8 반이론적 입장의 기조에 관해서는 Jacobson, "Ethical Criticism and the Vice of Moderation", 특히 pp. 343, 353 참조. Kieran은 이러한 반이론적 입장의 개별적 접근("a piecemeal approach")보다 자신의 인지적 반도덕주의가 바로 어떤 작품의 부도덕한 성격 때문에 그것이 예술로서 가치있을 수 있다고 주장하는 데 "더 일반적 근거에 입각한 이론적 기초(a more reasoned theoretical basis)"를 제공한다고 주장한다.(*Revealing Art*, pp. 261-262, n28) 그러나 Kieran 자신의 예들에서 보면 오히려 그의 반도덕주의 주장도 개별적 접근에 해당하는 것 같다. 유사하게 부정적, 비관적, 반인간주의적 인간상과 인간성을 보여 주는 Roettgen Pietà(1350)와 Francis Bacon의 그림들(〈"Three Studies…"〉; 1944)의 경우, 전자에서는 그것이 작품에 대한 심정적/공감적 접근을 저해하는 반면 후자에서는 인간과 세계의 어둡고 숨겨져 있는 측면에 대한 이해가능성의 통로를 제공한다는 주장은 실상 두 작품 사이의 예술사적, 내용(message)적, 미적 요소들의 취급방식(artistry)상의 차이들에 의존하므로 결국 개별적 작품 분석(case-by-case analysis)에 근거한 것이다. 작품의 도덕적 결함이 유발하는 긍정적 미적 기능은 Kieran이 주목하는 인지적 효과를 넘어설 수 있을 뿐 아니라 인지적 효과의 실제적 존재는 작품 문맥에 의존한다.(*Revealing Art*, pp. 169-172, 184-193)

적 관련성을 가진 감상자의 능력들(인지, 판단, 선호, 원칙의 적용능력)에 변화를 가져올 수 있다. 둘째로 도덕적으로 문제가 있는 명제/태도가 작품/작가에 의해 표명되고 용인된다는 의미에서 작품의 도덕적 결함이 작품이 응당 감상자로부터 받아야 할 반응을 저해하는 경우가 존재하며 이는 미적 실패를 함축한다. 각 주장과 대표적 반론을 살펴보자.

가. 미적 감상에 의한 도덕적 능력 심화

예술작품은 대개의 경우 새로운—감상자들이 지금까지 알지 못했던—도덕적 명제나 원칙을 인식시켜 주거나 그것을 (처음으로) 습득하게 만드는 교육적 효과를 주지 않는다. "살인은 나쁘다"라거나 "노예제도는 옳지 않다"라는 명제는 『죄와 벌』이나 *Uncle Tom's Cabin*이라는 작품에 의해서 처음으로 혹은 가장 효과적으로 알려지거나 습득되는 도덕적 명제는 아니다.(Carroll's banality argument) 그러나 명제적 인식(knowing *that*)만이 유일한 인식적 형태는 아니다. 첫째로, 두 작품은 살인자로 사는 것은 어떤 느낌인지, 노예 신분으로 지내는 것은 어떤 경험인지를 (대리체험에 의해) 내적 관점에서 느끼게 해준다. 이러한 종류의 인식(knowing *what it is like to be X*)은 도덕적 (갈등) 상황에서 상대방의 내적 상태에 대한 인식을 깊게 하여 그 상황에 대처하는 능력을 길러 줄 수 있다. 둘째로 예술은 감상자들이 이미 알고 있는 도덕적 명제나 원칙을 구체적 상황에서 적용할 수 있는 능력을 길러 줄 수 있다. 예술은 다양한 갈등 상황에 대한 효과적 묘사와 등장인물에 의한 상황 대처의 결과를 생생하게 그려줌에 의해서, 도덕적 원칙이 적용에 필요한 관련 인물과 상황의 디테일과 구조에 대한 감별력을 길러 주어서 개별 경우에 (감상자들이 이미 알고 있던) 원칙들 중에서 어떤 것이 어떻게 적용되어야 하는지를 가르쳐 줄 수 있다.(knowing *how*)

(1) '도덕적' 능력 심화의 딜레마

온건한 도덕주의 지지자들은 일부 작품이 단지 명제적 인식의 획득과 다른 차원에서 혹은 그것보다 더 직접적으로 감상자의 도덕적 역량에 영향을 줄 수 있다고 생각한다. 그는 도덕적으로 관련이 있는 요소들에 대한 섬세한 반응과 이미 알고 있던 원칙의 더 현명한 적용 능력을 갖게 된다. 하지만 동시에 온건한 도덕주의자들은 이 작용이 작품에 노출된 결과로 작품이 감상자의 추후 **행위들**의 도덕성에 미친 효과가 아니라고 강조한다.(즉 감상의 결과 더 도덕적 행위를 할 개연성이 늘어났는가의 문제가 아니라는 것이다.) 이 행위 관련 결과들은 측정하기 힘들고 특정 (미적 속성을 가진) 작품과 특정 행위결과의 인과적 관계는 충분한 증거에 의해 지지되지 않기 때문이다.[9] 따라서 작품의 도덕적 가치는 좁은 의미의 (도덕적) 명제적 **인식**은 아니지만 여전히 일부 **명제적** 태도(판단, 선호, 원칙 선택과 적용) 변화에 근거한다. 그 태도가 도덕적 행위 혹은 도덕적 성향의 심화로 이어질지는 주목의 대상이 아니다. 그렇다면 작품이 갈등 상황에서 상대방의 처지에 대한 내적 체험능력과, 특정 원칙이 적용될 상황적 요소들에 대한 감식력에 인식적(/실천적) 효과를 작품이 준다는 것이 사실이라고 해도, 그 효과는 특정 도덕적 행위를 하거나 특정 도덕적 원칙을 실제로 적용하는 결과를 수반할 수도 수반하지 않을 수도 있다.(그러한 감정이입과 상황판단 능력은 여러 가지 행위로 이어질 수 있다.) 이 경우에 그 효과를 "도덕적"이라고 부르는 것은 아주 잘못된 것은 아닐지라도 아주 희미한 의미연관에 머무르는 결과를 초래하게 될 것이다.[10] 반면에 만약에 이 인식적/실천적 효과가 실제로 도덕적으로 긍정적인 행위나 삶–관련적 결과로 (어떤 규칙성을 가지고) 이어진다는 개념이라고 이해해 보자. 이 경우 온건한 도덕론자들의 "인과적 고리"에 대한 염려는 (감상자들에게) **특정 도덕적 원칙이나 동기의 존재를 상**

9 Carroll, "Art and Ethical Criticism", p. 370; Gaut, "Art and Ethics", pp. 342-343.

10 "어떤 예술작품이 실제로 우리의 도덕적 사고에 있어서 명료화를 가져온다고 해도 나는 이것이 왜 도덕에 우호적인 효과라고 보아야 하는지 좋은 이유를 알 수 없다. 그 명료화는 개인을 도덕에 더 적대적으로 만들 수도 있다." (Christopher Hamilton, "Art and Moral Education", p. 39)

정하면 비교적 쉽게 다룰 수 있는 한계로 들어오게 될 것이다. 즉 특정 도덕적 원칙을 수용하고 특정 도덕적 행위동기를 가진 자들에게 예술에 의해 단련된 감정이입과 상황판단 능력이 생겨난다면 그들이 실제로 도덕적 행위를 할 개연성이 확대된다는 것은 (직관과 심리학적 근거에서) 그리 어렵지 않게 판단할 수 있는 사안일 것이다. 그러나 이 경우 작품의 인식적/실천적 효과가 진정한 도덕적 효과로 전환되는 것은 감상자에게 **이미 존재하는** 보다 직접적인 도덕적 인식과 역량에 결정적으로 의존한다.(이 점은 마지막 절에서 더 논의될 것임.)

나. 작품의 도덕적 실패가 함축하는 미적 실패(미적 집중저해 명제)

"작품의 도덕적 실패/결함"으로서 여기서 의미되는 바는, 위에서 암시된 대로 작품에서 표명/용인된 도덕적 **명제**의 결함 혹은 작품에서 **묘사된** 인물의 도덕적 성격상의 결함이다. 이러한 종류의 결함이 어떤 경우에 작품의 미적 결함으로 이어지는가. 온건한 도덕주의자들의 설명을 보자. 우선, 도덕적으로 문제가 있는 명제 혹은 원칙이 작품에서 단지 표명된 것이 아니라 정당한 것으로 인정될 경우, 감상자들은 그 상황—예를 들어 사소한 일로 무고한 사람을 고문하거나 죽이는 것이 **정당한** 것으로 인정되는 상황—을 상상적으로도 받아들일 수 없다. 작품이 그리는 허구적 상황을 감상자들이 상상할 수 없을 경우, 작품에 몰입하여 작품이 요구하는 (인지적/정서적) 반응을 하는 것은 불가능하거나 힘들어진다. 또한 완전히 상상 불가능함 정도의 도덕적 실패는 아니더라도 작품에서 인물과 상황의 도덕적 설정이 불완전할 경우, 그 작품이 자신이 속한 장르 때문에 응당 감상자로부터 받아야 할 반응을 받는 것에 실패할 수 있다. 예를 들어 비극에서 주인공이 비극에 맞는 도덕적, 인간적 성격—일부 성격적 결함이 있지만 전반적으로 평균 이상의 고양된 성품의 소유자일 것—이 부재한 경우, 비극이 요구하는 (인물에의) 동정심과 (그에게 닥친 사건에 대한) 공포의 감정으로 채색된 반응이 힘들어진다는 것이다. 그 자체가 노리는 반응을 감상자로부터 얻어내는 것에 실패하는 것은 작품의 미적인 실패에 해당한다. 이 미적 집중저해 명제의 두 측면들을 나누어 비판적으로 검토해 보자.

(1) 부도덕한 상황에 대한 상상적 저항(the imaginative resistance to morally deviant fictional worlds)의 해명

작품에서 표명/용인/선전되는 도덕적 명제, 태도, 원칙이 도덕적으로 상궤를 벗어난 것일 경우, 사실적/경험적 가능성의 왜곡과는 달리 — 빛보다 빠른 공간이동, 시간이동 등 —, 작품 세계에 상상적으로 동참하는 것이 힘들다는 현상에 관해서는 최근 많은 논의와 진단들이 나와 있다. 부도덕한 행위가 정당화된 상황(줄여서 "부도덕한 상황")에 대한 상상의 어려움 — 그러한 상황이 어딘가 존재한다는 것 혹은 **누군가** 그 상황을 정당화한다는 것이 아니라 그 상황이 **정당하다는 것** 자체를 스스로 상상하는 것의 어려움 — 은 부도덕한 상황 자체가 개념적으로 불가능하기 때문이라는 진단도 나와 있다. 이는 우리가 아는 한 그 어떤 현실적 상황들도 "부도덕한 상황"의 수반의 기저(supervenience base) — 그것을 구현하는 물리적 상태 — 로 기능할 수 없기 때문이라는 것이다. 그러나 필자는 이 상상적 저항이 하나의 사실이라면, 이는 감상자가 그 허구 상황의 개념적 불가능 때문에 "부도덕한 상황"에 대한 상상을 할 수 없어서가 아니라(inability), 그 "부도덕한 상황"에 대한 상상행위 자체가 **현실**을 보는 관점에 영향을 줄 것이므로 그 상상을 하지 않으려는 그의 의지(unwillingness) 때문이라고 보는 관점이 옳다고 생각한다.[11] 이 경우 만약에 어떤 감상자가 그런 의지가 없다고 혹은 반대 방향의 의지를 갖고 있다고 해보자. 다시 말해서 일반적 도덕적 관점

---

11 Tamar Szabó Gendler, "The Puzzle of Imaginative Resistance", *Journal of Philosophy* 97, 2000. 이 '퍼즐'은 흄에 의해 처음으로 제시되었으며, 최근의 논의의 시발점이자 불가능성(impossibility) 노선의 제시를 위해서는 다음 첫 글을, 그 노선의 발전된 형태를 위해서는 둘째 글을 참조할 것: Kendall Walton, "Morals in Fiction and Fictional Morality", *Proceedings of the Aristotelian Society*, suppl., 68, 1994; Brian Weatherson, "Morality, Fiction, and Possiblity", *Philosopher's Imprint* 4, 2004 (www.philosophersimprint.org/004003)

에서 부도덕하다고 혹은 상궤에서 벗어났다고 여겨지는 원칙, 명제, 태도를 그렇게 여기지 않는 사람이 우리의 감상자라고 해보자.(그는 아예 도덕개념이 없거나 도덕을 무시하는 사람(amoralist) 혹은 우리와 반대되는 도덕관을 가진 사람(immoralist)에 해당할 것이다.) 만약에 "부도덕한 상황"이 한 작품에서 나름대로 효과적으로, 즉 작품의 요소들의 집중적이고 강렬하며 통일적 구성에 의해 제시된다면, 그가 그 허구적 세계에 몰입하는 것은 가능할 것이다.(일반적 몰입과 **반대 방향의 몰입**(reverse absorption) 현상의 가능성) 다시 한번, 상상적 저항에 의한 미적 집중 실패 현상은 감상자에게 이미 존재하는 도덕적 성향의 내용과 방향에 의존하고 있다.

(2) 도덕적 결함이 미적 가치의 근거일 가능성?

비극적 주인공의 설정에서 도덕적 실수를 한다면 비극적 정서적 반응이 힘들다는 것은 인정할 수 있는 주장이다. 이 점에서 일부 도덕적 결함은 동시에 미적 결함이라는 온건한 도덕주의의 주장은 수용할 수 있다. 그러나 위에서 암시된 대로 이 입장이 이론적인 독특성을 가지고 내용적으로 미적 가치 논의에 기여하려면 작품의 도덕적 결함은 **결코** 미적 장점과 내재적으로 연결될 수 없다는 주장, 즉 작품의 미적 장점이 결코 도덕적 결함에 유기적으로 의존할 수 없다는 주장을 동반해야 한다. 다시 말해서 작품의 도덕적 결함이 그 작품의 미적 가치의 내적인 원인일 수 없다는 주장, 작품에 표명/수용된 도덕적 명제의 부도덕성, 작품에서 묘사/인정된 인물이나 성격이 부도덕성 때문에는 결코 (부분적으로도) 작품이 미적으로 향상될 수 없다는 주장이 입증되어야 이 입장은 어떤 고유의 입지점을 가질 수 있다. 그 입증이 없다고 하더라도 일부 도덕적 결함은 미적인 결함이고, 다른 도덕적 결함은 그 반대라는 식으로 온건한 도덕주의가 유지될 수는 있지만, 그 경우 그리 흥미 있는 입장은 아니게 될 것이다. 그런데 최근 일부 작품의 도덕적 결함/문제들이 그 작품을 미적으로 더 강렬하고 매혹적으로 만들거나 그 작품이 속한 장르의 목적을 충족하게 한다는 주장이 제기되고 있다.[12]

필자도 일부 도덕적 결함이 미적 가치와 내적으로 유기적으로 연결될 수 있다고 생각한다. 이 생각이 근거를 얻는다면 미적 가치와 도덕적 가치의 관계가 단지 우연적이라는 논지가 변호될 수 있을 것이다.

(3) '도덕적 결함-미적 가치 연합'에 대한 몇 가지 사례들

키어런에 의하면 미적으로 문제가 있는 작품들—예를 들어 "도덕적으로 상궤를 벗어난" 일부 포르노그래픽 예술(pornographic arts), 그랑기뇰(grand guignol)—은 일반적 감상들에게 주는 다음과 같은 심리적/인식적 효과 면에서 가치를 가질 수 있다고 한다. (i) 감상자들이 가지고 있는 바 이러한 작품들에서 묘사된 성적, 폭력적 종류의 욕구(의 약화된 형태)가 작품 감상에 의해 (안전하게) 만족될 수 있다. (ii) 이러한 특수 욕구가 아니더라도 흥분, 관심, 도덕적 일탈(moral transgression) 등의 이차적 욕구(meta-desire)들이 만족될 수 있다. (iii) 작품에서 묘사된 일탈적 인물들에 대한 호기심과 매혹적 관심이 충족될 수 있다.[13] 그러나 내가 보기에 이러한 감상자들의 기존 욕구나 관심의 충족보다 더 작품-관련적인 몰입이 바로 작품의 도덕적 파행이나 일탈 때문에도 가능할 수 있다. (iv) 일부 잔혹극의 경우, 예를 들어 쿠엔틴 타란티노(Quentin Tarantino)의 〈킬빌(Kill Bill)〉(I, II)의 경우 주인공의 과도한 복수 욕구와 실행은 현실적으로 추구된다면 도덕적으로 비난을

---

12 Hamilton과 John, Kieran의 최근의 글들, Jacobson, "In Praise of Immoral Art", *Philosophical Topics* 25, 1997 참조.

13 Kieran의 주장을 요약하자면; "도덕적으로 문제가 있는 방식으로 도덕적으로 결함이 있는 인지적-정감적 반응과 태도들을 상상적으로 경험하는 것은 개인의 이해와 감식력을 깊게 할 수 있다." ("Forbidden Knowledge," p. 72) 그리고 만약에 온건한 도덕주의의 주장이 작가가 설정한 반응과 태도가 때로는 오직 도덕적으로 용인될 만한 인물과 상황기술에 의해서만 달성된다는 것이라면, 우리는 당연히 그 반대 경우, 즉 도덕적으로 결함이 있는 작품 내용과 상황을 통해서만 작가가 설정한 반응과 태도가 달성되는 경우를 용인해야 할 것이다. "문제가 되는 것은 [예술가에 의해] 추구되는 비전과 반응들이 도덕적으로 보아서 옳은 것인가로 환원될 수 없다. 문제는 예술가가 의도한 방식으로 우리가 그의 비전을 보고 느끼고, 그것에 반응하게 되는지의 여부이다." (*Revealing Art*, p. 193) 이것이 반도덕주의적 입장들이 온건한 도덕주의의 거울 이미지(mirror image)라는 필자 주장의 다른 측면이다.

받을 만한 소지가 있지만, 그러한 극단적 폭력적 복수에의 충동이 바로 이 작품의 모든 요소들—점차로 증대되는 시퀀스들의 강렬함, 청중으로 하여금 더 강한 복수를 요구하게 만드는 장애들의 존재, 만화적 상상력, 일본 사무라이, 중국 쿵푸, 마카로니 웨스턴에 대한 패러디—의 통합적 엮음을 관통하는 심줄이다. 만약에 이 과도한 복수충동의 심줄이 약해진다면 작품에 대한 관중의 몰입은 오히려 저해될 것이다. 실제로 작품(II)의 말미에서 주인공과 복수 대상(Bill)이 감상적으로 서로에게 (심정적, 도덕적) 찬사를 나누는 장면은 이 작품에서 유지된 긴장과 흥분을 급격하게 감소시킨다.(이러한 멜로적 종료가 광포한 서사(narrative)의 성격을 모호하게 하는 의도적 전환일 수도 있지만.) (v) 영화사에서 가장 유명한, 보다 정확히는 악명 높은 레니 리펜슈탈(Leni Riefenstahl)의 〈의지의 승리(Triumph of the Will)〉의 양면적 평가—미와 악의 공존/결합(beauty + evil)—는, 대개 그 작품의 미적 가치는 영화 요소들의 구성적, 기법적, 음악적(요소들의 리듬) 측면들에 기인하고 도덕적 결함은 나치의 실체를 잘못 이해했다거나 (옳지 않은 비전을 옳은 것으로) 잘못 선전한 데 있다는 이분법적 형태의 주장으로 제시된다.[14] 온건한 도덕주의자들은 일부 구성적, 시네마적 가치가 있지만 전반적 도덕적 결함이 완전한 몰입을 저해한다고 주장할 만하다.[15] 그러나 필자에게는 이 작품이 가지는 매혹적 측면들 자체가 작가가 전체주의적 인간, 정치, 세계관을 철저하게—과도하게?—수용하고, 신뢰하고, 그것을 찬양하기 때문에 가능하다고 여겨진다. 히틀러가 마치 독일 민중을 하나로 묶고 고난으로부터 구원해 줄 신처럼 구름을 뚫고 하강하는 초입부터, 나치 집회에 참여한 모든 개인들이 심정적 · 이념적으로 그를 중심으로 단결하는 것을 보여 주는 모든 장면들과 상징들이 구성이 감독의 나치의 비전을 몸과 마음

14 Kieran, "Art, Imagination, and the Cultivation of Morals", p. 347; Mary Devereaux, "Beauty and Evil: The Case of Leni Riefenstahl's Triumph of the Will", in *Aesthetics and Ethics*, pp. 249-250.

15 Carroll, "Art and Ethical Criticism," pp. 380-381.

으로 수용했기 때문에 가능했던 것이고, 그 결과 우리에게도 분명히 존재하는 (그 결말까지 포함해서 파시즘적이라고 말하는 것은 어폐가 있지만, 분명히 전체주의적인) 일부 신념과 경향들—집단/민족간 유대, 단결, 결속, 질서, 위계, 목적론적 세계관, 장엄미에 대한 매혹—에 호소하여 그 작품에 대한 부분적 몰입을 가능하게 하는 것이다. 필자는 〈킬빌〉에서 과도한 복수 충동이 제거되고, 〈의지의 승리〉에서 나치에 대한 전폭적 신뢰가 제거된다면 우리를 이들 작품에 몰입하게 하는 요소들도 제거 혹은 저하될 것이라고 생각한다. 물론 대개의 감상자들이 이 작품들이 표방하는 전반적 도덕적 명제 혹은 태도 자체를 거부하기 때문에 그들은 이 작품들에 대해 전폭적인 몰입과 수용을 하지 않을 것이다. 그러나 나의 주장은 이들 작품의 미적 성공에서 요구되는 일부 요소들에 대한 **부분적 몰입**(selective absorption)은 가능하고 그것을 가능하게 하는 원인의 일부는 작품이 일반적 도덕적 한계를 벗어났다는 사실에 있다는 것이다.

4. 효과 양태들로서 미적 가치와 도덕적 가치: 우연적 관계의 실질적 근거

필자는 지금까지의 논의와 달리 작품의 도덕적 가치로서 작품에서 표명/용인된 도덕적 명제나 등장인물의 도덕적 성격에만 초점을 맞추지 않는다면, 미적 가치와 도덕적 가치의 우연적 관계라는 (필자에게는 상식적이고 직관적인) 사실은 아주 쉽게 보여질 수 있다고 생각한다. 작품의 도덕적 가치가 그 감상이 정상적이고 주의 깊은 감상자들—작품관련적 지식과 감수성을 갖고 작품의 요소들을 파악하고 향수할 수 있는 감상자들; 이하에서는 "정상적" 감상자들로 줄임—의 향후의 삶과 행위에 주는 도덕적 영향(의 질)이라고 간주해 보자. "인과적 고리"에 대한 염려가 존재하지만 나는 우선 이러한 노선이 원칙적으로 올바른 것이고, 현실적 측정과 판단의 어려움은 경우에 따라(on the case-by-case analysis) 처리해야 할 것이라고 생각한다. 이미 작품의 미적 가치의 (한) 근거로 온건한 도덕주의자들에 의해 제시된바, 작품이 속한 장르에 적합한 반응(비극의 경우 동정심과 두려움의 느낌을 동반한 반응) 개념 자체가 이미 일반적 감상들에게 작품이 미치는 인지적 · 정서적 효과를 지칭하고 있다. 어떻게 그 효과의 방향을 짐작하는 것이 가능한가. 우리가 작품의 내용을 비교적 정확히 이해하고 미적 요소들을 제대로 파악한 감상자들을 상정하고, 그들의 심리와 인지 과정에 대한 일반적 심리학적 사실을 전제하기 때문일 것이다.(이러한 "정상적인" 감상자들에 미칠 작품의 다양한 효과를 예견하는 것이 예술비평가의 역할이다.) 이와 비슷한 방식으로 바로 그런 과정을 통해 미적 속성들의 일차적 효과(작품의 미적 가치의 근거)의 세례를 받은 "정상적인" 감상자들에 있어서, **그들의 기존의 도덕적 성향과 감수성을 전제한다면**, 그 일차적 미적 효과가 가진 도덕적 판단과 행위에의 영향은 합리적 추정이 가능한 영역이라고 생각된다. 따라서 작품의 미적 · 도덕적 가치를 양 분야에서 대표적 이론들이 말해 주는바 감상자들에게 미친 다양한 효과들로 이해하고 두 가치들의 관계를 고려해 보자.

가. 미적 효과로서의 미적 가치[16]

(1) 인지적 효과로서의 미적 가치(cognitivism)

작품의 가치는 단지 그것이 탄생한 환경에 대한 정보, 그리고 일반적으로 인간, 인간관계, 그리고 세계에 대한 정보들을 제공한다는 의미에서 인식적일 뿐 아니라 보다 폭넓은 의미에서 인식적이다. 그것은 작품의 예술내적(intra-artistic) 인지적 효과, 즉 창작에서 얼마나 유용한 예술적 요소들의 조합 방식과 패턴을 제시했는가의 문제, 그리고 감상자가 감상 이후에

16 이하에 기술된 미적 가치론의 상세한 논의와 전거에 관해서는 필자의 「결과주의적 미적 가치 실재론」, 『미학』 20, 1995 참조.

만나게 될 대상들에서 새로운 유사성과 대조를 보게 하고 그에게 세계를 범주화하고 조직하는 새로운 방식을 가르쳐 준다는 의미에서 다양한 인지적 차후-효과(later-effect)를 포함한다.

(2) (독특한) 가치를 지닌 쾌 혹은 미적 경험(formalism)

작품의 가치를 내재적인 형식적 요소들에 근거한다고 보는 입장은, 왜 그러한 형식이 가치를 지니는지를 설명할 때 대개 그 형식이 주는 독특한 (예술에 유니크한?) 경험이 지닌 가치에 대한 주장으로 귀결된다. 그 미적 경험을 미적 가치의 근거로 제시하는 유서 깊은 전통하에서, 예술은 그 시청각적 · 형식적 요소들의 관계에 주목할 때 일상적 경험보다 더 집약적이고 일상을 잊게 만들 정도의 강렬함을 지닌 쾌로 채색되어 있으면서도 주관의 심적 요인들 간에 통일성을 주는 경험을 주는 한에서 가치를 가진다.

(3) 다양한 정서적 효과들(expression theories)

아리스토텔레스 이래로 예술은 인간적 정서적 용량의 확대와 심화, 그리고 예술 외적 삶에서 정서적으로 대처하는 능력의 단련을 제공한다는 주장들이 제기되었다. 예술은 정서 자체에 대해서, 그리고 정서적 체험을 통해 세계에 대해서 인식을 제공하기도 하고, 현실적 상황에서의 정서처리 능력을 훈련시키기도 하며, 정서를 통해 감상자들 간의 유대와 유용한 행위유발능력을 제공한다고도 주장된다.

이 제안들 중 일부는 현실적으로 근거가 상대적으로 박약하다고도 생각되지만 우리가 미적 가치에 대한 무리한 일원론적 입장을 거부하고 이 제안들을 최대한 자비롭게 해석한다면, 각각의 제안은 미적 가치에 대한 *pro tanto* 기준들로서—각각이 만족되면, **그 점에서 그리고 그만큼은** 작품이 좋아진다는 의미에서—수용될 만한 것들이다. 한 개인의 인식적 능력이 확대/심화된다면—그가 자신과 세계에 관해서 더 많이 알게 된다면—, 그가 지각적 대상들이 주는 강렬하면서도 완결된, 향수될 만한 경험을 더 많이 하게 된다면, 그리고 그의 정서적 체험이 그 자체로 풍성하면서도 일상적 상황에서 유용하게 기능할 수 있다면, 그는 그만큼 더 좋은(잘 사는) 개인이 된 것이며,[17] 그 계기가 어떤 예술작품의 감상이라면 그 작품은 "정상적" 감상자들의 삶에 미친 이러한 (좋은) 효과들에 근거해서 가치평가를 받게 될 것이다.

나. 도덕적 효과로서의 작품의 도덕적 가치

작품의 도덕적 가치를 단지 작품에서 표명/용인된 도덕적 명제로 보지 말고, (보다 "도덕" 개념에 적합한 식으로) 작품이 "정상적인" 감상자들의 성격, 삶, 행동을 얼마만큼 도덕적으로 옳은 방식으로 변모시키는가 하는 문제로 간주하자. 여러 번 지적되었듯이 작품과 감상자 성격/행동 사이의 이러한 인과적 관계는 추적하기가 힘든 것이 사실이지만, 작품의 내용, 감상자의 이해 능력, 인간심리와 행동에 관한 우리의 지식에 근거한다면 일반화가 전혀 불가능한 것은 아니다. 우리에게 필요한 것은 실제적 인과의 고리를 추적하는 것이 아니라 작품의 도덕적 효과가 발생할 수 있는 가능한 방향들을 추정하는 것이기 때문이다. 과연 어떤 도덕적 효과들이 "옳은" 효과들인가. 미적 가치보다 도덕의 영역에서는 다원주의가 그리 쉽게 용인되지 않는 경향이 있고, 각 이론들은 제 나름의 효과를 유일한 혹은 가장 근본적인 것으로 볼 것이다. 그러나 이 글은 윤리학 이론들 간의 투쟁을 중재하는 자리가 아니다. 필자는 미적 가치에서와 마찬가지로 일단은 상식과 대표적인 윤리이론들이 주목하는바 인간의 성격과 행위에서 구현되어야 할 여러 성표들을 (*pro tanto* 소선들로) 간단히 나열한다: (1) 의무 관련적 효과. 다양한 인간관계(친구, 가족 등)에서 발생하는 의무, 그리고 사회적 의무(자선, 공공선의 증진 의무)를 보다 자주, 효율적으로 하게 하는 행위 패턴의 강

17 우리의 상식에 비추어서도 그렇지만, (서구) 윤리학적 전통에서 산출된 인간적 복지에 관한 여러 이론들의 공통 지점도 이 점을 수긍한다. 후자에 관해서는 필자의 다음 글을 참조: 「좋은 삶이란 어떤 것인가?: 개인적 복지에 관한 이론적 탐구」, 『철학연구』 43, 1998 가을.

화; (2) 덕(virtue) 관련적 효과: 단지 규칙 준수를 넘어서서 도덕적 행위를 매 상황에서 정확히 인지하고 자발적으로 수행하게 하는 심정적 기반의 증진/심화; (3) 이타심: 최소한 극단적 이기주의적 동기/심리/행위를 탈피할 것; (4) 공동체감: 점차로 확대되는 공동체 성원들 간의 심정적 유대(fraternity), 공동체적 가치의 수용과 자신과의 일치 등.

다. 미적 효과가 도덕적 효과로 연결/전환되기 위해서는 독립적인 도덕적 인식/욕구/행위동기체제의 존재가 필요하다

위의 전제들하에서 예술작품의 미적 가치와 도덕적 가치 사이에 어떤 필연적/체계적 관계가 없다는 주장, 즉 모든 (혹은 특정 부류의) 작품들의 미적 가치와 도덕적 가치 사이에 일방향의 관계를 근거 짓는 일반적 이론이 있을 수 없다는 주장은 비교적 간단하게 제시될 수 있다. 작품이 감상자에게 쾌락, 인지능력의 확대, 정서적 감수성과 경험의 확대, 인간관계와 타인에 대한 공감능력의 심화를 초래했다고 하더라도 (그래서 그가 좀 더 풍성한 인간이 되고 그의 삶의 질이 늘어났다고 해도), 이 효과가 그의 향후 성품과 행동을 보다 "도덕적으로" 만들려면, 즉 그가 실제로 좀 더 남의 처지를 배려하고 그의 이익을 도모하며 사회적 규칙을 준수하고 자신의 욕구와 무관하거나 그것과 배치되는 도덕적 의무를 수행하려는 성향을 갖게 되려면 이미 상당한 정도의 도덕적 교육이 효과를 거두고 있어야 함은 명백하다. 미묘한 예술적 구조에 의해 섬세한 쾌락을 느낄 수 있고 예술에 의해 벼려진 날카로운 감수성과 인지력, 그리고 풍부한 정서적 체험의 용량이 있다고 해도 이 성향과 능력이 도덕적으로 중립적이거나 부도덕한 목적에 보다 효과적으로 기여할 수도 있기 때문이다. 한니발 렉터(Hannibal Lecter)와 같이 깊은 인지력과 인간심리에 대한 통찰력을 지닌 사람은—그리고 그 허구적 인물에 대한 묘사가 암시한 대로라면, 그의 이러한 능력은 일부분 그의 문학, 미술, 음악에 대한 반응에 의해 촉발, 강화, 표명된다—그렇지 않은 사람보다 더 효과적으로 더 철저하게 남을 이용하고 괴롭힐 수도 있다. 필자는 예술적 체험이 도덕적 효과와 무관하다고 말하는 것이 아니다. **이미** 도덕적 인식능력, 감수성, 행위동기를 가진 사람에게는 다양한 예술 체험이 엄청난, 그리고 예술 밖에서는 좀처럼 주어지지 않는 긍정적 효과를 발하게 될 것이다.(이 점에 대한 상세한 기술을 위해서는 온건한 도덕주의자들의 논의를 유용하게 참조할 수 있다.) 그리고 도덕적 교육 자체도 예술 체험과 동시에 수행되면 (양방향에서) 더 커다란 효력을 가질 수도 있을 것이다. 그러나 예술 자체가 그리고 미적 가치의 향수 자체가 도덕적으로 긍정적 효력을 가져온다는 것은 무리한 주장이다. 미적 효과가 원칙적으로 도덕적으로 중립적이라면, 우리는 독자적인 도덕교육이 필요하다. 도덕적 상황과 원칙들에 대한 정확한 이해와 합리적인 조정능력, 타인에 대한 배려의 태도 등 위에서 도덕적 효과들로서 제시된 것들에 대한 직접적이고 본격적인 교육이 필요하다. 도덕적 교육하에서 우리는 완전히 부도덕한 작품들에만 강렬하게 몰입하는 '반(反)몰입현상(reverse absorption)'을 막을 수 있고, 일부 잔혹극이나 리펜슈탈(Riefenstahl)의 작품들에 대한 **균형 잡힌** 선택적 몰입(balanced selective absorption)의 태도를 배양할 수 있다.

더 읽을거리

Bermúdez, J. L., and Sebastian G. (eds.), *Art and Morality*, Routledge, 2003.

Kieran, M., "Art and Morality", Ch. 4 in *Revealing Art*, Routledge, 2005.

Kieran, M. (ed.), "What Are the Relations between the Moral and Aesthetic Values of Art?", Ch. 11 in *Contemporary Debates in Aesthetics and the Philosophy of Art*, Blackwell, 2006.

Levinson, Jerrold (ed.), *Aesthetics and Ethics: Essays at the Intersection*, Cambridge University Press, 1998.

포르노그래피 논쟁

이해완

포르노그래피는 그것이 무엇인지를 규정하는 데서부터 논쟁을 피해 갈 수 없는 주제이다. 이 글에서 필자는 포르노그래피를 둘러싼 논쟁들 중 철학적 조망이 적절하다고 판단되는 두 주제, 즉 포르노그래피의 본질 혹은 정의에 관련된 논쟁들과 포르노그래피의 가치에 관련된 논쟁들을 살펴보려 한다. 특히 도덕적 가치 측면에서는 포르노그래피 자체의 도덕적 문제점과 검열의 정당성, 그리고 미적 가치 측면에서는 예술로서의 가능성이 검토해 볼 내용이다. 물론 포르노그래피에 관한 종합적인 이해를 위해서는 개념 분석이나 철학적 · 윤리적 · 미학적 접근 외에도 사회학적 · 심리학적 연구로 대표되는 경험적 연구가 필요할 것이다. 실제로, 포르노그래피가 제작, 소비되고 작동하는 방식과 그 정치적 · 문화적 함의에 대한 활발한 논의가 진행되고 있다. 그러나 이 글은 그러한 경험과학적 연구 성과들을 거의 반영하지 않는 대신, 그러한 경험적 연구들의 전제에 해당하는 포르노그래피의 본질과 가치에 대한 다양한 입장들과 그들이 근거를 소개하는 데에 치중할 것이다.

이 글이 포르노그래피에 대한 종합적인 이해가 될 수 없는 또 하나의 한계는, 그러한 종합적 시각을 얻기 위해서는 필연적으로 성(性)에 관한 논의를 동반해야 할 것이기 때문이다. 분명 우리 사회 내에서 포르노그래피에 대한 인식과 태도는 우리 사회의 성과 성차(gender), 성적 취향, 특히 성의 상품화에 대한 인식 및 태도와 깊은 관련이 있다. 양자의 긴밀한 연관 때문에 경우에 따라서는 후자와 관련된 정치적 · 이데올로기적 논의들이 포르노그래피 논의 그 자체인 것처럼 생각되기도 한다. 예를 들어, 포르노그래피의 사회적 허용에 대한 부정적 입장을, 우리의 성에 대한 '건강하지 않은 이중적 태도'와 동일시하고, 포르노그래피에 대한 '진보적' 관용을 성의 개방과 동일시하는 입장 같은 것이 그것이다.[1] 하지만 성과 포르노그래피, 혹은 성의 상품화(예를 들어, 매매춘)와 포르노그래피는 동일한 문제가 아니며, 그렇게 단선적으로 연결되어 있는 문제도 아니다. 성에 관한 철학 역시 간명히 정리될 수 없는 악명 높은 주제이다. 따라서 필자는 이 글에서 포르노그래피의 문제를 '결국' 성의 문제로 보는 데서 오는 감당할 수 없는 논의의 확장은 피하려 한다.

1. 포르노그래피란 무엇인가?: 정의의 문제

전 지구적 현상이라 할 포르노그래피는 어떤 형태로든 우리 사회에도 분명히 존재하고 있다. 『플레이보이』나 『허슬러』 같은 '포르노' 잡지에 등장하는 성기 노출이 포함된 누드 사진이나 성행위 사진, 노골적인 성행위만을 다루고 있는 영화나 비디오, 디지털 영상 등, 현대를 사는 우리들의 관행상 대부분이 동의할 전형적인 포르노그래피의 사례들이 존재한다. 폭력적이거나 전혀 순화되지 않은 성적 재현으로 대다수 사람들의 가치관과 상치되는 정도가 심각한 소위 '하드코어' 포르노그래피도 역시 '전형적인' 포르노그래피에 포함된다.

1 이러한 입장을 보이는 글로는 김수기, 「포르노에 대한 다른 시각」, 『섹스, 포르노, 에로티즘: 쾌락의 악몽을 넘어서』, 현실문화연구, 1994.

하지만 한국에서 포르노그래피는 공식 용어가 아니며, 대신 이런 부류를 지칭하는 용어는 아마도 '음란물' 인 것 같다. 하지만 '음란물' 과 포르노그래피는 서로 같은 것을 지칭한다고 볼 수 없으므로, 전자를 후자에 대한 우리식 표현이라고 할 수는 없다. 우선 '음란물' 은 포르노그래피(아니면, 성적으로 노골적인 표현물)에 대한 가치중립적 지시어라기보다는, 그것을 어떻게 보느냐 하는 시각까지도 포함된 용어로 들린다. 음란은 외설과 마찬가지로 주관적 가치 평가어이며, 대상의 부정적 가치를 평가하는 말이다. '음란물' 은 대개 규제와 처벌의 대상인데, 어떤 대상(예를 들어 성적으로 노골적인 표현물)이 정말 '음란' 하다면 이러한 규제와 처벌은 어쩌면 정당한 일일 수도 있다. 하지만 이는 우리 논의가 도달할 수도 있는 결론의 하나이지 논의를 시작하기도 전에 미리 규정할 수는 없는 것이다. 게다가 비록 포르노그래피의 본성이 부정적인 성격의 것이라는 결론은 타당하더라도, 그것이 곧 음란하기 때문은 아닐 수도 있다. 둘째, '음란물' 은 위에서 언급한 우리가 알고 싶은 포르노그래피의 사례들이 아닌 것들까지 포함할 수 있는, 보다 폭넓은 외연을 가진 용어라고 생각된다. 예를 들어, 폰섹스는 음란물일 수 있고, 또 더 나아가 성의 상품화라는 점에서 포르노그래피와 유사한 점이 있지만, 우리가 여기서 논하고자 하는 포르노그래피의 사례라고 하기는 어렵다. 또 연인이나 부부 간에 자신들의 성적인 흥분을 위해 사적인 목적으로 제작된 사진이나 공연은, 비록 음란하다고 할 수는 있을지 몰라도, 이 역시 우리가 생각하는 포르노그래피의 사례는 아닐 것 같다. 따라서 우리의 논의는, 음란물인 포르노그래피가 아니라, 음란물로 규정될 수도 있는 포르노그래피가 과연 어떤 성질의 것인지를 묻는 것으로부터 시작한다.

주어진 대상이 포르노그래피인가라는 질문은 두 가지로 이해될 수 있다. 하나는 우리의 관행에 대한 질문이다. 즉 우리는 실제로 주어진 대상의 내용과 형식을 판단하여 이를 포르노그래피로 분류하는 관행을 가지고 있는지를 묻는 것으로, 이는 공동체를 구성하고 있는 나와 내 주변 사람들의 반응을 예측함으로써 답변될 수 있다. 비록 어느 관행을 적용할지 애매하거나 기존의 관행으로 포섭되기 어려운 '경계선'에 선 대상들이 가끔 있어 모든 경우마다 답이 가능한 것은 아니더라도, 원칙적으로는 그러하다. 이런 기준에서 우리는, 예를 들어 일본 성인 비디오들을 '영락없는 포르노'라고 분류하는 것이다. 하지만 같은 질문이 이해되는 또 다른 방식이 있는데 이는 우리가, 예를 들어, 위의 일본 성인 비디오들을 전형적인 포르노그래피로 분류하는 그 관행은 옳은가를 묻는 것으로, 이는 과연 무슨 근거에서 그들을 포르노그래피로 분류하는가를 묻는 것이다. 철학적으로 의미 있는 질문은 이것이며, 이를 위해서는 관행 이상이 필요하다. 정의가 있다면 도움을 줄 것이다.

포르노그래피를 어떻게 정의할 수 있을까? 다음의 두 요소는 반드시 필요하다고 보는 것이 일반적이다. 첫째, 그것이 글이건 이미지(사진, 영화, 비디오)이건, 그 내용에 있어 성이, 가려지는 것 없이 노출되어야 한다. 물론 어느 만큼이 노골적인 성적 노출인지는 시대적 · 문화적 · 문맥적 차이가 있다. 발목을 드러내는 것만으로도 성적인 노출이라고 생각한 시대가 있었다면, 성기가 드러나더라도 노골적인 성적 노출이 아닌 문맥도 있을 것이다. 그렇다고 해서 모든 것이 문맥 상대적이기 때문에 포르노그래피의 내용을 규정하는 노출의 특징은 없다고 강변할 수는 없을 것이다. 대부분의 문맥에서 노골적인 성적 노출로 간주될 수 있는 것들은 또한 분명히 존재하기 때문이다. 성교 행위, 남녀의 생식기 (특히 발기한 남성 성기) 등이 그에 해당될 것이다. 성기와 성교는 여러 가지 양태로 묘사될 수 있다. 플레이보이 사진에서처럼 그저 노골적으로 성을 노출하고만 있는 경우도 있고, 두 사람이 동등한 자격으로 참여하는 비폭력적인 성교 장면을 재현한 경우도 있을 것이며, 매우 폭력적인(강간되고 고문되고 심지어 살해되기까지 하는) 성행위의 묘사도 있을 수 있다. 특별히 폭력적이지는 않더라도 대체로 여성을 비천하게 묘사하거나 굴종적이고 수치심이 들게 묘사하는 경우도 있고, 어린이, 동물, 시체 등이 등장하는 경우도 있다. 하지만 성을 노골적으로 묘사하고 재현했다고 해서 바로 포르노그래피가 되는 것은 아니다.

해부학 책의 적나라한 생식기 사진들이 포르노그래피는 아니기 때문이다.

두 번째는, 노출된 성 행위나 성기의 재현이, 보는 이에게 성적인 흥분을 일으킬 것을 최우선의 목적으로 한다는 조건이다. 여기에서 중요한 것은 '최우선의 목적' 이라는 구절이다. 다른 정치적 혹은 예술적 목적이 우선적인 작품이 부수적으로 성적인 흥분을 불러일으키는 경우, 그것들은 보통 포르노그래피로 간주되지 않는다. 물론 작가의 의도나 작품의 의도가 매번 명백한 것은 아니어서 논란이 되는 경우가 적지 않지만, 논란의 여지가 없는 사례들을 찾는 것 역시 그리 어렵지는 않다.

이상의 두 조건을 결합하면 '전형적인 포르노그래피는 그 내용 면에서 성적으로 노골적인 신체부위, 자세, 행위의 재현이며, 그 제작 의도(목적) 혹은 효과 면에서 성적 흥분을 목적으로 한다' 는 정의가 얻어진다. 이것이 윌리엄스 보고서(Williams, 1983)를 비롯한 많은 논의에서 전제하고 있는 포르노그래피에 대한 중립적인 정의이다.(이하 이것을 '내용－기능 정의' 로 부르기로 하자.) 이는 가치 없음, 외설적임, 예술적으로 정당화될 수 없음 등과 같은 규범적(normative) 요소들을 정의에서 최대한 배제하여 기술적(descriptive)이며 가치중립적인 정의를 얻고자 하는 요구조건을 만족시킨다.

그러나 '내용－기능 정의' 는 두 가지 방향에서 반론에 부딪친다. 그 하나는 '내용－기능 정의' 에 대한 반례를 찾을 수 있으므로 이것이 엄밀한 의미의 정의로서 실패했음을 주장하는 것이다. 레이(Rae, 2001)의 논문은 그 좋은 예이다. 다른 하나는 '내용－기능 정의' 가 추구하는 가치중립성이 포르노그래피에 대한 올바른 성격규정이 아니라는 반론이다. 포르노그래피에는 무언가 본유적으로 나쁜 것이 그 개념 속에 포함되어 있어야 한다는 생각은 뿌리 깊은 것이며, 따라서 규범적이고 가치 평가적인 측면이 배제된 중립적인 정의는 오히려 이에 대한 왜곡된 이해를 반영한다는 것이다. 우선 첫 번째 유형에서 제기하는 반례들에 대해서 살펴본 후, 두 번째 입장을 살펴보고, 이를 매개로 포르노그래피의 가치에 관한 논의로 옮겨가기로 하자.

레이는 논문에서 포르노그래피에 대한 기존의 정의들의 불충분함을 지적하면서 다음의 네 가지 경우를 고려한다. 우선 그는 포르노그래피의 전형적 사례와 그것의 맥락 의존성을 지적하는데, 전형적인 포르노그래피의 사례인 『플레이보이지』의 사진과 똑같은 종류의 사진도 다른 맥락, 예를 들어 다큐멘터리나 성형외과 의사의 포트폴리오에 포함된다면 포르노그래피는 아니라는 것이다. 둘째로, 위에서 언급한 부부 간의 사적인 제작물도 포르노그래피가 아니다. 만일 우리가 이 점에 있어 레이에 동의한다면, '내용-기능 정의'를 만족시키고도 포르노그래피가 아닌 사례가 존재하게 되어 정의의 문제점을 즉석에서 드러내게 된다. 즉 소위 '개인 비디오(우리가 포르노그래피가 아니라고 동의하는 것)'가 성적으로 노골적인 내용을 담고 있으며 보는 이, 즉 배우자의 성적 흥분을 목적으로 하기 때문이다('내용-기능 정의'의 두 조건 만족). 물론 이 경우에는 보는 이의 성적 흥분이 최우선의 목적은 아닐 수 있다는 것이 논란이 될 수는 있다.

레이의 세 번째 경우는 가상적 상황을 다루는데, 이는 사고 실험(thought experiment)을 통하여 '내용-기능 정의'의 문제점을 보다 적극적으로 드러내기 위해서이다. 우선 제작자가 소비자의 성적 흥분을 목적으로 하지 않았음에도 불구하고 포르노그래피가 될 수 있는 경우의 사고 실험으로, 레이는 주어진 상황에서 무엇을 팔아야 가장 이윤이 남는지를 계산해 스스로 기업을 운영하는 가상의 컴퓨터 시스템을 상상해 보라고 한다. 포르노그래피라는 말을 들어본 적도 없는 어느 섬의 자료를 입력받고, 이 시스템은 『플레이보이』와 유사한 잡지를 만들어 팔기 시작하였다. 그러자, 우리 사회에서 포르노그래피가 유통되는 이유와 같은 이유들로 그 섬에서도 그 잡지가 유통되기 시작하였다. 이 경우에 대한 레이의 주장은 다음의 두 가지이다. (1) 이 경우, 그 섬에서 유통되기 시작한 잡지는 명백히 포르노그래피이다. (2) 그러나 정작 제작자는 판매하는 물건이나 그 내용에는 전혀 관심이 없고, 오로지 이윤만을 목적으로 할 수 있다. 비록 이 사고 실험이 레이가 원하는 것을 보여 주는지에 대해서는 논란이 있을 수 있지만, 최소한의 논리적 설득력은 갖추고 있다고 생각한다. 어쩌면 어떤 것이 포르노그래피가 되는지 아닌지에 제작자의 목적이나 의도가 결정적 구실을 하지 않을 수도 있다는 생각이다.

마지막 사고 실험은 보다 간명한데, 예를 들어 소위 '신발 페티쉬'가 있는 사회에서는 신발의 사진이 『플레이보이』지 사진과 같은 기능을 할 수 있다는 것이다. 레이는 이 경우 역시 명백한 포르노그래피라고 한다. 하지만 만일 그렇다면, 이는 성적인 노출이 전혀 없는 포르노그래피의 사례가 된다는 것이다. 레이는 최소한 이 네 경우에 모두 우리의 직관과 부합하는 결과를 낳는 정의가 제대로 된 포르노그래피의 정의라고 주장하며, 이 점에서 '내용-기능 정의'는 전혀 적절한 것이 아니라고 한다. 즉 성적 흥분을 목적으로 노골적으로 성을 노출하는 것이 포르노그래피의 일반적 특징이라고는 할 수 있지만 정의적 요소라고 볼 수는 없다는 것이 레이의 주장이다. 그렇다고 그가 정의의 포기를 권하는 것은 아니다. 그는 오히려 가치중립적 정의가 자신의 독특한 접근법에 의해 이루어져야 함을 주장한다.

그렇다면 레이가 제안하는 엄밀한 정의란 어떤 형태의 것인가? 여기서는 그에 대한 비판적 검토 없이 그 골자만을 소개하려 한다. 그는 포르노그래피라는 것은 주어진 대상이 어떻게 취급되느냐에 달린 문제라고 생각한다. 그렇다고 아무나 어떤 것이건 (예를 들어, 앵그르의 누드화나 백화점의 여성 속옷 카탈로그) 포르노그래피로 취급하면 그것이 포르노그래피가 된다는 것은 아니다. 레이에게 "x는 포르노그래피이다"라는 명제가 참이 되는 조건은 "x가 제작될 때 상정한 주 소비층(target audience)이 x를 포르노그래피로 취급할 것이라고 믿는 것이 합리적인 경우"이다. 그렇다면 다시, "x를 포르노그래피로 취급한다"는 것은 어떤 경우에 참인가? 레이는 네 가지의 다소간 전문적으로 보이는 조건들을 열거하는데, 그것을 풀어쓰면 결국 "사용자 S가 x의 내용을 성적인 흥분을 위한 것으로 사용하며, 자신과 x 속의 대상 간의 친밀감을 증진하기 위한 의도가 있다고 믿기 때문에는 사용하지 않을 경우"가 된다. 따라서 레이의 정의에 따를 때, '개인 비디오'는 포르노그래피로 취급되지 않기 때문에 포르노그래피가 아니며, 백화점 카탈로그는 주 소비층이 그것을 성적 흥분을 위한 것으로 사용할 것이라고 믿는 것이 합리적이지 않으므로 역시 포르노그래피가 아니다. 대신 레이 자신이 예로 들고 있는 이윤 실현 컴퓨터와 신발 페티쉬 경우는 모두 이 정의를 만족시키는 포르노그래피에 해당한다.

"x는 포르노그래피이다"와 같이 술어가 대상의 본유적 성질을 드러내는 것이 아니라고 생각할 수 있는 경우, 오히려 합리적 행위 주체(agent)들이 그 대상을 어떻게 취급하느냐가 더 기본 개념이 된다는 레이의 착안은 흥미롭지만, 과연 그의 가치중립적이고 엄밀한 정의가 성공적인지는 또 다른 논의를 필요로 한다. 하지만, 그의 성공 여부와 무관하게, 그리고 이것이 철학적으로 매우 의미있는 시도임에도 불구하고, 포르노그래피의 문제에 관심을 기울이는 많은 사람들이 레이와 같이 정의의 문제를 포르노그래피 논의의 중심에 둘 것 같지는 않다. 예를 들어 어떤 이들은 (우리가 이미 대표적 사례를 통해 지적할 수 있는) 포르노그래피가 어떤 기준에 의해 포르노그래피로 되었는지보다는 '성적 흥분을 목적으로 한 성적으로 노골적인 재현' (그것을 포르노그래피로 부르건 아니건) 정도의 성격을 갖는 그 대표적 사례들의 도덕적이고 미적인 가치에 관한 것일 수 있기 때문이다. 그러나 만일 이러한 이유로 그들이 정의의 문제를 우회하고 싶다면, 그들은 우선 자신이 포르노그래피로 의미하는 것이 무엇인지를 명확히 해야 할 필요가 있다. 포르노그래피와 같은 논쟁적인 주제의 경우, 그 점에 주의하지 않는다면, 논쟁 자체를 무의미한 것으로 만들어 버릴 오해가 생겨날 가능성이 있다. 이는 특히 포르노그래피가 무엇인지는 그것의 부정적 가치를 언급하지 않고 답변될 수 없다는 입장들을 취할 때 따르는 위험이다.

2. 포르노그래피의 무엇이 문제인가?: 부정적 가치

일군의 사람들은 포르노그래피의 경우 가치의 문제와 정의의 문제가 연계되어야 함을 주장한다. 즉 가치중립적 정의가 오히려 포르노그래피의 본질을 놓치고 있다는 것이다. 이들은 포르노그래피는 본질적으로 어떤 특별한 방식의 '나쁨'을 가지고 있다고 생각한다. 이는 대개 도덕적으로 부정적인 가치를 가지고 있음을 뜻하고, 비난받을 대상이라는 것을 의미한다. 그러한 도덕적 비난의 논거들로는 불쾌감의 제공, 외설성(사회와 개인의 타락), 성폭력과의 인과적 연계, 여성 비하 혹은 반-여성 프로파간다, 인간성에 대한 비하와 모욕 등이 거론된다.

이 중 전통적인 것이 '외설'이나 '음란'의 혐의이다. 외설적인 내용이란 그것을 접하는 이들을 저속하고 타락한 사람으로 만드는 경향을 가진 것들이라고 한다. 이 견해에 따르면 포르노그래피란 성을 외설적으로 묘사한 것이다. 그 결과 '일반적인' 사람들의 정서에 불쾌감과 수치심을 불러일으키고, 접하는 이들을 타락시키며, 가정과 결혼의 가치 같은 미풍양속에도 악영향을 끼친다는 것이다. 이것을 성 윤리에 보수적인 사람들의 견해라고 보아도 좋을 것인데, 이들은 대개 성적으로 노골적인 모든 것이 외설적이라고 생각하므로, 성적으로 노골적인 것이면 어느 것이나 곧 포르노그래피라는 (유지하기 어려운) 견해조차도 받아들일 것이다. 하지만 우리가 성이나 쾌락 일반에 대해 지나친 엄숙주의를 표방하지 않는다면, 과연 이러한 등식이 정당화될 수 있을까? 앞서 본대로 모든 성적으로 노골적인 것이 곧 포르노그래피는 아니며, 외설의 기준, 혹은 '성적 타락'의 기준은 매우 작위적이거나 상대적일 수 있으므로, 외설은 포르노그래피의 정의적 요소로서도 부적절하고, 포르노그래피의 도덕적 문제점의 내용으로도 설득력이 없어 보인다. 포르노그래피를 외설과 연관하여 이해하려는 전통적인 접근에 대한 비판은 많이 개진된 바 있다.[2]

포르노그래피가 무엇인지에 대한 답변을 그것의 부정적 가치와 필연적

---

2 예를 들자면, Schauer, F., *Free Speech: a Philosophical Enquiry,* Cambridge University Press, 1982; Feinberg, J., *Harm to Others*, Oxford University Press, 1987 등.

으로 연계시키려는 사람들이 모두 외설이나 음란을 거론하는 것은 아니다. 일부 여성주의자들은, 포르노그래피의 부정적 가치는 그것이 '일반적인' 사람들에게 가하는 해악에서 오는 것이 아니라, 그보다 더욱 심각하게, 사회적 소수자인 여성에게 가하는 해악에서 온다고 본다. 이 입장에 서면 포르노그래피는 성적으로 노골적인 것들 중 여성에게 해악을 주는 것으로 정의될 수 있겠다. 그렇다면 과연 어떤 것이 그 해악의 내용일까? 가장 직접적으로는 포르노그래피가 여성에 대한 성적 폭행과 같은 실정법상의 범죄를 증가시키는 원인이 된다고 주장할 수 있다. 또한 제작 과정에서 참여하는 여성에 대한 실제적인 인권침해의 문제도 거론될 수 있다. 그러나 보다 추상적인 차원에서, 여성을 비열하고 비인격적인 존재로 묘사하는 것을 통해 남성 우월의 성차별적인 생각을 전파하고 강화하는 것이 모든 포르노그래피가 갖는 일반적인 해악이라는 주장이 널리 받아들여지고 있다. 대표적으로 이러한 입장을 취하고 있는 드워킨(A. Dworkin)과 맥키논(C. MacKinnon)은 여성이 단지 성적 대상인 것만으로 묘사되거나 모욕이나 고통을 즐기고 성적 공격을 당할 때 쾌감을 느끼는 대상으로 묘사되는 경우 등이 모두 포르노그래피에 해당한다고 한다.(신은철 역, 1997, p. 190)

이 정의는 일단 남성 동성애 포르노그래피를 제외시킨다는 점에서만 보더라도, 포괄적이지 못하다는 약점을 가진다. 또한 과연 포르노그래피가 이러한 해악을 끼치는가에 대해서는 천착해 보아야 할 측면이 없지 않다. 예를 들어, 포르노그래피와 성범죄 증가 간의 인과관계에 대해서는 상반된 경험적 통계자료가 존재한다. 하지만 그럼에도 불구하고, 성적으로 노골적인 묘사들 중 일부는 최소한 분명 성차별적인 관점과 내용을 가진 것으로 볼 수 있음은 사실일 것 같다. 론지노(Longino, 1980)를 비롯한 일부의 견해는 바로 그러한 것들만 포르노그래피라고 재정의함으로써 가치의 문제와 정의의 문제에 모두 답하려 한다. 즉 이들에 의하면 모든 포르노그래피는 그 정의상 여성에 대한 해악이라는 도덕적 문제를 가진 것이 된다.

이는 우리가 관행적으로 포르노그래피라고 부르는 것의 일부만이 포르노그래피라는 식의, 포르노그래피를 다시 규정하려는 시도이다. 사실 성적으로 노골적인 묘사들 중에는 최소한 성차별적인 내용과 관점을 가지지 않은 것이 있을 수 있는데, 론지노도 그러한 가능성을 언급하며, 그들을 에로티카(erotica)라는 이름으로 부르길 원한다. 즉 우리가 관행적으로 포르노그래피라고 부르는 것(예를 들어 위에서 언급된 '내용-기능 정의'를 따를 때, 포르노그래피에 해당하는 것)이 사실은 포르노그래피와 에로티카로 구분된다는 생각이다. 따라서 이렇게 본다면 론지노의 입장을 근거로 한 "모든 포르노그래피가 도덕적으로 문제가 있다"는 주장과 "내용-기능 정의"를 근거로 한 "일부 포르노그래피만 도덕적 문제가 있다"는 주장은 아무런 모순없이 양립 가능하다. 포르노그래피를 둘러싼 논쟁에서 결국 정의의 문제가 부각되는 것은 바로 이러한 이유에서이다.

포르노그래피의 도덕적 문제점을 성차별에 관한 것으로 인식하는 한편, 성차별적이지 않은 성적으로 노골적인 재현(그것을 성차별적이지 않은 포르노그래피로 부르건, 아니면 다른 이름을 부여하건)의 존재를 인정하는 이러한 입장은 합리적으로 보이지만 모든 이들이 이에 동의하는 것은 아니다. '내용-기능 정의'에 의해 포르노그래피로 부를 수 있는 것이면 무엇이든지 여성에게 유해하거나 아니면 다른 어떤 방식으로 도덕적으로 비난받을 소지가 있다는 견해를 취하는 경우도 있으며(따라서 이들은 에로티카 같은 것의 존재를 부인할 것이다.)[3], 오히려 그 반대로, 소위 유해하다고 하는 일부 포르노그래피의 존재도 인정하지 않는, 즉 도덕적으로 비난받아야 할 포르노그래피는 없다는 입장도 있다. 후자는 제작 과정에서 폭력과 인권침해가 없다면, 보려 하지 않았던 의사에 반하여 보게 된 경우를 제외하고, 포르노그래피 그 자체는 도덕적으로 중립적이라는 입장을 취한다. 포르노그래피는 성적 환상을 전개하기 위한 발판일 뿐이라는 것이다.

3 예를 들어, Garry, A., "Pornography and Respect for Women", *Social Theory and Practice* 4, 1978.

3. 포르노그래피를 막아야 하나?: 검열의 도덕적 위상

우리 주변에서 벌어지는 포르노그래피에 관한 찬반론에는 두 가지 서로 다른 윤리적 차원이 개입되어 있는데, 이 점은 자주 간과된다. 그 한 차원은 앞에서 본 바와 같이 포르노그래피 자체의 도덕성에 관한 것이고 또 하나는 포르노그래피의 사회적 허-불용, 즉 검열에 관한 문제이다. 즉 우리는 포르노그래피는 도덕적으로 비난받아야 할 것인가를 물을 수 있으며, 이와는 다른 질문으로 과연 검열이라는 수단을 통해 국가가 포르노그래피의 문제에 개입하는 것이 도덕적으로 정당한가를 물을 수 있다. 이 둘은 밀접하게 연관되어 있지만 엄연히 별개의 두 질문이다. 논리적으로 한 질문의 답변이 자동적으로 다른 질문의 답변을 함축하지는 않는다. 흔히 포르노그래피 논쟁의 가장 낯익은 부분은 후자, 즉 우리 사회에 그러한 것들을 허용할 것이냐 아니면 검열하고 규제할 것이냐를 놓고 벌어진다. 그리고 그 이유로, 포르노그래피의 도덕적 문제점이 주로 거론된다. 혹은 포르노그래피의 도덕적 문제점을 인식하기만 하면 포르노그래피 규제는 거기에 당연히 함축되어 있는 것으로 생각되기도 한다. 물론 도덕적 문제가 있는 것은 검열해야 할 좋은 이유가 될 것이다. 그러나 그 연계가 자동적인 것은 아니다. 포르노그래피가 도덕적으로 비난받아야 할 것이라는 입장을 받아들인다 해서, 포르노그래피가 검열되어야 할 논리적 이유는 없다.(같은 원리로, 포르노그래피 자체의 도덕성에서는 아무 문제가 없다는 결론에 이르더라도, 그 사실이 곧 그것이 사회적으로 용인되어야 함을 함축하는 것은 아니다.) 어떤 사람이 공리주의적인 입장에 서서, 비록 포르노그래피 그 자체가 도덕적인 문제가 있는 것은 사실이라 해도 그것을 검열하는 것이 더 큰 사회악이라는 인식을 가지고, "포르노그래피는 도덕적으로 비난받아야 함에도 불구하고 사회적으로 허용되어야 한다"는 주장을 편다면, 거기에 논리적인 문제는 없다. 이러한 입장은 단지 논리적 가능성으로만 존재하는 것이 아니라 포르노그래피 검열에 반대하는 이들이 실제로 차용해 온 전략이다.

검열과 관련하여 주로 쟁점이 되는 것은 그것이 표현의 자유라는 또 다른 도덕적 · 정치적 가치의 구현과 상충된다는 것이다. 사상과 믿음, 표현과 언론에 대한 검열은 자유주의 사회의 기본 원칙에 대한 심각한 도전으로 간주된다. 개인은 독자성과 자율성을 갖는다는 믿음에 근거한 자유주의는 국가나 권위가 개인의 가치와 취향, 삶의 방식을 특정한 방식으로 추구하길 강요하거나 금지하는 것을 거부한다. 포르노그래피가 표현인 한 (물론 일반적인 포르노그래피를 가치있는 표현이라고 볼 수는 없겠지만) 그에 대한 검열은 그 자체로 우리가 가진 자유에 대한 침해로 간주된다. 검열을 지지하는 논거가 무엇이 되건, 검열 혹은 검열의 남용에 대한 이러한 우려의 심각성은 부담스럽지 않을 수 없다. 예를 들어, 검열을 지지하는 논거로 외설을 비난하는 것과 같은 이유를 제시한다고 해보자. 혹은 사회가 일정 수준의 품위를 유지하기 위해서는 그 자체의 도덕적 위상과는 상관없이, 성적으로 노골적인 재현이나 표현을 제한할 수 있다고 믿는다고 해보자. 검열의 반대자도 이것의 문제의식에는 동의할 수 있다. 하지만 자유주의 원칙이 지배적인 한, 만일 이것만이 문제라면, 이는 등급제나 제한상영관제 같은 방식으로 포르노그래피의 공공노출을 제한하는 방식으로 해결되는 것이 바람직하지 검열을 도입해야 하는 논리로는 부족하다고 생각할 것이다. 만일 범죄예방 차원에서 검열이 필요하다는 논리를 편다면, 검열 반대자는 포르노그래피와 범죄 간의 확정하기 힘든 인과관계를 거론하면서, 그러한 불확정적인 자료로 인간의 매우 소중한 기본권을 제한하는 것을 우려할 것이다. 표현의 자유가 버티고 있는 한, 검열 옹호 쪽으로 저울추가 기울기는 쉽지 않아 보인다.

하지만 과연 포르노그래피가 보호받아야 할 표현이기는 한가? 포르노그래피의 제한에 국가가 개입하기를 원하는 측의 전략은 포르노그래피의 표현으로서의 가치를 부정하는 것이다. 사실 표현의 자유가 어떤 상황에서도 지켜져야 하는 절대적 권리인 것은 아니다. 예를 들어, 다른 사람의 명예와 관계된 거짓을 유포하는 것, 근거 없는 저주나 증오의 표현 등은 예외적으로 제한받을 수 있는 표현일 것이다. 이와 유사하게 포르노그래피는 만일 그것이 표현이라 하더라도 표현의 자유에 의해 보호받지 않아도 되는 종류의 표현이라는 주장이 있을 수 있다. 론지노는 이 생각을 발전시켜, 포르노그래피가 예를 들어, 여성이 폭력적인 성행위로부터 쾌를 느낀다는 식의 여성의 성적인 복지를 저해할 수 있는 거짓을 유포시키고 있다는 사실이 바로 포르노그래피를 검열하고 처벌할 수 있는 근거가 된다고 주장한다. (Longino, 1980) 명예훼손에 해당하는 포르노그래피는 표현의 자유와 충돌하지 않기 때문이다. 더 나아가, 론지노 식의 이해는 여성에 대한 해악을 인과적인 것으로 이해하는 데에서 오는 문제를 해결해 줄 수 있다. 가령, 포르노그래피가 여성에게 해악을 끼치기에 비난할 수 있다는 주장은 통상 포르노그래피가 실제로 사람들에게 성차별적인 믿음을 심어 주거나 고착시키며, 성차별적인 행위를 유발하는 등 인과적 효력을 가진다는 점을 입증해야만 하는 것으로 이해된다. 하지만 이 점을 증명하는 것은 반-포르노그래피주의자들에게도 곤혹스러운 일이다. 론지노는 그러한 인과 효력이 없어도 된다고 생각한다. 명예훼손에 해당하는 거짓말이 반드시 그것을 믿게 된 사람과 인과적으로 연계되어야만 처벌할 수 있는 것이 아니듯이, 거짓말 그 자체만으로도 규제할 정당성을 갖는다는 것이다. 물론 이에 대해서, 포르노그래피는 주장이 아니므로, 동화나 우화가 거짓인 이유 이상의, 명예훼손에 해당할 만한 거짓일 수가 없다는 반론도 존재한다.[4]

4. 포르노그래피도 예술일 수 있나?: 미학적 관심

포르노그래피 검열의 문제가 윤리적인 차원을 넘어서는 경우의 하나는

4 론지노 입장의 문제점에 대한 더 자세한 논의는 이해완, 「포르노그라피와 재현의 문제」, 『미학』 33집, 2002 참조.

그것이 예술의 이름으로 옹호되는 때일 것이다. 이러한 사례가 생각보다 흔하지는 않지만, 일반적으로 성적으로 노골적인 (혹은, '음란한') 작품들이 예술로 의도되었을 때를 포괄하여 생각한다면, 예를 들어 현대 미술가 쿤스(Jeff Koons)의 〈Made in Heaven〉 시리즈 같은 것들이 과연 예술일 수 있느냐를 묻는 것은, 현대에 와서 드문 일도 아니고 아둔한 질문도 아니다. 나아가 예술이기만 하면 검열로부터 자유로워야 하는지 아니면 예술이라 해도 검열할 수 있는지 등, 사회 속에서 예술의 기능과 역할을 성찰하게 하는 의미있는 질문들을 해 볼 수도 있다. 그러나 한편으로 이것은 순수하게 미학 이론적인 난제는 아닌 것 같다. 이론적으로만 본다면, 쿤스의 작품은 많은 이들의 비난과 회의에도 불구하고 예술작품이며 이는 현재 우리가 가진 관행에 따른 것, 즉 소위 '예술계의 결정사항'이다. 문제는 이것이 대다수에 의해 인정되지 않을 경우 어떻게 해야 할 것인지이다. 물론 다수의 취향에 의해 소수의 자유로운 주장과 표현이 억압되어서는 안 된다는 것이 우리가 표현의 자유를 존중하는 이유 중 하나이며, 특히 예술에 있어서는 충격이나 상식의 거부를 통해 인간과 세계에 대한 새로운 지식과 통찰을 얻는 일이 가능하니, 비록 소수에 의해서라도 예술적 가치와 의미가 의도된 작품을 다수의 취향에 반한다는 이유로 검열해서는 안 된다는 결론에 도달할 수도 있다. 하지만 이것이 가장 바람직한 결론이라는 뜻은 아니며, 무엇이 가장 바람직한지는 우리가 사회적으로 어떤 합의에 도달하느냐에 많은 부분 좌우된다.

미학이론이 보다 궁금하게 여길 만한 것은, 쿤스의 작품들이 과연 포르노그래피이면서 동시에 예술작품일 수 있는지와 같은 질문이다. 성을 노골적으로 다루고 있으나 포르노그래피의 전형적 형식을 벗어난 전위예술 작품의 사례—예를 들어 워홀의 〈Blow Job〉 같은 것—가 존재한다는 것에는 이견이 없다.[5] 그러나 문제는 포르노그래피의 정의적 성질들, 혹은 전형

5 이 작품에 관한 설명은 Osterweil, A., "Andy Warhol' s Blow Job: Toward the Recognition

적인 특징을 그대로 유지하면서 예술작품을 만들 수 있느냐이다. 손탁(Sontag, 1969)은 분명 그것이 가능하다고 주장한다. 그에 따르면 포르노그래피적이라고 불러도 아무런 지장이 없다고 생각되면서도 그리고 동시에 본격적인 문학으로 인정하지 않을 수 없는 글들이 있다는 것이다. 손탁의 예는 작자 미상의 『O양의 이야기(*Story of O*)』, 바타이유(G. Bataille)의 『눈(目) 이야기(*Histoire de L' oeil*)』 등을 포함한다.

사실 포르노그래피의 필요조건 중 하나로 '예술이 아닐 것' 을 요구하지 않는 한, 어떤 것이 포르노그래피이면서 동시에 예술일 논리적 가능성은 얼마든지 있다. 하지만 포르노그래피는 아예 예술일 수 없거나, 예술이라 하더라도 그 가치는 매우 미미할 수밖에 없다는 것 역시 우리가 가진 지배적인 생각이다. 키에란(Kieran, 2001)은 포르노그래피적 예술의 가능성을 옹호하면서, 포르노그래피가 예술적 가치 실현에 적대적이라는 고정관념을 뒷받침하는 이유들을 비판적으로 검토한다. 그에 따르면, 그 하나는 성적 흥분이 최우선의 목적인 것은 예술작품일 수 없다는 생각이라고 한다. 하지만 종교화나 프로파간다에서도 볼 수 있듯이, 비-예술적 목적이 최우선이 되어도 예술적 가치가 공존 불가능한 것은 아니다. 게다가 키에란은 오늘날 우리가 접하는 대부분의 재현이 (TV 멜로드라마, 펄프 픽션 로맨스, 웨스턴, SF 판타지, '이발소그림' 등) 예술적 의도나 장점이 없기는 마찬가지라고 한다. 하지만 이러한 장르들에서도 시간이 흐르면 예술적 가치를 지닌 작품들이 출현하는 것처럼, 포르노그래피라는 장르에도 부도덕하다는 우리의 관념과 통제가 없다면 예술적 가치를 실현하는 작품이 존재하게 될 것이라고 주장한다.[6] 그는 정형화된 패턴의 극치를 보여 주는 포르노그래피의 천편일률적 플롯조차도, 그 자체로는 예술 아님을 보장하지 않는다고

---

of a Pornographic Avant-garde", in L. Williams, ed., *Porn Studies*, Duke University Press, 2004.

6 하지만 물론 아직 예술적 포르노그래피가 없는 현상이 반드시 키에란이 생각하듯 통제의 탓이라고 볼 수만은 없을 것이다.

한다.

하지만 정말로 어떤 것이 성적 흥분이라는 포르노그래피의 최우선 목적에 봉사하면서 예술작품일 수 있을까? 비록 포르노그래피에 예술적 의도가 들어가 있다 해도, 성적인 흥분을 위해서는 그것을 그렇게 감상하기 어려운 것은 아닐까? 포르노그래피의 본질상, 성적인 흥분을 위해서는 인간의 주관성과 자율성이 무시되고 인간, 특히 여성을 대체 가능하고, 조종 가능하고, 여성 자신의 경험은 전혀 존중되지 않는 대상으로 볼 것이 요구된다는 가정은 그럴듯해 보인다. 키에란은 이것이 포르노그래피적 관심에 대한 잘못된 이해에서 기인한 것이라 주장하고 있지만, 이 부분에 대한 그의 논증이 충분한 것 같지는 않다. 그를 포함하여 많은 예술로서의 포르노그래피 옹호자들이 자신들의 주장을 위해 (음란이 아니라) 여성에 대한 해악에 근거한 포르노그래피의 도덕적 측면을 충분히 고려하고 있는지가 명확하지 않은 것이다.

예술이 인간과 세상에 관한 우리의 이해를 풍부하고 명료하게 하는 것이고, 성(性)에 대한 이해도 역시 그 중요한 한 부분이라면, 그를 위해 노골적인 성이 드러나는 방식을 택해야만 할 필요가 있는 경우도 분명 있을 것이다. 그러나 포르노그래피를 만일 우리가 지금껏 보아온 바대로 이해한다면, 이는 단지 노골적인 성 표현을 뜻하는 것이 아니다. 여성에게 끼치는 해악에 주목할 경우, 포르노그래피가 유해한 것으로써 도덕적인 문제가 있다고 결론 날 확률은 매우 높다.(그렇다고 그것이 검열이나 규제와 같은 정부의 개입을 정당화하기에 충분한지는 분명하지 않다. 하지만 이는 도덕적 문제점에도 '불구하고' 검열은 좀 더 숙고해야 한다는 입장이지 도덕적 문제가 없기 때문에 검열로부터 자유로워야 한다는 것은 아니다.) 포르노그래피의 도덕적 문제점이 명확해질수록 그것과 병존한다는 예술적 가치의 옹호는 부담스럽다. 월턴(Walton, 1994)이 믿는 척하기를 근간으로 한 자신의 이론과 연계하여 펼치고 있는 주장 중에는, 우리는 우리의 기본적인 도덕적 입장에 상충하는 것을 상상하는 것 자체가 불가능하다는 것도 포함되어 있다. 즉 도덕적 결함으로 인해 작품이 미적으로 감상될 수 없는 경우가 있다는 것이다. 만일 이러한 입장이 유지될 수 있다면, 포르노그래피적 예술 성립의 난점을 제기해 볼 흥미로운 근거가 되지 않을까 싶다.

더 읽을거리

이해완, 「포르노그라피와 재현의 문제」, 『미학』 제33집, 2002.

주동률, 「포르노그래피, 자유주의, 페미니즘」, 서울대학교 철학사상연구소 편, 『철학사상』 제23호, 2006.

Baird, R., and Rosenbaum S. (eds.), *Pornography: Private Right or Public Menace?*, Prometheus, 1998.

Kieran, M., "Pornographic Art", *Philosophy and Literature*, vol. 25, 2001.

MacKinnon, C., *Only Words*, Harper Collins, 1995, (신은철 옮김, 『포르노에 도전한다』, 개마고원, 1997).

Rae, M., "What is Pornography?", Nous 35, 2001.

Sontag, Susan, "The Pornographic Imagination", in *Styles of Radical Will*, Secker and Warburg, 1969, (이병용 · 안재연 옮김, 『급진적 의지의 스타일』, 현대미학사, 2004).

Tirrell, L., "Aesthetic Derogation: Hate Speech, Pornography, and Aesthetic Contexts", in Levinson, J. (ed.), *Aesthetics and Ethics: Essay at the Intersection*, Cambridge University Press, 1998.

Walton, K., "Morals in Fiction and Fictional Morality", *Proceedings of the Aristotelian Society Supplementany*, vol. 68, 1994.

Williams, B., "Offensiveness, Pornography and Art", in D. Copp & S. Wendell, (eds.), *Pornography and Censorship*, Prometheus, 1983

소통불가능 시대의 문학

- 근대적 분열에 대항하는 두 언어: 박경리와 엘프리데 옐리넥 -

이순예

1. 현대 – 소통불가능의 시대

'현대' 라는 문명화 과정의 현 단계에서 살고 있는 우리는 모두 피곤하다. 피로감은 현대인의 일상적인 정서이다. 현대인은 불안과 좌절마저도 계산적 합리성에 의지하는 사회적 장치를 통해 피곤함으로 변환시킨다. 늘 피곤한 현대인은 현대사회가 온갖 병폐들로 점철되어 있다고 생각한다. 자신이 삶을 꾸려가야 할 근거인 사회적 조건들이 병들었다고 여기는 현대인들. 그렇다면 그는 어떤 의식을 지니게 될까?

문학은 인간의 의식을 다루는 가장 전통적인 예술 영역이다. 현대인의 의식이 피로감에 점령당해 있다면, 문학은 당연히 피로감에서 벗어날 방도를 강구해야 한다. 문학 · 예술의 존재이유가 인간의 행복추구에 있기 때문이다. 그렇다면 우선 이 피로감의 정체를 파헤쳐볼 필요가 있고, 일반인들이 '병든' 사회 때문에 피로하다고 느끼고 있으므로 사회의 성격도 연구해야만 할 것이다. 그리고 이 성격규명 작업은 사회를 보다 잘 설명하기 위해 객관적인 개념 및 기지를 확보하는 데 그쳐서는 안 된다. 궁극적으로 피로감을 극복하기 위한 작업이어야 한다.

현대사회를 특징짓는 개념에는 여러 가지가 있다. 그중 이 글에서는 '소통불가능'이라는 개념에 의지하고자 한다. 이 개념이 사회가 '병'을 앓고 있다는 사실을 현대사회의 특징으로 파악하는 일반인들의 정서에 가장 부합한다고 여겨지기 때문이다. '합리화'나 '기계문명' 등과 같은 전통적인 개념뿐 아니라 '디지털'과 같은 신선한 개념도 있지만, 이러한 계열의 개념은 대부분 사회체계의 특성을 드러내 줄 뿐이다. 문학은 체계를 대상으로 삼지 않는다. 문학은 인간을 다루며 더구나 현대 문학은 인간 개개인의 모습에 시선을 집중한다. 이처럼 현대예술이 개별성을 무척 중요하게 여기는 까닭은 아마도 산업이 발달하고(농경제사회에서 산업사회로 변화) 사회가 민주화됨(왕정에서 민주정으로 이전)에 따라 사람살이가 다양해졌기 때문일 것이다. 그런데 이러한 논리를 계속 따라가다 보면 문학은 체계를 대상으로 삼지는 않지만, 인간의 삶 속에 들어온 체계의 성질을 도외시하지는 못한다는 결론으로 나아갈 수밖에 없다. 하버마스가 정식화한 개념들(체계/생활세계)은 이 문제를 분석적으로 설명하는 데 매우 효율적이다.[1] '문학의 대상은 인간'이라는 명제를 하버마스의 분석개념으로 변환시키면 다음과 같다. 문학은 체계와 생활세계의 경계선, 그 투쟁의 영역을 대상으로 한다. 따라서 문학은 어떤 한 개인의 연애를 다루더라도 전적으로 사적인 차원에 머물지 않으며, 또 연애감정의 신분적 근거를 밝히는 데 골몰하지 않는다. 연애 도중에 벌어지는 사적 영역과 공적 영역 사이의 투쟁을 다루게 되며, 만약 그 사람의 연애담이 성공한 소설로 되었다면 이는 그 개인이 몸, 마음, 머리 다시 말해 인간적인 능력 모두를 타인과의 소통에 쏟아 넣으면서 체계 속에 편입된 인간적인 요인을 재탈환하려고 노력한 경우이다. 그런데 이 재탈환 혹은 비인간적 요인들에 대한 고발이 필요한 까닭은 오늘날 우리가 분열된 채 살아가기 때문이다. 다시 하버마스의 개념을 빌리면, 우리는 체계와 생활세계로 분열된 두 영역에 각각 한 발씩 들여놓고 산다. 그런데 문제는 갈수록 체계의 위력이 커진다는 데 있다. 감당할 수도, 그냥 떨

1 위르겐 하버마스, 한승완 역, 『공론장의 구조변동』, 「근대성-미완의 기획」 등 참조.

쳐버릴 수도 없는 체계를 두고 사람들이 사회가 병들었다고 말하는 것인지도 모른다. 우리는 생존하기 위해 체계의 위력을 받아들여 그 일부가 된다. 그래서 체계의 다른 일부가 된 타인과 직접 소통할 가능성은 줄어든다. 체계를 매개로 하는 간접적인 소통 가능성을 모색해 보기도 하지만 체계의 자기증식에만 몰두하는 자본주의 세계체제는 인간들 사이에 그리고 인간과 체계 사이의 소통을 가로막는다. 바로 이 소통불가능성을 현대인은 현대사회의 특징으로 받아들인다. 그리고 피곤해진다. 자신과 세상의 분열을 의식한 결과이다. 비대해진 체계가 인간의 내면에까지 깊이 파고 들어가 인간적 자질들을 계속 규격화해 내고 그 결과 사적 영역을 위축시킨 까닭에 분열을 회복할 가능성은 갈수록 희박해진다. 이 거대한 체계 앞에서 현대인은 절망할 수밖에 없다. 현대인의 일상적 피로감은 이러한 절망감의 합리화된 양태라 할 수 있다.

분열은 우리 삶의 돌이킬 수 없는 조건으로 자리 잡았다. 이른바 '사랑'이 문학의 주요한 주제로 등장한 까닭도 분열을 전제로 하는 인류문명의 성격과 관련이 있다. 근대의 기획을 추진하면서 사람들은 곧바로 문제의 심각성을 간파하였지만 그래도 오랫동안 희망을 버리지 않고 버텨온 편이다. 사적 감정을 고조시켜 체계의 위력을 극복해 보겠다는 의지(『젊은 베르테르의 슬픔』(1774))를 고집스레 유지하였던 것이다. 하지만 요즈음에는 사랑하는 감정을 지속적으로 유지하는 주인공을 찾아보기 힘들게 되었다. 이미 『마담 보바리』(1856)에서부터 불륜조차 뜻대로 되지 않더니(남편이 문제삼지 않았음에도 불구하고), 급기야 '이루어지지 않는 사랑'에서 비극성마저 제거시켜 버리는 사회가 노래하고 말았다. 피곤한 현대인은 사랑에의 의지를 유지할 힘마저 잃은 것이다.

실제로 사랑은 근대적인 화두이다. 근대적인 사랑은 성감에서 출발하여 두 개체의 완전하고도 영원한 합일을 지향한다고 설정되었다. 중세의 사랑은 성감을 그냥 우연적인 영역의 일로 남겨둔 까닭에 꼭 비극적인 필요가 없었다. 이 우연한 성감에 질서유지라는 과부하가 걸린 것은 근대로 접어들면서이다. 근대사회가 자유연애의 결실로서의 결혼을 사회구성의 기초로 삼았기 때문이다. 하지만 합리적인 근대사회에 살면서도 인간의 성감은 여전히 예측할 수 없는 채로 남았다. 성감은 진화하지 않았다. 이 사실을 인식한 합리적인 인간은 영원한 사랑에의 의지를 키워나갔다. 그리고 성감이 이러한 의지를 배반하는 경우, 성감을 승화시켜 영원한 사랑을 완성해냈다. 서구의 시민문학은 이를 증명하는 기록들로 가득하다. 여주인공들은 사랑하다가 죽어야 했고, 그래서 수많은 비련의 여주인공들이 서구문화를 찬란하게 장식하고 있다. '생각하는 인간' 인 남성은 성감의 구체적 담당자인 여성을 '극복' 함으로써만 정신과 육체를 포괄적으로 의식하는 진정한 주체로 설 수 있었다. 괴테가 창조한 파우스트는 사랑이라는 근대적 화두를 가장 근대적으로 풀어낸 인물이다. 여기에서 근대인의 전형이 탄생하였다.

그런데 역사적으로 근대적 사랑은 폭력적인 결과를 불러일으켜 왔다. 남/여, 공적 영역/사적 영역으로 나뉜 부분들의 독자성을 인정한 후 다시 통합하여 조화를 이루도록 한다는 이념이 어쩔 수 없이 어느 한쪽의 일방적인 지배를 고착시켜 왔기 때문이다. 지배는 항상 권력을 보유한 쪽이 행사하기 마련이므로 현실적으로 남성이 여성을 지배하고, 공적 영역이 사적 영역을 지배하는 결과가 나타났던 것이다. 현대사회에 사는 우리들은 이 사실을 안다. 지난 세기 근대의 기획을 흔들림 없이 추진해 왔던 서구인들과는 '다른', 혹은 '포스트모던' 한 의식을 현대인이 지니게 되었다면 그 까닭은 여기에 있다. 그리고 이러한 분열과 지배의 관행은 갈수록 심해지고 있다. 그렇다면 사랑이라는 화두를 빌려 그동안 인류가 지칠 줄 모르고 제기해 왔던 통합에의 열망, 근대의 분열을 넘어서서 행복한 삶을 누려 보겠다는 열망은 이제 포기해야 하는가? 현대인은 자기 자신과, 타인과, 더 나아가 자연 및 우주와 소통할 수 없음을 당연하게 받아들이면서 살아야 하는가? 앞으로 두 작가의 작품을 통해 이 문제를 살펴보고자 한다.

2. 현대예술로서의 문학

현대예술의 특징은 예술을 예술로서 보는 것이다. 예술을 위한 예술은 이러한 입장의 한 편향에 해당한다고 할 수 있다. 현대예술은 권력을 장식하지 않으며, 이념을 설파하기 위한 도구로 쓰이지 않기 위해 노력한다. 더 나아가 현대예술은 사회적 내용과 소통하기를 거부하기까지 하며 자신을 작품으로 실현시켜 주는 형식들에 집착하는 경향을 보인다.

과거 신분제 사회에서 예술은 주로 신분질서를 사회적으로 드러내고 고정하는 역할을 담당해 왔다. 당시 예술가들은 세속적 · 종교적 권력에 밀착된 상태에서 창작하였다. 그러다가 산업화가 진행되면서 자본으로 권력을 획득한 부르주아 계층의 자기의식을 대변하는 예술이 등장하기 시작하였다. 새로운 예술은 비극의 주인공을 귀족에서 시민층으로 바꿨고, 이를 뒷받침하는 시민비극 이론도 가다듬었다. 18세기 유럽 각국에서 일어났던 민족극장 설립 운동은 시민사회 형성과 깊은 관련이 있다. 이처럼 사회를 주도하는 권력의 성격이 변함에 따라 예술의 사회적 성격도 달라져 갔다. 가장 큰 변화는 예술이 권력과 맺는 관계에서 일어났다. 신분 권력의 후원을 받던 예술가는 기본적으로 인격적 종속 상태를 벗어날 수 없었다. 반면, 시민사회의 대표적인 권력인 자본에 대한 예술가의 관계는 독립적이라고 하기는 어려워도 인격적 종속은 아닌 것이 사실이다. 오늘날 자본과 예술의 관계는 오히려 비인격적이라 할 만큼 간접적인 양상을 보인다. 산업사회 초기에 자본은 무엇보다 먼저 예술이 세속적 · 종교적 현실권력의 영향에서 벗어나도록 하는 데 관심을 기울였고, 예술가도 여기에 기꺼이 동참하였다. 여기에서 예술의 자율성 개념이 나왔고, 그 후 시민사회는 이 개념을 꾸준히 발전시켜 왔다. 하지만 시민사회의 경제적 기초가 되는 자본주의가 발전하면서 자본과 예술의 관계는 복잡하게 얽히고 말았다. 시장의 영향력이 커지면서 자율성 개념의 내포가 변화될 수밖에 없었기 때문이다.[7]

예술의 자율성 개념을 근대의 기획이라는 구도 속에서 파악하는 하버마스의 논의에 따르면 예술은 이성 활동이기 때문에 자율성을 보장받는다. 하버마스는 전통사회에서는 하나로 통합된 채 작용하였던 실체적 이성이 근대사회로 접어들면서 과학, 도덕, 예술로 분화되어 나갔다고 분석하면서 예술은 과학이나 도덕과 전혀 다른 방식으로 활동해야 하며, 바로 그 다름 때문에 이성의 실체를 구현할 수 있다는 논리를 발전시켰다. 따라서 예술은 여타의 이성 활동과 차별적으로 다루어져야만 한다. 궁극적으로는 마찬가지로 이성의 실체에 접근한다 하더라도 예술은 미적 형식을 통해 논리적·규범적 형식이 인간적인 규모에서 실현시킬 수 없는 이성의 내용을 실현해야 하는 것이다. 이런 까닭에 자율성이 주로 형식에 비중을 둔 개념으로 받아들여지게 되었다. 미적 형식은 따라서 반드시 인식이나 규범이 아닌 내용을 담아야만 하였다. 하지만 이 세 영역은 본래 하나로 통일되어 있던 실체적 이성에서 나온 것이므로 늘 서로 삼투하는 경향이 있다. 따라서 내용적인 차별성을 보장하기 위해 형식의 독립성을 강조하는 경향이 나타났다고 할 수 있다.

일반적으로 현대예술은 차갑고 난해하다는 평가를 받는다. 몇 차례 전위운동(Avangrarde)을 겪고 난 후, 형식의 독립성이 고조된 결과라 할 수 있다. 오늘날에는 내용을 온전히 담아낼 수 있기 위해, 또 그럴 만큼만 예술의 형식이 독립성을 유지해야 한다고 이해하는 예술가는 드물게 되었다. 오히려 형식이 앞서가면서 새로운 내용을 이끌어야 한다고 생각하는 경우가 더 많다. 다양한 형식 실험의 결과 현대예술은 인간의 감성마저 선도하는 경지에 이르렀다. 그리고 기술 발달은 이러한 경향을 가속시키는 결과를 낳았다.

2 현재 시민사회에서 국가는 시장의 일방적인 영향으로부터 예술가들을 '보호' 하여 문화적 자생력을 높이겠다는 정책을 시행한다. 국가의 지원을 받는 예술의 자율성은 어떻게 정당화될 수 있는가? 이 문제는 자본주의 사회에서 국가의 성격과 관련하여 논란이 있을 수 있다.

3. 언어예술로서의 문학

이러한 경향은 문학에서도 나타났다. 무엇보다 우리 한국의 독자들에게 익숙한 이른바 리얼리즘 문학은 언어의 논리가 그 언어를 통해 제시될 세계 상태의 논리와 궁극적으로 조응한다는 전제에서 출발하는 것이다. 언어의 독자성을 객관적인 현실인식에 필요한 만큼만 인정하는 태도인 것이다. 1980년대에 활발하였던 민족문학 논쟁 당시 이론가들은 대부분 언어가 새로운 방식으로 사물을 조직화할 수 있음을 보여 주는 문학을 몹시 홀대하였다. 세계는 완결된 채로 저기 외부에 존재하고, 우리는 가장 적합한 인식 도구(리얼한? 묘사!)를 사용해 세계의 실체를 파악하도록 노력해야 한다고 설파하였다. 마치 지렛대를 가지고 지구를 들어올릴 한 지점을 찾아 나선 형국이었다. 이 논쟁을 통해 대중화된 '전형론'이 오늘날에도 여전히 힘을 발휘하고 있다. 그런데 실제로 이 전형론은 서구에서 18세기에 구축된 '천재론'의 속류화된 20세기적 별형이라고 할 만한 것이다. 우리도 이제는 현실이 언어의 통일성에 부응할 수 없을 만큼 파편화되었다는 사실을 인정할 필요가 있다. 세계의 통일성은 '은폐된' 채로 여전히 존재하는가? 그래서 우리는 '발굴'하기만 하면 되는 것일까? 자본주의 세계체제라는 개념을 동원하여 현재 존재하고 있는 모든 관계들과 다양한 현상들을 통일적으로 설명하는 일은 물론 가능할 수 있다. 하지만 그런 방식으로 구축된 통일성은 문학 언어의 논리가 구축하는 통일성에 부응하지 않는다. 너무 추상적이거나 아니면 너무도 구체적인 지침을 제시하는 것이어서 도덕적 규범으로 되어 버릴 것이다.

독일 사회는 우리와 마찬가지로 개발독재를 통해 근대화를 시작한 까닭에, 근대적 갈등이 사회화되는 과정에서 한국과 독일은 이따금 유사한 면을 드러내기도 한다. 그 한 예로 민족문학 논쟁을 들 수 있다. 18세기 독일에서는 물론 연극을 중심으로 진행되었지만 일반인들의 정서를 계몽하고 문학 자체를 근대적으로 합리화할 필요가 있었던 사정은 우리와 마찬가지였다. 이 초기의 정지작업을 수행하기 위해 고체트[3]가 내놓은 규칙시학은 일정한 성과를 거두었고, 그 결과 고체트는 막대한 권력을 누렸다. 하지만 문학계는 경직되고 말았다. 한편에서 작가들이 공소한 내용을 판에 박힌 대로 내놓게 되면, 다른 한편으로 이른바 통속물이 범람하기 마련임은 동서고금에 차이가 없다. 이러한 불모 상태를 헤쳐 가면서 레싱[4]은 무엇보다 먼저 그리고 강도 높게 객관주의적 경향을 공박하였다.

> 손에 연대기를 들고 작가의 작품을 조사해 본다. 작가를 역사의 심판대 앞에 끌고 가 연, 월, 일, 이런저런 중요하지 않은 언급들, 그리고 심지어는 역사조차 의심쩍어 하는 인물들의 언급에 대해 증거를 대도록 한다. 이것은 작가와 그의 직업을 오인하였다는 이야기이다.[5]

문학 작품의 객관성은 반드시 언어를 통해 구현되어야 한다. 객관적으로 입증된 어떤 사실이나 사회적으로 합의되었다고 하는 특정한 이념을 작품이 잘 드러냄으로써 문학이 객관적으로 된다는 생각은 반드시 수정되어야 한다. 따라서 문학어는 '객관적'인 사실을 '생생하게' 묘사해서는 안 된다. 문학어는 나름의 논리에 충실하여 세계와 자아의 투쟁을 언어적으로 재구성해야 한다. 그런데 그 모든 혼돈에도 불구하고 문학이 어떤 통일된 형상을 구축할 수 있는 힘은 어디에서 나오는가. 언어의 정신성이 문학의 힘이다.

문학은 독일의 철학적 미학이 이론화하였듯이 반성능력 제고(提高)라는 시민예술의 요구를 가장 잘 충족시킬 수 있는 예술 장르로 받아들여져 왔다. 결국 문학의 미적 질은 언어의 정신성에 의해 촉발된 반성사유의 경지에 다름 아닌 것이다. 이러한 미적 질이 현대의 변화된 사회관계 그리고 대

---

3 Johann Christoph Gottsched (1700-1766)
4 Gotthold Ephraim Lessing (1729-1781)
5 레싱,『함부르크 연극론』 제24편, 138쪽.

중의 파편화된 지각 방식과 어떠한 관련을 맺으면서 사회적 영향력을 확보할지가 현대 문학의 관건이다. 앞으로 우리는 『토지』와 『피아노 치는 여자』를 이러한 관점에서 살펴볼 것이다.

4. 『토지』 – 우주적 소통가능성에 대한 모색
근대적 분열에 대립하는 이념형으로서의 전근대(vormodern)

한국의 리얼리즘론과 역사소설론은 『토지』가 수용되는 입지를 매우 협소하게 만든 측면이 있다. 현대예술로서의 면모를 도외시하였기 때문이다. 이런 경향의 관점을 지닌 이론가들에게는 『토지』의 창조적인 면모가 오히려 한계로 받아들여질 뿐이다. 그들 중 다수는 작가가 진보적인 관점을 취하지 않았기 때문에 작품이 그처럼 한계를 노정할 수밖에 없었다고 질책하기조차 한다. 작품의 내적 구조를 고려하였다는 경우에도, 구성의 산만함이 오히려 작품이 대상으로 하고 있는 시기의 사회적 혼란과 '묘하게 들어맞는' 부분이 있다는 평가에 머무르고 만다.[6] 평자가 취하고 있는 리얼리즘의 입장에서 보면 시대상과 작품의 구조가 일치하였으므로 『토지』는 탁월한 작품이어야 하지 않은가? 그런데 평자는 다시 통일성이 결여되었음을 작품의 결정적인 한계로 지적하는 모순을 보인다.

작가가 어떤 세계관을 지니고 있느냐의 문제는 작품을 이해하는 중요한 열쇠이다. 하지만 작가의 세계관과 작품의 관계는 그처럼 일면적일 수 없다. 박경리의 경우 우편향의 세계관을 지녔다는 평가가 일반적인데, 이는 작가가 『토지』에서 '전근대'를 탁월하게 형상화하였기 때문에 나타난 현상이다. 독립운동이나 지식인들을 그릴 때는 왠지 불안한 면모를 보이는 작

6 성은애, 「『토지』 5부의 세대교체와 그 성과」, 토지 비평집 2, 『한, 생명 대자대비』, 158쪽 이하 참조.

가가 생명의 존귀함이나 농부들의 일상적인 생활정서는 빼어나게 묘사하고 있으며, 바로 이 점이 『토지』의 성과라고 평하는 것이 일반적이다. 박경리 역시 다음에 살펴볼 옐리넥과 마찬가지로 뚜렷한 세계관을 지니고 있었지만 작품을 자신의 세계관에 대한 보고서로 만들지 않았다. 두 작가의 탁월함은 바로 여기에 있다.

박경리는 매우 근대적인 의식을 지닌 작가이다. 전통적인 질서를 옹호하는 우파 지식인이 아님을 우리는 『토지』에서 직접 확인할 수 있다.

> 신령에 관한 행사는 대행자인 무격(巫覡)들에게 맡겨 버리고 실행하는 것은 삼강오륜의 생활방식으로서 신비와 운명에 자신들 의지를 위탁하였으면서도 오로지 단 하나의 이성이며 실천과 노력을 도모하는 것이 유교적 인생관은 아니었는지. 식자들뿐 아니라 서민들이 즐겨 쓰는 도리(道理)라는 말이 있는데, 자식된 도리, 부모된 도리, 사람의 도리, 형제의 도리, 친구의 도리, 백성의 도리, 이 도리야말로 생활의 규범이다. 천재를 제신의 노여움으로 감수하듯이 무자비한 수탈 속에서 가난도 이별도 견디어야만 하고 도리를 준열한 계율로 삼아온, 이 자각(自覺) 없이 고행해 온 무리가 조선의 백성이요 수구파의 넓은 들판이다. 조선 오백년 동안 씨뿌려 놓은 유교사상의 끈질긴 덩굴이며 무수한 열매인 것이다.
>
> 이 공자의 서자(庶子)들이 지금 도도히 흘러들어오는 약육강식하는 무리를 맞이하고 있는데, 과연 무엇으로, 사람의 도리로 대적한단 말인가. 일본은 선진국이다. 물질문명의 선진국인 것이다.[7]

이러한 서술이 『토지』에서 빛을 발하는 까닭은 물질문명의 폐해를 지적하는 작가의 관점과 서로 어우러지면서 인간 삶의 총체를 복원하는 데 기여하고 있기 때문이다. 개항기 이후 한국인의 삶은 늘 외부에서 강요되는

7 박경리, 『토지』 제1부 4권, 62-63쪽.

근대적인 힘과 전통이라는 이름의 기존 질서가 맞부딪치는 충돌로 점철되어 왔다. '자각 없는 고행' 은 계몽의 대상이다. 하지만 계몽은 필연적으로 세계와 자아의 분열을 초래한다. 작가는 물론 근대적인 개념이나 문법을 동원하지 않는다. 그리고 그럴 필요도 느끼지 않는다. 작중 인물의 삶을 구상하면서 전통과 계몽의 힘이 각각 어떤 몫을 하는지를 면밀하게 성찰하는 것으로 충분하다고 여겼기 때문이다. 작가 박경리는 분석적인 계몽이 인간의 삶에 초래할 문제들을 꿰뚫어 보고 있었고, 『토지』의 지식인들은 작가의 이러한 시선에서 자유로울 수 없었던 것이다. 개화기와 일제 치하의 지식인들이 분열되지 않은 정체성을 형성할 수 있었다고 여기는 것은 무리이다. 그들에게 기존 질서는 너무도 완강하였고, 새로 받아들인 계몽의 도구들은 불충분하기 짝이 없는 것이었다. 이러한 문제점들이 여성 지식인들에게서 더 두드러졌음은 말할 나위도 없다.

근대의 폐해를 지적하는 것이 우파일 수 없다. 우파란 기존의 질서를 고수하려는 경향을 지닌 경우, 우리가 사용하는 분류법이다. 박경리는 계몽의 폐해를 분석적으로 접근하지 않고, 전통과 근대를 대비시키는 방법을 취하였다. 그의 작품에서 전통과 근대는 서로가 서로를 상대화하지만, 상대화되는 내용은 각 영역이 지닌 고유성 때문에 다르게 나타났다. 전통을 상대화하고 비판하는 경우 위에 인용한 대목과 같은 내용이 되었고, 근대를 비판적으로 바라보면서는 분열과 소외를 지적하였다. 이 점을 지적하기 위해 '전통' 을 들이대었지만, 박경리가 형상화한 전근대는 유기체적 통일성을 구현하는 '자연' 이었다. 이 자연이 구체적인 현실관계로 작용하는 경우에는 다시 계몽의 이성으로 상대화되었으므로, 유기체로 남게 된 자연은 당연히 구체성을 상실한 상태가 되었다. 결국 관념적 구조물이 주조되었고, 근대를 비판하기 위한 관념적 구조물에 『토지』는 생명력까지 부여하는 탁월함을 보여 주고 있다. 따라서 여기에서 생생하게 드러내는 이념형으로서의 자연은 근대를 넘어서려는 강력한 의지로 읽힌다. 현실관계에서는 계몽적 이성의 파괴력에 희생된 온갖 생명체들과의 교감을 박경리는 관념적인 주조물 속에서 시도하고 있다. 늘 피곤해서 우주라든가 생명과의 합일이라는 단어를 아예 잊고 사는 현대인들에게 『토지』가 형상화한 시원적 자연은 계산적 합리성에 포섭된 지리멸렬한 현실관계에 대한 강력한 항의가 된다.

이러한 『토지』의 서술 구도는 아도르노가 『미학이론』에서 전개한 예술의 독특한 면모에 접근하는 것이다. 박경리는 『토지』를 통해 한반도에서 진행된 근대적 각성의 원형을 고스란히 복원해 냈다. 자연을 이념형으로, 통일에 대한 표상으로 들어올려 우리의 기억에 강렬하게 남게 함으로써, 인간이 누려야 할 행복에의 표상을 새삼 상기시켜 주고 있다. 하지만 분열된 사회에서 행복을 표상하고 그 표상을 유지하는 일은 고통을 수반한다. 아도르노는 새의 지저귐이 노래가 아니라고 하였다. 새가 자연의 속박에서 깨어나는 순간, 전율하면서 터져 나오는 생체적 울림이라고 하였다. 박경리의 미의식 역시 이러한 내용을 담고 있다고 할 수 있다.

5. 『피아노 치는 여자』 – 단절과 분열에 대한 메타비평 여자 파우스트 에리카. 신화의 세계로 도피하지 않는 지성의 승리

엘프리데 옐리넥은 마르크스주의자다. 그리고 일정 기간 동안 오스트리아 공산당 당원으로 열심히 활동하였다.[8] 『피아노 치는 여자』를 읽고 혼란스러웠던 독자는 작가의 세계관을 알게 되는 순간 일종의 배신감마저 느낄지 모른다. 우리의 '관습적인' 생각에 따르면 옐리넥의 작품세계는 계급갈등과 변혁에의 의지로 가득 차 있어야 할 것이기 때문이다. 하지만 유럽 마르크스주의자들이 너무 멀리 나갔다고 치부하기에, 『피아노 치는 여자』의

8 1974년 1월 17일 입당. 1991년 3월 15일 탈당. Pia Janke (Hg.), *Die Nestbeschmutzerin*, S. 20-21 참조.

도발은 너무도 비관습적이다. 마르크스주의와 포르노라니?

옐리넥의 작품 역시 박경리의 작품과 마찬가지로 우리로 하여금 작가의 세계관과 작품이 맺는 관계에 대하여 좀 더 심층적인 사유를 하도록 도모한다. 생활인으로서 우리는 일상에서 사물들 사이의 관계를 평면적으로, 즉 현실적으로 존재하는 양태로서만 파악하도록 강요받는다. 자본주의는 역사상 어떤 체제보다도 사람들이 사물을 '구체적'으로, 즉 교환관계 속에서 파악하도록 강요한다. 자본주의적으로 생각하는 사람들이 자본주의의 교환 법칙을 현실적인 관계 속에서 실현할 것이기 때문이다. 사정이 이렇다면 종국에는 자본주의적 인간이 자본주의 체제를 유지한다는 논리도 성립될 수 있다. 현대 문학은 자본주의적 구체성과는 '다른' 계산법도 있을 수 있음을 보여 주려고 노력한다. 사물이 '다르게' 조직될 가능성을 언어의 정신능력에 의지해 보여 줌으로써, 현대 문학은 반성능력 제고라는 시민예술의 전통적인 요청을 계속 수행하는 것이다. 박경리와 옐리넥은 이와 같은 인문학적 요청을 높은 경지에서 실현하고 있다.

누군가 서구 지식인들이 '너무 멀리' 나갔다는 지적을 한다면, 이는 그들에게서 자연에 대한 표상이 사라졌음을 상기시키는 지적일 수 있다. 박경리가 보수적이어서 전통을 고수했다고 볼 수 없음과 마찬가지로 옐리넥이 과격하기 때문에 포르노적 묘사와 자기 파괴적인 결말로 나아간 것이 아니다. 두 작가 모두 근대적인 분열을 극복하고 인간들 사이 그리고 인간과 세계가 화합할 수 있기를 열망한다. 차이점이 있다면 박경리가 분열 이전의 기억을 아직 생생하게 지니고 있고, 그래서 자아와 우주와의 합일을 머리 속에 그리면서 이 통합이 원리로 현재의 분열을 비판하였다면, 옐리넥에게는 그와 같은 세계 상태가 더 이상 역사적 기억으로 남아 있지 않다는 것뿐이다. 옐리넥은 분열을 극복하기 위해 자신을 분열시킨 원리들을 실험실로 보낸 후, 진공 상태에서 확연히 드러나는 이들의 움직임을 관찰하면서 메타비평을 시도한다. 근대이성이 분열을 초래하였지만, 두 세기에 걸쳐 계몽을 추진하고 난 후인 요즈음, 현대인에게는 근대이성의 내부구조가 어느 정도 알려져 있다. 따라서 거대한 체계 앞에서 절망하지만 현대인은 에리카처럼 "종속의 형태를 스스로 결정"[9]할 수 있게 되었다. 현대인은 지적 진보를 통해 '자유'를 획득하였다.

근대적 자유인의 대표자는 파우스트이다. 그는 자신을 지적으로 연마한 끝에 '회의나 의혹 따위로 괴로워하지' 않을 만한 현명함을 얻었다. 그래서 자신에게 무엇이 부족한지 스스로 파악할 수 있었고, 괴로워하다가, 보충하기로 결심한다. 그레트헨 비극은 '생각하는' 사람이 내린 결단의 결과이다. 여성은 죽고 근대인은 '삶'과 '격정'에 대한 인식을 획득한다.(『파우스트』 1부) 연애사건을 체험해서 한층 더 성숙해진 근대인은 신화의 세계 속에서 고전적 조화의 이상을 실현해 나간다.(『파우스트』 2부) 그런데 옐리넥을 비롯한 현대인의 비극은 이 조화의 이상을 더 이상 신뢰할 수 없게 되었다는 데 있다. 아마도 그래서 메피스토의 힘을 빌릴 필요가 없어졌는지 모른다. 누구든 그만한 악마적인 힘을 자기 내부에 지니게 되었기 때문이다. 결혼 적령기를 넘긴 에리카에게도 아직은 젊은 남자가 찾아올 만한 매력이 남아 있지 않은가! 생산력과 기술진보의 발달 덕택이다. 파우스트와 같은 지위에 오르기 위해 혹독한 훈련 기간을 거친 에리카는 파우스트보다 더 탁월한 지적 능력을 획득하였다. 파우스트는 자신이 지닌 '삶'의 논리가 '머리'의 논리와 따로따로일 수밖에 없다고 깨닫는 데 머물렀다. 여자 에리카는 '머리'의 논리를 대변하는 남성에게 종속되어서야 자기 '삶'의 논리를 파악할 수 있다는 사실을 명확하게 깨우치고 있다. 남자 파우스트는 자기 '삶'을 일깨울 대상물이 필요하였고, 그레트헨을 넘어섬으로써 자신을 회복할 수 있었다. 여자 에리카는 자기 '삶'이 종속됨으로써만 실현될 수 있다는 사실을 알고 있다. 삶을 '인식'하고 싶은 충동은 마찬가지이지만 여자가 파우스트가 될 수는 없었다. 여자 에리카에게는 딛고 넘어서야 할 타자가 자기 안에 있기 때문이다. 그러므로 에리카는 발터 크레머를 만나야

---

9 이병애 역, 『피아노 치는 여자』, 민음사, 246쪽.

한다. 이 만남을 통해 교수라는 사회적 권력으로도 여자의 살은 보호되지 않는다는 사실을 인식해야 한다. 파괴의 조건을 스스로 결정할 수 있는 근대적인 힘, 즉 지성을 발휘하였으므로 에리카는 그레트헨과 달리 인식을 획득한다. 사랑했던 그레트헨은 파괴됨으로써 영원한 여성이 되었고, 지성을 활동시킨 에리카는 자기 속에서 무엇이 파괴되는지를 인식한다. 이것이 자기 살을 인식하는 여성적 길이다.

에리카가 근대적인 성담론에 대해 취하는 초월적인 태도는 바로 옐리넥의 근대성 담론에 대한 비판과 맥을 같이한다. 시민사회에서 여성의 성적, 사회적 종속을 설명하는 이론들 중 프로이트-라캉 계열의 이론은 상부구조를 직접 분석하는 까닭에 예술작품을 설명할 때 매우 유효한 것처럼 받아들여져 왔다. 그리고 생물학과 심리학을 연결시키고 있으므로 무척 세련되어 보이는 것도 사실이다. 그런데 옐리넥은 에리카라는 여주인공을 내세워 이 생물학적 선망이론에 대한 메타비평을 시도하면서 꼭 그런 방식의 종속을 택하지 않을 수 있음을 보여 주고 있다. 프로이트-라캉의 이론 구성은 부(父)/모(母)/자(子)가 함께 사는 시민사회의 핵가족을 모델로 하고 있다는 점에서 근대적 여성억압을 설명하는 데 매우 유효한 것처럼 보이지만, 실제로 이 모델에 대해서는 많은 이견이 있을 수 있고 또 명백한 허점들이 발견되기도 한다. 특히 우리나라의 경우만 하더라도, 근대적인 핵가족보다는 전통적인 농촌에서, 그리고 대가족 구성원으로 사는 여성성인에게서 생물학적 선망이 거의 무의식적 · 절대적으로 드러남을 볼 수 있다. 전근대적인 관계 속에서 사는 여성들에게서 나타나는 생물학적 선망을 프로이트-라캉의 이론으로 추인하고는, 이를 현대적인 관계 속에서 사는 여성에게 적용하는 것은 여성을 지나치게 생물학적 존재로 격하시키는 일이다. 프로이트-라캉의 이론 역시 하나의 가설일 뿐이다. 물론 적용되는 경우도 있고, 따라서 그 이론에 따르는 해결책을 강구하여 억눌림에서 벗어날 수도 있다. 하지만 생각하는 사람이라면 그 적용의 메커니즘을 인식하는 일부터 시작하는 게 옳다. 여성이 성적 정체성을 형성하는 과정에서 이 메커니즘을 어떤 방식으로 활용할지는 일단 인식한 후에 결정할 일이다. 『피아노 치는 여자』 중 이른바 '부르쉬 장면'[10]은 계몽적 이성이 무의식까지 이분법적으로 가르면서 구조화한 심리분석이론에 대한 메타비평이다. 생각하는 여자 에리카는 선망의 물적 실체를 인식의 대상으로 삼는다. 자신의 몸은 당연히 선망된다고 믿는 사촌 '부르쉬'는 에리카의 분석하는 눈길 앞에서 무력해진다.

> 부르쉬는 자신이 발을 잘못 짚어 돌이 부서져 굴러내리는 암반을 밟아버렸다는 사실을 모르고 있다. 그녀는 물건을 바라보고 또 바라본다. 이 꾸러미는 현미경의 표본처럼 그녀 아래 놓여 있다. 이 순간이 제발 좀 머물러 주면 좋으련만. 이 순간은 너무도 아름답다.[11]

부르쉬는 스스로 행동하였지만 자기행위의 주인이 되지 못하는 경험을 한다. "비밀리에 주고받을 더 달콤한 키스"를 꿈꾸며 여자가 자발적으로 그의 발에 키스하는 상황이 발생하지 않은 것이다. 여자는 현미경으로 들여다보면서 인식의 즐거움을 만끽하고 있다! 그는 한 발자국 뒤로 물러났다가 당황하여 그 자리를 벗어난다. 물론 유쾌하게. 자신이 억지로 여자들을 그렇게 시킨 것이 아니라 항상 여자들이 자청하여 깔깔거렸으므로. 싫으면 관두라지.

『피아노 치는 여자』는 사회적으로 서로 다른 권력을 보유하고 있는 두 개인 사이에서 벌어지는 권력투쟁에 대한 보고서이다. 여자는 교수이지만 제자인 연인에게 파우스트처럼 군림할 수 없다. 옐리넥은 일단 여자에게 주도권을 주지만, 그리고 교수라는 직분을 가진 까닭에 에리카가 사회적 권력을 행사하는 일이 가능하기도 하지만, 다시 남성권력에 의해 전복되는

10 『피아노 치는 여자』, 49-56쪽.
11 위의 책, 55쪽.

과정을 그리고 있다. 종속의 형태를 스스로 결정하겠다는 에리카의 자유의지는 실현되지 않았다. 에리카 스스로도 실현가능성을 깊이 믿지 않았고, 이러한 자기회의는 남성권력의 공고함을 인식하였기 때문이라 할 수 있다. 에리카의 남다른 점은 이성의 힘을 사적 영역에까지 확대하여 적용하였다는 데 있다. 그 결과 사적 영역에서 삶의 종속형태를 결정할 자유를 누릴 수 없음을 '인식' 한다. 사적 영역에서의 패배를 인식한 에리카는 현대인의 전형이다. 현대인에게서는 분열이 초월되지 않는다. 분열은 현대인의 내재이다.

『피아노 치는 여자』에 나타난 이 서로 다른 사회적 권력의 투쟁에 대한 기록을 포르노로 읽는 것은 문학예술의 객관성을 강조하면서 작품의 줄거리를 정리 · 요약해 온 독서습관 탓이 크다. 이 소설에서는 프로이트-라캉의 이론이 구조화시킨 성행위의 유형(Pattern)이 인물들의 삶을 통해 '재현' 되는 것이 아니라 '연출(inszeniert)' 되고 있다.[12] 예술이 '자연모방' 이라는 이론은 하나의 견해일 뿐이다. 문학 언어는 이 소설에서처럼 기존의 권력관계가 '자연스러운' 사물의 상태처럼 굳어져 버렸을 때 이를 '부자연스러운 것' 으로 선언하는 강력한 정신성을 발휘하기도 한다. 신화를 파괴하는 인간의 분석능력이 '삶' 의 자연스러움을 허용할 수 없는 까닭을 아도르노는 현재 인간이 처한 자본주의적 세계상태의 비인간적 면모에서 찾았다. 옐리넥 역시 마찬가지이다. 물론 이 작품은 신체적인 특징들을 언어화하고 있다. 하지만 우리는 서로 다른 신체가 맺어지는 방식을 묘사하는 작가의 계산법에 주의를 기울일 필요가 있다. 기존 포르노가 사용하는 방식 (여성을 내상화함으로써 억압하는)을 옐리넥은 형상 형태로 만들어 남자 주인공에게 들이대고는 연인이 되고 싶으면, 이와 같은 남성 중심적인 사랑기획이 시행자라는 지위를 의식적으로 받아들이라고 몰아간다.[13] 에리카의 선택은

12 Janz, Marlies, *Elfriede Jelinek*, Metzler: Stuttgart · Weimar, 1995. S. 71.
13 발터 크레머에게 보낸 에리카의 편지, 『피아노 치는 여자』, 257-280쪽.

어쩔 수 없이 그와 같은 교환관계 속에 들어가야 한다면 내가 직접 그것을 지시하겠다는 것이었기 때문이다. 에리카의 지성은 현실에서 새로운 질서를 구성할 조건을 바로 자신의 지적 능력에 의지해 선택하겠다고 마음먹고 실천까지 할 만큼 대담해졌다.

대담해진 지성은 모든 것을 파괴한다. 현대의 지성은 분석활동을 지나치게 수행한 끝에 주체와 세계가 통합할 가능성을 영원히 차단해 버렸다. 생각하는 주체가 자신의 내부자연까지도 낱낱이 분석하게 되면, 주체에게는 개념만 의식될 뿐이기 때문이다. 파우스트와 달리 에리카는 살마저도 개념으로만 인식한다. 근대인은 머리와 살을 통합해서 온전한 주체로 자신을 정립해야 하는데 에리카에게는 살이 없다. 파우스트는 다시 시작할 수 있었지만, 에리카는 처음의 자리로 되돌아올 뿐이다. 이러한 절망적인 상황을 보고하는 『피아노 치는 여자』의 지성이 섬뜩할 뿐이며, 이는 태고의 자연 앞에서 느끼는 전율과 마찬가지의 효과를 지닌 것이다. 아름다움의 실체를 새의 지저귐에 빗대어 설명한 아도르노의 문장이 새롭게 와 닿는다.

더 읽을거리

박경리, 『문학을 사랑하는 젊은이들에게』, 현대문학, 2003.

테오드르 W. 아도르노, 『미학이론』, 홍승용 옮김, 문학과지성사, 2000.

________, 『계몽의 변증법』, 김유동 옮김, 문학과지성사, 2001.

Barthes, R., *Mythen des Alltags*, Frankfurt, 1964.

Janke, P. (Hrsg.), *Die Nestbeschmutzerin: Jelinek & Oesterreich*, Salzburg, 2002.

음악의 드라마로서의 이해

정혜윤

1. 서론

미국 음악학, 음악이론계에서 음악을 드라마로서 이해하고자 하는 (dramatic understanding of music) 노력이 처음으로 의식적인 주목을 받기 시작한 것은 1980년대에 들어서이며, 그 뿌리는 음악을 하나의 '내러티브'로서 이해하고자 하는 시도로부터 찾아진다. 음악을 내러티브로서 읽어내고자 하는 해석학적 접근은 1970년대 이래 미국 음악학, 음악이론계에 나타난 가장 두드러진 특징들 가운데 하나로, 청자가 음악을 이해하는 방식에 대하여 그 이후에 전개된, 새로운 많은 다양한 접근들에 의미심장하게 영향을 미친다. 이 글은 음악을 드라마로서 이해하고자 하는 접근이 우리가 음악을 이해하는 방식의 한 본질적인 단면을 어떻게 중요하게 드러내는지에 관해 고찰한다. 이를 위하여, 먼저 음악을 드라마로서 이해하고자 하는 의식적인 노력의 모태가 되는, 음악을 내러티브로서 읽어내는 접근이 어떻게 처음 일어나게 되었고, 어떠한 방식으로 전개되었는가를 간략히 소개하고, 이러한 접근이 이후 특별히 음악을 드라마로서 이해하고자 하는 노력으로 어떻게 이어지는가가 주목될 것이다. 이 글에서는 음악을 드라마로서 이해하고자 하는 청자의 접근이 명시적, 혹은 암시적으로 드러나는 두 편의 음악 분석, 즉 마우스(Maus)의 행위(action)를 통한 베토벤 현악 사중주 Op. 95의 1악장 분석[1]과 하이든 소나타 No. 46 내림 가장조의 *Adagio*에 대한 국(Guck)의 심리학적 추적[2]이 면밀하게 검토된다. 그리하여, 음악을 드라마로서 이해하고자 하는 시도가 서로 구별되는 관점에서 행해진 분석들을 통해 각기 어떻게 그 면모를 드러내는지 고찰된다. 궁극적으로, 음악을 드라마로서 이해하는 접근법이 각각의 음악 분석에서 서로 다른 양상으로 나타나면서도 공통적으로 드러내는 음악 경험의 본질적 특성이 무엇인가가 모색될 것이다.

음악을 내러티브라는 개념을 통하여 읽어내고자 하는 시도는, 문학과 18, 19세기 유럽의 비표제적(nonprogrammatic) 기악 음악 사이의 유사점을 비교하고자 하는 노력으로부터 시작되었다. 이것은 1970년대 미국에서 음악이론이라는 분과학문이 급속도로 성장했던 한편, 그 자체 안에서의 논의는 여전히 빈곤했음을 드러내는 일면이다. 음악에서 내러티브를 발견하고자 하는 시도는 러시아 형식주의(Russian Formalism), 그리고 그 이후 유럽 구조주의(European Structuralism)와 긴밀하게 관련된다. 형식주의와 구조주의는 언어학의 방법론을 따라 발전했으며, 반복되는 패턴을 그 핵심으로 한다. 형식주의자들과 구조주의자들은 플롯 구조들 안의 반복되는 요소들을 식별해 내고, 마치 문법학자들이 언어의 문법을 연구하듯이, 그러한 반복되는 요소들을 지배하는 구문적 규칙들을 발견함으로써, 다양한 종류의 이야기(storytelling)들을 연구했다. 문학에서 내러티브에 관한 일반적 이론을 발전시키고자 하는 형식주의자들과 구조주의자들의 노력을 흉내내면서, 음악학자들은 잘 구축된 음악 구조들을 지배하는 원리들과 그러한 구조들 내의 반복되는 패턴들을 조합하는 규칙들을 발견하기 위해 음악 구조

1 Fred Maus, "Music as Narrative", *Indiana Theory Review* 12 (spring and fall 1991), pp. 1-34.

2 Marion A. Guck, "Dramatic Progression in Haydn, Sonata No. 46 in A-flat, *Adagio*", in Deborah Stein, ed., *Engaging Music: Essays in Music Analysis*, New York: Oxford University Press, 2005, pp. 180-190.

들을 연구했다. 따라서, 그 초기 단계에서 음악에 대한 내러티브적 접근은 문학에서의 내러티브와 음악 간의 구조적 유사점을 찾는 데에 국한된다.[3]

그러나, 1980년대 이래로, 음악을 내러티브로서 접근하고자 하는 시도는 문학을 뛰어넘어 기호학, 심리학, 재현과 표현에 관한 철학적 연구, 그리고 행위이론 등에 이르는 새롭고 다양한 관심에로 그 영역을 확대해 나간다. 이처럼 다면화된 단계의 구별되는 시도들 사이에서 한 가지 공통적으로 발견되는 것은 문학의 이론을 음악에 직접적으로 대입할 것을 주장하는 구조주의자들의 접근에 대한 반대이다. 구조주의적 관점에 대한 반론들 가운데 가장 주목할 만한 것은 드라마와 내러티브를 구별하여 문학이론을 음악에 기계적으로 적용하는 것을 피하고자 하는 마우스의 관점이다. 비록 마우스는 음악에서 드라마가 어떻게 정의되며, 정확하게 어떠한 점에서 내러티브와 구별되는지에 대해 분명하고 상세한 이론을 제공하고 있지는 않지만, 드라마와 내러티브를 각기 적용하는 그의 음악 분석들은 음악을 드라마로서 이해하는 것과 내러티브로서 접근하는 것이 확실히 구별됨을 입증해 준다.[4] 음악을 드라마로서 이해하고자 하는 시도에서, 문학이론들은 따라야 할 모범으로 더 이상 간주되지 않으며, 음악 구조 내의 반복되는 패턴들도 이야기 만들기(storytelling)를 위한 직접적인 출처로서 더 이상 추구되지 않는다. 음악에서 이야기를 만들어 내고자(storytelling) 하는 시도는 여전히 계속되지만, 그 방식은 문학의 내러티브에 직접적으로 대응되는 음악적 내러티브를

---

3 이러한 초기 단계에서의 시도로서 다음의 논문들이 대표적이다. Greory Karl, "Structuralism and Musical Plot", *Music Theory Spectrum* 19, no. 1 (spring 1997), pp. 13-34; Lawrence Kramer, "A Musical Narratology: A Theoretical Outline", *Indiana Theory Review* 12 (spring and fall 1991), pp. 141-162; Anthony Newcomb, "Schumann and Late Eighteenth-Century Narrative Strategies", *Nineteenth-Century Music* 11, no. 2 (fall 1987), pp. 164-174; "Narrative Archetypes and Mahler' s Ninth Symphony", in Paul Steven Scher, ed., *Music and the Text: Critical Inquiries*, Cambridge: Cambridge University Press, 1992, pp. 118-136.

4 Fred Everett Maus, "Music as Drama", *Music Theory Spectrum* 10 (1988), pp. 56-73; "Music as Narrative", *Indiana Theory Review* 12 (spring and fall 1991), pp. 1-34; "Narrative, Drama, and Emotion in Instrumental Music", *The Journal of Aesthetics and Art Criticism* 55, no. 3 (summer 1997), pp. 293-303.

음악 구조 내의 반복되는 패턴 내에서 끄집어내고자 하는 구조주의자들의 방법으로부터 분명히 구별된다. 드라마로서 이해되는 음악에서 이야기(storytelling)는 훨씬 더 다채롭고 자유로운 방식으로 다양하게 만들어진다.

드라마와 내러티브를 구별하는 마우스의 관점에서 특기할 만한 또 다른 점은 음악의 구조에 대한 마우스의 이해이다. 마우스에게서 음악 구조는 청자에 의해 경험되는 바로서 이해되며, 따라서 음악 경험으로부터 분리될 수 없는 것으로 간주된다. 이러한 관점은 음악에서의 구조주의자들의 견해와 확연히 대비되는데, 음악에서의 구조주의자들은 음악 구조를 단순화되고 고정된 형식적 디자인이나 설계로 환원하려는 경향이 강하다. 음악을 내러티브로서 이해하고자 하는 시도는 그 초기 단계에서 음악의 구조를 도식적인 방식으로 지각했고, 이처럼 도식화된 방식으로 이해된 음악 구조 그 자체 안에서 이야기를 끄집어내고자 하였다. 이와 대조적으로, 음악을 드라마로서 이해하고자 하는 시도는 음악 그 자체—만약 "음악 그 자체"라는 것이 도대체 가능하다고 한다면—가 아닌, 청자의 음악 경험으로부터 이야기를 찾아낸다. 이것은 물론 청자의 음악 경험으로부터 구축된 이야기가 음악의 형식적 디자인의 패턴에 대응될 가능성을 완전히 배제하는 것은 아니다. 왜냐하면, 음악의 형식적 디자인은, 음악에서의 구조주의자들이 주장하는 것처럼 음악 구조의 전부는 아닐지언정, 음악 구조의 중요한 한 부분임에는 틀림없기 때문이다. 더욱이, 음악의 형식적 디자인 역시 청자가 음악 경험 안에서 파악하고 인식하는 것이며, 결코 물리적 소리로부터 기계적으로 추출되는 것이 아님을 고려할 때, 음악 경험으로부터 만들어진 이야기가 음악의 형식적 설계에 들어맞을 확률은 오히려 높음을 알 수 있다. 중요한 것은, 음악을 드라마로서 이해하고자 하는 시도에서 이야기 만들기(storytelling)는 음악의 전반적인 형식적 설계에 국한되지 않는다는 사실이다. 결국, 음악을 드라마로서 이해하고자 하는 시도는 음악에서의 이야기 만들기(storytelling)를 개개인의 경험에 따른 것으로 간주함으로써 음악 해석의 다원주의(pluralism)의 문을 열어놓는다.

이제, 앞서 언급한 두 편의 음악 분석에 대한 면밀한 고찰을 통하여 음악을 드라마로서 이해한다는 것이 무엇이며, 이러한 접근이 암시하는 음악 경험의 본질이 무엇인지가 제시될 것이다. 이와 더불어, 음악을 드라마로서 이해하는 것이 어떤 다양한 방식으로 음악 분석에 반영될 수 있는지 드러날 것이다.

2. 본론

가. 음악적 행위(Musical Action)로서의 음악 구조 – 마우스

마우스의 논문 「드라마로서의 음악」은, 다른 무엇보다도, 음악을 내러티브로서 이해하고자 하는 시도의 후기 단계를 조망할 수 있는 관점을 제공해 준다는 점에서 시사적이다. 음악을 다양한 각도에서 이해하고자 하는 1980년대의 다면화된 시도들은 음악에서 그 **의미**를 찾아내고자 하는 욕구를 반영한다. 마우스의 베토벤 현악 사중주 Op. 95의 첫 열일곱 마디에 대한 분석의 궁극적 목표는 음악학, 음악이론계에 팽배해 온 음악 구조와 음악의 의미, 그리고 전문적 분석(technical analysis)과 인문주의적(humanistic) 기술 간의 근거 없는 이분법을 무너뜨리는 예를 제시하는 것이다. 「드라마로서의 음악」의 시작 부분에서 예리하게 설명되고 있듯이, 음악학, 음악이론계 내에서는 음악에 대한 두 가지 뚜렷하게 대조되는 접근 방식이 있어 왔다. 그중 하나는, 지적인 개체의 특성을 설명할 때에 보통 사용되는 일반적인 진술들에 비해 전문적인 분석이 보다 더 객관적이고 따라서 좀 더 신뢰할 만하다는 명시적, 혹은 암묵적인 가정하에, 이론적으로 무장된 전문적인 음악 분석에 특권을 부여하는 관점이다. 이러한 입장에서 음악 분과는 음악에서 발견되는 사안들은 특정한 숫자들이나 이론적 용어들로 환원시킴으로써 좀 더 실증적이고 입증 가능해지는 것으로 주장된다. 때로 이러한 입장의 근저에는 자연과학의 지위를 음악 분과에 부여하고자 하는 부적절하고도 불필요한 야심이 자리하기도 한다. 음악 구조는 이러한 입장에 선 학자들의 특별한 주목을 받아 왔는데, 왜냐하면 그들은 음악 구조를 음악의 고정된, 불변의 토대로서 간주하여, 마치 건축물의 청사진이 편평한 도면에 건축물의 디자인을 한눈에 제시하듯이, 음악 구조가 음악의 기본적인 설계를 제공하는 것으로 파악했기 때문이다. 특히, 상대적으로 가장 손쉽게 측정될 수 있는 요소들인 음 높이와 리듬은 이러한 입장에 속하는 학자들의 배타적인 관심을 끌어 왔다. 이러한 입장에서 쓰여진 음악 분석을 이해하기 위해서는, 그 음악 분석이 근거로 하는 이론적 체계가 일반적으로 작용하는 방식에 대한 적절한 지식이 요구된다. 또한 그 음악 체계 내에서 각 전문적 용어들이 어떻게 사용되는지에 관한 숙지가 필요하다. 한편, 이러한 입장에 근거한 음악 분석은 음악 작품과 청자 사이의 일정한 거리를 유지하면서, 음악에 대한 청자의 사적인 반응에 무감각한, 혹은 무감각한 척하려는 경향이 있으며, 의식적 혹은 무의식적으로, 음악 작품을 청자의 음악적 경험으로부터 독립적인 개체로서 파악하고자 한다.

이에 대비되는 접근 방식을 지지하는 학자들은 음악이 그들에게 의미하는 바가 무엇인지, 혹은 어떠한 방식으로 음악이 그들에게 의미 있게 되는지에 주로 관심을 둔다. 의식적, 혹은 무의식적으로, 그들은 음악을 그들의 경험 속에 놓아두며, 그들에 의해 경험된 바로서 음악을 이해한다. 이러한 입장에 선 학자들은 음악을 기술할 때에 극적(dramatic) 용어들을 사용하려는 경향이 있으며, 지각력이 있는 개체에만 귀속될 수 있는 사고, 행위, 심리적 상태, 그리고 성격 등을 음악에 즐겨 귀속시킨다. 보통, 이러한 입장에 토대를 둔 음악에 대한 기술은 어떤 특정한 음악 작품에 대한 감상의 모범적 예를 제공할 것을 열망하지 않으며, 그보다는 오히려, 그러한 기술에 내포되어 있는 음악적 경험들을 다른 사람들과 소통할 수 있기를 바란다. 그러한 음악적 기술에 대하여 자연과학에 대해 요구되는 객관성은 더 이상 주장되지 않으며, 대신 그러한 기술은 어떤 면에서 그저 일리 있는 것으로 파악되는 것만으로 충분히 만족된다. 음악에 대한 이러한 종류의 접근은 보통 간주관성(intersubjectivity)에 의존하며, 우리가 인간으로서 정상적인 상황하에서 근본적인 생물학적 기제를 공유한다는 가정 아래 작용한다. 또한 대부분의 경우에, 음악적 기술이 전하고자 하는 음악적 경험을 적절하게 이해하기 위해서는 음악적 기술이 근거하는 문화적 토대 역시 공유될 것이 요구된다. 이러한 종류의 음악적 기술로부터 적절한 음악적 경험을 추론해 내기 위해 어느 정도의 교양은 필요로 되나, 음악에 대한 본격적이고 전문적인 훈련은 요구되지 않는다.

마우스의 베토벤 현악 사중주 Op. 95, 1악장에 대한 분석은 일견 후자의 입장으로 분류되기 쉬운데, 이는 전문적 분석에서는 보통 발견되지 않는 비전문적이며 극적인 용어들이 도처에서 발견되기 때문이다. 그러나, 사실상 마우스의 분석에서는 전문적 · 구조적 음악 분석과 음악에 대한 인문주의적이며 극적인 기술 간의 이분법 그 자체가 부정되며, 양 진영의 관심들이 서로 뒤섞인다. 극적인 용어들은 음악 구조로부터 분리 불가능한 음악적 요소들을 지칭하는 데에 사용되며, 음악의 구조적 요소들을 가리키는 이론적 용어들은 음악 내의 행위들을 기술하고 동기화하는 데에 사용된다. 이러한 용어들 간의 혼용은 언어학적 관점에서도 흥미로울 수 있지만, 청자의 경험에 대한 반영으로서 이해될 때 좀 더 의미심장해진다. 음악에 대한 상반되는 두 접근들을 화해시키고자 하는 마우스의 기본적인 전략은 음악 구조를 행위로서 지각하는 것이다. 마우스에게서 음악 구조는 음악 안에서의 행위들을 통해 빚어지며 그러한 음악적 행위들을 통해서 인식되는 것으로 이해된다. 마우스의 분석에서 드라마들을 만들어 내는 것은 음악에서 늘려지는 행위들이며, 그러한 행위들은 음악적 요소들 간의 구조적 관계들에서 감지된다. 전문적 용어들은 극적인 행위들이 포착되는 지점에서 그러한 구조적 관계들을 지칭하고 설명하는 데 사용된다. 마우스 자신이 강조하고 있듯이, 그의 분석에서는 전문적 언어와 극적 언어가 동일한 사건들을 기술하는 가운데 서로 혼합된다. 마우스는 적어도 어떤 음악에 대해서는 음악 구조 그 자체에 대한 설명이 극적 행위에 대한 서술이 될 수 있다고 주장한다.[5] 그러나 아쉽게도, 마우스는 극적 행위들이 어떻게 음악적 요소들 간의 구조적 관계들을 통해 인식될 수 있는지에 대한 이론적 설명을 제공하고 있지 않으며, 그의 분석 역시 이에 대한 명쾌한 해명을 제시하지 않는다. 다른 많은 학자들이 주장하는 것처럼, 인간의 행동과 음악 구조 사이에서 인식되는 구조동형성(isomorphism)이 혹 어떤 실마리를 제공해 줄지도 모르겠다. 하지만, 구조동형성은 완전한 해답을 제시해 주지는 못한다. 우리가 음악을 드라마로서 이해할 때, 우리의 음악 경험은 인간의 행동과 음악 구조 사이의 구조동형성을 발견해 내는 대뇌 활동으로 단순히 환원되기에는 너무나 생생하고 강렬하며, 이러한 사실은 인식적 활동에 생명을 부여하는 또 다른 요소가 있음을 강력히 시사한다. 필자는 인간의 행위와 음악 구조 사이의 구조동형성은 그저 인식되기만 하는 것이 아니라, 동시에 음악에 대한 우리의 신체적 공명을 함께 야기한다고 생각한다. 음악과 우리 신체 사이의 이러한 감각적 접촉을 통하여, 우리는 비로소 음악의 세계로 깊이 들어선다. 우리의 신체적 울림은 우리를 음악의 세계에로 초대할 뿐만 아니라 이와 동시에 우리의 상상력을 불러일으킨다. 필자는 우리가 음악에서 행위들을 듣는 것은 우리의 상상에 기인한 것이며, 이러한 현상이 우리가 음악을 의인화하여 해석하는 것(anthropomorphic interpretation), 그리고 음악에 대해 정서적으로 반응하는 것과 긴밀하게 연관된다고 믿는다. 음악을 들으면서, 우리는 음악의 구조적 맥락이 제공하는 상황 안에 우리가 놓여 있다고 상상하면서, 우리의 상상 속에서, 마치 현실 세계의 실제 상황에 놓여 있는 것처럼 생각하고 바라고, 동기를 유발하고, 또한 반응한다. 우리의 상상 속에서 우리는 음악과 적극적으로 상호 작용하는 가운데 음악의 일부분이 되며, 음악은 우리의 맞상대로서 의인화된다.

마우스의 분석에서 가장 두드러진 특징들 가운데 하나가 바로 의인화(anthropomorphism)로, 그의 분석에서는 지각력이 없는 음악에 행위, 사고,

5 Maus, "Music as Drama", p. 129.

믿음, 의도, 기분, 그리고 특성 등 생명력을 드러내는(animistic) 측면들이 귀속된다. 마우스의 분석에서 이러한 생명력을 지닌 특질들 가운데 가장 핵심적인 것은 행위로 파악되며, 이외의 다른 특질들은 오직 음악에서 들리는 행위들을 설명하기 위해 필요로 된다. 이는 심리적 상태 혹은 정서를 그 중심에 놓는 다른 많은 분석들과 대조를 이루는 측면이며, 결국 음악과 청자 사이에 일정한 거리를 유지하게 해주어, 사실상 그렇지 않음에도 불구하고, 마치 음악이 청자와는 무관한 독립적인 개체인 것 같은 착각을 불러일으킨다.

음악에서 행위들이 들릴 때, 그러한 행위들의 주체에 대한 물음이 자연스럽게 제기된다. 행위들은 의도적이며, 이는 마우스의 분석에 분명하게 구현되어 있다. 그의 분석에서 행위의 주체는 생각하고, 믿고, 평가하고, 판단을 내리며, 그럼으로써 어떠어떠한 방식으로 행동할 이유와 목적을 갖는 것으로 나타난다. 하지만, 마우스가 상세한 설명과 함께 강조하고 있듯이, 그의 분석에서 행위의 주체는 분명하게 결정되지 않는다. 행위의 주체가 갖는 이러한 불확정성은 행위들 자체에 대한 마우스의 배타적인 주목을 드러내며, 이는 내러티브의 기능 안에서 행위들은 주도적인 역할을 맡는 반면, 행위의 주체들은 오직 부수적으로만 여겨지는 구조주의적 관점과 강한 유대를 갖는다. 마우스는 음악에서 행위의 주체가 결정될 수 없다는 사실을 아리스토텔레스의 『시학(*Poetics*)』에 의거함으로써 정당화하는데, 이는 『시학』이 비극에서 가장 중요한 것은 "플롯 안의 일련의 행위들의 명료함과 통일성(intelligibility and unity of the series of actions in the plot)"이며 개개 인물들을 모방하는 것은 덜 중요하다고 말하고 있기 때문이다.[6] 드라마를 결정하는 것은 개개 인물들이 아니라 극적 행위들이므로, 음악적 드라마는 행위들의 주체가 확정되지 않은 채로도 존재할 수 있다. 나는 마우스의 이러한 지적이 동일한 음악에 대해 하나 이상의 이야기를 만들어 내곤 하는 우리의 일

6 *Ibid.*, p. 128; "Music as Narrative", p. 15.

상적인 경험의 근거를 제공해 준다는 점에서 의의가 크다고 생각한다. 왜냐하면, 음악에서 행위의 주체를 파악하기가 좀처럼 어렵다는 사실은 음악에 대응하는 이야기를 보다 구체적으로 지어내는 것을 힘들게 만들기 때문이다. 음악적 행위 주체의 불확정성에 대한 마우스의 주장은 사적인 해석과 이를 가능하게 해주는 음악 안의 잠재적 요소들 사이에 존재하는 긴장을 적절하게 유지시켜 주는 것이 무엇인가에 관한 매우 설득력 있는 하나의 해답이 될 수 있다는 점에서 대단히 시사적인 것으로 평가된다.

나. 정감적 반응의 음악적 정당화－국

국 자신이 밝히고 있듯이, 하이든 피아노 소나타 No. 46의 *Adagio*에 대한 국의 분석[7]은 이 음악에 대한 국 자신의 강렬한 정서적 경험, 즉 그녀가 고백하는 바, 이 음악에 대한 그녀의 "공감각적 이끌림(sympathetic attraction)"[8]으로부터 비롯된 것이다. 그러나 국의 분석은 사적인 보고로서 기획된 것이 아니라, 이 곡을 적절하게 이해하는 가능한 많은 방법들 중 하나를 제시하고자 의도된 것이다. 비록 국은 이를 명시적으로 기술하고 있지 않으나, 이는 국의 분석에서 드러나는 결정과 반응들이 문화적 적응(acculturation)에 기초하고 있다는 국 자신의 진술에 분명하게 암시되어 있다.[9] 국은 문화적으로 동일한 방향으로 조건화된 사람들 사이의 간주관성(intersubjectivity)을 온건한 방식으로 요구한다. 따라서, 이 음악에 대한 국의 정감적 반응과 이의 근거에 대한 추론은, 관련된 문화에 적절하게 적응된 정상적인 사람들 사이에서 공유되는 것으로 기대된다.

국은 자신의 분석을 읽는 사람들이 "정신적 시뮬레이션"을 실행하도록 유도한다.[10] 그녀의 분석을 따라가면서, 독자들은 국의 입장에 서서 국의 귀

7 Marion A. Guck, "Dramatic Progression in Haydn, Sonata No. 46 in A-flat, *Adagio*", in Deborah Stein, ed., *Engaging Music: Essays in Music Analysis*, New York: Oxford University Press, 2005, pp. 180-190.

8 *Ibid.*, p. 180.

9 *Ibid.*, p. 181.

와 마음으로 이 음악을 들을 것이 기대된다. 독자들은 그녀가 이 음악에서 경험한 바를 추적하면서 특정한 정서적 반응을 갖게 되는데, 이 반응은 국의 반응과 같은 것으로 드러난다. 만약 이 음악에 대한 국 자신의 반응에 대한 음악적 정당화와 추론이 타당하지 않다면, 독자들이 이 음악에 대해 결국 갖게 될 정서적 반응은 이 음악에 대한 국의 반응에 상응하지 않을 것이다. 매우 흥미롭게도 국의 분석에는 국 자신이 이미 정신적 시뮬레이션을 행한 것이 암시되어 있다. 즉 국은 만약 독자들이 그녀가 이 음악을 이해한 방식을 따른다면 그녀와 똑같은 정서적 경험을 갖게 되리라고 가정하는 것으로 추정된다. 국의 분석에서 독자들에 의한 정신적 시뮬레이션의 목표가 되는 경험, 즉 이 음악에 대한 국의 반응은 이미 주어져 있으며, 독자들은 국이 이미 행한 것과는 구별되는 그들 고유의 정신적 시뮬레이션을 시도하게 된다. 국의 추론이 타당한 경우, 국과 그녀의 독자들은 이러한 정신적 시뮬레이션의 입력으로부터 산출까지의 과정, 다시 말해서, 음악으로부터 그들의 반응까지의 과정을 공유하게 된다.

간주관성과 정신적 시뮬레이션에 의존함으로써, 국은 그녀 자신의 경험을 다른 사람들과 공유하고자 하는 욕구를 드러낸다. 따라서 국의 분석은 언뜻 보기에 매우 사적인 진술인 듯하나, 실상은 국 자신에게 뿐만이 아니라 다른 청자들에게도 의미 있게 읽히고자 하는 숨은 의도를 담고 있다. 국의 분석이 1인칭 시점을 일관성 있게 유지하는 것은 국의 반응이 다른 청자들의 반응에 공명하기를 은밀하게 꾀함에 있어 독자들을 좀 더 유리한 입장에 놓아 준다. 즉 독자들은 1인칭 시점에 스스로를 대입함으로써 국의 관점을 쉽게 취할 수 있게 되고, 따라서 정신적 시뮬레이션을 힘들이지 않고 행할 수 있게 된다. 국의 음악적 정당화와 추론이 간주관성에 근거하고 있기 때문에, 독자들은 국의 논리가 타당한 한, 국에게 감정 이입하여 그녀의

10 나는 이 개념을 월턴에게서 빌려와 국의 분석에 적용했다(Kendall Walton, "Projectivism, Empathy, and Musical Tension", *Philosophical Topics*, vol. 26, no. 1&2 (spring & fall, 1999), p. 418).

정서적 반응에 동조하게 될 가능성이 매우 높다. 실제로, 국의 분석은 독자들이 궁극적으로 이 음악에 대한 국의 경험이 비단 개인적인 차원을 넘어선 것임을 인정할 것을 기대하고 있다. 실제로, 독자들은 국의 분석을 읽고 국이 이 음악을 이해한 방식에 크게 공감하여 결국 국의 경험을 그들 자신의 경험으로서 내면화하고 싶어할지도 모른다. 하지만, 명민하게도, 국은 그녀의 사적인 경험을 다른 사람들과 나누고 싶은 자신의 바람을 굳이 명시적으로 기술하지 않음으로써, 그녀의 분석에 드러난 방식, 다시 말해서, 그녀가 이 음악을 이해한 방식을 독자들에게 강요하거나 추천하는 부적절한 인상을 피한다. 사실상, 국의 분석은 이 음악을 이해하는 매우 풍부하고 통찰력 있는 하나의 방식을 대단히 예리하게 전하고 있다. 그러나, 국은 그녀 자신의 분석에 어떠한 특권도 부여하지 않음으로써, 이 음악을 이해하는 다른 많은 가능성들에 대한 여지를 남겨 놓는 영리함을 보인다.

국의 분석이 이 음악에 대한 그녀 자신의 정서적 반응에서 출발하여 그러한 반응에 대한 음악적 출처를 모색한다는 애초의 기획을 초지일관 따르고 있다는 사실은 특별히 주목할 만한데, 이는 다른 많은 경우들에서 흔히 지켜지지 않고 있음이 발견되기 때문이다. 심지어 청자의 음악적 경험을 적극적으로 반영하고자 하는 의식적인 노력을 보이는 분석들조차도 음악의 전반적인 형식에 대한 기술에서는 청자의 경험을 전혀 고려하지 않은 듯한 방식을 취할 때가 대부분이다. 이러한 맥락에서 특히 인상적인 것은 국이 *Adagio*에서 소나타 형식을 읽어낸 방식이다. 국은 이 음악을 드라마로서 이해함으로써 소나타 형식을 파악해 내고 있는데, 이 음악에 대한 그녀의 극적 이해는 그녀 자신의 정서적 반응에 대한 추적을 통해서 이루어진다. 이러한 방식은 본질적으로 시간적인 우리 음악 경험의 본질을 잘 반영한다는 점에서 역시 의의가 있다.

국의 분석에 관여된 정서적 반응이 보다 포괄적인 의미에서 해석되어야 한다는 사실을 간과해서는 안 될 것이다. 그녀의 분석에 나타나는 정서적 반응은 기분이나 정감에만 국한되지 않으며, 사고와 신체적 느낌 또한 포함한다. 더군다나 이 하이든 곡에 대한 국의 경험에서 주도적인 역할을 하는 것은 기분이나 정감이 아니라 신체적 느낌인데, 이는 국이 기본적으로 연주자의 시점을 채택하고 있으며, 피아니스트로서 그녀의 경험을 주로 기술하고 있기 때문이다. 이러한 관점은 이 음악에 대한 그녀의 신체적인 관여를 특별히 강조해 주며, 기분이나 정감은 이 음악에 대한 그녀의 평가와 신체적 느낌의 결과로서 다루게 한다.

국의 분석은 마우스의 분석처럼 음악적 행위를 음악 구조와 동일시하여 파악하고자 하는 의식적인 노력을 명시적으로 보이지는 않지만, 국 역시 음악적 행위들을 음악 구조 안에서 포착해 내고 있음을 암암리에 드러낸다. 마우스의 분석에서처럼, 국의 분석에서도 음악 구조 안에서 음악적 행위들이 포착되고 있으며, 국 자신이 소유하고 있는 것으로 추정되는 사고와 감정들이 음악에 귀속되는 것으로 기술됨으로써 음악이 의인화된다. 국의 분석에서 역시 전문적 용어와 극적 기술들은 서로 뒤섞여 나타난다. 음악 구조는 드라마로서 재현되며, 음악의 진행에 따른 드라마의 전개로부터 분리 불가능한 것으로 제시된다. 국의 분석에서 음악의 구조는 단지 미적 경험의 원인(cause)일 뿐만 아니라 대상(object)이기도 하다는 점을 놓쳐서는 안 될 것이다.[11] 다시 말해서, 청자의 정서적 반응은 음악의 구조적 요인들에 **의해서** 환기될 뿐만 아니라, 동시에 그러한 요인들에 **대해서** 일어나는 것으로 다루어진다. 그리고 음악적 드라마도 음악에 의해서 뿐만이 아니라 음악에 대해서 만들어진다. 음악적 드라마는 음악에 기재된 바로서가 아니라 국의 경험 안에서 창조되는 바로서 이해되는데, 이는 특별히 그녀의 분석 전반에 걸쳐 유지되는 1인칭 시점을 통해 더욱 분명히 제시된다. 국의 분석에서 드라마는 음악에 귀속되는 기분과 특성들의 변화에 따라 창출되며, 그러한 변화의 흐름은 국의 정서적 반응을 통해 파악된다.

11 미적 경험의 원인과 대상에 대한 구분은 버드에게서 빌려온 것이다(Malcolm Budd, *Music and Emotions* (New York: Routledge, 1985), p. 123).

혹자는 국의 분석이 과연 그녀의 애초의 전략을 적절하게 반영하고 있는가 의심할지도 모르겠는데, 이는 국의 분석에서 하이든의 *Adagio*에 대한 그녀의 반응이 음악적 출처에 의해서 정당화되는 것이 아니라, 오히려 거꾸로, 국의 극적 반응이 그녀의 반응에 대응되는 음악적 요인들을 선택하여 그러한 요인들로부터 *Adagio*의 형식적 틀을 규정해 내는 것으로 보이기 때문이다. 국은 이 음악이 그녀의 반응을 야기하는 방식에 대한 궁금증이 그녀로 하여금 그녀의 반응과 이에 대한 음악적 근거 사이의 관계를 고찰하게 하였음을 분명히 밝히고 있다.[12] 여기서 주의해야 할 점은, 이는 음악적 요소와 이에 대한 반응 사이의 기계적인 일대일 대응을 암시하는 것도 아니며, 음악의 구조적 요소들과 청자의 반응 사이에 인과적 관계가 성립함을 주장하는 것도 아니라는 사실이다. 국이 추구하는 것은 *Adagio*의 선재하는 음악 구조와 이에 대한 반응 사이에 존재하는 심리적 법칙을 밝히고자 하는 것이 아니라, 이 음악이 청자에게서 어떤 특정한 반응을 불러일으키는 바로서 이해될 수 있는 한 가지 방식을 제시하고자 하는 것이다.

3. 결론

지금까지 마우스와 국의 분석에 대한 고찰을 통하여 음악을 드라마로서 이해하는 많은 다양한 방법들 가운데 가능한 두 가지 방식을 아주 간략하게 살펴보았다. 마우스와 국의 분석에서 드러나듯이, 대부분의 형식주의 분석과 비교해 볼 때, 음악을 드라마로서 해석하는 것은 우리의 실제 음악 경험에 훨씬 더 근접해 있다는 점에서 무엇보다 큰 의의를 갖는다. 이는 많은 형식주의 분석들에서 청자의 음악적 경험이 배제되려는 경향이 있는 반면, 음악에 대한 극적 이해는 청자의 경험 그 자체를 분석의 대상으로 하기

12 Guck, *op. cit.*, p. 181.

때문이다. 한편, 음악에 대한 극적 이해에서 음악적 드라마는 우리의 경험 안에서 구성되며 동일한 음악에 대해서도 개개인의 음악적 경험은 크게 달라질 수 있으므로,[13] 음악을 면밀하게 고찰하는 것이 그 음악으로부터 이끌어질 수 있는 드라마를 결코 하나로 결정해 주지 않는다. 각 개인의 음악적 경험에서 도출되는 각각의 드라마의 구체적인 세부 내용들은 각 개인에 의해 결정되며, 그중 어느 하나에 특별한 권위가 부여되지 않는다. 이로써 결국, 음악에 대한 극적 접근은 개개인의 독특한 음악 경험을 그대로 반영하며 존중해 준다는 장점을 갖게 된다. 여기서 간과하지 말아야 할 것은 청자가 음악적 드라마를 구성하는 것을 가능하게 하는 것이 음악이라는 사실이다. 마우스의 분석이 음악적 행위에 특별히 주목한 것과 국의 분석이 특별히 정감적 반응을 통해 드라마를 읽어낸 것은 각각의 분석이 대상으로 하는 음악 작품이 우리의 음악 경험에서 특별히 그러한 측면들을 강하게 자극했기 때문이다. 필자는 음악이 근본적으로 이야기를 만들어 내는 힘(narrative impulse of the music)을 갖고 있다는 나띠에와 와이트의 주장에 동의한다.[14] 우리의 음악 경험이 언제나 청자와 음악 간의 상호 작용에 의한 것임을 주지할 때, 음악에 대한 임의적 해석이라는 함정에 빠질 위험은 없을 것이다. 다른 한편, 음악에 대한 극적 접근은 인식적 차원에서의 전문적 지식과 이론적 정보에 근본적으로 방해받지 않기 때문에, 특별한 음악적 훈련을 받지 않은 보통 사람들이 반복되는 음악적 경험과 내면화를 통해 획득하게 되는, 음악에 대한 나름의 이해 방식을 적극적으로 인정하고 수용한다는 점에서 크게 주목할 만하다.

13 동일한 음악에 대한 동일한 사람의 경험 역시 경우에 따라 크게 달라질 수 있음도 물론이다.

14 Jean-Jacques Nattiez, "Can One Speak of Narrativity in Music?" *Journal of Royal Music Association* 115, no. 2 (1990), pp. 240-257; Hayden White, "The Value of Narrativity in the Representation of Reality", in W. J. Thomas Mitchell, ed., *On Narrative*, Chicago, 1981, p. 2.

더 읽을거리

Cone, E. T., *The Composer's Voice*, Berkeley and Los Angeles: California University Press, 1974.

Fisk, C., "Questions about the Persona of Schubert's 'Wanderer' Fantasy", *College Music Symposium* 29, 1989, pp. 19-30.

Maus, F. E., "Intersubjectivity and Analysis: Schumann's Essay on the Fantastic Symphony", in I. Bent (ed.), *Music Theory in the Age of Romanticism*, Cambridge: Cambridge University Press, 1996, pp. 125-137.

Robinson, J. (ed.), *Music and Meaning*, Ithaca, NY: Cornell University Press, 1997.

Treitler, L., *Music and the Historical Imagination*, Cambridge, MA: Harvard University Press, 1989.

공공미술과 현대미학

박동천

1. 공공미술과 제도

공공미술에 대한 미술사의 이해는 당대 미술에 대한 미술사연구방법론(art historiography)의 문제틀을 그대로 반영한다. 우선 가장 보편적으로 통용되는 접근방식은 공공미술의 전개를 형태론적으로 분류하고 이를 객관적으로 기술하는 실증주의적 또는 가치중립적 태도이다. 이러한 태도에는 미술이 처한 동시대의 상황에 대한 성찰이 배제된 채 단지 공공미술의 여러 유형과 범주들 그리고 발전 단계를 서술하는 일로 만족하게 된다. 이러한 방식에 의하면 공공미술의 개념 변화[1]는 건축 속의 미술(Art in Architecture), 공공장소 속의 미술(Art in Public Places) 그리고 도시계획 속의 미술(Art in Urban Design)과 같이 설치 장소를 중심으로 한 공공장소 속의 미술과 '지역사회에 기반한 공공미술(community-based public art)' 또는 '공공의 이해에 관심을 갖는 미술(art in public interest)' 등으로 불리는 새로운 장르의 공공미술(New Genre Public Art)로의 이행으로 설명된

1 양현미, 「공공미술의 제도적 기반」, 『현대미술사연구』 제16집, 2004, 178-182쪽 참조.

다. 달리 말해 이러한 이행은 "공공적인 것(the public)"에 대한 새로운 개념 설정으로 파악될 수 있는데, 이는 "작가의 작업을 위해 자유로이 사용될 수 있는 물리적인 장소만을 포함하였던 공적 영역이 이제는 일반대중(the public)의 삶과 그들의 관심사를 논의하는 장(forum)으로 확장되어 인식"[2] 되었음을 의미한다. 그러나 이러한 공공미술 실천의 이행은 실증주의적 미술사에 의하면 단지 의미 있는 전환으로 이해될 뿐 당대 미술의 전개 과정에서 재구성할 수 있는 내적 논리가 충분히 고려되지 않고 있다.

예컨대 공공미술의 전개 양상을 "영구적인 설치보다는 일시적인 프로젝트로, 오브제 자체보다는 담론과 과정으로 무게 중심을 옮겨 온 공공미술의 관행이 기존의 오브제 중심(object-based) 공공미술 혹은 특정 장소 위주(site-specific)의 공공미술에 대한 또 다른 대안으로 제시"[3]되었다는 서술로 설명하려는 시도는 실증주의의 적절한 실례라고 여겨진다. 왜냐하면 위의 설명 방식은 치열한 논쟁을 수반한 당대 미술 전개의 역동적 두 사실, 즉 미니멀 아트가 추상표현주의와의 결별을 시도한 사실이나 개념미술이 팝 아트 그리고 미니멀 아트와 대립적 입장을 취한 사실이 갖는 미술사적 의미를 현재의 공공미술 실천에 대한 논의의 맥락에서 배제하고 있기 때문이다. 이와 같은 실증주의적 접근의 취약점은 '비판적 공공미술'을 지향하는 미술사적 이해와 비교해 보면 더욱 선명히 부각된다.

비판적 공공미술이라는 개념은 폴란드 출신의 공공미술 작가 보디즈코가 제안한 것으로서 그는 비판적 공공미술을 '역사적 아방가르드와 그 이후'의 구도 속에서 파악하고 있다.[4] '참여미술'의 작가로 분류되는 보디즈코는 통상 '공공장소 속의 미술'이라고 불리는 공공미술 형식에 대한 비판적 태도를 보인다. 이러한 참여적 태도는 앞서의 실증주의적 태도와는 대조적으로 동시대에 요청되는 바람직한 공공미술의 모델을 아방가르드 미

2 김윤경, 「공공미술, 또 하나의 접근법」, 『현대미술사연구』 제16집, 2004, 228쪽.

3 위의 글.

4 Krzysztof Wodiczko, *Art public, art critic*, Ensba, Paris, 1995, pp. 10-12.

술의 전통 속에서 찾고 있다. 그가 재구성하는 비판적 공공미술의 계보는 역사적 아방가르드(미래주의, 다다, 초현실주의, 구성주의, 수프레마티즘), 사회적 참여 아방가르드(브레히트, 타틀린, 리시츠키, 베르토프 등), 비판적 네오 아방가르드(다니엘 뷔렌, 한스 하케, 쉬포르 쉬르파스의 작가들 등), 혁명 세력으로서의 상황주의자들이 보여 준 문화적 아방가르드(앙리 르페브르, 국제 상황주의, 기 드보르 등), 그리고 마지막으로 현재의 비판적 공공미술의 전범을 이루는 새로운 아방가르드(바바라 크루거, 다라 번바움, 알프레도 자르, 드니스 애담스, 댄 그래험 등)로 구성된다. 그러나 보디즈코가 제시하는 비판적 공공미술은 그 아방가르드 전통에 근거한 미술사적 정당화의 시도에도 불구하고 해결하기 어려운 과제를 지니고 있다. 이는 당대 미술과 문화적 제도 사이에 설정된 모호한 관계들로서 아방가르드 전통의 제도 비판(institutional critique)을 통해서는 해소될 수 없는 미술이 처한 동시대적 상황에서 기인하는 문제이다. 다시 말해 행정기관과 같은 제도로부터 전시 공간과 제작비를 제공받으면서 그 제도를 비판해야 하는 '비판적 공공미술'의 실천 전략들이 아방가르드 전통 속에서는 수용될 수 없는 한계가 있다는 사실이다. 역사적 아방가르드를 비롯하여 이 전통의 작가들은 제도와 공범자적 관계보다는 오히려 적대적 관계 속에서 자신들의 아방가르드적 실천의 정당성을 확보하지 않았던가? 니나 리찌 명품 매장을 장식한 다니엘 뷔렌의 작업이나 한스 하케가 1993년 베니스 비엔날레 독일관에 설치한 작품 〈게르마니아 1993〉의 약점들은 한결같이 주문자인 제도들과 긴장된 관계를 설정하는 데에 실패한 것에 기인한다는 사실도 동일한 맥락에서 이해되어야 할 것이다.

당대 미술과 제도들 사이의 일종의 '화해적 양상'이라고 할 만한 새로운 관계 설정은 사실 양립 불가능한 두 절대적 요청 사이의 애매모호한 연합에 기인한다. 그러자니 이러한 적대적 동반자 관계 속에 걸려든 관객(the public)은 일종의 '불청객'인 셈이다. 당대 미술의 점점 더 거대해지는 규모, 공간을 점거하는 방식 그리고 전통미술에 대한 무차별적이고 때로는 과거 아방가르드의 노스탤지어를 자아내는 공격성[5]은 서로 상반된 의도를 감추고 있는 현대미술관 큐레이터와 작가 사이의 공모 관계가 아니고서는 설명될 길이 없다. 실제로 큐레이터들은 반제도적 공격 앞에서 관용적 태도를 입증하거나 아예 그런 종류의 공격을 예견하거나 요구하기도 한다. 반면 작가들은 더 이상 미술제도의 속임수에 놀아나고 있지 않다는 것과 자신은 결단코 제도와 타협하지 않는 독립성을 견지하고 있음을 과시해야만 하는 이율배반적 상황을 연출한다. 저항이 제도화되고 그러기 위해서 제도는 자신의 전복을 도모하는 미술 프로젝트를 재정적으로 지원하고 있다는 말이다.

따라서 공공미술의 공공성이 직면하고 있는 이러한 모순적 구조를 좀 더 체계적으로 미술사의 차원에서 이해하자면 그 뿌리를 1960년대 발생한 제도적 전환에서 찾아야 한다. 이는 실증주의적 모델과 비판적 아방가르드 전통의 모델에 대한 대안으로서 공공미술에 대한 제3의 미술사적 이해를 의미한다.

제도적 전환이란 제2차 세계대전 이후 아방가르드의 형식적 실험들이 그 혁명적 기운은 싹 제거한 채 시장경제와 자유민주주의의 사회적 틀 속에서 공공제도 또는 민간제도의 재정적 지원으로 다시 살아남게 되는 것을 말한다. 이렇게 획득된 제도적 위상이고 보니 1960년대의 네오아방가르드에 대해서 비평은 담론상의 정당성을 제공하지 못한 채 공백으로 남겨 놓을 수밖에 없었다. 그 결과 비평을 대신해 정치적 담론이 전면에 나서서 주류 행세를 했다. 이 외에도 미술 창작 내부에서는 50년대부터 추상표현주의를 필두로 작품 크기의 변화가 감행된다. 이런 그림의 사이즈는 종종 관객을 압도하는 규모로서 피카소, 마티스, 칸딘스키나 막스 에른스트에게서는 도저히 상상할 수 없었던 현상이다. 미술은 이제 더 이상 부르주아의 실내공간을 장식하는 것이 아니라 공공장소에서의 전시를 목적으로 하며

5 Rainer Rochlitz, *Subversion et subvention*, Paris: Gallimard, 1994, pp. 221-222 참조.

그에 따라 공공주문에 의해 제작되는 거대한 규모의 기념비적 미술의 성격을 띠게 된다. 이는 미술시장이 성립되기 이전 전근대 시기에 미술의 유일한 후견인이었던 교회나 궁정을 장식했던 미술을 연상시킬 수도 있으나 이제는 국가, 지방자치단체 그리고 단체, 기업과 같은 제도가 그 자율성을 보장해 주는 '공공미술'의 형태로 발전하게 된다. 아울러 이러한 규모의 확대는 미술의 급진적인 반환영주의(anti-illusionism)와 함께 전개된다. 이제 타블로의 회화적 평면을 벗어나 3차원성으로의 이행은 환경미술(environment art)이나 설치미술(installation)로 귀결된다. 그러나 문제는 바로 이 설치미술이 제도적 지원 없이는 존재할 수 없으면서 바로 그 제도의 전복을 기도하는 미술실천이란 점이다. 공공미술에 대한 인식의 전제가 되는 것이 바로 이 제도적 전환이라는 구조적 제약이다.

2. 예술성과 대중성: 공공미술의 평가 기준

공공미술 설치 조형물을 둘러싼 찬반 논란에 관해서는 리처드 세라의 〈기울어진 호(Tilted Arc)〉(1981)가 대표적인 사례라고 할 수 있다. 원래 작품을 주문했던 공공시설국이 1985년 세라의 조각을 다른 장소로 이전할 것을 고려하게 되었고 이에 대응하여 세라는 공청회에서 장소 특수성(site specificity)의 이름으로 "작품을 다른 장소로 옮기는 것은 작품을 파괴하는 일"[6]이라고 주장했으나 반대론자들을 설득시키지는 못했다. 그들에 의하면 이 작품은 그 장소와 갈등을 빚고 있으며 정상적인 경관과 작품이 놓인 그 광장의 사회적 기능을 방해하고 있다는 것이었다. 더 나아가 그들은 이 작품이 도심에서 벗어나 자연 풍경 속에 설치된다면 관조하기에 훨씬 더

6 Douglas Crimp, "Redefining Site Specificity", in *On the Museum's Ruins*, Cambridge: The MIT Press, 1993, pp. 150-186 참조.

쾌적할 것이라는 의견을 피력했다. 결국 장소 특수성을 강변한 세라의 주장을 이해할 수 없었던 다수 대중들의 반응은 이 작품의 철거를 승인했다.

일반 대중들과의 소통 가능성은 적어도 공공장소에 설치되는 작품의 필요조건에 해당하는 것으로 보인다. 조셉 코수드는 공공미술 작품에 대한 비전문 관객들의 접근 가능성에 대해 심지어 "다중이 공유하는 장소에서 작업하는 데에는 일종의 사회적 계약이 존재하며, 작가는 일정 수준의 획득 가능한 의미를 제공해야 할 의무를 지닌다"[7]고까지 주장한다. 이런 의무를 수행함과 동시에 작가로서 자신의 고유한 문제의식을 타협하지 않아야 하는 과제가 다름 아닌 대중성과 예술성을 동시에 충족시켜야 하는 일이다.

이런 과제는 비단 조셉 코수드뿐 아니라 비토 아콘치, 댄 그래험 등 개념미술, 퍼포먼스와 같은 '미술의 탈물질화' 작업을 통해 미적 판단의 모든 전통적 기준들을 전복시키는 데 앞장 섰던 작가들에 의해 주창되고 있다는 점에서 더욱 섬세한 이해를 요한다. 1980년대 들어 공공미술 성격의 작업을 본격화했던 이들이 공통적으로 취했던 전략은 '공공장소 속의 미술'로부터 '공공장소로서의 미술(art as public spaces)'로의 이행이었다. 물론 이런 변화와 함께 장소특수성의 제약으로부터 벗어나 파빌리온이나 놀이터와 같은 인터랙티브(interactive)한 구조물을 통해 대중의 직접적인 참여와 소통을 유도해 내는 데 성공했을지는 모른다. 그렇지만 이렇게 얻어진 대중적 관심이 반드시 앞에서 언급한 대중성과 예술성을 동시에 보장하지는 못한다. 가령 예술성 차원에서 작품의 초점이 되는 것이 대중을 빗겨날 경우 대중은 가차 없이 그 작품을 외면할 수도 있기 때문이다. 그렇다면 성공한 공공미술 작품은 그 예술적 의도가 대중에게 쉽사리 전달될 수 있는 작품을 의미하는가? 코수드가 지적하는 "컨텍스트에 적합한" 공공미술[8]이

7 Joseph Kosuth, "Public Text", in Florian Matzner, ed., *Public Art*, Hatje Cantz, Munich, 2001, p. 304.

8 이런 의미에서 공공미술은 '컨텍스트 아트'의 범주에 분류될 수도 있다. Paul Ardenne, *Un art contextuel*, Flammarion, Paris, 2002 참조.

란 이런 부류의 작업을 의미하는가?

적어도 다음과 같은 사실은 분명히 주장할 수 있다. 즉 한정된 전문가들이 아닌 일반 대중들에게 공공미술 작품의 예술적 의도가 전달될 수 있기 위해서는 그것이 전적으로 미술사 내부의 문제의식에서만 비롯되는 것—소위 당대 미술의 자기 지시적(self-referential) 성격—이어서는 안 된다. 더욱이 비평은 실종되고 대중들은 이해를 포기해 버린 미술이 처한 동시대적 상황을 고려할 때 대중들을 대화에 끌어들이기 위해서라도 공공미술은 작품수용의 컨텍스트에 밀착되어야 한다는 명제는 설득력을 지닌다. 상품시장에서 통용되는 '사용자 중심(user-oriented)' 의 사고가 공공미술에도 시사하는 바가 적지 않다고 여겨진다. 흔히 '뷔렌의 기둥들' 이라고 칭하는 다니엘 뷔렌의 팔레 루와얄의 조형설치물 〈두 개의 무대(Le Deux plateaux)〉(1985-86)가 이런 조건을 충족시키는 적절한 사례가 될 수 있다고 보인다.

3. 수용자가 주인이 된 미술

일반적으로 공공미술 작품을 선정하거나 작품 계획안을 변경할 때 또는 작품 설치를 위해 공공장소를 결정하는 일에 수용자가 직접 참여하거나 공모 심사위원과 같은 형식으로 전문가들에게 위임하기도 한다. 그 밖에 지역사회의 공동체 기반 미술의 경우 수용자는 작가와 더불어 일종의 공동작업에 참여하는 경우도 있다. 물론 최종적인 결정권은 작가가 행사하는 경우가 대부분이지만 '영감 받은 천재', '예외적 개인' 과 같은 낭만주의 미학의 모델에 의거한 작가의 이미지는 공공미술적 실천에서는 더 이상 유지되기 어려워 보인다.

물론 수용자가 중심으로 부각되는 현상은 영구 설치보다는 일시적인 프로젝트로 그리고 오브제보다는 담론과 과정으로 무게중심이 옮겨 온 공공미술의 관행이 정착되는 과정과 떼어서 생각할 수 없다. 그렇지만 역사적 아방가르드의 빛바랜 윤리적 이념에 그치고 말았던 예술과 삶의 통합의 당위성이 네오 아방가르드에 있어 예술 창작의 민주화란 기치 아래 부활된 것 마냥 '모두가 예술가' 라는 일종의 문화 포퓰리즘과 같은 이념은 여기서 다시 반복되지 않도록 경계해야 한다. 지역 공동체 기반 미술 프로젝트나 관람객 참여형 프로그램(public participatory programme)의 경우 프로젝트 단계의 구상만이 작가의 몫일 뿐 그 프로젝트의 실현은 거기에 참여하는 수용자에게 전적으로 의존한다. 이럴 경우 일반적인 미적 판단 범주인 '작품의 성취도' 는 작가의 손이 아니라 공동 작업자로서 수용자의 적극적인 역할 분담에 달려 있다.

최근의 공공미술 프로젝트에 등장하는 프로듀서로의 매개자(mediator-producer)[9] 역할은 작가의 단순한 협업자 이상으로 집단 창작 또는 공동 창작의 형태를 취하기도 한다. 여기서 주목해야 할 점은 새로운 형식의 공공미술 실천과 더불어 야기된 작가의 위상 변화가 의미하는 바는 이제 작가는 절대적인 창작자의 자리를 내어준 것이 아니라 오히려 작가도 비로소 수용자의 일원이라는 사실을 자각했다고 해석해야 한다는 것이다. 다시 말해 작가가 수용자의 위치에 서지 않고는 공공미술의 실천 자체가 불가능하게 되었다.

미술사, 비평 그리고 미술과 사회의 영역에서 살펴본 공공미술의 미학은 당대 미술이 제기하는 문제들에 의해 요청되는 미학적 사유의 틀을 조금도 벗어나지 않는다. 제도적 전환 이후 공공제도가 당대 미술을 관리하는 방식으로 인해 발생하는 모순과 갈등구조가 공공미술에 그대로 반영되기 때문이다. 오히려 대중과의 소통을 시도하는 공공미술의 다양한 형식들은 제도에 기인하는 구조적 제약들에도 불구하고 현실에 가장 생산적으로 대응

---

9 François Hers, *Le protocole, les presses du réel Dijon*, 2002 참조.

하는 당대 미술의 첨병 역할을 수행하고 있다. 결국 공공미술 작품의 비판적인 힘을 무력화시키는 제도와의 싸움에서 살아남자면 성공한 작품과 그렇지 못한 작품을 차별화시킬 수 있는 미학적 논증을 공공담론의 장 안에서 구축해야 한다.

더 읽을거리

최범 편, 『공공미술이 도시를 바꾼다』, 문화관광부, 2006.

Coles, Alex, ed., *Design and Art*, The MIT Press, 2007.

Doherty, Claire, *Contemporary Art: From Studio to Situation*, Black Dog Publishing, 2004.

Kwon, Miwon, *One Place After Another: Site-specific Art and Locational Identity*, The MIT Press, 2004.

Suderburg, Erika, *Space, Site, Intervention: Situationg Installation Art*, University of Minnesota Press, 2000.

키 치

양효실

영한사전에서 키치(Kitsch)를 찾아보면 "저속한 작품" 혹은 "공예품"을 뜻하는 것으로 되어 있다. 형용사 '키치적'은 "천박한, 야한, 대중취미의"를 뜻한다고 되어 있다. 겉으로 봐서는 예술품이지만 그 속을 들여다보면 싸구려 상품이 바로 키치이다. 우리나라에서 키치는 처음에 '이발소그림'과 동의어였다. 허름한 이발소의 벽면을 차지한 싸구려 액자 속에는 새끼들에게 젖을 물리는 어미 돼지나 가을 추수가 끝난 전원풍경, 밥짓는 연기가 굴뚝으로 뿜어나오는 해질녘 시골집의 풍경과 같이 평범한 사람들이 염원하는 행복의 이미지들이 들어 있었다. 이발소그림과 같은 키치는 누구나 이해할 수 있는 정서나 내용을 담고 있는, 미적 수준에서는 한없이 저급한 그림들을 지칭한다.

이제 키치는 단지 이발소그림과 같이 미적으로 저급하거나 조야한, 그러면서도 평범한 사람들의 삶에 가장 밀착된 특수한 상품화뿐 아니라 자본주의 문화 일반, 나아가 삶의 방식과 태도를 가리키는 대단히 포괄적인 개념으로 확장되었다. 이영욱이 드는 키치의 사례는 다음과 같이 포괄적이다. "이발소그림, 브리태니커 백과사전에 둘러싸인 졸부, 초등학교 화단의 이순신 장군상과 이승복 어린이상, 사기로 만들어진 테일러 종의 눈이 큰 강아지 공예품, 거실에 걸린 액자, '바람이 분다, 살아야겠다' 식의 어구가 끊임없이 이어지는 시집이나 에세이들, TV드라마, 광고 속의 소설가의 포즈, 총학생회 후보들의 전신이 찍힌 대형사진 팸플릿, TV 음악 프로그램, 달콤한 영화와 대중음악, 갈비집 마당의 물레방아 혹은 비단잉어가 유영하는 연못, 강남의 국적을 알 수 없는 건물들과 그 안에 사는 사람들 등등."

심지어 키치는 미학적인 퀄리티를 갖는 데 실패한 저급한 예술품이나 문화뿐 아니라 미학적으로 "우수한" 특정 작품들의 어떤 경향성을 가리키는 개념으로도 사용되고 있다. 고급예술의 맥락 안에서 "키치적"은 어떤 작품들의 성향이나 태도를 가리키는 미적 개념이다. 키치를 지향하는 작품들은 팝아트 이후 고급예술 전반을 장악했다고 말해도 좋을 정도로 지배적인 경향이 되었다. 기존의 예술이 간과한 삶의 실체로서의 가벼움, 무의미, 통속성을 미적 형식과 내용으로 받아들인 작가들에 의해 키치적 예술은 오늘날 진정한 예술이 표방하는 방향 중 하나가 되었다. 그런 점에서 키치는 대단히 모호해졌고 복잡해졌다. 오늘날 키치 아닌 것이 없다라는 지적은 키치의 영향력, 키치에 대한 앞서의 사전적 정의와는 다른 어떤 이해가 필요하다는 것을 시사한다.

처음 키치는 고급문화 혹은 예술로서의 아방가르드와 대립적인 의미로 사용되었다. 그린버그는 아방가르드와 키치를 대립적인 미학적 개념으로 규정한 본격 논문인 1939년의 「아방가르드와 키치」에서 당시의 대중문화 형식 전반을 키치로 명명하면서, 그 사례를 "상업적인 예술이나 원색화보가 있는 문학지, 잡지의 표지, 삽화, 광고, 호화판 잡지나 선정적인 싸구려 잡지, 만화, 유행가, 탭댄스, 할리우드의 영화"에서 찾았다. 20세기 후반에 이르러 키치는 더욱 더 그 외연이 확장된다. 이제 키치는 그린버그가 거론한 대중예술이나 대중문화 외에도 대상에 대한 주관의 특수한 심리적 태도 마저도 가리키는 용어로도 사용된다. 이른바 "키치맨"이란 신조어는 "무분별하고 무비판적이며 조화와 총합을 선호하는 사람으로 예술이 오로지 유쾌하고 달콤한 느낌만을 산출해야 한다고 믿으면서 노력 없이 향유하는 사람, 미적 대상을 지위 상징을 수단으로 사용하는 사람"을 가리키는 데 사용된다. 가령 렘브란트의 그림 자체는 키치가 아니지만 그 그림을 자신의 지위를 나타내는 수단으로 사용하려는 키치맨의 수중에 들어가면 키치가 된다. 나아가 키치는 작품의 미적 의도를 가리키는 데 적용되기도 한다. 즉 "의도적으로" 저질인 형식이나 태도를 전유함으로써 미학적 성취를 의도하는 경우까지 나오기에 이른 것이다. 이제 키치는 미적으로 결핍인 작품뿐 아니라 미적으로 완성에 이른 특수한 작품들 및 심리적 태도를 뜻하는 것으로도 확장되어 사용되고 있다. 심지어 오늘날 키치는 예술과 문화를 미학적으로 평가하는 태도를 나쁜 관습으로 규정짓고 예술과 문화를 삶과 일상성의 맥락에서 평가하려는 이들에 의해 그 자체 긍정적인 의미를 부여받고 있기도 하다.

그린버그가 살았던 시대로부터 현재에 이르기까지 키치는 부단한 변화를 거치며 더욱 정교하고 복잡해져 갔고 그런 점에서 키치를 단일한 범주로 정의하려는 시도는 위험할 수 있다. 나아가 오늘날 우리가 접하는 모든 것이 키치와 연관되어 있다는 일각의 지적은 키치에 붙어다니는 부정적인 함의들, 즉 "나쁜", "쓰레기", "저질"과 같은 단어들에 대해 기존의 것과는 다른 태도를 취할 수밖에 없는 역사적 상황에 이르렀다는 자각을 요한다. 즉 그린버그처럼 좋은 예술로서의 아방가르드와 나쁜 예술로서의 키치라는 이분법이 선명히 존재하지 않고, 오히려 현재의 문화와 경험을 제대로 이해하려면 키치를 공정하게 다루어야 한다는 일각의 주장에 귀를 기울인다면 키치에 대한 태도 역시 수정될 필요가 있는 것이다. 다음에서는 이러한 상황을 염두에 두고 키치 개념의 전개 과정을 살펴보기로 하겠다.

1. 키치의 시작

키치 개념이 언제 처음 등장했는지 어원이 정확히 무엇인지에 대해서는 이견이 존재한다. 그럼에도 그 단어가 1870년대 뮌헨의 예술시장에서 처음 만들어져 값싸고 시장성이 높은 그림들이나 조각상을 가리키는 용어로 사용되었다는 부분에서는 대체로 의견이 일치한다. 그 무렵 독일을 여행한 영국인들이 본국으로 돌아갈 때 기념품으로 사간 시골 풍경 "스케치"를 독일인들이 잘못 발음한 데서 연유했거나, 싸게 만들다라는 의미의 독일어 동사 verkitchen이 축약된 것이라는 것이다. 헐값에 팔리는 조악한 그림을 뜻하던 키치는 그 당시 진지하고 난해한 예술품을 감상할 수 있는 능력을 갖추지 못한 뮌헨의 신흥 부르주아들, 즉 문화적 엘리트들의 습관이나 교양을 서투르게라도 모방함으로써 자신들이 선망하는 전통적인 엘리트 계급의 위신(status)을 획득하려는 부르주아들의 취향을 만족시켜 주었다. 구(舊) 귀족계급의 문화를 모방함으로써 자신의 위세를 과시하고자 한 신흥 부르주아에 의한 키치의 생산 · 소비는 이후 키치를 부르주아 산업사회의 계층문화 서열 안에서 중간계급에 의한 상층계급에 대한 모방적 취미로서 해석하려는 진영에 디딤돌이 되어 주었다.

키치 개념의 역사적 등장이 부르주아의 등장과 일치하고, 키치가 부르주아의 조악한 문화의 범주와 동일시된다는 것에서 우리는 키치가 오로지 (서구) 산업사회의 현상이라는 것을 알 수 있다. 19세기 중엽 본격화한 산업화, 도시화는 읽고 쓸 수 있는 능력을 갖춘 일반 대중을 등장시켰다. 도시로 이주해 변두리 하층민 집단을 형성한 소작농들은 보통교육을 통해 문해성(literacy)을 획득한 뒤 귀족의 전유물이었던 예술에 접근할 수 있는 기본적인 자격을 얻게 된다. 그러나 프롤레타리아나 소부르주아로서 도시에 이주한 농부들은 읽고 쓸 수 있는 능력을 갖추기는 했으나 시골에서 향유하던 전통적인 민속문화에 대한 취미를 잃어버렸고 동시에 산업화된 노동과 도시적 삶에 권태를 느끼게 되면서 소비문화로서의 대중문화에 몰입하게 된다. 키치는 이렇게 특정한 문화만이 만족시킬 수 있는 오락으로서의 대용문화로서 등장하게 된다. 키치를 도시 하층민이나 프롤레타리아의 문화로 설명하는 것은 키치를 부르주아 중간계급의 문화로 설명하는 이들의 입장과는 일면 모순되어 보인다. 그런 점에서 보다 포괄적으로 키치를 전문적인 문화적 소양을 갖추지 못한 부르주아 중산층이나 프롤레타리아 하층민 모두의 문화 향유 방식으로 간주하는 것이 적절할 듯하다.

2. 키치에 대한 비판

이렇듯 저급한 대중의 예술적·문화적 취향을 가리키는 키치의 출신 성분은 당연히 "엘리트" 비평가들의 비판의 표적이 되었다. 그들이 보기에 키치는 예술의 모습을 띠고 있지만 사실은 상품이다. 키치를 필요로 하고 소비하는 이들은 앞서 지적했듯이 진정한 예술을 감상할 수 있는 취향을 갖추지 못한 이들이며, 판매에 혈안이 된 키치의 생산자들은 미적 기준이 아닌 구매자들의 욕구를 만족시키려는 데 혈안이 되어 있다. 그들은 상투적인 미적 포장과 일정한 규칙을 적용해서 예측 가능한 메시지들을 평균적인 소비자들에게 판매하는 상인들이다. 키치의 소비자들은 키치의 거짓말을 기꺼이 받아들일 뿐 아니라 자신을 둘러싸고 있는 사이비 예술과 인스턴트적인 미에 자신의 삶의 조건을 꿰어 맞추는 데 익숙하다. 그들은 심지어 진정한 예술작품마저도 키치로 감각·소비하는 이들이다. 진정한 예술작품마저 키치로 바꿀 수 있는 힘은 자본주의 자체가 갖는 힘이다. 즉 자본주의 안에서는 모든 것이 다 상품으로 팔릴 수 있는 소비재로 화한다. 토크빌은 문화의 민주주의를 문화의 저급화로 해석하면서 민주주의 시대의 평균적인 독자들을 비판한 다음과 같은 견해를 피력했다. "그들은 문학에 바칠 수 있는 시간이 아주 짧기에 그 시간 전체를 최대한 이용하고자 한다. 쉽게 구할 수 있고 빨리 읽히고 이해하는 데 학구적인 자세가 필요 없는 책을 선호한다. 그들은 자족적이며 쉽게 즐길 수 있는 미를 필요로 하며 무엇보다도 예기치 못한 새로운 속성을 가져야 한다. 투쟁, 시련, 실생활의 단조로움에 익숙해진 그들은 급속한 정서 변화, 놀라운 추이들을 요구하며 작가들은 완성보다는 빠른 실행을 목표로 할 것이다. 소규모의 작품들이 두터운 책

보다도 더 흔할 것이다. 하지만 작가의 목적은 즐겁게 하는 것이기보다 놀라게 하는 것이며 취미를 만족시키기보다는 오히려 열정을 자극하는 것이리라.”

토크빌처럼 부르주아 시민사회의 등장이 문화와 예술의 저급화를 초래했다고 판단한 엘리트 비평가들은 가짜 예술로서의 키치와 진짜 예술로서의 아방가르드 예술의 비교를 통해 예술의 반부르주아적이고 엘리트적이며 초월적인 가치를 옹호하려 했다. 키치는 대중문화, 나쁜 예술, 쓰레기 예술과 동류이며 진짜 예술인 아방가르드 예술은 예술을 위한 예술, 순수 예술, 소수를 위한 예술, 진지한 예술 등등으로도 불리면서 이분화된다.

산업사회의 등장과 더불어 탄생한 아방가르드 예술과 키치는 전혀 다른 길을 선택하면서 자본주의에 반응했다. 아방가르드 예술이 심미적 귀족의 태도를 취함으로써 부르주아 민주주의 사회의 평균화된 저속한 취미에 저항하려 했다면, 키치는 대중의 호소에 순응하는 태도를 통해 자본과 예술이 결합하는 방향으로 나갔다. 즉 모든 것이 시장에서 상품으로 팔려야 하는 새로운 사회적 조건의 면전에서 키치는 예술과 상품의 거리를 지우고 문화산업의 위치를 선택한 것이라면 아방가르드로서의 현대예술은 부르주아 사회로부터 물러나 예술의 상아탑으로 은둔함으로써 자신의 본래성, 즉 귀족적이고 엘리트적 위상을 보호하려 한 예술이다. 반상업적이고 반자본주의적 예술인 아방가르드와 상업적이고 자본주의적인 예술의 대립이다. 그린버그가 보기에 현대 미술이 형식이나 평면성에 천착함으로써 예술의 자율적인 고유한 가치를 보존하려 한 예술이라면 키치란 아방가르드 예술을 제외한 모든 예술, 고급예술 내부의 아카데믹한 예술까지도 포함하는 나쁜 예술을 가리킨다고 말하고 있다.

순수예술을 옹호하고, 그 타자로서의 키치를 문화와 예술의 타락이란 관점에서 비판하는 일은 특히 1930년대 유럽을 파시즘이 잠식하고 있었을 때 전면적으로 전개되었다. 그린버그 외에도 헤르만 브로흐, 테오도르 아도르노 등이 그 대표적인 이들인데 이들은 파시즘의 발흥, 파시즘에 의한 예술의 프로파간다화, 순수예술에 대한 대중의 반감 등을 직접 목격하면서 좌파로서이건 우파로서이건 모두 한결같이 예술의 독자적이고 초월적인 가치를 역설함으로써 예술의 아방가르드적 성격을 옹호했다. 그들에게 예술은 사회적 가치로부터 독립한 순수한 것이며, 천재의 산물이며, 윤리적으로나 도덕적으로 선한 것의 상징이다. 예술은 상품이 아닌 순수한 천재 예술가의 소산이며 형이상학적이고 초월적인 가치의 담지자인 것이다.

키치를 비판하는 이들은 키치의 미학적 저급함의 현실적 기능과 용도, 즉 그것이 갖는 이데올로기적인 성격을 비판한다. 키치는 누구나 이해하기 쉬운 판에 박은 듯한 공식을 갖고 있고 거짓말로 이루어진 악이다. 키치는 삶의 무의미함과 진부함을 벗어나 환상적인 도피처를 찾으려는 도시 대중의 정서에 호소한다. 키치는 시간 때우기에 적합하다. 간결하고 단순하며 이해하기 쉽다는 점이 키치가 갖고 있는 덕목이다. 키치는 감각적인 느낌과 정서에 호소한다. 브로흐는 “키치 소설은 세상을 있는 그대로가 아니라 사람들이 바라는 세상의 모습으로, 혹은 사람들이 두려워하는 세상의 모습으로 기술한다”며 전자를 달콤한 키치(sweet kitsch), 후자를 시큼한 키치(sour kitsch)로 나눈다. 사람들이 원하는 세상을 반영하는 달콤한 키치는 달빛 아래의 다정한 연인, 사랑스러운 강아지와 어린아이, 행복한 가정과 같은 이미지에서 가장 잘 드러난다. 사람들이 두려워하는 세상을 반영한 시큼한 키치는 전쟁영화나 공포영화에서 볼 수 있듯이 위험, 죽음, 절망을 제시하지만 고통이나 절망의 실체가 부재하는 이른바 “멸균된 슬픔”을 제공한다. 키치에 대한 본격 해부서라 할 수 있는 『참을 수 없는 존재의 가벼움』에서 밀란 쿤데라는 그러한 키치의 성격을 “똥의 절대적 부정(absolute denial of shit)”이라 표현한 바 있다. 즉 키치는 현실을 다룰 때에도 현실의 더러움, 어려움, 실체는 절대로 재현하지 않는다는 것이다.

키치의 미적 기만성이나 비도덕성에서 이득을 보는 것은 지배 계급이다. 근대 산업사회의 대중문화를 문화산업으로 규정한 아도르노와 같은 좌파 사상가들이 보기에 문화산업으로서의 예술은 시장의 필요에 의해 통제되고 정식화되며 대중들은 그러한 상업적인 예술을 수동적으로 받아들인다. 키치는 전체주의 사회에 걸맞는 예술 형식이다. 1937년 히틀러 정권이 뮌헨에서 현대예술을 퇴폐예술로, 자신들의 이데올로기를 대변하는 예술을 위대한 독일 예술로 명명해서 나란히 전시하고 전시 후 현대예술 전시회에 걸렸던 작품들을 불태운 일화는 1930년대 엘리트 비평가들이 보기에 키치가 어떻게 정치적 이데올로기와 직접적으로 연관을 맺는가를 입증한 역사적 사실이다. 키치는 사전에 모든 대답이 미리 주어져 있고 따라서 어떤 질문도 배제하게 만드는 멸균된 세계관, 이른바 전체주의적 세계관을 대변한다. 건강한 민주사회라면 다양한 집단적 관심들이 경쟁하고 서로 협상하면서 합의를 도출해 내려 노력할 것이지만 개인주의, 의심, 아이러니와 같이 현대예술이나 아방가르드 예술에 중요한 용어들은 키치를 침해하는 것으로 이들은 키치의 생존을 위해 모두 삶에서 추방되어야 할 것들이었다. 그런 점에서 쿤데라는 "딱 하나의 정치적 움직임이 권력을 독점하고 있을 때는 언제이건 우리는 전체주의적 키치의 영역 안에서 살게 된다"고 지적한다. 키치로서의 대중예술, 혹은 문화산업은 지배집단에 의해 이루어지는 대중의 여가조작과 연관되어 있다. 예술을 감상할 만한 시간적 여유도 금전적 능력도 갖고 있지 못한 노동자 대중은 자신들의 여가시간을 때우기 위해 정형화되어 있고 소화되기 쉬우며 이미 다 조리되어 있는 문화경험을 요구하는 것이다. 산업사회는 인간의 물화를 심화시키면서도 그 물화를 오히려 충족, 행복, 성취로 생각하게 함으로써 물화 상태로부터 탈출을 좌절시키는 여러 장치, 기술, 이데올로기를 갖고 있다. 소비사회에서 욕망은 사회적으로 생산되고 사회적으로 모방된다. 욕망은 결핍감에서 발생하는 것이지만 그 결핍감 자체를 사회적으로 대량생산하고 그 결핍감을 메우려는 것이 후기산업사회이다.

그러나 칼리니스쿠와 같은 이론가는 아도르노와 같은 좌파 이론가들이 키치의 등장을 노동자 대중의 여가와 연관짓는 것은 너무 협소한 이해 방식이라 지적하면서 부르주아지와 중산계급 나아가 부유한 상층계급의 사람들에게도 키치에 대한 애호가 존재함을 역설한다. 키치는 상층계급이나 하층계급을 모두 만족시키는 근대 사회 전체의 생활양식이라는 것이다. 20세기 초 파시즘의 시대를 살았던 아도르노가 키치를 특수한 계급의 문화로 봄으로써 저항의 가능성을 모색하려 했다면 20세기 후반 키치가 자본주의 문화 전체를 지칭하는 데 사용되고 있는 시대에 칼리니스쿠는 키치에 대한 저항이나 비판의 불가능성을 짐짓 시사하고 있다고 볼 수 있다. 오늘날 키치로부터의 자유를 말하는 것은 자본주의의 "밖"을 이야기하는 것의 어려움만큼이나 불가능한 것일 수도 있는 것이다.

키치는 현대예술의 전사로서의 낭만주의와 밀접한 연관을 맺고 있다. 불행, 반복, 권태로서의 현실로부터 도피하려는 키치의 낭만주의적 경향은 키치의 주된 매력이다. 브로흐는 낭만주의 이전에 미적 이상은 절대적이고 도달할 수 없는 어떤 초월적인 것이었지만 낭만주의 시기에 미적 이상은 초월성의 흔적을 상실하고 작품 자체에 내재하는 것으로 바뀌게 되었다고 지적한다. 키치가 노스탤지어에 경도되어 있다는 점 역시 낭만주의와의 친화성을 보여 준다. 즉 키치는 역사적 현실이나 동시대적 현상을 몇몇 상투어로 대치하면서 낭만주의적 세계관과 연관을 맺고 있는 정서적 욕구들에 근거하여 번성하는 것이다. 그런 점에서 키치는 낭만주의의 진부한 형태라 할 수 있으며 키치적 정서를 낭만적이라고 말하는 것은 설득력이 있다.

3. 키치의 정치학

키치의 역사적 전개 과정, 부르주아 대중사회에서 키치의 미적 · 도덕적 · 이데올로기적 성격에 대한 규명은 키치의 타자로서의 예술의 순수성, 도덕성을 옹호하는 데 적극 이용되었다. 그러나 아방가르드 예술을 절대화하고 신화화하는 과정에 대한 반발이나 반작용이 등장하면서 현대예술 역시 지배 이데올로기로 변질되어 간 예술이었다는 지적이 강력한 설득력을 갖게 되었다. 아울러 모더니즘 이론의 지나친 득세가 모더니즘의 제도화, 보수주의화를 초래하게 되면서, 그러한 모더니즘에 정면으로 도전하는 포스트모더니즘 예술이 등장하게 되었다. 모더니즘의 순수성의 이데올로기적 성격은 20세기 후반 다양한 진영의 다양한 관점—탈식민주의, 포스트모더니즘, 포스트페미니즘 등등의—에 의해 비판되었는데 키치와 연관해서 살펴볼 것은 우선 모더니즘의 시대에 현대예술 또는 아방가르드와 키치는 상호 배타적인 예술이 아니라 끊임없이 서로를 참조하면서 작용한 예술이었다는 사실이다.

랭보에서 시작해서 다다와 초현실주의를 거치면서 혁명적 아방가르드들은 자신들의 전복적인 목표를 위해 키치에서 직접 차용한 다양한 요소와 기술을 사용했다. 키치는 아방가르드가 일종의 유행이 된 제2차 세계대전 이후에는 가장 섬세한 시인과 지식인 집단 내에서 "부정적" 명성을 향유하게 된다. 역으로 키치는 성공한 아방가르드를 모방하고 차용함으로써 이득을 취해 왔다. 키치 예술가는 아방가르드의 비관례성—새로움—이 성공적인 것으로 드러나 널리 수용되거나 심지어 상투형이 될 정도에 이르렀을 때에만 아방가르드를 모방하고 복제했다. 이런 점에서 키치는 지속적으로 아방가르드 안에서 재생되었다고 보아야 할 것이다. 아방가르드가 키치를 사용하고 키치가 아방가르드의 장치를 이용했음은 키치와 아방가르드를 완전히 분리될 수 있는 전통으로 보는 엘리트들과 달리 명료한 이분법을 통해 설명할 수 없음을 증명하는 하나의 사례이다.

또한 1960년대 등장한 팝 아트로 인해 이제 20세기 후반의 예술은 모더니즘 예술과의 급진적인 단절 속에서 이해되게 된다. 미국의 "저급한" 대중문화의 아이콘들을 고급문화의 영역으로 끌어들인 팝 아트—광고전단, 수프 깡통, 영화 스타와 같은 대량 소비문화의 요소들을 이미지화—이래 "키치"의 부정적인 함의는 재고의 대상이 된다. 대표적 팝 아티스트인 앤디 워홀은 코카콜라 병, 캠벨 수프 깡통, 마릴린 먼로, 엘비스 프레슬리와 같은 대중문화의 일상적인 이미지를 담아냄으로써 "천박함, 반복과 단조로움,

권태감을 자아내는 세상의 시시한 것들에 축복의 세례를 내린다." 저급예술, 혹은 대중문화의 고급예술의 진영으로의 진입을 알린 팝 아트의 국제적인 성공은 미학적 양식으로 전유된 키치의 영향력이나 의의를 정당화하기에 충분한 사실이다.

4. "캠프"를 통해서 본 오늘날 키치의 의의

팝 아트가 등장하던 1960년대에 수잔 손탁은 "캠프(camp)"라는 용어를 통해서 대중문화나 팝 아트를 기존의 진지한 아방가르드 예술과는 다른 예술이라는 관점에서 정의하려고 했다. 손탁에 의하면 아방가르드로서의 현대예술 혹은 고급예술은 진리, 아름다움, 진지함에 천착하면서 예술을 도덕적 교훈이나 도덕적 판단에 종속시킨 예술이다. 그와 달리 경박한 것, 과장된 것, 탐미적인 것, 미학적으로 부적절한 것에 열정적으로 몰두하는 경향으로서의 캠프 혹은 캠프 취향은 내용에 대한 스타일의, 도덕에 대한 미적인 것의 승리를 알리는 사건이다. 즉 아방가르드 예술에 이르기까지 이어져 내려온 진지함과 도덕에의 종속으로부터 해방된 새로운 예술의 탐미적이고 유희적인 특성을 손탁은 캠프를 이론화하면서 정식화하려 했다.

캠프로서의 예술은 기존의 도덕을 비판하면서 새로운 도덕을 제시하려한 현대예술의 진지함을 넘어선다. 캠프족은 진지하게 굴지 말고 놀 것을 제안한다. 삶의 무의미함이나 변혁 가능성에 대한 어떤 믿음도 포기한 캠프족은 예술의 가치를 유희에서 찾는다. 가벼움, 경박함, 도덕적 엄숙주의에 대한 거부, 스타일에의 탐닉이 캠프의 특징이다.

손탁이 말하는 캠프가 고급예술 진영에서 아방가르드 예술에 대한 반발로 등장한 새로운 예술인지, 대중문화를 포괄한 후기 자본주의 시대 문화 전체를 말하는 것인지는 불확실하다. 분명한 것은 손탁은 캠프를 물질적으로 풍요로운 사회, 풍요로움이라는 정신병리를 견뎌낼 수 있는 사회의 문화로 간주한다는 것이다. 이런 점에서 본다면 캠프는 아도르노가 말한 문화산업에 의한 자본주의 내 문화 전체의 잠식과 일면 유사하다. 손탁은 단순히 캠프로서의 자본주의 문화 전체를 거부하기보다는 캠프에 대한 전면적인 분석을 통해 캠프의 성격을 제대로 규명하려 했다는 점에서 의의를 찾을 수 있을 것이다.

캠프 개념을 이해하는 일은 단순히 키치를 아방가르드 예술의 타자로서 부정적으로 이해하는 것의 편협성을 극복할 수 있게 하는 장점을 갖고 있다. 키치나 캠프 개념은 오늘날 예술이 자본주의 사회와 비판적인 거리를 유지할 수 없는 지점에 이르렀다는 사실 앞에서 우리가 어떤 태도를 취해야 하는가에 대한 진지한 성찰을 요구한다. 자본주의와 문화산업에 대한 비판을 계속 견지하려는 이들이라면 키치를 어떻게 정의할 것인가의 문제부터 해결해야 할 것이다. 풍요로운 자본주의 사회에서 끊을 수 없는 마약처럼 우리를 매혹시키려 드는 키치의 유혹을 무시하고서 키치의 타자를 말하는 것만큼 쉬운 일은 없을 것이다. 물론 키치의 유혹에 순순히 항복하는 것은 인간의 본래성을 포기하는 것이라는 비판은 우리의 무의식 속에 계속 자리할 것이지만.

더 읽을거리

마테이 칼리니스쿠, 『모더니티의 다섯 얼굴: 모더니티, 아방 가르드, 데카당스, 키치, 포스트모더니즘』, 이영욱 외 옮김, 시각과 언어, 1993.

밀란 쿤데라, 『참을 수 없는 존재의 가벼움』, 이재룡 옮김, 민음사, 2001.

수잔 손탁, 『해석에 반대한다』, 이민아 옮김, 이후, 2002.

이영욱, 「키치/진실/우리문화」, 『문학과 사회』, 1992년 (겨울).

알렉시스 드 토크빌, 『미국의 민주주의』, 임효선 외 옮김, 한길사, 1997.

클레멘트 그린버그, 『예술과 문화』, 조주연 옮김, 경성대출판부, 2004.

차용, 그 위반과 역설의 양태와 논리

윤자정

현대예술의 장(場)에서 차용(appropriation)은 더 이상 낯선 현상이 아니다. 차용은 "어떤 작품이 타인의 작품이나 기존의 알려진 이미지를 자신의 몸체에 의도적으로 통합한다"는 정도의 의미를 갖는데, 주지하다시피 창작의 세계인 예술에서 과거에는 부정적인 의미를 지녀왔다. 차용이 창작의 세계에서 금기시되기 시작한 건 대략 근대 이후부터라고 할 수 있다. 르네상스 이래로 봉건제도의 붕괴, 합리주의와 민주주의의 보급, 산업혁명에 의한 시민계급의 승리로 근대가 성립되면서 예술은 하나의 통일된 시점으로부터 파악된 현실상(像), 작가의 판단에 따라 구성되는 그 자체로 완결된 하나의 세계가 되었고, 여기서 개성의 표현으로서의 예술, 혹은 예술의 자율성이라는 근대예술의 성격이 생겨난다. 천재라는 관념도 이때 생겨나며, 이 관념의 기초로서 독창성이 새삼 부가되었다. 중세의 예술은 신의 이념의 표현이고 예술가는 신의 조자연서 신서를 표현하는 무명이 직인이었지만, 이제 개인의 창조력 혹은 독창성이 예술의 중핵이 된다. 이후 낭만주의 시기를 거치면서 독창성, 혹은 기원(起源)은 '강박적으로' 추구되며, 모더니티 시기의 예술을 둘러싼 담론들의 중심에 놓이게 된다. 요컨대 근대 이후 창조성 혹은 독창성이 예술작품에서 찾을 수 있는 가장 중요한 덕목이 되었으며, 창조적 개인에서 근원하는 독창성이 담긴 원작만이 진품이고,

이를 다른 사람이 차용하는 행위는 일반적으로 거부되었다.

그러나 오늘날, 특히 현대 미술의 장에서는 다양한 양태의 차용이 성행한다.(필자는 차용의 제반 문제를 미술, 특히 현대 미술을 염두에 두면서 다루고자 한다. 논의의 초점을 맞추면서 쟁점들을 소개하려면 어느 한 장르에 주목하는 것이 유리할 것이라는 점, 그리고 차용의 양태와 논리가 가장 첨예하게 진행되는 지점이 미술 혹은 시각문화 영역이리라는 짐작 등이 작용한 것이다. 그러나 미술에 초점을 맞춰 진행되는 논점들을 다른 장르의 예술로 확대 적용시킬 수 있는 가능성은 풍부하다고 본다.) 마네의 〈올랭피아〉는 조르조네의 〈잠자는 비너스〉를, 피카소의 〈시녀들〉은 벨라스케스의 〈시녀들〉을, 뒤샹의 〈L.H.O.O.Q.〉는 다빈치의 〈모나리자〉를 분명히 차용하고 있다. 1960년대의 팝 아트는 대중매체의 이미지를 차용하고 있으며, 아예 '이미지 차용자들' 이라는 그룹도 등장한 바 있다. 한쪽에서는 차용하면 안 된다고 그리고 다른 한쪽에서는 열심히 차용하고 있는 것이다.

여기서 심각한 의문이 제기된다. 어떤 차용이 예술적으로 허용이 되는가, 현대 미술에서 허용되는 차용의 범위는 어디까지인가라는 의문이 그것이다. 초기 입체파 시절의 피카소와 브라크는 서로의 작품을 참조하면서 전문가도 구별하기 어려울 정도의 유사한 작업을 했지만 우린 이들을 남의 작품이나 베낀 작가로 여기지 않는다. 마네의 〈올랭피아〉가 티치아노의 〈우르비노의 비너스〉나 조르조네의 〈잠자는 비너스〉를 빌려 쓰고 있지만, 예술적으로 용인되는 창조적 차용의 사례로 얘기될 뿐이다. 한편으로, 국내의 경우, 무슨 미술대전이다 공모전이다 하는 데서 최고상을 받은 작품이 나중에 표절작으로 확인되어 수상이 취소되는 사례는 신문지상에도 곧잘 오르내린다. 이상의 사례들은 차용이 미술작업에 깊숙이 들어와 있으며, 어떨 때는 허용이 되고 어떨 때는 허용이 되지 않음을 말한다. 창의와 개성이 생명인 예술에서 적(敵)으로 간주되는 차용, 들키면 작가로서 엄청난 도덕적 비난을 감수해야 하는 차용이 있는가 하면, 창작 전략으로 당당히 명함을 내미는 차용 또한 있음을 말한다.

여기서 우리는 예술적으로 허용이 되는 차용과 허용이 되지 않는 차용을 구분할 필요성을 느끼게 된다. 그러한 구분이 두부모 자르듯 반듯하게 이루어지지는 않는 것 같다. 그러나 혼란을 그대로 방치하는 것도 곤란하다. 이것은 미술(예술)의 본질, 미적 체험의 본질, 현대 문화의 본질 등 제반 문제와 결부된 중요한 문제이기도 하다. 일반적으로 우리는 허용이 되지 않는 차용으로는 위조와 표절을 대표적으로 생각할 수 있고, 허용이 되는 차용으로는 패러디(와 패스티시)를 대표적으로 생각할 수 있다. 이 글에서는 이들의 정의와 논리, 그리고 이들 각각의 구별 지점을 살펴봄으로써 현대 미학의 새로운 쟁점으로 떠오른 이들 문제에 대한 주목의 필요성을 부각시키고자 한다.

1. 위조

위조(forgery)는 주로 금전적 이익을 목적으로 구매자나 관객에게 작품 제작의 내력을 의도적으로 조작한 예술작품으로서, 속이려는 의도가 필수적이다. 이 점에서 단순한 카피나 단순히 감정이 잘못된 경우와는 구별된다. 위조자는 주로 유명작가의 스타일에 따라 작품을 만들어 이를 그 유명작가의 작품인 양 팔려고 한다. 한마디로 위조는 "제작 시기나 작가에 대해 속이려는 의도를 가지고 가짜를 진짜인 것처럼 제시하는 것"으로서 (1)진품성(authenticity)을 결여하고 있고, (2)속이려는 의도와 필연적인 관계를 맺고 있다.

위조는 미술사 자체와 더불어 시작되었다고 할 정도로 뿌리가 깊다. 고대 그리스 미술가들은 팔리지 않는 동료나 제자의 작품에 자신이 서명하여 도와주는 인정미담식 위작 사례를 남기고 있으며, 중세의 연금술도 일종의 위조였다. 방식상에서는 크게 세 가지가 있는데 (1)진품과 꼭 닮게 위조하는 경우(웬만한 전문가가 아니면 분별하지 못할 〈모나리자〉가 세계 도처에 대략 200점 정도는 있다고 하는데, 이런 경우가 이에 해당한다.) (2)여러 작품들의 잘된 부분들을 하나로 구성하는 이른바 '혼성화(pastiche)'의 방식(네덜란드의 유명한 위조화가 반 메게렌의 사례는 여기에 해당된다.) (3)한 작가 또는 한 시대의 양식을 숙달된 경지로 익힌 다음 마치 진품처럼 보이게 하는 방법 등이 그것이다.

위조가 사기의 한 형태로서 부도덕하다는 점은 두말 할 나위가 없지만, 다음과 같은 까다로운 미학적 문제가 제기되어 논란을 불러일으키기도 한다. 위조품과 원작의 미적 가치의 문제가 곧 그것이다. 이는 곧 우리가 예술작품을 판단할 때 작품 자체만을 보는가 아니면 작품 이외의 다른 것도 보는가의 문제이다. 만약 작품 자체만을 본다면 '완전한 위조품(위조품이 완벽에 가까울 정도로 원작과 닮은 경우)'은 원작과 동일한 미적 가치를 가질 것이며, 작품 이외의 다른 것도 본다면 양자의 미적 가치는 달라질 수밖에 없을 것이다. 흔히 전자의 입장을 '고립주의'로, 후자의 입장을 '맥락주의'로 부른다. 전자는 위조품과 원작이 지각적으로 식별 불가능한 경우 그 미적 가치에 있어서 동등하다고 주장하고, 후자는 위조품은 원작과 상이한 맥락을 지닐 수밖에 없고 그러한 맥락에 있어서의 차이는 우리의 작품 감상에 영향을 미치기 때문에 위조품의 미적 가치가 원작보다 떨어진다고 주장한다. 위조가 부도덕하다는 점을 차치하고 미적 가치라는 면에서만 본다면 고립주의는 위조가 허용될 수 있다고 보는 것이고 맥락주의는 허용될 수 없다고 보는 것이다. 양 진영 모두 든든한 이론적 원군(援軍)을 거느리고 있음은 물론이다.

필자는 개인적으로 맥락주의의 입장을 지지하며, 그 이유로서 댄토가 말하는 '예술의 이론의존적 성격'을 생각한다.[1] 댄토에게 있어서 한 대상이 예술작품으로 간주된다는 것은 그 대상이 단순한 실제 사물의 영역으로부터 의미의 영역으로 넘어선다는 것이다. 실제 사물을 의미의 영역으로 진

1 Arthur C. Danto, "The Artworld", *Journal of Philosophy*, vol. 61, 1964.

입하게 만드는 것은 무엇인가. 그는 그것이 '이론(예술론의 분위기, 예술사에 대한 지식)' 이며, 이론이 지닌 구성력으로 말미암아 한 대상은 이론이 주어질 경우에만 예술작품으로서의 자격이 주어진다. 위조품은 '표면' 에서는 예술작품을 닮았지만 이론상에서는 용납이 되지 않는 것이다. 여기서 댄토는 위조품이나 예술작품은 지각적 술어들만으로 분석 가능한 개념이 아니라는 점을 주목하면서 양자 간의 식별 불가능성의 문제를 해결하고자 하며, 역으로 자신의 논제, 즉 이론(해석, 예술개념)의존적 의미체로서의 예술작품이라는 논제의 타당성을 입증한다. 예술이론은 요컨대 대상들을 실제세계로부터 다른 세계로 옮길 수 있는 강력한 힘을 지니며, 한 대상을 예술작품으로 구성해 주는 해석이 존재하지 않으면 예술작품은 결코 존재할 수 없다. 위조는 이 해석의 자격을 부여받지 못하는 것이다.

2. 표절

표절(plagiarism)은 "타인의 창작물에 귀속되어야 하는 독창적 내용의 전부 혹은 일부를 전용하여 자신의 창작물의 독창적 내용인 양 제시하는 행위"로서 예술가 개인의 독창성이 중시되는 창작세계에서 기본적으로 금기시되는 행위이다. 표절은 위에서 얘기된 위조와 비교되어 다음과 같이 정리되기도 한다. 즉 위조는 "자신의 작품을 다른 사람의 것으로 속여넘기는 것"이고, 표절은 "다른 사람의 작품을 자신의 것으로 속여넘기는 것"이다.[2] 양자 모두 속이려는 의도에 있어서 공통되는데, 위조는 원작자의 권위에 기생하여 자신을 은폐하고, 표절은 표절자 스스로 권위를 부여받기 위해 원작을 은폐한다. 말하자면 위조자(forger)는 남의 서명을 도용하고 표절자(plagiarist)는 자기 것을 서명한다

2 Monroe C. Beardsley, "Notes on Forgery", in Denis Dutton, ed., *The Forger's Art.*

표절이 금기시되는 것은 마땅하지만, 하나의 작품이 표절인지 아닌지를 판별하는 일이 그리 간단치는 않다. 표절의 혐의가 있는 어떤 작품에 대해 그 작품이 표절인지 아닌지를 판별하는 경우, 흔히 '의도적이고 공공연한 차용'이라는 조건을 만족하면 표절의 혐의를 벗어난다. 이 조건 자체는 대체로 오늘날의 '포스트모던' 예술가들이 모더니즘에 대한 일종의 비판과 극복의 방법으로 모더니즘 예술을 인용한다든지 대중매체 이미지가 범람하는 현대의 시각 환경에 대한 예술적 반영의 형태로서 대중적 이미지를 차용하는 경우가 잦아지면서 언급되는 조건들이다. 그리고 그 조건이 적용되는 차용(이는 '정당한' 차용이다)은 흔히 오늘날의 두드러진 예술기법으로서의 패러디나 패스티시로 이해된다.

그러나 '의도'의 경우, 작가의 의도를 확인한다는 것이 일단 쉽지 않은 일이다. 작가의 의도를 설사 제대로 확인한다고 하더라도 이 의도를 작품성과 직결시키는 것은 이른바 '의도론자의 오류'를 범하는 일이 될 수도 있다. 또 우리는 차용의 의도가 객관적으로 충분히 납득될 수 있을 정도의 내용을 갖추지 못할 경우 굳이 남의 작품이나 이미지를 차용해야 할 이유가 성립되지 않는다고 말할 수밖에 없지만, 그 '객관성'이나 '충분한 납득'의 선을 막상 구체적으로 긋는 문제로 들어서게 되면 합의 도출이 안 되는 경우가 얼마든지 있을 수 있다.

'공공연함'의 경우 또한 비슷한 문제를 야기한다. 표절의 혐의를 벗기 위해 이미 널리 알려져 있는 기존 이미지나 다른 사람의 작품을 공공연하게 차용하는 것이 필요하지만(예를 들어 만화 이미지를 대규모로 확대한다든가, 마릴린 먼로의 사진이나 모나리자의 작품 사진을 그대로 이용한다든가 하는 식으로), 누구에게 어느 정도까지 알려진 것이 널리 알려진 것인지, 또 공공연함의 정도는 어떻게 판단될 수 있을 것인지를 다시 묻지 않을 수 없다. 원작과 동일한 매체에 의해 차용이 이루어지는 경우(이 경우는 표절 판정도 상대적으로 쉽다)와 달리, 매체가 달라지면서, 혹은 소위 순수예술과 대중예술 간의 경계가 불분명해지면서 애매성이 증폭되는 경우도 왕왕 있다. 있을 수 있는 이런 문제상황들을 나열하다 보면 표절의 대응 논리가 아직은 빈약한 상태라는 걸 새삼 절감하게 된다. 패러디와 패스티시에 대해 주목하고 이를 표절의 경우와 대비시키는 건 이 빈약한 논리를 커버하는 의미를 갖는다.

3. 패러디와 패스티시

패러디는 결코 새로운 현상은 아니지만 이 시대의 모든 예술에 편재되어 있다. 패러디는 일반적으로 조롱하거나 우습게 만들려는 의도로 하나의 텍스트와 다른 텍스트를 대조시키는 것을 뜻한다. 패러디를 깊이 연구한 린다 허천은 한 걸음 나아가 패러디를 "초맥락화와 전도가 복합된 형식"으로 규정한다.[3] 패러디가 현대 미술에서 문제가 되는 것은 앞서 살펴보았듯이 차용의 사례가 비일비재하고 이 차용 사례들이 대부분 패러디라는 창작상의 방법으로 얘기되기 때문이다. 요컨대 차용의 개념이 확산되어 있는 현대 미술의 창작에서 차용은 어떻게 이해되어야 할 것인가, 나아가 창조성이 부정되는 근거는 무엇이며, 그 부정이 차용의 적극적 수용일 때 그런 작품의 방법론은 어떤 것인가를 생각할 때 패러디가 중심에 자리하게 된다는 것이다. 현대 미술에서 창작의 개념에 혼선을 초래했고 반드시 설명되어야 할 징후로서의 차용, 그 차용을 전략으로 삼는 패러디의 구체적인 논리는 무엇인가?

린다 허천의 말을 빌려 보자. 그는 〈패러디 이론〉에서 문화의 넓은 맥락에서 패러디가 유행하는 이유를 먼저 점검하는데, 그에 따르면 우리 시대는 외적 정당성이 요구되는 체제에 대한 신념이 결여됨으로써 고통을 받고

3 Linda Hutcheon, *A Theory of Parody*, 김상구 · 윤여복 역, 『패러디 이론』, 문예출판사, 1992, 31쪽.

있고, 예술 형식은 점차 외적인 비평을 불신하면서 정상적인 비평적 대화의 단절을 스스로 정당화시키기 위해 그 자체의 구조 속에 비평적 언급을 합체시키려 한다. 이 속에서 모든 문화적 형태가 지니는 자아반영을 설명하는 데 기여할 작업의 개념을 설정할 필요가 있게 되었고, 현대에 와서 패러디에 대한 관심이 대두한 것은 이러한 자아지시적 성격과 정당성에 대한 의문이 일반화되었기 때문이라는 지적이다.[4] 말하자면 패러디는 근대의 자아반영(self-reflexiveness)의 중요한 형식이며, 예술에서는 상호 텍스트성과 자아 재현이 비평적 관심을 모으면서 이러한 관심과 함께 과정의 미학, 예술작품(혹은 텍스트)의 제작과 해석과 인식에 이르는 역동적 행위에 관한 미학이 요청되면서 예술 상호간의 담론(discourse)의 한 형식으로 부상한 것이다.

패러디의 두드러진 특성은? 우선 패러디의 문맥에서는 작품의 고유성보다는 목적이 더욱 중요하게 부각된다. 또 원작의 독창성보다는 재창조가 중시되며 심지어는 원작의 진품성마저 종종 부정당한다. 다른 한편으로 패러디 작품은 위에서 언급된 자아반영의 특성 외에도 패러디적 전도, 원작과는 다른 비평적 거리의 함축, 초맥락화 등의 특성을 가진다. 또 정당화된 위반이라는 역설을 중요한 특징으로 한다. 작가와 해독자 간에 인정될 수 있는 공유된 기호를 가지며(패러디가 인식되고 해석될 수 있으려면 encoder와 decoder 간에 공유되는 기호가 있어야 한다), 그런 점에서는 해석자로 하여금 텍스트에 대한 능동적 공동 창조자가 될 것을 강제한다. 패러디에 엘리트 의식이 잠재적으로 작용한다고 말하는 것은 이 때문이다.

원작에 대한 경외심에 찬 패러디로부터 조롱조나 경멸에 이르기까지 패러디의 실용적 에토스도 광범위하다. 요컨대 패러디는 전통적인 차용설의 차용 대상의 범위를 '현실세계'에서 '작품 자체'로 넓힐 것을 주장하면서 전통적인 창작의 개념을 차용과의 역학관계 속에서 새로이 정위시킨다. 패

4 위의 책, 7-8쪽.

러디를 통해 볼 때 차용과 창작은 한 축 위에 동시에 존재하는 것이며, 두 개념은 경계를 나누기 힘든 상태로 그라데이션(gradation)을 이루며 서로 영향을 주고받는다. 그 양극의 한쪽에 최근 포스트모더니즘의 문맥 속에서 패러디와 관련되어 많이 얘기되는 패스티시도 있으며, 패스티시는 차용 문제와 관련하여 특히 오늘의 미술 창작 영역에서 민감한 사안이 되고 있다.

종종 패러디와 비교되어 정의되는 패스티시는 어떤 정의에서는 중성적인 의미를 부여받지만 경멸과 긍정의 의미를 함께 지닌다. 가장 기본적인 차원에서 패스티시는 패러디 같은 보다 복잡한 차용 유형과 구분하여 단순 차용(양식상의 요소와 동일시할 수 있는 구조의 차원에서)인 것으로 여겨지지만, 이른바 포스트모더니즘의 문맥에서는 여러 가지 복잡한 의미를 부여받고 있는 상태이다.

일반적으로 패러디는 새로운 맥락 속에 원작을 인용하여 그것을 비판하거나 아이러니가 발생하게 하는 것을 목적으로 한다. 허천에 따르면 텍스트에 대한 '구조적 덧붙이기'에 의해 원작의 텍스트에 대한 비평적 거리 또는 아이러니컬한 거리가 발생할 때 패러디가 성립한다. 패러디가 요구하는 이 거리는 패러디의 대상이 되는 원작이 가치가 있다는 사실과 독자들이 그러한 사실을 알고 있다는 사실을 전제로 한다.

그런데 제임슨에 따르면 이 '전형'(혹은 '원작')이 오늘날 문화 속에서는 파편화 · 이질화되었고 이로 인해 패러디는 불가능해졌으며, 여기서 이를 대신하는 패스티시가 등장한다. 패러디와 패스티시는 양자 모두 차용과 관계하며, 특히 다른 양식들의 매너리즘과 특이함을 흉내내는 것과 관련된다. 여기서 패러디는 원본을 조롱하는 차용을 만들기 위해 원본의 양식적 고유성을 이용하고 그들의 특이성과 기벽성을 포착하며 원본에 대한 비밀스런 공감을 가진다. 어쨌든 조롱이나 비판이(심지어 존경까지도) 가능하다는 것은 그 이면에 어떤 규범이 존재함을 암시한다. 그런데 어느 순간에 패러디가 불가능해지는 시점이 있게 된다. 그 시점은 곧 표준적 규범의 존재가 사라지는 순간이다. 패스티시는 이 경우 등장한다. 여기서는 차용의 적극적 수행으로서의 패러디가 갖는 이면의 동기나 풍자적 충동 및 웃음이 사라지고 유머감각을 상실한 공허한 패러디, '눈 먼 동자를 가진 동상'이 등장한다. 패스티시에 대한 제임슨의 이러한 진단은 그가 이를 예술 양식을 넘어서 현대문화의 현상을 설명하는 개념으로까지 확장하는 데서 나온다.

그러나 이 글에서는 가급적 이를 예술 기법의 문제로 국한해서 생각하고 있다. 바로 그 예술 기법이라는 차원에서 패스티시는 의외로 적극적인 의미를 부여받는다. 그것은 원작을 거의 그대로 전용하며, 따라서 형식적 구성요소나 기법 등에서 원작과 거의 전적으로 동일하다. 그런데도 이것이 표절이 아닐 수 있는 것은 이것이 역설적인 독창성을 갖는다고 보기 때문이다. 패스티시는 말하자면 "오리지널한 텍스트는 없다", "양식상의 개혁은 더 이상 가능하지 않다", "'표절'에 함축된 부정적 의미를 오히려 해체시킨다"는 것이다. 이 경우 패스티시는 작가의 해체 전략에 따른 일종의 고의적 표절이 되며, 독창성 내지 진품성 범주를 해체하려는 시도 자체가 역설적으로 독창적이라고 얘기된다.

패러디나 패스티시는 오늘날 현대미술에서 성행하는 차용의 사례와 관련하여 매우 민감한 사안이 되고 있다. 어떤 차용 작품이 예술적으로 허용이 되느냐 안 되느냐의 문제는 곧 해당 작품이 단순히 표절이냐 아니면 정당한 창작 전략으로서의 패러디나 패스티시냐의 문제로 귀착되기 때문이다. 그러나 실제 작품에의 적용에 있어서 그 구별을 위해 '실선(實線)'을 사용하기가 매우 힘든 것 또한 사실이다. 현대 미술이 '사기'의 혐의도 받고 있는 시점에서 이는 일면 안타까운 일이다. 그러나 다른 한편으로는 여기에 바로 열린 개념(open concept)으로서의 현대 미술의 가능성이 놓여 있다고 볼 수도 있을 것이다.

추측컨대 앞으로 미술에서 차용은 아마 더욱 성행할 것이다. 위조 기술은 더욱 발달할 것이고, 표절 여부를 판단해야 하는 일은 더욱 빈번해질 것이다. 창작의 독창성도 끊임없이 되물어질 것이고, 현대문화의 자아반영성이 지속되는 한 패러디나 패스티시도 창작과 표절의 한계를 넘나들며 쉼 없이 자신의 범위를 넓힐 것이다. 이 와중에서 수많은 철학적 미학적 비평적 문제가 제기될 것이고, 이는 필경 문화와 예술과 삶의 맥락에 대한 깊은 통찰을 요구하는 시험대로 우리를 무시로 호출할 것이다.

더 읽을거리

김수현, 「예술작품에 대한 표절판정의 논리」, 『미학』 제18집, 한국미학회, 1993.

김욱동 편, 『포스트모더니즘의 이해』, 문학과지성사, 1990.

최진희, 「현대 미학에서의 '위조' 문제에 관한 연구: 위조품의 가치와 그 존재론적 자격에 관한 논의를 중심으로」, 서울대 대학원 석사논문, 1995.

최형순, 「현대미술의 창작 개념에 대한 연구: 창작과 모방의 역학과 패러디」, 서울대 대학원 석사논문, 1991.

Dutton, D., (ed.), *The Forger's Art*, Berkerly, Los Angeles, London: University L., of California Press, 1983.

Hutcheon, Linda, *A Theory of Parody* (김상구 · 윤여복 옮김, 『패러디 이론』, 문예출판사, 1992).

디지털 아트

강미정

디지털 아트란 컴퓨터 테크놀로지의 활성화와 더불어 최근 등장한 디지털 매체를 기반으로 이뤄지는 예술 형식들을 총칭하는 용어이다. 디지털 아트는 다른 말로 컴퓨터 아트 혹은 뉴미디어 아트라고도 하며, 경우에 따라 웹 아트, 인터넷 아트, 멀티미디어, 상호 작용적 설치작품(installation), 디지털 영화 등의 형식으로 실현된다. 기존의 아날로그 매체를 사용하는 예술 형식의 범주에는 회화, 조각, 건축 등 전통적인 형식들도 있으나, 사진, 영화, 비디오 등 비교적 최근에 등장한 미디어 아트들도 포함된다. 오늘날 디지털 아트의 파급력이 날로 커지면서 '미디어 아트'를 컴퓨터에 기반을 둔 예술로 한정시키기도 한다. 그러나 사진의 발명 이래 이미지의 대량 복제와 보급을 가능하게 하는 예술적 매체들이 등장하기 시작했고, 이러한 대중 매체의 속성을 소유한 예술운동들이 미디어 아트라고 하는 것이 더 일반적이다. 단, 컴퓨터 아트가 등장하기 이전의 사진, 영화, 비디오 등의 미디어 아트는 매체의 속성이 전통예술의 매체와 유사하게 아날로그적이라는 데서 디지털 아트와 결정적으로 구분된다. 이런 점에서 디지털 아트는 기존의 미디어 아트와 차별화되어 뉴미디어 아트로 명명되기도 한다. 그렇다면, "디지털 아트란 무엇인가?" 하는 질문은 우선 혁신적인 디지털 매체와 기존의 아날로그 매체를 비교함으로써 답변될 수 있을 것이다.

이하에서는 디지털 아트의 매체적 특성을 우선 고찰한 후, 짧지만 급속한 변화를 겪어온 디지털 아트의 역사를 개관하고, 디지털 아트가 발생시킨 고유한 미학적 쟁점들을 고찰하는 것으로 논의가 전개될 것이다.

1. 디지털 매체와 아날로그 매체

회화, 조각, 음악, 영화 등 기존의 아날로그 매체를 사용하는 예술의 최종적 형태는 그 원료의 형태와 물리적 유사성(analogy)을 갖고 있다. 왜냐하면 아날로그 예술의 경우, 모종의 인과적 연관이 물리적 접촉을 통해 매체에 각인되기 때문이다. 물감은 붓과 나이프로 캔버스 화면에 칠해지고, 조형적 재료들은 손가락과 조각칼을 거쳐 조각으로 주조된다. 마찬가지로 빛은 카메라와 렌즈를 통해 사진용 필름에 감광된다. 이 모든 경우들에서 예술작품은 그 물리적인 상태에 있어서 원래의 재료와 인과적 연관을 갖고 있다. 다시 말해, 아날로그 매체는 하나의 물리적 실체를 다른 하나의 물리적 실체로 형식을 전사한다. 그렇게 함으로써 구체적인 지각적 표현들을 보존하고 제시하는 것이 아날로그 예술의 목적이다. 완성된 아날로그 예술작품들은 대개 화랑과 미술관 같은, 그것들을 보존하고 전시하는 제도에 의해 보호된다.

반면, 디지털 매체는 대상과 사건이 아닌 수와 상징들에 정보를 저장한다. 디지트들을 저장하기 위해 디지털 매체의 기질(基質)은 엄격한 구조로 미리 포맷된다. 디지털 매체의 기질들은 종이카드, 자석 디스크, 실리콘 회로에 이르기까지 다양하나, 그것들은 물리적 흔적을 전사하기 위한 표면이 아니라 데이터를 기입하기 위해 구조화된 기록기로 기능한다. 현재 디지털 매체의 기초적 수적 체계는 표준적인 이진법을 토대로 하고 있다. 모든 디지털 매체의 저장소들은 0 혹은 1 두 숫자 중 하나를 상징화하는 방식으로 두 개의 완전히 다른 물리적 상태들 중 하나가 된다. 디지털 기록 과정은 물리적 흔적을 남기는 과정이 아니라 계량 과정이다. 디지털 정보는 물리적 사건에서 추상적 수들로 전환되어 처리되며, 자력, 전자성, 혹은 카드보드 등 정보의 추상적 상징을 호스트하는 기질의 흔적을 갖고 있지 않다. 구체적인 표현 형식을 취하는 아날로그 매체와 비교할 때, 제작된 산물보다 처리과정을 강조하는 디지털 매체는 탈물질화된 추상적인 표현 형식을 제공한다 할 수 있다. 따라서 예술작품의 보존과 보호의 문제에 있어서 디지털 아트는 아날로그 예술과 완전히 다른 상황에 놓여 있다. 디지털 매체는 입력과 출력의 다양한 형식들에 묘사되어 있는 수적 정보가 끊임없이 들어오고 나가는 것을 촉진하는 네트워크화된 컴퓨터 시스템의 수많은 요소들 중 하나이다. 디지털 아트는 컴팩트 디스크, 플래시 메모리, 혹은 웹하드에 자유롭게 저장될 수 있는 '정보' 이기 때문에, 작품의 전시 혹은 공연은 정보의 저장 혹은 선달의 문제로 대체되곤 한다. 디지털 아트는 미술관과 같은 보존 기관을 필요로 하지 않을 수도 있으며,[1] 더 나아가 미술관의 종래의 개념을 부인하고 네트워크상에 편재하는 '벽 없는 미술관' 을 실현할 수 있다.

디지털 테크놀로지는 동시대 예술계에 혁명적인 변화를 가져왔다. 이제 음악가들은 디지털 신시사이저 같은 컴퓨터 테크놀로지에 의존하지 않고서는 작곡을 하지 못하는 상황이 되었다. 그런가 하면, 디지털 신시사이저 덕분에 단 한 명의 작곡가가 오케스트라와 가수들과 함께 작업하지 않고도 충분히 풍부한, 때로는 새로운 음향효과를 얻을 수 있게 되었다. 사정은 시각예술의 경우도 마찬가지이다. 포토샵 같은 이미징 프로그램은 초보자조차도 '예술' 을 할 수 있는 수단이 되며, 다른 한편 기성의 미술가들은 컴퓨터 이미징 프로그램에 대한 의존도를 점점 더 높여 가는 추세에 있다.

뿐만 아니라, 컴퓨터 테크놀로지는 예술가들에게 새로운 아방가르드의 영역을 펼쳐보였다 할 수 있다. 디지털 아트가 종전의 예술과 결정적으로

1 디지털 설치작품일 경우, 기존의 아날로그 매체와 동일하게 미술관에 보존될 필요가 있다. 뿐만 아니라 작품 감상을 위한 적절한 맥락을 제공하기 위해 유형이 제도로서 미술관 및 기타 예술기관의 역할은 여전히 요청된다고 말할 수도 있다.

차별화되는 특징은 '가상현실(virtual reality)' 과 '상호작용성(interactivity)' 으로 요약될 수 있다. 손쉬운 이미지 삽입과 조작 방식을 제공하는 디지털 테크놀로지는 예술가로 하여금 실제로 존재하지 않지만 실재와 대단히 유사한 이미지를 창조할 수 있게 한다. 사이버 공간에서 경험되는 가상현실은 15세기에 원근법이 발명된 이래 미술가들이 추구해 온 자연 모방의 꿈을 거의 완벽하게 성취시켜 주는 것처럼 보인다. 또한 많은 경우 디지털 아트는 예술가와 관람자의 상호 작용 혹은 관람자의 참여를 요구한다. 가령, 네트워크상에서 완성되는 디지털 예술작품들에 있어서 예술가와 관람자의 상호 작용은 작품의 실현을 위해 필수불가결한 요소이다. 디지털 아트는 이처럼 예술가와 감상자의 전통적이고도 모던한 구분을 포스트모던하게 내파하면서 종래의 예술 개념을 전복한다.

최초의 컴퓨터 EINAC(Electronic Numerical Integrator and Computer)이 2차대전 당시 등장한 이후 지난 60여 년간 컴퓨터 테크놀로지의 기반이 착실히 다져졌지만, 디지털 환경이 보편화된 것은 1990년대에 들어서이다. 그러므로 디지털 테크놀로지가 예술계에 초래한 거대한 변화에도 불구하고 디지털 아트의 역사는 대단히 짧다. 다음 절에서는 디지털 아트의 발생과 발전 과정 및 현황이 디지털 아트의 주요 특징인 '가상현실' 과 '상호작용성' 을 중심으로 논의될 것이다.

2. 디지털 아트의 짧은 역사

초기의 디지털 아트는 주로 과학자나 엔지니어에 의해 제작되거나, 예술가와 엔지니어의 공동 작업으로 창조되었다. 당시 컴퓨터는 소수 과학자나 엔지니어만 접근할 수 있는 고도로 복잡한 거대한 기계장치였다. 최초의 디지털 예술작품들 중 하나는 마이클 놀(Michael A. Noll)이라는 벨(Bell) 연구소의 연구원에 의해 창조되었다. 1960년대에 선보인 놀의 초기의 컴퓨터 예술작품들은 피카소의 큐비즘을 연상시키는 추상적인 드로잉이었다. 그와 함께 초기의 컴퓨터 아티스트로 꼽히는 독일 출신의 게오르그 네스(Georg Nees)와 프리더 나케(Frieder Nake) 역시 기존 예술의 표현 형식을 모방한 듯한 추상적인 드로잉을 선보였다. 그리드, 프랙탈 등이 무작위적으로 반복되는 추상적인 디자인은 컴퓨터 그래픽의 특성이다. 비록 군사용 아날로그 컴퓨터 장비를 이용하긴 했으나 존 위트니(John Whitney)의 *Catalog*(1961) 또한 초기의 컴퓨터 아트로 기억될 만하다. 이 작품 덕분에 그는 '컴퓨터 그래픽의 아버지' 로 간주되었고, *Permutation*(1967), *Arabesque*(1975) 등의 작품으로 컴퓨터 영화 제작의 선구자로 인정받았다. 찰스 쑤리(Charles Csuri)의 *Hummingbird*(1967)는 컴퓨터 애니메이션의 선구적 작품으로, 오늘날의 관점으로선 원시적인 컴퓨터, IBM 7094로 제작되었다. IBM 7094의 출력은 정보를 저장하는 구멍 난 4×7인치 펀치 카드로 구성되어 있다. 쑤리는 이 작품을 컴퓨터 프로그래머 제임스 샤퍼(James Schaffer)와 함께 제작했다.

브루스 노먼(Bruce Nauman), 리차드 세라(Richard Serra), 존 벌드써리(John Baldessari)와 같은 기성 예술가들이 초기부터 참여했던 비디오 아트와 달리, 디지털 아트는 유명한 예술가들을 끌어들이지 못했다. 그 이유 중 하나는 1960년대 중반과 1970년대의 대항문화와 반(反)테크놀로지적 감성의 부상에서 발견된다. 당시는 다양한 생태학 단체와 반핵 단체들이 정부의 핵에너지와 테크놀로지 실험에 반대했던 시기이다. 또 다른 이유는 1960년대에 등장한 소니 사의 포터팩 비디오, 즉 휴대용 비디오에 비견될 만한 사용하기 쉬운 컴퓨터가 당시에 없었다는 것이다. 컴퓨터를 이용한 예술이 활력을 띠기 시작한 것은 퍼스널 컴퓨터가 널리 보급되기 시작한 1980년대 이후이다. 한편, 새로운 테크놀로지가 예술가들에 의해 혁신적으로 사용됨으로써 테크놀로지 자체의 진보를 낳기도 했다. 가령, 1970년대 중반 맨프레드 모르(Manfred Mohr), 존 던(John Dunn), 댄 샌딘(Dan Sandin), 우디 바술카(Woody Vasulka) 등의 미술가들은 2차원과 3차원의 이미지 제작을 위한 소프트웨어를 개발했다. 허버트 브런(Herbert Brun)과 레자렌 힐러(Lejaren Hiller)는 컴퓨터를 위한 작곡 도구를 고안해 냈는데, 이것은 오늘날 음악가들이 널리 사용하는 키보드 신시사이저를 예견하는 것이었다.

1980년대에 이르러 일반인이 컴퓨터에 접근하기 용이해지자, 다른 매체로 주로 작업하던 기성 예술가들이 새로운 표현 형식을 찾아 대거 컴퓨터에 손대기 시작했다. 그중에는 데이비드 호크니(David Hockney), 제니퍼 바틀렛(Jennifer Bartlett), 키스 해링(Keith Haring), 앤디 워홀(Andy Warhol) 등이 있다. 퍼스널 컴퓨터의 사용이 증가하면서 급성장해 온 디지털 아트는 컴퓨터 그래픽스, 애니메이션, 디지털 이미지, 사이버네틱 조각, 레이저 쇼, 키네틱 및 텔레콤 이벤트, 관람자의 참여를 요구하는 상호작용적 예술과 같은 형식으로 나타나고 있다. 1990년대 이후 폭발적으로 증가한 디지털 아트의 다양한 종류들을 범주화하긴 쉽지 않으나, 디지털 아트의 주요 특성들을 염두에 두었을 때, 다음의 네 종류의 예술 형식들을 구별할 수 있다. 즉 디지털 방식으로 수정된 혹은 조작된 이미지, 웹 아트 혹은 인터넷 아트, 상호작용적 설치 작품, 가상현실 등이 그것이다.

초기의 컴퓨터 아트가 추상적 그래픽에 가까웠던 것과 달리, 1980년대 이후에는 디지털 방식으로 수정된 사진 혹은 영화와 함께 재현적 이미지가 대거 등장했다. 그들은 전통적으로 친숙한 이미지를 차용하는 수단으로 컴퓨터를 사용하기도 하고,(e.g., Lillian Schwartz, *Mona/Leo*, 1987) 작가가 원하는 다른 실재를 재현하기 위해 사진을 디지털 방식으로 수정하기도 한다. (e.g., Jeff Wall, *A Sudden Gust of Wind (after Hokusai)*, 1993)

인터넷의 보급과 함께 등장한 웹 아트는 지극히 최근의 현상이다. WWW(Worldwide Web)이 처음으로 등장한 것은 1989년이며, 뉴욕의 구겐하임 미술관에서 웹만을 위한 최초의 예술가 프로젝트를 런칭한 것은 1998년이다. 웹상의 예술은 주로 외부의 이미지들을 병합시키는 형식을 취한다. 즉 예술가들은 스캐너나 디지털 비디오 장치를 사용하여 컴퓨터에 이미지를 공급하고 웹상에 게시한다. 반면, 독자적으로 혹은 예술단체의 후원하에 예술가들은 컴퓨터를 하나의 매체로서 진정하게 사용하기도 한다. 존 사이몬(John Simon)의 *Every Icon*,(1997)은 가로 세로 32개의 그리드들로 이뤄진 하나의 사각형이다. 사삭형 내의 총 1,024개의 작은 그리드들은 매우 빠른 속도로 끊임없이 조합을 달리 하면서 첫 번째 줄부터 흰색과 검은색으로 음영의 변화를 보인다.(www.numeral.com/everyicon.html) 웹 아트는 단지 웹 사이트를 방문하는 데 그치지 않고, 최소한 관람자의 클릭을 요구하는 '참여적' 작품이 다수를 이룬다.(e.g., Matt Mullican, www.centreimage.ch/mullican) 또한 웹 아트는 범세계적인 네트워크의 형성에 힘입어 공간 및 시간에 구애받지 않는 라이브 퍼포먼스 형식으로 등장하기도 한다.(e.g., *Oudeis*, Ars Electronica Festival in Austria, 1997)

예술가들은 컴퓨터 테크놀로지로 할 수 있는 상호작용의 형식들인 '클릭'과 '서핑' 이상의 더욱 능동적인 참여적 작품들을 창조했다. 이러한 상호작용적 작품들은 뒤샹의 *Rotary Glass Plate* (1920)[2]과 플럭서스(Fluxus)[3]의 이벤트와 해프닝에서 그 선례를 발견할 수 있다. 그러나 플럭서스를 비롯한 초기의 행위예술이 예술가가 미리 정한 지시에 따라 관람자가 반응하거나 참여하였던 반면, 새로운 상호작용 예술은 관람자들의 더욱 능동적인 참여를 요구한다. 컴퓨터 아트를 감상하기 위해 관람자들은 그들 자신의 내러티브나 연상을 창조함으로써 작품을 완성시켜야 한다. 선택할 수 있는 내용은 예술가의 손에 있다 하더라도, 컴퓨터 프로그래밍 덕분에 참여자는 이 내용으로 수많은 변종을 창조할 수 있다. 상호작용적 디지털 아트의 초기의 사례로는 빌 시먼(Bill Seaman)의 *Passage Set/One Pulls Pivots at the tip of the Tongue* (1995), 칼 심스(Karl Sims)의 *Galápagos* (1995) 등이 있다. 시먼의 작품은 관람자가 스크린상의 특정 지점을 눌러 새로운 이미지와 텍

2 관람자가 광학적 기계를 돌리고 1미터 떨어져 보도록 되어 있는 작품이다.

3 플럭서스는 1950년대 독일의 건축가 조지 마치우나스를 중심으로 결성된 행위예술의 선구적 단체로, 독일과 미국의 네오아방가르드 예술가들로 주로 구성되었다.

스트가 계속 펼쳐지도록 하게 되어 있다. 심스는 발생적 유기체가 컴퓨터 안에서 스스로 자라나는 것 같은 시스템을 창조하였다. 관람자가 그림들 중 하나를 선택하면, 색채, 텍스처, 형태 및 다른 매개변수들이 무작위로 변화하여 마치 새로운 생물체들이 발생한 것 같은 효과가 나타난다.

오늘날 '가상현실(virtual reality)'은 '사이버스페이스(cyberspace)'와 마찬가지로 컴퓨터를 통해 접근할 수 있는 공간과 그런 공간의 경험을 지칭하기 위해 널리 사용되고 있다. 그러나 원래 '가상현실'의 의미는 사용자가 컴퓨터로 생성된 3차원적 세계에 완전히 몰입하고 그 세계를 구성하는 가상적 대상들과 상호 작용하도록 하는 현실을 지시하였다. 가상현실의 경험을 위해 사용자는 가상 세계와 상호 작용하기 위한 장갑 장치, 3차원 세계로 들어가기 위한 헤드셋 및 기타 의복 비슷한 장치들을 착용해야 한다. 이런 의미에서 가상현실을 구현하는 고전적 사례로는 샬롯 데이비스(Charlotte Davies)의 *Osmose*(1995)와 *Ephemere*(1998)이 있다. 이 작품들은 사용자가 헤드 마운트 디스플레이(head mounted display)와 착용자의 호흡과 균형을 기록하는 특수한 조끼를 입고 감상하게 되어 있다. 사용자가 보게 되는 세계는 처음엔 3차원의 그리드로 제시되나, 사용자의 호흡과 몸의 균형이 변화함에 따라 숲과 기타 자연환경으로 바뀐다. 오늘날 엔터테인먼트 파크와 컴퓨터 게임 등으로 보편화되어 있는 가상현실은 종래의 어떤 시각적 모방 테크닉보다도 더 착각적인 3차원의 경험을 제공한다. 그러나 디지털 테크놀로지의 괄목할 만한 진보에도 불구하고 사용자가 시뮬레이션된 세계의 모든 국면과 상호 작용할 수 있도록 하는 충분한 몰입은 여전히 미래의 꿈으로 남아 있다.

디지털 아트가 본격적으로 발전하기 시작한 1990년대 이후, 디지털 테크놀로지에 의존하는 예술작품들의 주요 경향은 디지털 조작 및 합성 이미지, 웹 아트, 상호 작용적 설치작품, 가상현실 등으로 나타나고 있다. 디지털 테크놀로지에 힘입어 이미지의 조작이 자유로워지고, 실재와 가상의 경계가 모호해질 만큼 현실경험에 가까운 가상현실이 구현되며, 관람자와 예술가의 혹은 관람자들 간의 상호 작용이 작품의 핵심적 요소로 등장하게 되었다. 이하에서는 이러한 디지털 아트가 미학의 맥락에서 어떤 문제들을 새롭게 제기하는지 점검하고자 한다.

3. 디지털 아트의 미학적 쟁점

발터 벤야민이 1936년에 지적한 바대로, 기계적 복제 예술은 종래의 순수 예술의 '아우라'를 제거하고 예술을 종교로부터 해방시켰다. 다시 말해, 전통적 회화는 그 유일무이성으로 인해 종교적 가치에 필적하는 예술의 고유한 가치, 즉 아우라를 소유하고 있었으나, 복제기술의 발전으로 등장한 사진 및 기타 미디어 아트는 쉽게 복제될 수 있는 가능성으로 인해 아우라를 상실하였다. 벤야민은 아우라의 상실을 예술사에서의 진보로 판단한다. 즉 예술은 오랫동안 종교에 기생하던 방식을 버리고, 현대 대중사회에 걸맞는 민주주의적 존재 방식을 취하게 되었기 때문이다.[4] 일체의 디지털 아트는 예술의 일회성, 유일무이성을 부인하는 복제예술의 한 형식이다.

그러나 가상현실을 구현하는 예술작품들은 실재하지 않는 존재를 재현하기도 한다는 점에서 기존의 복제예술과는 다른 관점에서 고찰될 필요가 있다. 즉 디지털 아트는 자주 지시 대상이 없는 재현을 한다. 통상 '재현'이 외부세계의 지시 대상을 전제로 한다면, 디지털 아트의 재현은 재현(representation)보다는 제시(presentation)라 하는 것이 더 적절해 보인다. 그런 의미에서 디지털 아트의 창조는 복제(reproduction)보다는 새로운 형식의 생산(production)으로 기술되는 것이 더 적절해 보인다. 이때 창조되는 것은 넓은 의미에서의 '가상현실'이다. 컴퓨터는 데이터를 변환하여 현실

4 기계적 복제예술로서 미디어 아트에 관한 미학적 쟁점 제기는 '미디어 아트' 항목에서 더 자세히 다루고 있으니, 참조하기 바람.

을 모방하는 이미지들을 만드는 것이 아니라, 그 자체로 현실이라 할 가상현실을 구성하는 이미지들을 만든다.

디지털 예술가들의 작업 대상들은 가상현실 안에 거주하는 존재자들이다. 가상현실 속에서 속성들은 물리적 대상들에 구체적으로 구현되는 것이 아니라, 등위의 체계에 숫자적으로 기술된다. 컴퓨터 안에 창조된 세계는 전통예술에 구축된 세계와 달리 일시적이며, 그 세계를 구성하는 존재자들은 추상적이고 비물질적이다. 그러나 컴퓨터 시뮬레이션은 어떤 종류의 재현보다도 실재와 유사하며, 때로는 실재와 동등한 기능을 하기도 한다. 실재와 가상의 경계를 모호하게 만드는 가상현실은 존재론과 미적 경험과 관련하여 여러 가지 미학적 쟁점들을 야기한다. 가령, "사이버 공간의 존재론적 위상은 어떻게 규정될 수 있는가?", "실재의 재현과 착각을 일으킬 정도로 동일한 합성 이미지는 미적 경험에 어떠한 변화를 초래하는가?" 하는 문제들이 있다.[5]

한편, 디지털 아트는 더욱 증대된 상호 작용성을 바탕으로 관람자의 역할을 변모시킨다. 관람자는 수동적으로 정보를 받아들이는 수용자가 아니라 디지털 환경에 개방된 능동적 사용자이다. 디지털 예술가는 관람자가 관조할 수 있는 정적인 광경을 구현하는 것이 아니라, 경우에 따라 사용자가 항해할 수 있는 우주를 창조한다. 디지털 예술 환경에서 관람자의 참여가 증대됨에 따라 예술가와 관람자의 경계는 더욱 모호해지고, 예술 형식은 산물보다는 과정에 충실하게 된다. 이러한 변화의 전조는 20세기 초 다다이즘에서, 1950-60년대의 플럭서스 해프닝에서 이미 나타난 바 있다. 그러나 디지털 예술작품들은 단지 예술가와 관람자의 벽을 허무는 정도에 그치는 것이 아니라, 자주 저자 개념을 침해하곤 한다. 컴퓨터 예술의 제작환경은 거의 무한대에 가까운 선택지들을 시뮬레이션할 수 있는 능력을 제

5 이와 관련된 자세한 논의는 『미학대계』 3, '미학의 새로운 쟁점들' 중 「가상현실」을 참조하기 바람.

공하기 때문에, 디지털 아트에서의 '참여'는 20세기 중반의 행위예술가들이 마련한 일정한 환경에 관람자들이 참여하는 것과는 정도의 차이가 크다. 가령, 앞서 소개한 칼 심스의 *Galápagos*는 관람자의 우연적인 선택에 따라 유기체적 이미지가 무작위적으로 생성되기 때문에, 결과적으로 얻어진 이미지의 작가를 과연 칼 심스란 예술가로 봐야 할 것인가 하는 의문을 초래하게 된다. 심스의 작품이 아니더라도 관람자의 참여에 의존하는 모든 디지털 아트는 전통적인 저자의 개념을 포스트모던하게 허물어뜨린다.[6]

4. 결론

디지털 예술에서의 예술과 기술의 완벽한 결합은 과거 르네상스 시대를 연상시킨다. 그런가 하면 1960년대에 이미 시작된 순수예술과 대중문화의 구분의 철폐가 디지털 시대에 본격화된 것 같은 양상이 관찰된다. 디지털 테크놀로지에 기초한 뉴미디어는 다양한 문화형식의 인터페이스와 새로운 소프트웨어 기술을 혼합시킨다. 따라서 디지털 예술의 성격은 포스트모던적 절충주의로 특징지어질 수 있다. 말하자면, 이 새로운 예술 형식 안에는 예술과 기술이 혼합되어 있을 뿐만 아니라, 현재의 문화 형식과 과거의 문화 형식이 결합하고, 국지적 문화 전통과 감수성이 세계화된 국제적 양식과 상호 작용한다. 또한 디지털 매체의 멀티미디어적 속성은 다양한 지각 요소들을 가진 여러 표현 형식들을 혼합하여 동시적이고 단일한 경험으로 제시한다. 디지털 예술의 문화논리가 새로운 이유는 과거와 급진적으로 단절하는 새로움에 있다기보다는, 이러한 혼합 과정의 광범위함, 속도, 연관

6 비평가 롤랑 바르트가 "독자가 곧 저자"라 하면서 "저자의 죽음"을 선언했을 때, 그는 텍스트들 간의 상호텍스트성을 염두에 두고 있었다. 즉 각각의 독자의 각기 다른 읽기를 새로운 쓰기로 간주하면서, 바르트는 독자와 저자의 구분을 붕괴시킨다. 실제로 창조자의 역할을 관람자에게 부여하는 상호작용적 디지털 아트는 그의 '저자의 죽음' 개념을 문자 그대로 구현했다 할 수 있다.

된 요소들 자체의 새로움에 있다.

사태가 이렇다 할 때, 디지털 테크놀로지가 예술계에 가져온 변화는 단절적 혁명이라기보다 포스트모더니즘의 절충주의 및 대중주의의 감수성의 극대화라 할 수 있다. 1970년대 이후 그 진면모를 드러내기 시작한 포스트모더니즘은 모더니즘과 아방가르드의 이름으로 고수해 오던 순수예술의 관념을 붕괴하였다. 예술은 삶의 현실과 유리되어 있지 않으며, 따라서 내용 및 형식상에 있어서 예술에만 고유한 재료와 수단은 따로 존재하지 않는다. 디지털 테크놀로지의 진보에 발맞추어 발전 혹은 변화하는 동시대 예술의 현황은 이러한 포스트모던한 개방성을 극대화시키고 있다. 예술과 테크놀로지는 분리시킬 수 없도록 완벽한 결합을 이루었고, 네트워크로 연결된 컴퓨터 단말기들이 과거의 미술관을 대체하였으며, 가상과 실재의 구분은 점점 모호해지고 있다. 컴퓨터와 인터넷의 사용이 날로 증가하고 엔터테인먼트 파크와 컴퓨터 게임이 점점 보편적 오락으로 자리잡아 가면서, 유기적 신체와 기계적 사이보그의 구분 또한 위협받고 있다. 디지털 테크놀로지가 날로 발전하면서 가상현실의 경험은 실제 현실의 경험을 압도해 오고 있다. 1990년대 초에 등장하여 동시대 미술의 주요 주제를 제공해 온 몸 담론과 사이보그 담론은 현실의 경험을 위협하는 가상적 경험에 대한 예술계의 반응이라 할 수 있다.

더 읽을거리

마크 포스터, 『뉴미디어의 철학』, 김성기 옮김, 민음사, 1994.

__________, 『제2미디어 시대』, 이미옥 · 김준기 옮김, 민음사, 1998.

Bentkowska-Kafel, A., T. Cashen and H. Gardiner (eds.), *Digital Art History*, Art & Design intellect, 2005.

Carver, G. and C. Beardon (eds.), *New Visions in Performance: The Impact of Digital Technologies*, Swets & Zeitlinger Publishers, 2004.

Grant, J. and A. Vysniauskas, *Digital Art for 21st Century: Renderosity*, Harper Collins Publishers, 2004.

Greene, R., *Internet Art*, London: Thames and Hudson, 2004.

Hansen, M. B. N., *New Philosophy for New Media*, MIT Press, 2004.

Rabinovitz, L., and A. Geil (eds.), *Memory Bytes: History, Technology, and Digital Culture*, Duke University Press, 2004.

* http://www.digitalartsource.com

미디어 아트

최연희

1. 들어가는 말

최근 들어 미디어 아트라는 용어가 빈번히 사용되고 있지만, 실제로 그 용어가 지칭하는 대상은 비디오 아트와 같이 영상 매체를 활용한 예술로부터 컴퓨터를 기반으로 한 예술에 이르기까지 광범위한 영역에 걸쳐 있음을 볼 수 있다. 한편 미디어 아트라는 용어가 처음 사용된 것은, 앞으로 좀 더 충실한 연구가 뒷받침되어야 하겠지만, 팝 아트와 연관돼서 쓰여진 것으로 보인다.[1] 즉 팝 아트가 신문, 잡지, 광고, TV 등 대중 매체를 도입한 것에서부터 미디어 아트의 효시를 찾는 이 입장은 미디어 아트에 대한 정의를 매스미디어에 대한 비판이라는 관점에서 시도하고 있으며, 또한 비디오 아트를 비디오 테크놀로지를 이용한 예술이라 한정하고 미디어 아트와 다른 장르로 보고 있다. 미디어 아트라는 용어를 둘러싼 이 같은 상황은 결국 미디어 아트의 정의가 아직도 여전히 이론적으로 논란의 여지를 지니고 있음을 뜻한다. 따라서 우선 이 글에서는 미디어 아트란 무엇인가라는 문제에서 출발하여 미디어 아트라는 개념의 정의를 시도할 것이다. 그런 다음, 그 간

1 R. 앳킨스, 박진선 역, 『현대미술의 개념풀이』, 시공사, 1994, 93쪽.

은 이해를 바탕으로 해서 우리는 미디어 아트로 인해 제기되는 미학적 쟁점들은 어떠한 것들인지를 고찰해 볼 수 있을 것이다.

2. 미디어 아트란 무엇인가

모든 미술작품은 물질적인 매체(media)에 의해 구체화된다는 점에서, 미디어 아트라는 용어는 사실 모든 미술작품에 적용될 수 있다. 그러나 현대사회에서 미디어란 말은 '대중에게 많은 정보를 전달하는 목적을 가진 매체(mass media)'를 의미하는 것이다. 따라서 현대적 의미의 미디어 아트는 바로 이러한 대중매체, 즉 현대 커뮤니케이션의 주요 수단인 사진, 영화, TV, 비디오, 컴퓨터 등 대중에의 파급 효과가 큰 미디어 테크놀로지를 미술에 적용시킨 예술을 의미하는 것이라고 정의할 수 있다.

그렇다면 우리는 이러한 미디어 아트를 다시 넓은 의미와 좁은 의미로 나누어 이해할 필요가 있는데, 넓은 의미의 미디어 아트란 대중매체와 그것의 미디어 테크놀로지를 활용한 미술 일반을 가리키는 것으로서, 1839년 사진의 발명으로 시작된 이미지의 기계적인 재현과 복제, 그리고 이미지의 대량보급 기능이 바로 이 같은 미디어 아트의 속성을 제공했다고 볼 수 있다. 한편, 좁은 의미의 미디어 아트는, 1990년대에 들어 본격적으로 그 용어가 사용되었을 때 컴퓨터를 기반으로 하는 창작행위를 일컫는 용어였다는 점에 비춰볼 때, 기존 미디어 아트와는 차별적으로 뉴미디어 아트 혹은 디지털 미디어 아트라 불리는 영역을 가리킨다. 그리고 이러한 좁은 의미의 미디어 아트는 각종 CD-Rom 작업에서 시작하여 인터넷을 통한 작업으로 확장되면서 인터랙티브 아트, 디지털 아트, 웹 아트, 인터넷 아트 등의 이름으로 통용되고 있다.

이처럼 우리가 넓은 의미에서의 미디어 아트를 기술매체 혹은 대중매체를 활용한 예술 일반으로 정의한다고 한다면, 우리는 이러한 미디어 아트의 양상을 기술매체의 발달 단계에 맞춰서 검토해 볼 수 있을 텐데, 기술매체의 발달 단계는 크게 사진과 영화가 발명된 기계주의 시대와 1950년대의 TV를 중심으로 한 대중매체 시대, 그리고 90년대 이후의 디지털 시대로 구분할 수 있을 것이다. 따라서 이 글에서는 이러한 기술매체의 발전을 미술이 수용해 나간 구체적인 양상들에 대해 개략적으로 살펴보고, 이러한 양상들이 어떠한 미학적 의미들을 지니는지 고찰하려고 한다. 그리하여 미디어 아트가 제기하는 미학적 쟁점을 결국 다음과 같은 관점, 즉 미디어의 기술적 · 문화적 측면이 예술과 결합됨으로써 '예술 개념 및 그것을 둘러싼 문화 환경에 어떠한 변화를 가져오게 되는가' 라는 관점에서 검토하는 것이 이 글의 최종 목표이다.[2]

3. 미디어 아트의 역사적 전개

1837년 사진의 발명은 미술의 역사에서 중요한 의미를 차지하는 사건이었다. 고대 그리스 미술로부터 르네상스 미술을 거쳐 17, 8세기 고전주의 미술에 이르기까지 서양 미술의 역사를 지배해 온 고전적 개념은 '미메시스', 즉 자연의 모방 혹은 재현이라는 개념이었다. 그런데 이제 기계적인 장치에 의해서 사물을 정확히 재현할 뿐만 아니라 그 이미지를 대량 복제할 수 있는 새로운 시각매체 형식으로서 사진이 출현함으로써, 회화는 이러한 사진의 재현 능력으로 인해 자신의 정체성을 새롭게 탐구하지 않을 수 없게 된다. 즉 사진이라는 새로운 기술매체의 출현이 기존 예술에 끼친 영향은 단순히 예술의 형식을 변화시키는 데에 그치지 않고 예술 자체의

2 이 글은 미디어 아트의 미학적 쟁점은 무엇인가를 다룬다는 취지에서 쓰여진 것이며, 그리고 그 쟁점을 현대적 예술 개념과의 관계 속에서 찾으려고 한다. 따라서 이후의 논의는, 이 글에 허용된 분량의 제한과 더불어 그 관점의 한정으로 인해서, 제한적인 것일 수밖에 없음을 밝혀둔다.

개념까지도 변화시키는 역할을 하게 된다는 것이다.[3] 말하자면, 마네와 인상주의 이후 미술은 추상에로의 움직임을 보이게 되며, 또 예술의 자기 목적성 혹은 사회적 무(無)기능성이나 자기 준거성(self-referentiality)으로 드러나게 되는 '미적 자율성'을 근간으로 한 현대적인(modern) 예술 개념이 성립하게 된다.[4]

한편, 사진기를 이용하여 움직임을 기록하고자 하는 시도는 1870년대 크로노포토그래피(chronophotography)라는 촬영법을 탄생시켰고, 이는 19세기 시각생리학에 의해 과학적으로 규명된 잔상 효과나 착시 현상을 이용한 시각적 장난감—1833년에 만들어진 조트로프(zoetrope)가 대표적인 예로, 원통형 드럼의 안쪽에 하나의 시퀀스를 이루는 단순한 동작의 그림들을 붙여서 연속적인 움직임의 환영(illusion)을 제공하는 장치였다—과 더불어 영화의 탄생에 결정적인 토대를 제공했다. 그 결과 1895년에 대중문화의 형태로서 영화가 탄생하게 되는데, 이러한 대중문화의 형성이 갖는 미학적 의미는 산업화 및 그에 따른 도시화에 근거한 대중사회의 출현과 대중매체의 발전이 결국 과거의 문화적 관계들과 결정적인 단절의 계기가 되었다는 점에 있으며, 순수예술(fine art)과 대중문화(mass culture) 사이의 '대분할(great divide)'이라는 모더니즘적인 시각을 낳는 단초가 되었다는 점이다.

1920년대 아방가르드 예술가들은 당시 급증하던 대중 시각문화의 현실을 인식하고 이에 적극적으로 개입함으로써 미술의 영역을 확장하려는 시도를 하게 된다.[5] 그 구체적인 예들로, 영화적 앵글을 도입한 미래파 회화나 새로운 이야기 구조를 만들어 낸 로드첸코의 포토콜라주 혹은 노동자 잡지

---

3 사진과 회화의 관계에 대한 좀더 깊은 이해를 위해서는 다음의 책을 참조할 것: 이토 도시하루, 김경연 역, 『사진과 회화: 원근법, 리얼리즘, 기억의 변모』, 시각과 언어, 1994.

4 이와 관련해서, 이 글의 논의상 직접적으로 연관이 있는 참고문헌으로 다음 책들을 언급할 수 있을 것이다: 존 워커, 장선영 역, 『매스 미디어와 미술』, 시각과 언어, 1998; M. A. 스타니제프스키, 박모 역, 『이것은 미술이 아니다』, 현실문화연구, 1997.

5 이 부분의 논의는 주로 다음 책들을 참고했다: 존 워커, 위의 책; N. 린튼, 윤난지 역, 『20세기의 미술』, 예경, 1993.

표지를 위한 작업을 한 존 하트필드의 포토몽타주, 라즐로 모홀리-나기를 중심으로 한 바우하우스의 실험적 작업들, 그리고 원시적인 영화적 장치들의 이미지들을 차용한 초현실주의자 막스 에른스트의 작품 등을 들 수 있다. 이 중 특히 하트필드의 포토몽타주를 보자면, 포토몽타주는 이미 1900년경부터 광고와 상품선전의 효과를 위해 화보잡지들이 사용하던 기법이었다. 베를린 다다에 헌신했던 하트필드는 이러한 포토몽타주의 인용 기법을 활용하여, 자신이 직접 찍은 사진들이 아니라 매스 미디어나 미술사로부터 기존의 이미지들을 차용하거나 이미 찍혀진 사진들을 배열함으로써, 당시 유럽사회의 지배 이데올로기, 즉 부르주아지와 파시스트 이데올로기, 그리고 공식문화 등을 공략하는 작업을 수행하였다. 또한 그는 이러한 작품을 공산당 기관지나 노동자 잡지 등에 실어 출판문화라는 대중 매체적 유통 경로를 취함으로써, 화랑이나 미술관의 제한된 콘텍스트를 극복했다.

1920년대 기계주의 시대에는 사진과 영화가 중심 매체였다고 한다면, 대중매체 시대에는 TV가 중심이 되는데, TV라는 전자매체가 지닌 이미지의 송수신 기능으로 인해서 이제 대중매체는 동시적으로 광범위한 영역을 하나로 묶을 수 있는 커뮤니케이션 환경을 구성하게 된다. 그 결과, 소비사회로서의 후기산업사회에서 이처럼 무차별적이고 일방적으로 전달되는 대중매체의 영향력은 본격적인 대중문화의 맥락을 충족시킬 수 있게 된다. 말하자면, 바야흐로 대중매체의 문화 지배 시대가 도래한 셈으로, 이제 대중매체는 순수예술의 지위와 의미를 약화시키는 동시에 문화의 역할과 영향력에서 직접적이고 광범위한 힘을 발휘함으로써, 실질적인 문화 지형의 변화를 주도하게 된다.[6]

따라서 1960년대 미국 팝 아트의 등장은 미술 내적인 배경 설명, 즉 형식주의적 모더니즘 미술 논리의 실현으로서의 추상 표현주의가 드러낸 난해한 주관성에 대한 반동적 움직임이라는 설명과 아울러, 또한 미술을 둘러

6 존 워커, 앞의 책, 1장 참조.

싼 문화 지형상의 이러한 변화와 연관해서도 설명이 가능할 것이다. 팝 아트라는 명칭이 비롯된 1950년대 영국에서의 '독립 단체(The Independent Group)' 회원들의 작업이나 혹은 1960년대 미국에서의 팝 아트는 모두 공통적으로 만화, 사진, 광고 등 대중매체 및 대중문화의 이미지들을 차용하고 있으며, 또한 앤디 워홀 등의 예에서 볼 수 있듯이 대중매체의 기술적 복제라는 생산방식을 도입하기도 함으로써, 순수예술과 대중문화 사이의 경계가 모호해지게끔 한다.[7]

1960년대에는 TV 소유 가구 비율이 90%에 이르게 되며, TV 방송사들의 상업화가 완성되게 된다. 한편, 1960년대 중반에 휴대용 비디오카메라가 시장에 소개되었다. 그리하여 이 같은 시대적 배경 속에서 탄생한 비디오 아티스트의 첫 세대가 가지고 있었던 기본적인 개념은 이처럼 어디에나 텔레비전이 존재하는 사회에 대해 비판적인 관계를 유지하기 위해서는 전적으로 텔레비전에 적절한 방식으로 뛰어들어야 한다는 것이었으며, 이에 적합한 매체가 바로 비디오카메라라는 인식이었다.[8] 즉 비디오카메라는 매체의 기술적 특성에 있어서 TV와 많은 부분 공통적이면서도, 또한 비민주적이고 비대칭적인 소통방식의 TV와는 달리 대중이 생산에 직접 참여할 수 있는 민주적인 미디어이고, 휴대가 용이한 기동성과 아울러 즉각적 피드백 등의 매체적 특성을 지니고 있다는 것이다. 비디오 아트 초기에 두 가지 유형의 비디오 작업이 있었는데, 즉 대안적 뉴스보도와 연결된 행동주의적 성격의 다큐멘터리와 이보다 본격적인 소위 예술 비디오가 그것이다. 예술 지향적인 비디오의 역사는 일반적으로 1965년 백남준의 작업으로부터 시작된다고 하겠는데, 그는 다음과 같이 말했다. "콜라주 기법이 유화를 대체했듯이, 음극선관이 캔버스를 대체할 것이다."[9] 또한 그와 볼프 보스텔은 모니터의 맥

7 N. 린튼, 앞의 책 9장과 존 워커, 앞의 책 2장 참조.

8 이 부분의 논의는 주로 다음 책들을 참고했다: M. 러시, 심철웅 역, 『뉴미디어 아트』, 시공사, 2003; F. 포빼르, 박숙영 역, 『전자시대의 예술』, 예경, 1999.

9 M. 러시, 위의 책, p. 93에서 재인용.

락을 재해석했고, 그럼으로써 가정이라는 익숙하고도 상업적인 장소로부터 텔레비전을 분리해 이 작은 스크린을 새로운 방식으로 바라보는 시대를 열었다. 한편 비디오 아트의 초기 탐색 중 일부는 그 당시 이미 개념 미술이나 미니멀 아트를 실행하고 있던 예술가들에 의해서 이루어졌는데, 이들은 퍼포먼스 아트의 강력한 영향력 속에 있었다. 그리하여 이들은 대안적 이미지 창조 매체로서의 비디오를 퍼포먼스의 개념적 틀로 사용하는 비디오 퍼포먼스를 출범시킴으로써, 관객과의 상호소통을 시도하였다.

디지털 미디어 아트의 역사적 전개에 관해서는, 이 글이 포함돼 있는 책 속에 따로 디지털 아트에 관한 글이 있으므로,[10] 이 글에서 다루지 않겠다. 여기서는 단지 디지털 미디어 아트가 그 매체의 특성상 우리에게 인터랙티비티(interactivity)나 혹은 사이버스페이스와 관련된 가상현실(virtual reality) 등의 새로운 현상을 제시했다는 점만을 지적하고, 다음 장에서 이러한 현상이 제기하는 미학적 쟁점이 무엇인지에 대해서만 살펴보려 한다.

4. 미디어 아트에 대한 미학적 고찰

우리는 벤야민의 「기술복제 시대의 예술작품」(1936)이라는 글을 통해서, 예술과 관련하여 사진과 영화라는 새로운 기술매체가 야기한 미학적인 변화를 살펴볼 수 있을 것이다.[11] 사진과 영화의 매체적 속성은 바로 이미지의 기계적 재현 및 복제 가능성으로, 벤야민은 이러한 기술매체의 기계적 복제와 예술의 상관성을 다음과 같이 설명한다. 우선 예술작품의 기계적 복제가 작품의 아우라(Aura)를 탈각시킨다는 점이다. "아무리 가까이 있더라도 어떤 먼 것의 일회적 나타남"으로서의 아우라는 예술작품의 일회적 현존성으

10 『미학대계』 3, '미학의 새로운 쟁점들' 중 「디지털 아트」를 참조할 것.

11 W. 벤야민, 반성완 편역, 「기술복제시대의 예술작품」, 『발터 벤야민의 문예이론』, 민음사, 1983.

로 인해 작품이 지니게 되는 성스러운 분위기인데, 이제 예술작품의 기술적 복제 가능성은 그 같은 아우라를 제거함으로써 예술작품으로 하여금 지금까지 종교적 의식 속에서 살아온 기생적인 삶의 방식으로부터 벗어나도록 하였다. 나아가 이러한 테크놀로지의 발전은 예술의 진보적 잠재력, 즉 예술이 작품의 의식가치(Kultwert)로부터 벗어나 전시가치(Ausstellungswert)로 나아감에 따라서 정치에 근거를 두는 사회적 기능을 담당할 수 있는 가능성을 일깨운다는 점이다. 벤야민은 이러한 예술의 기능변환의 싹을 영화예술에서 찾는데, 구체적으로 명시돼 있지는 않지만 내용상 몽타주 기법에 근거한 러시아 아방가르드 영화가 그 예라 할 수 있겠다.

1920-30년대 아방가르드 운동에서 나타난 기술매체의 수용이 지니는 미학적 의미를 검토하려면, 우리는 벤야민의 논의와 더불어 뷔르거의 논의를 살펴볼 필요가 있다.[12] 뷔르거는 부르주아 사회에서의 예술의 자율성과 관련하여 예술이 생산 · 분배 · 수용되는 상황으로서의 '제도 예술(Institution Kunst)' 이라는 개념을 제시한 뒤,[13] 역사적 아방가르드 운동들을 통해 사회적 부분체계로서의 예술은 자기 비판의 단계에 접어들게 된다고 주장한다. 즉 아방가르드는 예술작품을 지배하는 분배장치에 대해, 또 자율성 개념으로 기술되는 부르주아 사회에서의 예술의 상태에 대해 등을 돌린다는 것이다. 그리하여 혁신과 실험을 통해서 예술과 삶 사이의 간극을 없애고자 하는 아방가르드 운동들의 강령과 그 정치적 입장은 다양하지만, 이들의 공통점은 바로 예술의 자율성에 대한 공격, 즉 삶의 실천으로부터 유리된 모더니즘 예술에 대한 저항이라고 할 수 있다. 따라서 아방가르드 운동에서 나타난 기술 매체의 수용을 아방가르드의 이러한 측면과 관련지음으로써, 그것이 기존의 작품 개념—천재적 예술가에 의한 독창적 산물로서의 유기적 예술작품이라는—을 위협하고 미술관 중심의 제도적 맥락을 벗어나 새

12 P. 뷔르거, 최성만 역, 『전위예술의 새로운 이해』, 심설당, 1986.

13 뷔르거, 위의 책, 17쪽 및 1장. 이와 연관하여 우리는 스타니제프스키 책의 논의를 살펴본다면 좀 더 구체적인 이해를 할 수 있을 것이다.

로운 매체적 채널—잡지 같은 출판 매체나 사진의 복제 기술 활용이라는—을 통해 예술의 새로운 제도적 질서를 전망한 데에서 그 의미를 찾을 수 있을 것이다.

1960년대 팝 아트에서 이루어진, 대중적 이미지 차용이나 혹은 대중매체의 생산 방식으로서의 기술적 복제 방식의 도입 등은 순수예술과 대중문화 사이의 경계를 모호하게 만든다는 점에서 우선 그것의 미학적 의미를 찾을 수 있을 것이다. 그리고 대중문화의 이미지들은 이미 그 자체로 의미를 생성하는 기호라는 점에서, 이러한 대중적 이미지의 차용은 결국 이미지들의 언어적인 측면과 그 소통 가능성에 대한 인식을 의미한다. 그러나 팝 아트가 보여 주는 매스미디어나 대중문화에 대한 태도는 복합적인 것이었고, 또 대중매체 시대의 장르 구분의 해체와 통합은 이미 미술관 콘텍스트를 벗어나기 어려운 것이었다.[14] 예를 들어, 앤디 워홀은 대중문화적 참조와 인용 등에서 일면의 아방가르드적 측면을 갖지만, 궁극에는 제도화에 별다른 저항의 의지를 보이지 않음으로써 아방가르드와 상업주의 사이에서 줄타기를 할 수 있다고 볼 수 있다. 그리하여 뷔르거는 이러한 네오 아방가르드는, 역사적 아방가르드와는 달리, 미술 제도를 변형시킨 것이라기보다는 오히려 아방가르드를 제도로 변형시킨 것이라고 비판했다.[15]

비디오 아트의 미학적인 의미[16]는 일차적으로, 그것이 시각예술에서 물질 개념을 떠난 빛과 음극선에 의한 전자 이미지를 구현한 것과 또 시간에 의한 이야기 서술이라고 하는 이질적인—공간예술로서의 미술 개념과 대비되는 시간적, 그리고 서사적 특성을 가리킨다—개념을 정착시키는 데 중요한 역할을 했다는 데서 찾을 수 있을 것이다. 즉 이로써 기존 미술 개념의 해체를 유발했다는 것이다. 나아가, 감시카메라 형식을 사용하여 관람자의 참여를 유도하는 방식의 비디오 아트는 사물로서보다는 프로세스로, 정보

14 존 워커, 앞의 책, 2장 참조.
15 P. 뷔르거, 앞의 책, 3장 참조.
16 M. 러시, 앞의 책, 2장과 3장 ; F. 포빼르, 앞의 책, 7장 참조.

와 전시보다는 상호 작용과 소통으로 대체된다는 점에서, 작품의 개념과 수용의 문제 등에도 직접적으로 변화를 요구하는 동력이 됐다는 점을 지적할 수 있을 것이다. 그러나 우리는 또한 이러한 비디오 아트에 대해서 미학적인 논란이 이루어짐 역시 볼 수가 있는데,[17] 이는 결국 비디오 아트에 있어서의 미디어의 역할 및 미술관 콘텍스트와의 연관을 어떻게 평가하느냐에 따른 것으로 여겨진다. 말하자면 이 논란은 미디어 아트에 대한 정의를 둘러싼 것으로, 즉 미디어를 단지 예술가의 내적 표현을 위한 적합한 표현 매체와 형식으로 보고 있느냐 아니면 미디어의 사회적 기능을 인식하는 가운데 그것을 미술과 결합함으로써 작품의 존재 방식과 그것을 둘러싼 제도상의 변화를 꾀하는 것으로 보느냐에 따라서 그에 대한 평가가 다르다는 것이다.

디지털 미디어 아트의 미학적 의미에 관해서는,[18] 그에 의한 미학의 쟁점들 중 이 글에서의 앞서의 고찰들과 연관된 부분들에만 논의를 한정하려 한다. 즉 앞서의 고찰들이 새로운 매체를 미술과 결합함으로써 어떠한 변화들이 이루어졌으며 그러한 변화들이 기존의 예술 개념에 어떠한 영향을 미쳤는지를 주로 살펴보는 것이었다는 점에서, 이 글에서는 단지 디지털 미디어 아트가 야기한 작품 개념 및 수용의 문제 등에서의 변화와 그것의

17 앞서 언급했듯이 앳킨스는 비디오 아트를 비디오 테크놀로지를 이용한 예술이라 한정하고 미디어 아트와는 다른 장르라 주장한다: 앳킨스, 앞의 책, p. 149 참조. 그리고 또 미디어 아트의 미학적 의미를 미디어가 가져다준 문화적 변화 및 그것이 개인 창작으로서의 작품 제작과 미술관이라는 제도 내에서의 작품 수용, 미술시장에서의 작품 유통의 회로를 벗어나게 만든다는 점에서 찾는 입장이라면, 비디오 아트의 미학적 의미에 대한 평가가 제한적일 수밖에 없다. 반면에, 러시는 비디오 아트의 미학적 평가와 수용은 미술관의 큐레이터 문화에 의한 것이라는 점을 긍정한다: 러시, 앞의 책, p. 94, p. 130 참조.

18 이 글에 허용된 분량의 제한 때문에 부분적으로만 서술이 되지만, 텔레마틱(telematic) 아트의 창시자이며 탁월한 미디어 아트 이론가이기도 한 로이 애스콧은 디지털 데이터베이스 테크놀로지의 가장 중요한 요소를 네트워킹이라 가정하는데, 여기서 네트워킹은 인터랙티비티, 탈중심화, 자료의 복수성(複數性)으로부터 야기되는 생각들의 중층, 지역성을 초월한 접속의 장소, 그리고 사고 및 감수성의 확산 등을 의미한다: Roy Ascott, "Gesamtdatenw erk: Connectivity, Transformation and Transcendence", in Timothy Druckrey, ed., *Ars Electronica: Facing the Future, A Survey of Two Decades*, MIT Press, 1999, pp. 86-89.

의미만을 언급할 것이다. 우선 컴퓨터와 그에 기반한 인터넷을 매체로 한다는 점에서 디지털 미디어 아트는 이미지를 정보의 차원으로 전환하며 이미지의 합성과 편집 등의 기능을 강화하는 가운데 작품 자체의 탈(脫)물질화를 초래한다. 또 작품은 예술가에 의해 완결되는 것이 아니라, 유저(user)들의 인터랙티브한 개입을 통해 끊임없이 유저와 반응하면서 생성되는 프로세스적 측면을 지닌다. 그리고 이러한 작품이 이루어지는 사이버스페이스와 그 안에서의 가상현실은 기존의 미술관이 아니라 편재하는 가상의(virtual) 미술관이라는 개념을 제시한다.[19]

5. 맺는 말

지금까지 미디어 아트가 제기하는 미학적 쟁점을 다음과 같은 관점, 즉 미디어의 기술적 · 문화적 측면이 예술과 결합됨으로 인해 예술 개념 및 그것을 둘러싼 문화 지형에 어떠한 변화를 가져오게 되는가라는 관점에서 검토해 봤다. 그 결과 우리는 미디어 아트가 예술의 범위에 대한 이론적 재구축의 문제, 즉 "지금 우리에게 미술/예술이란 무엇이며 어떠해야 하는가"라는 문제를 제기함을 확인하게 된다. 이미 살펴봤듯이, 현대적 예술 개념의 형성 자체가 새로운 미디어의 출현 및 그에 따른 문화 지형상의 변화와 연관해서 이해될 수 있는 것이고, 또 한편으로 미디어 테크놀로지와 예술의 결합은 재차 이러한 현대적인 예술 개념에 영향을 끼치게 된다. 따라서 우리는 이제 더 이상 기존의 예술 개념 및 그와 연관된 미학적 담론을 고수할 수가 없는 상황에 처해 있다.

그러나 다른 한편으로 미디어 테크놀로지와 예술의 결합에서, 그것이 단

19 우리는 미디어 아트에 대한 미학적 고찰에 있어서 미술관 제도와의 관계라는 측면이 대단히 중요한 비중을 차지하고 있음을 확인하게 된다. 이와 연관해서, 『미학대계』 3, '미학의 새로운 쟁점들' 중 「미술관의 미래」를 참조할 것.

지 '기술에 대한 예술의 굴복' 이 아니라 진정한 결합이기 위해서는 새로운 매체의 출현이 모든 변화를 가능케 하리라는 매체 결정주의적 사고로 귀결되어서는 안 되고, 미디어 아트의 예술적인 근거에 대한 물음이 수반되어야 한다. 물론 이러한 물음에 앞서서 예술에 대한 개념적 패러다임의 전환이 이루어져야 할 텐데, 아마도 새로운 예술 개념은 시각문화와 시각 커뮤니케이션의 맥락을 수용함으로써, 예술의 자율성을 기반으로 하는 기존의 예술 개념과는 달리, 삶과 문화의 차원을 꿰뚫는 것이어야 하지 않을까 싶다. 그럴 때만이 피에르 레비의 다음과 같은 예언, 즉 "이른바 '세계적 차원의 엔지니어' 는 21세기의 주요 예술가들이 될 것이다"[20]라는 예언이 현실적으로 실현될 수 있을 것이다.

20 P. 레비, 『사이버 문화』, 문예출판사, 2000, p. 202. 이 중 특히 사이버 문화의 예술적 · 미학적 차원을 탐색하고 있는 9장 「사이버 문화의 예술」을 참조할 것.

더 읽을거리

심혜련, 「새로운 매체시대의 예술에 대한 고찰」, 철학아카데미 편, 『기호학과 철학 그리고 예술』, 소명, 2003.

원광연, 「디지털 문화예술의 발전에 관하여」, 최혜실 편, 『디지털 시대의 문화예술』, 문학과지성사, 1999.

Druckrey, T. (ed.), *Ars Electronica: Facing the Future, A Survey of Two Decades*, MIT Press, 1999.

McCarthy, K. F., and E. Heneghan, *From Celluloid to Cyberspace: The Media Arts and the Changing Arts World*, Rand, 2002.

가상현실

김희정

1. 가상현실이란 무엇인가?

흔히 가상현실(Virtual Reality)은 사이버 공간(cyberspace)에서 체험되는 현실을 가리킨다. 그래서 사이버 공간을 가상공간(virtual space)이라고도 부른다. 사이버 공간이란 컴퓨터 테크놀로지에 연관되어 사람들이 서로 의사소통할 수 있는 상징적인 공간이다. 이때 상징적인 공간이라고 하는 것은, 그것은 우리가 사는 세계와 같은 물리적인 공간은 아니라는 의미에서이다. 어떤 의미에서의 가상현실이 실현되는 공간이 가상공간이라고 할 수 있다. 그렇지만 가상현실이 체험되는 상징적인 공간이 바로 사이버 공간과 동일하지는 않다. 흔히 사이버 공간은 컴퓨터가 매개로 하여 만들어진 환경을 의미하는데 가상현실은 컴퓨터를 매개로 하지 않고도 구축될 수 있기 때문이다. 물론 오늘날의 가상현실은 컴퓨터가 매개로 하는 사이버 공간에서 경험되는 것이 보편적이다. 사실상 '가상현실'이라는 말과 '사이버 공간'이라는 말은 각기 다른 연원을 가지고 있다. 또한 '가상현실'과 유사한 '인공현실'이라는 말도 있다. 이런 말들의 기원과 그 관계에 대해 간략히 살펴보겠다.

가. 가상현실

'가상현실' 이란 얼핏 보기에는 모순되는 말인 것처럼 보이지만 그 의미를 자세히 고려해 보면 그렇지 않다. 웹스터 사전에 의하면, 가상적(virtual)이란 "본질적으로 결과적으로는 존재하지만 형상적으로는 인지되거나 인정되지 않는(being in essence or effect though not formally recognized or admitted)"을 의미한다. 현실(reality)이란 "실제적인 사건, 존재자, 또는 사태(a real event, entity, or state of affair)"를 의미한다. 이것을 결합시키면, '가상현실' 이란 "결과적으로는 실재하나, 사실적으로는 그렇지 않은 사건이나 존재자이다." 가상현실은 실제현실(actual reality)과 대조되는 개념이다.[1] 실제현실은 우리가 일상적으로 실제적으로 존재한다고 알고 있는 우리가 살고 있는 이 세계를 의미한다.

컴퓨터의 등장과 함께 '가상적' 이라는 말이 컴퓨터의 정보 처리와 관련되어 사용되기 시작했다. 컴퓨터의 주 기억장치(main memory)의 용량이 부족할 때 하드 디스크의 보조기억장치를 램처럼 이용할 때 가상기억장치(virtual memory)라는 말을 사용한다. 이 의미도 위의 사전적인 의미에서 크게 벗어나지 않는 것을 알 수 있다. 즉 가상기억장치에서의 가상은 실제 기억장치가 아닌데, 단지 그것과 동등한 기능을 하는 것에 불과하다.

'가상현실' 이라는 말 자체는 재즈 음악가인 레이니어(Jaron Lanier)가 1986년 처음으로 사용하였다. 그는 Visual Programming Languages라는 회사를 차리고 기존의 언어나 기호 이외의 의사소통 기구를 만들려고 했다. 그래서 그는 데이터 장갑, 헤드 마운티드 디스 플레이(Head Mounted Display; 이하 HMD라고 칭함), 데이터 옷 등의 기구들을 제작했다. 그는 그것들을 1987년 "두 사람을 위해 제작된 실재(a reality-built-for-two)"라고 하는 것에 통합시켰다. 그에게 가상현실이란 상상을 서로 공유하며 상호 표

---

1 실제현실이라는 말이 부자연스럽지만, 가상현실과 대조되는 우리가 살고 있는 이 세계를 실제현실이라고 칭하겠다.

현할 수 있는 시각적이고 청각적인 세계였던 것이다. 즉 그의 가상현실의 핵심은 같은 장소에 있지 않은 사람들이 동일한 공간 내에서 서로 의사소통할 수 있는 인공적인 세계에 거주하며 실재를 즉흥적으로 만들어 내는 것이었다.[2]

한편 크뢰거(Myron W. Krueger)는 '인공현실(artificial reality)' 이라는 말을 처음으로 도입하였다. 그는 레이니어의 '가상현실' 의 시도 이전에 '추상적인 패턴과 인식할 수 있는 표상 사이를 오가는 환경' 을 만드는 데에 관심을 가졌다. 그의 인공현실은 신체의 움직임을 카메라로 추적하여 그것을 동영상으로 벽에 투사시키며, 그 벽에 신체의 움직임들과 관련되는 다른 전자 이미지들이 보여지는 그런 방에서 실현된다. 그는 컴퓨터 사용자 인터페이스가 컴퓨터를 보다 쉽게 사용하기 위해 컴퓨터에만 설치되어 온 것에 주목했다. 그리고 컴퓨터가 아니라 인간이 직접 그 인터페이스가 될 수 있을 것이라고 생각했다. 만약 그렇게 된다면 그는 그 인터페이스가 인간의 신체와 감각에 적합하게 고안되어야 한다는 것이다. 그것이 실행에 옮겨진 것이 바로 인공현실이라는 인터페이스이다. 그중의 대표적인 것은 미국 코네티컷 주의 자연사 박물관에 있는 비디오플레이스이다. 서로 다른 방에 들어간 방문객들이 각자의 손으로 같은 그림을 그릴 수 있으며 장난칠 수도 있다. 그들은 체조도 할 수 있고 기타 다른 행동들도 경험할 수 있다. 그가 인공현실이라는 단어를 쓰게 된 이유는 이 인터페이스가 만들어 내는 상호 작용적인 환경들을 실제적인 경험처럼 받아들이게 하는 데에서 붙여진 것이다.

마이클 하임은 기술적인 측면에서 가상현실과 인공현실의 차이를 다음과 같이 요약하고 있다. "가상현실에서는 데이터 글로브, 데이터 고글 또는 아이폰, 6차원의 추적 장치 등을 인간의 신체에 부착하여 하나의 현실감을 느끼게 하는 데 반하여, 인공현실에서는 하나의 커다란 방에 비디오를 사용하여 화면을 보이고 그에 따른 인간의 반응을 추적한다. 또한 인간의 반

2 Michael Heim, *Virtual Realism*, Oxford University, 1997, p. 17.

응에 따라서 비디오의 내용도 바뀐다. 이러한 장치를 비디오 플레이라 한다."[3] 그런데 가상현실, 인공현실이라는 기술 장치는 우리에게 현실세계에서 체험하는 것과 기능적으로 동등한 체험을 제공하는 것을 목표로 하고 있다. 그런 점에서 본다면 레이니어의 '가상현실'과 크리거의 '인공현실'의 시도는 의사소통이 가능할 만큼 실재감을 느낄 수 있는 인공적인 환경을 구축하는 두 가지 다른 방식으로 볼 수 있다. 헬멧과 글로브를 착용하는 레이니어의 기술 장치는 HMD 방식이며, 비디오 플레이에 의한 크리거의 기술 장치는 VROOM 방식, 혹은 CAVE 방식이라고도 한다. 후자는 처음에 벽면에 형상을 투사하던 것을 천장까지 확장하는 프로젝션 룸을 사용하는 데까지 발전했다. 헤임은 레이니어의 방식을 터널(Tunnel) 방식이라고도 한다. 데이터 고글을 끼게 되면 마치 터널 속에 들어온 것처럼 체험자는 주변적인 인식을 무시하고 고글 안에서 볼 수 있는 것을 고정화시키는 것으로 나아가기 때문이다. 그리고 그는 후자를 나선(Spiral) 방식이라고 한다.[4]

이 두 가지 방식 이외에도 우리에게 실제적인 경험을 제공해 주는 다른 기술 장치도 가능할 것이다. 네트워크와 연결된 컴퓨터도 또한 우리에게 실재감을 주는 하나의 기술 장치이다. 이것은 가상현실의 환경에 등장하는 사물들과의 상호 작용을 넘어서 타인과의 상호 작용을 가능하게 한다. 또 다른 가능한 인간의 뇌에 직접 꽂는 신경 플러그 같은 것이다. 그런 것은 〈매트릭스〉와 같은 공상과학 영화에서나 볼 수 있는 것으로 실제로 과학자들은 그런 것을 심각하게 고려하고 있지는 않다고 한다. 우리의 뇌와 신경 체계에 대해 아직은 충분히 알고 있지 못한 탓이다.

애초에 레이니어가 가상현실이란 말을 주조했을 때, 그것은 상호 작용적인 인공 환경을 구축하는 특정한 기술 장치로 주로 이해되었다. 그러나 그가 가상현실을 만든 목적을 생각한다면 그것을 우리에게 실재감을 주는 상

3 *Ibid.*, p. 206.

4 *Ibid.*, pp. 98-107

호 작용적인 인공 환경 자체를 가리키는 것으로 이해하는 편이 더 나은 것 같다. 그가 HMD 등의 의사소통의 기구를 만든 것을 상호 소통이 가능한 인공적인 환경을 구축하는 목적을 가지고 있었기 때문이다. 그리고 그런 목적을 위해 다양한 기술 장치가 될 수 있으므로, 가상현실을 애조에 레이니어가 사용한 기술 장치에 국한시키지 않을 것이다. 헤임이 지적한 대로 필자는 가상현실 혹은 인공현실이라는 개념을 기술 장치로서가 아니라 인공적이며 상호 작용할 수 있는 원격현전의 총체적 환경을 지칭하는 것으로 이해할 것이다.

레이니어의 '가상현실', 크뢰거의 '인공현실'과 유사한 목표를 가지는 것으로서 MIT 연구소에서는 가상 환경(virtual environment), 미국의 군사연구 기관에서는 종합적 환경(synthetic environment)이라고 불리는 프로젝트가 있었다. 이런 시도들은 그 이름과 그것을 실현하는 기술적인 방식에 차이가 나지만 우리에게 실제 현실을 방불케 하는 경험을 제공하려는 인공적인 환경을 조성한다는 공통점을 가지고 있다. 이제부터 필자는 가상현실을 단지 레이니어가 구축한 인공적인 세계뿐 아니라 '인공현실', '가상환경', '종합적 환경' 등을 총칭하는 개념으로 사용하겠다. 그리고 그것을 구축하는 방식에는 여러 가지가 가능하다고 전제하겠다.

나. 사이버 공간

가상현실과 연관되어 사용되는 사이버 공간은 다음과 같은 연원을 가지고 있다. '사이버(cyber)'라는 용어는 사전에 존재하는 접두어가 아니다. 그것은 사이버네틱스(cybernetics)라는 단어의 줄임말로 생각되는데 그 단어의 뜻은 배의 키를 잡는다는 것이다. 여기서 '조종한다'는 의미가 파생되었고, '통치한다'라는 의미로 확정되었다고 한다. 미국의 수학자 노버트 위너가 '사이버네틱스'라는 말을 현대적 의미로 되살렸다고 한다. 그는 정보의 소통에 관한 새로운 통합학문을 설립하고 이것을 '사이버네틱스'라고 명명했다. 그것은 '정보의 소통을 통한 조종과 통제의 학문'을 의미했다. '사이버네틱스'와 유기체(organism)가 결합된 말인 '사이보그(cyborg; cyber-organism)'는 인조인간으로 번역되는데 그것은 사이버네틱스의 원리에 따라 제작된 기계-유기체를 의미한다. 이후 사이버네틱스의 사이버가 접두어처럼 사용되어 인공두뇌라는 의미로 정착되기 시작한다. 컴퓨터가 인공두뇌의 가능성을 부분적으로 실현함으로써 이제 '사이버'라는 말은 컴퓨터의 개발 및 이용과 관련된 현실의 변화를 의미하게 된다. 나아가 사이버 공간이라는 말은 '사이버'와 컴퓨터라는 새로운 정보처리 기계를 넘어서서 컴퓨터 통신망이라는 새로운 정보소통 기계와 결합되게 된다.[5]

'사이버 공간(cyberspace)'이라는 말은 공상과학 소설가인 윌리엄 깁슨(William Gibson)이 1984년 『뉴 로맨서(*New Romancer*)』에서 처음 사용한 말이다. 그의 소설은 사이버 공간이라는 영역을 배경으로 전개된다. 사이버 공간이란 컴퓨터로 인해 생성된 공간을 가리킨다. 그것은 우리가 살고 있는 물리적 공간은 아니다. 그것은 인간의 신경과 컴퓨터가 연결된 결과 '합의에 의한 환상(Consensual Hallucination)'이라는 것을 뜻했다. 이것은 컴퓨터가 만들어 내는 어떤 경험의 세계를 비유적으로 표현한 것이다. 그 세계는 나만이 아니라 다른 사람들도 있고 그들과 상호 작용을 한다는 느낌을 갖는다. 그런 활동의 공간은 실제 물리적인 공간이 아니라, 컴퓨터를 매개로 하는 어떤 환경으로서 활동의 영역으로서 간주할 수 있다는 것이다. 그것은 한 개인의 경험뿐 아니라 공적으로 합의에 의해 인정되는 세계이므로 주관적인 환영의 세계는 아니다. 그렇지만 사이버 공간이라는 것이 실제 세계의 공간과 같이 실제적인 대상이 존재하는 그런 공간이 아니라, 단지 다른 대상과 타인의 존재를 인식할 수 있는 환경을 의미한다.

사이버 공간이라는 것이 애초에 무엇을 의도했다 하더라도 이제 컴퓨터와 관련된 기술의 발달은 그 기능과 역할의 확대를 기대하게 한다. 그러므

---

5 홍성태 엮음, 『사이보그, 사이버 컬처 서문 사이버: 사이버네틱스와 사이버 공간』, 문화과학사, 1997 참조.

로 애초 그 단어의 개념, 즉 컴퓨터에 의해 합의에 의한 환상을 산출하여 공간에 한정할 필요는 없을 것 같다. 베네딕트에 의하면, 사이버 공간은 "가상현실", "데이터 시각화", "그래픽 유저 인터페이스", "네트워크", "멀티미디어", "하이퍼 그래픽"과 오늘날 컴퓨터 기술에 관련된 다른 발전물들과 다 연관되어 있다고 주장한다. "사이버 공간은 [위에서 나열한] 이 모든 것과 연관되어 있다. 이것 이외에도 어떤 의미에서 '사이버 공간' 은 그 모든 것을, 그리고 그것들의 항목하에서 이루어지는 많은 작업을 포함한다. 하나의 프로젝트로서 그리고 하나의 개념으로서 사이버 공간은 이런 구분되는 프로젝트들을 하나로 집합시키는, 즉 말하자면, 하나의 공통된 목표에 그것들을 집중시키는 능력을 가지고 있다는 것을 실로 나는 단언하고 싶다."[6]

그리하여 그는 사이버 공간의 개념을 다음과 같이 확대시킨다. "사이버 공간은 전체적으로 네트워크와 연결되어 있으며, 컴퓨터에 의해 지원되고 컴퓨터로 접근 가능하며, 컴퓨터에서 발생한 것이며, 다중차원적이고, 인공적이거나 '가상적인' 현실이다. 모든 컴퓨터가 하나의 창이 되는 이 현실 속에서 보이거나 들리는 대상들은 물리적이지 않으며, 필연적으로 물리적 대상들의 표상들도 아니다. 그것은 데이터, 순수 정보로 만들어진 특성과 행위이다. 이 정보는 부분적으로 자연적인 물리적 세계의 조작으로부터 나오지만, 대부분 그것은 과학, 예술, 산업, 문화에서 인간의 일을 구성하는 정보의 거대한 소통에서 나온다."[7]

다. 가상현실과 사이버 공간의 관계

베네딕트는 사이버 공간의 개념을 가상현실과 서로 밀접한 것으로 연관짓고 있지만 그것은 서로 구분되는 것이다. 가상현실은 컴퓨터의 도움을 받든 아니든 어쨌든 우리에게 사실에 버금가는 실제적인 경험을 가능하게

6 Michael Benedikt, "Cyberspace: Some Proposals," in Michael Benedikt, ed., *Cyberspace: First Steps*, MIT Press, 1994. p. 122.

7 *Ibid.*, p. 123.

하는 환경을 의미한다. 그래서 꿈이라든지, 소설이라든지, 영화라든지 등등의 허구의 대상과 세계에 몰입하는 동안 우리는 가상현실을 경험하는 것이다. 물론 소설과 영화는 완전한 단계의 가상현실이라고 할 수는 없다. 소설의 인물과 정황은 우리에게 실감나게 경험되지만 실제 우리 현실처럼 보이거나 들리거나 만질 수 있는 그런 세계는 아니다. 영화는 보이고 들리지만 그 속의 대상을 우리가 만질 수 없고 우리가 그 속에 참여하여 상호 작용을 할 수 있는 세계는 아니다. 소설과 영화와 같은 매체들은 우리가 몰입하는 것을 제한하므로 실제 체험에서 느끼는 현실감을 얻는 데 한계가 있다. 사이버 공간에서의 가상현실의 체험은 사물에 대한 공간감과 입체감을 느끼게 한다. 그뿐 아니라, 그 대상과의 상호 작용의 경험을 가능하게 한다. 그리고 무엇보다 중요한 것은 나와 같은 사람이 존재한다는 것을 느끼게 함으로 인해 더욱 더 몰입할 수 있으며 더 완전한 현실감을 줄 수 있다. 사이버 공간에서의 가상현실은 이전의 어떤 형태의 가상현실의 체험보다 가장 현실감을 줄 수 있는 경험이다. 즉 사이버 공간은 가상현실의 경험을 가능하게 하는 가장 발달된 형태의 매체이다. 그 몰입의 정도와 그 세계의 구성력이 아주 강하다면 그 세계 속에서 우리는 실제 우리의 현실과 구분하지 못할 정도의 생생한 경험을 하게 될 것이며 이런 단계를 온전한 형태의 가상현실이라고 할 수 있다. 사이버 공간에서 중요한 것은 깁슨이 이야기한 바와 같이 타인들과 공유하는 세계라는 것이다. 그것이 가능한 것은 대상과의 상호 작용뿐 아니라 타인과의 상호 작용이 가능하기 때문이다.

2. 가상현실의 주요 특징

필자는 가상현실을 하나의 기술이라는 의미로서가 아니라 우리에게 실제현실의 경험과 유사한 혹은 구분되지 않는 몰입을 제공하는 환경이라는 의미로 이해한다. 물론 기술적으로 아직 이런 수준에 도달하고 있지 않지만, 그것이 가상현실이 궁극적으로 지향해 가는 방향이다. 컴퓨터의 발전과 더불어 가상현실을 구축하기 위해 노력하는 것은 그 속에서 인간이 오랜 과거로부터 꿈꾸어 오던 이상적인 몰입의 상황으로 들어가기 위해서일 것이다. 이제 완전한 형태의 가상현실을 특징짓는 데 관련되어 있다고 간주되는 몇 가지 속성들에 대해 살펴하고자 한다. 인공성, 몰입, 원격현전, 상호 작용, 시뮬레이션 등이 그것이다. 물론 여기에서 가상현실에 대한 필요충분조건을 열거하려는 것은 아니다. 그리고 아래의 항목들이 서로 배타적이거나 또는 이 목록들이 관련된 모든 항목을 남김없이 다 나열하고 있는 것은 아니다. 단지 가상현실의 경험을 이해하는 데 관련된 특징적인 측면들을 기술하는 것에 불과하다.

가. 인공성

컴퓨터와 연관된 의미로서의 가상현실은 자연적으로 우리에게 주어지는 경험의 세계가 아니다. 이것은 우리가 살고 있는 물리적 세계의 어떤 것이 인과적으로 발생시키는 인공적인 세계이다. 즉 가상현실은 우리의 기술에 의해 인위적으로 만들어진 세계이다. 어떤 식의 기술이든 인공성이 개입된다. 그것은 가상이라는 말 때문에 환상이나 신기루 같은 것과 연관되어 생각되어서도 안 된다. 특히 앞으로의 가상현실은 컴퓨터나 인터넷 기술과의 긴밀한 연관 없이 생각할 수 없다.

나. 몰입

헤임은 인간에게 몰입을 위한 기제는 컴퓨터로 인한 가상현실의 실현 이전에도 있었다고 주장한다. 종교적 제의나 극장이 추구한 몰입의 경험이 그것이다. 그런데 컴퓨터와 그것에 관련된 기술의 적용이 몰입을 보다 완전하게 한다. 가상현실의 환경으로의 몰입은 우리의 육체가 존재하고 있는 실제적인 공간이나 환경을 잊게 할 만큼 인공적인 환경에 몰입을 가능하게 할 때 완전히 달성된다. 레이니어가 만든 헤드 마운티드 디스플레이(HMD)

는 시각과 청각을 주변 세계로부터 차단시키고 컴퓨터에 생성되어 있는 감각 경험에 몰두하게 한다. HMD와 더불어 피드백 글러브, 보행발판, 자전거 손잡이 혹은 조이스틱을 사용함으로써 우리 몸은 인공적인 공간을 돌아다니는 듯한 실재감을 가질 수 있다.

다. 원격현전(telepresence)이 실현되게 하는 정보의 강도

여기서 '현전(presence)'이라는 것은 무엇이 일어나는지 내가 지각하고 느낄 수 있으며, 내 몸을 사용해서 어떤 과제를 수행할 수 있음을 의미한다. 예를 들어 의사가 수술할 때 환자의 몸을 절개하는 것이 아니라 환자의 몸 속에 어떤 미세한 기구를 넣어 수술하는 것을 원격현전의 수술이라고 한다. 복강경 수술과 같은 것이 바로 그것이다. 실제 의사의 손이나 눈은 환자의 몸 속에 있지 않고 그것에 닿을 수 없는 거리에 있지만, 어떤 기구의 도움으로 환자 몸 속에 어떤 과제를 수행할 수 있다.

가상현실의 세계에서는 흔히 먼 거리에 있는 사람이 같은 공간에 있는 것과 같은 착각을 일으킬 만큼 친밀한 상호 작용이 일어날 수 있다. 실제 어디에 위치하고 있는지 모르는 사람과 컴퓨터 게임을 한다고 가정하자. 예를 들어 컴퓨터를 매개로 하여 실제 인간과 장기를 두는 게임을 생각해 보자. 우리는 상대방이 바로 그 게임의 내용에 해당하는 같은 장소에 있는 것을 느낀다. 이때 먼 거리에 있는 사람이, 아니 어디에 위치하고 있는지도 모르는 사람과 같은 공간에 있다는 느낌을 가진다. 그것은 내가 두는 장기말의 움직임에 대해 상대방이 반응하는, 적절한 시간 간격과 규칙을 준수하는 행위에서 창출되는 것이다. 만일 상대방이 너무나 느리게 반응해 온다면 같은 공간에 있다는 느낌을 저하시키게 될 것이다. 원격현전에는 실시간의 개념이 개입되어 있는 것이다. 실제적인 공간을 공유하고 있지 않지만 다른 정보의 강도에 의해 같은 공간에 있음을 느끼게 하는 것이 바로 원격현전의 개념이다.

라. 상호 작용

원격현전이 가장 고도로 실현되고 있는가를 측정하는 하나의 척도는 어느 정도의 상호 작용이 가능한가이다. 가령 우리가 전화할 때 상대방과 원격현전하고 있는데 이때 상호 작용은 청각적인 것에 불과하다. 그러나 화상 채팅과 같은 것은 시각적인 측면이 첨가된 보다 풍부한 상호 작용이 가능하다. 가상현실이 실현된 사이버 공간에서 상호 작용이 보다 완벽해지는 것은 3차원의 공간감을 느끼면서 우리가 실제 살고 있는 물리적인 세계에서 느끼는 경험과 동일한 경험을 하게 되는 상태일 것이다.

마. 네트워크망

인공적으로 만들어진 실재감을 주는 환경은 컴퓨터 네트워크 이외에도 가능했다. 예컨대 종교적인 의식과 극장에서의 예술의 감상들이 실재감을 주는 예가 된다. 그런데 가상현실의 보다 완전한 실현은 컴퓨터 네트워크와 함께 이루어질 수 있다. 여기서는 실재감을 주는 사물과의 상호 작용뿐 아니라 다른 인간들과의 상호 작용이 가능해진다. 전화는 청각적인 측면에서의 상호 작용을 가능하게 한다면, 컴퓨터 네트워크는 시각적인, 촉각적인 상호 작용도 가능하게 한다. 그 시각 경험은 컴퓨터 모니터의 2차원적 평면의 시각감이 아니라 입체적인 사물, 사람에 대한 시각감을 갖게 되는 방향으로 진전될 것이다.

가상현실의 보다 완전한 형태는 컴퓨터 프로그램에 의해 창조된 우리의 창조물인데 그것은 우리를 몰입시키는 그런 기술에 의존하고 있다. 여기서 중요한 것은 몰입이다. 앞서 열거한 가상현실의 특징들은 몰입을 향한 것이다. 기술도 몰입을 위해서이고 원격현전감이 느껴지는 것도 몰입할 수 있기 때문이다. 실제 우리가 어떤 환경 속에 위치해 있는 것은 아닐지라도 문제시되는 그 환경에 몰입함으로써 거기 있는 것으로 느끼는 것이다. 또한 상호 작용도 몰입이 전제될 때 일어날 수 있다. 그리고 네트워크망이 형성됨으로써 우리는 가상적인 환경 속에서 타인들의 존재를 지각하고 또 그들과 상호 작용할 수 있다. 이와 같이 가상현실의 개념의 핵심에는 몰입이 있다. 그런데 우리가 몰입하면 할수록, 즉 가상현실의 실재감이 커지면 커질수록 실제적인 것과 가상적인 것의 순간적인 경험적 영역에서의 구분은 사라진다.

3. 가상현실과 예술

웹상의 클릭과 서핑에 의존하지 않고서 상호 작용성(interactivity)을 고무시키는 대표적인 예술작품으로 인터랙티브 설치 작품(interactive installation)이 있다. 이것이 목표로 하는 것은 관람자와 상호 작용하는 것인데, 이런 예술작품이 궁극적으로 변화해 가는 방향은 아마도 감상자에게 가상현실을 체험하도록 하는 것이라고 생각된다. 인터랙티브 설치 작품들 중 우리가 현실과 거의 구분하지 못할 정도로 생생하게 경험을 체험하게 해 주는 효과를 가진다면, 작품에 더욱 더 관심을 기울이고 몰입할 수 있을 것이므로 그 설치는 최상의 상호 작용성을 성취할 수 있을 것이다. 가상현실의 기술은 인터랙티브 설치 작품이 만들어지기 전에 군사나 게임, 의료, 건축설계 등 타 분야에서 널리 적용되고 있었다. 사실 예술에서의 가상현실의 기술은 타 분야의 가상현실의 기술이나 방식에 크게 힘입은 것이다.

가상현실을 체험하게 하는 인터랙티브 설치 작품의 예로 호주의 예술가 쇼(Jeffrey Shaw)가 만든 〈읽기 쉬운 도시(The Legible City)〉(1990)가 있다. 자전거 한 대가 세 개의 커다란 영사 스크린 앞에 놓여 있다. 관람자가 자전거 페달을 밟으면 관람자는 3D 컴퓨터 그래픽 애니메이션 시스템으로 가상적으로 제작된 맨해튼이나 암스테르담, 칼스루에 같은 도시를 가로질러 달리게 된다. 페달을 밟는 동안 우리는 그 도시의 모퉁이를 돌고 간판을 읽는 등 마치 우리가 실제로 그 도시를 돌아다니는 것과 같은 경험을 하는 것이다.

물론 이것은 아주 원시적인 단계의 가상현실을 체험하게 하는 데 지나지 않는다. 우리가 거니는 맨해튼이나 암스테르담 등의 도시 풍경을 보여 주는 3D 컴퓨터 그래픽은 실제와 똑같지 않으며, 그것을 조야하게 모방하고 있는 정도에 지나지 않기 때문이다. 그리고 우리는 그 도시에 있는 건물 안에 들어갈 수도 없고 그 건물들을 만져 보는 촉각적인 경험도 가질 수 없다. 만약 어떤 시스템이 개입하여 우리에게 실제 세계를 경험하는 것과 꼭 같은 정도의 생생한 경험을 하게 된다면, 우리는 보다 완전한 단계의 가상현실을 체험하는 것이다. 물론 이런 완전한 가상현실을 경험하는 것은 〈매트릭스〉와 같은 공상과학 영화에서나 가능한 일이지 실제 기술적으로 불가능한 일인지도 모르겠다. 물론 기술의 발달은 예전보다 더욱더 현실감을 증대시키는 방향으로 진행되고 있다.

가상현실 체험을 제공하는 것은 예술만이 아니라는 점을 앞서 지적했다. 현재 게임은 가상현실의 체험을 제공하는 데 기술적인 측면에서, 또 다양하고 새로운 아이디어의 측면에서 예술보다 더 앞선 분야로서 예술이 갈 길을 인도해 주고 있다. 컴퓨터 게임, 비디오 게임은 실로 다양한 방식으로 참여자들이 상호 작용적인 환경을 만드는 데 기여했다. 즉 그것은 네비게이션, 시뮬레이션을 비롯하여 링크된 내러티브, 3D의 창조, 멀티유저 환경 조성 등을 통해 상호 작용적인 환경을 만들고자 시도했다. 또한 비디오 게임은 주로 폭력적인 싸움을 등장시키긴 했지만 아주 세련된 시각 세계를 제공한다는 점에서 예술에 도움을 주었다. 그것은 또한 시점에 대한 탐구를 제공했다. 게임 참여자는 게임의 세계에 1인칭 관점에서 혹은 3인칭 관점에서 접근하도록 되어 있다.

가상현실은 우리의 지각을 자극하는 새로운 방법을 갖고 있다. 특히 가상현실을 이용하는 작품의 경우는 참여자를 다양한 수준에서 개입시키고 있다. 시각적인 면, 청각적인 면뿐만 아니라 촉각적으로 관람자를 개입시킨다. 그리고 관람자는 단순히 관람하는 수동적인 존재가 아니라 능동적인 참여자가 된다.

더 읽을거리

Heim, M., *The Metaphysics of Virtual Reality*, Oxford University Press, 1993 (여명숙 옮김, 『가상현실의 철학적 의미』, 책세상, 1997).

________, *Virtual Realism*, Oxford University Press, 1998.

Holtzman, S., *Digital Mosaics: The Aesthetics of Cyberspace*, Touchstone, 1997 (이재현 옮김, 『디지털 모자이크』, 커뮤니케이션북스, 2002).

Rush, M., *New Media in late 20th-Century Art*, Thames & Hudson, 1999 (심철웅 옮김, 『뉴미디어 아트』, 시공사, 2003).

Christiane P., *Digital Art*, Thames & Hudson, 2003.

미래의 영화: 디지털 테크놀로지와 영화

옥혜령

1895년, 20세기의 대표적인 대중문화로 등장한 영화를 처음으로 선보인 루이 뤼미에르는 "영화는 미래가 없는 발명품"이라고 예언했다. 그로부터 100년 후, 오늘날의 영화 이론가들은 "영화의 종말(End of Cinema)", "미래의 영화(Future Cinema)", "메타 영화(Meta Cinema)" 등의 개념으로 현재의 영화를 논하고 있다.[1] 종말이나 미래라는 말이 암시하듯, 영화는 과연 뤼미에르가 예언한 불가능한 미래의 단계로 접어든 것인가. 그러나 오늘날 영상문화의 현실을 살펴볼 때, 여전히 지난 세기를 풍미했던 극장 스크린 위의 영화와 영화 산업은 건재하고, 오히려 '넷 시네마', '모바일 시네마', '디지털 시네마' 등 수많은 '다른 이름들의 영화들'이 극장 밖에서, 다양한 스크린 위에서 영상문화의 지평을 장식하고 있다.[2]

---

1 Anne Friedberg, *The Virtual Window: From Alberti to Microsoft*, MIT Press, forthcoming 2006, "The End of Cinema: Multimedia and Technological Change", in Leo Baudry and Marshall Cohen, eds., *Film Theory and Criticism* (Sixth Edition), New York, Oxford: Oxford University Press, 2004; Thomas Elsaesser, Introduction, in Thomas Elsaesser, and Key Hoffman, eds., *Cinema futures: Cain, Abel or Cable; The Screen Arts in the Digital age*, Amsterdam: Amsterdam Univ. Press, 1998; Jeffrey Shaw, Introduction, in Jeffrey Shaw & Peter Weibel, eds., *Future Cinema: The Cinematic Imaginary after Film*, The MIT Press, 2003; MIT Media Lab(revision).

2 한국어로 영화라 통칭되는 '움직이는 영상'에 대한 보다 정확한 논의를 위해서 필름(film), 무비(movie), 시네마(cinema)를 구분하는 것이 유용하다. 주지하다시피 세 용어는 일반적

그 어느 때보다 다양한 이름의 영화들이 존재하는 미디어 환경 속에서, '영화의 종말 혹은 미래' 라는 이론적 쟁점이 등장한 함의는 무엇일까. 나아가 상이한 테크놀로지와 미학적 · 문화적 특성을 지닌 이들 영화들을 영화의 역사에서 어떻게 자리매김할 수 있을까. 이 영화들은 과연 영화로 정의될 수 있을까. 그리고 그 시각적 경험은 기존의 영화 관람 경험과 어떻게 같고 또한 다른가. 각각의 사례와 논의들이 지닌 배경과 이론적 입장은 다르지만, 다양한 영화들의 등장에 주목하여 영화라는 매체를 재정의하고자 하는 논의들은 무엇보다 이미지의 생산, 배급, 수용에 중대한 영향을 미친 '디지털 테크놀로지' 의 발달에 주목하고 있다. 영화이론의 고전기부터 영화가 사진의 재현성을 바탕으로 한 '사물의 기계적인 재현' 매체로 정의되어온 것처럼, 테크놀로지는 영화라는 매체와 미학을 규정하는 중요한 요소였다. 기술적인 측면에서, 영화의 탄생이 사진기의 발명과 불가분의 관계를 맺고 있는 것이나 이후, 컬러 필름의 등장, 텔레비전의 등장이 영화사에서 영화미학의 변천에 중요한 계기를 마련했음은 널리 알려져 있다. 그렇다면, 논의의 핵심이 되는 디지털 테크놀로지가 현시점에서 영화와 맺고 있는 관계는 무엇인가.

사실 디지털 테크놀로지가 영화에 끼친 영향은 개별 영상물의 생산, 배급, 소비의 모든 측면에서 광범위하고 구체적이어서 단순하게 몇 가지 개념으로 논의하기 어렵다. 이 글에서는 디지털 테크놀로지의 발달이 영화의 실제와 이론에 끼친 영향을 '스크린의 재정의' 라는 문제를 중심으로 살펴

으로 무차별적으로 사용되기도 하고 그 의미가 혼재되기도 하지만 이론적 논의에서 다른 함의들을 지닌다. '필름' 은 일차적으로 이미지가 기록되는 셀룰로이드라는 매체의 기술적 특성과 이를 바탕으로 한 개별 작품들의 형식적 특성을 가리킨다. 데이빗 보드웰과 크리스틴 톰슨에 따르면, 필름을 논의할 때는 주로 형식(form), 스타일, 테크놀로지, 모드(mode), 장르 등 '매체가 사용되는 방식' 등의 문제가 거론된다. 한편, '무비' 는 주로 산업적 의미에서 상품으로서의 개별 작품의 단위를 지칭하는 경우가 많다. 이와는 달리 '시네마' 는 집합적이자 추상적 의미로서의 영화를 의미하는 것으로서, 거칠게 말해 기술, 예술, 산업으로서의 영화의 관습과 담론을 의미한다고 볼 수 있다. David Bordwell & Khristine Thompson, *Film History*, 2nd ed., McGraw Hill, 2003.

보고자 한다. 스크린의 재정의라는 문제는 전통적인 영화이론에 의해 설명되던 스크린과 스크린 위의 이미지, 그리고 관람 주체의 관계가 디지털 테크놀로지의 등장으로 인해 어떻게 변화하는가 혹은 어떻게 새로이 이해되어야 하는가라는 점들을 고려하는 것이다. 예를 들어, 이 글의 일차적인 주제는 아니지만 앞으로의 논의를 이끌어 가는 하나의 사례로 제시하고자 하는 모바일 스크린의 경우, 영상 서비스를 제공하는 휴대폰을 '일인용 스크린 미디어'로 정립하기 위해서는 극장의 스크린이 지니던 독점적인 미학적 지위가 재고되어야 한다. 따라서 디지털 미디어 시대의 다양한 영화들을 논의하기 위해서는 이들이 전시되고 있는 스크린의 지위를 영화의 전통과의 관계에서 재검토하는 것이 필수적이다. 그렇다면, 오늘날 목격하는 '미래의 영화들'은 영화와 어떤 관계를 맺고 있나.

1. 디지털 미디어 이론의 지형도

다양한 디지털 미디어 이론들이 공통적으로 지목하는 점이 있다면, 디지털 테크놀로지의 발전으로 인해 전통적인 의미의 스크린(곧 영화관의 스크린)의 매체적 특수성이 사라졌으나 그 어느 때보다 스크린이 핵심적인 커뮤니케이션 수단으로 등장했다는 사실이다. 우선 디지털 미디어 시대에 영화관 밖으로 진출한 스크린들과 영화들을 크게 두 가지 형식으로 구분할 수 있다. 첫 번째 유형은 디지털 테크놀로지의 발달로 더욱 가속화된 '거대 영화(macrocinema)'의 흐름이다. 거대 영화는 관람객의 동일시 대상으로서의 스크린이 아니라 감각적으로 구경 혹은 신체적으로 몰입하는 환경을 제공하는 영화 또는 그러한 환경 속의 영화를 가리킨다. 컴퓨터 특수효과를 사용하여 신체적 관람 경험을 유도하는 스펙터클 영화나, IMAX 영화, 그리고 유니버셜 스튜디오처럼 영화를 테마로 해서 스펙터클한 경험을 제공하는 놀이동산 등을 예로 들 수 있다. 이와 달리, 극장을 기준으로 한 종래의 영화(필름이든 비디오든) 제작, 배급, 상영의 관습을 따르지 않고, 컴퓨터 등의 보다 작은 스크린에 기반해서 제작, 배급되는 '작은 영화(microcinema)' 가 두 번째 유형이다. 인터넷 영화, 퀵타임 무비, 플래시 애니메이션 등이 이 범주에 해당되는데, 디지털 테크놀로지의 발달은 이들 작은 영화의 등장에 결정적이었다. 주지하다시피 휴대폰이나 휴대용 게임기, 휴대용 미디어 플레이어 등의 휴대용 미디어는 현재 컴퓨터의 뒤를 이은 가장 작은 스크린이다.

단순화의 위험을 무릅쓰고, 영화이론의 영역에서 이 '거대 영화' 와 '작은 영화' 를 아우르는 디지털 테크놀로지와 매체로서의 '스크린' 의 관계에 대한 논의를 개괄하자면 크게 두 가지 입장으로 나눌 수 있다. 첫째는 디지털 테크놀로지로 인해 가능해진 디지털 미디어와 디지털 영상 고유의 미학을 정의하고자 하는 입장이다. 마샬 맥루헌 식의 기술 결정론의 맥락에서 디지털 미디어의 특수성을 찾으려는 뉴미디어 이론가들은 할리우드 블록버스터 영화의 컴퓨터 특수효과(CGI)의 역할에서부터, 인터넷 · 휴대폰과 같은 새로운 커뮤니케이션 매체의 등장, 컴퓨터 게임, 디지털 사진이나 가상 현실 등의 새로운 재현 시스템 등의 다양한 주제에 걸쳐 디지털의 고유성, 즉 디지탈러티(digitality)를 찾으려는 논의를 계속해 왔다. 대표적인 초기 이론가들, 레브 메노비치(Lev Manovich)와 헨리 젠킨스(Henry Jenkins)의 이론은 이들의 논의가 지닌 한계에도 불구하고 디지털 미디어의 특수성을 논의하는 주요 이론적 쟁점을 예시한다는 점에서 유효하다.[3] 이들 또한 디지털 영상의 생산, 배급, 수용의 물적 토대에 관한 문제를 고려하기도 했지만, 논의의 초점은 여전히 디지털 영상이 가져온 '새로운' 측면에 있다.

레브 메노비치는 특히 디지털 테크놀로지가 민주적인 배급 방식을 가능하게 하는 해방의 기능이 있다는 유토피아적 입장을 대변한다. 메노비치에

3 Lev Manovich, *The Language of New Media*, MIT Press, 2001; Henry Jenkins, "The Work of Theory in the Age of Digital Transformation", in Robert Stam & Toby Miller, eds., *A Companion to Film Theory*, Blackwell publishers, 1999.

따르면, 첫째, 디지털 테크놀로지의 발달에 따라 많은 자본이 요구되는 전통적인 필름 제작, 전시라는 물리적 조건이 제거됨에 따라 컴퓨터, 인터넷, 비디오 게임 등을 통해 디지털 영상은 보다 민주적인 방식으로 수용자에게 전달된다. 뿐만 아니라, 디지털 미디어는 개별적인 시각 매체들의 특수성에 제한받지 않고, 관습적인 매체의 특수성을 넘어선 복합적인 이미지를 만들어 낸다는 점에서 '다양성과 복합성, 유동성' 등을 지닌 매체이다. 둘째, 디지털 영상의 존재론적 특수성과 관련해서, 디지털 미디어는 영화를 대상의 사실적 재현 매체로 정의한 사실주의 미학이 지배해 온 영화 산업과 담론의 체제에서 이미지를 해방시킨다. 그렇다면 메노비치가 주장하는 디지털 시대에 새로이 등장한 스크린(컴퓨터)의 특성은 무엇이며, 이것이 전통적인 영화의 스크린에 대해 지니는 함의는 무엇인가. 메노비치의 이론을 출발점으로 삼아 몇 가지 이론적 쟁점들을 살펴보자.

2. 디지털 테크놀로지와 새로운 스크린: 레브 메노비치의 입장

〈뉴미디어의 언어〉에서 메노비치는 일차적으로 컴퓨터 테크놀로지의 원리를 분석함으로써 디지털 미디어의 존재론적 특성, 그 구성 원리를 밝혀내는 데 초점을 맞춘다. 그의 논의에 따르면, '데이터와 알고리듬에 기반한 데이터의 변형'이라는 컴퓨터의 작동 원리가 디지털 이미지 작업의 핵심 원리이며, 이로 인해 이미지 또한 변형 가능한 데이터의 집합으로서의 존재론적 지위를 가지게 된다. 즉 이렇게 디지털화되어 데이터로 환원된 이미지는 어떤 매체의 스크린에서도, 그리고 텍스트나 사운드 등 어떤 종류의 정보들과도 존재론적으로 동일하다. 나아가 영화적 이미지나 사진의 경우, 물질적 재료 위에 기록된 객관적 리얼리티의 재현이라는 이미지의 전통적인 의미가 상실됨에 따라 이미지는 "이미지-도구" 혹은 "이미지-인터페이스"라는 새로운 기능을 수행하게 된다. 이와 함께 스크린의 지위는 "허구의 공간을 구성하는 재현의 창"에서 "세상의(리얼리티의) 여러 양태(mode)"들이 정보로서 소통되는 인터페이스로 변화한다.[4] 이 인터페이스로서의 스크린은 '사용자'가 컴퓨터의 인풋과 아웃풋을 조정함으로써 이미지의 시공간적 프레임을 조절하면서 탐사할 수 있는 공간이다. 다시 말해, 디지털 테크놀로지는 영화관의 암흑 속에서 관람객에게 "리얼리티의 일루전(illusion of reality)"을 실시간으로 투사하는 창으로서의 스크린을 그 어디에서나 접근 가능한 정보의 전달 창구로서 변형시킨 것이다.

이처럼 디지털 미디어를 존재론적으로 차별적인 것으로 규정한 메노비치는 내러티브 형식에 관한 크리스티앙 메츠의 기호학적 이론과 같은 형식주의적 입장에 근거해 디지털 미디어의 미학을 분석한다. 형식주의의 입장에서 볼때, 영화의 경우, 픽션 영화는 '내러티브'를 이야기한다는 점에서, 장르와 내용의 차이점에도 불구하고, '슈퍼 게임'이라는 범주에 속한다. 이런 맥락에서 메노비치는 디지털 미디어가 19세기 말의 사진이나 자연주의 혹은 라이브 액션의 재현에 구애받지 않고 시각적 코드의 자유로운 유희를 가능하게 하는 순수하게 새로운 '슈퍼 장르'라고 본다. 구체적으로 메노비치는 '순수한 코드의 유희'로서의 디지털 미디어의 미학이 초기 무성영화에서부터 1920년대의 아방가르드 영화나 회화사에 걸쳐 리얼리즘 미학의 전통에 가려져 왔던 시각문화의 또 다른 중요한 전통, 형식주의를 계승하고 있음을 예시하고 있다. 즉 메노비치가 보기에, 디지털 미디어의 스크린은 '창'이 아니라 '캔버스'로서의 스크린의 형식적 특성을 되살려내고 있는 것이다. 디지털을 사진 이후의(post-photographic) 미학이라기보다는, 보다 광범위한 일종의 '그래픽' 모드로 보는 메노비치의 입장은 재현의 모드를 대척점으로 설정한다는 점에서, 그리고 자유로이 이미지 조작을 할 수 있는 '아티스트'의 존재를 주목한다는 점에서 얼핏 서구 회화의 모더니즘론을 연상시킨다.

---

4 *Ibid.*, p. 65.

그런데 일차적으로 디지털 미디어의 존재론적 특성에 기반한 미학적 함의를 정립한 후, 메노비치는 또한 디지털 미디어가 실제로 사용되고 있는 현상을 분석하면서, 디지털 영상들이 주요 토대로 삼고 있는 시각적 관습의 양상에 주목하고 있다. 흥미로운 점은 지가 베르토프 등의 아방가르드 영화의 미학이 표현의 미디어로서의 컴퓨터 이미지 프로세싱의 원리를 예측하는 듯하지만, 실제로 오늘날 디지털 미디어 스크린의 공간을 구성하는 지배적인 원리는 리얼리즘 미학에 기반한 관습적인 영화의 모드와 "움직이지 않는 관람자"라는 전제라는 메노비치의 주장이다. 메노비치가 보기에 주류 시각 문화 내에서 영화의 리얼리즘 미학을 토대로 디지털 영상이 구성되고 있는 현실은 디지털 미디어, 디지털 스크린이 내재한 양면성을 반영한다. 즉, 이론적으로 컴퓨터 스크린, 디지털 미디어의 스크린은 전통적인 영화의 스크린과는 완전히 다른 새로운 미학을 구현하지만, 컴퓨터의 소프트웨어나 하드웨어 등은 영화의 관습을 차용해 구성되고 있는 사회 문화적 현실 때문에, 어쩔 수 없이 디지털 스크린은 "재현의 공간을 향한 창"이자 동시에 "텍스트와 그래픽 아이콘을 전시하는 평면"으로 기능함으로써 일종의 타협적인 위치를 가지게 되는 것이다.[5] 결과적으로, 스크린에 대한 관람 주체의 위치도 모호해져서 관람자는 한편으로는 '참여성(interactivity)'을 가지고 스크린을 조절하는 '사용자(user)'로서, 다른 한편으로는 '부동의 관람객(immobile spectator)'으로서의 포지션을 동시에 가지게 된다.

메노비치의 이론은 비록 디지털 미디어 중 컴퓨터 스크린을 중심으로 하고 있지만, 다양한 디지털 스크린들을 설명할 수 있는 구성 원리와 그리고 스크린들이 현실적으로 구성될 때 사용되고 있는 시각적 관습, 특히 영화의 전통을 주목하고 있다는 점에서 보다 발전된 디지털 이론을 논의하는 단초를 제공한다. 한편으로 디지털 미디어와 디지털 영상의 근본 미학을

5 *Ibid.*, p. 90.

표현의 미디어로 정의하는 메노비치의 이론은 고전주의 영화 이론의 리얼리즘 중심의 편협성을 비판하며, 초기 무성영화 시절부터 이어져 온 '볼거리로서의 영화(cinema of attraction)'[6]의 전통을 강조해 온 최근 영화사학의 관점 등과 맥을 같이하며, 영화 이미지를 시각문화의 큰 틀 속에서 이해하는 상보적인 관점을 제시한다. 하지만, 디지털 미디어의 고유성을 정의하려고 한 메노비치의 이론은 디지털 테크놀로지를 '보편적이고 자율적인' 테크놀로지로 가정하고, 이 테크놀로지의 '본질적인(essential)' 특성을 규명해 내는 기술결정론적 입장을 취함으로써, 디지털 미디어에 의해 이미지가 생산 수용되는 자의적인 문맥의 구체성을 설명할 수 있는 틀을 제공하지 못하는 한계를 지닌다. 보다 구체적으로는, 디지털 미디어를 서구 과학사와 시각 예술사의 맥락에서 진화론적으로 설명함으로써, 테크놀로지의 순수성이라는 가정과 이론의 영역에서 서구 시각문화의 지배적인 위치를 다시 한번 재생산하고 있다.

메노비치 이론보다 구체적으로 고전적 리얼리즘 이론에 기반해 디지탈러티를 하이퍼 리얼리티의 미학으로 해석하려한 티모시 머레이 등의 영화학자들의 논의도 결국은 기존의 영화이론의 패러다임 안에서, 디지탈러티를 정의한다는 점에서 텍스트 중심의 영화이론과 매체 결정론의 한계를 지닌다. 디지털 테크놀로지가 이미지 제작의 과정에서 필름이라는 영화의 매체의 존재론적 근거를 부정하긴 하지만, 결과적으로 '토탈 시네마' 라는 앙드레 바쟁의 고전주의적 리얼리즘 이상을 실현시킨다는 머레이의 정의가 컴퓨터 특수효과의 사용에 관한 경우에서처럼 유효한 점이 있는 것도 사실이다. 하지만, '딥 포커스' 라든지, 필름의 '기계적인 사실 재현' 능력에 대한 바쟁의 리얼리즘 논의가 결코 테크놀로지에 대한 논의였던 것만은 아니라는 점을 고려할 때, 디지털 영상의 선별된 형식적 특성에 대한 논의만으

6 대표적으로 Tom Gunning, "An Aesthetic of *Astonishment: Early Film and the (In)Credulous Spectator*", in Leo Baudry and Marshall Cohen, eds., *Film Theory and Criticism*, Oxford University Press, 1999.

로 영화적 관습과 디지털 미디어의 새로운 스크린의 관계를 논의하기에는 한계가 있다고 본다.

디지털 시대의 영화적 이미지들을 자리매김하는데, 이러한 매체 중심적 논의에서 드러난 기술 중심적이자 텍스트 중심적인 입장을 보완하는 것이 디지털 테크놀로지를 기존의 시각매체와의 제도적 · 물리적 · 미학적인 관계에서 규명하려는 미디어 이론의 흐름이다. 이 두 번째 입장의 이론들은 디지털 테크놀로지가 이미지의 형식적 측면뿐 아니라 생산, 배급, 수용에 변화를 가져온 역사적 · 문화적으로 구체적인 콘텍스트와 디지털 테크놀로지 자체의 역사성 · 디지털 테크놀로지와 기존의 재현 체계와의 접합점과 단절점 등을 규명하고자 한다. 즉 동일한 주제에 대해 형식주의적으로 접근하는 메노비치의 이론과 문제의식을 달리하는 이 이론적 입장은 기술적 특수성이나 영화이론에 기반하여 디지털 영상의 특수성을 정의하는 데 그치지 않고 오히려 어떻게 특정한 문맥에서 디지털 테크놀로지가 영화의 재현 체계와 산업 체계를 해체, 통합, 내지는 상보적으로 재구성해서 독특한 영화적 이미지들을 생산해 내는가라는 문제에 초점을 둔다. 여러 이론적 쟁점 중 스크린의 재정의 문제와 관련해 핵심으로 논의되고 있는 것은 '다매체간의 융합(convergence)' 의 문제이다. 메노비치의 경우에도 디지털 테크놀로지가 매체의 경계를 넘어서 '복합적인(hybrid)' 이미지를 생산해 낸다고 지적했지만, 그의 이론이 디지털 이미지의 내재적 형식이나 기술적 원리에 국한된 것이었다면, 외부적인 문맥에 주목하는 두 번째 입장에서는 매체의 특수성이 사라지고, 매체 간의 결합이 주요한 시각문화의 양태로 떠오른 이론적 · 산업적 패러다임 자체의 변화에 주목한다고 볼 수 있다. 융합이라는 현상이 스크린의 재정의라는 문제에 어떻게 관련되는지를 명확히 하는데 이 두 번째 입장이 보완적인 논의를 제공한다.

3. 사라지는 매체의 특수성: 융합(convergence)의 미학

존 벨튼의 정의에 따르면, 가장 기본적인 의미에서 '융합'은 "어떤 한 연결망(connection)으로 전달되어 특정 도구(device)에 수신된 다양한 소스의 데이터들—오디오, 비디오, 텍스트 등—의 결합"을 의미한다.[7] 여기서 주목할 점은 첫째, 이탤릭으로 표시한 '다양한 소스의 데이터들'의 결합이다. 즉 융합은 서로 다른 매체에서 만들어진 데이터들이 매체의 경계를 넘어 복합적인 데이터로 만들어지는 것을 기반으로 한다. 둘째, 이 복합적인 데이터들은 개별적인 매체의 기술적 조건에 제한받지 않고, '전달되어야' 한다. 디지털 테크놀로지는 바로 이미지와 오디오, 텍스트의 '디지털화(digitalization)'를 통해서 '결합'과 '배달'의 임무를 현저하게 촉진시키는 역할을 담당한다. 이러한 결과, 융합은 데이터들의 결합에 그치지 않고, 영화, 텔레비전, 컴퓨터, 라디오, 무선 통신망 등의 다양한 매체 자체의 상호작용, 결합까지 이어진다.

디지털 테크놀로지의 발달로 인한 '융합'이 영상문화 전반에 끼친 가장 큰 영향은 영상물이 경험될 수 있는 다양한 스크린의 등장과 이로 인한 이미지의 '탈매체성'이다. 이미지가 더 이상 기존의 특정 매체에 고유한 방식으로 생산, 배급, 수용되지 않게 됨에 따라, 매체의 물리적인 조건에 기반한 특수성이 상실된다는 것이다. 예를 들면, 필름과 비디오와 디지털 등 다른 매체로 제작된 영상 이미지들은 다양한 융합의 과정을 통해, 이미지가 상영되고 수용되는 매체 고유의 제도적 공간의 차이를 넘나들며 존재할 수 있게 되었다. 이러한 변화를 고려한다면, 영화이론이 그간 매체의 특수성—필름, 스크린, 프로젝션, 극장 시스템과 같은 물리적 조건—에 기반해 규정해온 영화의 정의에 컴퓨터 스크린 위의 '퀵타임 무비'는 들어맞지 않는다.

---

7 John Belton, "Digital Cinema: A False Revolution", Leo Baudry and Marshall Cohen, eds., *Film Theory and Criticism*, Sixth Edition, New York, Oxford: Oxford University Press, 2004, p. 904.

이러한 맥락에서 테크놀로지의 발달과 시각문화의 변천을 논의해 온 앤 프리드버그(Anne Friedberg)는 텔레비전 스크린, 컴퓨터 스크린 등의 다양한 스크린의 등장을 고려할 때 필름, 스크린, 관람객(spectator)으로 구성되던 영화 기제에 대한 담론을 재고해야 한다고 주장한다. 즉 스크린은 (다양한 크기와 테크놀로지를 바탕으로 한 모든 종류의 스크린은) "전시와 전달(display and delivery)의 형식"으로, 필름은 (비디오 테이프, 컴퓨터 디스크, 온라인 서버 등을 아우르는) 이미지의 "저장 매체(storage medium)"의 한 종류로, 스크린과 고정된 관계를 유지하던 전통적인 의미의 관람객은 "인터페이스를 마주한 사용자(user)"로 개념이 확장되어야 한다는 것이다.[8] 따라서, '움직일 수 없고, 동일시의 주체로 규정되던' 전통적인 의미의 관람객은 '인터페이스를 통제할 수 있는 사용자'로서 '움직이는 주체'로 재정의된다. 결국 메노비치와 유사하게 프리드버그도 영화, 텔레비전, 디지털 미디어로 이어지는 시각 매체의 역사에서 매체의 물질적 조건이 변형됨에 따라 변화하는 스크린의 의미에 주목하고 있지만, 그가 이러한 변화를 순전히 디지털 테크놀로지라는 기술적 발전의 결과로 보지 않는다는 점에서 메노비치의 입장과 구별된다. 프리드버그에 따르면, 스크린의 지위가 재현의 창에서 인터페이스로 변화한 것은 단순히 디지털 테크놀로지의 발전 때문이 아니라, 텔레비전의 등장이라는 역사적 단계를 통해서이다. 영상 매체의 역사에서 텔레비전은 리모트 컨트롤이라든지 VCR이라는 새로운 기술과 짝을 이뤄 처음으로 관객에게 개인적이고, 인터랙티브한 관람 경험을 제공하는 스크린이었다. 따라서 프리드버그는 컴퓨터 스크린이 사용자가 관람의 시공간적 조건을 조절할 수 있는 참여성을 가지게 되기까지 이 텔레비전의 시청 경험이 중요한 역할을 했다고 본다. 즉 텔레비전은 기술적으로나 산업적으로 영화가 영화관의 스크린 바깥의 스크린으로 이동할 수 있는 계기를 마련했다는 점에서, 미디어 융합의 중요한 단계가 된다. 이런

8 Anne Friedberg, *op. cit.*, 2004, p. 915.

의미에서 메노비치가 디지털 테크놀로지를 스크린의 역사에서 단절의 계기로 논의한다면, 프리드버그는 현재 시점에 이르기까지 스크린의 점진적인 변화 과정에 초점을 맞추고 있다고 볼 수 있다. 나아가 이렇게 매체의 특수성을 벗어난 영상 이미지들을 영화, 비디오, 컴퓨터 등의 매체의 특수성에 기반한 이론이 아니라, "움직이는 시선(mobilized gaze)"의 발전이라는 새로운 개념으로 르네상스 이후의 영상문화의 흐름 속에서 논의하고 있는 프리드버그의 논의는 새로운 스크린 논의의 유용한 한 사례가 될 수 있을 것이다.

프리드버그의 경우에서와 같이, 새로운 스크린 이론을 발전시키기 위해서 중요한 점은, "매체의 특수성이 상실되었다", "전통적인 의미의 스크린은 사라졌다"라는 명제의 선언에 그치는 것이 아니라, 매체의 융합이 일어나는 구체적인 사례와 방식, 그리고 이것이 새로운 이미지의 형식과 논의에 어떻게 영향을 미치는가라는 특수성에 주목하는 것이다. 예를 들어, 프리드리히 키틀러(Fredrich Kittler)와 니콜라스 네그로폰테(Nicholas Negroponte) 등의 미디어 학자들은 디지털 테크놀로지의 특수성이 바로 미디어의 경계를 허무는 데 있다고 주장하지만, 테크놀로지가 개발되고 사용되는 방식은 보편적이고, 자의적인 것이 아니라는 점 또한 간과되어서는 안 된다.[9] 즉 디지털 테크놀로지가 제공하는 기술적 가능성이 특정한 역사적 · 문화적 문맥에서, 오늘날과 같이 융합을 강조하는 방식으로 사용하게 된 패러다임과 조건(통상, technosocial situations라고도 일컬어지는)을 고려하지 않을 수 없는 것이다. 융합을 특성으로 하는 디지털 미디어의 미학적이고 존재론적인 함의를 엔터테인먼트 산업과 제도의 역사라는 큰 틀 속에서 고려해야 한다는 존 콜드웰(John Caldwell)과 토마스 엘세서(Thomas Elsaesser) 등은 이러한 입장을 보여 준다. 이들은 기존의 시각매체의 형식

9 Fredrich Kittler, *Grammophon, Film, Typewriter*, Berlin: Brinkmann and Bose, 1986. Translated by D.V Mucke with P. L. Similon, *October*, 41, 1986; Nicholas Negroponte, *Being Digital*, New York: Alfred Knopf, 1995.

에 디지털 테크놀로지가 끼친 '급격한' 변화를 논의하기보다는 "분화와 융합이라는 방향으로 진행되어 온 매체의 역사적인 변화들"[10]이나 "접목될 수밖에 없는 기술 매체들의 역사"[11]인 테크놀로지의 역사에서 디지털 미디어가 어떻게 자리매김되는지 등을 구체적으로 논의한다. 이들의 논의에 따르면, '개인 엔터테인먼트 센터'로 진화한 휴대폰 모바일 스크린의 경우, 매체의 융합을 가능하게 하는 기술의 발달과 더불어 미디어 사업의 분화와 연합, 텍스트의 재변형을 통한 다양한 활용 등이 새로운 흐름으로 등장한 현 시점의 미디어 산업의 실제적인 논리가 이 새로운 스크린의 등장을 유도했다고 볼 수 있다.

4. 움직이는 관람자

지금까지의 논의에서 기술적으로든 제도적으로든 스크린이 융합의 결과로서 등장한 인터페이스이자 전시, 전달의 도구로 그 존재론적인 의미가 변화했다고 할 때, 필연적으로 수반되는 쟁점은 스크린과 새로운 관계를 지닌 '사용자'로서의 주체의 위치라는 문제이다. 메노비치와 프리드버그 등의 이론을 검토하면서 언급된 바 있듯이, 사용자로서의 관람객, 그리고 관람객의 참여성이라는 개념은 스크린을 재정의하는 데 필수적이다. 그러나 그 '참여성'이라는 개념과 효과를 어떻게 정의할 것인가의 문제는 이론가들마다 의견을 달리한다. 예를 들면, 어떤 매체의 기술적 특성과 무관하게 관람객이 텍스트를 해서하는 정신작용 자체가 참여성이라는 광범위한 정의부터 관람객이 자신의 신체를 이용해 영상 이미지의 관람 상황, 나아가 이미지와 내러티브 구성을 조절하는 능력을 지시하는 적극적 의미의 참

10 John Caldwell, *New Media: Theories and Practices of digitextuality*, New York: Routledge, 2003, p. 140.

11 Thomas Elsaesser, *op, cit.*, p. 13.

여성까지 해석의 범위가 광범위하다.

대표적으로 뉴미디어 이론가 제프리 쇼(Jefferey Shaw)는 디지털 테크놀로지가 제공하는 참여성이란 "기존의 매체에서와 달리 사용자가 새롭고 보다 직접적인 방식으로 작품의 창작 과정에 참여할 수 있게 하는 장치"라고 정의한다.[12] 특히 쇼는 컴퓨터의 인풋-아웃풋 기술과 알고리듬을 이용한 제작 기술이 전통적인 영화의 강요된 관람객-스크린 관계를 변형시킬 수 있다고 주장한다. 디지털 미디어가 제공하는 관람객의 참여성이 구체적인 경우에 따라 그 범위와 내용이 다르고 때로는 제한적이기는 하지만 쇼의 지적대로 디지털 테크놀로지의 원리를 구체화시킨 많은 디지털 아트 작품들과 새로운 영화들의 경우, 일단 수동적인 관람객의 위치를 현저히 변화시키는 형식적 가능성을 제공하는 것은 사실이다. 이러한 맥락에서 디지털 미디어가 제공하는 참여성은 디지털 테크놀로지의 기술적 원리를 텍스트의 내재적인 형식으로 도입한 작품이 사용자에게 제공하는 "참여 퍼포먼스"의 의미를 지닌다고 해석될 수도 있다. 영화학자 마샤 킨더가 제시한 "수행적 참여성(Performative Interactivity)"이라는 개념이 쇼의 정의와 맥락을 같이해 텍스트의 형식을 변화시키는 적극적인 관람자 역할을 보다 상세히 설명하는 데 유용하다. 킨더가 디지털 미디어 미학의 주요 원리의 하나로 간주하는 "데이터베이스 내러티브(database narrative)"와의 관계에서 가장 분명하게 드러나는 수행적 참여성이란 "내러티브를 감상 혹은 독해하는 관람객(퍼포머)이 마치 배역을 해석하는 배우처럼, 자신의 개성대로 변형하고 그 경험을 자신의 기억체계 속으로 흡수하면서 작품의 감상에 참여하는 과정이다."[13] 즉 관람객은 스크린에 대해 기술적으로 주어진 내러티브 혹은

---

12 Jeffrey Shaw, *op, cit.*, p. 19.

13 킨더의 논의에서 '데이터베이스 내러티브' 구조는 반드시 디지털 미디어에 국한되지는 않지만, 디지털 미디어의 등장으로 인해 가능해진 이 개념을 통해 기존의 영화의 형식과 스크린의 의미를 재해석하는 것이 가능하다 – Marsha Kinder, "Pat O' Neil with Rosemary Comella, Andreas Kratky, and the Labyrinth Project", in Jeffrey Shaw & Peter Weibel, eds., *Future Cinema: The Cinematic Imaginary after Film*, The MIT Press, 2003, p. 357.

이미지 구성의 조작 가능성을 개성대로 선택, 변형하고 이를 인풋함으로써 자신의 경험에 기반해, 자신만의 텍스트를 아웃풋해 내는, 상호 유기적인 관계를 맺는 것이다.

제프리 쇼와 마샤 킨더 두 이론가가 정의한 참여성 개념에서도 드러나듯이, 관람객의 참여성 논의에서 주목하지 않을 수 없는 것이 관람객의 '신체를 통한 참여'의 문제이다. 영화이론에서도 구체적인 관람객의 신체의 문제, 육체적이자 물질적이며 문맥적으로 특수한 주체로 존재하는 관람객의 문제가 끊임없이 논의되어 왔지만, 뉴미디어이론의 영역에서는 특히 스크린의 재정의라는 문제와 더불어 주목을 끌고 있는 핵심 쟁점 중의 하나이다. 대표적인 사례로, 앙리 베르그송의 현상학적 관점에서 디지털 이미지와 관람 주체가 맺는 신체적 관계를 중점적으로 논의하는 마크 한센(Mark Hansen)의 이론을 들 수 있다. 한센 역시 디지털 미디어가 매체의 물질성을 근본적으로 변화시키는 데 영향을 끼쳤다는 메노비치나 프리드버그의 논의에 동의하지만, 디지털 테크놀로지가 가져온 보다 중요한 영향은 "정보를 틀지우는 역할자(enframer)로서의 정서적 신체(affective body)의 중요성을 재확인"시키는 것이라고 주장한다.[14] 신체화된 지각에 대한 베르그송의 개념에 기반해 "인간의 신체적 지각에 따라 변동하는 프레임"이라는 기본 가정을 설정하는 한센의 이론에 따르면, 디지털 미디어는 신체와 스크린의 현상학적 관계를 실현시킨다는 점에서 중요하다. 즉 기존의 스크린들이 스크린과 주체의 관계를 '스크린 위의 객관적인 이미지' 그리고 '비물질화되고 비공간화된 관람객'이라는 이분법적으로 정의함으로써 실현되지 못했던 현상학적 관계가 디지털 테크놀로지로 인해 가능해진다는 것이다. 한센의 이론틀 내에서 사용자의 신체는 이미지의 정보를 틀지우는 '창의적인' 행위의 가장 핵심적인 역할을 수행한다. 이와 더불어, 디지털 미디어에서 이미지는 더이상 스크린 표면에 존재하는 형상으로 국한되지 않고 관람자

14 Mark Hansen, *New Philosophy for a New Media*, Cambridge: MIT Press, 2004, p. 21.

가 신체적 경험을 통해 정보를 지각하는 그 전체적 과정까지 포함하는 것으로 확장 해석된다.

이와 같은 논의를 바탕으로 한센이 스크린 위의 디지털 이미지와 사용자의 관계에서 여전히 리얼리즘 미학을 중심으로 하는 영화적 관습이 지배적이라고 주장한 메노비치의 논의를 비판하는 지점이 흥미롭다. 한센은 메노비치가 관람자의 주체적 위치를 변화시키는 디지털 미디어의 획기적인 기능을 오직 '이미지의 조작 가능성' 으로만 축소시켜, 결국 관람객의 부동성을 다시 한번 당연한 것으로 입증했다고 주장한다. 한센이 보기에, 관람객의 이동성(mobility)은 디지털 테크놀로지가 관람객에게 선사하는 부차적인 혜택이라기보다는, 이미지의 정보를 점차적으로 구현하는 과정의 핵심으로서 디지털 이미지의 제작에 필수적인 선결조건이다. 디지털 미디어가 필수불가분하게 '관람객의 이동성', '신체적 참여' 를 텍스트의 의미 생성 과정에 필수적인 요소로 요구한다고 보는 한센의 입장에서 디지털 미디어의 사용자가 영화의 관람객 모드와 데이터의 조작자라는 양가적인 속성을 가지고 존재한다는 메노비치의 현실 관찰은 소극적으로 이해될 수도 있겠다. 하지만 디지털 아트라는 특수한 대상에 초점을 두고 디지털 미디어 미학의 보편성을 정의하려 한다는 점에서 한센의 이론 또한 이론적 한계를 지닌다. 그럼에도 불구하고 관람객의 '신체성' 에 주목하는 한센의 이론은 특히 사용자의 신체적 존재, 이동성을 필수조건으로 전제하는 휴대용 미디어의 모바일 스크린과 사용자의 보다 직접적인 관계를 설명하는 데 유용한 이론적 관점을 제공한다고 본다. 결국, 몸은 극장의 의자 위에 남겨진 채, 스크린 위의 '허구의 재현 공간' 과 동일시하도록 요구되던 수동적인 극장의 관람객은 리모컨을 손에 쥐고 채널 서핑을 하여 이미지의 흐름(flow)을 조작하는 홈TV 시청자를 거쳐, 이제는 거리로 나와 내 손안의 스크린을 통해 갖가지 형태의 동영상을 조작하는 사용자로 변모했다.

5. 미래의 영화: 영화적 이미지의 시대

이상과 같이 스크린을 재정의하는 디지털 이론들의 쟁점들을 살펴본 결과, 매체의 경계가 사라진 새로운 스크린늘 위에 남은 것은 독점적 스크린 위에 구성되었던 영화의 미래의 모습, 즉 엄밀한 의미에서 영화라고 부를 수는 없지만 영화의 관습과 어떤 식으로든 맞닿아 있으며 스크린을 미디어 체험의 중요한 모드로 제시하는 '영화적 이미지들(cinematic imagery)' 이었다. 이들 영화적 이미지들은 디지털 테크놀로지가 제공하는 새로운 이미지 구성 원리를 바탕으로 영화의 관습을 새로운 스크린 위에서 변형 또는 계승하고 있는 '영화 이후의 영화들' 이라고 할 수 있다. 한편 이 영화적 이미지들에 대한 논의를 통해 리얼리즘 미학으로 축소되어 논의되던 영화매체를 새로운 틀로 이해할 수 있는 단초도 발견할 수 있었다.

문제는, 다시, 영화적 이미지들과 스크린의 '구체적인' 이야기를 찾아내는 것이다. 영상 이미지와 관련해서는 매체의 특수성이 상실되었다고 할 때, 각각의 이미지가 구체적인 융합의 과정에서 '어떻게' 한 매체의 관습을 유지하고, '어떠한 정도로' 다른 매체의 관습을 수용하는지, 변화된 이미지가 사용자의 경험을 구체적으로 어떻게 변화시키는지, 그러한 현상을 가능하게 하는 문맥은 무엇인지 등의 구체적인 질문들이 제기될 수 있다. 즉, 중요한 문제는 매체의 경계를 초월한 상호텍스트성(transmedia intertextuality)과 다른 매체의 미학 빌려오기 등이 구체적인 문맥에서 각기 다른 사례들로 나타나는 개별적인 양상을 주목하는 것이다. 또한 이러한 융합의 과정 속에서 이미지가 전시되는 특정한 스크린의 물리적 조건으로 인해 규정될 수박에 없는 구체적인 시각적 코드의 등장도 간과될 수 없다. 새로운 디지털 미디어와 스크린을 위해 변형, 이동 또는 생산되는 새로운 영화적 이미지들이 기존의 매체에 기반한 이미지들과 어떤 다른 형식이 영상미학과 문화를 만들어 내는지, 특히 영화의 관습이 이들 매체를 통해 전달되는 영화적 이미지들의 구성에 어떠한 연속성과 단절성을 지니고 관련되는지, 모바일 스크린이 제공하는 '이동성'의 경우처럼, 이들 새로운 매체가 제공하는 변화된 관람 조건과 경험이 어떻게 이미지의 형식에 영향을 미치는지 등이 논의되어야 할 것이다.

본문을 통해, 논의를 이끌어 가는 사례로 제시되었던 휴대폰 모바일 스크린의 경우, 지금까지 논의한 새로운 스크린의 구체적인 모습을 보여 주는 '미래의 영화'로서 그 미학적 함의에 대해 이후의 심도 깊은 논의를 발전시킬 수 있을 것이다. 특히 이동통신사들이 모바일 콘텐츠 서비스의 일환으로 제공하는 각종 동영상 콘텐츠들과 DMB 등 새로운 미디어가 지속적으로 재정립되고 있는 디지털 시대의 스크린 논의에 어떤 문제의식을 제기하는지 주목할 만하다. 지금까지의 연구에 따르면, 한국의 SK텔레콤이 '모바일 시네마'나 '모바일 드라마' 등의 이름으로 새로이 시도한 모바일 전용 콘텐츠나 기존의 영상물을 재변형시킨 콘텐츠들이 산업적으로 완전히 새로운 이동통신 서비스의 패러다임 안에서 특정한 방식으로 기존의 영화나 TV의 시각적 관습과 담론을 차용 혹은 변형시키고 있다.[15] 그렇다면 이 콘텐츠들이 구체적인 유형의 차이는 있지만, '작은 스크린 사이즈', '짧은 콘텐츠 서비스 시간', '사용자의 이동성으로 인한 산만한 관람 환경(distractive viewing condition)' 등의 기술적 제약을 극복하기 위해 선택하고 있는 전시적인(exhibitionist) 영화적 테크닉—예를 들어, 빠른 편집이나 다양한 카메라 테크닉, 텍스트와 이미지의 혼합 등—은 미래의 영화의 미학을 설명하는 데 어떤 함의를 지닐까. 또한 지속적으로 스크린을 조절해야 하고, 구체적인 관람 위치나 상황에 따라 항상 '공간화되고 물질화되는' 모바일 스크린 사용자의 주체성은 콘텐츠의 형식과 어떤 관계를 맺고 있을까.

글을 맺으며 이후의 발전된 논의를 위해 이들 '작은 영화'들이 그 기술적

---

15 보다 자세한 논의는 다음을 참조할 것. 옥혜령, "Cinema in Your hand, Cinema on the Street: The aesthetics of convergence in *Korean Mobile(phone) Cinema*", presented at Society of Cinema and Media Studies Conference (London, March 30, 2005).

특성에 대한 고려로 인해 내러티브에 대한 동일시의 대상으로서의 영화라기보다는 볼거리로서의 전시적인 이미지들을 전시하는 경향이 있다는 점에서 역설적으로 스펙터클의 경험을 전시하는 '거대 영화'와 다시 교차하고 있지 않은가라는 물음을 던지고 싶다. 결국, '움직이는 이미지'로서의 영화라는 가장 단순한 매체의 정의에서 비롯된 '볼거리로서의 영화(cinema of attraction)'라는 영화 탄생기의 미학이 디지털 미디어 시대의 영화적 이미지의 미학의 중요한 한 특성으로 계승되고 있는 것은 아닐까. 뤼미에르는 이미 자신의 손으로 영화의 미래를 전시하고 있었던 것이다.

더 읽을거리

Charney, L., and V. Schwarz (eds.), *Cinema and the Invention of Modern Life*, Berkerly: University of California Press, 1995.

Cubitt, S., *The Cinema Effect*, MIT, 2003.

Darley, A., *Visual Digital Culture: Surface Play and Spectacle in New Media Genres*, London: Routlege, 2000.

Lovejoy, M., *Digital Currents: Art in the Electronic Age*, New York and London: Routledge, 2004.

Rabinovitz, L., and A. Geil (eds.), *Memory Bites: History, Technology, and Digital Culture*, Durham and London: Duke University Press, 2004.

미술관의 미래

서지원

1. 들어가는 글

20세기 후반 이후를 박물관 시대(Museum Age)라 지칭할 만큼 최근 몇 십년간 박물관은 전지구적으로 확산되고 수적으로 증가하면서 우리의 삶에 밀접한 영향을 미치는 공간으로 자리잡게 되었다. 그중 박물관의 일환으로서의 미술관은 역사적 가치를 지닌 우수한 질을 갖춘 작품들을 선별하고 평가하는 가운데 미술 작품에 대한 우리의 지식을 형성시켜 온 주요한 제도가 되어 왔다. 20세기 후반 들어 미술의 자율성에 대한 신념을 바탕으로 발전한 모더니즘 미술 개념에 대한 비판적 반성이 제기되면서 미술이론 분야에서는 미술 작품의 정의와 평가의 조건을 작품의 내재적 속성으로 귀속시켜 온 기존의 관점에서 벗어나 미술 작품을 둘러싼 사회적 맥락에로 시선을 돌리게 되었다. 그 결과 미술 작품이 놓인 제도적 공간인 미술관은 주요한 학문적 관심의 대상으로 부상하였으며 미술의 개념 및 평가기준을 성립시킨 미술관의 정치적 중립성을 연구하는 경향이 증대하게 되었다. 또한 미술관은 근대 이후 발전한 제도라는 점에서 근대적 가치체계의 형성과 전파에 중요한 역할을 담당했다는 인식이 확산되었다.

본 논문은 이와 같이 오늘날에 주요한 담론의 영역으로 확고히 자리잡은 미술관에 대한 연구 성과들을 토대로 하여 미술관이 형성된 역사적 경위와 근대에 이루어진 발전, 그리고 근대적 미술관의 반성을 토대로 한 미래의 미술관 형태에 대한 전망 등을 차례로 논의해 보고자 한다. 우선 본 논문은 우리가 오늘날 이해하고 있는바, 공공미술관의 형태가 18세기 프랑스 혁명이라는 역사적 사건과 계몽주의 철학의 발전이라는 배경 위에서 성립되었다는 인식하에서 그 이전의 미술 수집의 관행에 대한 소개로부터 논의를 출발하고자 한다. 그런 후 소위 계몽적 미술관 형태라고 일컬어지는 근대 미술관의 형성과 발전을 살피고 그 이후 미술의 유미적 경험을 극대화시키기 위해 20세기에 발전한 현대 미술관의 형태를 '유미주의적 미술관'이라는 이름으로 논의하고자 한다. 마지막으로, 근대의 계몽적인 미술관과 유미주의적인 미술관에 대한 비판을 토대로 제시되는 미래의 미술관 유형에 대한 논의들을 소개해 보고자 한다.

2. 미술관의 역사

미술관이라는 단어는 본래 9명의 뮤즈 신과 그들이 주재하는 예술을 위해 바쳐진 장소라는 의미를 담고 있었다. 초기 형태의 미술관으로 알려져 있는 것은 기원전 4세기에 알렉산드리아에 세워진 뮤제이온(Museion)이었다. 그것은 도서관, 학자의 연구센터 혹은 골동품의 수집 공간의 성격을 띠고 있었다. 십자군 전쟁 이후 전리품 등을 기반으로 희귀품 등을 수집하는 관행이 시작되었다고 전해지지만, 전시 형태를 갖춘 수집체계는 르네상스에 비롯되었다고 할 수 있다. 르네상스는 예술 후원가 및 예술품 수집가라는 개념이 본격적으로 성립된 시기로서 미술관의 개념에 근접한 두 개의 새로운 단어인 갤러리(Italian: galleria)와 캐비넷(Italian: gabinetto)을 출현시켰다. 갤러리는 양쪽으로 불이 비춰진 크고 긴 홀을 의미하며 회화와 조각을 위한 전시 공간이었다. 캐비넷은 일반적으로 박제동물, 희귀식물, 작은 골동품 등으로 채워진 작은 사각형의 방을 일컫는 것이었다. 독일에서는 이러한 형태를 분데르카머(wunderkammer)라고 부르기도 했다.

르네상스 시대의 수집은 세계에 대해 알려고 하는 지식추구의 차원에서 예술과 자연의 희귀한 물건들을 수집하고 실험하는 '희귀품의 진열장(cabinet of curiosities)'을 구성하였다. 이러한 공간은 신의 섭리를 반영한 보편적 자연을 소우주로 축소해서 재배열하고자 했다. 그림, 책, 조상(彫像, statue)뿐 아니라 종교적인 대상과 군사원정에 의한 전리품들을 포함하고 있었던 희귀품의 진열장은 수집품들을 작고 창문이 없는 비밀스러운 방에 보관하였으며 접근성에 있어 폐쇄적이었다.[1] 방안의 대상들이 재현하는 우주에 대한 지식은 그 방을 소유한 군주 및 귀족 등과 같은 특권 계층에 제한되어 있었으며 대상들을 둘러싼 화려한 배경과 장식은 대상에 대한 배타적인 지식을 소유할 수 있는 특권 계층의 권력을 과시하는 역할을 했다. 이러한 수집품들은 공공미술관으로 제도화된 이후, 사회적 지식을 창출하고 집단적 가치를 전파하는 새로운 역할을 부여받게 되었다.

3. 공공미술관의 발전

가. 계몽적 미술관

개인의 취미 및 부의 과시, 소수층의 미적 향유 등과 관련되어 발전된 수집의 관행은 17세기 후반부터 서서히 대중에게 공개되면서 이른바 공공미술관(public museum)의 개념으로 발전해 나아갔다. 우리가 오늘날 이해하고 있는 공공미술관의 개념이 확립된 것은 18세기 프랑스 혁명 직후의 일이나. 18세기 들어 로마, 빈, 바젤 등지에서 수집품이 일반에게 공개되는

1 르네상스 시기에서 근대의 공공미술관 출현 이전의 시기 동안 이루어진 수집 관행은 studioli, wunderkammer, cabinet des curiosities 등의 다양한 이름으로 불렸다.

미술관의 관행이 등장하였으며 프랑스에서는 첫 국립미술관으로 간주될 수 있을 루브르 미술관이 개관하였다. 1793년 프랑스 혁명정부는 정권 교체를 극적으로 선전하기 위한 방편으로서 왕궁이었던 루브르궁을 시민에게 공개하고 그 안에 소장되어 있던 왕의 소유물들을 시민의 것으로 선언하였다. 왕궁을 시민의 공공기관으로 개방한 것은 앙시앵 레짐의 몰락과 새로운 정치 질서의 등장에 대한 선전의 효과를 가져왔다.

공공미술관의 큰 특징은 대상들을 역사적인 방식으로 배열하게 되었다는 점에서 발견될 수 있다. 작품의 크기 등과 같이 대상의 외관상의 특징을 기준으로 분류하던 종래의 수집 방식과 비교할 때 공공미술관의 분류체계는 혁신적인 것이었다. 공공미술관이 채택한 역사적인 전시 방식은 전시된 대상들이 미술관 외부에 있는 실재의 사태를 충실하게 '재현' 한다는 가정을 기반으로 하고 있다. 즉 역사적 배치는 전시 공간에 재현되기 이전에 선재하는 진정한 역사를 전제하고, 미술관의 대상과 이미지들이 과거의 역사를 묘사한다는 가정에 입각해 있다. 따라서 미술관의 대상들은 단선적인 역사 배열 안에서 이전과 이후의 대상들과 연관을 맺는 가운데 재현의 체계를 구성하고 나아가 진보적인 방향성을 함축하게 되며 미술관의 관람은 역사적 시간을 따라가는 여행의 형식을 모방하게 된다. 각 작품의 의미, 함의, 가치는 통시적으로 전개되는 배열 안에서 상대적인 가치를 부여받게 된다. 이러한 전시는 역사적 배열이 가정하는 '진보' 의 개념을 통해서 계몽의 효과를 가져왔다. 공공미술관의 초기 단계에는 고대 조각과 이탈리아 전성기 르네상스를 이상적이고 보편적인 미로 가정하는 신고전주의적 미술사관에 입각하여 고전주의적인 미의 이상을 향한 미술의 진보를 기술하였다. 19세기에 접어들면서 점차 고전주의적인 단일한 미의 기준에 따른 서열이 폐기되기 시작하면서 각 유파의 상대적 가치가 존중되었다. 이때 각 유파의 상대적인 가치는 개별 민족정신의 유기적인 표현이자 민족정신의 발전을 현시하는 과정으로 이해되기에 이르렀다. 또한 고고학적인 발굴은 시대적인 지평을 넓혀 주어서 고대 그리스 로마 시대를 넘어 이집트 메소포타미아 문명의 유물까지 포괄하는 방대한 수집품을 구축하도록 했다. 이러한 미술관의 대상들은 민족의 역사와 보편적 역사 사이의 관계를 조직하면서 먼 과거를 민족국가의 탄생의 전조로서 소급적으로 역사화하고 보편적 역사를 민족적 역사의 부산물로 만드는 일에 기여했다. 미술관은 그 대상들을 통해서 인류사회의 전 역사를 소급적으로 다시 기술하도록 하는 도구가 되었던 것이다.

이러한 진보적 역사 서술을 통해 생산된 것은 서구적인 '주체' 개념이었다. 미술관의 작품들은 그 대상을 만든 주체—개인, 민족—의 정신이나 특성에 대한 재현, 모사, 결과 혹은 흔적으로 간주되었고, 진보적 내러티브는 인류의 보편적 정신의 발전을 가시화하는 것이었다. 이러한 점에서 근대의 공공미술관은 전시된 작품을 통해 행위자(agency)라는 근대적 주체 개념을 생산하는 공간이 되었다.

이와 같은 공공미술관의 확립은 18세기 말엽부터 전 유럽에 진행된 민족국가 개념의 확산과 긴밀히 연관되는 것이었다. 나폴레옹은 모든 개인이 평등하게 접근할 수 있고 유럽인들에게 프랑스 공화국에 대한 애국심을 교육할 수 있는 방대한 미술관 체계를 설계하였다. 미술관의 대상들은 민족의 집단적 정신의 소산으로 간주되었다. 또한 위대한 천재 작가들에 의해 창조된 미술 작품에 대한 찬미는 현재의 시민과 현재의 위대함에 이르도록 길을 마련한 역사적인 선조와의 공동체감을 주입시키는 역할을 담당했다.

이러한 공공미술관은 역사주의와 본질주의를 기제하는 중심적인 장으로서 유럽중심주의를 전파하는 역할을 수행하였다. 미술관에 의해 조직된 역사를 통해서 미술 작품은 모든 시대와 공간의 사물들을 미적·윤리적·인식적 발전의 표 위에, 혹은 동일한 이계적인 저술 위에 놓는 보편적인 척도로서 기능하게 되었다. 각 민족과 인종의 미술은 결국 근대의 유럽을 향한 진화의 사다리 안에서 그 위치를 지정받게 된다. 미술관은 미술을 보편적 정신에 통용되는 에스페란토어로 활용하면서 문화를 통한 세계의 유럽화를 진행시켰으며, 서구적 주체 개념에 의존한 미술의 개념을 모든 민족, 계급, 성에 투영하여 역사를 기술함으로써 식민화된 주체 개념을 생산해 내었다. 따라서 미술관은 역사라는 근대적인 사물의 질서에 입각하여 유럽을 전 지구의 두뇌로 만들고 그 밖의 세계의 사물과 인종들을 위계적으로 수집하고 담아내는 진열장이 되었던 것이다. 유럽의 미적 원리들은 모든 미술품을 평가하기 위한 척도였으며 그 외의 사물들은 원시적이거나 이국적인 것으로서 서열이 매겨지고 조직되었다.

오늘날 미술계에서는 이처럼 근대적 공공미술관의 역사 쓰기에 개입된 이데올로기적 본성을 주목하면서 그것이 추구한 정치적 역할에 대한 비판적 반성을 추진하고 있다. 근대적 공공미술관은 민족국가의 근대화에 있어 시민의 사회, 정치, 윤리적 교육을 위한 최적의 인식론적인 테크놀로지로 간주되었고, 민족적 동일성과 국가의 정체성의 구축에 필수불가결한 요소가 되었던 것이다.

나. 유미적인 현대 미술관

20세기에 고안된 미적 체험을 강조하는 유미주의적 미술관 유형은 미국 뉴욕의 모던 아트 미술관(Museum of Modern Art)을 통해 확립되었다. 유미주의적 미술관은 뉴욕 모던 아트 미술관의 초대 관장에 의해 고안된 바, 미술의 감상을 삶과 사회의 맥락에서 분리시키는 새로운 전시 방식을 특징으로 한다. 그것은 유럽의 살롱전 등에서 일반적으로 실행되던, 천장으로 쌓아 올리는(skyed) 전시 방식을 거부한 것으로서, 흰색이나 중립 색의 벽에 동일한 간격을 두고 작품을 배치하며 개별 작품에 조명을 비추는 전시 방식에 의존한 것이었다.

이러한 전시 방식은 오로지 형식에 대한 미적 경험만을 의도하고, 그 이외의 차원을 차단하여 탈역사적 · 탈맥락적 관점에서 작품을 감상하도록 유도한다. 그것은 형식주의 미학을 바탕으로 한 미술의 자율성에 대한 모더니즘적 신념을 구현한 것이었다. 작품의 교훈과 도덕적인 내용의 재현을 거부하고, 그 내용을 '미적 가치' 로 대체한 모더니즘 미술론은 작품의 전시에 있어서도 정치성, 사회성 등의 내용적 차원을 배제하고 순수한 형식의 경험을 고양시키는 전시 방식을 요구하였다. 이러한 미적 경험은 세속을 초월한 고차원의 질서에 속하는 것으로 추정되었고 그것을 경험하는 자는 보다 나은 인간으로 개선되는 것으로 가정되었다. 이처럼 유미주의적 미술관은 삶과 분리된 순수한 미적 경험을 유도하는 전시 방식을 통해 미술관을 탈세속적인 경험, 즉 유사 종교적 체험을 가능하게 하는 일종의 성전의 공간으로 전환시키고자 했다.

유미주의적 미술관이 추구한 탈세속적 경험이 야기한 정치적 효과는 오늘날 비판의 대상이 되고 있다. 특히 유미주의적 미술관은 사실상 미술관 후원 세력의 정치적 가치를 전파하는 역할을 수행했으며, 그로부터 유미주의적 미술관이 주창하는 순수한 미적 경험의 허구성을 지적하는 연구들이 진행되고 있다. 유미주의적 미술관의 후원자들은 미술관의 운영위원회를 역임하면서 그들의 정치적 이익에 위배되지 않는 작품들을 지원하고 미술관이 포괄하는 취미의 한계들을 제한해 왔던 것이다.

오늘날 학문분과를 포함한 사물의 분류체계가 임의적인 것이라는 인식이 팽배해지면서 순수미술(fine art)을 다른 인공품과 구별된 개념으로 규정하는 것이 미술관이나 미술사 분과와 같은 제도의 소산이라는 인식이 확산되기에 이르렀다. 또한 미술관이 전파하는 지식과 신념이 기증자의 취미의 역사에 의해 지배되어 왔으며 큐레이터 등과 같은 전문가 집단에 의해 생산되어 왔다는 사실에 대해 주목하게 되었다. 그 밖에도 미술 작품이 다원적 의미를 가진 것이라는 인식이 정착되면서 미술관은 종래와 같이 작품에 내재된 고정된 의미와 가치를 확증하는 권위적인 기관이 아니라 대상에 잠재된 복합적 의미를 활성화하는 메타적 층위의 표현적 공간으로 간주되기 시작했다. 이러한 인식을 통해 역사적 진보 순으로 작품을 배열하고 유미주의적 경험을 고양시키는 것에 국한되었던 근대적 공공미술관의 획일적 형태는 반성의 대상이 되었고 그로부터 새로운 미술관 유형에 대한 다양한 의견들이 제시되고 있다.

4. 미술관의 미래

가. 탈시간적 전시(atemporal exhibition)

앞서 논의한 대로 근대의 미술관은 역사적 배열 원리를 전제로 발전했으며 그로 인해 작품의 의미는 단선적인 역사적 진보의 원리 속에서 고정되어 왔다. 이러한 근대적 미술관을 탈피하려는 시도 가운데 역사적인 배열 원리를 거부하는 탈시간적 전시의 시도는 주목할 만한 것이다.[2] 그것은 관습적인 양식의 범주와 연대기적인 경계를 벗어나 작품들을 배열함으로써 작품들 사이의 새로운 상응을 드러내려고 한 것이었다. 기존의 단선적인 역사관에서 벗어나는 방식은 작품들이 공간 속에서 서로를 반향하며, 과거와 현재가 서로 대화하는 가운데 근대적 패러다임을 벗어난 새로운 의미를 발생시키도록 하는 것이었다. 그러나 이러한 탈시간적인 전시 방식은 작품의 선별 기준이라는 또 다른 문제를 야기하고 있다. 즉 양식이나 시간과 같은 종래의 기준이 상실된 채 새로운 기준이 무엇이 되어야 하는지가 분명하지 않기 때문이다. 따라서 그러한 전시는 큐레이터의 직관에 의존하는 경향이 크고, 그 결과로 큐레이터의 영향력을 지나치게 강화시키고 있다는 비판이 지적되고 있다.

나. 동일성의 문화정치학

20세기 후반 들어 유미주의적인 미술관은 미술을 삶과 유리된 미적 체험의 공간으로 간주함으로써 미술관을 세속적 삶을 초월한 성전의 공간으로 만들어 갔다는 비판을 받기 시작했으며, 그러한 비판은 미술관 개념 자체

---

2 이러한 '비역사적' 전시의 시도는 해럴드 쩨만(Harald Szeemann)에 의해 주창되었다. 그는 기존의 미술관에서 수행된 관습적인 양식의 범주나 연대기적인 경계를 거부하는 가운데 미술관에서 모든 사회적 모순이 가시화될 수 있는 열린 미술관을 옹호했다. Debora J. Meijers, "Museum and the 'ahistorical' exhibition: the latest gimmick by the arbiters of taste, or an important cultural phenomenon?", *Thinking about Exhibitions*, Routledge, 1996 참고.

를 근본적으로 반성할 것을 요청하게 되었다. 과거의 미술관은 큐레이터의 절대적인 취미의 기준에 의존해 미적으로 우수한 미술 작품을 선별하는 권위적 기관이었다. 반면 최근 들어 취미나 미적 질(quality)의 문제를 벗어나 미술관을 구체적 삶의 문제에 대해 논쟁하는 장소로 전환시키려는 움직임이 일고 있다. 그중에서도 특히 주목할 만한 움직임은 미술관을 사회의 주변부에 머물러 있던 집단들의 동일성을 논의하고 생산하는 동일성의 정치학적 공간으로 정의하려는 경향이라 할 수 있다. 이러한 변화 속에서 작품의 전시를 기획하는 큐레이터의 역할이 새롭게 정의되고 있다. 오늘날의 큐레이터는 과거의 미술관에서와 같이 취미의 기준을 제시하는 역할에서 벗어나 문화 정치학의 매개자로 변모될 것이 요청되고 있다. 즉 큐레이터의 기능이 종속된 주변적 집단이나 공동체의 미술 실제를 재현함으로써 그들의 동일성의 개념을 생산하고 전달하는 역할에 관여하는 것으로 정의되고 있는 것이다.

이러한 동일성의 문화 정치학적 공간으로서 인식된 미술관은 사회의 주변부 집단의 미술을 선별하고 해석하는 전시의 기획을 통해 주변부 집단이 자신의 동일성을 발견하도록 독려하며, 주변적 미술의 분산, 수용, 감상을 위한 새로운 통로를 개척하는 것을 사명으로 삼게 된다. 동일성의 정치학은 '동일성'이 개별적인 개념 혹은 시각적 습성으로 번안될 수 있는 '본질'이 아니며, 사회, 문화, 정치적 조건을 포함한 다원적 조건들에 의해 타협된 구성물이라는 인식에서 출발한다. 따라서 본질주의적인 주체의 개념에 환원되지 않은 채로 집단의 사회, 인종, 정치적 복합성의 재현을 모색하고자 한다.

그러나 권력의 변방에 머물러 왔던 집단들의 동일성을 어떻게 재현해야 하는가의 문제는 여전히 논쟁거리로 남아 있다. 동일성의 정치학의 추구가 전지구화(globalization)와 다문화주의(multiculturalism)로 무장한 후기 자본주의 사회의 논리에 편입되어 한 집단의 동일성을 허구적인 집단적 자아로 환원시킬 수 있다는 우려가 제기되고 있다. 특히 이러한 주장은 후기 소비

자본주의가 문화적 동질화를 통해 작동하는 것이 아니라 '차이'와 개별성의 외관을 마케팅하는 가운데 작동하고 있다는 점에 주목하고 있다. 소비자본주의의 논리는 소비시장의 문화 상징을 위한 복합적인 요구에 적응하거나 저항하는 교차적 과정의 결과로서 '동일성'을 새롭게 탄생시키길 원하고 있으며, 민족주의적인 혹은 인종적인 이미지와 상징들을 새로운 미술상품의 형태로 만들어 초국가적인 시장의 개념에 기여하도록 만들고자 한다. 이러한 후기자본주의 문화가 활용하는 주변 문화는 권력의 중심에 있는 앵글로색슨의 문화와 대조되는 이국적인 문화적 속성과 상징성으로 환원되는 경향이 있다. 즉 주변 집단 내에 존재하는 다양한 개별성이 간과된 채 중심 문화와 차별을 지니는 측면만이 강조됨으로써 허구적인 동일성으로 다시 환원되는 결과가 초래되고 있다.

실제로 다문화주의적 입장에서 '차이'를 수용하려는 최근의 전시 기획의 사례를 볼 때, 북미의 주요 작가들과 형식적으로 차별되지 않는 작가들, 혹은 다문화주의라는 신경향을 수용하지 않는 주변 집단의 작품들은 미술관에 적절히 재현되지 못하는 경향이 있다. 따라서 상품화된 다문화주의에 입각해 '차이'를 주장하는 전시는 각 집단의 인종적 · 문화적 경험을 구성하는 내재적인 이질성의 수용을 가로막는 결과를 초래할 수 있는 것이다.

결국 오늘날 미술관은 각 집단이나 개인이 미술에 의해 구현되는 특수한 본질 혹은 습성으로 환원될 수 없음을 인식하고 있으며, 동일성의 정치학을 재현함에 있어서 각 주변 집단에 속한 다양한 개별적 목소리와 경험을 반영할 수 있는 전시를 요청하고 있다고 볼 수 있다.[3]

다. 사이버 미술관

과거의 미술관을 대체하는 가장 새로운 미래의 미술관은 사이버 공간의

3 Mari Carmen Ramirez, "Brokering Identities: art curators and the politics of cultural representation", *Thinking about Exhibition*, Routledge, 1996; *Exhibiting Cultures: The Poetics and Politics of Museum Display*, 1991 참고.

미술관 유형이라고 할 수 있다. 미술관의 온라인화는 미술관의 종래의 기능에 상당한 변화를 가져올 것으로 전망되고 있다. 그것은 디지털 매체의 본성에 의존하는 효과들이다.

사이버 미술관의 첫 번째 특징은 디지털 매체의 본성인 비물질성에 의존한다. 기존의 미술관은 물리적 대상의 소유를 통해서 작품의 진품성과 원본성의 체험을 강조해 왔다. 반면에 디지털 공간은 비물질화된 이미지를 전시함으로써 미술관이 대상에 부여해 온 아우라를 감소시킬 수 있게 된다. 둘째, 디지털 공간의 이미지들은 복제가 용이하다. 하나의 네거티브로부터 다수의 프린트를 만들어 내는 사진 매체의 등장은 그 복수성으로 인해 종래의 예술매체와 구분되었다. 그러나 사진에 예술성이 부과되면서 동일한 네거티브에서 나온 두 개의 사진 프린트도 복제된 순서에 따라 다른 가치가 매겨져 왔다. 이와 달리 디지털 사진은 복제물 간의 질적 차이가 부재하며 복제를 거듭해도 그 원본성을 상실하지 않는다. 따라서 디지털 미술관은 미술품을 둘러싼 원본과 복제물의 위계적 관념을 전환시키게 된다. 셋째로 디지털 이미지는 네트워크를 통해 접근성을 증가시킴으로써 지식에 대한 민주적인 접근을 가능하게 한다. 디지털 이미지의 복제성과 네트워크를 통한 접근의 용이함은 대상의 소유를 기반으로 했던 권위적이고 배타적인 종래의 미술관의 이미지에 변화를 가져올 수 있게 한다. 이상과 같은 디지털 매체의 속성에 기초한 사이버 미술관은 종전의 물리적 미술관과 차별화된 사명과 중요성을 갖게 된다.

우선, 사이버 미술관은 대상 중심의 미술관이 아니라 정보 중심의 미술관으로서 그 잠재력이 크다고 볼 수 있다. 관람자가 작품의 이미지를 감상하게 되는 사이버 미술관은 대상의 내재적인 미적 가치보다는 대상을 둘러싼 정보적 가치를 중시하게 된다. 사이버 미술관을 통해서 미술관은 컬렉션을 보관하는 수동적인 장소가 아니라 정보를 수용 전달하는 능동적인 장소가 된다. 여기서의 정보는 단순한 사실의 제공에 그치는 것이 아니라 맥락적 지식을 포괄하는 것이 된다. 기존의 물리적 미술관에는 대상을 중심으로 한 일차적 정보와 맥락적 지식으로서의 이차적 정보 사이의 위계가 존재했다면 디지털 미술관에서는 일차 정보와 이차 정보가 동등한 지위를 누리게 된다. 사이버 공간은 공간적 한계를 지닌 물리적 미술관과 달리 막대한 양의 정보를 담아낼 수 있음으로 인해 풍부한 맥락적 지식을 제공할 수 있다.

또한 사이버 공간은 미술관과 관람자 사이의 인터랙티비티를 가능하게 하며, 이는 미술관이 독백(monologue)에서 대화(dialogue)를 중시하는 공간으로 나아가도록 한다. 종래의 미술관 또한 교육적인 기능을 통해 관객과의 대화를 시도했으나, 그것은 미술관이 독백을 통해 권위적으로 의미를 전달하는 일방적인 지식이었다. 반면 사이버 미술관이 제공하는 인터랙티비티는 관람자와 미술관의 쌍방향 소통을 가능하게 하며 관람자들이 미술관의 자원을 보다 능동적으로 활용함으로써 문화를 소비의 대상이 아니라 참여의 장으로 간주할 수 있도록 한다. 또한 관람자는 능동적으로 작품을 선택하여 감상하고, 이미지를 축소, 확대시키는 가운데 큐레이터의 권한 영역에 참여할 수 있게 된다.

사이버 미술관의 또 다른 특징은 미술관 간의 네트워크 형성이 용이하다는 점에 있다. 컴퓨터 기술이 미술관에 처음 도입되었을 당시 미술관의 주된 관심은 컬렉션의 관리 체제를 구축하는 것이었으나, 인터넷 매체의 발달로 인해 오늘날 미술관은 미술관의 자원들을 통합하는 작업을 추진하고 있다. 표준 작업이 잘 이루어진다면, 사이버 공간은 지리적으로 파편화되어 있는 문화적 증거물들을 한자리에 모아 놓고 개별 미술관들을 통합 관리하는 메타 미술관을 창출할 수 있는 잠재력을 갖고 있다. 예컨대, 산재해 있는 전 세계의 이집트 유물들을 하나의 가상공간에 모아 두고 그 유물들을 토대로 고대 이집트 시대의 모습을 그대로 재현하는 기획이 가능해지는 것이다. 그 외에도 보존 상태나 안전을 이유로 물리적 이동의 제약을 받아 온 대가의 작품들에 대해서도 사이버 미술관에서는 이미지를 활용함으로써 전 작품을 한 공간에 놓을 수 있는 잠재력을 갖고 있다. 이처럼 가상공간의 네트워크 활용은 대상의 배타적 소유로 인해 존재했던 기존의 제약들을 초월할 수 있게 해 주며 나아가 세계의 문화유산과 자원들을 한 공간에 통합해 놓을 수 있는 메타 미술관을 전망할 수 있게 해준다. 이러한 전망은 일찍이 앙드레 말로가 '상상의 미술관'을 통해서 예견했던 미래의 미술관의 형태라고 할 수 있다.

5. 나오는 글

미술관은 미술 작품을 둘러싼 우리의 이해와 가치를 형성하는 주요한 기관이다. 오늘날 미술관은 과거의 근대적 패러다임으로서의 미술관 형태가 가져온 사회 정치적인 효과들에 대해서 반성하려는 시도들이 진행되고 있다. 근대의 미술관이 암암리에 전파해 온 제국주의와 서구 중심주의, 그리고 유미주의적인 미술관이 가져온 삶으로부터 유리된 성전으로서의 미술관의 효과들은 최근 철저한 반성의 대상이 되기에 이르렀다. 근대적인 미술관 형태에 대한 극복은 대체로 타자들의 문화를 보다 적극적으로 수용하고 문화유산의 감상에 대한 일반인들의 접근성과 참여를 증대시키는 방법을 모색하는 방향으로 나아가고 있다. 그러는 가운데에서 종래에 일률적으로 시도되어 온 역사주의적인 전시 방식을 탈피하고 유미주의적 경험보다는 삶의 맥락과의 연결을 중시하는 전시들이 증가하고 있으며, 그러는 가운데 디지털이라는 새로운 매체가 미술관 전시의 관행에 초래할 수 있는 가능성들에 대한 타진이 이루어지고 있다.

오늘날 우리나라를 비롯한 제3세계의 국가들은 서구식 미술관 모델을 기반으로 한 미술관 문화를 구축하여 왔다. 이러한 현실을 고려해 볼 때, 미래의 미술관에 대한 논의들은 먼저 현재의 미술관의 바탕이 되는 서구의 근대적 미술관이 갖는 역사적 의미에 대한 비판적 검증의 토대 위에서 이루어져야 할 것이다.

더 읽을거리

윤난지 편역, 『전시의 담론』, 눈빛, 2002.

Alexander, E. P., *Museums in Motion: An Introduction to the History and Functions of Museum*, AASLH, 1979.

Duncan, C., *Civilizing Rituals: Inside Public Art Museums*, Routledge, 1995.

Greenberg, R., (eds.), *Thinking about Exhibitions*, Routledge, 1996.

Karp, I., and S. D. Lavine (eds.), *Exhibiting Cultures: The Poetics and Politics of Museum Display*, Smithsonian, 1991.

Preziosi, D., and C. Farago (eds.), *Grasping the World: The Idea of The Museum*, Ashgate, 2002.

Thomas S., and A. Mintz, *The Virtual and the Real: Media in the Museum*, AAM, 1998.

[찾아보기 1]

ㄱ

ㄴ

| ㄷ |

| ㄹ |

| ㅁ |

| ㅂ |

ㅅ

ㅇ

| ㅈ |

ㅊ

| ㅌ |

| ㅍ |

| ㅎ |

[찾아보기 2]

동서양 미학사 연표

일러두기

1. 서양의 저서는 이탤릭체로,
동양의 저서는 『 』, 「 」로 표기하였다.

2. 한국 고대의 [고]는 고구려, [가야]는 가야,
[신]은 신라, [백]은 백제를 가리킨다.

3. 기사가 긴 경우 이웃란을 활용하면서
들여쓰기 하였다.

연대	서양사	서양사상사	서양미학사
B.C. 900	그리스에 폴리스 형성	**호메로스**, *일리아스 및 오디세이아*	
753경	로마 건국(전설)		
650	그리스 아케익 시대		
594	솔론의 개혁		
		Pythagoras(571-497) 수학적 비례에 따라 음악 연구	
		Parmenides(541-475) *Peri Phuseos*(480)	
500	로마의 공화정 시작		
492	페르시아 전쟁(-479)		**Gorgias**(483?-376) *Enkomion Helenes* 저술, apate이론
		Socrates(470-399)	
468	**소포클레스** 활동		
461	**페리클레스** 시대(-429)		
451	로마, 12표법 성립		
		Anaxagoras of Clazomenae(505-428경) *Peri Phuseos*(450)	
			Platon(427-347) 이데아로서의 미 *Symposion*(395) *Ion*(395) *Phaidros*(367) *Politikos*(367)
			Aristoteles(384-322) 카타르시스 이론 *Metaphysica*(335) *Peri Poietikes*(335) *Techne Rhetorike*(335)
334	**알렉산더**, 동방원정(-323)		
		Chrysippos(279?-206?) *Theseis Logikai, Peri tou Kalou*	
264	포에니 전쟁(-146)		
146	카르타고의 멸망, 로마의 지중해 지배		
133	**그라쿠스** 형제의 개혁(-121), **카이사르**의 갈리아 정복(-51)		
			Philodemus(110-40/35) 예술은 도덕과 아예 무관한 오로지 쾌락을 주는 것 *Peri Muosikes(?)*
			Cicero(106-43) 수사학의 대가이자 고전 라틴 산문 창조자 *Vom gluckseligen Leben(?) Academica, Tusculance Disputationes, De officiis, De oratore, Orator*
			Vitruvius(1세기 경) 건축가이자 저술가로 인체비례로 유명 *De architectura(?)*
			Horatius(65-A.D. 8) 시인의 소원은 가르치는 일, 또는 쾌락을 주는 일, 또는 둘을 겸하는 일이라고 함 *Ars Poetica(?)*
27	**아우구스투스** 즉위(로마 제정의 시작)		
		Seneca(4-A.D.65) *Epistolae Morales ad Lucilium(?)*	
4(?)	**예수** 탄생		

동양미학사		동양사상사	동양사	연대
한 국	중 국			
			夏	청동기시대 초기
			고조선 건국 2333년 **단군왕검** 건국 신화설, 108년 중국 漢에 의해 멸망된 衛滿朝鮮설	B.C.2333
			殷(商)	1600-1050
		『周易』(?)	西周	1050-770
		『尙書』		
		고타마 싯다르타(563?-483?) 불교 창시		
	孔子(552-479)『論語』 比德의 美論, 中和的 음악론 제시	**孔子**(552-479)		
		老子(?-?)『道德經』(연대에 대한 이설이 많음)	春秋時代	722-481
		傳 左丘明『左傳』		
	『詩經』 고대에 채록된 시가, 孔子에 의해 성리	**傳 左丘明**『國語』,『詩經』		
		『考工記』		
	墨子「非樂」 최초의 음악 비판론 제기	**墨子**(480?-420?)『墨子』兼愛說		
	孟子『孟子』	**孟子**(372-289) 性善說 등		
	莊子『莊子』 得意忘象, 解衣盤礴	**莊子**(369-286 혹은 369-289)		
		公孫龍(320-250)		
		荀子(298?-238?)『荀子』 性惡說	戰國時代	403-221
	韓非子,『韓非子』	**韓非子**(280?-233?)		
		『呂氏春秋』		
		公無渡河歌(약 3, 4c)		
	『禮記』			
		25자의 銘文 戈(약 222) 한반도에 한자 전래 증거로 추정됨		222
			秦	221-206
	劉安『淮南子』 君形論	『淮南子』	西漢 건국(202-A.D.9)	202
	董仲舒 天人感應論 今文學派 유행, [illegible], [illegible] 성격	**董仲舒**(179-104)『春秋繁露』		
	『樂記』	**司馬遷**(145-?)『史記』		
	劉向, 文質論 수식[文]의 강조 古文學派 출현 및 유행, 유향, 양웅, 왕충 등에 의해 今文學派의 비합리적, 실증적 경향을 비판	**劉向**(77-6?)『說苑』 등		
	揚雄 文質의 균형 강조	**揚雄**(53-A.D.18)『太玄經』,『法言』		
			고구려 건국	37
고독, 사랑을 노래한 서정시		[고]「黃鳥歌」(약 17, 삼국유사)	백제 건국	18

연대	서양사	서양사상사	서양미학사
A.D.1			
27	로마, 제정시대		
		Plotinus(203-269) *Enneades(?)*	
235	군인 황제 시대(-284)		
313	로마 밀라노 칙령 (크리스트교 공인)	**Calcidius**(?-?) 321년경 플라톤의 *Timaios* 라틴어로 번역 및 주석	
375	게르만 민족 대이동		
395	동 · 서 로마 분열		
400		**Augustinus**(354-430) *Confessiones*(400) *De trinitate*(396-416)	

동양미학사		동양사상사	동양사	연대
한 국	중 국			
				A.D.1
전설, 민담의 시작 **해명태자, 호동왕자와 낙랑공주**의 전설, [고] **미천왕과 온달**, 백제 **무왕**의 민담				
		桓譚(B.C. 23-56)		
			東漢 건국(25-220)	25
		삼국의 건국신화(주인공이 신에서 영웅으로 점차 전환; 주몽, 박혁거세 등)	신라(국호 계림) 건국	65
	王充 眞과 人爲의 합일, 鴻儒의 가치 평가	**王充**(27?-97?) 『論衡』		
		班固(32-92) 『漢書』, 『白虎通義』		
		許愼(58?-147?) 『說文解字』		
	崔瑗(77-142)「草書勢」 趙壹의 「非草書」 논박, 초서에 긍정적 가치 부여			
	『毛詩序』 情緖 표현 인정, 詩敎論적 입장	『毛詩序』		
		王逸(?-?) 『楚辭章句』		
	蔡邕, 「筆論」, 『九世』 서예론의 본격화	**蔡邕**(132-192) 『蔡中郎集』, 飛白體		
		曹丕(187-226) 『典論 · 論文』	**魏晉南北朝** 시작	220
		劉邵(189?-244?) 『人物志』		
		曹植(192-232) 「白鶴賦」, 「洛神賦」		
		阮籍(210-263) 『詠懷』		
	嵇康(224-263) 「聲無哀樂論」			
	王弼이 言意論을 통해 예술이 궁극적 도에 접근할 수 있다는 암시	**王弼**(226-249) 玄學, 貴無論, 『老子』, 『周易』에 註釋		
		陸機(261-303) 「文賦」		
		左思(250?-305?) 「三都賦」		
	衛夫人(272-349, 동진 서법가), 「筆陣圖」			
			三韓(기원전-4세기 경)	
			고구려 낙랑군 축출	313
		郭璞(276-324) 『山海經』 增註		
		葛洪(283?-343?)		
	王山岳의 거문고 제작, 수 · 당 사적에 高麗樂 기록됨	[고] 律令에 樂令 포함 예악의 재정비,	고구려 국내성 천도	343
	王羲之(321-370 혹은 303-361) 「題筆陣圖後」			
이후 고구려 고분벽화에서 고구려의 樂을 엿볼 수 있음		[고] 안악3호분(357) 축조		
	顧愷之(346?-407? 동진 화가) 傳 「論畫」			
			고구려에 불교 전래	377
			백제에 불교 전래	384
	宗炳(375-443) 「畫山水書」			
연대가 분명한 최초의 문학작품			[고] 廣開土王陵碑	414
	劉義慶(403-444) 『世說新語』			
	鍾嶸(408?-552) 『詩品』			

연대	서양사	서양사상사	서양미학사
476	서로마 제국 멸망		
		A. M. Boethius(480-525) *De Consolatione Philosophiae(?), De trinitate(?)*	**Pseudo Dionysius Areopagita**(?-?) 5세기 후반 신플라톤주의 미학의 고전인 신명론(*De divinis nominibus*) 저술
486	프랑크 왕국 건국		
500			
529	비잔틴 제국, 유스티니아누스 법전 편찬		
751	피핀의 카롤링거 왕조의 성립(-1258)		

동양미학사		동양사상사	동양사	연대
한 국	중 국			
		[신] 경주 금관총	고구려 평양 천도	427
	王微(415-443)『敍畵』			
	謝赫(?-?)『古畵品錄』, 六法			
	劉勰(435?-532?)『文心雕龍』			
	姚最(?-?)『續畵品』			
	庾肩吾(?-?)『書品論』		부여 멸망	494
				500
		[신] 異次頓(506-527) 순교		527
		[신] 天馬圖(5-6c경, 경주 155호분)	신라 불교 공인	528
우륵과 그 제자들의 유가적 음악관(樂而不淫 哀而不傷)		[가야]「駕洛國記」(삼국유사), 건국신화를 노래한 龜旨歌 [신] 가야의 우륵을 맞고 이후 宮中樂인 大樂 정비(약 6c 중)	加耶 멸망	6세기 중반
		[신] 황룡사 완성		566
		[신] 眞興王巡狩碑 중 摩雲嶺碑 국가이념과 세계관 표현		568
			隋 건국(581-617)	581
		王通(584-618)『文中子』		
향가는 우리말로 된 최초의 기록문학이자 개인 창작시		鄕歌(7c경) 薯童謠, 彗星歌 이래 고려 초까지 지속됨		7세기경
		[고] 乙支文德의 與隋將于仲文詩 전래되는 최초의 漢詩		612
	서예의 초당3대가 虞世南(558-638)『筆髓論』, 虞世南(558-638) 歐陽詢(557-641) 褚遂良(596-658)		唐 건국	618
	李世民(598-649) 서예에서 中和 강조 왕희지를 추앙하는 書風 유행			
	孫過庭(648-703) 中和의 서예미학 집대성	孫過庭(648-703)『書譜』		
난숙한 경지의 四六駢儷體의 문장에 백제 귀족의 인생관과 도교관을 엿볼 수 있음.		駱賓王(640?-684?), 王勃(650-676), 陳子昂 (661-702) 등 初唐詩人 명망. [백] 砂宅智積碑(654) 백제의 멸망을 슬퍼한 大佐平 智積의 글을 새긴 비석	백제 멸망	660
		[백] 7c 회화 陵山里古墳壁畵, 山水紋塼(규암면 절터 출토)		
			고구려 멸망	668
		부석사 완성, 元曉(613-686)『大乘起信論疏』, 『金剛三昧經論』 등	신라 삼국통일	676
설총「花王戒」 유가이념을 諷諫으로 표현		설총(약660-약730) 이두 정리		692
	李嗣眞(?-699)『續畵品錄』, 『畵品』 등	義湘(625-702) 華嚴宗 개종	발해 건국	699
		水墨畵의 출현 吳道子(700?-760?), 李思訓(651-716) 등이 화가로서 명성을 얻음		
	顔眞卿(709-785) 서예에서 壯美 추구	顔眞卿(700 785),『顔魯公集』		
「감산사미륵조상기」 육두품 문인의 유, 불, 도 종합적 세계관을 서술		金志誠「甘山寺彌勒造像記」		719
	王維(701-761 혹은 698-759),「王右丞集」, 傳「山水訣」,「山水論」			
신라의 왕 중심의 문화가 아닌 귀족문화, 정통 유학이 아닌 전통문화에 관심		金大問(8c 전후 활동)『高僧傳』,『花郞世紀』,『樂本』,『漢山記』		
		李白(701-762)『李太白集』		
	張懷瓘(?-?)「書斷」 神·妙·能品 용어 사용,「畵斷」 神을 중시하는 인물화 중심의 회화관			
		杜甫(712-770)『杜工部集』		
		불국사, 석굴암 창건. 현존 최고 목판인쇄물로 추정되는『無垢淨光大陀羅尼經』 간행		751

연대	서양사	서양사상사	서양미학사		
800	카롤루스, 로마황제 대관				
843	베르됭 조약으로 프랑크 왕국이 3왕국으로 분립		**Johannes Scotus Eriugena**(815?-877) 디오니시우스의 저작 번역, 빛의 미학 계승		
870	메르센 조약				
962	신성 로마제국 성립(-1270)				
987	카페 왕조의 프랑스 성립(-1328)				
1000					
1054	동 · 서 교회 분열				
1066	노르만의 영국 정복				
1072		**Anselmus Cantaberiensis**(1033-1109) *Mondogion*(1072)			
1077	카노사의 굴욕				

동양미학사		동양사상사	동양사	연대
한 국	중 국			
	朱景玄(?-?)『**唐朝名畵錄**』, 逸品 제시 造化와 自然 강조		安史의 亂(-763)	755
陳子昻을 계승하여 고문운동 주창, '不平則鳴', 서예에도 이론 확대	**韓愈 王通**(584-618)과	**韓愈**(768-824)『**韓昌黎集**』 **韓愈**, **白居易**(772-846) 등 중당시인 명망		
고문의 범위를 시간적 · 사상적으로 확대	**柳宗元** 고문운동, **한유**에 비해	**柳宗元**(773-819)『**柳河東集**』		
	白居易 시의 통속화와 산문화의 미학적 근거 제공	**白居易**(772-846)『**白氏長慶集**』		
	柳公權(778-865) 서예에서 壯美 추구			
	元稹(779-831) **백거이**와 新樂府 등 새로운 시풍 개창 元和體			
		杜牧(803-852)「**江南春**」,『**樊川文集**』		
	張彦遠(815-875)『**歷代名畵記**』 意在筆先, 서화 동원론, 감계적 회화관, 筆 중시			
	司空圖 예술의 내면화 경향 반영	**司空圖**(837-908)『**詩品**』		
	荊浩(?-?)『**筆法記**』 六要			
최치원 유, 불, 도를 아우르면서 동시에 개인적인 내면과 고독을 드러냄		**崔致遠**『**桂苑筆耕集**』 등		885
		角干魏弘과 **大矩和尙** 향가집『三代目』 편집		888
			견훤 후백제 건국	900
			五代(-960) 宋 건국(907-1276) **趙匡胤** 遼건국(907-1125)	907
			왕건, 고려 건국	918
균여 불교이념을 통해 고려 통치질서 확립에 기여 10세기 청자 공예 활발		향가 지속 **均如**(923-973), 普賢十願歌 등		
	黃休復(?-?)『**王氏書畵苑 · 益州名畵錄**』 '逸品'을 높이 평가			
	范仲淹 古文 중시	**范仲淹**(989-1052)『**范文正公集**』		1000
고려청자 전성기, 고려 회화는 실용화와 감상화를 포함하여 다양한 장르가 번성함			거란의 침입	1011
서예『集古錄』, 서예가의 인격 강조. 이는 송대 서론이 공유하는 특징이 됨	**歐陽脩** 道와 文의 조화를 중시,	**歐陽脩**(1007-1072)『**歐陽文忠公文集**』		
	郭熙(?-?)『**林泉高致**』 三遠論, 사대부를 위한 可居 공간 창출 중시			
		邵雍(1011-1077)『**伊川擊壤集**』,『**皇極經世**』		
	劉道醇『**宋朝名畵評**』 발행 六要. 六長			1059
	周敦頤(1017-1073) 文以載道論	**周敦頤**(1017-1073)「**太極圖說**」,『**通書**』		1070
	郭若虛(?-?)『**圖畵見聞志**』 氣韻生動 강조 **歷代名畵記** 속편			
		王安石(1021-1086) 신법당, 사회개혁, 당송팔대가 중 1인		
		程顥, **程頤**(1032-1085,1033-1107)『**二程全書**』(徐必達 편찬)		
	米芾(1051-1107) 米法山水 개창, 서화용필동론, 墨戲 주장			
		의천(1055-1101) 천태종 개종		1086

연대	서양사	서양사상사	서양미학사		
1096	십자군 운동 시작(-1270)				
1189	제3차 십자군(-1192)				
1215	영국, 대헌장 제정				
1254	독일 대공위 시대(-1273)	13세기 중반 프란치스칸 학자들에 의해 알렉산더 대전(*Summa fratris Alexandri*) 편찬됨, 스콜라 미학의 본격적 출발			
		St. Bonaventura(1217-1274) 신에 이르는 정신의 여정(*Itinerarium mentis ad Deum*) 저술(1259)			
		Thomas Aquinas 신명론 주해(*Super librum Dionysil De divinis nominibus*) 저술(1260)			
1288		**Thomas Aquinas**(1224-1274) *Summa theologiae*(1266-1273), *De Ente et Essentia*(1253)			
		Duns Scotus(1270-1308) *Lectura Oxoniensis*(1302), *Tractatus de primo principio*			

동양미학사		동양사상사	동양사	연대
한 국	중 국			
	蘇軾 문인화론, 문예론 주도, 文(형식미)의 가치 강조, 서예 出新意 강조, 시·서·화 주도, 寓意於物 주장	**蘇軾**(1037-1101)		
	黃庭堅(1045-1105)『山谷集』 點鐵成金, 換骨奪胎, 서예가의 인격 강조, 강서시파 시조			
	董逌(?-?)『廣川畵跋』 自然, 生意 강조			
			金 건국(1125-1234)	1125
			南宋(1126-1276)	1126
수신 이념으로서 불교, 치국 이념으로서 유가 모두 문학 중시, 귀족의 부염한 문학이 전개됨		**均如, 義天, 惠素, 坦然** 등 승려문학가 지속		
	鄭樵(1103-1162)『通志』 등			
			휘종 사망(金에 피랍중)	1135
	張戒(?-?)『歲寒堂詩話』			
삼국시대 이래 설화 전통과 역사 전통의 절충	馬夏派, 남송화원화풍, 강남산수를 주로 그림, 변각구도	**金富軾**『三國史記』		1145
		朱熹(1130-1200)『朱文公集』 등		
		陸九淵(1139-1193)『象山全集』		
吳世才, 林椿, 李仁老 등의 竹林高會는 은일문학을 제시 **임춘** 詩人以詩窮, **이인로**『破閑集』 문장의 가치 독립성, 用事論, 託物寓意 주장과 **蘇軾** 숭상		무신난 이후 귀족문학에서 신흥사대부 문학으로 전환 **吳世才, 林椿, 李仁老**(1152-1220), **李奎報**	무신의 난 시작	1170
	姜夔 詩의 예술적 가치에 주목『續書譜』	**姜夔**(1055?-1221?)『白石道人詩詞集』		
불교문학의 성숙		普照國師 **知訥**(1158-1210)		
	嚴羽(?-?)『滄浪詩話』 禪學적 바탕, 미적 감흥을 詩의 第一義로 봄			
	王若虛 강서시파 비판, 自得, 진실성	**王若虛**(1174-1243)『滹南遺老集』		
			몽골, 金의 수도 연경 점령	1215
	元好問 강서시파 비난, 天然, 眞淳, 壯美 주장	**元好問**(1190-1257)『遺山集』		
崔滋(1188-1260)『補閑集』 文者 蹈道之門	몽골항쟁중 최씨정권과 신진사대부가 단합, 새로운 진취적 문학 이념과 표현양식 제시, 조선으로 이어짐. 서사적 假傳體와 서정적 景幾體歌, 時調와 歌辭 출현, 전기에 비해 唐樂, 俗樂 흥성(『樂章歌詞』), 小樂府 출현		몽골 고려 침입	1231
		고려 세계최초 금속활자 발명, 『詳定古今禮文』 인쇄	金, 몽골에 의해 멸망	1234
	郝經 문학론에서 성리학적 문론 총괄	**郝經**(1223-1275)『春秋外傳』 등		
李奎報(1168-1241)『東國李相國集』 중화주의를 벗어난 민족사 재인식 **李奎報** 物自生自化論 제시, 寓興觸物, 新語, 生澁 논의				
		南宋 **黎靖德**『朱子語類大全』 140권 간행		1270
			몽골 元 개국(-1368)	1271
	方回 강서시파를 대표하는 마지막 인물, 心印境, 格高	**方回**(1227-1306?)『桐江集』 등		
삼국시대 이래 설화문학을 정리, 민족 주체성 제시		**一然**(1206-1289)『三國遺事』 완성		1285
	鄭思肖(1239-1316) 寫蘭의 대가 君子畵說, 유민화가			

연대	서양사	서양사상사	서양미학사		
1299	**마르코 폴로**, *동방견문록*				
		William of Ockham(1300-1349/50) *Summulae in libros physicorum, Expositio aurea, Quaestiones in IV Sententiarum libros*			
1309	아비뇽 유수(-1377)				
1321	**단테**, *신곡* 완성				
1328	발루아 왕조 성립(-1589)				
1337	백년전쟁(-1453)				
1378	교회의 대분열(-1417)		**영 국**	**독 일**	**프랑스, 이탈리아 및 기타**
					C. di D. Cennini(1370?-1435?) 이탈리아의 화가이자 문필가로 초기 르네상스 시대의 예술적 이상 표현 *Trattato della pittura*(1390?)
1409		Leipzig 대학 창립			
1435					**L. B. Alberti**(1404-1472) *Della pittura, Drei Bücher über die Malerei*(1435), *De re aedificatoria(Von der Architektur)*(1451/52)
1445		**Gutenberg**(-1468)의 활자인쇄			
1453	비잔틴 제국 멸망				
1455	장미전쟁(-1485)				
1457		Freiburg 대학 창립			
1472		**Bonaventura**(1221-1274) *Itinerarium mentis ad Deum*(1472)			
1482					**Marsilio Ficino** (1433-1499) 신플라톤주의의 완성자 *Theologia Platorica de immortalitate animorum*(1482)
1500					

동양미학사		동양사상사	동양사	연대
한 국	중 국			
		고려 후기 신진사대부 중심의 주자학 대두 **安珦**(1243-1306), **李齊賢, 李穡, 鄭夢周, 李崇仁** 등		
	劉因 內遊 상상력, 주관의 작용 강조	**劉因**(1249-1293) 『靜修文集』		
	錢選(?-?) 士氣說			
	趙孟頫 복고주의, 古意說, 以書入畵論	**趙孟頫**(1254-1322) 〈重江疊嶂圖〉, 〈飼馬圖卷〉 등		
	周德淸(1277-1365) 희곡이론, 『中原音韻』,『輟耕錄』, 自然 강조			
李齊賢(1287-1367) 「**櫟翁稗說**」 貫道論				
	楊維楨 性情 강조, 詩品과 人品의 통일 강조	**楊維楨**(1296-1370) 『東維子文集』 등		
	倪瓚, '逸氣', '逸筆'	**倪瓚**(1301-1374) 『倪雲林詩集』 등		
傳神, 形似論 전개	湯垕(?-?) 『**畵鑑**』 寫意說	고려 후기 문인화 발달 **鄭知常, 車原頫, 鄭敍, 李仁老, 丁鴻進, 金君綏, 李嵓** 등 고려 후기 佛畵 발달		
李穡(1328-1396) 『牧隱詩稿』 道內文外論				
	王履 개성주의 화론	**王履**(1332-?) 『華山圖序』		
		元末四大家 **黃公望, 吳鎭, 倪瓚, 王蒙**		
			朱元璋 明 건국(1368-1644)	1368
			朝鮮 개국	1392
鄭道傳, 朴彭年, 李塏 文以載道論		**鄭道傳**(1337-1398), **權近**(1352-1409) 등 조선 성리학 정비 유학 중심으로 三敎會通 제시. 개국파의 館閣文學과 절의충절파의 處士(士林)문학		
		柳方澤(1320-1402) 天象列次分野之圖 완성		1395
	明初 **臺閣體** 유행(문학) 3楊 **楊士奇**(1365-1444), **楊榮**(1371-1440), **楊溥**(1372-1446)			
	戴進(1388?-1462?) 절파 등장			
		徐居正(1420-1488) 『東人詩話』 『筆苑雜記』 문학론 재정비	**世宗**(1418-1450)	
		『龍飛御天歌』	훈민정음 반포	1446
몽유도원도 제발 조선초 사대부의 儒道相補的 회화관 제시		**安堅**(?-?) 〈夢遊桃源圖〉		1447
申叔舟, 「畵記」-大機, 傳神論		**安平大君**(1417-1475), **申叔舟**(1417-1475), **姜希顔**(1419-1467) 등의 문인화 창작과 감상활동		
한국문학의 독자성과 조선초 문화의 자부심을 표명		**盧思愼, 姜希孟, 徐居正, 崔淑精** 는 『東文選』		1478
	前七子: **弘治**(1448-1505), **正德**(1506-1521) 연간의 문인 **李夢陽, 何景明, 徐禎卿, 邊貢, 康海, 王九思, 王廷相**. 詩必盛唐, 文必秦漢 주장. 後七子: **李攀龍, 王世貞** 등 의고적 성격을 지님			
		金時習(1435-1493) 『金鰲新話』		
		祝允明(1460-1523) 『懷星堂集』		
		『東國輿地勝覽』		1481
		『樂學軌範』 조선 초 악장의 흥성		1493
	狂態邪學派 회화활동(15세기 후반-16세기) **吳偉**(1459-1508) 등			
				1500

연대	서양사	서양사상사	서양미학사		
			영 국	독 일	프랑스, 이탈리아 및 기타
1509					**F. Pacioli**(1450?-1520?) 볼로냐의 수도승으로 황금비를 신성비례로 칭함 *De divina proportione*(1509)
1514		**A. Dürer**(1471-1528) *Melencolia*			
1517	**마틴 루터** 〈95개조의 의견서〉 발표				
1522		**M. Luther**(1483-1546) *Übersetzung des NeuenTestaments Gesamtbibel* (1534)			
1524	독일 농민전쟁(-1525)				
1528				**A. Dürer**(1471-1528) 인체 비례에 대한 다양한 유형 제시 (절대불변의 규준 거부), *Vier Bücher von menschlicher proportion*	**Castiglione Baldassare** (1478-1529) 르네상스 시대 궁정인의 모범적 존재 Der Hofmann(1528)
1543		**코페르니쿠스** 지동설			
1544	트리엔트 종교회의				
1550					**G. Vasari**(1511-1574) 최초의 미술사 서적 출간 *Le vite de'più eccellenti pittori, scultori e arc hittetori italiani*(1550)
1555	아우크스부르크 종교회의				
1559	통일령 성립, 영국국교회의 기초 확립				
1561					**J. C. Scaliger**(1484-1558) 이탈리아의 고전학자 *poetices libri septem*(1561)
1562	종교전쟁 개시				
1570					**L. Castelvetro**(1505-1571) 수사학자 *Poetica d'Aristotele vulgarizzata etsposta*(1570)
1582		Wurzburg 대학 창립			
1584					**G. P. Lomazzo**(1538-1600) 논리적이고 산술적인 미학 *Trattato dell'arte della pictura*(1584), *L'idea del tempio della picttura*(1590)
1598	낭트칙령, 종교전쟁 끝남				
1600					

동양미학사		동양사상사	동양사	연대
한 국	중 국			
		王守仁(1472-1528)『王文成公全書』陽明學 창시		
		『續東文選』		1518
海東江西詩派 南袞(1471-1527), 李荇, 朴誾 (1479-1504), 鄭士龍, 盧守愼, 黃廷彧 등 조선 관각문학의 중흥			趙光祖 처형	1519
		王艮(1483-1540) 淮南格物說 양명학		
		楊愼(1488-1559)『升庵集』		
天機		徐敬德(1489-1546)『花潭集』		
		周世鵬(1495-1554) 조선 최초의 서원 설립, 白雲洞書院(紹修書院)		1541
		謝榛(1495-1575)『四溟集』		
		錢德洪(1496-1574) 四有說 양명학		
		王畿(1498-1583) 四無說 양명학		
「陶山十二曲」詩言志, 詩言學, 溫柔敦厚		李滉(1501-1570)『退溪集』『聖學什要』奇大升과 四端七情論爭		
	李開先(1501-1568)『中麓畫品』절파를 변호			
	徐渭 개성주의적 예술 실천	徐渭(1521-1593)『南詞敘錄』등		
		王世貞(1526-1590)『弇州山人四部稿』		
	李贄 童心說, 理의 부정	李贄(1527-1602)『焚書』등		
李珥 文以形道論		李珥(1536-1584)『栗谷集』		
尹根壽(1537-1616) 明 秦漢擬古派 수입		서예가 韓濩(1543-1605) 활동. 鄭澈(1536-1597), 『松江集』, 『松江歌辭』국문가사 등장	宣祖(1567-1608)	
	湯顯祖 公安派 개인의 感情 강조	湯顯祖(1550-1616)『還魂記(牧丹記)』등		
胡應麟 格調說, 감정을 표현하는 창작수단으로 꿈의 경계를 원용『還魂記』등 '玉茗堂四夢'		胡應麟(1551-1602)『少室山房類稿』등		
董其昌 문인화론 체계화, 남북종론, 사의론, 서화용필동론, 학고와 창신 겸비 주장 浙派(비판)		董其昌(1555-1636)『畫禪室隨筆』등		
李睟光 證故實, 성당시의 神숭시		李睟光(1563-1628)『芝峯類說』	壬辰倭亂(-1596)	1592
			丁酉再亂(-1598)	1597
	袁宏道, 袁中道 공안파 性靈說 李贄 童心說의 구체화	袁宏道(1568-1610)『袁中郎集』袁中道(1570-1623)『珂雪齋集』		
		王驥德(?-1623?)『方諸館曲律』등		
				1600
		마테오 리치(1552-1610) '坤輿萬國全圖'		1602
명말『顧氏畫譜』수입		17c初 閭巷文學 대두 許浚(1546-1615)『東醫寶鑑』		1610
		徐上瀛(?-?)『溪山琴況』등		
		葉晝(?-?)『明容與堂刻水滸傳』에 글이 전함		

연대	서양사	서양사상사	서양미학사		
			영 국	독 일	프랑스, 이탈리아 및 기타
1618	30년 전쟁(-48)				
1619		**Kepler** *Harmonia mundi*			
1620		**F. Bacon** *Novum organum*			
1628	**찰스 1세**에게 권리청원 제출				
1644		**R. Descartes** *Principia philosophiae*			
1648	베스트팔렌 조약				**B. Gracian**(1601-1658) *Agudeza y arte de ingenio*(1648)
1649	청교도 혁명				
1650					
1651					**Leonard da Vinci** (1452-1519) 원근법, 인간신체 해부학적 구조 완성 *Trattato della pittura*(1651)
1660	왕정복고				
1670		**B. Spinoza**(1632-1677) *Tractatus theologicopoliticus* (1670) *Ethica ordine geometrico demonstrata, Tractatus de intellectus emendatione* (1677)			
1674		**N. Malebranche**(1638-1715) *De la recherche de la vérité* (1674-75)			**N. Boileau-Despréaux** (1636-1711) *L'art poétique* (1674)
1675		**B. Spinoza**, *Ethica in Ordine Geometrico Demonstrata* (1675)			
1682		**J. Böhme**(1576-1624) *Alle theosophischen Werke*			
1684		Leibniz 미분법 발표			
1688	영국 명예혁명	**I. Newton** *Principia*			**Ch. Perrault**(1628-1703) *Parallèles des anciens et des modernes en ce qui regrade les arts et les sciences*(1688-1697)

동양미학사		동양사상사	동양사	연대
한 국	중 국			
崔岦(1539-1612)『簡易集』명대 의고주의에 기초한 문체 제시				
	計成 원림론에서 造濬 주관자와 장인의 역할을 구분, 조영주관자 강조	計成(1582-?)『園冶』		
		張岱(1597-1679?)『琅嬛文集』등		
	金聖嘆 소설 등장인물의 예술성, 전형성을 중국문학 이론사에서 본격적으로 논함. 發憤著書論 계승	金聖嘆(1608-1661)『貫華堂批第六才子書』등	누르하치 칸에 등극	1616
許筠(1569-1618)『惺所覆瓿稿』別趣, 別才論		허균 최초 국문소설『홍길동傳』소설 시대를 엶	인조반정 서인 득세	1623
		17c 전반 이후 서인문사를 중심으로 한 서화감상풍 대두	丁卯胡亂	1627
		黃宗羲(1610-1695)『明儒學案』,『南雷文案』등.	李自成의 亂(-1644)	1631
	毛宗崗 소설이 實을 반영할 것을 강조	毛宗崗『三國志演義』(최종본 제작으로 추정)	국호를 淸으로 함 丙子胡亂(-1637)	1636
張維(1587-1638)『谿谷集』天機, 文章美 惡自有定質		조선 중기 浙派畫風 유행, 조선중기 사대 문장가 李植, 申欽, 李廷龜, 張維		
		尹善道(1587-1668)『孤山遺稿』		
	王原祁『麓臺題畫稿』명말 동기창이 확립한 正宗法派 중시 惲格『南田畫跋』攝情, 澹雅	四王吳惲 王時敏(1592-1680), 王鑑(1598-1677), 王翬(1632-1717), 王原祁(1642-1715), 吳歷(1632-1718), 惲格(1633-1690)		
		黃宗羲(1610-1695) 경학의 이해를 전제로 사회개혁 추구		
	李漁『閑情偶寄』戲曲은 實과 義理를 반영하며 史傳詩文과 같은 효용성을 가진다고 주장. 원림건축을 자연풍경을 차용한 예술이라고 봄	李漁(1611-약 1679)『笠翁十曲集,『十二樓』등	聖祖(康熙帝 1661-1722)	
	周亮工(1612-1672) 編『尺牘新鈔』다양한 미학적 소재가 수록된 소품집			
	顧炎武 문장 이념으로서 六經之指와 當代之務 중시. 指事論적 회화관	顧炎武(1613-1682)『日知錄』,『亭林文集』, 유학적 사회개혁 추구, 남인 영수 許穆(1595-1682)『眉叟記言』		
	馮班 晉人用理 唐人用法 宋人用意	馮班(1614-1617)『鈍吟書要』, 소론 朴世堂(1629-1703)『思辨錄』, 南龍翼(1628-1692)『壺谷詩話』		
	王夫之『薑齋詩話』예술은 자연의 本榮을 반영. 주요 개념은 神理相取, 內極才情 外周物理	王夫之(1619-1692)『船山遺書』		
	葉燮 창작의 조건으로서 才膽識力과 理事情 제시	葉燮(1627-1703)『已畦詩文集』,『原詩』등 시론에 대한 역사적 분석, 貴古賤今 비판		
	朱彝尊 溫厚典雅, 聲律 중시	朱彝尊(1629-1709)『詞綜』浙派의 시조		
	王士禛 神韻說	王士禛(1634-1711)『漁洋詩話』,『唐賢三昧集』		
金萬重,『西浦漫筆』假像, 卷裡風光		金萬重(1637-1692)『謝氏南征記』,『九雲夢』	肅宗(1674-1720)	
	賀貽孫 以哭爲歌	賀貽孫(?-?)『詩筏』,『騷筏』,『水田居詩文集』등		
	石濤 一畫論, 法化論, 我用我法, 無法而法	石濤(1642-약 1718)『苦瓜和尚畫語錄』		
金得臣(1604-1684)『終南叢志』天機		[조선] 양명학 대두 鄭齊斗(1649-1736)		
		최초 여항시선집『六家雜詠』		1685
金昌協 天機, 天趣論, 性情經緯論		金昌協(1651-1708)『農巖集』	乙巳換局 남인 득세	1689

연대	서양사	서양사상사	서양미학사		
			영 국	독 일	프랑스, 이탈리아 및 기타
1690		**J. Locke**, *An Essay Concering Human Understanding*			
1694		Halle 대학 창립			
1695			**J. Dryden** (1631-1700) *De Arte Graphica*		
1700		베를린 학술원 창립			
1701	프로이센 왕국 성립				
1702			**J. Dennis** (1657-1734) *Causes of Degeneracy of It*		
1709		**G. Berkeley**(1685-1753) *An essay toward new theory of vision*			
1710		**G. Leibniz**(1646-1716) *Essai de Théodicée sur la bontéde Dieu, la libertéde l'homme et l'origine du mal, Monadologia*(1714), *Principes de la nature et de la grâce fondés en raison*(1718), *Nouveaux essais sur l'entendement humain*(1765)			
1711			**A. A. C. Shaftesbury**(1671-1713) *Charakteristics of Men, Manners, Opinions, Times*		
1712			**J. Addison**(1672-1719) *The Spectator*		
1713	유트레히트 조약				
1714		**G. Leibniz**, *Monadologie*			
1715					**J-P. de Crousaz**(1663-1748) *Traitédu beau, oùl'on montre en quoi consiste ce que l'on nomme ainsi*
1719					**J-B. Dubos**(1670-1742)*Réflexions critiques sur la poésie et sur la peinture*
1720		**Chr. Wolff** (1679-1754) *Vernünftige Gedanken von Gott, der Welt und der Seele des Menschen Philosophia prima sive ontologia*(1730)			

동양미학사		동양사상사	동양사	연대
한 국	중 국			
尹斗緖(1668-1715) 「記拙」, 「畵斷」		**金昌翕**(1653-1722) 『三淵集』	甲戌換局 서인 득세	1694
서예론 **李漵**(1662-1723) 「筆訣」, **尹淳**(1680-1741) 『白下集』, **李匡師**(1705-1777) 「書訣」 조선 후기 화단의 경향 1. 서양화법의 수입 2. **鄭歚** 등의 眞景山水畵風 대두 3. 풍속화 유행 4. 남종문인화 유행 **沈師正**(1707-1769), **李麟祥**(1710-1760), **姜世晃**, **申緯** 등				
서양 원근법을 形似적 관점에서 긍정				
	王澍(1668-1743) 『論書賸語』 서예창작법, 역사, 종류, 평론을 다룬 종합적 저작			
	方苞 義法說, 雅潔	**方苞**(1668-1749) 청대 최대 문파인 **桐城派**(**劉大櫆**, **姚鼐** 이후 **曾國藩**) 시조		
	沈德潛 格調說, 詩貴溫柔	**沈德潛**(1673-1769) 『淸詩別裁』, 『說詩晬語』		
서인을 중심으로 한 산수 유람과 산수화 감상 고조		**鄭歚**(1676-1759)		
		人物性同異論爭 洛論과 湖論의 분기 **李柬**(1677-1727) 『巍巖遺稿』 **韓元震**(1682-1751) 『南塘集』		
	鄒一桂 活脫, 格物致知	**鄒一桂**(1686-1972) 『小山畵譜』		
				1700
趙榮祏(1686-1761) 『觀我齋稿』 성리학적 문인화론			『康熙字典』	1716
鄭板橋 『板橋全集』 寫意, 眼中之竹 胸中之竹 手中之竹 不泥古法不執己見		揚州八怪 **汪士愼**(1686-1759), **李鱓**(1686-1762?), **金農**(1687 1763), **黃愼**(1687-1768?), **高翔**(1688-1754), **鄭燮**(1693-1765), **李方膺**(1695-1754), **羅聘**(1733-1798)	**世宗**(雍正帝-1735)	1722
趙龜命(1693-1737) 『東谿集』 文道分離論, 민족문화론 제창				
		惠棟(1697-1758) 吳派 고증학, 경진 해석에 복고적 입장		
		吳敬梓(1701-1754) 『儒林外史』		
사회와 분리된 개인을 극단적으로 추구		**李用休**(1708-1782), **李家煥**(1742-1801) 등		
	袁枚 性靈, 才膽識力	**袁枚**(1716-1797) 『小倉山房詩文集』, 『隨園詩話』 등	福建省 기독교박해사건	1723
			英祖(-1776)	1724
		戴震(1723-1777) 皖派 고증학, 주체적 판단에 따르며 오파 극복 노력, 유학적 사회개혁 추구		

연대	서양사	서양사상사	서양미학사		
			영 국	독 일	프랑스, 이탈리아 및 기타
1725			**F. Hutcheson**(1696-1782) *An Inquiry into the Original of Our Ideas on Beauty and Virtue*		**G. Vico**(1668-1733) *Principi di una scienza nuova d'intorno alla natura delle nazioni*
1730			**J. Chr. Gottsched**(1700-1766) 독일 계몽주의 문학론 주창, 문학의 도덕적 효용성 강조 *Versuch einer critischen Dichtkunst*		
1731		케임브리지 플라톤주의 (**커스워스, 모어**)		**L. Muratori**(1672-1750) *Della perfetta poesia*	
1733				**Voltaire**(1694-1778) *Temple du goût*	
1734			**A. G. Baumgarten**(1714-1762) 감성적 인식의 학으로서의 미학 주창 *Meditationes philosophicae de nonnullis ad poema pertinentibus Aesthetica*(1750)		
1739		**A. G. Baumgarten**, *Metaphysica*			
1740	프리드리히 2세 즉위				
1741			**D. Hume**(1711-1776) *Of the Delicacy of Taste and Passion* (1741), *Of the Standard of Taste*(1757), *Of Tregedy*(1757)		
1744			**J. Harris**(1709-1780) *Three Treatises*		
1746			**Ch. Batteux**(1713-1780) *Traité des beaux-arts reduits à un même principe*		
1748		**F. G. Klopstock**(1724-1803) *Der Messias*(-1773)			
1750			**J. J. Rousseau**(1712-1778) *Discours sur les sciences et les arts*		
1751		달랑베르 등 백과전서 1권 출간	**S. Johnson**(1709-1784) *The Rambler* **J. Baillie**(1735-1817) *An Essay on the Sublime*	**D. Diderot**(1713-1784), *Beauté. Recherches philosopiques sur l'origine et la nature du beau* (1751), *Lettre sur les Sourdes et Muets* (1751), *Salons* (1759-61), *Le paradoxe sur le comedien* (1770), *Essai sur la peinture* (1796)	
1753			**W. Hogarth**(1697-1764) *The Analysis of Beauty*		
1755		**M. Mendelssohn**(1729-1786) *Philosophische Gespräche Phaedon oder über die Unsterblichkeit der Seele* (1767)	**J. J. Winckelmann**(1717-1768) 고전주의, 독일 미술사학, 이상(Ideal) 개념 정초 *Gedanken über die nachahmung der griechischen Werke in der Malerei und Bildhauer-Kunst Geschichte der Kunst des Altertums* (1764) **M. Mendelssohn** (1729-1786) 감정 작용의 독립성 강조, 무관심적 만족 개념 *Briefe über die Empfindungen über die Hauptgrundsatze der schönen Künste und Wissenschaften*(1757), *Die Idealschönheit in den schönen Wissenschaften* (1759), *Von dem Vergnügen*(1761)		
1757			**E. Burke**(1729-1797) *A Philosophical Inquiry into the Origin of our Ideas of the Sublime and Beautiful*		
1759			**Sir Joshua Reynolds**(1723-1792) *The Idler* **A. Gerard**(1728-1795) *An Essay on Taste* **J. Priestley**(1733-1804) *A Course of Lectures on Oratory and Criticism*(1759/1777)		

동양미학사		동양사상사	동양사	연대
한 국	중 국			
			『古今圖書集成』 완성	1725
	姚鼐 神理氣味格律聲色, 陽剛之味, 陰柔之美	**姚鼐**(1732-1815) 『惜抱軒文集』, 『古文辭類纂』	영국 상선과 무역	1729
	翁方綱 義理, 學文, 文章 致論	**翁方綱**(1733-1818) 『肇經室集』, 『蘇齋筆記』, 『石洲詩話』 등 肌理說	**乾隆帝**(高宗-1795)	1735
		실학자 **李瀷**(1681-1763) 『星湖僿說』		1740
申景濬(1712-1781) 『詩則』 시창작론 정비			**正祖**(-1800)	1752
姜世晃 (1713-1791) 『豹菴遺稿』 形似와 傳神 겸비의 文人畵論				
沈錊(1722-1784), 『松泉筆談』 傳神 중심의 文人畵論		明淸 稗官小品 유행(영조대 이후) 조선 體 성행 **朴趾源**(1737-1805), **李鈺**(1760-1812) 등 주도		
李奎象(1729-1799) 『幷世才言錄』				
洪大容(1731-1783) 『湛軒書』 歌言情, 華夷論的 문화관 비판				
朴趾源(1737-1805) 『燕巖集』 『熱河日記』 法古創新				
북학사내가 청의 神韻說, 性靈說 수입		北學四大家 **李德懋**(1741-1793), **李書九**(1754-1825), 『惕齋集』, 『薑山遺稿』, **柳得恭**(1749-?), **朴齊家**(1750-1805)		
		金弘道(1745-?)		
南公轍(1760-1840) 『金陵集』, 「書畵跋尾」				

연대	서양사	서양사상사	서양미학사 영 국	 독 일	 프랑스, 이탈리아 및 기타
1760			**D. Webb**(?-?) *An Inquiry into the Beauties of Painting and into the Merits of the Most Celebrated Painters, Ancient and Modern*		
1762		**J. J. Rousseau** 사회 계약론	**H. Home**, Lord Kames (1696-1782) *Elements of Criticism* **J. Beattie**(1735-1803) *Essays on Poetry and Music, as They Affect the Mind*	**J. G. Hamann**(1730-1788) 계몽주의에 반대함, 규칙으로부터 해방된 천재성 강조 *Ästhetica in nuce*	
1764				**I. Kant** (1724-1804) 반성적 판단력, 합목적성, 미적 인식과 개념작용 구분 *Beobachtungen über das Gefühl des Schönen und des Erhabenen Kritik der Urteilskraft* (1790)	
1766				**G. E. Lessing**(1729-1781) 조형예술과 언어예술구분 *Laokoon oder Über die Grenzen der Malerei und Poesie*	
1771				**J. G. Sulzer**(1720-1779) 예술판정의 규칙과 법칙 강조 *Allgemeine Theorie der schönen Künste* (-1774)	
1772		**J. G. Herder**(1744-1781) *Abhandlung über den Ursprung der Sprache*			
1773				**J. G. Herder**(1744-1781) 인간 창조력과 자유의 진화로서 문화 파악 *Von deutscher Art und Kunst Plastik. Einige Wahrnehmungen über Form und Gestalt aus Pygmalions bildenden Träumen*(1778), *Kalligone*(1800)	
1774		**J. W. v. Goethe** *Die Leiden des jungen Werthers, Faust,1. Teil* (1808)			
1775	미국 독립 전쟁				
1776		**A. Smith** 국부론			
1777				**N. Tetens**(1736-1807) 인간 영혼은 사유, 의지, 감정으로 분류함 *Philosophische Versuche uber die menschliche Natur und ihre Entwicklung*	
1779		**G. E. Lessing**, *Nathan der Weise*			
1781		**I. Kant** *Kritik der reinen Vernunft Beantwortung der Frage : Was ist Aufklärung?* (1784)			
1783			**H. Blair**(1718-1800) *Lectures on Rhetoric and Belles Lettres*		
1785		**T. Reid**(1710-1796) *Essays on the Intellectual Powers of Man*			
1788				**K. Ph. Moritz**(1756-1793) 고전주의적 모방론, *Über die bildende Nachahmung des Schönen* **C. F. Flogel** (1724-1788) 그로테스크를 미적 범주로 인정, *Geschichte des Groteskkomschen*	
1789	프랑스 대혁명			**J. W. v. Goethe**(1749-1832) 고전주의 예술관 형성 *Einfache Nachahmung der Natur, Manier, Stil Briefwechsel mit* ***F. Schiller***(1794-1804) *Der Sammler und die Seinigen*(1799) **G. Foster**(1754-1794) 예술의 현실 지향성 강조 *Die Kunst und das Zeitalter*	
1790			**A. Alison**(1757-1839) *Essay on the Nature and Principles of Taste*		
1791			**W. Gilpin**(1724-1804) *Three Essays*		
1793				**F. Schiller**(1759-1805) 유희충동, 미적 국가, 미적 가상, 감상적인 것 *Über Anmut und Wurde Kallias oder Über die Schonheit. Briefe an G. Korner Über die asthetische Erziehung des Menschen in einer Reihe von Briefen*(1795), *Über naive und sentimentalische Dichtung*(1795-1796), *Über das Erhabene* (1801)	

동양미학사		동양사상사	동양사	연대
한 국	중 국			
		揚州學派 **阮元**(1764-1849) 『硏經室集』 **凌廷堪**, 校禮堂文集 등	『四庫全書』 완성	1782

연대	서양사	서양사상사	서양미학사		
			영 국	독 일	프랑스, 이탈리아 및 기타
1794	**J. G. Fichte**(1762-1814) *Grundlage der gesamten Wissenschaftslehre Bestimmung des Menschen*(1800), *Reden an die deutsche Nation*(1808)		**U. Price**(1747-1829) *An Essay on the Picturesque as Compared with the Sublime and Beautiful*		
1795	**A. Smith**(1723-1790) *Of the Nature of that Imitation with Takes Place in What are Called the Imitative Arts* **E. Young**(1683-1765) *Conjectures upon Original Composition*			**F. Schlegel**(1772-1829) 초기 낭만주의 예술이론 확립, 특성적인 것, 흥미로운 것 *Über das Studien der griechischen Poesie Athenä umsfragmente*(1798)	
1796				**F. H. Hemsterhuis**(1721-1790) *Lettre sur la sculpture*	
1797		**F. Hölderlin**(1770-1843) *Hyperion oder der Eremit in Griechenland* (-1799)		**W. H. Wackenroder**(1773-1798) 독일 낭만주의의 강령적 논문 발표, 계몽주의적 규칙 극복 *Herzensergießungen eines kunstliebenden Klosterbruders*	
1798		영국낭만주의 (**워즈워스, 코울리지**)			
1799		**F. D. E. Schleiermacher**(1768-1834) *Über die Religion*			
1800			**F. W. J. Schelling**(1775-1854) 낭만주의 예술관 정초, 자연철학과 초월철학의 지양으로서의 예술철학 *System des transzendentalen Idealismus Über das Verhaltnis der bildenden Künste zur Natur* (1807), *Geschichte der alten und neuen Literatur*(1812), *Philosophie der Kunst*(1859)		
1804				**J. Paul**(1763-1825) 천재의 창조력 강조 *Vorschule der Änsthetik*	
1806	라인동맹 성립, 신성로마제국 해체				
1807	틸지트 조약, 프로이센 영토 상실	**G. W. F. Hegel** *Phänomenologie des Geistes Wissenschaft der Logik* (1812-1831), *Enzyklopädie der philosophischen Wissenschaften*(1817-1831)			
1809	**가우스** *Disquisitiones arithmeticae* **F. W. J. Schelling** *Untersuchungen über das Wesen der menschlichen Freiheit*		**A. W. Schlegel**(1767-1845) '우주는 정신에 반영되고 정신은 세계를 형성한다'는 예술관 *Vorlesungen über dramatische Kunst und Literatur* (-1811)		
1810		베를린 대학 설립(독일 최초의 근대 대학)			
1813			**J. F. Herbart**(1776-1841) 도덕성 형성 교육으로서의 예술교육 *Lehrbuch zur Einleitung in die Philosophie*		
1815	빈 회의에서 독일연방 성립, **메테르니히** 체제 (-48)		**K. W. F. Solger**(1780-1819) 아이러니 개념 주목 *Erwin. Vier Gespräche über das Schöne und die Kunst Vorlesungen über die Ästhetik* (1829)		
1819			**A. Schopenhauer**(1788-1860) 예술을 순수 관조에 의해 파악된 영원한 이념으로 간주함 *Die Welt als Wille und Vorstellung* **F. D. E. Schleiermacher**(1768-1834) '모든 인간은 예술가이다.' 급진적 낭만주의 *Ästhetik* (1825), *Über den Begriff der Kunst*(1831/1832)		
1830		**콩트**, 실증주의철학			
1834	독일관세동맹 성립		**Gottfried Semper**(1803-1879) 예술가의 태도와 관점, 환경 등에 주목, 철학적 미학 반대 *Vorläufige Bemerkungen über bemalte Architectur und Plastik bei den Alten Wissenschaft, Industrie und Kunst*(1852), *Der Stil in den technischen und tektonischen Künsten oder Praktische Ästhetik*(1860-63)		

동양미학사		동양사상사	동양사	연대
한 국	중 국			
	阮元 碑書體의 雄奇之力, 方勁의 미를 제고	**阮元** 「南北書派論」, 「北碑南帖論」 魏晉南北朝 시기 북의 碑學과 남의 帖學의 전개 제시	**仁宗**(**嘉慶帝** -1820)	1796
			純祖(-1834)	1800
	包世臣(1775 -1855) 『**藝舟雙楫**』 청대 비학 열풍을 이론화			
申緯(1769 -1845) 『**申緯全集**』			세도정치 대두	
丁若鏞, **洪奭周**, **金邁淳**(1776 -1840), 『**臺山集**』 - 실용주의적 문학관 제시		청 고증학 수입 열풍 **成海應**(1760-1839) 『**研經齋集**』 **丁若鏞**(1762-1836) 『**與猶堂全書**』, 『**經世遺表**』, 『**牧民心書**』 **申綽**(1760-1828) 『**詩次故**』, 『**易次故**』, 『**書次故**』 **洪奭周**(1774-1842) 『**淵泉集**』 등		
		蕙園 申潤福 활동(18 中 - 19 中)	**洪景來**의 난(-1812)	1811
	儀徵派 문장의 형식미의 중요성을 강조	**阮元 凌廷堪** 등 儀徵派 문장의 필수 조건인 韻律 주장		
		常州學派 - **莊存與**, **劉逢祿**, **惲敬**, **張惠言** 등		
	陽湖派 儒家를 벗어난 문장 이념 긍정, 시교론적 문학관	**惲敬** 등 陽湖派 桐城派와 儀徵派 절충		
金正喜 성령설과 신운설의 보완, 남종문인화론 확립, 금석학과 첩학의 절충		**金正喜**(1786 -1856) 『**阮堂全集**』		
李圭景 『**詩家點燈**』		**李圭景**(1788-?) 『**五洲衍文長箋散稿**』		
여항예술가 **趙熙龍**(1780-1860) 『**漢瓦軒題畫雜存**』 外				
		龔自珍(1792-1841) 『**定庵文集**』 등 **魏源** (1794-1856) 『**皇朝經世文編**』 편찬, 『**海國圖志**』(1844)		

연대	서양사	서양사상사	서양미학사		
			영 국	독 일	프랑스, 이탈리아 및 기타
				G. W. F. Hegel(1770-1831) 자연미에 대한 예술미 우월성, 이념의 감성적 현현으로서의 예술 *Vorlesungen über die Ästhetik*	
1836		**W. F. Humboldt**(1767-1835) *Über die Verschiedenheit des menschlichen Sprachbaues*			
1837				**F. Th. Vischer**(1807-1887) 사실주의 표방, 기독교를 근본적으로 거부하고 민중미학 도입 *Über das Erhabene und Komische* *Ästhetik oder Wissenschaft des Schönen*(1846-1857)	
1840	아편 전쟁(-42)			**W. R. Wagner**(1813-1883) 총체예술 주창 *Über Deutsches Musikwesen Die Kunst und die Revolution*(1849) *Das Kunstwerk der Zukunft*(1850) *Deutsche Kunst und Deutsche Politik*(1868)	
1841		**L. A. Feuerbach**(1804-1872) *Das Wesen des Christentums*			
1843		**J. S. Mill** *System of Logic* ***Kierkegaard***(1813-1855) *Entweder-Oder I/II*			
1845		**K. Marx**(1818-1883) *Die Deutsche Ideologie*(-1846), *Das Kapital. Kritik der politischen Oekonomie.* Bd.1(1867)	**J. Ruskin**(1819-1900) *Modern Painters*(1844-1860) *The Stone of Venice*(1851-1853)		
1848	2월 혁명, 3월 혁명 프랑크푸르트 국민의회 개최	**K. Marx / F. Engels** *Manifest der Kommunistischen Partei*			
1850					
1853				**K. Rosenkranz**(1805-1879) 추의 미학을 체계화시킴, 추를 미의 속성으로 파악 *Ästhetik des Häßlichen* **N. G. Tschernyschewski**(1828-1889) 객관적 현실과 예술적 현실의 대립 해소를 통한 관념론 미학 *Beziehungen der Kunst zur Wirklichkeit*	
1859		**C. Darwin**(1809-1882) *On the Origin of Species by Means of Natural Selection*(1859)			
1860				**J. Burckhardt**(1818-1917) 르네상스 문화사 연구 *Die Kultur der Renaissance in Italien*	
1861	이탈리아 왕국 성립			**G. Fechner**(1801-1887) 자연과학적, 귀납적 미학, 예술형식과 예술내용의 이원론 *Über die Seelenfrage. Ein Gang durch die sichtbare Welt, um die unsichtbare zu finden*	
1862	비스마르크 프로이센 수상 취임				
1865					**H. Taine**(1828-1893) *Philosophie de l'art* (1865/1869)
1866	프로이센-오스트리아 전쟁				
1867		마르크스 *자본론*			
1868					**C. Baudelaire**(1821-1867) *L'Art romantique*(1868) *Curiosités esthétiques*(1845)
1870	(이탈리아의 통일 -70) 프로이센 프랑스 전쟁				
1871	독일 통일, 독일 제2제국의 성립				

동양미학사		동양사상사	동양사	연대
한 국	중 국			
崔漢綺『明南樓叢書』		**崔漢綺**(1803-1875)『推測錄』,『神氣通』		1836
			아편전쟁(-1842)	1840
		申在孝(1812-1884)『申五衛將本』 판소리사설 정리		
		판소리의 전성기 19세기 전반		
	劉熙載(1813 -1881)『**藝概**』,『**昨非集**』등 詩文賦詞曲書法 등에 대해 전통유가의 詩敎論 제시. 서예사를 서체, 특징별로 종합적으로 논의		太平天國의 亂(-1864)	1850
	옌푸 번역의 표준으로서 信達雅 제시	**옌푸**(嚴復,1853 -1921)『譯天演論例言』		
			애로우호 전쟁	1856
			天津 條約	1858
			洋務運動	1862
				1864

연대	서양사	서양사상사	서양미학사		
			영국 · 미국	독 일	프랑스, 이탈리아 및 기타
1872				**F. Nietzsche**(1844-1900) 디오니소스적 충동. 예술은 삶의 근본현상이고 삶은 예술의 근본현상이다 *Die Geburt der Tragödie aus dem Geist der Musik Die fröhliche Wissenschaft*(1882) *Also sprach Zarathustra*(1883-1885)	
1873					
1874		**분트** *Physiologische, Psychologie*			
1877			**G. Allen**(1848-1899) *Physiological Aesthetics*		
1878		**C. Peirce** *How to make our Ideas clear?*			
1879		**G. Frege** *Begriffsschrift*			
1882	삼국 동맹 성립(독 · 오 · 이)				
1886					
1887				**W. Dilthey**(1833-1911) 역사적 생의 구조를 체험, 표현, 이해 등으로 이해하는 해석학 정초 *Die Einbildungskraft des Dichters. Bausteine für eine Poetik*	
1888	독일제국 **빌헬름 2세** 즉위	**F. Nietzsche** *Der Antichrist*			
1889				**H. Cohen**(1842-1918) 신칸트주의 미학 *Kants Begründung der Ästhetik Ästhetik des reinen Gefühls*(1912)	
1890		**W. James** *The Principles of Psychology*			
1891				**T. Lipps**(1851-1914) 감정이입 *Ästhetische Faktoren der Raumanschauung Vom Fühlen, Wollen und Denken*(1902), *Ästhetik. Psychologie des Schönen und der Kunst* (1903-1906)	
1893					**P. Souriau**(1852-1926) *La suggestion dans l'art*(1893)
1895		**뢴트겐**, X-선 발견			
1896			**G. Santayana**(1863-1952) *The sense of beauty*		
1898					**L. Tolstoy**(1828-1910), *Chto takoye iskusstvo?*
1899		**S. Freud** *Die Traumdeutung*			
1900				**S. Freud**(1856-1939), 소망충족예술론, 승화/백일몽 개념 *Die Träumdeutung Der Wahn und die Träume in W. Jensens Gradiva*(1907), *Eine Kindheiterinnerung des Leonardo da Vinci* (1910), *Totem und Tabu*(1913), *Das Unbehagen in der Kultur*(1930), *Bildende Kunst und Literatur*(1969)	**H. Bergson**(1859-1941)*Le rire. Essai sur le signification du comique*(1900), *Essai sur les donnees immediates de la consciesce*(1889)
1901				**A. Riegl**(1858-1905) 빈미술학파의 정초, 예술의욕 개념 *Die spätrömische Kunstindustrie*	
1902					**B. Croce**(1866-1952) 표현이 곧 예술 *Estetica come scienza dell' espressione e linguistica generale*(1902), *Breviario di Estetica. Quattro Lezioni*(1913)
1903		**B. Russell** *The Principles of Mathematics*		**W. Dilthey** *Das Erlebnis und die Dichtung*	
1905		**A. Einstein** 특수상대성이론 발표		**J. Volkelt**(1848-1930) 감정의 자아귀속성, 감정이입의 규범적 성격 배재, 요소 미학 *System der Ästhetik*(-1914) **A. Schmarsow**(1853-1936) 역사철학적 예술이론, 미술사를 미학의 영역에 포함시킴 *Grundbegriffe der Kunstwissenschaft*	

동양미학사		동양사상사	동양사	연대
한 국	중 국			
		캉유웨이(康有爲 1858 -1927)『廣藝舟雙楫』, 『大同書』등 碑學과 帖學의 절충론 제시	甲申政變	1884
	차이위안페이 美育 강조	**차이위안페이**(蔡元培 1868 -1940)「美育」등		
	랑치차오 生活趣味論 등 서구 미학사상의 도입과 청의 예술계몽에 주력	**랑치차오**(梁啓超 1873-1929) 『飮冰室合集』新民體		
				1900

연대	서양사	서양사상사	서양미학사		
			영국·미국	독 일	프랑스, 이탈리아 및 기타
1906				**E. Cassirer**(1874-1945) 인간정신의 문화적생산에 주목 *Das Erkenntnisproblem in der Philosophie und Wissenschaft der neueren Zeit*(-1957), *Idee und Gestalt. Goethe, Schiller, Hölderlin, Kleist*(1921), *Philosophie der symbolischen Formen*(1923-1929)	
1907	삼국 협상 성립(영 · 프 · 러)	**H. Bergson**, *Matière et mèmare*(1907)			
1908				**W. Woringer**(1881-1965) 기본적인 예술유형에 입각한 양식사, 추상충동 *Abstraktion und Einfühlung*	
1912			**E. Bullough**(1880 - 1934) 초기 미적 태도론의 심적거리 이론 *Psychical distance*	**W. Kandinsky**(1866-1944) 신비적 체험과 음악적 유비 지향. 표현주의, 순수 예술적인 추상 *Über das Geistige in der Kunst Punkt und Linie zu Fläche*(1926)	
1913		**E. Husserl**(1859-1938) *Ideen zu einer reinen Phänomenologie und phänomenoligischen Philosophie Die Krisis der europäischen Wissenschaften und die transzendentale Phänomenologie*(1936)		**C. Fiedler**(1841-1895) 예술가의 정신적 명석함, 객관성, 묘사적 활동 강조, 미 개념보다는 예술작품 분석의 중요성 강조 *Schriften zur Kunst*	
1914	제1차 세계대전 발발		**C. Bell**(1881-1964) 프라이와 함께 형식론의 선구자 *Art*(1914)		
1915				**H. Wölfflin**(1864-1945) 미술을 판단하는 다섯 개의 대립적 양식쌍 개발(선형/회화성, 개방형식/폐쇄형식, 평면성/입체성, 명확성/불명확성, 단일성/다양성) *Kunstgeschichtliche Grundbegriffe* **H. Rickert**(1863-1936) 문화관과 방법론의 개체적 특수성 강조, 자연에 대하여 문화를 우위에 둔 문화철학 *Kulturwissenschaft und Naturwissenschaft Die Philosophie des Lebens*(1920)	
1916		**A. Einstein** 일반상대성 이론 발표		**Georg Lukács**(1885-1971) 특수성, 리얼리즘, 당파성, 총체성, 미메시스 *Theorie des Romans*(1916) *Ästhetik. in Vier Teilen* (1972-76)	
1918	독일혁명, 황제 퇴위, 1차대전 종결				
1919	베르사유 조약 조인, 바이마르 헌법 제정		**C. W. Valentine**(?-?) *An Introduction to the Experimental Psychology of Beauty* (1919)		
1920			**R. Fry**(1866-1934) 벨과 함께 형식론의 선구자, *Vision and design*		
1921					**Ch. Lalo**(1877-1953) *L'art et la vie sociale*(1921), *esthētique* (1927), *L'art et la vie* (1939/1946/1947)
1922	소비에트 사회주의, 공화국 연방 성립	**G. Moore** *Philosophical Studies*		**G.Simmel**(1858-1918), 사회학적 미학 *Zur Philosophie der Kunst. Philosophische und kunstphilosophische Aufsätze*	
1923		**Georg Lukács** *Geschichte und Klassenbewußtsein Der junge Hegel-Über die Beziehungen von Dialektik und Ökonomie*(1948), *Die Zerstörung der Vernunft* (1954)	**B. Bosanquet**(1848-1923) 절대적 관념론 노선의 미학 *Three Lectures on Aesthetics*		
				E. Panofsky(1892-1968) 도상해석학을 도상학과 양식에 관한 학문적 해명으로 발전시킴(바르부르크 학파)	

동양미학사		동양사상사	동양사	연대
한 국	중 국			
	왕궈웨이 境界論 예술은 욕망과 고통에서 벗어 나게 하는 수단임을 주장	**왕궈웨이(王國維** 1877-1927) 「**紅樓夢評論**」(1904), 『人間詞話』 등	辛亥革命	1911

연대	서양사	서양사상사	서양미학사		
			영국·미국	독 일	프랑스, 이탈리아 및 기타
1924			**D. W. H. Parker** (1885-1949) *The analysis of art*	*Idea. Ein Beitrag zur Begriffsgeschichte der älteren Kunsttheorie Studies in Iconology*(1932), *Das Leben und die Kunst Albrecht Dürers*(1967) *Aufsätze zu Grundfragen der Kunstwissenschaft* (1974), *Ikonographie und Ikonologie. Eine Einführung in die Kunst der Renaissance*(1975)	
1925			**R. G. Collingwood**(1889-1943) 표현주의예술론 *Outline of a philosophy of art*(1925), *The principles of art* (1938) **J. Thornburn**(?-?) *Art and Unconsciousness: A Psychological Approach to a Problem of Philosophy* **A. N. Whitehead**(1861-1947) 신실재론적 의미이론 *Science and modern world*(1925), *Process and Reality*(1927-1928)		
1927		**M. Heidegger**(1889-1976) *Sein und Zeit*			**H. Delacroix**(1873-1937) *Psychologie de l'art*
1928				**Walter Benjamin**(1892-1940) 알레고리적 인식, 미학의 정치화, 아우라 개념 강조 *Ursprung des deutschen Trauerspiels* *Das Kunstwerk im Zeitalter seiner technischen Reproduzierbarkeit*(1936), *Das Passagen-Werk*(1983)	
1929	세계 경제 공황	**R. Carnap** *Abriss der Logistik*	**C. J. Ducasse**(1881-1969) *Philosophy of art*		**E. Souriau**(1892-1979) *L'avenir de l' esthétique*(1929), *La correspondance des arts*(1947)
1931				**R. Ingarden**(1893-1970) 현상학적 문예미학, 문학의 계층적 구조 *Das literarische Kunstwerk*(1931), *Untersuchungen zur Ontologie der Kunst*(1960), *Vom Erkennen des Literarischen Kunstwerks*(1969), *Erlebnis, Kunstwerk und Wert*(1969)	
1932	나치스 제1당이 됨			**A. Warburg**(1866-1929) 도상해석학 *Gasammelte Schriften, 2 Bde.*	
1933	히틀러 내각 성립				
1934	히틀러 총통이 됨		**J. Dewey**(1859-1952) 프래그머티즘 미학 *Art as Experience* **L. Mumford**(1895-1990) *Technics and civilization*(1934), *Art and Technics*(1952)		**H. Focillon**(1881-1943) *Vie des formes*
1935				**M. Heidegger**(1889-1976) 존재론적 미학, '예술은 예술가와 예술작품의 근원이다' 라는 테제 *Der Ursprung des Kunstwerkes*	
1936		A. Ayer, Language, Truth and Logic		**J. Mukarovský** (1891-1975) 미적 대상의 현상학적 가치, 프라하 학파(체코슬로바키아의 구조주의) *Ästhetische Funktion, Norm und ästhetischer Wert als soziale Fakten*(1936), *Kapitel aus Poetik*(1948), *Kapitel aus der Ästhetik*(1966), *Studien zur strukturalistischen Ästhetik und Poetik*(1971)	**O. Y. Gasset** (1883-1955) *Meditaciones sobre la literatura y el arte*
1937			**H. Read**(1893-1968) *The meaning of art*(1913) *Art and society*(1937)		
1938	뮌헨 회담, 오스트리아 합병, 나치 유대인 대탄압				
1939	독소 불가침 조약, 폴란드 침입, 2차대전 발발		**Ch. W. Morris**(1901-1979) 상징주의 예술철학 *Esthetics and the Theory of Signs*(1939/1940), *Sign, Language and behavior*(1946) *The Role of Theory in Aesthetics*, JAAC 15(1956)		

동양미학사		동양사상사	동양사	연대
한 국	중 국			

연대	서양사	서양사상사	서양미학사		
			영국·미국	독 일	프랑스, 이탈리아 및 기타
1940					**J. P. Sartre**(1905-1980) *L'imaginaire*(1940), *Qu'est-ce que la littérature*(1947), *L'idiot de la famille.* Gustave Flaubert(1971-1973)
1941	독소전쟁				
1945	제2차 세계대전 종결		**S. C. Pepper**(1891-1972) *The Basis of Criticism in the Arts*		**M. Merleau-Ponty** (1908-1961) 현상학적 미학 *La phénomenologie de la perception*(1945), *L'oeil et l'esprit*(1961)
1946	뉘른베르크 재판		**J. Hospers**(1918-) *Meaning and truth in the art*		
1947		**M. Horkheimer u. Th. W. Adorno**, *Dialektik der Aufklärung. Philosophische Fragmente*	**D. W. Gotshalk**(1901-1973) *Art and social order*		
1948	소련 베를린 봉쇄				
1949	독일연방공화국(서독) 독일민주공화국(동독) 성립, 북대서양조약기구 성립	**G. Ryle** *The Concept of Mind*	**Susanne K. Langer** (1895-1985) 상징으로서의 예술 *Philosophy in a new key*(1949), *Problems of art*(1957), *An Introduction to symbolic logic*(1967)	**Th. W. Adorno**(1903-1969), 철학 그 자체로서의 미학, 문화산업 비판, 미메시스, 단편적인 것 *Philosophie der neuen Musik*(1949), *Prismen. Kulturkritik und Gesellschaft* (1955), *Ästhetische Theorie*(1970)	
1950					
1951				**A. Hauser**(1892-1978) 사회와의 상호작용의 산물로서의 예술론, 문화산업의 의사소통가능성과 비판 가능성 *Sozialgeschichte der Kunst und Literatur Philosophie der Kunstgeschichte* (1958), *Der Manierismus. Die Krise der Renaissance und der Ursprung der modernen Kunst*(1964) *Soziologie der Kunst* (1974)	
1953		**L. Wittgenstein** *Philosophische Untersuchungen*			**R. Barthes**(1915-1980) *Le degré zéro de l'écriture*(1953) *Mythologies* (1957), *Sur Racine*(1963) *S/Z*(1970), *Le plaisir du texte*(1972) **M. Dufrenne**(1910-1995) *Phenomenologie de l'experience esthétique*(1953)
1954				**E. Bloch**(1885-1977) 백일몽으로서의 예술, *Das Prinzip Hoffnung*(-1959)	
1955	베트남 전쟁(1955-75)				
1956			**Th. Munro**(1897-1974) *Toward science in aesthetics*		
1957		**N. Chomsky** *Syntactic Structures*			
1958			**M. C. Beardsley**(1915-1985) 메타 비평론, 도구주의 미적 가치론, *Aesthetics.Problems in the Philolsophy of Criticism*		**H. Lefebvre**(1905-1991) Critiquede *de la vie quotidienne*(1958), *Introduction à la modernité*(1959-1961)
1959		**P. Strawson** *Individisuals: An Essay in Descriptive Matephysics*			**J. C. Piguet**(1924-2000) *de l'esthétique à la métaphysique*
1960			**R. Arnheim**(1904-) 예술 심리학, *Art and visual perception*(1960) *Toward a psychology of art*(1966) **J. Stolnitz** *Aesthtics and Philosophy of Art Criticism*(1960)	**H. -G. Gadamer**(1900-2002) 예술 형식 자체가 해석학적 대상이 될 수 있다는 입장 *Wahrheit und Methode* *Die Aktualität des Schönen*(1977)	**R. Jakobson** (1896-1982) *Linguistik und Poetik* (1960)

동양미학사		동양사상사	동양사	연대
한 국	중 국			

연대	서양사	서양사상사	서양미학사		
			영국·미국	독 일	프랑스, 이탈리아 및 기타
1961	베를린 장벽 설치				
1962		**J. Austin** *Sense and Sensibilia, How to do things with words*			
1965	**L. Althusser**(1918-1990) *Lire le Capital*(1965)	**K. Popper** *Logic of scientific discovery*		**M. Bense**(1910-1990) 정보이론 미학 *Aesthetica. Einfhrung in die Aesthetik*(1982)	
1966		**Th. W. Adorno** *Negative Dialektik*	**M. Foucault**(1926-1984) 데리다, 료따르, 들뢰즈와 함께 대표적 포스트모더니스트 *Les Mots et les Choses*(1966), *Histoire de la Sexualité*(1978), *L'usage des Plaisirs. Le souci de soi*(1984)		
1967			**H. Marcuse**(1898-1979), 인간 해방을 향한 정치 미학 *Der eindimensionale Mensch* **K. Marx/F. Engels** (hrsg. v. Manfred Kliem) 전집에 산재한 문예이론 종합 *Marx und Engels über Kunst und Literatur*		**J. Derrida**(1930-2004) *L'écriture et la diffé-rence* (1967), *De la grammatologie* (1967), *La dissé mination*(1972)
1968	**Delege**(1925-1995) *La différence et la répétition*(1968) *La logique du sens*(1969)		**N. Goodman**(1906-1998) 기호로서의 예술 *Languages of Art*(1968), *Ways of worldmaking*(1978) *of Mind and other Matters*(1984)		
1969	**빌리 브란트** 동방정책				
1972	뮌헨 올림픽 선수촌 아랍 게릴라 습격		**IU. M. Lotman**(1922-1993) *Vorlesungen zu einer strukturalen poetik*(1972), *Die Struktur des Kűnstlerischen Textes*(1973) **J. Baudrillard**(1929-2007) *Pour une critique de l'economie politique du signe*(1972), *Simulacres et simulation*(1981)		
1973	(1973-74) 제1차 석유파동				
1974			**G. Dickie**(1926-) 미적 태도론 비판, 예술제도론 주장 *art and the Aesthetic: An Institutional Analysis* **R. Wollheim**(1923-2003) *Art and its objects*(1980), *Painting as an Art*(1987)		
1978	(1978-80) 제2차 석유파동				
1979			**J. F. Lyotard**(1924-1998) *La conditio postmoderne*(1979), *Lecons sur l'Analytique du sublime*(1991)		
1981	**J. Habermas**(1929-) *Theorie des kommunikativen Handelns Der philosophische Diskurs der Modern*(1988), *Faktizität und Geltung*(1992)		**A. C. Danto**(1924-?) 해석의 대상으로서의 예술 작품 *The Transfiguration of the Commonplace* (1981), *The Appreciation and Interpretation of Works of Art*(1983), *The End of Art*(1984)		**G. Deleuze**(1925-1995) *Francis Bacon: Logique de la sen-sation*(1981), *Cinéma* (1983)
1984	**N. Luhmann**(1927-1998) *Soziale systeme, Grundri einer allgemenien Theorie* **H.Jonas**(1903-1993) *Das Prinzip Verantwortung*			**A. Badiou**(1937-) *Petit manuel d'inesthétique*(1998)	
1987			**G. R. Hocke** 매너리즘을 고전성과 함께 유럽예술의 근본 상수로 간주 *Die Welt als Labyrinth, Manieriamus in der europ älschen Kunst und Literatur*		
1989	미 · 소 정상회담(말타) - 냉전 종결선언, 베를린 장벽 개방				
1990	페르시아만 전쟁 독일 통일		**K. Walton**(1939-) *Mim-esis as Make-Believe*	**L. Löwenthal**(1900-1993) 대중문화 비판 *Literarur und Massenkultur*	
1992			**R. Shusterman** Pragmatic Aesthetics: Living Beauty, Rethinking Art(1992)		

동양미학사		동양사상사	동양사	연대
한 국	중 국			

동서양 미학 문헌 목록

일러두기

1. 저자, 서명, (게재 학술지, 학위논문 발표 기관) 출판 연도만 적시하고, 출판사는 생략하였다.

2. 서양 문헌은 사전류와 통사(通史)를 따로 분류하고, 나머지는 시대순으로 열거하였다. 단, 국내의 문헌은 국가 언어별로 세분하였다.

3. 동양 문헌은 예술 분야별로 분류하였다.

4. 문헌의 망라와 분류에서 불완전하거나 누락이 있을 수 있다. 특히 아시아의 문헌은 앞으로 대폭적인 보완을 요하는 상태이다.

문헌 목록 (서양 미학)

■ 사전류

Goclenius, R., *Lexicon Philosophicum*, 1607.

Alsted, J. H., *Encyclopaedia, VII tomis distincta*, 1630.

Richelet, P. C., *Le nouveau dictionnaire français*, 1680.

Baldinucci, F., *Vocabolario Toscano dell'arte del Disegno Firenze*, 1681.

D'Alembert, J., *Discours préliminaire de l' Encyclopédie*, 1751.

Johnson, Ŝ., *Dictionary of the English Language, 2 vols*, 1755.

Rousseau, J. J., *Dictionnaire de musique*, 1765.

Gerbert, M., *Scriptores ecclesiastici de musica saca potissimum, 3 vols*, 1784.

Watelet, C. and P. Lévesque, *Dictionnaire des arts de peinture, sculpture et gravure, 5 vols*, 1792.

Jeitteles, I., *Aesthetisches Lexikon*, 1839.

Jouve, E. G., *Dictionnaire d'esthétique chrétienne*, 1856.

Coussemaker, E. de, *Scriptorum de musica medii aevi*, 1864-1876.

Godet, P., *Dictionnaire de théologie catholique*, 1924.

Du Cange, C., *Glossarium mediae et infimae latinitatis*, 1937.

Blaise, A., *Dictionnaire latin-français des auteurs chrétiens*, 1954.

Elton, W. (ed.), *Aesthetics and Language*, 1954, 1967.

none, *Knaurs Lexikon moderner Kunst*, 1955.

Seuphor, M., *A Dictionary of Abstract Painting*, 1958.

Barocchi, P. (ed.), *Trattati d'arte del Cinquecento fra Manierismo e Controriforma*, 1960.

Bouyer, L., *Dictionnaire théologique*, 1963.

De Gerd Hatje (ed.), *Dictionnaire de l'architecture moderne*, 1964.

none, *Dictionnaire de l'Académie Française, 4 vols*, 1964.

Marino, A., *Dictionar de idei literare, vol. 1*, 1973.

Wiener, P. P. (ed.), *Dictionary of the History of Ideas, 4 vols*, 1973.

Sleeman, J. H. and G. Pollet, *Lexicon Plotinianum*, 1980.

Juisman, D. (directeur), *Dictionnaire des philosophes. 2 vols*, 1984.

Kelly, M., *Encyclopedia of Aesthetics*, 1998.

■ 미학사

Dlugosz, J. (Johannes Longinus, 1415-1480), *Historia Polonica in 3 tomos*, 1615.

Buffon, G. L., *Histoire naturelle*, 1749-1767.

Wellek, R., *A History of Modern Criticism*, 1750-1950.

Herototus of Halicarnassus, *Historiai*, 1816.

Taine, H., *Histoire de la littérature anglaise*, 1863.

Pliny the Elder, *Naturalis historia*, 1866-1873.

Bosanquet, B., *A History of Aesthetics*, 1892.

Spingarn, J. E., *A History of Literary Criticism in the Renaissance*, 1899.

Saintsbury, G., *History of Criticism and Literary Taste, 3 vols.*, 1902.

Morawski, K., *Historia literatury rzymskiej [A History of Roman Literature]*, 1909-1921.

Carr, H. W., *The Philosophy of Benedetto Croce: the Problem of Art and History,* 1917.

Mustoxidi, T. M., *Histoire de l'esthétique française 1700-1900*, 1920.

Panofsky, E., *Idea, ein Beitrag zur Begriffseschichte der älteren Kunsttheorie,* 1924, 1960.

Soreil, A., *Introduction à l'histoire de l'esthétique française*, 1930.

Chambers, F. P., *A History of Taste: an Account of the Revolutions of Art Criticism and Theory in Europe*, 1932.

Utitz, E., *Geschichte der Ästhetik*, 1932.

Earl of Listowel, *A Critical History of Modern Aesthetics*, 1933.

Schafke, R., *Geschichte der Musikästhetik in Umrissen*, 1934.

Lovejoy, A. O., *The Great Chain of Being: a Study of the History of an Idea,* 1936.

Venturi, L., *History of Art Criticism, trans*, 1936.

Allen, W. D., *Philosophies of Music History*, 1939.

Gilbert, K. and H. Kuhn, *A History of Esthetics*, 1939.

Collingwood, R. G., *The Idea of History*, 1945.

Venturi, L., *Storia della critica d'arte*, 1945.

Carritt E. F (ed.), *Philosophies of Beauty, From Socrates to Robert Bridges*, 1947.

Gilmore Holt, E. (ed.), *The Literary Sources of Art History*, 1947.

Lovejoy, A. O., *Essays in the History of Ideas*, 1948.

Hauser, A., *The Social History of Art*, 1951.

Grinten, E., *Enquiries into the History of Art: Historical Writing*, 1952.

Erlich, V., *Russian Formalism: History, Doctrine*, 1955.

Kumaniecki, K., *Historia kultury starożytnej Grecji i Rzymu [A Cultural History of Ancient Greece and Rome]*, 1955.

Lukacs, G., *Der historische Roman,* 1955.

Gilmore Holt, E. (new ed.), *A Documentary History of Art*, 1957-1958.

Hauser, A., *The Philosophy of Art History,* 1959.

Marzorati (ed.), *Momenti e problemi di storia dell'estetica*, 1959.

Thieghem, P. van, *Petite histoire des grandes doctrines littéraires en France,* 1960.

Bayer, R., *Histoire de l' esthétique*, 1961.

Weinberg, B., *A History of Literary Criticism in the Italian Renaissance*, 1961.

Ovsiannikov, M. F. (ed.), *Istoriya estetiki: pamiatniki mirovoy esteticheskoy mysli, 4 vols,* 1962-1968.

Losyev, A. F., *Istoriya antichnoy estetiki*, 1963.

Ovsiannikov, M. F. and Z. V. Smirnova, *Ocherki istorii esteticheskikh ucheniy*, 1963.

Teyssèdre, B., *L'histoire de l'art vue du grand siècle*, 1965.

Beardsley, M. C., *Aesthetics from Classical Greece to the Present,* 1966.

Ovsiannikov, M. F. and Z. V. Smirnova, *Kurze Geschichte der Ästhetik,* 1966.

Listowel, *Modern aesthetics: an Historical Instroduction*, 1967.

Osborne, H., *Aesthetics and Art Theory. An Historical Introduction*, 1968.

Rzepińska, M., *Historia koloru w dziejach malarstwa europejskiego [A History of colour in European Painting]*, 1970.

Tatarkiewicz, W., *History of Aesthetics, Vol. I*, 1970.

Tatarkiewicz, W., *History of Aesthetics, Vol. II*, 1970.

Wiener, P. P. (ed.), *Dictionary of the History of Ideas, 4 vols,* 1973.

Ritter, J. (hrsg.), *Historisches Wörterbuch der Philosophie*, 1974.

Tatarkiewicz, W., *History of Aesthetics, Vol. III*, 1974.

Tatarkiewicz, W., *History of Six Ideas: An Essay in Aesthetics*, 1980.

Gethmann-Siefert, A., *Die Funktion der Kunst in der Geschichte*, 1984.

Pochat, G., *Geschichte der Ästhetik und Kunsttheorie*, 1986.

Menendez y Pelayo, M., *Historia de las ideas estéticas en España*.

■ 개론서

Paul, J., *Vorschule der Ästhetik*, 1804.

Bouterwek, F., *Ästhetik*, 1806.

Cohn, J., *Allgemeine Ästhetik*, 1901.

Witasek, S., *Grundzüge der allgemeinen Ästhetik*, 1904.

Raymond, G. L., *Essentials of Aesthetics*, 1906.

Meismann, H., *Einführung in die Ästhetik der Gegenwart*, 1908.

Hamann, R., *Ästhetik*, 1911.

Medicus, F., *Grundfragen der Ästhetik*, 1917.

Parker, D. W. H., *The Principles of Aesthetics*, 1920.

Külpe, O., *Grundlagen der Aesthetik*, 1921.

Witkiewicz, S. I., *Szkice esthetyczne [Aesthetic Sketches]*, 1922.

Ogden, C. K. and I. A. Richards, *The Foundations of Aesthetics*, 1924.

Collingwood, R. G., *Outline of a philosophy of art*, 1925.

Gilbert, K., *Studies in Recent Aesthetics*, 1927.

Geiger, M., *Zugänge zur Ästhetik*, 1928.

Häberlin, P., *Allgemeine Ästhetik*, 1929.

Baeumler, A., *Ästhetik (in Handbuch der Philosophie I)*, 1934.

Callahan, L., *A Theory of Esthetics according to the principles of St. Thomas Aquinas*, 1947.

Ehrlich, W., *Ästhetik*, 1947.

Kainz, F., *Vorlesungen über Ästhetik*, 1948.

Weitz, M., *Philosophy of the Arts*, 1950.

Mead, H., *An Introduction to Aesthetics*, 1952.

Hartmann, N., *Ästhetik*, 1953.

Vivas, E. and M. Krieger, *The Problems of Aesthetics*, 1953.

Bayer, R., *Traité d'esthétique*, 1956.

Beardsley, M. C., *Aesthetics: Problems in the Philolsophy of Criticism*, 1958.

Huisman, D., *L'esthétique*, 1959.

Ekman, R., *Problems and Theories in Modern Aesthetics*, 1960.

Rader, M., *A Modern Books of Esthetics*, 1960.

Stolnitz, J., *Aesthetics and Philosophy of Art Criticism*, 1960.

Philipson, M., *Aesthetics Today*, 1961.

Aldrich, V., *Philosophy of Art*, 1963.

Sparshott, F. E., *The Structure of Aesthetics*, 1963.

Kennick, W. E. (ed.), *Art and Philosophy: Reading in Aesthetics*, 1964.

Aschenbrenner, K. and A. Isenberg, *Aesthetic Theories: Studies in the Philosophy of Art*, 1965.

Barrett, C. (ed.), *Collected Papers on Aesthetics*, 1965.

Bense, M., *Ästhetica: Einführung in die neue Ästhetik*, 1965.

Sesonske, A., *What is Art? Aesthetics Theory from Plato to Tolstoy*, 1965.

Beardsley, M. and H. Schueller, *Aesthetic Inquiry: Essays on Art Criticism and the Philosophy of Art*, 1967.

Richter, P., *Perspectives in Aesthetics*, 1967.

Coleman, F., *Contemporary Studies in Aesthetics*, 1968.

Schaper, E., *Prelude to Aesthetics*, 1968.

Hospers, J., *Introductory Readings in Aesthetics*, 1969.

Tillman, F. and S. Cahn, *Philosophy of Art and Aesthetics*, 1969.

Charlton, W., *Aesthetics: An Introduction*, 1970.

Souriau, E., *Clefs pour l'esthétique*, 1970.

Weitz, M. (ed.), *Problems in Aesthetics, 2nd ed.*, 1970.

Dickie, G., *Aesthetics*, 1971.

Osborne, H., *Aesthetics*, 1972.

Saw, R. L., *Aesthetics*, 1972.

Dickie, G., *Art and the Aesthetic: An Institutional Analysis*, 1974.

Dickie, G. and R. Sclafani (eds), *Aesthetics: A Critical Anthology*, 1977.

Fürstenberg, H., *Einführung in die Ästhetik*, 1978.

Henckmann, W. (ed.), *Ästhetik*, 1979.

Sharpe, R. A., *Contemporary Aesthetics: A Philosophical Analysis*, 1983.

Margolis, J., *Philosophy Looks at the Art*, 1987.
Shusterman, R., *Analytic Aesthetics*, 1989.
Barck, K. (ed.), *Ästhetische Grundbegriffe*, 2001.
Gaut, B. & D. M. Lopes, *The Routledge Companion to Aesthetics*, 2001.

■ 고대

Aristoteles, *Metaphysica*, 335.
Aristoteles, *Peri Poietikes*, 335.
Aristoteles, *Techne Rhetorike*, 335.
Platon, *Politikos*, 367.
Aristophanes, *Thesmophoriazusai, ed. Princ.*, 1515.
Plotinus, *Enneodes*, Editio Princeps Basileensis 1580.
Georgiades, T., *Musik und Rhythmus bei den Griechen: Zum Ursprung der abendländischen Musik*, 1598.
Philo Judaeus of Alexandria, *De monarchia; De Moyse; De animalibus; De eif. Mundi: in Opera*, 1742.
Maximos of Tyre, *Orationes. Dissertationes*, 1774.
Lucian of Samosata, *Charidemos; Paideia; De domo; Pro imag.; Historia quo modo conscribenda: in Opera*, 1786-1793.
no, *Herculanensia Volumina quoe supersunt collectio prior, 2 vols.*, 1793-1855, *coll. Altera, 2 vols*, 1861-1876.
Vitruvius Pollio, *De architectura*, 1807.
Dionysius Thrax, *Ars grammatica; scholia ad Dionys. Thracis Gramm.*, 1816.
Herototus of Halicarnassus, *Historiai*, 1816.
Galen of Pergamum, *De placitis Hippocratis et Platonis, in Opera omnia*, 1821-1833.
Xenophon, *Commentarii; Convivium; Oeconomicos*, 1825-1849.
Müller, E., *Geschichte der Theorie der Kunst bei den Alten*, 1834-1837.
Plotinus, *Plotini opera omnia, 3 vols*, 1835.
Xenophanes of Colophon, *fragments in Philosophorum Graecorum veterum operum reliquiae*, 1835.
Plutarch of Chaeronea, *Vita Pericl.; De sollert. anim.; De placitis philosophorum; Pro pulchritudine; De musica; De gloria Atheniensium;*

Quaest. Conviv.; De Pyth. Orac.; De fort. Alex.; De stoic. Repugn.; De aud. Poët.; Non posse suaviter vivi; Vitae parallelae: in Opera, 1839-1855.

Philostratus Flavius the Athenian, *Vita Apollonii (de Tyanae), in Opera*, 1844.

Isocrates, *Panegyricus,* 1846.

Stobaios (Ioannes Stobaeus, 5th cent. A.D.), *Anthologion,* 1855-1957.

Mullach, F. W. A. (ed.), *Fragmenta philosoporum praecorum, 3 vols.*, 1860, 1867, 1881.

Quintilianus, *Institutiones oratoriae*, 1861.

Philo Judaeus of Alexandria, *Inedita,* 1863.

Gomperz, T., *Herkulanische Studien*, 1865.

Pliny the Elder, *Naturalis historia*, 1866-1873.

Cope, E. M., *An Introduction to Aristotle's Rhetoric*, 1867.

Theon of Smyrna, *Peri ton kata to mathematikon chresimon eis ten. Platonos anagnosin [Mathematical Preparation for Reading Plato]*, 1878.

Nietzsche, F., *Die Geburt der Tragödie aus dem Geist der Musik Die fröhliche Wissenschaft*, 1882.

Philostratus Flavius the Athenian, *Imagines (Pictures: description of a putative picture gallery)*, 1883.

Philostratus Flavius the Athenian, *Libellus de arte gymnastica*, 1883.

Philodemos of Gadara, *De musica, ed. I. Kemke, Philodemi de musica librorum quae exstant*, 1884.

Usener, H. (ed.), *Epicurea*, 1887.

Walter, J., *Geschichte der Ästhetik im Altertum, ihrer begrifflichen Entwicklung nach dargestellt,* 1893.

Galen of Pergamum, *Protreptikos epi iatrikes (Adhortatio ad artes addiscendas)*, 1894.

Jan, C. von (ed.), *Musici scriptores graeci*, 1895.

Pausanias of Lydia, *Periegesis tes Hellados*, 1898.

Abert, H., *Die Lehre vom Ethos in die griechischen Musik*, 1899.

Callistratos, *Descriptiones,* 1902.

Arnim, J., *Stoicorum veterum fragmenta, 3 vols.*, 1903-1905, *new ed*, 1964.

Dionysius of Halicarnassus, *De compositione verborum*, 1904.

Seneca, L. A., *Epistolae morales ad Lucilium; De tranquillitate animi: in*

Opera quae supersunt, 1905-1914.

Morawski, K., *Historia literatury rzymskiej [A History of Roman Literature]*, 1909-1921.

Arnou, R., *Le désir de Dieu dans la philosophe de Plotin.*, 1921.

Lucretius (Titus Lucretius Carus, c. 99-55 B.C.), *De rerum natura libri VI*, 1923-1924.

Philodemos of Gadara, *De Poëmata, ed. C. Jensen, Philodemos über die Gedichte, V Buch*, 1923.

Kroll, W., *Studien zum Verständnis der romischen Literatur*, 1924.

Gwynn, A., *Roman Education from Cicero to Quintilian*, 1926.

Horatius, *Ars Poetica*, 1926.

Svoboda, K., *Vývoj antické estetiky*, 1926.

Bréhier, E., *La philosophie de Plotin*, 1928.

Fiske, G. C., *Cicero's De oratore and Horace's Ars Poetica*, 1929.

Sinko, T., *Literatura grecka [Greek Literature], 3 vols.*, 1931-1945.

Schuhl, P. M., *Platon et l'art de son temps*, 1933.

Ghyka, M. C., *Le nombre d'or, rites et rithmes pythagoriciens dans le développement de la civilisation occidentale*, 1952, [1st ed. (1939)]

Hermogenes of Tarsus, *De Commentarii in Hermogenis Status et Tribus interpretibus confecti recensione in codice Par. Gr. 2923 obvia*, 1940-1946.

Epictetus, *The Discourses as Reported by Arrian; The Manual and Fragments*, 1946.

Herrick, M. T., *The Fusion of Horacian and Aristotelian Literary Criticism, 1531-1555*, 1946.

Hermogenes of Tarsus, *De statibus*, 1947.

Madyda, W., *De arte poëtica post Aristotelem exculta*, 1948.

Pohlenz, M., *Die Stoa, Geschichte einer geistigen Bewegung*, 1948.

Demetrius Phalereus, *De elocutione*, 1949.

Sextus Empiricus, *Adversus mathematicos. (English tr.: Against the Professors)*, 1949.

Verdenius, W. J., *Memesis: Plato's Doctrine of Artistic Imitation and its Meaning to us*, 1949.

Stobaios (Ioannes Stobaeus, 5th cent. A.D.), *Eclogae physicae et ethicae*, 1950.

Keyser, E. de, *La signification de l'art dans les Ennéades de Plotin*, 1955.

Kumaniecki, K., *Historia kultury starożytnej Grecji i Rzymu [A Cultural History of Ancient Greece and Rome]*, 1955.

Snell, B., *Die Entdeckung des Geistes: Studien zur Entstehung des europäischen Denkens bei den Griechen*, 1955.

Kirk, G. S., J. E. Raven and M. Schofield, *The Presocratic Philosophers*, 1957.

Longinus, *De sublimitate[On the Sublime, trans]*, 1957.

Diels, H. (ed.), *Doxographi graeci*, 1958.

Moutsopoulos, E., *La musique dans l'oeuvre de Platon,* 1959.

Utitz, E., *Bemerkungen zur altgriechischen Kunsttheorie*, 1959.

Perpeet, W., *Antike Ästhetik*, 1961.

Grassi, E., *Die Theorie des Schönen in der Antike*, 1962.

Warry, J. G., *Greek Aesthetic Theory: A Study of Callistic and Aesthetic Concepts in the Works of Plato and Aristotle*, 1962.

Kennedy, G. A., *The Art of Persuation in Greece*, 1963.

Losyev, A. F., *Istoriya antichnoy estetiki*, 1963.

Diogenes Laërtius, *Vitae philosophorum*, 1964.

Krüger, J. (ed.), *Ästhetik der Antike*, 1964.

Winckelmann, J. J., *Geschichte der Kunst des Altertums*, 1764.

Ferwerda, R., *La signification des images et des métaphores dans la pensée de Plotin*, 1965.

Grube, G. M. A., *The Greek and Roman Critics*, 1965.

Brunius, T., *Inspiration and Katharsis. The Interpretation of Aristotle's the Poetics VI 1449 b 26,* 1966.

Diels, H. (ed.), *Die Fragmente der Vorsokratiker, 12th ed. 3 vols.*, 1966-1968.

Pseudo-Longinus, *Dionysii vel Longini de sublimitate libellus,* 1967.

Aulus Gelius, *Noctae Atticae (libri XX)*, 1968.

Kennedy, G. A., *The Art of Rhetoric in the Roman World*, 1972.

Russel, D. A. and M. Winterbottom, *Ancient Literary Criticism: The Principal Texts in New Translations*, 1972.

Neubecker, A. J., *Ältgriechische Musik. Eine Einführung*, 1977.

Keuls, E., *Plato and Greek Painting*, 1978.

Russel, D. A., *Criticism in Antiquity*, 1981.

Elias, J. A., *Plato's Defence of Poetry*, 1984.
Fuhrmann, M., *Die Dichtungstheorie der Antike*, 2003.
Aëtius, *Doxai*
Aristides Quintilanus, *De musica libritres*
Aristophanes, *Renae*
Aristoteles, *De interpretatione; Topica; Physica: De rhetorica: De poetica; Metaphysica; Ethica Eudemia;*
Aristoxenus *Harmonica*
Cicero, *Vom glückseligen Leben(?)*
Cicero, *Academica*
Cicero, *Tusculance Disputationes*
Cicero, *De officiis*
Cicero, *De oratore*
Cicero, *Orator*
Cicero, *De Natura deorum*
Dion Chrysostomos, *Oratio Olimpica XII (105 A.D.)*
Isocrates, *Antidosis*
Isocrates, *Contra Sophistas*
Philostratus the Younger, grandson of the previous, Imagines (Flavius의 Imagines에 18개의 설명을 더 추가)
Platon, *Phaedrus*
Platon, *Philebus*
Platon, *Ion*
Platon, *Republic*
Platon, *Protagoras*
Platon, *Symposium*
Platon, *Sophist*
Platon, *Laws*
Xenophanes of Colophon, *fragments in Clement of Alexandria, Stomata*

■ 중세

Gundissalinus, D. (Gundissalvi Dominic, 12th cent.), *De divisione philosophiae*, 1150.

Thomas of York, *Sapientiale sive Metaphysica*, c. 1250.

Vincent of Beauvais, *Speculum quadruplex (doctrinale, historiale, naturale, morale)*, 1473.

Ockham, W., *Commentarii (sive Quaestiones) in quattuor Sententiam libros*, 1495.

Ockham, W., *Exposition aurea super artem veteram*, 1496.

Savonarola, G., *Prediche*, 1496.

Gilbert de La Porrée, *In Boëthii De Trinitate Comm.*, 1570.

Dlugosz, Jan (Johannes Longinus, 1415-1480), *Historia Polonica in 3 tomos*, 1615.

Savonarola, G., *De simplicitate vitae christianae*, 1638.

Duns Scotus, J., *Opus Oxoniense, Comment. Sent.*, 1639.

Alcuin (Alcuinus, Albinus, Flaccus, c. 735-804), *Albini dialogus De rhetorica et virtutibus*, 1777.

Gerbert, M., *Scriptores ecclesiastici de musica saca potissimum, 3 vols*, 1784.

Migne, J. P., *Patrologiae cursus completus*, 1844-1855.

Alain de Lille (Alanus ab Insulis, c. 1128-1202), *Anticlaudianus et De planctu naturae*, 1855.

Jouve, E. G., *Dictionnaire d'esthétique chrétienne*, 1856.

Migne, J. P., *Series Graeca*, 1857-1866.

Coussemaker, E. de, *Scriptorum de musica medii aevi,* 1864-1876.

Thomas Aquinas, St., *Comment. Ad De divinis nominibus*, 1881.

Bonaventure, St. (John of Fidanza, c. 1221-1274), *Itinerarium mentis ad Deum; Breviloquium; Sententiae*, 1882-1902.

De Wurf, M., *Etudes historiques sur l'esthétique de St. Thomas*, 1896.

Schlosser, J. v., *Quellenbuch zur Kunstgeschichte de sabendländischen Mittelalters*, 1896.

Mariétan, J., *Problème de la classification des sciences d'Aristote à St. Thomas,* 1901.

Riegl, A., *Die spätrömische Kunstindustrie*, 1901.

Abert, H., *Die Musikanschauung des Mittelalters und ihre Grundlagen*, 1905.

Vitelo, *Optica (Perspectiva),* 1908.

Witelo, *Optica*, 1908.

Eschweiler, K., *Die ästhetischen Elemente in der Religions Philosophie des Hl. Augustine*, 1909.

Grabmann, M., *Geschichte der scholastischen Methode*, 1909.

Grosseteste, R., *De unica forma omnium; De luce seu de inchoatione formarum; De generatione sonorum*, 1912.

Abelard, P., *Logica 《Ingredientibus》, in Opera*, 1919-1933.

De Wurf, M., *L'oeuvre d'art et la beauté*, 1920.

Maritain, J., *Art et Scholastique*, 1920.

Grabmann, M., *Die Philosophie des Mittelalters*, 1921.

Gourmont, R. de, *Le latin mystique*, 1922.

Schlosser, J. v., *Die Kunst des Mittelalters*, 1923.

Geoffrey of Vinsauf, *Poetria Nova*, 1924.

Godet, P., *Dictionnaire de théologie catholique*, 1924.

Thomas Aquinas, St., *Summa theologiae*, 1925.

Ulrich Engelbert of Strasbourg, *Liber de summo bono, L. II; De pulchro*, 1925.

Clarembaldus of Arras, *Expositio super Boëthii De Trinitate*, 1926.

Alexander of Hales, *Summa theologica, seu sic ab origine dicta Summa fratris Alexandri*, 1928-1948.

John of Salisbury (J. Saresberiensis, c. 1110-1180), *Metalogicon libri IV*, 1929.

Savonarola, G., Prediche e scritti, 1930.

Tertullian, *De praescriptione haereticorum*, 1930.

Gérold, T., *Les pères de l'église et la musique*, 1931.

Gilson, E., *L'esprit de la philosophie médiévale*, 1932.

Théry, G., *Études dionysiennes, 2 vols*, 1932-1937.

Svoboda, K., *L'esthétique de St. Augustine et ses sources*, 1933.

Du Cange, C., *Glossarium mediae et infimae latinitatis*, 1937.

Meyer, H., *Thomas von Aquin. Sein System und seine geistesgeschichtliche Stellung*, 1938.

Reese, G., *Music in the Middle Ages*, 1940.

Bruyne, E. de, *Études d'Esthétique Médiévale, 3 vols*, 1946.

William of Auvergne, *De bono et malo*, 1946.

Bruyne, E. de, *Esthétique du Moyen Age*, 1947.

Focillon, H., *Art d'Occident: Le Moyen Age roman et gothique*, 1947.

Curtius, E. R., *Europäische Literatur und lateinisches Mittelalter*, 1948.
Richard of Saint Victor, *Beniamin maior,* 1948.
Robert Kilwardby. *Tabulae super originalia Patrum*, 1948.
Staudinger, J., *Das Schöne als Weltanschauung in Lichte der platonisch augustinischen Geisteshaltung*, 1948.
Chailley, J., *Histoire musicale du Moyen Age*, 1950.
Erigena, J. S., *De divisione naturae*, 1950.
Albert the Great, *Opusculum de pulchro et bono; Summa de creaturis; Mariale; Summa theologiae*, 1951.
Bruyne, E. de, *Geschiedenis van de Aesthetica de Middeleeuwen*, 1951-1955.
Gilbert de La Porrée, *In Boëthii De Hebdomadibus*, 1953.
Blaise, A., *Dictionnaire latin-français des auteurs chrétiens*, 1954.
Garin, E., *Medioevo e Rinascimento*, 1954.
Montano, R., *L'estetica nel pensiero cristiano*, 1954.
Michelis, P. A., *An Aesthetic Approach to Byzantine Art*, 1955.
Eco, U., *Il problema estetico in Tommaso d'Aquino*, 1956.
Halcour, D., *Die Lehre vom Schönen im Rahmen der Transzendentalienlehre der Metaphysik der frühen Franziskanerschule von Paris*, 1957.
Matthew of Vendôme, *Ars versificatoria*, 1958.
Santinello, G., *Il pensiero di Nicolo Cusano nella sua prospettiva estetica*, 1958.
Origen, *Opera omnia*, 1960-1964.
Tertullian, *Opera omnia*, 1960-1964.
Kovach, F. J., *Die Ästhetik des Thomas von Aquin.*, 1961.
Tertullian, *De spectaculis*, 1961.
Berlinger, R., *Augustins dialogische Metaphysik*, 1962.
Assunto, R., *Die Theorie des Schönen im Mittelalter*, 1963.
Czapiewski, W., *Das Schöne bei Thomas von Aquin.*, 1964.
Peter, K., *Die Lehre von der Schönheit nach Bonaventura*, 1964.
Johannes Scotus Eriugena, *De divisione naturae; Periphyseon*, 1968.
Tertullian, *Critica, estetica, filozofie*, 1972.
Murphy, J. J., *Rhetoric in the Middle Ages*, 1974.
Perpeet, W., *Ästhetik im Mittelalter,* 1977.

Gregorius Nyssenus, *De vita Moysis [tr. The Life of Moses]*, 1978.

O' Connell, R. J., *Art and the Christian Intelligence in St. Augustine*, 1978.

Pöltner, G., *Schönheit: Ein Untersuchung zum Ursprung des Denkens bei Thomas von Aquin.*, 1978.

Johannes Damascenus, *De imaginibus oratio, tr. On the Divine Images,* 1980.

Elders, L., *Die Metaphysik des Thomas von Aquin in historische Perspektive*, 1981.

Kennedy, G. A., *Greek Rhetoric under Christian Emperors*, 1983.

Maurer, A. A., *About Beauty: A Thomistic Interpretation*, 1983.

Eco, U., *Art and Beauty in the Middle Ages, trans.*, 1986.

Binding, G. and Speer, A. (ed.), *Mittelalterliches Kunsterleben nach Quellen des 11. bis 13. Jahrhunderts*, 1993.

Aertsen, J. A., *Medieval Philosophy and the Transcendentals*, 1996.

Athanasius, *Oratio contra gentes*

Augustine, St. (Aurelius Augustinus, 354--430 A.D.), *De ordine*

Augustine, St., *De musica*

Augustine, St., *De natura boni*

Augustine, St., *De vera religione*

Augustine, St., *Confessiones*

Basil of Caesarea (Basilius, 329-379 A.D.), *Homilia in Hexaĕmeron*

Beda Venerabilis, *Musica theorica*

Bernard of Clairvaux, St., *Sermones in Cantica Canticorum*

Bernard of Clairvaux, St., *Apologia ad Guillelmum*

Boethius, *De institutione musica libri quinque; Topicorum Aristotelis interpretatio*

Boethius, *De institutione musica*

Boethius, *De consolatione philosophiae*

Bonaventure, St. (John of Fidanza, c. 1221-1274), *Commentarii in IV libros Sententiarum*

Cassiodorus, *Rhetorica; De artibus ac disciplinis liberalium artium; Exposition in Psalterium*

Clement of Alexandria, *Paedagogus*

Clement of Alexandria, *Stromata*

Conrad of Hirschau, *Dialogus super auctores*
Dante Alighieri, *La Divina Commedia*
Dante Alighieri, *La vita nuova*
Dante Alighieri, *de vulgari eloquentia*
Dante Alighieri, *Convivio*
Gilbert de La Porré, *Expositio in Boecii librum de bonorum ebdomadae*
Grosseteste, R., *Commentationes ad De divinis nominibus; Hexaëmeron*
Guibert of Nogent, *De vita sua*
Guido d'Arezzo, *Micrologus de disciplina artis musicae*
Hrabanus Magnentius Maurus, *De clericorum institutione; Carmen ad Bonosum*
Hugh of Saint Victor, *Didascalicon*
Isidore of Seville, *Sententiae; Differentiae*
Isidore of Seville, *Etymologiae*
Odo of Cluny, *Dialogus de musica*
Origen, *De principiis*
Pseudo-Dionysius (pseudo-Areopagite, 5th cent. A.D.), *De divinis nominibus, Mystica theologia; De coelesti hierarchia; De ecclesiastica hierarchia; Epistolae*
Rabanus Maurus, *De universo*
Thomas Aquinas, St., *In libros Physicorum Aristotelis expositio*

■ 근대 영국

Sidney, P., *The Defence of Poesie*, 1594.
Sidney, P., *An Apology for Poetry*, 1595.
Bacon, F., *The Two Books on the Proficience and Advancement of Learning Divine and Human*, 1605.
Hobbes, *T., Leviathan*, 1651.
Dryden, J., *An Essay of Dramatic Poesy*, 1668.
Dryden, J., *De Arte Graphica*, 1695.
Dennis, J., *Causes of Degeneracy of It*, 1702.
Pope, A., *Essay on Criticism*, 1711.
Shaftesbury, A. A. C., *Charakteristics of Men, Manners, Opinions, Times*, 1711.

Addison, J., *The Spectator*, 1712.

Shaftesbury, A. A. C., *Second Characters of the Language of Forms*, 1712.

Richardson, J., *The Theory of Painting*, 1715.

Hutcheson, F., *An Inquiry into the Original of Our Ideas on Beauty and Virtue*, 1725.

Hume, D., *Treatise of Human Nature,* 1739-1740.

Hume, D., *Of the Delicacy of Taste and Passion*, 1741.

Akenside, M., *The Pleasures of Imagination*, 1744.

Harris, J., *Three Treatises*, 1744.

Warton, J., *The Enthusiast, or the Lover of Nature*, 1744-1746.

Baillie, J., *An Essay on the Sublime*, 1751.

Johnson, S., *The Rambler*, 1751.

Hogarth, W., *The Analysis of Beauty*, 1753.

Johnson, S., *Dictionary of the English Language, 2 vols*, 1755.

Burke, E., *A Philosophical Inquiry into the Origin of our Ideas of the Sublime and Beautiful*, 1757.

Hume, D., *Of the Standard of Taste*, 1757.

Hume, D., *Of Tragedy*, 1757.

Gerard, A., *An Essay on Taste,* 1759.

Priestley, J., *A Course of Lectures on Oratory and Criticism,* 1759/1777.

Reynolds, J., *The Idler,* 1759.

Smith, A., *Of the Beauty which the Appearance of Utility Bestows upon all Productions of Art*, 1759.

Webb. D., *An Inquiry into the Beauties of Painting and into the Merits of the Most Celebrated Painters, Ancient and Modern*, 1760.

Beattie, J., *Essays on Poetry and Music, as They Affect the Mind*, 1762.

Home, H. Lord Kames, *Elements of Criticism*, 1762.

Reid, T., *An Inquiry into Human Mind, on the Principles of Common Sense,* 1764.

Duff, W. *An Essay on Original Genius in Philosophy and the Fine Arts, Particularly in Poetry*, 1767.

Gerard, A., *An Essay on Genius*, 1774.

Reynolds, J., *Seven Discourses on Arts*, 1778.

Donaldson, J., *The Elements of Beauty*, 1780.

Blair, H., *Lectures on Rhetoric and Belles Lettres*, 1783.

Reid, T., *Essay on the Intellectual Powers of Man […] on the Active Powers,* 1785-1788.

Alison, A., *Essay on the Nature and Principles of Taste*, 1790.

Gilpin, W., *Three Essays*, 1791.

Richardson, J., *Works*, 1792.

Price, U., *An Essay on the Picturesque as Compared with the Sublime and Beautiful,* 1794.

Smith, A., *Of the Nature of that Imitation with Takes Place in What are Called the Imitative Arts*, 1795.

Young, E., *Conjectures upon Original Composition*, 1795.

Wordsworth, W., *Preface to Lyrical Ballads, with Other Poems*, 1801.

Knight, R. P., *An Analytical Inquiry into the Principles of Taste*, 1805.

Coleridge, S. T., *Biographia Literaria*, 1817.

Keats, J., *Endymion*, 1818.

Stewart, D., *Elements of the Philosophy of the Human Mind*, 1818.

Shelley, P. B., *A Defense of Poetry*, 1821.

Ruskin, J., *Modern Painters,* 1844-1860.

Merrifield, M. P., *Original Treatises dating from the XIIth to XVIIIth Centuries on the Arts of Painting*, 1849.

Greenough, H., *Form and Function*, 1851.

Ruskin, J., *The Stone of Venice*, 1851-1853.

Addison, J., *The Works, 6 vols*, 1854-1856.

Pater, W., *Studies in the History of the Renaissance*, 1873.

Allen, G., *Physiological Aesthetics*, 1877.

Gurney, E., *The Power of Sound*, 1880.

Whistler, J. A. M., *The Gentle Art of Making Enemies*, 1890.

Wilde, O., *Intentions*, 1891.

Marshall, H. R., *Aesthetic Principles*, 1895.

Santayana, G., *Reason in art*, 1903.

Ruskin, J., *The Seven Lamps of Architecture*, 1913.

Monk, S. H., *The Sublime, a Study of Critical Theories in XVIII C. England,*

1935.

Fairchild, A. H. B., *Shakespeare and the Arts of Design*, 1937.

Thorpe, C. D., *The Aesthetic Theory of Thomas Hobbes*, 1940.

Abrams, M. H., *The Mirror and the Lamp: Romantic Theory and the Critical Tradition,* 1953.

Santayana, G., *The sense of beauty*, 1955.

Santayana, G., *Obiter Scripta (ed.)*, 1956.

Hipple, Jr., W. J., *The Beautiful, the Sublime, and the Picturesque in Eighteenth Century British Aesthetic Theory*, 1957.

■ 근대 독일

Dürer, A., *Vier Bücher von menschlicher proportion*, 1528.

Praetorius, M., *Syntagma musicum*, 1614-20.

Grimminger, R. (Hrsg.), *Deutsche Aufklärung bis zur französischen Revolution*, 1680-1789.

Leibniz, G. W., *Meditationes de cognitione, veritate et ideis*, 1684.

Leibniz, G. W., *Essais de Théodicée*, 1710.

Mattheson, J., *Das Neu-Eröffnete Orchestre*, 1713.

Leibniz, G. W., *Monadologie*, 1714.

Bodmer, J. J. and J. J. Breitinger, *Diskurse der Mahlen*, 1721.

Wolff, C., *Empirische Psychologie*, 1732.

Baumgarten, A. G., *Meditationes philosophicae de nonnullis ad poema pertinentibus*, 1735.

Baumgarten, A. G., *De nonnulis ad poëma pertinentibus*, 1735.

Baumgarten, A. G., *Metaphysica*, 1739.

Mattheson, J., *Der Vollkommene Capellmeister*, 1739.

Breitinger, J. J. *Critische Abhandlung von der Natur, den Absichten und dem Gebrauch der Gleichnisse*, 1740.

Leibniz, G. W., *Principes de la nature et de la grâce fondés en raison*, 1740.

Baumgarten, A. G, *Aesthetica*, 1750.

Baumgarten, A. G., *Aesthetica acramatica*, 1750, 1758

Meier, G. F., *Anfangsgründe aller schönen Künste und Wissenschaften*, 1750.

Quantz, J. J., *Versuch einer Anweisung, die flûte traversiere zu spielen*, 1752.

Bach, C. Ph. E., *Versuch über die wahre Art das Clavier zu spielen*, 1753/1762.

Nichelmann, C., *Die Melodie nach ihrem Wesen sowohl, als nach ihren Eigenschaften*, 1755.

Winckelmann, J. J., *Gedanken über die nachahmung der griechischen Werke in der Malerei und Bildhauer-Kunst*, 1755.

Mendelssohn, M., *Briefe über die Empfindungen über die Hauptgrundsätze der schönen Künste und Wissenschaften*, 1757.

Mendelssohn, M., *Betrachtungen über die Quellen der schönen Künste und Wissenschaften*, 1757.

Mendelssohn, M., *Die Idealschönheit in den schönen Wissenschaften*, 1759.

Mendelssohn, M., *Von dem Vergnügen*, 1761.

Hamann, J. G., *Aesthetica in nuce*, 1762.

Winckelmann, J. J., *Abhandlung von der Fähigkeit der Empfindung des schönen*, 1763.

Kant, I., *Beobachtungen über das Gefühl des schönen und des Erhabenen*, 1764.

Leibniz, G. W., *Nouveaux essais sur l'entendement humain*, 1765.

Lessing, G. E., *Laokoon oder Über die Grenzen der Malerei und Poesie*, 1766.

Lessing, G. E., *Hamburgische Dramaturgie* 1767-1768.

Herder, J. G., *Kritische Wälder*, 1769.

Sulzer, J. G., *Allgemeine Theorie der schönen Künste*, 1771-1774.

Tetens, N., *Philosophische Versuche uber die menschliche Natur und ihre Entwicklung*, 1777.

Herder, J. G., *Von deutscher Art und Kunst Plastik. Einige Wahrnehmungen über Form und Gestalt aus Pygmalions bildenden Träumen*, 1778.

Herder, J. G., *Plastik: Einige Wahrnehmungen uber Form und Gestalt aus Pygmalions bildendem Traume*, 1778.

Hiller, H. A., *Über die Musik und ihre Wirkungen*, 1781.

Koch, H. C., *Versuch einer Anleitung zur Composition*, 1782-1793.

Kant, I., *Kritik der praktischen Vernunft*, 1788.

Moritz, K .P., *Über die bildende Nachahmung des schönen*, 1788.

Moritz, K. P., *Von der bildenden Nachahmung des schönen*, 1788.

Kant, I., *Kritik der Urteilskraft*, 1790.

Schulz, J. A., *Allgemeine Theorie der schönen Künste,* 1792-1794.

Schiller, F., *Über Anmut und Würde*, 1793.

Schiller, F., *Kallias oder Über die Schönheit*, 1793.

Fichte, J. G., *Grundlage der gesamten Wissenschaftslehre*, 1794.

Goethe, J. W. v., *Einfache Nachahmung der Natur, Manier, Stil Briefwechsel mit F. Schiller*, 1794.

Schiller, F., *Über die ästhetische Erziehung des Menschen in einer Reihe von Briefen*, 1795.

Schiller, F, *Über naive und sentimentalische Dichtung*, 1795-1796.

Wackenroder, W. H., *Herzensergiessungen eines kunstliebenden Klosterbruders*, 1797.

Schlegel, F., *Über das Studium der griechischen Poesie*, 1798.

Schlegel, F., *Über das Studien der griechischen Poesie Athenäumsfragmente*, 1798.

Schlegel, F., *Geschichte der Poeise der Griechen und Römer*, 1798.

Goethe, J. W. v., *Der Sammler und die Seinigen*, 1799.

Wackenroder, W. H., *Phantasien über die Kunst für Freundeder Kunst*, 1799.

Herder, J. G., *Kalligone*, 1800.

Kant, I., *Anthropologie in pragmatischer Hinsicht*, 1800.

Schelling, F. W. J., *System eines transzendentalen Idealismus*, 1800.

Schlegel, F., *Gespräch über die Poesie*, 1800.

Bouterwek, F., *Geschichte der Künste und Wissenschaften seit der Wiederherstellungderselbes bis an das Ende des achtzehnten Jahrhunderts*, 1801.

Schiller, F., *Über das Erhabene*, 1801.

Schlegel, A. W., *Vorlesungen über schöne Literatur und Kunst*, 1801-1804.

Novalis (Friedrich von Hardenberg), *Heinrich von Ofterdingen*, 1802.

Schelling, F. W. J., *Bruno oder über das göttliche und das natürliche Prinzip der Dinge*, 1802.

Paul, J, *Vorschule der Ästhetik*, 1804.

Goethe, J. W. v., *Winckelmann*, 1805.

Bouterwek, F., *Ästhetik*, 1806.

Hegel, G. W. F., *Phänomenologie des Geistes*, 1807.

Schelling, F. W. J., *Über das Verhältnis der bildenden Künste zur Natur*, 1807.
Herbart, J. F., *Schriften zur praktischen Philosophie*, 1808.
Goethe, J. W. v., *Maximen und Reflexionen*, 1809-1832.
Müller, A., *Über die Idee des schönen*, 1809.
Schlegel, A. W., *Vorlesungen über dramatische Kunst und Literatur*, 1811.
Schelling, F. W. J., *Geschichte der alten und neuen Literatur*, 1812.
Herbart, J. F., *Lehrbuch zur Einleitung in die Philosophie,* 1813.
Solger, K. W. F., *Erwin: Vier Gespräche über das Schöne und die Kunst,* 1815.
Schopenhauer, A., *Die Welt als Wille und Vorstellung*, 1819.
Hegel, G. W. F., *Vorlesungen über die Philosophie der Kunst,* 1823.s
Rochlitz, F., *Für Freunde der Tonkunst*, 1824-1832.
Schleiermacher, F. D. E., *Ästhetik*, 1825.
Nägeli, H. G., *Vorlesungen über Musik, mit Berücksichtigung der Dilettanten*, 1826.
Schlegel, A. W., *Vorlesungen über Theorie und Geschichte der bildenden Künste*, 1827.
Trahndorff, K. F. E., *Ästhetik oder Lehre von Weltanschauung und Kunst*, 1827.
Solger, K. W. F., *Vorlesungen über die Ästhetik*, 1829.
Weiße, C. H., *System der Ästhetik als Wissenschaft von der Idee der Schönheit*, 1830.
Schleiermacher, F. D. E., *Über den Begriff der Kunst*, 1831/1832.
Hegel, G. W. F., *Vorlesungen über die Ästhetik*, 1835.
Hotho, H. G., *Vorstudien für Kunst und Leben*, 1835.
Humboldt, W. von, *Über die Verschiedenheit des menschlichen Sprachbaues*, 1836.
Eckermann, J. P., *Gespräche mit Goethe, 3 vols*, 1837-1884.
Ruge, A., *Neue Vorschule der Ästhetik*, 1837.
Kierkegaard, S., *Über den Begriff der Ironie, mit beständigem Hinblick auf Sokrates*, 1841.
Schopenhauer, A., *Sämtliche Werke in sechs Bänden,* c. 1841-1892.
Engels, F., *Vorlesungen über die moderne Literatur der Deutschen*, 1842.
Schleiermacher, F. D. E., *Vorlesungen über die Ästhetik*, 1842.

Vischer, F. T., *Ästhetik oder Wissenschaft des schönen*, 1846-1857.

Fischer, K., *Die Idee des schönen*, 1849.

Brendel, K. F., *Geschichte der Musik*, 1852.

Zeising, A., *Äesthetische Forschungen*, 1853.

Hanslick, E., *Vom Musikalisch-schönen*, 1854.

Rosenkranz, K., *Ästhetik des Häßichen Die Poesie und ihre Geschichte*, 1855.

Semper, G., *Über die formelle Gesetzmässigkeit des Schmuckes und dessen Bedeutung als Kunstsymbol*, 1856.

Zimmermann, R., *Geschichte der Ästhetik als philosophischer Wissenschaft*, 1858.

Schelling, F. W. J., *Philosophie der Kunst*, 1859.

Semper, G., *Der Stil in den technischen und tektonischen Kunsten, oder Praktische Ästhetik*, 1860-1863.

Helmholtz, H. von, *Die Lehre von den Tonempfindungen als physiologische Grundlage für die Theorie der Musik*, 1863.

Zimmermann, R., *Allgemeine Ästhetik als Formwissenschaft*, 1865.

Weiße, C. H., *Kleine Schriften zur Ästhetik und ästhetischen Kritik*, 1867.

Gervinus, G. G., *Händel und Shakespeare: Zur Ästhetik der Tonkunst*, 1868.

Lotze, H., *Geschichte der Ästhetik in Deutschland*, 1868.

Fechner, G. T., *Über die Seelenfrage. Ein Gang durch die sichtbare Welt, um die unsichtbare zu finden zur experimentalen Ästhetik*, 1871.

Ilg, A., *Quellenschrifen für Kunstgeschichte*, since 1871.

Ambros, A. W., *Die Grenzen der Musik und Poesie [1856]*, 1872.

Schasler, M., *Kritische Geschichte der Ästhetik: Grundlegung für die Ästhetik als Philosophie des schönen und der Kunst*, 1872.

Siebeck, H., *Das Wesen der ästhetischen Anschauung*, 1872.

Riemann, H., *Musikalische Lolgik*, 1873.

Schopenhauer, A., *Parerga und Paralipomena (ed.)*, 1874.

Fechner, G. T., *Vorschule der Ästhetik*, 1876.

Falke, J. von, *Geschichte des modernen Geschmacks*, 1880.

Kant, I., *Kritik der reinen Vernunft*, 1881.

Hausegger, F., *Die Musik als Ausdruck*, 1885.

Hirth, G., *Physiologie der Kunst*, 1885.

Schasler, M., *Ästhetik: Grundzüge der Wissenschaft des schönen und der Kunst*, 1886.

Stein, K. H. v., *Die Entstehung der neueren Ästhetik*, 1886.

Dilthey, W., *Die Einbildungskraft des Dichters: Bausteine für eine Poetik*, 1887.

Hartmann, E. v., *Philosophie des schönen*, 1887.

Riemann, H., *Grundlinien der Musikästhetik*, 1887.

Schlegel, J. E., *Ästhetischen und dramaturgischen Schriften*, 1887.

Cohen, H., *Kants Begründung der Ästhetik*, 1889.

Dilthey, W., *Die drei Epochen der modernen Ästhetik und ihre heutige Aufgabe*, 1892.

Groos, K., *Einleitung in die Ästhetik*, 1892.

Spitta, P., *Denkmäler deutscher Tonkunst, Die Grenzboten: Zeitschrift für Politik, Literatur und Kunst*, 1893.

Lange, K., *Die bewusste Selbsttäuschung als Kern des künstlerischen Genusses*, 1895.

Basch, V., *La poétique de Schiller*, 1897.

Sonneck, O. G. T., *Ein kritisch-polemisches Referat über die Musikästhetischen Streitfragen*, 1897.

Riemann, H., *Die Elemente der musikalischen Ästhetik*, 1900.

Schlapp, O., *Kants Lehre vom Geni und die Entstehung der Kritik der Urteilskraft*, 1901.

Dilthey, W., *Das Erlebnis und die Dichtung*, 1903.

Lange, K., *Das Wesen der Kunst Über die Methode der Kunstphilosophie*, 1904.

Hartmann, E.v., *Ästhetik*, 1907-1909.

Hartmann, E.v., *Grundrißder Ästhetik*, 1909.

Brüstiger, C.N., *Kants Ästhetik und Schellings Kunstphilosophie*, 1912.

Cohen, H., *Ästhetik des reinen Gefühls*, 1912.

Moos, P., *Die deutsche Ästhetik der Gegenwart*, 1914, 1931.

Ziehen, T., *Über den gegenwärtigen Zustand der experimentalischen Ästhetik*, 1914.

Luther, M., *Ausgewählte Werke*, 1922-1925.

Baeumler, A., *Das Irrationalitätsproblem in der Ästhetik und Logik des 18.*

Jahrhunderts bis zur Kritik der Urteilskraft, 1923.
Ziehen, T., *Vorlesungen über Ästhetik*, 1923.
Basch, V., *Essai critique sur l'esthétique de Kant*, 1927.
Cassirer. E., *Die Philosophie der Aufklärung*, 1932.
Hegel, G. W. F., *Ästhetik*, 1955.
Nivelle, A., *Les théories esthétique en Allemagne de Baumgarten à Kant*, 1955.
Einem, H. von, *Goethe und die Kunst*, 1956.
Volkmann-Schluck, K., *Nicolaus Cusanus: Die Philosophie im Übergang vom Mittelalter zur Neuzeit*, 1957.
Knox, I., *The Aesthetic Theories of Kant, Hegel and Schopenhauer*, 1958.
Santinello, G., *Il pensiero di Nicolo Cusano nella sua prospettiva estetica*, 1958.
Schiller, F., *Über Kunst und Wirklichkeit, Schriften und Briefe zur Ästhetik*, 1959.
Humboldt, W. von, *Werke, 4 vols*, 1960-1964.
Humboldt, W. von, *Humanist without portfolio: an anthology of the writings (ed.)*, 1963.
Marx, K. / F. Engels(hrsg. v. Manfred Kliem), *Marx und Engels über Kunst und Literatur*, 1967.
Hegel, G. W. F., *Jenaer kritische Schriften*, 1968.
Lessing, G. E., *Gesammelte Werke*, 1968.
Hegel, G. W. F., *Briefe von und an Hegel*, 1969.
Winckelmann, J. J., *Winckelmann: Writings on Art*, 1972.
Silbermann, A. and R. König (eds.), *Künstler und Gesellschaft*, 1974.
Goethe, J. W. v., *Hamburger Ausgabe*, 1981.
Schmidt, J. M., *Sinnlichkeit und Verstand: Zur philosophischen und poetologischen Begründung von Erfahrung und Urteil in der deutschen Aufklärung*, 1982.
Schneider. W., *Asthetische Ontologie: Shellings Weg des Denkens zur Identitätsphilosophie*, 1983.
Hegel, G. W. F., *Frühe Schriften*, 1986.
Hegel, G. W. F., *Philosophie der Geschichte*, 1986.
Bäumler, A., *Kants Kritik der Urteilskraft: Ihre Geschichte und Systematik*
Cusanus, N., *De docta ignorantia; De coniecturis; De ludo globi; De visione*

Dei; Idiota de mente
Hegel, G. W .F., *Jenaer Systementwürfe II*
Hoffmann, E. T. A. *Musikalische Schriften*
Vischer, F. T., *Über das Erhabene und Komische*
Vischer, R., *Über das optische Formgefühl*

■ 근대 프랑스

Ronsard, P., *Abrégé de l'art poétique français*, 1565.
Ronsard, P., *Oeuvres*, 1567.
Montaigne, M. de, *Essais, 2 vols*, 1580.
Descartes, R., *Lettre a M. Mersenne*,
Chapelain, J., *Opinion sur le poème d'Adonis*, 1623.
Pascal, B., *Discours sur les passions d'amour*
La Mesnadière, J. de, *La Poétique*, 1639.
Bosse, A., *Traité des pratiques géometrales*, 1645.
Bosse, A., *Sentiments sur la distinction de diverses maniéres de peinture, dessin et gravure*, 1649.
Descartes, R., *Traité des passions de l'âme*, 1649.
Descartes, R., *Compendium musicae*, 1650.
D'Aubignac, F. H., *La Pratique du théâtre*, 1657.
Corneille, P., *Discours de l'utilité et des parties du poème dramatique*, 1660.
Fréart de Chambray, R., *Idée de la perfection de la peinture*, 1662.
Bosse, A., *Le peintre converty*, 1667.
Du Fresony, C. A., *De arte graphica*, 1667.
Du Fresony, C. A., *L'art de peinture, traduit en français*, 1668.
Félibien, A. *Conférences de l'Académie royale de peinture et de sculpture pendant l'année 1667*, 1668.
Félibien, A. des Avaux, *Des Principes de l'architecture, de la peinture et les autres arts; Conférences de l'Académie Royale de Peinture et de Sculpture, pendant l'année 1667*, 1668.
Pascal, B., *Pansées*, 1670.
Boileau - Despréaux, N., *Traité du sublime et du merveilleux*, 1672.
Poussin, N., *Observations sur la peinture,* 1672.

Boileau - Despréaux, N., *L'art poétique*, 1674.

Blondel, N. F., *Cours d'architecture, 5 vols*, 1675-1683.

Rapin, R., *Réflexions sur la poétique de ce temps et sur les ouvrages des poétes anciens et modernes*, 1675.

Richelet, P. C., *Le nouveau dictionnaire français*, 1680.

Menestrier, C. F., *Philosophie des images*, 1682.

Menestrier, C. F., *Les recherches du blason*, 1683.

Perrault, C., *Ordonnance de cinq espèces de colonnes, selon la mèthode des anciens*, 1683.

Bouhours, D., *La manières de bien penser dans les ouvrages d'esprit*, 1687.

Perrault, C., *Parallèles des Anciens et des Modernes*, 1692-1697.

Testelin, H., *Sentiments des plus habiles peintres sur la pratique de la peinture et sculpture*, 1696.

Le Brun, C., *Méthode pour apprendre à dessiner les passions*, 1698.

Le Comte, F., *Cabinet des singularités d'architecture, peinture, sculpture et gravure,* 1699.

Saint-Évremont, C. de, *Oeuvres complètes*, 1705.

Félibien, A. des Avaux, *Entretiens sur les vies et les ouvrages des plus excellents peintres anciens et modernes, 3 vols,* 1706.

Félibien, A. des Avaux, *L'idée du peintre parfait*, 1707.

Piles, R. de, *Cours de peinture par principe* , 1708.

Malebranche, N., *De la recherche de la vérité*, 1712.

Fénelon, F. de S. de la M., *Lettre à l'Académie*, 1714.

Le Clerc, S., *Traité d'architecture*, 1714.

André, Y., *Essais sur le beau*, 1715.

Crousaz, J. P. de, *Traité du beau, où l'on montre en quoi consiste ce que l'on nomme ainsi*, 1715.

La Motte-Houdar, A. de, *Réflexions sur la critique*, 1715.

Le Brun, C., *Conférence sur l'expression générale et particuliére des passions*, 1715.

Du Bos, J. B., *Réflexions critiques sur la poésie, la peinture et la musique*, 1719.

Coypel, A., *Discours prononcez dans les conférences de l'Académie royale de peinture et de sculpture*, 1721.

Rameau, J. P. *Traité de l'harmonie réduite à ses principes naturels*, 1722.

Racan, H. de, *Oeuvres*, 1724.

Du Marsais, C. C., *Des Tropes*, 1730.

Voltaire, *Temple du goût*, 1733.

Cartaud de la Villate, F., *Essai historique et philosophique sur le goût*, 1736.

D'Aviler, A. C., *Cours d'architecture*, 1738.

Castel, L. B., *L'optique des couleurs*, 1740.

Batteux, C., *Traite des beaux-arts réduits a un même principe*, 1746.

Condillac, E. B. de, *Essai sur les origines des connaissances humaines*, 1746.

Batteux, C., *Les beaux-arts réduits à un même principe*, 1747.

La Font de Saint Yenne, *Réflexions sur quelques causes de l'état présent de la peinture en France*, 1747.

Levesque de Pouilly, L. J., *Théorie des sentimens agreables*, 1747.

Vauvenargues, L. de, *Introduction à la connaissance de l'esprit humain*, 1747.

Buffon, G. L., *Histoire naturelle*, 1749-1767.

Briseux, C. E., *Traité complet d'architecture*, c. 1750.

Riccoboni, A. F., *L'art du théâtre*, 1750.

Rousseau, J. J., *Discours sur les sciences et les arts*, 1750.

D'Alembert, J., *Discours préliminaire de l'Encyclopédie*, 1751.

Diderot, D., *Beauté. Recherches philosopiques sur l'origine et la nature du beau*, 1751.

Diderot, D., *Lettere sur les Sourdes et Muets*, 1751.

Briseux, C. E., *Traité du beau essentiel*, 1752.

D'Alembert, J. *Eléments de musique théorique et pratique suivant les principes de M. Rameau*, 1752.

Montesquieu, C. L. de S., *Essais sur le goût dans les choses de la nature et de l'art*, 1756.

Helvétius, C. A., *De l'esprit*, 1758.

Leroy, J. D., *Les ruines des plus beaux monuments de la Grèce*, 1758.

Diderot, D., *Salons*, 1759-61.

Rameau, J. P., *Code de musique pratique … avec nouvelles reflexions sur le principe sonore*, 1760.

Rousseau, J. J., *Dictionnaire de musique*, 1765.

Beauzée, N., *Grammaire générale*, 1767.

Diderot, D., *Salon de*, 1767.

D'Holbach, P. T., *Système de la nature*, 1770.

Diderot, D., *Le paradoxe sur le comedien*, 1770.

Laugier, M. A., *Manière de bien juger des ouvrages de peinture*, 1771.

Chabanon, M., *De la musique considérée en elle-même et dans ses rapports avec la parole, les langues, la poésie, et la théatre*, 1785.

Chénier, A., *L'invention*, 1786-1788.

Quatremère de Quincy, A. C., *Considérations sur l'art du dessin*, 1791.

Watelet, C. and P. Lévesque, *Dictionnaire des arts de peinture, sculpture et gravure, 5 vols*, 1792.

Diderot, D., *Essai sur la peinture*, 1796.

Hemsterhuis, F. H., *Lettre sur la sculpture*, 1796.

Staël, Mme de, *De la littérature considérée dans ses rapports avec les institutions sociales*, 1800.

Chateaubriand, R. de, *Le génie du Christianisme*, 1802.

Staël, Mme de, *De l'allemagne*, 1810.

Quatremère de Quincy, A. C., *Essai sur la nature, le but et les moyens de l'imitation dans les beaux-arts*, 1823.

Villemain, A. F., *Tableau de la littérature française au XVIIIe siècle*, 1828.

Comte, A., *Cours de philosophie positive*, 1830.

St. Simon, C. de, *Oeuvres de St. Simon*, 1832.

Cousin, V., *Cours de philosophie professé à la Faculté des Lettres pendant l'année 1818 sur le fondement des idées absolues du vrai, du beau et du bien*, 1836

St. Beuve, C.A. de, *Critiques et portraits littéraires*, 1836-1839.

Malebranche, N., *Oeuvres*, 1837.

Perrault, C., *Les dix livres d'architecture de Vitruve avec notes de Perrault (ed.)*, 1837.

Lamennais, F. de, *L'esquisse d'une philosophie*, 1840-1846.

Baudelaire, C., *Curiosités esthétiques*, 1845.

Champfleury (J. Fleury Husson), *Le réalisme*, 1857.

Lévêque, J.C. *Platon considéré comme fondateur de l'esthétique*, 1857.

Raphael Sanzio, *Lettere*, 1860.

Lévêque, J. C., *La science du beau étudiée dans ses principes, dans ses application et dans son histoire*, 1861.

Voituron, P., *Rechrches philosophiques sur les principes de la science du beau*, 1861-1862.

Zola, E., *Mes Haines*, 1861.

Ronsard, P., *Oeuvres choisies*, 1862.

Taine, H., *Histoire de la littérature anglaise*, 1863.

Lévêque, J. C., *Le spiritualisme dans l'art*, 1864.

Proudhon, P. J., *Du principe de l'art et de sa destination social*, 1865.

Taine, H., *Philosophie de l'art*, 1865/1869.

Baudelaire, C., *L'Art romantique*, 1868.

Baudelaire, C., *Oeuvres complètes*, 1868-1870.

Lautréamont (I.Ducasse), *Les Chants de Maldoror*, 1869.

Jouffroy, T., *Cours d'esthétique, suivi de la Thèse du même auteur sur le sentiment du beau et deux fragments inédits*, 1875.

Chantelou, P. F. de, *Journal de voyage du cavalier Bernini en France*, 1877.

Véron, E., *Aesthetics, trans.*, 1879.

Krantz, E., *Essai sur l'esthétique de Descartes*, 1882.

Sully-Prudhomme, R. F. A., *L'expression dans les beaux-arts: Application de la psychologie à l'étude de l'artiste et des beaux-arts*, 1883

Guyau, J. M., *Les problémes de l'esthétique contemporaine*, 1884.

Séailles, G., *Essai sur le génie dans l'art*, 1884.

Hennequin, E., *La critique scientifique*, 1888.

Mallarmé, S., *Enquète sur l'évolution littéraire*, 1888.

Guyau, J. M., *L'art au point de vue sociologique*, 1889.

Brunetière, F., *L'évolution des genres dans l'histoire de la littérature*, 1890.

Brunetière, F., *Manuel de l'histoire de la littérature française*, 1898.

Fontaine, A., *Les doctrines d'art en France*, 1909.

Poussin, N., *Correspondence de Nicolas Poussin*, 1911.

Mustoxidi, T. M., *Histoire de l'esthétique française 1700-1900*, 1920.

Folkierski, W., *Entre le classicisme et le romantisme*, 1925.

Séailles, G., *L'origine et les destinées de l'art*, 1925.

Poussin, N., *Lettres*, 1929.

Soreil, A., *Introduction à l'histoire de l'esthétique française*, 1930.

Delacroix, E., *Journal, 3 vols*, 1932.

Patterson, W. F., *Three Centuries of French Poetic Theory,* 1935.

Gide, A., *Poussin*, 1945.

Félibien, A. des Avaux, *Entretiens sur la vie et les ouvrages de N. Poussin*, 1947.

Racine, J., *Principes de la tragédie*, 1951.

Pascal, B., *De l'esprit géométrique*, 1954.

Bray, R., *La formation de la doctrine classique en France*, 1957.

Gilman, M., *The Idea of Poetry in France from Houdar de la Motte to Baudelaire*, 1958.

Zola, E., *Salons, ed.*, 1959.

Thieghem, P. van, *Petite histoire des grandes doctrines littéraires en France*, 1960.

Poussin, N., *Nicolas Poussin, lettres et propos sur l'art*, 1964.

Rameau, J. P., *Complete theoretical writings (ed.)*, 1967-1972.

Chouillet, J., *L'esthétique des Lumières,* 1974.

■ 근대 기타

Petrarca, F., *Collatio laureationis*, 1341.

Boccaccio, G., *Genealogia deorum gentilium*, 1363.

Cennini, C. di D., *Trattato della pittura (Il libro dell'arte)*, 1390?.

Valla, L. (Della Valle, 1407-1457), *De voluptate*, 1431.

Alberti, L. B., *De pictura*, 1435.

Alberti, L. B., *De statua*, 1435

Ghiberti, L., *I commentatii,* 1436.

Averlino, A. (Filarete, 1400-1470), *Trattato d'architettura*, 1457-1464.

Colonna, F., *Hypnerotomachia Poliphili*, 1467.

Valla, L. (Della Valle, 1407-1457), *Elegantiarum latinae linguae libri sec*, 1471.

Tinctoris, J., *Complexus effectuum musicae*, c. 1475.

Ficino, M., *Theologia Platonica de animarum immotalitate*, 1482.
Francesco di Giorgio Martini, *Trattato d'architettura*, after 1482.
Alberti, L. B., *De re aedificatoria*, 1485.
Poliziano, A., *Panepistemon, hoc est omnium scientiarum cum liberalium tam mechanicarum brevis descriptio*, 1491.
Reisch, G., *Margarita filosofica*, 1503.
Gauricus, P., *De sculptura*, 1504.
Bembo, P., *Asolani*, 1505.
Minturno, A. S., *De poëta*, 1509.
Pacioli, L., *De divina proportione*, 1509.
Gauricus, P., *De arte poëtica,* c. 1510.
Erasmus of Rotterdam, *Ciceronianus*, 1518.
Viperano, G. A., *De poëtica libri tres*, 1519.
Vida, M. G., *De atre poëtica*, 1527.
Castiglione, B., *Il libro del Cortegiano,* 1528.
Trissino, G. G., *La poetica*, 1529.
Manetti, G., *De dignitate et excellentia hominis*, 1532.
Hollanda, F. da, *Dialogos em Roma*, 1538.
Listenius, N., *Musica*, 1539.
Valla, L. (Della Valle, 1407-1457), *Opera*, 1540.
Copernicus, N. (Mikolaj Kopernik, 1473-1543), *De revolutionibus orbium caelestium*, 1543.
Varchi, B., *Lezzione sopra la pittura e la scultura,* 1546.
Varchi, B., *Della maggioranza e nobilità dell'arti*, 1546.
Alciato, A., *Emblemata*, 1548.
Firenzuola, A., *discorsi delle belezze delle donne*, 1548.
Pino, P., *Dialogo di pittura*, 1548.
Robortello, F., *In librum Aristotelis de arte poëtica explanationes,* 1548.
Buonarroti, M., *Le lettere,* c. 1550.
Cardano, G., *De subtilitate*, 1550.
Vasari, G., *Le vite de'più eccellenti pittori, scultori e archittetori italiani*, 1550.
Petrarca, F., *Invectivae contra medicum*, 1554-1581.
Capriano, G. P., *Della vera poetica*, 1555.

Fracastoro, G., *Naugerius, Sive de Poetica Dialogus,* 1555.

Barbaro, D., *I dieci libri dell'architettura di M. Vitruvio*, 1556.

Bembo, P., *De Imitatione libellus*, 1556.

Cardano, G., *De rerum varietate libri XVII*, 1557.

Dolce, L., *Dialogo della pittura, intitolato l'Aretino,* 1557.

Zarlino, G., *Institutioni Harmoniche,* 1558.

Minturno, A. S., *De poeta libri sex*, 1559.

Ficino, M., *Commentarium in Convivium; Commentarium in Plotinum, in Librum de Pulchritudine; Theologia Platonica; Commentarium in Philebum; Epistolae*, 1561, 1576.

Scaliger, G. C., *Poëtices libri VII*, 1561.

Minturno, A. S., *L'Arte poetica,* 1564.

Nicholas of Cusa, *De visione Dei; De ludo globi*, 1565.

Danti, *Trattato delle perfette proporzioni,* 1567.

Alberti, L. B., *Opuscoli morali,* 1568.

Tasso, T., *Discorsi dell'arte poetica*, c. 1569.

Castelvetro, L., *Poetica d'Aristotele vulgarizzata et sposta*, 1570.

Palladio, A., *I quattro libri dell'architettura*, 1570.

Piccolomini, S. (Pius II, 1405-1464), *Opera*, 1571.

Castelvetro, L., *Correttione di alcune cose del Dialogo della linqua di B. Varchi*, 1572.

Galilei, V., *Dialogo della musica antica e della moderna*, 1581.

Tasso, T., *Allegoria*, 1581.

Bruno, G., *De umbris idearum,* 1582.

Scaliger, G. C., *Exotericarum exercitationum liber XV de Subtilitate ad H. Cardanum*, 1582.

Tasso, T., *Lezione sopra un sonetto*, 1582.

Lomazzo, G. P., *Trattato della pittura, scultura ed architettura,* 1584.

Lomazzo, G. P., *Trattato dell'arte della pictura*, 1584.

Bruno, G., *De gli eroici furori,* 1585.

Patrizi, F., *Della poëtica. La deca disputata*, 1586.

Lomazzo, G. P., *Idea del tempio della pittura*, 1590.

Varchi, B., *Libro della beltà e grazia*, 1590.

Bruno, G., *De vinculis in genere*, 1591.

Comanini, G., *Il Figino,* 1591.

Ripa, C., *Iconologia, ampliata dal G. Zaratino-Castellini*, 1593.

Goclenius, R., *Lexicon Philosophicum*, 1607.

Lope de Vega, C. F., *Mouvel art dramatique (Arte neuvo de haces comedias, 1609) French tr.,* 1861.

Buonarroti, M., *Rime*, 1623.

Lord Herbert of Cherbury, E., *Tractatus de veritate prout distinguitur a revelatione, a verisimili a possibili et a falso*, 1624.

Grotius, H., *De iure belli et pacis*, 1625.

Alsted, J. H., *Encyclopaedia, VII tomis distincta*, 1630.

Nifo, A., *De pulchro*, 1631.

Galilei, G., *Dialogo sopra i due massimi sistemi del mondo*, 1632.

Junius, F. , *De pictura veterum*, 1638.

Pallavicino, P. S., *Considerazioni sopra l'arte dello stile e del dialogo*, 1646.

Gracian, B., *Agudeza y arte de ingenio*, 1648.

Gracian, B., *El Criticōn,* 1651-1657.

Leonard da Vinci, *Trattato della pittura*, 1651.

Pelisson, P., *Relation contenant l'histoire de l'Académie Française*, 1653.

Tesauto, E., *Canocchiale Aristotelico*, 1654.

Du Fresony, *De Arte Graphica*, 1668.

Bellori, G. P., *Le vite dei pittori, scultori ed architetti moderni*, 1672.

Spinoza, B., *Epistola ad H. Boxel,* 1674.

Sandrart auf Stockau, J. v., *L'Accademia Todesca della architettura, scultura e pittura oder Teutsche Academie der edeln Bau- Bild- und Mahlerey-Künste,* 1675.

Baldinucci, F., *Vita del Cavaliere G.L. Bernini, scultore, architetto, pittore,* 1682.

Muratori, L. A., *Della perfetta poesia italiana,* 1706.

Muratori, L. A., *Reflessioni sopra il buon gusto nelle scienze e nelle arti*, 1707.

Gravina, G. V., *Della ration poetica*, 1708.

Vico, G., *De nostri temporis studiorum ratione*, 1709.

Zuccaro, F., *L'idea de pittori, scultori e d'architetti,* 1718.

Nicole, P., *Traité de la vraie et de la fausse beauté dans les ouvrages de l'esprit*, 1720.

Vico, G., *Principi di una scienza nuova d'intorno alla natura delle nazioni*, 1725.

Gottsched, J. C., *Versuch einer critischen Dichtkunst*, 1730.

Pico della Mirandola, G., *Commento alla canzone di G. Benivieni Dell'amore celeste e divino*, 1731.

Euler, L., *Tentamen novae theoriae musicae*, 1739.

Muratori, L. A., *Della forza della fantasia*, 1745.

Scheibe, J., *Critischer Musikus*, 1745.

Castiglione, B., *Lettere*, 1766-1771.

Marpurg, F. W., *Historisch-kritische Beyträge zur Aufnahme der Musik*, 1778.

Vives, J. L., *Collected writings*, 1782.

Gerbert, M. (ed.), *Musica Enchiridiasis*, 1784.

Śniadecki, J., *O pismach klasycznych i romatycznych [On Writings Classical and Romantic]*, 1818.

Gravina, G. V., *Della tragedia*, 1827.

Jeitteles, I., *Aesthetisches Lexikon*, 1839.

Alberti, L. B., *Della architettura, della pittura, della statua; Italian tr.*, 1843-1849.

Libelt, K., *Estetyka czyli umnictwo piękne [Aesthetics, or the Science of Beauty]*, 1849.

Wagner, R., *Oper und Drama*, 1851.

Tschernyschewski, N. G., *Die ästhetischen Beziehungen der Kunst zur Wirklichkeit*, 1853.

Burckhardt, J., *Die Kultur der Renaissance in Italien*, 1860.

Burckhardt, J., *Geschichte der Renaissance in Italien*, 1867.

Kremer, J., *Listy z Krakowa[Letters from Krakow]*, 1869.

Petrarca, F., *Epistolae de rebus familiaribus; Epistolae Seniles; de remediis utriusque fortunae*, 1874.

Kremer, J., *Pisma pomniejsze; Filozofia; Historia sztuki i estetyka, Pedagogika [Minor Works; Philosophy; History of Art and Aesthetics; Pedagogy]*, 1879

Liszt, F., *Gesammelte Schriften*, 1880-1883.

Mander, C. van (17th cent.), *Het Schilderboek*, 1884.
Wölfflin H., *Renaissance und Barock*, 1888.
Riegl, A., *Stilfragen: Grundlegungen zu einer Geschichte der Ornamentik*, 1893.
Piero della Francesca, *De perspectiva pingendi*, 1894.
Hollanda, F. da, *Les arts en Portugal*, 1896.
Tolstoy, L., *Chto takoye iskusstvo?[What is art?]*, 1898.
Spingarn, J. E., *A History of Literary Criticism in the Renaissance*, 1899.
Wölfflin H., *Die Klassische Kunst*, 1899.
Vossler, K., *Poetische Theorien in der italienischen Frührenaissance*, 1900.
Cassirer, K., *Die ästhetischen Hauptbegriffe der französischen Architekturtheoretiker 1650-1780*, 1909.
Mochnacki, M., *Pisma po raz pierwszy edycją ksiażkową objęte [Works for the First Time Published in Book Form]*, 1910.
Schneider, R., *L'esthétique classique chez Q. de Quincey*, 1910.
Wölfflin H., *Kunstgeschichtliche Grundbegriffe*, 1915.
Ptaśnik, J., *Cracovia artificium*, 1917.
Brzozowski, S., *Filozofia romantyzmu polskiego [The Philosophy of Polish Romanticism]*, 1924.
Mickiewicz, A., *Pisma estetyczno-krytyczne [Aesthetic and Critical Works]*, 1924.
Toffanin, G., *Il Cinquecento*, 1929.
Osgood, C. G. (ed), *Boccaccio on Poetry*, 1930.
Lohmüller, H., *Die französische Theorie der Malerei im 17 Jahrhundert*, 1931.
Lukomski, G. H., *I Maestri dell'architettura classica*, 1933.
Toffanin, G., *Storia dell'umanesimo*, 1933.
Mandowsky, E., *Untersuchungen zur Iconologie des Cesare Ripa*, 1934.
Kieszkowski, B., *Studi sul platonismo del Rinascimento in Italia*, 1936.
Scandura, S., *L'estetica di Dante, Petrarca, Boccaccio*, 1938.
Panofsky, E., *Studies in Iconology*, 1939.
Praz, M., *Studies in Seventeenth-Century Imagery*, 1939.
Blunt, A., *Artistic Theory in Italy 1450-1600*, 1940.
Garin, E., *Il Rinascimento italiano*, 1941.

Clements, R. J., *Critical Theory and Practice of the Pléiade,* 1942.

Pico della Mirandola, G., *Oratio de hominis dignitate*, 1942.

Kristeller, P. O., *The Philosophy of M. Ficino*, 1943.

Kristeller, P. O., *Humanism and Scholasticism in the Italian Renaissance,* 1944.

Antal, F., *Florentine Painting and Its Social Background,* 1947.

Benesch, O., *The Art of the Renaissance in Northern Europe*, 1947.

Einstein, A., *Music in the Romantic Era*, 1947.

Garin, E., *La disputa delle arti nel Quattrocento*, 1947.

Mahon, D., *Studies in Seicento Art and Theory*, 1947.

Lovejoy, A. O., *Essays in the History of Ideas,* 1948.

Stokes, A., *Art and Science: Study of Alberti, Piero della Francesca and Giorgione*, 1949.

Wittkower, R., *Architectural Principles in the Age of Humanism*, 1949.

Meiss, M., *Painting in Florence and Siena after the Black Death*, 1951.

Garin, E., *L'umanesimo italiano: Filosofia e vita civile nel Rinascimento,* 1952.

Mickiewicz, A., *Literatura slowiańska [Slavic Literature],* 1952.

Chastel, A., *Marsile Ficin et l'art*, 1954.

Sarbiewski, M. K., *De perfecta poësi, sive Vergilius et Homerus,* 1954.

Chastel, A., *Le baroque et la mort*, 1955.

Ivanoff, N., *Il concetto dello stile nella letteratura artistica del'500*, 1955.

Legrand, F. C. and F. Sluys, *Arcimboldo et les arcimboldesques*, 1955.

Wittkower, R., *G. L. Bernini, the Sculptor of the Roman Baroque*, 1955.

Cassirer, E., P. O. Kristeller and J. H. Randall, Jr., *The Renaissance Philosophy of Man: Petrarca, Valla, Ficino, Pico, Pomponazzi, Vives*, 1956.

Krautheimer, R., *Lorenzo Ghiberti*, 1956.

Sarbiewski, M. K., *Praecepta poëtica*, 1958.

Will, F., *Intelligible Beauty in Aesthetic Thought from Winckelmann to Victor Cousin*, 1958.

Chastel, A., *Art et humanisme à Florence au temps de Laurent le Magnifique,* 1959.

Bouchette, J., *Renaissance telle que nous a léguée Vasari,* 1959.

Vives, J. L., *De anima et vita,* 1959.

Barocchi, P. (ed.), *Trattati d'arte del Cinquecento fra Manierismo e Controriforma,* 1960.

Ellenius, A., *De arte pingendi: Latin Art Literature in XVIIth Century Sweden and Its International Background,* 1960.

Panofsky, E., *Renaissance and Renascenses in Western Art*, 1960.

Bialostocki, J., *Teoria i twórczość [Theory and Creativity],* 1961.

Briganti, G., *La maniera italiana*, 1961.

Clements, R. J., *Michelangelo's Theory of Art*, 1961.

Kristeller, P. O., *Renaissance Thought: the Classic, Scholastic and Humanist Strains*, 1961.

Morawski, S., *Studia z historii myśli estetycznej XVIII i XIX wieku [Studies in the History of Aesthetic Thought of XVIIIth and XIXth Centuries],* 1961.

Weinberg, B., *A History of Literary Criticism in the Italian Renaissance*, 1961.

Smyth, C. H., *Mannerism and Maniera*, 1963.

Starzyński, J., *O romantycznej syntezie sxtuki: Delacroix, Chopin, Baudelaire [The Romantic Synthesis of the Arts: Delacroix, Chopin, Baudelaire]*, 1965.

Teyssédre, B., *L'histoire de l'art vue du grand siècle,* 1965.

Teyssédre, B., *Roger de Piles et les dêbats sur le coloris au siècle de Louis XIV,* 1965.

Gombrich, E. H., *Norm and Form: Studies in the Art of the Renaissance,* 1966.

Minguet, P., *Esthétique du rococo*, 1966.

Pietraszko, S., *Doktryna literacka polskiego klasycyzmu [The Literary Doctrine of Polish Classicism]*, 1966.

Maurin-Bialostocka, J., *Lessing i sztuki plastyczne [Lessing and the Visual Arts],* 1969.

Praz, M., *Mnemosyne: The Parallel between Literature and the Visual Arts,* 1970.

Jaroszewski, T.S., *Architektura doby Oświecenia w Polsce. Nurty i odmiany [Polish Architecture in the Age of Enlightenment: Currents and Variants],* 1971.

Brunius, T., *Mutual Aid in the Arts: from the Second Empire to Fin de Siècle,* 1972.

Assunto, R., *L'antichità come futuro. Studio sull'estetica del neoclassicismo*

europero, 1973.
Beierwaltes, W., *Marsilio Ficinos Theorie des schönen im Kontext des Platonismus*, 1980.
Baldinucci, F., *Vocabolario Toscano dell'arte del Disegno Firenze,* 1681.
Bruyne, E. dc, *Geschiedenis van de Aesthetica: De Renaissance*, 1951.
Kieszkowski, B., *Platonism renesansowy [Renaissance Platonism],* 1935.
Muratori, L. A., *Della perfetta poesia*

■ 현대

Wellek, R., *A History of Modern Criticism*, 1750-1950.
Gantner, J. (ed.), *Heinrich Wölfflin 1864-1945. Autobiographie Tagebücher und Briefe*, 1982.
Volkelt, J., *Der symbol-Begriff in der neuesten Ästhetik*, 1876.
Souriau, P., *Théorie de l'invention*, 1881.
Nietzsche, F., *Die Geburt der Tragödie aus dem Geist der Musik Die fröhliche Wissenschaft*, 1882.
Nietzsche, F., *Also sprach Zarathustra*, 1883-1885.
Bergson, H., *Essai sur les données immédiates de la conscience*, 1889.
Nietzsche, F., *Götzen Dämmerung*, 1889
Souriau, P., *L'esthétique du mouvement*, 1889.
Freud, S., *Zur Auffassung der Aphasien*, 1891.
Bosanquet, B., *A History of Aesthetics,* 1892.
Hildebrand, A. von, *Das Problem der Form in der bildenden Kunst*, 1893.
Souriau, P., *La suggestion dans l'art*, 1893.
Bergson, H., *Matière et mémoire*, 1896.
Darwin, C., *The Expression of the Emotions in Man and Animals*, 1896
Gourmont, R. de, *Le livre des masques*, 1896-1898.
Volkelt, J., *Ästhetik des Tragischen*, 1897.
Krueger, F. E., *Der Begriff des absolut Wertvollen als Grundbegriff der Moralphilosophie*, 1898.
Bergson, H., *Le rire. Essai sur le signification du comique*, 1900.
Grosse, E., *Die Anfange der Kunst Kunstwissenschaftliche Studien*, 1900.
Hirn, Y., *The Origin of Art,* 1900.

Cohn, J., *Allgemeine Ästhetik,* 1901.

Nietzsche, F., *Der Wille zur Macht,* 1901.

Souriau, P., *L'imagination de l'artiste*, 1901.

Croce, B., *Estetica come scienza dell'espressione e linguistica generale,* 1902.

Groos, K., *Der ästhetische Genuß*, 1902.

Lipps, T., *Ästhetische Faktoren der Raumanschauung Vom Fühlen, Wollen und Denken*, 1902.

Saintsbury, G., *History of Criticism and Literary Taste, 3 vols.*, 1902.

Lipps, T., *Ästhetik. Psychologie des schönen und der Kunst,* 1903-1906.

Moore, G. E., *Principia Ethica*, 1903.

Witasek, S., *Grundzüge der allgemeinen Ästhetik*, 1904.

Hamann, R., *Architektur als Raumkunst,* 1905.

Münsterberg, H., *Principles of Art Education*, 1905.

Schmarsow, A., *Grundbegriffe der Kunstwissenschaft*, 1905.

Volkelt, J., *System der Ästhetik*, 1905-1914.

Dessoir, M., *Ästhetik und allgemeine Kunstwissenschaft*, 1906.

Raymond, G. L., *Essentials of Aesthetics*, 1906.

Souriau, P., *La rêverie esthétique*, 1906.

Bergson, H., *L'évolution créatrice* 1907

Freud, S., *Die Traumdeutung Der Wahn und die Träume in W. Jensens Gradiva*, 1907.

Lange, K., *Das Wesen der Kunst*, 1907.

Lalo, C., *L'esthétique expérimentale contemporaine*, 1908.

Lalo, C., *Esquisse d'une esthétique musicale scientifique*, 1908.

Mersmann, H., *Einführung in die Ästhetik der Gegenwart*, 1908.

Worringer, W., *Abstraktion und Einfühlung*, 1908.

Bradley, A. C., *Oxford Lectures on Poetry, 2nd ed.*, 1909.

Christiansen, B., *Philosophie der Kunst* 1909.

Hildebrand, A. von, *Gesammelte Aufsätze,* 1909.

Lalo, C., *Les sentiments esthétique*, 1909.

Müller-Freienfels, R., *Das Urteil in der Kunst*, 1909.

Wize, K. F., *Abriss einer Wissenschaftslehre der Ästhetik,* 1909.

Croce, B., *Problemi di estetica e contributi alla storia dell'estetica ital.*, 1910.

Freud, S., *Eine Kindheiterinnerung des Leonardo da Vinci*, 1910.

Geiger, M., *Das Problem der Scheingefühle*, 1910.

Kandinsky, W., *Über das Geistige in der Kunst*, 1910.

Behn, I., *L. B. Alberti als Kunstphilosoph,* 1911.

Hamann, R., *Ästhetik,* 1911.

Schönberg, A., *Harmonielehre*, 1911.

Bullough, E., *Psychical distance* 1912.

Gleizes, A. and J. Metzinger, *Du Cubisme*, 1912.

Harrison, J., *Themis: A Study of the Social Origins of Greek Religion*, 1912.

Müller-Freienfels, R., *Psychologie der Kunst,* 1912-1933.

Apollinaire, G., *Les Peintres Cubistes*, 1913.

Croce, B., *Breviario di Estetica. Quattro Lezioni*, 1913.

Fiedler, C., *Schriften über Kunst*, 1913.

Fiedler, K., *Schriften über Kunst*, 1913-1914.

Freud, S., *Totem und Tabu*, 1913.

Geiger, M., *Beiträge zur Phänomenologie des ästhetischen Genusses*, 1913.

Halm, A. Von, *Von zwei Kulturen der Musik*, 1913

Harrison, J., *Ancient art and ritual*, 1913

Husserl, E., *Ideen zu einer reinen Phänomenologie und phänomenologischen Philosophie,* 1913.

Read, H., *The meaning of art*, 1913.

Souriau, P., *L'esthétique de la lumière*, 1913.

Tietze, H., *Die Methode der Kunstgeschichte*, 1913.

Bell, C., *Art*, 1914.

Mersmann, H., *System der Ästhetik*, 1914.

Utitz, E., *Grundlegung der allgemeinen Kunstwissenschaft*, 1914

Dresdner, A., *Die Entstehung der Kunstkritik, I 1915 (new ed 1957)*.

Goldschmidt, H., *Die Musik-Ästhetik des 18. Jahrhunderts*, 1915.

Cassirer. E., *Freiheit und Form*, 1916.

Collingwood, R. G., *Religion and Philosophy*, 1916.

Saussure, F. de, *Cours de linguistique générale*, 1916.

Carr, H. W., *The Philosophy of Benedetto Croce: the Problem of Art and History*, 1917.

Lam, A., *Polska awangarda poetyka, Programy lat 1917-1923 [The Polish Poetic Avant-Garde: the Programs of 1917-1923].*

Medicus, F., *Grundfragen der Ästhetik*, 1917.

Bloch, E., *Geist der Utopie*, 1918.

Krüger, F. E., *Zur Philosophie und Psychologie der Ganzheit*, 1918-1940.

Bergson, H., *L'énergie spirituelle,* 1919.

Valentine, C. W., *An Introduction to the Experimental Psychology of Beauty,* 1919.

Witkiewicz, S. I., *Nowe formy w malarstwie [New Forms in Painting]*, 1919.

Alain, E. C., *Système des beaux arts,* 1920.

Alexander, S., *Space, Time and Deity*, 1920.

Freud, S., *Jenseits des Lustprinzips*, 1920.

Fry, R., *Vision and design*, 1920.

Hambidge, J., *Dynamic Symmetry,* 1920.

Langfeld, H., *The Aesthetic Attitude*, 1920.

Meckauer, W., *Wesenhafte Kunst: Ein Aufbau*, 1920.

Parker, D. W. H., *The Principles of Aesthetics*, 1920.

Rickert, H., *Kulturwissenschaft und Naturwissenschaft Die Philosophie des Lebens*, 1920.

Volkelt, J., *Das ästhetische Bewusstsein*, 1920.

Cassirer. E., *Idee und Gestalt. Goethe, Schiller, Hölderlin, Kleist*, 1921.

Külpe, O., *Grundlagen der Ästhetik,* 1921.

Lalo, C., *L'art et la vie sociale*, 1921.

Lavelle, L., *La dialectique du monde sensible*, 1921.

Lavelle, L., *La perception visuelle de la profondeur*, 1921.

Jaspers, K., *Strindberg und Van Gosh*, 1922.

Kurth, E., *Grundlagen des linearen Kontrapunkts*, 1922.

Lalo, C., *L'art et la morale*, 1922.

Moos, P., *Die Philosophie der Musik von Kant bis Eduard von Hartmann*, 1922.

Mustoxidi, T. M., *Éléments d'esthétique*, 1922.

Segond, J., *Le problème du génie*, 1922.

Simmel, G., *Zur Philosophie der Kunst. Philosophische und*

kunstphilosophische Aufsätze, 1922.
Witkiewicz, S. I., *Szkice esthetyczne [Aesthetic Sketches]*, 1922.
Bäumler, A., *Das Irrationalität problem in der Ästhetik und Logik des 18. Jahrhunderts bis zur Kritik der Urteilskraft*, 1923.
Bosanquet, B., *Three Lectures on Aesthetics*, 1923.
Buber, M., *Ich und Du*, 1923.
Cassirer. E., *Philosophie der symbolischen Formen*, 1923-1929.
Doucet, F., *L'esthétique d'Emile Zola, et son application à la critique*, 1923.
Freud, S., *Das Ich und das Es*, 1923.
Huber, K., *Der Ausdruck musikalischer Elementarmotive*, 1923.
Le Corbusier (Charles Edouard Jeanneret), *Vers une architecture*, 1923.
Novak, M., *Les bases de la science de l'art*, 1923.
Scheler, M., *Wesen und Formen der Sympathie*, 1923.
Trotsky, L., *Literatura I revolyutsiya [Literature and Revolution]*, 1923.
Valéry, P., *Eupalinos,* 1923.
Walzel, O., *Gehalt und Gestalt im Kunstwerk des Dichters,* 1923.
Breton, A., *Premier manifeste du surréalisme*, 1924.
Dvořak, M., *Kunstgeschichte als Geistesgeschichte*, 1924.
Hulme, T. E., *Speculations,* 1924.
Le Corbusier (Charles Edouard Jeanneret), *Urbanisme,* 1924.
Le Corbusier (Charles Edouard Jeanneret) and A. Ozenfant, *La peinture moderne,* 1924.
Lützeler, H., *Formen der Kunsterkenntnis*, 1924.
Ogden, C. K. and I. A. Richards, *The Foundations of Aesthetics*, 1924.
Panofsky, E., *Idea, ein Beitrag zur Begriffgeschichte der älteren Kunsttheorie* 1924, 1960.
Richards, I., *Principles of Literary Criticism*, 1924.
Schlosser, J. v., *Die Kunstliteratur: ein Handbuch zur Quellenkunde der neueren Kunstgeschichte*, 1924.
Wize, K. F., *Nauka o pięknie i sztuce w zarysie [An Outline of the Science of Beauty and Art]*, 1924.
Collingwood, R. G., *Outline of a philosophy of art*, 1925.
Lalo, C., *Esthétique*, 1925.

Souriau, E., *L'abstraction sentimentale*, 1925.
Souriau, E., *Pensée vivante et perfection formelle*, 1925.
Thornburn, J., *Art and Unconsciousness: A Psychological Approach to a Problem of Philosophy*, 1925.
Valéry, P., *Variété, I-V*, 1925-1944.
Whitehead, A. N., *Science and modern world*, 1925.
Witwicki, W., *Psychologia*, 1925.
Besseler, H., *Grundfragen der Musikästhetik*, 1926.
Croce, B., *Nuovi saggi di Estetica I: Breviario di estetica*, 1926.
Gance, A., *La Beauté à travers le cinéma*, 1926.
Maritain, J., *Frontières de la poésie*, 1926.
Mersmann, H., *Angewandte Musikästhetik*, 1926.
Parker, D. W. H., *The analysis of art*, 1926.
Richards, I., *Science and Poetry*, 1926.
Zilsel, E., *Die Entstehung des Geniebegriffs. Ein Beitrag zur Ideengeschichte der Antike und des Frühkapitalismus*, 1926.
Butcher, S. H., *Aristotle's Theory of Poetry and Fine Art*, 1927.
Claudel, P., *Art poétique*, 1927.
Delacroix, H., *Psychologie de l'art*, 1927.
Dvořak, M., *Geschichte der italienischen Kunst*, 1927-1928.
Fauré, E., *L'esprit des formes*, 1927.
Ghyka, M. C., *Esthétique des proportions dans les arts*, 1927.
Gilbert, K., *Studies in Recent Aesthetics*, 1927.
Lalo, C., *Esthétique*, 1927.
Marcel, G., *Journal métaphysique*, 1927.
Odebrecht, R., *Grundlegung einer ästhetischen Werttheorie*, 1927.
Volkelt, J., *Grundlegung der Ästhetik*, 1927.
Whitehead, A. N., *Symbolism: Its Meaning and Effect*, 1927.
Whitehead, A. N., *Process and Reality*, 1927-1928.
Breton, A., *Le surréalisme et la peinture*, 1928.
Carnap, R., *Der Logische Aufbau der Welt*, 1928.
Chambers, F. P., *Cycles of Taste*, 1928.
Freud, S., *Kurzer Abriss der Psychoanalyse*, 1928.

Geiger, M., *Zugänge zur Ästhetik*, 1928.

Lavelle, L., *Sèrie 《La dialectique de l'éternel présent》, De l'être 1928, De l'acte 1934, Du temps et de l'éternité 1945, De l'âme humaine*, 1951.

Strzemiński, W., *Unizm w malarstwie [Unism in Painting]*, 1928.

Becker, O., *Von der Hinfälligkeit des Schönen und der Abenteuerlichkeit des Künstlers*, 1929.

Brémond, H., *Poésie pure,* 1929.

Brémond, H., *Poésie et prière*, 1929.

Cannon, W., *Bodily Changes in Pain, Hunger, Fear and Rage, 2nd ed.*, 1929.

Dewey, J., *The Philosophy of Art,* 1929.

Ducasse, C. J., *Philosophy of art*, 1929.

Frey, D., *Gotik und Renaissance als Grundlagen der modernen Weltanschauung*, 1929.

Häberlin, P., *Allgemeine Ästhetik*, 1929.

Inge, W. R., *The Philosophy of Plotinus, 2 vols*, 1929.

Köhler, W., *Gestalt psychology*, 1929.

Novak, M., *L'esthétique de Le Corbusier*, 1929.

Odebrecht, R., *Gefühl und schöpferische Gestaltung: Leitgedanken zu einer Philosophie der Kunst,* 1929.

Prall, D. W., *Aesthetic Judgement*, 1929.

Selincourt, E., *On Poetry*, 1929.

Serauky, W., *Die musikalische Nachahmungsästhetik im Zeitraum von 1700 bis 1850*, 1929.

Souriau, E., *L'avenir de l'esthétique*, 1929.

Asaf'ev, *Muzykal'naia forma kak protsess(Musical form as process)*, 1930, 1947.

Blaustein, L., *Przedstawienia imaginatywne [Imaginative Representation]*, 1930.

Christiansen, B., *Die Kunst*, 1930.

Empson, W., *Seven Types of Ambiguity*, 1930.

Freud, S., *Das Unbehagen in der Kultur,* 1930.

Maugham, W. S., *Cakes and Ale*, 1930.

Michel, P. H., *Un idéal humain au 15e siècle. La pensée de L. B. Alberti*, 1930.

Passarge, W., *Die Philosophie der Kunstgeschichte in der Gegenwart*, 1930.
Gentile, G., *Filosofia dell'arte*, 1931.
Ingarden, R., *Das literarische Kunstwerk*, 1931.
Peirce, S., *Collected Papers*, 1931-1958.
Pratt, C. C., *The Meaning of Music*, 1931.
Arnheim, R., *Film als Kunst. Mite. Vorwort zur Neuausg*, 1932.
Bergson, H., *Les deux sources de la morale et de la religion*, 1932.
Cassirer. E., *Die Philosophie der Aufklärung,* 1932.
Chambers, F. P., *A History of Taste: an Account of the Revolutions of Art Criticism and Theory in Europe*, 1932.
Häberlin, P., *Das ästhetische Leben*, 1932.
Jaspers, K., *Philosophie*, 1932.
Kuznitzky, G., *Die Seinssymbolik des schönen und die Kunst*, 1932.
Odebrecht, R., *Ästhetik der Gegenwart*, 1932.
Rodin, A., *L'art, entretiens réunis par Paul Gsell*, 1932.
Utitz, E., *Geschichte der Ästhetik,* 1932
Alexander, S., *Beauty and other Forms of Value*, 1933.
Birkhoff, G. D., *Aesthetic Measure*, 1933.
Bühler, K., *Die Axiomatik der Sprachwissenschaften*, 1933.
Collingwood, R. G., *An Essay on Philosophical Method 1933*.
Eleutheropoulos, A., *Le beau et l'art*, 1933.
Eliot, T. S., *The Use of Poetry and the Use of Criticism*, 1933.
Lalo, C., *L'expression de la vie dans l'art*, 1933.
Listowel, *Earl of, A Critical History of Modern Aesthetics*, 1933.
Baeumler, A., *Ästhetik (in Handbuch der Philosophie I)*, 1934.
Bayer, R., *L'esthétique de la grâce*, 1934.
Bayer, R., *Léonard de Vinci*, 1934.
Bergson, H., *La Pensée et le mouvant*, 1934.
Chandler, A. R., *Beauty and Human Nature*, 1934.
Cortot, A., *Cours d'interprétation,* 1934.
Dewey, J., *Art as Experience*, 1934.
Mumford, L., *Technics and civilization*, 1934.
Read, H., *Art and Industry,* 1934.

Schäfke, R., *Geschichte der Musikästhetik in Umrissen*, 1934.

Bachelard, G., *L'intuition de l'instant: Etude sur la Siloëde Gaston Roupnel*, 1935.

Brownell, B., *Art is Action*, 1935.

Hartmann, N., *Zur Grundlegung der Ontologie*, 1935.

Heidegger, M., *Der Ursprung des Kunstwerkes*, 1935.

Marcel, G., *Être et avoir*, 1935.

Nohl, H., *Die ästhetische Wirklichkeit*, 1935.

Servien, P., *Principes d'esthétique*, 1935.

Abell, W., *Representation and Form: A Study of Aesthetic Values in Representational Art*, 1936.

Bachelard, G., *La dialectique de la durée*, 1936.

Benjamin, W., *Das Kunstwerk im Zeitalter seiner technischen Reproduzierbarkeit*, 1936.

Brzozowski, S., *Kultura i życie. Zagadnienia sztuki i twórczości w walce o światopogląd [Culture and Life: Art and Creativity in the Struggle for a World View]*, 1936.

Feldman, V., *L'esthétique française contemporaine*, 1936.

Lovejoy, A. O., *The Great Chain of Being: a Study of the History of an Idea*, 1936.

Mottier, G., *Le phénomène de l'art*, 1936.

Mukařovský, J., *Ästhetische Funktion, Norm und ästhetischer Wert als soziale Fakten*, 1936.

Prall, D. W., *Aesthetic Analysis*, 1936.

Richards, I., *The Philosophy of Rhetoric*, 1936.

Sartre, J. P., *L'imagination*, 1936.

Adler, M., *Art and Prudence*, 1937

Bartlett, E. M., *Types of Aesthetic Judgement*, 1937.

Görland, A., *Ästhetik: Kritische Philosophie des Stils*, 1937.

Köhler, J., *Sein und Denken: Studien im Grenzgebiet von Logik, Ontologie und Sprachphilosophie*, 1937.

Pepper, S. C., *Aesthetic Quality*, 1937.

Plekhanov, G. V., *Art and Social Life, trans as Art and Society*, 1937.

Read, H., *Art and society,* 1937.
Soreil, A., *Le génie de l'image*, 1937.
Szathmary, A., *The Aesthetic Theory of Bergson*, 1937.
Bachelard, G., *La psychanalyse du feu*, 1938.
Collingwood, R. G., *The principles of art*, 1938.
Frankl, P., *Das System der Kunstwissenschaft*, 1938.
Huizinga, J., *Homo ludens*, 1938.
Lee, H. N., *Perception and Aesthetic Value*, 1938.
Lifshitz, M., *The Philosophy of Art of Karl Marx, trans.*, 1938.
Ogden, C. K. and I. A. Richards, *The Meaning of Meaning*, 1938.
Ogden, R. M., *The Psychology of Art,* 1938.
Schilling, K., *Das Sein des Kunstwerks*, 1938.
Thibaudet, A., *Réflexions sur le roman*, 1938.
Valéry, P., *Les divers essais sur Léonard de Vinci*, 1938.
Valéry, P., *Cours de poétique: Premiére leçon,* 1938.
Allen, W. D., *Philosophies of Music History*, 1939.
Collingwood, R. G., *An Autobiography*, 1939.
Gilbert, K. and H. Kuhn, *A History of Esthetics*, 1939.
Hook, S., John Dewey, *An Intellectual Portrait*, 1939.
Jankélévitch, V., *Maurice Ravel*, 1939.
Krüger, F. E., *Phantasie und Kunst*, 1939.
Lalo, C., *L'art loin de la vie*, 1939.
Lalo, C., *L'art et la vie*, 1939/1946/1947.
Morris, C. W., *Esthetics and the Theory of Signs*, 1939/1940.
Sartre, J. P., *Esquisse d'une théorie des émotions*, 1939.
Souriau, E., *Avoir une âme,* 1939.
Souriau, E., *L'Instauration philosophique*, 1939.
Urban, W. M., *Language and Reality: The Philosopy of Language and the Principles of Symbolism*, 1939.
Hartmann, N., *Der Aufbau der realen Welt: Grundriss der allgemeinen Kategorienlehre*, 1940.
Marcel, G., *Du refus à l'invocation*, 1940.
Perpeet, W., *Kierkegaard und die Grage nach einer Ästhetik der Gegenwart,*

1940.

Sartre, J. P., *L'imaginaire*, 1940.

Sartre, J. P., *L'idiot de la famille*, 1940.

Wölfflin, H., *Gedanken zur Kunstgeschichte. Gedrucktes und Ungedrucktes*, 1940.

Bollnow, O. F., *Das Wesen der Stimmungen*, 1941.

Burke, K., *Philosophy of Literary Form: Studies in Symbolic Action*, 1941.

Giedion, S., *Space, Time and Architecture: The Growth of a New Tradition*, 1941.

Schering, A., *Das Symbol in der Musik*, 1941.

Bachelard, G., *L'eau et les rêves: Essai sur l'imagination de la matière*, 1942.

Cicero, M. T., *De oratore*, 1942.

Davenson, H., *Traité de la musique selon l'esprit de Saint Augustin*, 1942.

Guzzo, A., *Arte e critica*, 1942.

Kallen, H. M., *Art and Freedom*, 1942.

Lalo, C., *L'art près de la vie*, 1942.

Lavelle, L., *La parole et l'écriture*, 1942.

Marrou, H., *Traité de la musique selon l'esprit de S. Augustin*, 1942.

Meier, N. C., *Art in Human Affairs: an Introduction to the Psychology of Art*, 1942.

Bachelard, G., *L'air et les songes: Essai sur l'imagination du mouvement*, 1943.

Faber, M., *The Foundation of phenomenology*, 1943.

Gouhier, H., *L'essence du théâtre*, 1943.

Gropius, W., *Scope of the Total Architecture*, 1943.

Heyl, B. C., *New Bearings in Aesthetics and Art Criticism: a Study in Semantics and Evaluation*, 1943.

Medicus, F., *Von Wahren, Guten und Schönen*, 1943.

Novak, M., *Esthétique tchèque*, 1943.

Read, H., *Education through Art*, 1943.

Sartre, J. P., *L'être et le néant: Essai d'ontologie phénoménologique*, 1943.

Segond, J., *La signification de la tragédie*, 1943.

Souriau, E., *Les différents modes d'existence*, 1943.

Cassirer. E., *An Essay on Man: An Introduction to a Philosophy of Human Culture*, 1944.

Johnson, M., *Art and Scientific Thought*, 1944.

Mottier, G., *Art et Conscience*, 1944.

Polin, R., *La création des valeurs*, 1944.

Stevenson, C. L., *Ethics and Language*, 1944.

Collingwood, R. G., *The Idea of History*, 1945.

Ducasse, C. J., *Art, the Critics and You*, 1945.

Klee, P., *Über die moderne Kunst*, 1945.

Marcel, G., *Homo viator*, 1945.

Merleau-Ponty, M., *La phénomenologie de la perception*, 1945.

Read, H., *A Coat of Many Colours*, 1945.

Venturi, L., *Storia della critica d'arte*, 1945.

Auerbach, E., *Mimesis: Dargestellte Wirklichkeit in der abendländischen Literature*, 1946.

Frey, D., *Kunstwissenshcaftliche Grundfragen*, 1946.

Gantner, J. (ed.), *Heinrich Wölfflin, Kleine Schriften 1886-1933*, 1946.

Hersch, J., *L'être et la forme*, 1946.

Hospers, J., *Meaning and truth in the art,* 1946.

Morris, C. W., *Sign, Language and Behavior*, 1946.

Nahm, M. C., *Aesthetic Experience and its Presupposition*, 1946.

Ragghianti, C. L., *Commenti di Critica d'arte*, 1946.

Staiger, E., *Grundbegriffe der Poetik*, 1946.

Stravinsky, I., *Poétique musicale*, 1946.

Villiers, A., *La psychologie du comédien*, 1946.

Brelet, G., *Esthétique et création musicale*, 1947.

Callahan, L., *A Theory of Esthetics according to the principles of St. Thomas Aquinas*, 1947.

Carritt E.F (ed.), *Philosophies of Beauty, From Socrates to Robert Bridges*, 1947.

Dufrenne, M., *Karl Jaspers et la philosophie de l'existence*, 1947.

Ehrlich, W., *Ästhetik*, 1947.

Gilmore Holt, E. (ed.), *The Literary Sources of Art History*, 1947.

Gotshalk, D. W., *Art and social order*, 1947.

Greene, T. M., *The Arts and the Art of Criticism*, 1947.

Jaspers, K., *Über das Tragische*, 1947.

Lalo, C., *Les grandes evasions esthétiques*, 1947.

Lalo, C., *L'économie des passions*, 1947.

Leibowitz, R., *Arnold Schönberg et son École: L'étape contemporaine du langage musical*, 1947.

Ragghianti, C. L., *L'arte e la critica,* 1947.

Sartre, J. P., *Qu'est-ce que la littérature*, 1947.

Schloezer, *B. de, Introduction à J. S. Bach*, 1947.

Segond, J., *Traité d'esthétique*, 1947.

Servien, P., *Sagesse et poésie*, 1947.

Servien, P., *Science et poésie*, 1947.

Souriau, E., *La correspondance des arts: eléments d'esthétique comparée*, 1947.

Weisbach, W., *Vom Geschmack und seinen Wandlungen*, 1947.

Arp, H., *On My Way*, 1948.

Bachelard, G., *La terre et les rêveries de la volonté: Essai sur l'imagination des forces*, 1948.

Bachelard, G., *La terre et les rêveries du repos: Essai sur les images de l'intimité*, 1948.

Berenson, B., *Aesthetics and History*, 1948.

Giedion, S., *Mechanization Takes Command: A Contribution to Anonymous History*, 1948.

Guardini, R., *Über das Wesen des Kunstwerks*, 1948.

Hamann, R., *Aufsätze über Ästhetik*, 1948.

Handschin, J., *Der Toncharakter*, 1948.

Hyman, S. E., *The Armed Vision: A Study in the Methods of Modern Literary Criticism*, 1948.

Kainz, F., *Vorlesungen über Ästhetik*, 1948.

Kayser, W., *Das sprachliche Kunstwerk: Eine Einführung in der Literaturwissenschaft*, 1948.

Merleau-Ponty, M., *Sens et non-sens*, 1948.

Mukařovské, J., *Kapitel aus Poetik*, 1948.

Murray, H. A. and C. Kluckhorn, *Personality in Nature, Society and Culture,*

1948.
Piguet, J. C., *Découverte de la musique*, 1948.
Stefanini, L., *La metafisica dell'arte*, 1948.
Adorno, T. W., *Philosophie der neuen Musik*, 1949.
Alain, E. C., *Propos sur l'esthétique*, 1949.
Bollnow, O. F., *Das Verstehen: Drei Aufsätze zur Theorie der Geisteswissenschaften*, 1949.
Brelet, G., *Le temps musical*, 1949.
Chase, R., *Quest for Myth*, 1949.
Cuvelier, A., *La musique et l'homme*, 1949.
Dubuffet, J., *L'art brut préféré aux arts culturels*, 1949.
Eisenstein, S., *Film Form: Essays in Film Theory*, 1949.
Frey, D., *Grundlegung zu einer vergleichenden Kunstwissenschaft*, 1949.
Gantner, J., *Schönheit und Grenzen der klassischen Form*, 1949.
Gauss, C. E., *The Aesthetic Theories of French Artists*, 1949.
Jankélévitch, V., *Debussy et le mystère*, 1949.
Langer, S. K., *Philosophy in a new key*, 1949.
Munro, T., *The Arts and Their Interrelations*, 1949.
Pepper, S. C., *The Basis of Criticism in the Arts*, 1949.
Ransom, J. C., *The New Criticism*, 1949.
Slonimsky, N., *Music Since 1900*, 1949.
Stallman, R. W. (ed.), *Critiques and Essays in Criticism*, 1949.
Stefanini, L., *La metafisica della Persona*, 1949.
Wellek, R. and A. Warren, *Theory of Literature*, 1949.
Belaval, Y., *L'esthétique sans paradoxe de Diederot*, 1950.
Chernyshevsky, N. G., *Izbranniye filosofskiye sochinyeniya, 3 vols*, 1950-1951.
Heidegger, M., *Wozu Dichter?*, 1950.
Schneider, D. E., *The Psychoanalyst and the Artist*, 1950.
Schönberg, A., *Style and idea*, 1950.
Souriau, E., *Les deux cent mille situations dramatiques*, 1950.
Strunk, O., *Source readings in music history*, 1950.
Weitz, M., *Philosophy of the Arts*, 1950.
Adorno, T. W., *Minima Moralia*, 1951.

Bachelard, G., *La poétique de l'espace*, 1951.

Brelet, G., *L'interprétation créatrice*, 1951.

Copleston, F. C., *A History of Philosophy*, 1951.

Francastel, P., *Peinture et société*, 1951.

Gilson, E., *L'école des muses*, 1951.

Goodman, N., *The Structure of Appearance*, 1951.

Haase, O., *Musisches Leben*, 1951.

Hauser, A., *The Social History of Art*, 1951.

Heidegger, M., *Erläuterungen zu Hölderlins Dichtung*, 1951.

Lavelle, L., *Traité des valeurs*, 1951/55.

Marcel, G., *Les hommes contre l'humain*, 1951.

Michel, A., *Psychanalyse de la musique*, 1951.

Panofsky, E., *Gothic Architecture and Scholasticism*, 1951.

Buck, A., *Italienische Dichtungslehren vom Mittelalter bis zum Ausgang der Renaissance*, 1952.

Ghiselin, B. (ed.), *The Creative Process: A Symposium*, 1952.

Gouhier, H., *Le théâtre et l'existence*, 1952.

Grinten, E., *Enquiries into the History of Art: Historical Writing*, 1952.

Lippmann, E., *Music and space: a study in the philosophy of music*, 1952

Maritain, J., *Creative Intuition in Art and Poetry*, 1952.

Mead, H., *An Introduction to Aesthetics*, 1952.

Mumford, L., *Art and Technics*, 1952.

Osborne, H., *Theory of Beauty*, 1952.

Perelman, C. and L. Olbrechts-Tyteca, *Rhétorique et philosophie: pour une théorie de l'argumentation en philosophie*, 1952.

Perret, A., *Contribution à une théorie de l'architecture*, 1952.

Read, H., *The Philosophy of Modern Art*, 1952.

Vial, J., *De l'être musical*, 1952.

Weischedel, W., *Die Triefe im Antilitz der Welt: Entwurf einer Metaphysik der Kunst*, 1952.

Barthes, R., *Le degré zéro de l'écriture*, 1953.

Bayer, R., *Essais sur la Méthode en Esthétique*, 1953.

Bidney, D., *Theoretical Anthropology*, 1953.

Dahlhaus, C., *Zu Kants Musikästhetik*, 1953.

Dufrenne, M., *Phénoménologie de l'expérience esthétique*, 1953.

Dufrenne, M., *La personnalité de base: Un concept sociologique*, 1953.

Ehrenzweig, A., *The Psycho-Analysis of Artistic Vision and Hearing*, 1953.

Gantner, J., *Rodin und Michelangelo*, 1953.

Gombrowicz, W., *Dziennik[Diary]*, 1953-1956.

Guzzo, A., *Estetica*, 1953.

Hartmann, N., *Ästhetik*, 1953.

Kris, E., *Psycholanalytic Explorations in Art*, 1953.

Langer, S. K., *Feeling and Form*, 1953.

Lefèbre, H., *Contribution à l'esthétique*, 1953.

Nèdoncelle, M., *Introduction à l'esthétique*, 1953.

Paulhan, J., *Traité des figures ou la rhétorique decryptée*, 1953.

Picon, G., *L'écrivain et son ombre*, 1953.

Servien, P., *Esthétique*, 1953.

Souvtchinsky, P., *Musique russe*, 1953.

Spargo, E. J. M., *The Category of the Aesthetic in the Philosophy of Saint Bonaventura*, 1953.

Stepun, F., *Theater und Film*, 1953.

Ushenko, A. P., *Dynamics of Art*, 1953.

Vivas, E. and M. Krieger, *The Problems of Aesthetics*, 1953.

Wittgenstein, L., *Philosophische Untersuchungen*, 1953.

Elton, W. (ed.), *Aesthetics and Language*, 1954.

Georgiades, T., *Musik und Sprache: Das Werden der abendländischen Musik, dargest. an der Vertonung der Messe*, 1954.

Heidegger, M., *Vorträge und Aufsätze*, 1954.

Huber, K., *Musicästhetik*, 1954.

Koller, H., *Die Mimesis in der Antike*, 1954.

Kuhn, H., *Begegnung mit dem Sein*, 1954.

Lissa, Z., *Fragen der Musikästhetik*, 1954.

Mustoxidi, T. M., *Esthétique objective*, 1954.

Padovani, V. A. and A. M. Moschetti (ed.), *Grande Antologia Filosofica, 21 vols,* 1954-1971.

Pareyson, L., *Estetica, teoria della formatività*, 1954.
Wimsatt Jr. W .K., *The Verbal Icon*, 1954.
Adorno, T. W., *Prismen. Kulturkritik und Gesellschaft*, 1955.
Alquié, F., *La philosophie du surréalisme*, 1955.
Arnett, W. E., *Santayana and the Sense of Beauty*, 1955.
Banham, R., *Machine Aesthetics*, 1955.
Betti, E., *Teoria generale della interpretazione*, 1955.
Bru, C.-P., *Esthétique de l'abstraction*, 1955.
Chernyshevsky, N. G., *Estyeticheskiye otonosheniya iskusstva k dyeystvitelnosti*, 1955.
Erlich, V., *Russian Formalism: History, Doctrine*, 1955.
Fucks, W., *Mathematische Analyse von Sprachelementen, Sprachstil und Sprachen*, 1955.
Lévi-Strauss, C., *Tristes tropiques*, 1955.
Lukács, G., *Der historische Roman*, 1955.
Marcuse, H., *Eros and civilization: A philosophical inquiry into Freud*, 1955.
Mersmann, H., *Musikgeschichte in der abendländischen Kultur*, 1955.
Osborne, H., *Aesthetics and Criticism*, 1955.
Panofsky, E., *Meaning in the Visual Art*, 1955.
Pepper, S. C., *The Works of Art*, 1955.
Read, H., *Icon and Idea*, 1955.
Souriau, E., *L'ombre de Dieu*, 1955.
Staiger, E., *Die Kunst der Interpretation: Studien zur deutschen Literaturgeschichte*, 1955.
Stefanini, L., *Trattato di Estetica*, 1955.
Tomkiewicz, W. (ed.), *Pisarze polskiego Odrodzenia o sztuce [Polish Renaissance Writers on Art]*, 1955.
Veinstein, A., *La mise en scène thèâtrale et sa condition esthétique*, 1955.
Vivas, E., *Creation and Discovery*, 1955.
Adorno, T. W., *Dissonanzen: Musik in der verwalteten Welt, 1956.*
Bayer, R., *Traité d'esthétique*, 1956.
Besenbruch, W., *Zum Problem des Typischen in der Kunst: Versuch über den Zusammenhang der Grundkategorien der Ästhetik*, 1956.

Brion, M., *Art abstrait*, 1956.
Charpier, J. and P. Seghers, *L'art poétique*, 1956.
Chastel, A., *L'art italien*, 1956.
Francastel, P., *Art et Technique aux XIXe et XXe siècle*, 1956.
Huyghe, R., *Dialogue avec le visible*, 1956.
Jaffé, H. L. C., *De Stijl: 1917-1931*, 1956.
Klee, P., *Das bildnerische Denken: Schriften zur Form- und Gestaltungslehre*, 1956.
Lukâcs, G., *Beiträge zur Geschichte der Ästhetik*, 1956.
Meyer, L.B., *Emotion and Meaning in Music*, 1956.
Moles, A., *Théorie de l'information et perception esthétique*, 1956.
Munro, T., *Toward science in aesthetics*, 1956.
Nahm, M. C., *Artist as Creator*, 1956.
Sullivan, L. H., *The Autobiography of an Idea*, 1956.
Venturi, L., *Four Steps Toward Modern Art*, 1956.
Zuckerkandl, V., *Sound and Symbol*, 1956.
Ballard, E. G., *Art and Analysis*, 1957.
Barthes, R., *Mythologies*, 1957.
Bullough, E., *Aesthetics: Lectures and Essays*, 1957.
Cassirer. E., *Das Erkenntnisproblem in der Philosophie und Wissenschaft der neueren Zeit*, 1957.
Eysenck, H. J., *Uses and Abuses in Psychology*, 1957.
Fink, E., *Oase des Glücks: Gedanken zu einer Ontologie des Spiels,* 1957.
Frye, N., *The Anatomy of Criticism*, 1957.
Gabo, N. and A. Pevsner, *The Manifesto of 1920*, 1957.
Gilmore Holt, E. (new ed), *A Documentary History of Art*, 1957-1958.
Grassi, E., *Kunst und Mythos*, 1957.
Halcour, D., *Die Lehre vom schönen im Rahmen der Transzendentalienlehre der Metaphysik der frühen Franziskanerschule von Paris*, 1957.
Hamburger, K., *Die Logik der Dichtung*, 1957.
Jankélévitch, V., *Le nocturene*, 1957.
Jankélévitch, V., *Le je ne sais quoi et le presque rien*, 1957.
Langer, S. K., *Problems of art*, 1957.

Malraux, A., *La métamorphose des dieux*, 1957.

Meinong, A., *Abhandlungen zur Erkenntnistheorie*, 1957.

Moles, A., *La création scientifique*, 1957.

Phillips, W. (ed.), *Art and Psychoanalysis*, 1957.

Zurko, E. R. de, *Origins of the Functionalist Theory*, 1957.

Alain, E. C., *Les arts et les dieux*, 1958.

Beardsley, M., *Aesthetics: Problems in the Philolsophy of Criticism*, 1958.

Becker, O., *Von der Abenteuerlichkeit des Künstlers und der vorsichtigen Verwegenheit des Philosophen*, 1958.

Caillois, R., *Les jeux et les hommes*, 1958.

Castelli, E., *Le demoniaque dans l'art*, 1958.

Eysenck, H. J., *Sense and Nonsense in Psychology*, 1958.

Francès, R., *La perception de la musique*, 1958.

Fucks, W., *Mathematische Analyse der Formalstruktur von Musik*, 1958.

Gantner, J., *Schicksale des Menschenbildes: von der romanischen Stilisierung zur modernen Abstraktion*, 1958.

Gilson, E., *Peinture et réalité*, 1958.

Gouhier, H., *L'oeuvre thèâtrale*, 1958.

Hauser, A., *Sozialgeschichte der Kunst und Literatur Philosophie der Kunstgeschichte*, 1958.

Hungerland, I. C., *Poetic Discourse*, 1958.

Langer, S. K., *Reflections on Art*, 1958.

Lefèbre, H., *Critique de la vie quotidience*, 1958.

Mathewson, Jr., R. W., *The Positive Hero in Russian Literature*, 1958.

Perelman, C., *La nouvelle rhétorique: Traité de l'argumentation*, 1958.

Sedlmayr, H., *Art in Crisis: the Lost Center*, 1958.

Seerveld, C. G., *Benedetto Croce's Earlier Aesthetic Theories and Literary Criticism*, 1958.

Seuphor, M., *A Dictionary of Abstract Painting*, 1958.

Berlinger, R., *Das Werk der Freiheit: Zur Philosophie von Geschichte, Kunst und Technik*, 1959.

Bloch, E., *Gesamtausgabe in 16 Bde*, 1959-1978.

Bloch, E., *Das Prinzip Hoffnung*, 1959.

Brentano, F., *Grundzüge der Ästhetik*, 1959.
Cooke, D., *The language of music*, 1959.
Dufrenne, M., *La notion d'a priori*, 1959.
Grenier, J., *Essais sur la peinture contemporaine*, 1959.
Hauser, A., *The Philosophy of Art History*, 1959.
Huisman, D., *L'esthétique*, 1959.
Lefèbre, H., *Introduction a la modernité*, 1959-1961.
Marzorati (ed), *Momenti e problemi di storia dell'estetica*, 1959.
Michelis, P. A., *Esthétique de l'art byzantin*, 1959.
Piguet, J. C., *De l'esthetique a la metaphysique*, 1959.
Reese, G., *Music in the Renaissance*, 1959.
Schannon, C. and W. Weaver, *The Mathematical Theory of Communication*, 1959.
Stolovich, L. N., *Estyeticheskoye v dyestfityelnosti i v iskusstviye*, 1959.
Arnheim, R., *Art and visual perception*, 1960.
Banham, R., *The First Machine Age*, 1960.
Berlyne, D. E., *Conflict, Arousal, and Curiosity*, 1960.
Ekman, R., *Problems and Theories in Modern Aesthetics*, 1960.
Fink, E., *Spiel als Weltsymbol*, 1960.
Frankl, P., *The Gothic*, 1960.
Gadamer, H. G. *Wahrheit und Methode*, 1960.
Giesz, L., *Phänomenologie des Kitsches: Ein Beitrag zur anthropologischen Ästhetik*, 1960.
Guardini, R., *Von heiligen Zeichen*, 1960.
Ingarden, R., *Untersuchungen zur Ontologie der Kunst*, 1960.
Jakobson, R., *Linguistik und Poetik*, 1960.
Jankélévitch, V., *La musique et l'ineffable*, 1960.
Kaufmann, F., *Das Reich des Schönen: Bausteine zu einer Philosophie der Kunst*, 1960.
Kuhn, H., *Wesen und Wirken des Kunstwerks*, 1960.
Lausberg, H., *Handbuch der literarischen Rhetorik*, 1960.
Maritain, J., *The responsibility of the Artist*, 1960.
Merleau-Ponty, M., *Signes*, 1960.

Morpurgo-Tagliabue, G., *L'Esthétique contemporaine*, 1960.

Murray, H. A. (ed), *Myth and Mythmaking*, 1960.

Mustoxidi, T. M., *Kunst-und Dichtungs-Theorien zwischen Aufklärung und Klassik*, 1960.

Pareyson, L., *L'estetica e i suoi problemi*, 1960.

Piguet, J. C., *L'oeuvre de philosophie*, 1960.

Rader, M., *A Modern Book of Esthetics*, 1960.

Read, H., *The Form of Things Unknown,* 1960.

Redeker, H., *Geschichte und Gesetze des Ästhetischen*, 1960.

Sedlmayr, H., *Die revolution der modernen Kunst*, 1960.

Stolnitz, J., *Aesthetics and Philosophy of Art Criticism*, 1960.

Tagliabue, G. M., *L'esthétique contemporaine*, 1960.

Tertz, A., *On Socialist Realism, trans.*, 1960.

Wright, F. L., *Writings and Buildings*, 1960.

Bachelard, G., *La poétique de la rêverie*, 1961.

Bachelard, G., *La flamme d'une chandelle*, 1961.

Bahr, H. E., Poiesis: *Theologische Untersuchung der Kunst*, 1961.

Bayer, R., *L'esthétique mondiale au XXe siècle*, 1961.

Bayer, R., *Histoire de l'esthétique*, 1961.

Brion, M., *Art fantastique*, 1961.

Dräger, H. H. and A. Wellek, *Musik-Ästhetik* 1961.

Foucault, M., *Folie et déraison: Histoire de la folie à l'âge classique*, 1961.

Gombrich, E. H., *Art and Illusion, 2nd ed.*, 1961.

Greenberg, C., *Art and Culture: Critical Essays*, 1961.

Merleau-Ponty, M., *L'oeil et l'esprit*, 1961.

Moles, A., *Les musiques expérimentales*, 1961.

Orsini, G. N. G., *Benedetto Croce: Philosopher of Art and Literary Critic*, 1961.

Pareyson, L., *I problemi attuale dell'estetica*, 1961.

Philipson, M., *Aesthetics Today*, 1961.

Schilling, K., *Die Kunst: Bedeutung, Entwicklung, Wesen, Gattungen*, 1961.

Sedlmayr, H., *Kunst und Wahrheit: Zur Theorie und Methode der Kunstgeschichte*, 1961.

Sedlmayr, H., *Verlust der Mitte*, 1961.

Sherburne, D. W., *A Whiteheadian Aesthetic: Some Implications of Whitehead's Metaphysical Speculation*, 1961.

Tomlin, E. W. F., *R. G. Collingwood*, 1961.

Weiss, P., *The World of Art*, 1961.

Wilkins, E. H., *Life of Petrarch*, 1961.

Adorno, T. W., *Einleitung in die Musiksoziologie*, 1962.

Austin, J. L., *How to Do Things with Words*, 1962.

Barzun, J. M., *Classic, Romantic and Modern, 2nd ed.*, 1962.

Betti, E., *Die Hermeneutik als allgemeine Methodik der Geisteswissenschaften*, 1962.

Derrida, J., *La voix et le phénomène*, 1962.

Donagan, A., *The Later Philosophy of R. G. Collingwood*, 1962.

Eco, U., *Opera aperta*, 1962.

Ehrlich, W., *Aphorismen zur Philosophie der Kunst*, 1962.

Fallico, A. B., *Art and Existentialism*, 1962.

Giedion, S., *The Eternal Present Vol. 1 The Beginnings of Art*, 1962.

Guthrie, W. K. C., *A History of Greek Philosophy*, 1962.

Kainz, F., *Aesthetics the Science, trans,* 1962.

Kuhn, H., *Das Sein und das Gute*, 1962.

Lalande, A., *Vocabulaire technique et critique de la philosophie, 9th ed*, 1962.

Loos, N., *Ins Leere gesprochen*, 1962.

Natanson, M., *Literature, Philosophy and the Social Sciences*, 1962.

Ovsiannikov, M. F. (ed.), *Istoriya estetiki: pamiatniki mirovoy esteticheskoy mysli, 4 vols*, 1962-1968.

Passeron, R., *L'oeuvre picturale et les fonctions de l'apparence*, 1962.

Schutze, A., *Collected Papers I/II/III*, 1962/1964/1966.

Valentine, C. W., *The Experimental Psychology of Beauty*, 1962.

Żórawski, J., *O budowie formy architektonicznej [The Structure of Architectonic Form]*, 1962.

Aldrich, V., *Philosophy of Art*, 1963.

Apel, K. O., *Die Idee der Sprache in der Tradition des Humanismus von Dante bis Vico*, 1963.

Barthes, R., *Sur Racine*, 1963.

Bloch, E., *Tübinger Einleitung in die Philosophie, 2 vols* 1963-64.

Bollnow, O. F., *Mensch und Raum*, 1963.

Dufrenne, M., *Language and Philosophy*, 1963.

Dufrenne, M., *Le poétique*, 1963.

Fishman, S., *The Interpretation of Art*, 1963.

Grabska, E. and H. Morawska (eds.), *Artyści o sztuce. Od Van Gogha do Picassa [Artists about Art: from van Gogh to Picasso]*, 1963.

Guze, J. (ed), *Malarze mówią o sobie, o swojej sztuce, o sztuce innych [Painters Talk about Themselves, Their Art and Others'Art]*, 1963.

Jakobson, R., *Essai de linguistique générale*, 1963.

Kenny, A., *Action, Emotion and Will*, 1963.

Landgrebe, L., *Der Weg der Phänomenologie*, 1963.

Ländmann, M., *Die absolute Dichtung. Essays zur philosophischen Poetik*, 1963

Levich, M., *Aesthetics and Philosophy of Criticism*, 1963.

Lukács, G., *Ästhetik. Die Eigenart des Ästhetischen*, 1963.

Lukács, G., *Die Theorie des Romans: Ein geschichts-philosophischer Versuch über die Formen der grossen Epik, 2nd ed.*, 1963.

Michelis, P. A., *Esthétique de l'architecture du béton armé*, 1963.

Minguet, P., *Le propos de l'art*, 1963.

Munro, T., *Evolution in the Arts*, 1963.

Ovsiannikov, M. F. and Z. V. Smirnova, *Ocherki istorii esteticheskikh ucheniy*, 1963.

Philipson, M., *Outline of a Jungian Aesthetics*, 1963.

Piguet, J. C., *Entretiens sur la musique*, 1963.

Ritter, J., *Landschaft: Zur Funktion des Ästhetischen in der modernen Gesellschaft*, 1963.

Sadzik, J., *Esthétique de Martin Heidegger*, 1963.

Sparshott, F. E., *The Structure of Aesthetics*, 1963.

Vivas, E., *The Artistic Transaction*, 1963.

Wellek, A., *Musikpsychologie und Musikästhetik: Grundriß der systematischen Musikwissenschaft*, 1963.

Wright, F. L., *The Natural House*, 1963.

Barr, A. H., *Cubism and Abstract Art*, 1964.

Barthes, R., *Essai critiques*, 1964.

Cennini, C., *Il libro dell'arte*, 1964.

Collingwood, R. G., *Essays in the Philosophy of Art (ed)*, 1964.

De Gerd Hatje (ed.), *Dictionnaire de l'architecture moderne*, 1964.

Eco, U., *Apocalittici e integrati,* 1964.

Gantner, J., *Rembrandt und die Verwandlung klassischer Formen*, 1964.

Giedion, S., *The Eternal Present Vol. 2. The Beginnings of Architecture*, 1964.

Gilson, E., *Introduction aux masse et sa culture*, 1964.

Hauser, A., *Der Manierismus. Die Krise der Renaissance und der Ursprung der modernen Kunst*, 1964.

Hofstadter, A. and K. Richard, *Philosophies of Art and Beauty*, 1964.

Jauß, H. R. (ed.), *Poetik und Hermeneutik: Arbeitsergebnisse einer Forschungsgruppe*, 1964.

Jung, C. G., *Man and his Symbols*, 1964.

Kennick, W. E. (ed.), *Art and Philosophy: Reading in Aesthetics*, 1964.

Koestler, A., *The Act of Creation*, 1964.

Lévi-Strauss, C., *Le cru et le cuit*, 1964.

Lippmann, E., *Musical thought in ancient Greece*, 1964.

Lukács, G., *Realism in Our Time*, 1964.

Makota, J., *O klasyfikacji sztuk pięknych [The Classification of the Fine Arts]*, 1964.

McLuhan, H. M., *Understanding Media: the Extensions of Man*, 1964.

Merleau-Ponty, M., *Le visible et l'invisible*, 1964.

Minguet, P., *L'art dans l'histoire*, 1964.

Panofsky, E., *Aufsätze zu Grundfragen der Kinstwissenschaft*, 1964.

Peter, K., *Die Lehre von der Schönheit nach Bonaventura*, 1964.

Tomas, V., *Creativity in the Arts*, 1964.

Zuckerkandl, V., *Vom musikalischen Denken*, 1964.

Aschenbrenner, K. and A. Isenberg, *Aesthetic Theories: Studies in the Philosophy of Art*, 1965.

Barrett, C. (ed.), *Collected Papers on Aesthetics*, 1965.

Bense, M., *Ästhetica: Einführung in die neue Ästhetik*, 1965.

Dilworth, E., *Boileau: Selected Criticism*, 1965.
Gehlen, A., *Zeit-Bilder: Zur Soziologie und Ästhetik der modernen Malerei*, 1965.
Gropius, W., *Die Neue Architektur und das Bauhaus*, 1965.
Hempel, C., *Aspect of Scientific Explanation and Other Essays in the Philosophy of Science*, 1965.
Hofstadter, A., *Truth and Art*, 1965.
Lenz, J. W. (ed.), *On the Standard of Taste and Other Essays*, 1965.
Lifar, S., *La danse: La danse académique et l'art choregrapique*, 1965.
Marcel, G., *La dignité humaine*, 1965.
Marcuse, H., *Kultur und Gesellschaft, 5th ed.* 1965-1967.
Margolis, J., *The Language of Art and Criticism*, 1965.
Müller-Seidel, W., *Probleme der literarischen Wertung: Über die Wissenschaftlichkeit eines unwissenschaftlichen Thema*, 1965
Pareyson, *L., Teoria dell'arte*, 1965.
Plebe, A., *Estetica (in Storia Antologica dei Problemi Filosofici)*, 1965.
Polin, R., *Le bonheur considéré comme l'un des beaux-arts*, 1965.
Ricoeur, P., *De l'interprétation: Essai sur Freud*, 1965.
Ronge, H. (ed.), *Kunst und Kybernetik: Ein Bericht über drei Kunsterziehertagungen)*, 1965.
Salmen, W. (ed.), *Beiträge zur Geschichte der Musikanschauung im 19. Jahrhundert*, 1965.
Sartre, J. P., *L'transcendance de l'égo: Esquisse d'une description phénoménologique*, 1965.
Sesonske, A., *What is Art? Aesthetics Theory from Plato to Tolstoy*, 1965.
Souriau, E., *Le sens artistique des animaux*, 1965
Tejera, V., Art and Human Intelligence, 1965.
Todorov, T. (ed.), *Théorie de la littérature: Textes des formalistes russes*, 1965.
Wolandt, G., *Philosophie der Dichtung: Weltstellung und Gegenständlichkeit des poetischen Gedankens*, 1965.
Arnheim, R., *Toward a psychology of art*, 1966.
Barthes, R., *Critique et vérité*, 1966.
Battcock, G., *The New Art*, 1966.

Beardsley, M., *Aesthetics from Classical Greece to the Present,* 1966.

Burke, K., *Language as Symbolic Action,* 1966.

Casey, J., *The Language of Criticism*, 1966.

Castelli, E., *Simboli e immagini: Studi di filosofia dell'arte sacra*, 1966.

Cohen, J., *Structure du langage poétique*, 1966.

Dufrenne, M., *Jalons*, 1966.

Fischer, E., *Kunst und Koexistenz: Beitrag zu einer modernen marxistischen Ästhetik*, 1966.

Foucault, M., *Les Mots et les Choses*, 1966.

Fry, E. (ed.), *Cubism*, 1966.

Fugate, J. K., *The psychological basis of Herder's esthetics*, 1966.

Genette, G., *Figures. I-III,* 1966-1972.

Glockner, H., *Die ästhetische Sphäre: Studien zur systematischen Grundlegung und Ausgestaltung der philosophischen Ästhetik*, 1966.

Greiman, A. J., *Sémantique structurale: Recherche de méthode*, 1966.

Jankélévitch, V., *La mort*, 1966.

Jung, C. G., *Gesammelte Werke,* 1966-1971.

Kaelin, E., *An Existentialist Aesthetics: The Theories of Sartre and Merleau-Ponty*, 1966.

Kuhn, H., *Schriften zur Ästhetik*, 1966.

Lacan, J., *Ecrits*, 1966.

Mukařovský, J., *Kapitel aus der Ästhetik,* 1966.

Ossowski, S., *U podstaw estetyki,* 1966.

Ovsiannikov, M. F. and Z. V. Smirnova, *Kurze Geschichte der Ästhetik*, 1966.

Pareyson, L., *Conversazioni di estetica*, 1966.

Pareyson, L., *I problemi dell'estetica*, 1966.

Pareyson, L., *L'esperienza artistica*, 1966.

Ziff, P., *Philosophic Turnings*, 1966.

Bayerdörfer, H. P., *Poetik als sprachtheoretisches Problem*, 1967.

Beardsley, M. and H. Schueller, *Aesthetic Inquiry: Essays on Art Criticism and the Philosophy of Art*, 1967.

Capitan, W. H. and D. D. Merrill (eds.), *Art, Mind, and Religion*, 1967.

Cuviller, A., *Anthologie de la philosophie française*, 1967.

Dahlhaus, C., *Musikästhetik*, 1967.
Derrida, J., *L'écriture et la différence*, 1967.
Derrida, J., *De la grammatologie*, 1967.
Dubuffet, J., *Prospectus et tous écrits suivants*, 1967.
Dufrenne, M., *Esthétique et philosophie*. I (1967), II (1976), III (1981).
Ehrenzweig, A., *The Hidden Order of Art*, 1967.
Gadamer, H. G., *Kleine Schriften*, 1967.
Guiomar, M., *Principes d'une esthétique de la mort*, 1967.
Hirsch Jr., E. D., *Validity in Interpretation*, 1967.
Hirsh, E. D., *Validity in Interpretation*, 1967.
Holz, H. H., *Probleme der marxistisch-leninistischen Ästhetik: Ästhetik der Kunst*, 1967.
Kiemle, M., *Ästhetische Probleme der Architektur unter dem Aspekt der Informationsästhetik*, 1967.
Langer, S. K., *Mind*, 1967.
Lee, R. W., *Ut pictura poesis*, 1967.
Listowel, *Earl of, Modern aesthetics: an Historical Instroduction,* 1967.
Marcuse, H., *Der eindimensionale Mensch*, 1967.
Meyer, L. B., *Music, the Arts and Ideas*, 1967.
Michelis, P. A., *Études d'esthétique*, 1967.
Richter, P., *Perspectives in Aesthetics*, 1967.
Schlesinger, M., *Geschichte des Symbols*, 1967.
Sparshott, F. E., *The Concept of Criticism*, 1967.
Todorov, T. (ed.), *Littérature et signification*, 1967.
Utitz, E., *Über Grundbegriffe der Kunstwissenschaft. Kantstudien, Bd.34*, 1967-9.
Wiegand, A., *Die Schönheit und das Böse*, 1967
Badt, K., *Kunsttheoretische Versuche*, 1968.
Barthes, R., *Théorie d'ensemble*, 1968.
Biemel, W., *Philosophische Analysen zur Kunst der Gegenwart*, 1968.
Coleman, F., *Contemporary Studies in Aesthetics*, 1968.
Dufrenne, M. (1910-1995), *Pour l'homme. Essai*, 1968.
Eco, U., *La struttura assente*, 1968.

Eco, U., *La definizione dell'arte*, 1968.
Francès, R., *Psychologie de l'esthétique*, 1968.
Garnich, R., *Konstruktion, Design und Ästhetik*, 1968.
Goodman, N., *Languages of Art*, 1968.
Havelka, J., *The Nature of the Creative Process in Art*, 1968.
Hryńczuk, J., *Poglady estetyczne naturalistow niemieckich [The Aesthetic Views of the German Naturalists]*, 1968.
Husserl, E., *Briefe an Roman Ingarden*, 1968.
Jacobus, L. A., *Aesthetics and the Arts*, 1968.
Kowzan, T., *Littérature et spectacle*, 1968.
McLuhan, H. M., *Pro and Con*, 1968.
McMahon, A., *A Preface to an American Philosophy of Art*, 1968.
Obshchestvo, I. (trans.), *Art and Society: Collection of Articles*, 1968.
Osborne, H., *Aesthetics and Art Theory: An Historical Introduction*, 1968.
Osborne, H. (ed.), *Aesthetics in the Modern World*, 1968.
Schaper, E., *Prelude to Aesthetics*, 1968.
Tomberg, F., *Mimesis der Praxis und abstrakte Kunst: Ein Versuch über die Mimesistheorie*, 1968.
Wallis, M., *Przeżycie i wartośč [Experience and Value]*, 1968.
Balthasar, H. U. v., *Herrlichkeit: Eine theologische Ästhetik*, 1969.
Beardsley, M., *Aesthetic Experience Regained*, 1969.
Bense, M., *Einführung in die informationstheoretische Ästhetik*, 1969.
Foucault, M., *L'archéologie du savoir*, 1969.
Freud, S., *Bildende Kunst und Literatur*, 1969.
Furst, L. R., *Romanticism in Perspective*, 1969.
Gorsen, P., *Das Prinzip Obszön: Kunst, Pornographie und Gesellschaft*, 1969.
Hermerén, G., *Representation and Meaning in the Visual Arts*, 1969.
Hospers, J., *Introductory Readings in Aesthetics*, 1969.
Ingarden, R., *Vom Erkennen des Literarischen Kunstwerks*, 1969.
Ingarden, R., *Erlebnis, Kunstwerk und Wert*, 1969.
Janicka, K., *Światopogląd surrealizmu [The Surrealist World View]*, 1969.
Kristeva, J., *Semeiotike: Recherches pour une sémanalyse*, 1969.
Liss, S., *Aufsätze zur Musik Ästhetik*, 1969.

Palmer, R. E., *Hermeneutics: Interpretation Theory in Schleiermacher, Dilthey, Heidegger and Gadamer*, 1969.

Reid, L. A., *Meaning in the Arts*, 1969.

Ricoeur, P., *Le conflit des interprétations*, 1969.

Tillman, F. and S. Cahn, *Philosophy of Art and Aesthetics*, 1969.

Adorno, T. W., *Ästhetische Theorie*, 1970.

Barthes, R., *S/Z*, 1970.

Beardsley, M., *The Possibility of Criticism*, 1970.

Berleant, A., *The Aesthetic Field*, 1970.

Bernays, J., *Grundzüge der verlorenen Abhandlung des Aristoteles über Wirkung der Tragödie*, 1970.

Bollnow, O. F., *Philosophie der Erkenntnis: Das Vorverständnis und die Erfahrung des Neuen*, 1970.

Cassou, J. et al., *Art and Confrontation: France and the Arts in an Age of Change*, 1970.

Charlton, W., *Aesthetics: An Introduction*, 1970.

Dahlhaus, C., *Analyse und Werturteil*, 1970.

Grassi, E., *Macht des Bildes: Ohnmacht der rationalen Sprache*, 1970.

Grenier, J., *L'art et ses problèmes*, 1970.

Groupe, *Rhétorique générale*, 1970.

Guiomar, M., *Le masque et le fantasme*, 1970.

Iser, W., *Die Appellstruktur der Texte*, 1970.

Jauß, H. R. (ed.), *Literaturgeschichte als Provokation*, 1970.

Kallich, M., *The Association of Ideas and Critical Theory in Eighteenth-Century England*, 1970.

Kneif, T., *Ideen zu einer dualistischen Musikästhetik*, 1970.

Kuhn, T., *The Structure of Scientific Revolutions, 2nd ed.*, 1970.

Kultermann, U., *Leben und Kunst: Zur Funktion der Intermedia*, 1970.

Maser, S., *Numerische Ästhetik: Neue mathematische Verfahren zur quantitativen Beschreibung und Bewertung ästhetischer Zustände*, 1970.

Moles, A., *Psychologie du Kitsch: l'art du bonheru*, 1970.

Moles, A., *Créativité et méthodes l'innovation*, 1970.

Munro, T., *Form and Style in the Arts: An Introduction to Aesthetic*

Morphology, 1970.
Osborne, H., *The Art of Appreciation*, 1970.
Perelman, C., *Traité de l'argumentation*, 1970.
Perpeet, W., *Das Sein der Kunst und die kunstpilosophishe Methode*, 1970.
Pirenne, M. H., *Optics, Painting, and Photography*, 1970.
Piwocki, K., *Sztuka żywa [Living Art]*, 1970.
Piwocki, K., *Pierwsza nowoczesna teoria sztuki [The First Modern Theory of Art]*, 1970.
Rzepińska, M., *Historia koloru w dziejach malarstwa europejskiego [A History of colour in European Painting]*, 1970.
Schaefer, H., *The Roots of Modern Design*, 1970.
Souriau, E., *Clefs pour l'esthétique*, 1970.
Steinbeck, D., *Einleitung in die Theorie und Systematik der Theaterwissenshaft*, 1970.
Tatarkiewicz, W., *History of Aesthetics, Vol. I*, 1970.
Tatarkiewicz, W., *History of Aesthetics, Vol. II*, 1970.
Tucker, M., *Robert Morris*, 1970.
Weitz, M. (ed.), *Problems in Aesthetics, 2nd ed.*, 1970.
Wittgenstein, L., *Lectures and Conversations on Aesthetics, Psychology and Religious Belief (ed)*, 1970.
Wojnar, I., *Estetica e pedagogia*, 1970.
Zoltai, D., *Ethos und Affekt*, 1970.
Adorno, T. W., *Die musikalischen Monographien*, 1971.
Althaus, H., *Ästhetik, Ökonomie und Gesellschaft*, 1971.
Arnheim, R., *Entrophy and Art*, 1971.
Aschenbrenner, K., *The Concept of Value: Foundation of Value Theory*, 1971.
Banham, R., *Los Angeles: the Architecture of Four Ecologies*, 1971.
Beardsmore, R. W., *Art and Morality*, 1971.
Coleman, F., *The Aesthetic Thought of the French Enlightenment, 1971.*
Dickie, G., Aesthetics, 1971.
Estreicher, K., *Leon Chwistek, biografia artysty [Leon Chwistek: Biography of the Artist]*, 1971.
Grabska, E. (ed.), *Moderniści o sztuce [The Modernists on Art]*, 1971.

Jung, C. G., *Über das Phänomen des Geistes in Kunst und Wissenschaft, 1971.*

Khatchadourian, H., *The Concept of Art,* 1971.

Kneif, T., *Bedeutung, Struktur, Gegenfigur–Zur Theorie des musikalischen Meinens*, 1971.

Löwitz, K., *Paul Valéry*, 1971.

Maser, S., *Grundlagen der allgemeinen Kommunikationslehre*, 1971.

Moles, A., *Art et Ordinateur*, 1971.

Moles, A., *Informationstheorie und ästhetische Wahrnehmung*, 1971.

Mukařovský, J., *Studien zur strukturalistischen Ästhetik und Poetik*, 1971.

Najder, Z., *Wartości i oceny*, 1971.

Pareyson, L., *Verità e interpretazione*, 1971.

Richardson, J. A., *Modern Art and Scientific Thought*, 1971.

Riffaterre, M., *Essais de stylistique structurale*, 1971.

Scharang, M., *Zur Emanzipation der Kunst*, 1971.

Schmidt, S. J., *Ästhetische Prozesse: Beiträge zu einer Theorie der nichtminetischen Kunst und Literatur*, 1971.

Schulte-Sasse, J., *Literarische Wertung*, 1971.

Tormey, A., *The Concept of Expression: A Study in Philosophical Psychology and Aesthetics*, 1971.

Xenakis, I., *Formalized Music*, 1971.

Zuckerkandl, V., *The Sense of Music*, 1971.

Balázs, B., Der Film: *Werden und Wesen einer neuen Kunst*, 1972.

Barthes, R., *Le plaisir du texte*, 1972.

Baudrillard, J., *Pour une critique de l'economie politique du signe, 1972.*

Benjamin, W., *Gesammelte Schriften*, 1972.

Bloch, E., *Vom Hasard zur Katastrophe. Politische Aufsätze aus den Jahren 1934 1939*, 1972.

Derrida, J., *La dissémination*, 1972.

Dijk, T. A. van, *Beitrage zur generativen Poetik*, 1972.

Giffhorn, H., *Kritik der Kunstpädagogik. Zur gesellschaftlichen Funktion eines Schulfachs*, 1972.

Hodin, J. P., *Modern Art and the Modern Mind*, 1972.

Holz, H. H., *Vom Kunstwerk zur Ware: Studien zur Funktion des ästhetischen*

Gegenstands in Spät-Kapitalismus, 1972.
Ihwe, J., *Linguistik in der Literaturwissenschaft: Zur Entwicklung einer modernen Theorie der Literaturwissenschaft*, 1972.
Irwin, D., *Winckelmann: Writings on Art*, 1972.
Jauß, H. R. (ed.), *Kleine Apologie der ästhetischen Erfahrung*, 1972.
Keitler, H. and S. Kreitler, *Psychology of the Arts*, 1972.
Lotman, Ju. M., *Vorlesungen zu einer strukturalen poetik*, 1972.
Lukács, G., *Ästhetik. in Vier Teilen*, 1972-76.
Moles, A. and E. Rohmer, *Psychologie de l'espace*, 1972.
Morawski, S., *L'absolu et la forme*, 1972.
Osborne, H., *Aesthetics*, 1972.
Peacock, R., *Criticism and Personal Taste*, 1972.
Pllakówna, J., *Formisci [The Formists]*, 1972.
Pöggeler, O., *Hermeneutische Philosophie*, 1972.
Rosenberg, H., *The De-definition of Art*, 1972.
Rudner, R. and I. Scheffler (eds), *Logic and Art*, 1972.
Ruwet, N., *Language, musique, poésie*, 1972.
Salber, W., *Literaturpsychologie: Gelebte und erlebte Literatur*, 1972.
Saw, R. L., *Aesthetics*, 1972.
Sircello, G., *Mind and Art: An Essay on the Varieties of Expression*, 1972.
Tatarkiewicz, W., *Pisma zebrane, t. 2: Droga przez estetykę [Collected Works, vol. 2: The Path of Aesthetics]*, 1972.
Vianu, T., *Ästhetische Studien*, 1972.
Balthasar, H. U. v., *Theodramatik*, 1973-.
Bloch, E., *Die Expressionismusdebatte*, 1973.
Brecht, B., *Schriften zum Theater*, 1973.
Carvalho, A. de, *De la connaissance en général à la connaissance esthétique*, 1973.
D'Allonnes, O. R., *La création artistique et les promesses de la liberté, 1973.*
Faltin, P. and H. P. Reinecke (ed.), *Musik und Verstehen: Aufsätze zur semiotischen Theorie, Ästhtik und Soziologie der musikalischen Rezeption*, 1973.
Jakobson, R., *Questions de poétique*, 1973.

Janicka, K., *Surrealizm*, 1973.

Kivy, P., *Speaking of Art*, 1973.

Kuczyńska, A. (ed.), *Sztuka i spoleczeństwo [Art and Society]*, 1973.

Lippard, L., *Six Years: The Dematerialization of the Art Object from 1966 to 1972*, 1973.

Lotman, Ju. M., *Die Struktur des Künstlerischen Textes*, 1973.

Marino, A., *Dictionar de idei literare, vol. 1*, 1973.

Meyer, L. B., *Explaining Music: Essays and Explorations*, 1973.

Naumann, M. (et al. eds.), *Gesellschaft, Literature, Lesen: Literaturrezeption in theoretischer Sicht*, 1973.

Pevsner, N., *Academies of Art: Past and Present*, 1973.

Rapp, U., *Handeln und Zuschauen: Untersuchungen über den theatersoziologischen Aspekt in der menschlichen Interaktion*, 1973.

Selle, G., *Ideologie und Utopie des Design. Zur gesellschaftlichen Theorie der industriellen Formgebung*, 1973.

Tomberg, F., *Politische Ästhetik: Vorträge und Aufsätze*, 1973.

Vasquez, A. S., *Art and Society*, 1973.

Weinberg, B., *French Realism: a Critical Reaction*, 1973.

Wiener, P. P. (ed.), *Dictionary of the History of Ideas, 4 vols*, 1973.

Aschenbrenner, K., *The Concept of Criticism*, 1974.

Bloch, E., *Ästhetik des Vorscheins*, 1974.

Brisson, M., *Expérience religieuse et expérience esthétique*, 1974.

Dahlhaus, C., *Zwischen Romantik und Moderne: vier Studien zur Musikgeschichte des späteren 19. Jahrhunderts*, 1974.

Dickie, G., *Art and the Aesthetic: An Institutional Analysis*, 1974.

Dufrenne, M., *Art et politique*, 1974.

Hauser, A., *Soziologie der Kunst*, 1974.

Jankélévitch, V., *Fauré et l'inexprimable*, 1974.

Kristeva, J., *La révolution du langage poétique*, 1974.

Lukács, G., *Heidelberger Pilosophie der Kunst 1912-1924*, 1974.

Michelis, P. A., *L'esthétique de l'architecture*, 1974.

Morawski, S., *Inquiries into the Fundamentals of Aesthetics*, 1974.

Nake, F., *Ästhetik als Informationsverarbeitung: Grundlagen und*

Anwendungen der Informatik im Bereich ästhetischer Produktion und Kritik, 1974.

Richardson and Stangos (eds), *Concepts of Modern Art*, 1974.

Ritter, J. (hrsg.), *Historisches Wörterbuch der Philosophie*, 1974.

Schilpp, P. A., *The philosophy of Karl Popper*, 1974.

Stüben, J., *Parteilichkeit: Zur Kritik der marxistischen Literaturtheorie, 1974.*

Tatarkiewicz, W., History of Aesthetics, Vol. III, 1974.

Tuveson, E. L., *The Imagination as a Means of Grace*, 1974.

Wollheim, R., *On art and the mind,* 1974.

Berlinger, R., *Philosophie als Weltwissenschaft*, 1975.

Blanchot, M, *Le dernier homme*, 1975.

Bloch, E., *Gespräche mit E. B.*, 1975.

Deleuze, G. and F. Guattari, *Kafka: Pour une littérature mineure,* 1975.

Eco, U., *Trattato di semiotica generale*, 1975.

Emery, E., *Temps et musique*, 1975.

Helbo, A. (éd.), *Sémiologie de la représentation*, 1975.

Jähnig, D., *Welt-Geschichte: Kunst-Geschichte: Zum Verhältnis von Vergangenheitserkenntnis und Veränderung*, 1975.

Klöpfer, R., *Poetik und Linguistik: Semiotische Instrumente*, 1975.

Köbner, R. and F. Köbner, *Vom schönen und seiner Wahrheit: Eine Analyse ä sthetischer Erlebnisse*, 1975.

Köpsel, W., *Die Rezeption der Hegelschen Ästhetik im 20. Jahrhundert*, 1975

Lissa, Z., *Neue Aufsätze zur Musikästhetik*, 1975.

Lützeler, H., *Kunsterfarung und Kunstwissenschaft: Systematische und entwicklungsgeschichtliche Darstellung und Dokumentation des Umgangs mit der bildenden Kunst*, 1975.

Najder, Z., *Values and Evaluations, English tr.*, 1975.

Pasternack, G., *Theoriebildung in der Literaturwissenschaft*, 1975.

Piguet, J. C., *La connaissance de l'individuel et la logique du Réalisme*, 1975.

Plett, H. F., *Textwissenschaft und Textanalyse: Semiotik, Linguistik, Rhetorik*, 1975.

Ricoeur, P., *La Métaphore vive*, 1975.

Sircello, G., *A New Theory of Beauty*, 1975.

Souriau, E., *La couronne d'herbes*, 1975.

Warning, R. (ed.), *Rezeptionsästhetik: Theorie und Praxis*, 1975.

Geiger, M., *Die Bedeutung der Kunst: Gesammelte, aus dem Nachlass ergänzte Schriften zur Ästhetik*, 1976.

Guiomar, M., *Imagination et utopie*, 1976.

Hirsch Jr., E. D., *The Aims of Interpretation*, 1976.

Iser, W., *Der Akte des Lesen: Theorie ästhesischer Wirkung*, 1976.

Jankélévitch, V., *Debussy et le mystère de l'instant*, 1976.

Rüsen, J., *Ästhetik und Geschichte: Geschichtstheoretische Untersuchungen zum Begründungszusammenhang von Kunst, Gesellschaft und Wissenschaft*, 1976.

Xenakis, I., *Musique, architecture*, 1976.

Bittner, R. and P. Pfaff (eds.), *Das ästhetische Urteil: Beiträge zur sprachanalytischen Ästhetik*, 1977.

Chiari, J., *Art and Knowledge*, 1977.

Dahlhaus, C., *Grundlagen der Musikgeschichte*, 1977.

Dickie, G. and R. Sclafani (eds), *Aesthetics: A Critical Anthology*, 1977.

Dufrenne, M., *Subversion, perversion*, 1977.

Eggebrecht, H. H., *Musikalisches Denken: Aufsätze zur Theorie und Ästhetik der Musik*, 1977.

Elliston, F. and P. McCormick, *Husserl: Expositions and Appraisals*, 1977.

Gadamer, H. G., *Die Aktualität des schönen*, 1977.

Gale, M., *Dada & Surrealism*, 1977.

Goodman, N., *When is Art?*, 1977.

Groupe, *Rhétorique de la poésie*, 1977.

Jauß, H. R. (ed.), *Ästhetische Erfahrung und literarische Hermeneutik*, 1977.

Lippmann, E., *A humanistic philosophy of music*, 1977.

Marcuse, H., *Der Permanenz der Kunst, wider eine bestimmte marxistische Ästhetik*, 1977.

Meyer, E. H. (ed.), *Musik der Urgesellschaft und der frühen Klassengesellschaft*, 1977.

Pareyson, L. (ed.), *Schellingiana Rariora*, 1977.

Perelman, C., *L'empire rhétorique: rhétorique et argumentation*, 1977.

Tisdall, C. & A. Bozzolla, *Futurism*, 1977.

Todorov, T. (ed.), *Théories du symbole*, 1977.

Vattimo, G. (ed.), *Estetica moderna*, 1977.

Bonazzi, G. (ed.), *L'estetica nel pensiero contemporaneo*, 1978.

Carter, R. E., *Schönberg's Harmonielehre: a complete English translation with critical commentary*, 1978.

Dahlhaus, C., *Die Idee der absoluten Musik*, 1978.

Dahlhaus, C., *Schönberg und andere: gesammelte Aufsätze sur Neuen Musik*, 1978.

Derrida, J., *La vérité en peinture*, 1978.

Dufrenne, M., *Esthétique et sciences de l'art*, 1978.

Dummet, M., *Truth and Other Enigmas*, 1978.

Foucault, M., *Histoire de la Sexualité*, 1978.

Fürstenberg, H., *Einführung in die Ästhetik*, 1978.

Goodman, N., *Ways of Worldmaking*, 1978.

Heidegger, M., *Die Kunst und der Raum*, 1978.

Margolis, J., *Art and Philosophy*, 1978.

Nibbrig, C. L. H., *Ästhetik*, 1978.

Nyssens, B., *Une philosophie de la musique*, 1978.

Richter, H., *Dada: Art and Anti-art*, 1978.

Riffaterre, M., *Semiotics of Poetry*, 1978.

Tilliette, X., *Schelling: Textes esthétiques*, 1978.

Todorov, T. (ed.), *Symbolisme et interprétation*, 1978.

Wittgenstein, L., *Remarks on Colour*, 1978.

Alexander, E. P., *Museums in Motion: An Introduction to the History and Functions of Museum*, 1979.

Berlin, I., *Vico and Herder*, 1979.

Bimberg, S., *Handbuch der Musikästhetik*, 1979.

Bourdieu, P., *La distinction: critique sociale du jugement*, 1979.

Eco, U., *The Role of the Reader: Explorations in the Semiotics of Texts*, 1979.

Fink, E., *Grundphänomene des menschlichen Daseins*, 1979.

Gantner, J., *Das Bild des Herzens: Über Vollendung und Unvollendung in der Kunst*, 1979.

Grassi, E., *Die Macht der Phantasie: Zur Geschichte abendländischen Denkens*, 1979.
Henckmann, W. (ed.), *Ästetik*, 1979.
Jankélévitch, V., *Liszt et la rhapsodie*, 1979.
Lyotard, J. F., *La conditions postmoderne*, 1979.
Mucci, E. and P. L. Tazzi, *Teoria e pratiche della critica d'arte*, 1979.
Ortony, A. (ed.), *Metaphor and Thought*, 1979.
Osborne, H., *Abstraction and artifice in Twentieth Century Art*, 1979
Rorty, R., *Philosophy and the Mirror of Nature*, 1979.
Scheuerl, H., *Das Spiel. Untersuchungen über sein Wesen, seine pädagogischen Möglichkeiten und Grenzen*, 1979.
Beierwaltes, W., *Marsilio Ficinos Theorie des schönen im Kontext des Platonismus*, 1980.
Belay, M., *La mort dans le théâter de Gabriel Marcel*, 1980.
Bleicher, J., *Contemporary Hermeneutics*, 1980.
Elam, K., *The Semiotics of theatre and Drama*, 1980.
Grassi, E., *Rhetoric as Philosophy: The Humanist Tradition*, 1980.
Husserl, E., *Phantasie, Bildbewusstsein, Erinnerung: Zur Phänomenologie der anschaulichen Vergegenwärtigungen. Husserliana*, 1980.
Huyghe, R., *De l'art à la philosophie*, 1980.
Kripke, S., *Naming and Necessity*, 1980.
Lyons, W., *Emotion*, 1980.
Parain-Vial, J. (ed.), *L'esthétique musical de Gabriel Marcel*, 1980.
Rorty, A. (ed.), *Explaining Emotions*, 1980.
Sleeman, J. H. and G. Pollet, *Lexicon Plotinianum*, 1980.
Tatarkiewicz, W., *History of Six Ideas: An Essay in Aesthetics*, 1980.
Vallier, D., *L'Art Abstrait, Paris*, 1980.
Wiegmann, H., *Utopie als Kategorie der Ästhetik: Zur Begriffsgeschichte der Ästhetik und Poetik*, 1980.
Wollheim, R., *Art and its objects*, 1980.
Zimmermann, J., *Sprachanalytische Ästhetik: Ein Überblick*, 1980
Baudrillard, J., *Simulacres et simulation*, 1981.
Danto, A. C., *Transfiguration of the Commonplace*, 1981.

Deleuze, G., *Francis Bacon: Logique de la sensation*, 1981.
Dufrenne, M., *L'inventaire des a priori*, 1981.
Elliston, F. and P. McCormick, *Husserl: Shorter Works*, 1981.
Gilson, E., *La société de masse et sa culture*, 1981.
Kultermann, U., *Geschichte der Kunstgeschichte. Der Weg einer Wissenschaft*, 1981.
le Huray, P. and J. Day, *Music and aesthetics in the eighteenth and early-nineteenth centuries*, 1981.
Lurz, M., *Heinrich Wölfflin. Biographie einer Kunsttheorie*, 1981.
Mühlmann, H., *Ästhetische Theorie der Renaissance: Leon Battista Alberti*, 1981.
Passeron, R. (ed.), *La création collective*, 1981.
Putnam, H., *Reason, Truth and History*, 1981.
Sturm, H. and A. Eschbach (hrsg.), *Ästhetik und Semiotik: Zur Konstitution ästhetischer Zeichen*, 1981.
Aubral, F., *Génie de la création*, 1982.
Fabre, G. C. & M. Briot, *Léger et L'esprit moderne*, 1982.
Jiménez, J., *El àngel caido*, 1982.
Passeron, R. (ed.), *Création et répétition*, 1982.
Podro, M., *The Critical Historians of Art*, 1982.
Ugo, V., *Dimensioni dell'Architettura*, 1982.
Benjamin, W., *Das Passagen-Werk*, 1983.
Blanchot, M, *La communauté inavouable*, 1983.
Danto, A. C., *The Appreciation and Interpretation of Works of Art*, 1983.
Deleuze, G., *Cinéma I: Image-mouvement*, 1983.
Deleuze, G., *L'image-mouvement*, 1983.
Helbo, A., *Les Mots et les Gestes-essai sur le théâtre*, 1983.
Paetzold, H., *Ästhetik des deutschen Idealismus*, 1983.
Schaper, E. (ed.), *Pleasure, preference and value: Studies in Philosophical Aesthetics*, 1983.
Sharpe, R. A., *Contemporary Aesthetics: A Philosophical Analysis*, 1983.
Souriau, E., *L'avenir de la philosophie*, 1983.
Vattimo, G. (ed.), *Il Soggetto e la maschera: Nietzsch e il problema della*

liberazione, 1983.
Brisson, M., *Éros au Pluriel*, 1984.
Danto, A. C., *The End of Art*, 1984.
Dickie, G., *The Art Circle*, 1984.
Foucault, M., *L'usage des Plaisirs. Le souci de soi*, 1984.
Gethmann-Siefert, A., *Die Funktion der Kunst in der Geschichte*, 1984.
Gibson, M., *Les horizons du possible*, 1984.
Juisman, D. (directeur), *Dictionnaire des philosophes. 2 vols*, 1984.
Barasch, M., *Theories of Art*, 1985.
Deleuze, G., *Cinéma II: Image-temps*, 1985.
Ficinus, M., *Commentarium in Convivium Platonis de amore*, 1985.
Blondel, E., *Nietzsche: le corps et la culture*, 1986.
Danto, A. C., *The Philosophical Disenfranchisement of Art*, 1986.
Gray, C., *The Russian experiment in art 1863 1922*, 1986.
Halliwell, S., *Aristotle's Poetics*, 1986.
Pochat, G., *Geschichte der Ästhetik und Kunsttheorie*, 1986.
de Sousa, R., *The Rationality of Emotion*, 1987.
Gasset, O. Y., *Meditaciones sobre la literatura y el arte*, 1987.
Green, C., *Cubism and its Enemies*, 1987.
Heimsoeth, H., *Die sechs grossen Themen der Abendländischen Metaphysik, 3 Aufl.*, 1987.
Helbo, A., *Theory of Performing Arts*, 1987.
Helbo, A. (éd), *Théâtre: Modes d'approche*, 1987.
Leymarie, J., *Le Fauvisme*, 1987.
Margolis, J., *Philosophy Looks at the Art,*, 1987.
Megil, A., *Prophets of Extremity*, 1987.
Mele, A. R., *Irrationality: an essay on akrasia, self-deception, and self-control*, 1987.
Novitz, D., *Knowledge, Fiction & Imagination*, 1987.
Arendt, H., *Das Urteilen, Texte zu Kants Politischer Philosophie*, 1988.
Badiou, A., *L'être et l' événement*, 1988.
Deleuze, G., *Le Pli*, 1988.
Dickie, G., *Evaluating Art*, 1988.

Greenspan, P., *Emotions and Reasons: an Inquiry into Emotional Justification*, 1988.
Habermas, J., *Theorie des kommunikativen Handelns Der philosophische Diskurs der Moderne*, 1988.
Mulvey, L., *Visual and Other Pleasure*, 1988.
Battersby, C., *Gender and Genius: Toward a Feminist Aesthetics*, 1989.
Böhme, G., *Für eine ökologische Naturästhetik*, 1989.
Bubner, R., *Ästhetische Erfahrung*, 1989.
Felski, R., *Beyond Feminist Aesthetics: Feminist Literature and Social Change*, 1989.
Pawlowski, T., *Aesthetic Values*, 1989.
Shusterman, R., *Analytic Aesthetics*, 1989.
Carroll, N., *The Philosopy of Horror or Paradoxes of the Heart*, 1990.
Currie, G., *Nature of fiction*, 1990.
Levinson, J., *Music, Art, and Metaphysics*, 1990.
Liger-Belair, J., *L'ombre nécessaire: Phénoménologie du corps*, 1990.
Nussbaum, M., *Love's Knowledge: Essays on Philosophy and Literature*, 1990.
Sartre, J. P., *Situations Philosophiques*, 1990.
Walton, K., *Mimesis as Make-Believe*, 1990.
Wolff, J., *Feminist Sentence: Essays on Women and Culture*, 1990.
Benjamin, W., *Ecrits français*, 1991.
Bourassa, S. C., *The Aesthetics of Landscape*, 1991.
Chalumeau, J. L., *Lecture de l'art*, 1991.
Davies, S., *Definitions of Art*, 1991.
Karp, I. and S. D. Lavine (eds.), *Exhibiting Cultures: The Poetics and Politics of Museum Display*, 1991.
Lyotard, J. F., *Leçons sur l'Analytique du sublime*, 1991.
Seel, M., *Eine Ästhetik der Natur*, 1991.
Berleant, A., *The Aesthetics of Environment*, 1992.
Böhme, G., *Natürlich Natur. Über Natur im Zeitalter ihrer technischen Reproduzierbarkeit*, 1992.
Brisson, L and J-L Cherlonneix et al., *Porphyre La Vie de Plotin*, 1992.
Danto, A. C., *Beyond the Brillo Box: The Visual Arts in Post-historical*

Perspective, 1992.
Deneys-Tunney, A., *Ecriture du corps*, 1992.
Habermas, J., *Faktizität und Geltung*, 1992.
Hooper-Greenhill, E., *Museum and the Shaping of Knowledge*, 1992.
Stocker, M., *Valuing Emotions*, 1992.
Hein, H. and Korsmeyer (eds.), *Aesthetics in Feminist Perspective*, 1993.
Rollins, M. (ed.), *Danto and His Critics*, 1993.
Damasio, A., *Descartes' Error: Emotion, Reason, and the Human Brain*, 1994.
Droste, M., *Bauhaus 1919-1933*, 1994.
Stangos, N. (ed.), *Concepts of modern art: From Fauvism to postmodernism, 3rd ed.*, 1994.
Bennett, T., *The Birth of Museum*, 1995.
Brand, P. and C. Korsmeyer (eds.), *Feminism and Tradition in Aesthetics*, 1995.
Budd, M., *Values of Art*, 1995.
Duncan, C., *Civilizing Rituals: inside public art museums*, 1995.
Appleton, J., *The Experience of Landscape*, 1996.
Greenberg, R. (ed.), *Thinking about Exhibitions*, 1996.
Habermas, J., *Strukturwandel der Öffentlichkeit*, 1996.
Seel, M., *Ethisch-ästhetische Studien*, 1996.
Bearman, D. and J. Trant, *Museum and the web*, 1997.
Berleant, A., *Living in the Landscape: Toward an Aesthetics of Environment*, 1997.
Danto, A. C., *After the End of Art: Contemporary Art and the Pale of History*, 1997.
Gerson, L. P., *Plotinus*, 1997.
Hjort & Laver (eds.), *Emotion and the Arts*, 1997.
Badiou, A., *Petit manuel d'inesthétique*, 1998.
Horowitz, G. and T. Huhn (eds.), *The Wake of Art: Criticism, Philosophy, and the End of Taste: Essays, selected and with critical introduction, 1998.*
Kelly, M., *Encyclopedia of Aesthetics*, 1998.
Thomas, S. and A. Mintz, *The Virtual and the Real: Media in the Museum*, 1998.

Banu, G., *Notre Théâtre, La Cerisaie, Cahier de spectateur*, 1999.
Boswell, D. and J. Evans, *Representing the nation: a reader, histories, heritage and museums*, 1999.
Caesar, M., *Umberto Eco: Philosophy, Semiotics and the Work of Fiction*, 1999.
Haapala, A. (ed.), *The End of Art and Beyond: Essays after Danto*, 1999.
O' Doherty, B., *Inside the White Cube: Ideology of the Gallery Space*, 1999.
Rush, M., *New Media in Late 20th-Century Art*, 1999.
Wollheim, R., *On the Emotions*, 1999.
Carlson, A., *Aesthetics and the Environment: The Appreciation of Nature, Art and Architecture*, 2000.
Carroll, N. (ed.), *Theories of Art Today*, 2000.
Meyer, J. (ed.), *Minimalism*, 2000.
Rancière, J., *La partage du sensible: Esthétique et politique*, 2000.
Ruhrberg, K. and M. Schneckenburger, *Art of the 20th century*, 2000.
Barck, K. (ed.), *Ästhetische Grundbegriffe*, 2001.
Brady, E. & J. Levinson (eds), *Aesthetic Concepts: Essays after Sibley*, 2001.
Gaut, B. & Lopes, D. M., *The Routledge Companion to Aesthetics*, 2001.
Leutrat, J. et S. Liandrat-Guigues, *Penser le cinéma*, 2001.
Nussbaum, M., *Upheavals of Thought: The Intelligence of Emotions, 2001.*
Pinker, S., *The Blank Slate*, 2001.
Young, J., *Art and Knowledge*, 2001.
Chandler, D., *Semiotics-The Basics*, 2002.
Preziosi, D. and C. Farago (eds.), *Grasping the World: the idea of the museum*, 2002.
Arendt, H., *Was ist Politik?*, 2003.
Fuhrmann, M., *Die Dichtungstheorie der Antike*, 2003.
Harrison, C. and P. Wood (eds.), *Art in theory 1900-2000, 2nd ed.*, 2003.
Latacz, J., *Einführung in die griechische Tragödie*, 2003.
Paul, C., *Digital Art*, 2003.
Rancière, J., *Malaise dans l'esthétique*, 2004.
Badiou, A., *Le siècle*, 2005.
Bentkowska-Kafel, A., *Digital Art History: A Subject in Transition, Computers And The History Of Art (Computers and the History of Art)*, 2005.

Benjamin, W., *Ursprung des deutschen Trauerspiels*
Bukharin, N., *Problems of Soviet Literature, ed. (n.d.)*
Lützeler, H., *Einführung in die Philosophie der Kunst*
Menendez y Pelayo, *Historia de las ideas estéticas en España*

문헌 목록 (동양 미학)

1. 미학사상 일반

가. 미학사상 일반 관련 저서

(1) 한글 문헌

서복관, 『중국예술정신』, 1990.

이종계, 『中國文化概論』, 1991.

이택후 · 유강기(공편), 『中國美學史』, 1993.

유위림, 『中國文藝心理學史』, 1999.

장파, 『동양과 서양 그리고 미학(中西美學與文化精神)』, 1999.

엽랑, 『中國美學史大綱』, 2000.

이택후, 『중국미학입문(美學四講)』, 2000.

Sasaki Kenichi, 『美學辭典』, 2002.

(2) 중문 문헌

[英]馬霞爾, 『美學原理』, 1922.

呂澂, 『美學淺說』, 1923.

____, 『美學概論』, 1923.

大玄, 余尙同, 『教育之美學的基礎』, 1925.

張竟生, 『美的人生觀』, 1925.

蔡元培, 『美育實施的方法』, 1925.

范壽康, 『美學概論』, 1927.

陳望道, 『美學概論』, 1927.

黃懺華, 『美術概論』, 1927.

徐慶譽, 『美的哲學』, 1928.

向培良, 『人類的藝術』, 1930.

呂澂, 『現代美學思潮』, 1931.

兪奇凡, 『藝術概論』, 1932.

朱光潛, 『談美』, 1932.

張澤厚, 『藝術學大綱』, 1933.

李安宅,『美學』, 1934.
錢歌川,『文藝概論』, 1935.
金公亮,『美學原論』, 1936.
林風眠,『藝術總論』, 1936.
向培良,『藝術通論』, 1937.
勝固,『中國藝術論叢』, 1938.
蔡儀,『新藝術論』, 1943.
錢鍾書,『談藝錄』, 1947.
蔡儀,『新美學』, 1947.
傅統先,『美學綱要』, 1948.
文藝譜 新建設編輯部,『美學問題討論輯1-6』, 1957-1964.
李澤厚,『康有爲大同思想硏究』, 1958.
朱光潛,『美學批判論文集』, 1958.
蔡儀,『唯心主義美學批判集』, 1958.
施昌東,『先秦 諸子美學思想述評』, 1979.
施昌東,『美的探索』, 1980.
李澤厚,『美學論集』, 1980.
朱光潛,『談美術簡』, 1980.
______,『美學拾穗集』, 1980.
周谷城,『史學與美學』, 1980.
湖南人民出版社,『朱光潛 美學文藝論文選集』, 1980.
北京大學哲學系美學硏究室,『中國美學史資料選編1-2』, 1980-81.
復旦大學中文系文藝理論教硏室,『中國古代美學藝術論文集』, 1981.
施昌東,『漢代美學思想述評』, 1981
王朝聞,『美學概論』, 1981.
李澤厚,『美的歷程』, 1981.
宗白華,『美學散步』, 1981.
華崗,『美學論要』, 1981.
高爾太,『論美』, 1982.
克地,『美學思考錄』, 1982.
樊辛森, 高若海,『美與審美』, 1982.

北京大學哲學系美學教硏室, 『美學與美學史論集』, 1982.
全局十一所民族院校編寫組, 『美學十講』, 1982.
蔡儀, 『美學原理提綱』, 1982.
____, 『美學論著初編 上, 下』, 1982.
洪毅然, 『新美學綱要』, 1982.
文藝美學叢書編輯委員會, 『蔡元培美學文選』, 1983.
復旦學報(社會科學版) 編輯部, 『中國古代美學史研究』, 1983.
王進祥, 『中國美學史資料選: 四部刊要 史部 · 美學史類. 上卷-下卷』, 1983.
中山大學中文系, 『新美學原理』, 1983.
李澤厚, 劉綱紀, 『中國美學史』, 1984.
林同華, 『中國美學史論集』, 1984.
李澤厚, 『中國古代思想史論』, 1986.
瑪克斯, 德索, 『美學與藝理論』, 1987.
敏澤, 『中國美學思想史』, 1987.
李澤厚, 『美的歷程』, 1989.
______, 『當代思潮與中國知慧』, 1989.
______, 『中國近代思想史論』, 1990.
王小舒, 『中國審美文化史』, 2000.
諸葛志, 『中國原創性美學』, 2000.

나. 미학사상 일반 관련 논문

(1) 한글 논문

장문호, 「高麗時代 藝術의 特性에 對하여」, 『미학』 창간호, 1971.
권덕주, 「東洋藝術上의 〈氣韻〉 問題」, 『미학』 제2집, 1972.
이영구, 「芭蕉藝術에 있어서의 初心의 問題」, 『미학』 제2집, 1972.
고유섭, 「遊於藝」, 『미학』 제3집, 1975.
권덕주, 「莊子의 藝術精神」, 『미학』 제4집, 1977.
김인환, 「'氣韻' 에 있어서의 〈韻〉의 의미」, 『미학』 제9집, 1983.
박낙규, 「古代中國의 禮樂思想: 「樂記」를 中心으로」, 서울대학교, 1983.
______, 「六朝時代 藝術論의 특징 考察」, 『미학』 제11집, 1986.
______, 「『論語』에 나타난 古代 中國人의 美意識」, 『미학』 제12집, 1987.

민주식,「韓國古代의 造形과 神話에 나타난 美意識」,『미학』 제13집, 1988.
박낙규,「『書經』에서의 典禮와 美學的 問題」,『미학』 제13집, 1988.
이상우,「論語에 나타난 孔子 藝術思想探究」, 서울대학교, 1989.
조송식,「魏晉玄學이 六朝藝術論에 끼친 영향」,『미학』 제14집, 1989.
민주식,「退溪의 美的 人間學」,『미학』 제15집, 1990.
백윤수,「양명학과 개성주의 예술」,『미학』 제16집, 1991.
박낙규,「[순자·악론]의 예술사상적 의미」,『동아문화』 제30집, 1992.
______,「고대중국의 유가와 도가 악론의 기본사상(상,중,하)」,『낭만음악』 제4권 제2호, 제5권 제2호, 제5권 제3호, 1992봄, 1993봄, 1993여름.
조송식,「북송 사대부의 의식세계와 出仕觀 및 그 예술」,『미학』 제18집, 1993.
민주식,「한국적 '미'의 범주에 관한 고찰」,『미학』 제19집, 1994.
백윤수,「개성주의 예술의 개념과 성립」,『미학』 제20집, 1995.
이정숙,「장자의 소요편: 자연과 예술」,『미학예술학연구』 제5집, 1995.
정혜린,「中國 魏晉南北朝 시기 藝術論에서 言意論의 수용 研究」, 서울대학교, 1995.
김인환,「예술성에 있어 기의 매체작용」,『미학예술학연구』 제6집, 1996.
서진희,「董仲舒의 미학사상 연구: 天人感應論의 구성을 중심으로」, 서울대학교, 1996.
백윤수,「양명후학에 나타난 개체성의 확장」,『미학』 제22집, 1997.
이상우,「경계론: 동양미학과 동양철학의 중심개념에 관한 연구」,『미학』 제33집, 1998.
민주식,「조선시대 지식인의 미적 유토피아: '무이구곡(武夷九曲)'의 예술적 표현을 중심으로」,『미학』 제26집, 1999.
______,「풍경(風景)의 미학-풍경미의 원리와 구조」,『미학』 제31집, 2001.
김농수,「선진유가의 심미경계 - 공, 맹, 순의 미학사상을 중심으로」,『유교사상연구』 제16집, 2002.
이상우,「양계초의 계몽예술론」,『미학』 제32집, 2002.
______,「철학/미학, 동양철학/동양미학 그 분류와 범주의 문제에 관한 고찰」,『미학』 제33집, 2002.
임태승,「유가의 심미기제: 참여의지와 초월의지의 공유」,『철학』 제72집, 2002.

정혜린, 「조희룡(趙熙龍)의 시서화론」, 『미학』 제32집, 2002.
박범수, 「장자에 있어서의 기의 예술론」, 『미학』 제36집, 2003.
임태승, 「비극적 소요유: 장자미학에서의 초월의 의미」, 『철학』 제77집, 2003.
이상우, 「양계초의 취미론 - 생활의 예술화를 위하여」, 『미학』 제37집, 2004.
______, 「채원배의 미학사상」, 『미학』 제41집, 2005.
조송식, 「중국에서 자연인성론적인 인간론의 형성과 개성주의 화론」, 『미학』 제41집, 2005.
주성옥, 「선종이 중국의 자연관 형성에 미친 영향」, 『미학』 제41집, 2005.
김백균, 「매체의 관점에서 본 "시서화일률(詩書畵一律)론" - 동양 '예술'과 '예술작품' 관계에 대한 시론」, 『미학』 제48집, 2006.
선승혜, 「"현실과 이상사이": 도연명(陶淵明)의 미학사상」, 『미학』 제48집, 2006.
민주식, 「미술교육의 관점에서 본 고대 동양의 미술이념」, 『미학』 제45집, 2006.
박낙규 외, 『중국의 미학 및 예술사상의 역사적 전개에 관한 연구』, 『미학』 제46집 별책, 2006.

(2) 중문 논문

李澤厚, 「魏晉風度」, 『中國哲學』 第1輯
覺之, 「自然與藝術」, 『藝風月刊』 第2卷 第1期
蔡元培, 「文化運動不要忘了美育」, 『晨報副刊』, 1919, 12, 1.
宗白華, 「中國藝術意境的誕生」, 『婦女月刊』 第6卷 第5期, 1947.
蔡義, 「論美的認識」, 『中國建設』 第4卷 第3期, 1947.
____, 「再論美的認識」, 『中國建設』 第5卷 第2期, 1947.
湯大民, 「藝術哲學 批判考察」, 『南京師範學院報』 1964年 第7期.
田曼詩, 「中國美術的 未來」, 『미학』 제6집, 1979.
中國美學史 編寫組, 「孔子的美學思想」, 『美學』 1982年 第4期.
周來祥, 「현대 중국 미학연구의 현황, 현존하는 문제 및 그 해결과정의 탐색」, 『미학』 제19집, 1994.
이상우, 「中國美學的近代轉折」, 建國大學, 1997.
김백균, 「"外師造化, 中得心源" 繪畵思想研究」, 北京大學, 2000.

2. 회화론

가. 회화론 관련 문헌

(1) 한글 문헌

허영환, 『中國繪畫小史』, 1974.

김종태, 『中國繪畫史』, 1976.

허영환, 『中國 繪畫의 理解』, 1976.

J. 캐힐, 『中國繪畫史: Chinese painting』, 1978.

권덕주, 『중국미술사상에 대한 연구』, 1982.

최병식, 『中國繪畫史論: 水墨의 사상과 역사』, 1988.

허영환, 『중국화론』, 1988.

김병종, 『中國繪畫의 造形意識研究』, 1989.

_____, 『中國繪畫研究』, 1997.

리처드 반하트 외, 『중국 회화사 삼천년: Three thousand years of Chinese painting』, 1999.

김기주, 『중국화론선집』, 2002.

(2) 중문 문헌

劉海粟, 『中國繪畫上的六法論』, 1931.

兪劍華, 『中國繪畫史』, 1937.

[美] R. 阿恩海姆, 『色彩論』, 1980.

郭因, 『中國繪畫美學史稿』, 1981.

郭因, 『中國古典繪畫美學中的形神論』, 1982.

王伯敏, 『中國繪畫史』, 1982.

伍蠡甫, 『中國畫論研究』, 1983.

兪劍方, 『中國繪畫史 上, 下』, 1984.

蔣玄佁, 『中國繪畫材料史』, 1986.

葛路, 『中國繪畫理論史: 中國古代繪畫理論發展史』, 1989.

溫肇桐, 『中國繪畫批評史: 中國繪畫批評史略』, 1989.

民國叢書 編輯委員會 編, 『民國叢書. 第四編, 62, 中國繪畫史(上,下)/兪劍華』, 1992.

__________________, 『民國叢書. 第五編, 58, 美學 · 藝術類 中國繪

畵理論/傳抱石–中國繪畵論體系及其批評/李長之–畵中國名畵觀摩記/施鵬』, 1996.
石守謙, 『風格與世變: 中國繪畵史論集』, 1996.
傳抱石 撰, 承名世 導讀, 『中國繪畵變遷史綱』, 1998.
杜哲森, 『元代繪畵斷代史 - 元代繪畵』, 2000.
潘運告 編著, 『元代書畵論』, 2002.

(3) 일문 문헌
鈴木 敬, 『中國繪畵 史』, 1984-88.
島田修二郎, 『中國繪畵 史硏究』, 1993.

(4) 영문 문헌
Bush, Susan, *The Chinese Literati on Painting: Su Shih (1037-1101) to Tung Ch' i-ch' ang (1555-1636) Harvard-Yenching Institute Monograph Series 27*, 1971.
Bush, Susan, and Murck, Christina, ed., *Theories of the Arts in China*, 1983.

나. 회화론 관련 논문

(1) 한글 논문
권덕주, 「東洋畵의 題款에 對한 論考」, 『미학』 창간호, 1971.
김경자, 「王維 南宗畵의 再考論」, 『미학』 제3집, 1975.
김기주, 「檀圓 繪畵의 畵論的 接近」, 『미학』 제3집, 1975.
김경자, 「東洋畵論 理解에 對한 小考」, 『미학』 제5집, 1978.
조선미, 「中國傳神論 小考」, 『미학』 제5집, 1978.
______, 「朝鮮王朝時代의 御眞製作過程에 관하여」, 『미학』 제6집, 1979.
______, 「韓國肖像畵에 대한 畵論的 接近」, 『미학』 제7집, 1981.
안영길, 「中國歷代畵論을 通해서 본 形神論의 問題(I): 形神論의 發生과 南北朝時代의 形神論」, 『미학』 제10집, 1985.
민주식, 「孫過庭 『書譜』에 있어서 創造의 問題」, 『미학』 제10집, 1985.
______, 「風流圖의 美學思想」, 『미학』 제11집, 1986.

박재석, 「북송 후기 산수화 이념의 이원적 성격 임천고치집을 중심으로」, 서울대학교, 1986.
백윤수, 「石濤의 畵語錄에 관한 연구: 一畫論을 中心으로」, 서울대학교, 1986.
정계옥, 「逸品論考」, 『미학』 제13집, 1988.
조송식, 「張彦遠의 〈歷代名畵記〉에 관한 연구」, 서울대학교, 1989.
______, 「장언원의 회화론의 구조적 분석 역대명화기를 통해서」, 『태동고전연구』 제5집, 1989.
김인환, 「謝赫의 六法論」, 『미학』 제16집, 1991.
최정연, 「왕유의 회화관」, 『미학예술학연구』 제2집, 1992.
이인범, 「류종렬의 초기 민예 개념」, 『미학예술학연구』 제5집, 1995.
지순임, 「고개지의 회화미학」, 『미학예술학연구』 제5집, 1995.
백윤수, 「석도 예술 사상과 그 양명학적 배경에 관한 연구」, 서울대학교, 1996.
선승혜, 「동기창의 회화연구: 의(意), 기운(氣韻), 작품과의 관계를 중심으로」, 서울대학교, 1996.
안영길, 「송대회화에 나타난 문학성의 의미」, 『미학예술학연구』 제7집, 1997.
조송식, 「'와유(臥遊)' 사상의 형성과 그 예술적 실현: 六朝시대에서 北宋시대에 이르기까지 예술론을 중심으로」, 서울대학교, 1998.
지순임, 「형호의 화론」, 『미학예술학연구』 제8집, 1998.
조송식, 「종병의 불교사상과 그의 〈화산수서〉에 나타난 와유론」, 『미술사논단』 8, 1999.
지순임, 「동기창의 회화미학」, 『미학예술학연구』 제12집, 2000.
조송식, 「중국화론의 전개에서 용묵(用墨)의 가치의 발견과 수용」, 『미학』 제30집, 2001.
황지원, 「위진남북조 회화 미학의 기운론(氣韻論)」, 『중국철학』 제8집, 2001.
조송식, 「朝鮮初期 사대부의 이중적 자연관과 '와유' 적 산수화의 변화」, 『미학』 제33집, 2002.
김백균, 「『회학심법문답』과 칭추의 회화사상」, 『미학』 제35집, 2003.
백윤수, 「절파의 변명 - 『중록화품』을 중심으로」, 『미학』 제35집, 2003.
조송식, 「농기장(董其昌)의 회화사관 및 예술사상 - 남북종론(南北宗論)을 중심으로」, 『미학』 제36집, 2003.
______, 「당(唐)에서의 서론과 화론의 관계 -시, 서, 화 삼절(三絶)에 대한 시론」, 『미학』 제41집, 2005.

______, 「『도화견문지』에 나타난 곽약허의 예술사상」, 『미학』 제49집, 2006.

(2) 중문 논문

錢鍾書, 「中國詩與中國畫」, 『中國畫研究』 第1期.
蔡元培, 「美術的進化」, 『東方雜誌』 第17卷 第22期, 1920.
______, 「美術的起源」, 『新潮』 第2卷 第4期, 1920.
周建人, 「色覺的進化」, 『東方雜誌』 第18卷 第5期, 1921.
沈亞塵, 「繪畫的鑒賞和批評」, 『中國美術學會季刊』 第1卷 第3期, 1936.
宗白華, 「中國詩畫中所表現的空間意識」, 『新中華』 第20卷 第10期, 1949.
郭因, 「石濤繪畫美學思想」, 『藝譚』, 1980.
____, 「中國古典繪畫美學思想從萌芽到成形」, 『安徽師範大學學報』 1980年 第1期.
____, 「中國古典繪畫美學的審美範疇」, 『美的研究與欣賞叢刊』 1982年 第1期.
____, 「中國古典繪畫美學中的氣韻論」, 『美學』 1982年 第4期.
洪毅然, 「氣韻新解」, 『美學』 1982年 第4期.
王宏建, 「中國早期畫論的理性主義」, 『美術研究』 1982年 제2期.

3. 음악론

가. 음악론 관련 문헌

克林列夫, 『音樂美學問題』, 1954.

나. 음악론 관련 논문

(1) 한글 논문

김정록, 「中國 詩歌 · 音樂論 再考(基一)」, 『미학』 제4호, 1977.
박낙규, 「중국 先秦의 '소리' 와 음악」, 『미학』 제17집, 1992.
한흥섭, 「嵇康의 『聲無哀樂論』에 있어서의 '聲' 의 의미」, 『미학』 제19집, 1994.
남상호, 「공자와 음악」, 『중국철학』 제9집, 2002.
박범수, 「先秦 儒家의 音樂藝術論 - 遊於藝의 정신」, 『미학』 제32호, 2002.

박소정, 「동아시아 전통 예술철학에서 악론 연구가 지니는 의미」, 『한국음악사학보』 제29집, 2002.
이경희, 「혜강과 한슬릭의 음악미학 비교 고찰」, 『한국음악사학보』 제29집, 2002.

(2) 중문 논문

黃自, 「音樂的欣賞」, 『樂藝』 第1卷 第1期, 1930.
朱謙之, 「音樂與文學」, 『出版周刊』 第158期, 1935.
李澤厚, 「盛唐之音」, 『文藝理論研究』 1980年 第1期.

4. 문학론

가. 문학론 관련 문헌

(1) 한글 문헌

중국미학이론회 편, 『중국시와 시론』, 1990.
심경호, 『한문산문의 미학(안암신서14)』, 1998.
김병국, 『고전시가의 미학 탐구』, 2000.
정재서, 『도교와 문학 그리고 상상력』, 2000.
김학주, 『중국문학사론』, 2001.
서경수, 『한시의 미학』, 2001.
최승호, 『21세기 문학의 동양시학적 모색』, 2001.
배규범, 『불가 시문학론』, 2003.
차주환, 『중국시론』, 2003.
최진원, 『고전시가의 미학』, 2003.
문승용, 『거아문학론연구』, 2004.

(2) 중문 문헌

朱光潛, 『文藝心理學』, 1936.
蔣孔陽, 『論文學藝術的特征』, 1957.
羅根澤, 『中國文學批評史』, 1961.
______, 『兩宋文學批評史』, 1961.

郭紹虞, 『中國文學批評史』, 1979.
王元化, 『文心雕龍 創作論』, 1979.
上海文藝出版社 編, 『王朝聞文藝論集1-3』, 1979-80.
湖南人民出版社 編, 『朱光潛美學文學論文選集』, 1980.
張少康, 『先秦諸子的文藝觀』, 1981.
金開誠, 『文藝心理學稿』, 1982.
葉朗, 『中國小說美學』, 1982.
羅立剛, 『宋元之際的哲學與文學』, 1999.
陳良運, 『中國詩學批評史』, 2001.
張晶, 『遼金元文學論稿』, 2004.

(3) 영문 문헌
Liu, James J. Y., *Chinese Theories of Literature*, 1975.
Egan, Ronald C., *The Literary Works of Ou-yang Hsiu (1007-1072)*, 1984.

나. 문학론 관련 논문

(1) 한글 논문
강성위, 「方回의 詩學理論 硏究」, 서울대학교, 1996.
고진아, 「金元代 杜詩學-元好問과 方回를 중심으로」, 『중국학연구』 제24집, 2002.
김경국, 「桐城派文論的集大成者-論姚鼐及其古文理論」, 『한국중어중문학회』, 2002.
고팔미, 「한맹시파의 창작론과 심미성향」, 『중국학연구』 제26집, 2003.
김민종, 「한대 미척설의 유형과 전개 과정」, 『중국학연구』 제25집, 2003.
류성준, 「신위와 왕유 시의 신운미와 회화기법의 비교 고」, 『중국학연구』 제26집, 2003.
김시천, 「"역사"에서 "이야기"로 - 『노자』, 『장자』의 "이야기론"적 해석을 위한 시론」, 『동서철학연구』 제32호, 2004.
문승용, 「『문심조룡』의 조식 평에 관한 고찰」, 『중국학연구』 제27집, 2004.
임춘영, 「류종원의 초월의지와 산문의 숭고성」, 『중국학연구』 제27집, 2004.

하정화, 「고려시대 유가 문예관의 형성과 전개: 문이관도론(文以貫道論)과 문이재도론(文以載道論)을 중심으로」, 『미학』 제43집, 2005.

(2) 중문 논문

王達津, 「文心雕龍中的美學觀點」, 『古代文學理論硏究』 第7期.
胡秋原, 「文藝起源論」, 『北新』 第2卷 第22期, 1928.
何兆淸, 「文理與文氣」, 『國立中央大學半月刊』 1930年 第1期.
盛云遠, 「新詩和新美學」, 『靑年界』 第2卷 第4期, 1947.
本文譯, 「滄浪詩話 述評」, 『美學論』 1980年 第2期.

(3) 영문 논문

Owen, Stephen, "Meaning the Words: The Genuine as a Value in the Tradition of the Song Lyric", in *Voices in the Song Lyric in China*, (ed. by Paulin Yu), 1994.

5. 건축 및 원림론

가. 건축 관련 문헌

Chen, Baosheng, 『中國建築四十年:建築設計精選』
Liu, Chih-ping, 『中國建築類型及結構』, 1957.
明文書局編輯部, 『中國建築史論文選輯, v.2』, 1972.
劉敦禎, 『中國古代建築史』, 1976.
______, 『中國建築資料集成』, 1976.
盧毓駿, 『中國建築史與營造法,』 1978.
早踏田大學出版部, 『中國の都市計畵』, 1979.
Ito Chuta, 『中國建築史』, 1981.
中國建築科學硏究院, 『中國 古建築』, 1982.
Fukuyama, Toshio, 『中國建築と金石文の硏究 6』, 1983.
Li, Yun-ho, 『華夏意匠: 中國古典建築設計原理分析』, 1984.
中國建築工業出版社, 『中國古代建築史』, 1984.
Murata, Jiro, 『中國建築史叢考: 佛寺・佛塔篇 3』, 1988.

Gong, Deshun,『中國現代建築史綱: 1949-1985』, 1989.
김정수,『中國 建築史概論: 金正秀 教授 遺稿集』, 1989.
周祖奭,『中國近代建築總論』, 1989.
Lu, Bo,『隋唐宮廷建築考 3』, 1989.
Lo, Che-wen,『中國古代建築』, 1990.
Ri, Sinho,『敦煌の壁畫: 李振甫の世界』, 1990.
양금석,『中國建築概說』, 1990.
陳明達,『中國 古代 木結構 建築技術:戰國-北宋』, 1990.
Chu, Hao-jan,『中國古代高建築』, 1991.
梁思成,『(圖說)中國建築史』, 1992.
Lei, Runze,『西夏佛塔』, 1995.
Wang, Pi-wen,『民國叢書. 第五編, 88, 科學技術史類』, 1996.
Chai, Zejun,『朔州崇福寺』, 1996.
馬炳堅,『北京四合院建築』, 1999.
Ru, xin,『全彩中國建築藝術史』, 2002.

나. 건축 관련 논문

樂嘉藻,「中國建筑之美」,『大公報藝術半月刊』, 1903.

다. 원림 관련 문헌

邵忠,『江南園林假山』.
天津大學出版部,『中國古典園林大觀』.
程裏堯,『中國古典園林』.
何重義, 曾昭奮,『圓明園園林藝術』.
羅哲文,『中國古園林』.
Chen, Tsung-chou,『園林談叢』, 1980.
Liu, Tien-hua,『園林美學』, 1989.
Wang, I,『園林與中國文化』, 1990.
Lu, Chieh,『華夏古亭』, 1991.
彭一剛, 中國傳統園林分析, 1998.

라. 원림 관련 논문

이유직, 「計成의 『園冶』 연구: 園林造營理論을 중심으로」, 서울대학교, 1997.
백윤수, 「원림론에 미친 화론의 영향 - 계성의 『원야』를 중심으로」, 『미학』 제41집, 2005.

6. 공예론

가. 공예론 관련 문헌

周揮彦, 『中國工藝美術要論』, 1956.
中國人民美術出版社 編, 『貴州苗族刺繡』, 1981.
__________, 『貴州蠟染』, 1981.
__________, 『貴州苗族挑花』, 1981.
__________, 『廣東黎族染織刺繡』, 1982.
__________, 『廣西錦織』, 1982.
__________, 『廣西刺繡』, 1983.
__________, 『貴州染織刺繡』, 1983.
__________, 『四川染織刺繡』, 1984.
龍宗鑫, 『中國工藝美術簡史』, 1985.
江蘇美術出版社, 『中國工藝美術大辭典』, 1988.
田自秉, 吳淑生 編, 『中國工藝美術史圖錄』, 1994.

나. 공예론 관련 논문

陳之佛, 「現代表現派之美術工藝」, 『東方雜誌』 第26卷 第18期, 1929.

7. 연극론

가. 연극론 관련 문헌

(1) 한글 문헌

양회석, 『중국희곡』, 1994.

채종상, 『중국고전희곡이론의 이해』, 2001.

(2) 중문 문헌

馬少波, 『中國京劇史(全四册)』.

王寧, 『宋元樂妓與戲劇』.

陳多, 『中國京劇』.

章泯, 『悲劇論』, 1936.

____, 『喜劇論』, 1936.

Hideo, Iwaki, 『中國戲曲演劇研究 7』, 1973.

上海藝術研究所 編, 『中國戲曲曲藝辭典』, 1981.

上海文藝出版社 編, 『戲劇美學論集』, 1983.

朱光潛, 『悲劇心理學』, 1983.

尙韜, 『論元代雜劇』, 1986.

上海藝術研究所 編, 『中國京劇史(上, 中)』, 1990.

Tanaka, Kazunari, 『中國 巫系 演劇 硏究』, 1993.

許金榜, 『中國戲曲文學史』, 1993.

余漢東 編著, 『中國戲曲表演藝術辭典』, 1994.

葉道, 『中國京劇習俗』, 1994.

나. 연극론 관련 논문

凌波, 「論悲劇硏究」, 『文藝創作講座』 第1期.

宗白華, 「悲劇幽默與人生」, 『中國文學』 創刊號.

朱光潛, 「笑與喜劇」, 『文學季刊』 第1卷 第2期.

態佛西, 「論悲劇」, 『天津益世報副刊』, 1930.

______, 『東方雜誌』 第27卷 第15期, 1930.

馬產樣, 「喜劇論,」 『天津益世報』, 1932.

陳瘦竹, 「悲劇與喜劇」, 『文潮月刊』 第1卷, 第1期, 1946.
蔡熙完, 「假面劇의 美意識 硏究對象으로서의 意義」, 『미학』 제5집, 1978.
林同華, 「論元代戲曲中的悲劇美」, 「中國古代戲劇美學思想的發展述評」, 『中國美學史論集』, 1984.
鄭元祉, 「원대신선도화극연구」, 서울대학교, 1994.
이창숙, 「元雜劇의 틀과 원리」, 서울대학교, 1995.
宋琬培, 「蒙元之際文化與關漢鄉戲劇」, 東北師範大學, 2001.

8. 서예론

가. 서예 관련 문헌

(1) 한글 문헌

伏見沖敬, 『書藝의 歷史: 文字의 시작에서 淸代까지의 中國書藝史 上-下』, 1976.
일신각 편집부, 『中國墨蹟』, 1981.
송민, 『中國書藝美學(中國古代書法美學)』, 1998.

(2) 중문 문헌

劉綱紀, 『書法美學簡論』, 1979.
國立歷史博物館編輯委員會 編, 『書藝與花藝: 第十四屆中國傳統揷花藝術展』, 1998.

나. 서예 관련 논문

(1) 한글 논문

김재숙, 「초기 서법론(書法論)에 나타난 중국인의 미의식 - 위진 서세론(書勢論)을 중심으로」, 『중국철학』 제7집, 2000.

(2) 중문 논문

顧仄源, 「書法與个性」, 『西風月刊』, 1939.
方日若, 「書法原流」, 『華南公論』 創刊號, 1939.

9. 기타 관련 문헌

경미문화사 편집부 편, 『中國繪畵大觀 1-25』, 1978-1982.
姜世晃, 『豹菴遺稿』.
金正喜, 『국역완당전집』 1-4권.
李奎象, 『幷世才彦錄』.
李珥, 『栗谷全書』.
李瀷, 『星湖先生全集』, 奎章閣 所藏本.
李夏坤, 『頭陀草』.
趙龜命, 『東谿集』.
趙榮祏, 『觀我齋稿』.
崔岦, 『簡易文集』.
張維, 『谿谷先生集』, 奎章閣 所藏本.
洪奭周, 『淵泉全書』.
歐陽修, 『歐陽文忠公集』
蘇軾, 『蘇東坡全集』
程頤 · 程顥, 『二程集』
朱熹, 『朱子大全』
____, 『朱子語類』
周敦頤, 『通書』
董其昌, 『畵禪室隨筆』, 『欽定四庫全書』「子部」, 1935.
남일우, 「趙孟頫硏究」, 서울대학교, 1985.
翁方綱, 『石洲詩話』, 1985.
阮元, 『硏經室集』, 1985.
袁梅, 『小倉山房文集』(『中國美學史資料先編』 下, 1985.)
____, 『隨園詩話』(『中國美學史資料先編』 下, 1985.)
강관식, 「朝鮮後期 南宗畵風의 흐름」, 『간송문화』 39, 1990.
藤塚鄰, 『추사 김정희 또다른 얼굴』, 1994.
이경수, 『漢詩四家의 淸代詩受容硏究』, 1995.
김문식, 『조선 후기 경학사상연구』, 1996.
金昌協, 『農巖集』, 『韓國文集叢刊』, 1998.
金昌翕, 『三淵集』, 『韓國文集叢刊』, 1998.

姚鼐, 『古文辭類纂』, 1998.
오세창, 『槿域書畵徵』, 1998.
趙熙龍, 『趙熙龍 全集』, 1999.
홍선표, 『朝鮮時代繪畵史論』, 1999.
서울대학교동양사학연구실 편, 『강좌 중국사 III』, 1999.
정대림, 『한국고전비평사』, 2001.
董其昌, 『畵眼』, 2003.
정혜린, 「金正喜의 淸代 漢宋折衷論 수용 연구」, 『한국문화』 31, 2003.
Liu, Jame T. C., *Oh-yang Hsiu: An Eleventh-Century Neo-Confucianist*, 1967.
Lo, Winston W., "Wang An-shih and the Confucian Ideal of 'inner sageliness'", *Philosophy East & West* 26:1, 1976.
Bol, Peter K., *This Culture of Ours: Intellectual Transitions in T'ang and Sung China*, 1992.
Cheang, Alice Wen-chuen, "Poetry, Politics, and Philosophy: Su Shih as the Man of Eastern Slope", *Harvard Journal of Asiatic Studies* 53:2, 1993.
Egan, Ronald C., *Word, Image, and Deed in the Life of Su Shi, Harvard-Yenching Institute Monograph Series 39*, 1994.

▌Abstract▐

Contemporary Arts and Aesthetics

After examining the history of Aesthetics in the first volume, and various subjects and methods in traditional Aesthetics and Philosophy of Art in the second volume, the third volume of *The Korean companion to Aesthetics* addresses contemporary topics and issues in Aesthetics. In this volume, readers will find a collection of current debates on art and aesthetics.

This volume begins with the section titled "Development of Contemporary Art", which is considered over nine unique articles. These deal with aesthetic issues connected to individual fields of arts such as painting, music, film, theater, architecture, and dance, with a special focus on contemporary trends and movements in each field. There are two articles on painting, one explaining the contemporary development of plastic art in the first half of the 20th century using notions like aesthetic modernity and irrationality, while the other pursues the diverse paths that contemporary art took after World War II. Articles on music also deal with musical modernism, its development as well as its decline. Debates concerning the status of film as Art, and aesthetic issues generated by film's unique characteristics are the topics of two articles devoted to film. Similar treatment is given to contemporary theatrical performance and contemporary architecture. Finally, special aesthetic problems unique to dance are explored in the last article of this section.

The second section, titled "New Issues in Aesthetics", begins with recently developed but much discussed branches in Aesthetics. First, alternative approaches such as Feminist Aesthetics and Environmental Aesthetics are reviewed. Then, recent topics concerning how scientific approaches have helped shape aesthetics are discussed in two articles: what Developmental Psychology and Cognitive Science can each say about traditional questions on art and aesthetics. Cultural Studies are also based on empirical science, and claim to be an alternative to traditional Aesthetics. An introduction to the discipline itself and a specific issue concerning mass culture are offered in two separated articles.

Very often, what is new strays not far from older questions, so it is helpful to look such new issues in relation to traditional perspectives. Images, a key word of contemporary culture, is discussed in relation to age-old debates on reality and appearance. Arthur Danto's issue of the 'End of Art' and pluralism, the rekindled issue concerning the relation between artistic value and moral value, are explored with a similar motivation. A discussion on pornography is presented as an exemplary as well as an extreme case to show the crossroad of artistic and moral value.

Key words more closely related to the practical field of arts rather than theoretical construction are also reviewed. After considering two very specific issues in literature (i.e., the problem of communication dealt in contemporary literature) and music (i.e., music understood as a narrative), the focus moves onto visual art. Thus, the concept of public art, kitsch, parody and pastiche, media art, digital art, and virtual reality are discussed here.

The last two articles which conclude this volume are about the future. One concerns the future of film under the development of current digital technology, while the other concerns the future of museums under current changes in both its ideals and practice.

Lee, Haewan

집필자 소개

강미정 서울대학교 인문대학 미학과에서 학사 및 석사를 마치고 동대학에서 박사과정을 수료했으며, 현재 서울대학교 강사로 있다. 주요 논문으로 「E. 파노프스키의 미술사학에 대한 재고찰: K. 먹시의 문화정치학적 입장을 중심으로」, 「퍼스 기호학으로 현대미술읽기」, 「초현실주의: 그 위대한 현실속으로」, 「예술에서의 '표현'과 '형식'의 문제에 관한 고찰: 수잔 랭거의 예술상징론을 중심으로」 등이 있다.

김경수 서울대학교에서 박사학위를 받았으며 현재 명지대학교 건축학과 교수로 재직하고 있다. 주요 저서 및 논문으로 『건축미학산책』, 「건축미학에서 본 한국성문제-자연, 소박미와 고유성」, 역서로 로저 스크루톤의 『건축미학』 등이 있다.

김남시 서울대학교 미학과에서 석사학위를 받았으며 현재 베를린 훔볼트 대학교 문화학과 박사과정 중에 있다. 번역서로 『발터 벤야민의 모스크바 일기』(2005, 그린비)가 있다.

김승환 프랑스 스트라스부르 대학교에서 미술사 박사학위를 받았으며 현재 조선대학교 미술대학 미학미술사 전공교수로 재직하고 있다. 주요 논문으로 「유토피아의 관점에서 페르낭 레제의 작품읽기」, 「1930년대 후반 프랑스 미술의 만인을 위한 미술 혹은 미술의 대중화 이념」, 「현대미술의 의미 읽기」, 「미술사의 혼성성 혹은 이질적인 것」, 「미술과 테크놀로지: 모더니즘 미술을 중심으로」 등이 있다.

김진엽 홍익대학교 예술학과 교수를 역임하고 현재 서울대학교 미학과 교수로 재직 중이다. 역서로 『휴머니즘 강의』, 『프라그마티스트 미학』, 논문으로는 「가상현실에 대한 미학적 비평」, 「다원론적 미학을 위하여」 등 다수가 있다.

김채연 미국 밴더빌트 대학교(Vanderbilt University)에서 신경과학 전공으로 심리학 박사학위를 받았으며 현재 동대학 Research Associate으로 재직하고 있다. 주요 논문으로 Kim, C-Y., & Blake, R. (2005) "Psychophysical magic: Rendering the normally visible "invisible"", *Trends in Cognitive Sciences* 9, 381-388, Kim, C-Y., & Blake, R. (2005) "Watercolor illusion induced by synesthetic colors", *Perception* 34, 1501-1507 등이 있다.

김채현 서울대학교에서 석사학위를 받았으며 현재 한국예술종합학교 무용원 이론과 교수로 재직하고 있다. 한국춤예술연대 의장인 그는 한국춤평론가회 회장을 역임하였고, 주요 저작으로 수백 점의 춤 평문과 『춤과 삶의 문화』(1989), 『미적체험의 현상학』(역서, 1991), 『우리 무용 100년』(공저, 2001), 『춤』(역서, 2003), 『발레와 현대무용』(역서, 2004) 등이 있다.

김혜련 미국 버팔로 소재 뉴욕 주립대학교 철학과에서 박사학위를 받았다. 현재 연세대학교, 홍익대학교, 백석대학교에 출강하고 있다. 주요 논문으로 「픽션의 역설과 인지

주의 감성론」, 저서로 『아름다운 가짜, 대중문화와 센티멘털리즘』이 있다.

김희정 서울대학교에서 석사학위를, 미국 아이오와 대학교에서 박사학위를 받았으며, 현재 서울대학교, 덕성여자대학교 철학과에 출강하고 있다. 주요 논문으로 「귀납의 새로운 문제」, 「보편자에 대한 유사성 이론들의 문제점」 등이 있다.

박동천 서울대학교 대학원 미학과를 졸업하고 2006 부산 비엔날레 현대미술전 전시감독을 역임했으며 현재 조선대학교 미학미술사학과 겸임교수로 재직 중이다. 주요 논문으로 「외국 문화교육의 사례분석과 현재적 적용」(『지역의 비전과 광주문화중심도시』 전남대학교출판부, 2005)이 있다.

서지원 서울대학교 미학과에서 박사학위를 받았으며 서울대학교 강사를 역임하였다. 주요 논문으로 「미셸 푸꼬의 반주체철학에 기초한 근대적 미술 개념」(박사학위논문, 2006), 「미셸 푸꼬의 〈시녀들〉 해석에 관한 연구」(『미학』 제38집, 2004), 「미셸 푸꼬의 계보학적 입장에서 본 공공미술관」(『미학』 제41집, 2005) 등이 있다.

안치운 현재 호서대학교 연극학과 교수로 재직 중이며, 주요 저서 및 논문으로 『철학, 예술을 읽다 - 연극, 몸과 숨의 현존』(2006), 「기억의 시학을 통해 본 한국 현대연극의 글쓰기」(2006), 「슬픔을 넘어서는 응시 - 피나 바우쉬와 타데우즈 칸토르 작품의 시각적 이미지 연구」(2005) 등이 있다.

양효실 서울대학교에서 박사학위를 받았고 현재 서울대학교 등에 출강하고 있다. 학위 논문인 「보들레르의 모더니티 개념에 대한 연구-모더니즘 개념의 비판적 재구성을 위하여」 외 여러 논문이 있다.

옥혜령 서울대학교 미학과와 동대학원을 졸업하고, 미국 뉴욕 대학교(New York University) 영화학과에서 석사학위를 취득했으며, 현재 미국 남가주 대학교(University of Southern California, School of Cinematic Arts)에서 박사과정을 수료한 후 "모바일 스크린 영상문화" 에 대한 박사학위를 쓰고 있다. 주요 연구 분야는 뉴미디어 이론, 디지틀 영상문화, 아시안 영화와 미디어 등이며, 특히 휴대용 개인 영상 미디어와 영상 컨텐츠에 대한 연구 프로젝트를 중점적으로 진행하고 있다.

윤자정 서울대학교에서 박사학위를 받았으며 현재 동의대학교 미술학과 교수로 재직하고 있다. 주요 역서 및 논문으로 『현대 예술철학의 흐름』(역서), 『예술이 궁금하다』(역서), 「A. N. Whitehead의 유기철학 내에서의 미적 경험에 대한 연구」(박사학위 논문), 「미술에 대한 기호학적 접근의 필요성과 의미」(논문) 등이 있다.

이달승 고려대학교 불문과를 졸업하고 서울대학교 미학과 대학원을 수료했으며, 프랑스 파리 1대학 미술사학과에서 박사학위를 받았다. 현재 영남대학교 조형대학 겸임교수로 재직 중이다. 저서 및 주요 논문으로 "Le soupçon et l'interrogation chez Pierre Klossowski", 『회화의 외침(프란시스 베이컨)』이 있다.

이수완 서울대학교 미학과 박사과정을 수료했고(음악미학 전공) 서울대학교와 한국예술종합학교 강사를 역임했다. 현재 뉴욕 주립대학(SUNY at Stony Brook) Visiting Scholar이다. 주요 논문으로는 「아도르노와 대중음악」, 「형식과 표현개념 분석을 통한 칸트 음악미학」 등이 있다.

이순예 독일 빌레벨트 대학교에서 철학박사학위를 받았으며, 현재 서울대학교에 출강하고 있다. 저서 *Aporie des Schönen*, 『아도르노와 자본주의적 우울』, 그리고 논문 「비판이론과 21세기 시민사회」 등이 있다.

이영욱 서울대학교에서 박사과정을 수료했으며 현재 전주대학교 도시환경미술학과 교수로 재직하고 있다. 주요 저서 및 논문으로 「미술과 진실?」, 『아방가르드. 이방가르드. 타방가르드』, 『포스트콜로니얼리즘!?』, 『현대미술과 대중문화』 등이 있다.

이윤영 프랑스 파리 3(소르본느 누벨) 대학교에서 영화학 박사학위를 받았으며, 현재 연세대학교 커뮤니케이션 대학원(영상학 전공) 교수로 재직하고 있다. 주요 저서(역서) 및 논문으로 『영화, 피그말리온의 꿈』(1999, 문학과 지성사), 『디테일』(다니엘 아라스, 숲출판사)과 「서정시를 닮은 영화: 안드레이 타르코프스키의 〈거울〉의 시학」(『러시아연구』, 2006, 16권 1호) 등이 있다.

이해완 미국 오하이오 주립대학교 철학과에서 박사학위를 받았으며 현재 서울대학교 미학과에 교수로 있다. 『크로체의 미학』(예전사, 1994)을 번역하였으며 「포르노그라피와 재현의 문제」(2002), 「대중매체의 발전과 대중예술 정의의 문제」(2003), 「플란팅가 인식론에 대한 한 비판」(2005) 등의 논문을 썼다.

임성훈 독일 베를린 훔볼트 대학에서 철학박사학위(학위논문: "Aesthetische Reflexion zur Kultur: Das Verhältnis von Ästhetik, Kunst und Kultur in Immanuel Kants Kritik der Urteilskraft")를 받았으며, 현재 서울대학교 등에 출강하고 있다.

장민한 서울대학교 미학과에서 「아서 단토의 표상으로서의 예술에 관한 연구–미술의 종말과 다원주의 미술로의 귀결」로 철학박사학위를 받았으며 현재 서울대학교, 고려대학교, 홍익대학교 등에 출강하고 있다. 주요 논문으로 「아서 단토의 미술종말론과 그 근거로서 팝 아트의 두 가지 함의」, 「미학의 시대에서 비평의 시대로-아서 단토에 있어서 거대 내러티브의 종말과 그 이후의 미술」, 「미술비평에서 다원주의와 가치 평가의 문제」 등이 있다.

정혜윤 서울대학교 미학과에서 석사학위, 미국 미시건 대학교(University of Michigan at Ann Arbor) 음악이론과에서 박사학위를 받았으며 현재 서울대학교 미학과에 출강하고 있다. 주요 논문으로는 「음악의 표현성과 청자의 정서적 관여」(Ph. D. diss., University of Michigan, 2006)가 있다.

조주연 서울대학교에서 철학박사학위를 받았으며 현재 서울대학교, 동국대학교에 출강하고 있다. 주요 논문으로 「유럽 모더니즘의 수용과 변질」, 「형식주의와 모더니즘」, 「"지역에 대한 이해를 존중합니다": 다문화주의와 미술교육」 등이 있다.

주동률 미국 위스콘신 대학교(University of Wisconsin-Madison)에서 철학박사학위를 받았으며 현재 한림대학교 철학과 교수로 재직 중이다.

최연희 서울대학교 대학원 미학과에서 박사과정을 수료했으며, 현재 서울대학교에 출강하고 있다. 역서로는 『현대미술: 그 철학적 의미』(공역), 『실재의 귀환』(공역), 『시각과 시각성』 등이 있다.

하선규 독일 베를린 자유대학교에서 박사학위를 받았으며 현재 홍익대학교 예술학과에 재직하고 있다. 저서로 *Vernunft und Vollkommenheit*(2005)이 있으며, 주요 논문으로 「의미있는 형식(구조)의 상호주관적 지평」, 「미감적 경험의 본질적 계기에 대한 분석」(2005), 「미감적 경험의 현상학적 재정의」(2006) 등이 있다.

미학대계 제3권

현대의 예술과 미학

초판 1쇄 발행 2007년 5월 25일
초판 11쇄 발행 2026년 2월 9일

편저자 미학대계간행회

펴낸곳 서울대학교출판문화원
주소 08826 서울 관악구 관악로 1
도서주문 02-889-4424, 02-880-7995
홈페이지 www.snupress.com
페이스북 @snupress1947
인스타그램 @snupress
이메일 snubook@snu.ac.kr
출판등록 제15-3호

ISBN 978-89-521-0793-0 94600
978-89-521-0790-9 (세트)